U0592629

2013~2014

中国社会科学院创新工程学术出版资助项目

总主编：金 碚
副主编：杨世伟

CHINA ENTERPRISE BRAND COMPETITIVENESS
INDEX REPORT 2013~2014

2013~2014
中国企业品牌竞争力指数报告

中国市场学会品牌管理专业委员会

张世贤 杨世伟 赵宏大 李海鹏 主编

经济管理出版社
ECONOMY & MANAGEMENT PUBLISHING HOUSE

图书在版编目（CIP）数据

中国企业品牌竞争力指数报告（2013~2014）/张世贤等主编. —北京：经济管理出版社，2016.10
ISBN 978-7-5096-4591-8

Ⅰ.①中…　Ⅱ.①张…　Ⅲ.①企业管理—品牌战略—研究报告—中国—2013~2014　Ⅳ.①F279.23

中国版本图书馆 CIP 数据核字（2016）第 212535 号

组稿编辑：张　艳
责任编辑：丁慧敏
责任印制：司东翔
责任校对：雨　千

出版发行：经济管理出版社
　　　　　（北京市海淀区北蜂窝 8 号中雅大厦 A 座 11 层　100038）
网　　址：www. E-mp. com. cn
电　　话：(010) 51915602
印　　刷：三河市延风印装有限公司
经　　销：新华书店
开　　本：880mm×1230mm/16
印　　张：26.5
字　　数：748 千字
版　　次：2016 年 11 月第 1 版　　2016 年 11 月第 1 次印刷
书　　号：ISBN 978-7-5096-4591-8
定　　价：198.00 元

《中国企业品牌竞争力指数报告 (2013~2014)》
顾问委员会

《中国企业品牌竞争力指数报告 (2013~2014)》
学术委员会

《中国企业品牌竞争力指数报告 (2013~2014)》
编辑委员会

序 言

温家宝同志在 2004 年就指出，品牌是一个国家综合经济实力的象征，是一个民族整体素质的体现。2005 年，中央政府提出了"从中国制造到中国创造"的发展理论。在中共十七大报告中明确指出，要提高自主创新能力，建设创新型国家，加快培育我国跨国公司和国际知名品牌。"十二五"规划纲要也明确提出，要发展拥有国际知名品牌和核心竞争力的大中型企业，实施"走出去"战略。中共十八大再次强调，形成以技术、品牌为核心的竞争新优势，打造自主品牌已经上升至国家战略的高度，也是中华民族伟大复兴的重要一环，品牌强国成为实现"中国梦"的重要支撑之一。

改革开放 30 多年来，中国目前已成为世界第二大经济体、世界制造业第一大国、世界贸易第一大国、世界奢侈品消费第一大国，可谓名副其实的经济大国。但如果从 GDP 结构和品牌经济视角看，国际知名品牌是衡量一个国家经济实力强弱的重要标志，中国还算不上经济强国，虽然 2012 年度中国进入世界 500 强的企业有 79 家，但真正强大的企业是具有较高附加价值的品牌企业，2013 年跻身全球品牌 100 强的中国企业有 4 家，它们是排在第 53 名的中央电视台、第 67 名的国家电网、第 79 名的中国工商银行和第 83 名的中国移动；2014 年为 5 家，除上述 4 家分别为第 57 名、第 60 名、第 65 名、第 81 名和第 86 名的联想集团（2013 年排在第 103 名）。可以说，品牌竞争力增强是由经济大国、经济大省向经济强国、经济强省转变的标志性符号，实施品牌战略是必由之路。此外，品牌战略驱动由外延粗放型向内涵集约型发展转变。中国经济已迎来刘易斯拐点，改革红利、人口红利和资源红利优势锐减，中国的土地、资源、能源、劳动力再也无法承受低成本廉价制造的尴尬境地，转变发展战略迫在眉睫。品牌战略特征具有高质量、高效益、高科技含量、高市场占有率等特征，成为集约型经济的最佳战略。通过实施品牌战略，优化重组资源配置的功能，既可促进经济增长方式从资源消耗型向质量效益型转变，又可充分发挥品牌效益和实现规模效益经济，有利于资源节约型、环境友好型两型社会的建立。品牌战略驱动中国制造向中国品牌发展转变。美国是休闲制造、英国是经典制造、德国是精密制造、法国是浪漫制造、日本是标准制造、中国曾经是粗制滥造。中国制造经历了四个阶段：第一阶段，中国制造可以说是世界产业分工的廉价打工仔，做贴牌生产（OEM），赚取附加价值的微薄利润；第二阶段，通过科技创新打造产品质量，由原始设计制造商设计生产，可以完成由中国制造（Made in China）向中国创造（Created in China）的品牌转变，赚取具有科技含量的较高附加价值；第三阶段，打造区别于传统农业经济、工业经济时代的知识主体经济，在市场机制基础上，以知识、智力、信息为首要因素和主要动力，通过中国"智造"品牌战略的实施和无形资本运营战略完成沟通工业经济与知识经济桥梁的构建，实施品牌战略，有利于知识资本的有效运用和快速增长，可以说，品牌战略是中国制造—中国创造—中国智造转变的核心指导战略；第四阶段，通过原始品牌制造商（OBM）品牌智造阶段向国际输出品牌和品牌评价标准，调动全球资源和人才科技，分享世界高额附加价值，实现强国之路。

中国作为世界第二大经济体却没有一个企业品牌进入世界 100 强，中国作为奢侈品第一大消费国却没有一个国际化的奢侈品品牌，中国作为世界制造业大国却背负低价低质"中国制造"的形象。我们有联想、海尔、华为等耳熟能详的民族品牌，但这些品牌参与国际竞争的能力与全球品牌 100 强的差距还很大，很多优秀的民族品牌被外资企业并购而最终成为陨落的残星，品牌建设已经成为中国企业提升竞争力的头等大事。如今中国企业在加强竞争力、进行战略性品牌管理方面还没有一个标准化的、持续的基础性参考指标。为此，提升中国企业品牌竞争力，建立一个科学、客观、系统的品牌管理体系已迫在眉睫。在此背景下，为了更好贯彻国家"十二五"规划纲要和《国家知识产权战略纲要》精神，积极探索中国企业品牌发展战略和路径，相信《中国企业品牌竞争力指数报告（2013~2014)》理论成果的发布能为中国企业品牌建设提供一定的智力支持，同时希望社会各界继续努力，共同开创中国品牌发展的新局面，促进中国自主品牌的崛起。

高铁生

前　言

国家"十二五"规划和中共十八大报告明确提出塑造一批具有国际竞争力的自主品牌企业，分享国际产业价值链中的高附加值成果。习近平总书记 2014 年在河南考察时提出"三个转变"重要指示："推动中国制造向中国创造转变、中国速度向中国质量转变、中国产品向中国品牌转变"，以品牌建设实现中国产品向中国品牌转变，2014 年中央经济工作会议强调我国将进入经济发展新常态，品牌是新常态下我国实现由"经济大国"向"经济强国"转变的必要条件和重要标志。

《贯彻实施质量发展纲要 2014 年行动计划》强调引导企业加强品牌建设，开展品牌价值提升与品牌建设研究，推动中央企业加强品牌建设，建立中央企业品牌建设工作考核评价体系，实施国有企业品牌价值评价工程，制定发布品牌价值评价和品牌管理体系国家标准，推动开展自主品牌价值评价。

为了深入贯彻学习习近平总书记"三个转变"重要指示、国家质量规划纲要精神和国家相关部委有关品牌建设方针政策，推进"品牌强国"战略实现新常态下的转型发展，作为国内重要品牌研究机构——中国市场学会品牌管理专业委员会和中国企业管理研究会品牌与营销专业委员会积极开展品牌指数评价专项课题研究，研发了中国企业品牌竞争力指数评价体系和模型，并在北京中品国际品牌管理有限公司为本研究提供财力、物力、人力的全方位支持下，连续三年重点跟踪调研 15 个行业近 1600 家上市企业的品牌建设情况，通过大量数据验证指标体系和计算模型的适用性，已经出版的《中国企业品牌竞争力指数报告（2011~2012）》、《中国企业品牌竞争力指数报告（2012~2013）》在社会上得到各方认可。《中国企业品牌竞争力指数报告（2013~2014）》在原有行业内部排名的基础上进行升级，开创性地对调研的 1526 家国内外企业品牌展开评价，从总体态势、行业、区域、省份、指标、分级六个层面撰写中国企业品牌竞争力指数总体报告。此外，行业专题报告篇重点展示了房地产行业、金融行业、汽车行业、IT 行业等 15 个有代表性的行业品牌竞争力指数调研报告。行业报告共包含五部分内容：从宏观、中观和微观三个层面撰写行业品牌竞争力指数总报告；2013 年度各行业内部品牌竞争力排名报告；2013 年度各行业品牌竞争力区域报告；2013 年度各行业品牌竞争力指数分项报告；从宏观经济、行业市场、政策法规层面分析各行业品牌竞争力提升策略专题研究。本书于 2015 年完成，于 2016 年正式出版。

随着中国综合国力日益增强，中国企业的国际竞争力也日益凸显，一批中国知名企业品牌正大步迈向世界，国际影响日益增长。中国企业品牌是否拥有市场竞争力和话语权？这关乎整个中国经济的发展变革，所以说中国自主品牌建设刻不容缓。鉴于此，中国企业品牌竞争力指数课题组在北京中品国际品牌管理有限公司的大力资助下，为中国品牌监测大业献计献策，希望各方持续支持和关注 CBI 发展，为"品牌强国"摇旗呐喊，缔造中国品牌新常态。

目　录

第一章　中国企业品牌竞争力指数系统概论

第一节　中国企业品牌竞争力指数系统

一、中国企业品牌竞争力指数系统的研究背景

中国经济在经历了几十年令人炫目的发展之后，在 2010 年的第二季度终于超过日本成为世界第二大经济体，这是中国经济发展的一个里程碑。中国虽然是世界上最大的制造业国家，但却是一个实实在在的品牌弱国，国外权威评估机构的全球品牌 100 强中国榜上无名。中国 2013 年度 GDP 占全球 GDP 的 12%[①]，却消耗全球主要资源和能源的 20%~40%，中国的土地、环境、资源、能源、劳动力都已经到了无法承受低层次制造的时候，自主创新、增加附加值、打造自主品牌已迫在眉睫。

随着我国经济的快速发展，市场的开发程度不断加深、消费市场从"商品消费"进入"品牌消费"等客观环境变化。企业之间的竞争越来越体现为企业品牌之间的竞争，品牌建设已经成为企业和行业的头等大事，如今中国企业在加强竞争力、进行战略性品牌管理方面还没有一个标准化的、持续的基础性参考指标。提升中国企业品牌竞争力，建立科学、客观、系统的品牌管理体系已迫在眉睫。

近年来，包括政府在内的各界一直在强调我国自主品牌建设，打造世界知名品牌。国家"十二五"规划也提出：加快转变经济发展方式，开创科学发展新局面；要发展拥有国际知名品牌和核心竞争力的大中型企业，实施"走出去"战略。打造自主品牌已经上升至国家战略的高度，也是中华民族伟大复兴的重要一环。

为了引导中国自主品牌快速健康的成长，中国社会科学院工业经济所根据国务院《国家知识产权战略纲要》（2008）文件精神，立足于品牌的创造、运用、保护和管理，通过重点课题的形式，构建了中国企业品牌竞争力指数（CBI）理论体系，通过对企业品牌运营的评价，揭示企业品牌成长的规律及企业在品牌运营方面的优势和劣势，引导企业加强对品牌资产的培育和利用，增强企业的品牌竞争力。

二、中国品牌竞争力指数系统构建的原则

品牌竞争能力是由相互联系、相互作用的若干要素构成的有机整体，可称作一个系统。对一个复杂系统的研究，可以通过研究系统各组成要素、要素间的联系及各要素对系统的影响，以达到对系统整体的全面把握。对品牌竞争力进行评价时，应该注意以下几个原则。

[①] 参考消息网，《美国新闻与世界报道》网站刊登题为《投资者应当接受中国的崛起》的报道。

（一）科学性原则

品牌竞争力的指数体系是理论与实际相结合的产物，它必须是对客观实际的抽象描述。首先，品牌竞争力涉及的因素很多，如何对其进行高度抽象的概括，如何在抽象的概括中抓住最重要、最本质、最有代表性的东西，是设计指标体系的关键和难点。对客观实际抽象描述得越清楚、越简练、越符合实际，其科学性就越强。其次，评估的内容也要符合科学的规定，每个指标的概念要科学、确切，要有精确的内涵和外延。最后，评价的方法也要有科学性，要有科学依据，理论性要强。

（二）系统性原则

评估的每一个对象，都可以称为一个自成体系的系统。所以新方法应根据系统的思想，利用该方法体系与外部的关系，以及体系内各指标间的相互关系来构建，形成一个开放的、互动的方法体系。品牌竞争力的大小、强弱，可用品牌市场能力、品牌的管理能力、品牌的可持续发展能力等若干指标来衡量，这些指标也是相互联系和相互制约的。

（三）有效性原则

有效性指品牌竞争力测评指标要明确清楚、简单直观。指标数量得当，指标间不交叉重复，但应尽量反映评估对象的一般性或共性特征，以此来提高实际评估的可行性与可比性。

（四）实用性原则

设计品牌价值视角下的品牌竞争力测评指标的目的在于衡量企业品牌竞争力的强弱情况，应该能够体现测评指标的实用意义，即测评指标应成为企业自我诊断、自我完善的有力工具，为最终建立有竞争力的品牌而不断改善企业品牌建设的薄弱点。

三、中国品牌竞争力指数系统的功能定位

课题组通过对品牌竞争力指数的构建和分析，揭示企业在品牌运营方面的优势和劣势，引导企业加强对品牌资产的培育和利用，增强企业的品牌竞争力。在企业品牌竞争力的基础上对产品品牌竞争力、行业品牌竞争力、区域品牌竞争力进行评价。详细来说，中国品牌竞争力指数系统的功能定位有以下三点。

（一）客观反映中国品牌竞争力发展水平

中国品牌竞争力指数系统是中国社会科学院重点研究课题，作为国内首创中国品牌竞争力指数系统，在全国范围内推广施行，通过对中国品牌竞争力指数体系的构建和分析，客观真实地反映中国品牌竞争力水平。

如今中国虽然有了海尔、联想、华为等一大批具有实力的品牌，但是与发达国家的诸多国际著名品牌相比，差距明显。同时，中国企业整体的品牌建设缓慢，很多企业没有树立起品牌建设的理念与意识，也不了解如何才能培育优良的品牌。中国品牌竞争力指数系统的出现，客观地、真实地、权威性地反映了如今我国企业品牌、行业品牌与区域品牌的现状，同时指出需要改进的品牌与先进品牌之间的差距及需要提升的方面。

（二）建立科学的品牌竞争力指标评价体系

课题组在品牌评价指标体系构建中，充分吸取学者们的研究经验，从不同的侧面和角度反映品牌的内涵，把握品牌形成和成长内在规律，全面综合地设计评价指标体系。同时立足于我国国情，科学的指标评价体系是在充分考虑中国国情的基础上，有所区别地借鉴国内外已有的研究成果，分析所依据数据的可靠性和相关性，从而科学、公允地反映品牌创造、运用、保护和管理现状。

（三）为社会各界提供智力支持和信息资源

中国品牌竞争力指数系统的构建，旨在为政府、企业及其他各界服务，力求使得中国企业在自身的品牌建设方面获得具体的诊断测评方法和品牌表现形态的实践测量，并为企业的品牌管理提供有效的借鉴。企业可以有的放矢地培育、完善、巩固自己的品牌建设，不断增强品牌的竞争力；政府可以对行业进行有针对性的指导和扶持，以提高行业整体的品牌竞争力；综合区域和特色区域可以对自己的区域品牌进行客观评价，并进行有针对性的建设。除此之外，中国品牌竞争力指数的构建也为其他市场主体服务，包括政府、科研机构、中介机构、投资者、消费者，无论是宏观上还是微观上，提供最真实、最迅速、最科学、最深入的中国企业品牌竞争力情况分析。

第二节　中国企业品牌竞争力指数系统的逻辑架构及其释义

一、中国企业品牌竞争力指数系统的逻辑架构

中国企业品牌竞争力指数系统（China Enter-prise Brand Competitiveness Index System，CBIS）是一套多指标综合评价分析方法，以指数形式反映中国企业品牌竞争力强弱和品牌竞争力发展趋势的指标体系。结构如图1-1所示。

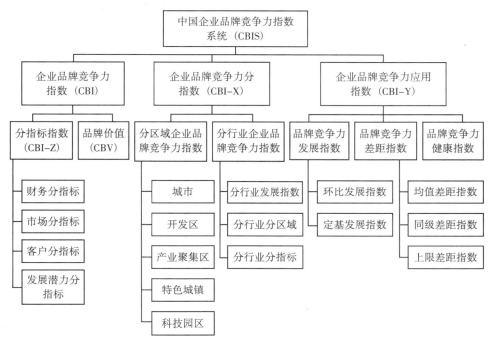

图1-1　中国品牌竞争力指数系统结构

CBIS 包括品牌竞争力指数（CBI）、品牌竞争力分指数（CBI-X）、品牌竞争力应用指数（CBI-Y）、品牌竞争力分指标指数（CBI-Z）。其中，品牌竞争力分指数包括品牌竞争力分行业指数、品牌竞争力分区域指数和品牌竞争力分指标指数；品牌竞争力应用指数包括品牌竞争力发展指数（CBI-Y-D）、品牌竞争力差距指数（CBI-Y-G）与品牌竞争力健康指数（CBI-Y-H）；品牌竞争力分指标指数可以根据具体的研究层次划分，如企业品牌竞争力分指标为 4 个，区域品牌竞争力分指标指数为 12 个。

二、品牌竞争力指数体系架构解读

（一）指数体系概念及组合应用

品牌竞争力指数系统包括了多个重要概念，品牌竞争力指数系统结构图包括了其中的重要概念，具体释义如表1-1所示。

表1-1　品牌竞争力指数体系概念释义

指数名称	诠释
品牌竞争力指数（CBI）	企业品牌竞争力指数是一个相对指标，用来反映企业的品牌拥有区别于其他竞争对手或在行业内能够保持独树一帜、能够引领企业发展的独特能力

指数名称	诠释
品牌竞争力分指数（CBI-X）	品牌竞争力分指数是按照不同层次（如不同行业、不同区域等）对企业品牌竞争力总体状况进行分类评价的指数
品牌竞争力应用指数（CBI-Y）	品牌竞争力应用指数是将某品牌竞争力指数与其他品牌竞争力指数进行对比，得出一些对品牌管理有指导意义的工具，分别从时间序列、竞争差距、健康状况三个方面来考虑
分指标品牌竞争力指数（CBI-Z）	品牌竞争力分指标指数可以分为若干个指标指数，如财务指标指数、市场指标指数、品牌发展潜力指数等
分行业品牌竞争力指数	分行业品牌竞争力指数是针对某个行业的具体研究，是对行业内所有样本企业品牌竞争力指数加权平均得到的指数
分区域品牌竞争力指数	分区域品牌竞争力指数是针对某个区域的具体研究，是对区域内所有样本企业品牌竞争力指数加权平均得到的指数
品牌竞争力发展指数（CBI-Y-D）	品牌竞争力发展指数的实质是在一个时间序列上，同一企业在不同时期的品牌竞争力状况作比
品牌竞争力差距指数（CBI-Y-G）	品牌竞争力差距指数用来衡量某品牌与其他竞争品牌在品牌竞争力上差距的指数
品牌竞争力健康指数（CBI-Y-H）	品牌竞争力健康指数是在品牌竞争力判断过程中，以直接衡量品牌竞争力的健康状况

（二）重要指数解读

1. 品牌竞争力指数（CBI）

品牌竞争力指数的构建应是建立在综合评价指标体系的基础上，运用相关技术方法将指标加总的过程，即品牌竞争力指数是多指标评价系统的综合结果。

企业品牌竞争力指数定义

将影响企业品牌竞争力强弱的多种构成要素进行加权平均，进而得出反映其品牌竞争力变动趋势的统计学数值，就是品牌竞争力指数（CBI）。企业品牌竞争力指数是一个相对指标，用来反映企业的品牌拥有区别于其他竞争对手或在行业内能够保持独树一帜、能够引领企业发展的独特能力。CBI是一个相对指标，用来反映品牌竞争的比较优势和综合优势。

2. 品牌竞争力分指数（CBI-X）

品牌竞争力分指数（CBI-X）是按照不同的层次进行分类评价的指数，分为分行业品牌竞争力指数和分区域品牌竞争力指数。

分行业品牌竞争力指数是针对某个行业的具体研究，是对行业内所有样本企业品牌竞争力指数加权平均得到的指数。

（1）为政府提供政策的借鉴。分行业品牌竞争力指数可以使政府部门通过对指数值的比较，了解课题组首次发布的20个行业的企业品牌竞争力发展的总体情况。政府部门可以结合既定的行业发展规划以及目前行业发展的总体状况，在政策上给予行业支持，从而促进或减缓某个行业的发展，为国民经济的总体规划发展做出科学的判断。

（2）为投资者提供投资的依据。品牌竞争力是企业竞争力强弱的重要指标。投资者在选择投资的时候，大部分会选择那些有竞争力的朝阳产业进行潜力股投资。分行业品牌竞争力指数为其投资提供了必要的依据。投资者可以对竞争力强的行业进行重点投资，对竞争力弱的行业逐步撤出投资，或者根据自己的需要进行组合投资。投资者还可以根据竞争力指数变化的范围，进行自己的判断，做出超出别人预期的投资。

（3）为研究机构提供研究依据。我国进行行业研究的机构不少，分行业品牌竞争力指数可以为其提供研究的重要依据。

分区域品牌竞争力指数是针对某个区域的具体研究，是对区域内所有样本企业品牌竞争力指数加权平均得到的指数。

（1）为政府提供政策的借鉴。首先，分区域品牌竞争力指数可以使政府部门通过对指数值的比较，了解各区域品牌竞争力发展的总体情况。政府部门可以结合既定的区域发展规划及区域发展的总体状况，针对特殊的区域在政策上给予支

持，促进该区域的发展，从而为国民经济的总体
规划发展做出科学的判断。

其次，对于该区域当地政府而言，可以根据
后期发布的分区域品牌竞争力发展指数、分区域
品牌竞争力差距指数、分区域品牌竞争力健康指
数做出客观的判断，有针对性地提升本区域品牌
竞争力。

（2）提供企业选择投资地点和评价竞争环境
的有力工具。迈克尔·波特（2002）认为，企业选
择投资和竞争地点，一般会评估四个因素：一是
资源；二是需求；三是支持性产业；四是竞争对
手等。投资者会评估比较各地点四个要素的优劣，
决定企业竞争战略的基本因素在不同地点的分布
是不相同的。竞争优势的驱动因素，例如自然资
源、人力资源、市场规模、需求差异、上下游和
相关产业、竞争状况以及文化等，在不同地点，
分布迥异。因此迈克尔·波特指出"在未来的核心
战略理论中，地域应该占有一席之地"。分区域品
牌竞争力指数是区域竞争力强弱的重要指标。投
资者在做投资决策的时候，都会考虑投资地的选
择。分区域品牌竞争力指数为其投资提供了客观
的参考依据。投资者可以根据分区域品牌竞争力
指数的范围，进行自己的判断，做出科学、理性
的投资决策。

（3）评价区域公共投资绩效的有力工具。区
域品牌具有强烈的外部性，它是本地区内相关产
业、企业和民众共同受益的一种公共产品，它往
往具有公共投资的性质。投资的主体可能是地方
政府，也可能是产业协会等。建立区域品牌的价
值评估模型，可以全面揭示地点品牌在评估基准
时点的未来收益和价值，从而为评价这种公共投
资的收益和支出奠定基础。

3. 品牌竞争力应用指数（CBI-Y）

> 品牌竞争力应用指数是将某品牌竞争力
> 指数与其他品牌竞争力指数进行对比，得出
> 一些对品牌管理有指导意义的工具，分别从
> 时间序列、竞争差距、健康状况三个方面来
> 考虑。

单独的一个品牌竞争力指数只能反映品牌在
某一时点的状况，在缺乏比照的情况下，这一指
数无法显示更多信息。所以，从营销应用的角度
考虑，品牌竞争力指数模型研究应当前进一步，
即基于指数模型开发更多的指数工具（即指数体
系）。这些指数管理工具对品牌竞争力管理颇有
价值。

实际上，品牌竞争力应用指数体系的开发过
程就是将某品牌竞争力指数与其他品牌竞争力指
数进行对比，从而得出一些对品牌管理有指导意
义的工具。对比的视角可以从时间序列、竞争差
距、健康状况三个方面来考虑。

4. 分指标品牌竞争力指数（CBI-Z）

> 分指标品牌竞争力指数是对指标评价体
> 系一级指标的具体考量，可以分为若干个指
> 标指数，如品牌财务表现力指数、品牌市场
> 表现力指数、品牌发展潜力指数、品牌客户
> 支持力指数等。

（1）完善企业品牌竞争力指数的研究。企业
品牌竞争力指数以指数形式给出了企业品牌竞争
力的总体情况，然而对于政府、投资者、研究人
员来说，仅仅知道总体情况还是不够的。他们还
需要对企业品牌竞争力的某个方面进行深入细致
的研究。分指标品牌竞争力指数从品牌财务表现
力、品牌市场表现力、品牌发展潜力、品牌客户
支持力四个方面完善了企业品牌竞争力指数的研
究，使得此次发布的中国品牌竞争力指数体系的
实用性更强，覆盖性更广。

（2）提高指数发布的实用性。品牌财务表现
力、品牌市场表现力、品牌发展潜力、品牌客户
支持力是企业、政府、研究者、客户等各方面
都很关心的问题。从这四个方面发布指数，不
同的群体可以有不同的解读，从而产生不同的
使用效果。

三、品牌竞争力指数的应用魔方模型

根据以上指数体系逻辑框架，课题组提出一
个企业品牌竞争力指数应用魔方模型，如图1-2
所示。

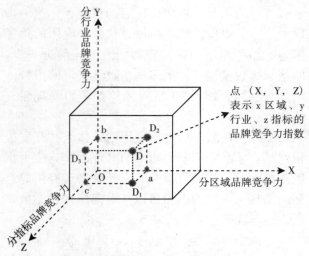

图1-2　品牌竞争力指数应用魔方模型

如图1-2所示，X轴表示分区域企业品牌竞争力，Y轴表示分行业企业品牌竞争力，Z轴表示分指标企业品牌竞争力。

一维魔方：其中a点表示某一区域内所有企业品牌竞争力指数的平均加权值，如北京地区企业品牌竞争力的总体指数；b点表示某一行业内所有企业品牌竞争力指数的平均加权值，如金融行业企业品牌竞争力的总体指数；c点表示某一指标品牌竞争力指数的平均加权值，如品牌市场表现指标的总体指数。

二维魔方：其中D_1点表示a区域c指标的企业品牌竞争力指数，如辽宁地区关于发展潜力指标的企业品牌竞争力总体指数；D_2点表示a地区b行业的企业品牌竞争力指数，如浙江地区关于食品行业的企业品牌竞争力总体指数；D_3点表示b行业c指标的企业品牌竞争力指数，如家电行业关于消费者支持指标的企业品牌竞争力总体指数。

三维魔方：D点表示a区域b行业c指标的品牌竞争力指数，如山东地区蔬菜行业品牌市场表现的企业品牌竞争力总体指数。

根据魔方模型可以衍生出若干个组合指数体系，如表1-2所示。

表1-2　组合指数释义表

项目	发展指数	差距指数	健康指数
企业品牌竞争力	企业品牌竞争力发展指数	企业品牌竞争力差距指数	企业品牌竞争力健康指数
分指标品牌竞争力	分指标企业品牌竞争力发展指数	分指标企业品牌竞争力差距指数	分指标企业品牌竞争力健康指数
分行业品牌竞争力	分行业企业品牌竞争力发展指数	分行业企业品牌竞争力差距指数	分行业企业品牌竞争力健康指数
分区域品牌竞争力	分区域企业品牌竞争力发展指数	分区域企业品牌竞争力差距指数	分区域企业品牌竞争力健康指数

注：本书拟针对20个地区、20个行业，结合4个分指标以及3个应用指数展开研究，课题组在调研过程中对数据按照以上划分标准进行分类，建立四个数据库，再配套软件技术，最终可以得出 $20 \times 20 \times 4 \times 3 = 4800$ 个指数排行榜，全方位反映中国企业品牌竞争力的相对竞争优势和变化趋势。

第三节　中国企业品牌竞争力指数的特点及意义

一、品牌竞争力指数的特点

（一）品牌竞争力指数具有能力比较性

品牌竞争力指数是在品牌竞争过程中表现出来的比较能力，指数的排行可以明确竞争主体的相对竞争位置，明确其品牌在市场竞争中的相对不足，从而能够有针对性地进行系统性的规划。能力比较的差异要求品牌竞争力指数既要注重市场的区域性，编制地区指数，也要注意行业内的差别，编制分行业指数。

（二）品牌竞争力指数具有目的利益性

品牌竞争最直接的目的是获得更多的经济利益，占有更大的市场份额，以实现再生产的高效循环，因此最根本的目的是利润的获取。

政府可以通过品牌竞争力指数对于产业或区域发展给予一定程度的指导和支持；消费者可以通过品牌竞争力指数了解自己关心行业、产品的品牌排名和发展状况，从而影响其在进行产品选择时的决策；企业可以从品牌竞争力指数中获益，扩大自己的生产和销售，以及进行有目的性的品牌竞争与扩张。

（三）品牌竞争力指数具有竞争动态性

品牌竞争力会随着市场结构和竞争行为的变化而变化。随着企业在发展过程中对品牌的重视程度日益加深，对品牌建设和维护的费用和力度会逐步加大，以至于品牌竞争力指数会在市场竞争过程中不断发展。品牌竞争力指数的编制会考虑多方面的因素，每年都会发布这一权威性的研究结果。

品牌建设和管理的长期性和市场的不统一性也决定了品牌管理指数是按月、按季甚至是更长的时间间隔来计算的。

（四）品牌竞争力指数具有形成过程性

品牌竞争力指数的培育和建立以及竞争能力的消长需要一定的形成过程。品牌的创建、运用、维护需要相对长的时间，这是一个曲折的过程。品牌竞争力指数会对不同层次品牌的全过程进行综合考虑，并结合历史的数据对品牌竞争力指数进行全方位的完善工作。

二、品牌竞争力指数的意义

（一）为政府宏观发展经济服务

中国品牌竞争力指数能够反映各区域、各行业及企业的品牌竞争力的整体状况及发展趋势，因此各级政府可以利用中国品牌竞争力指数了解全国企业的品牌竞争力的发展状况和行业结构，从而为调控全国各行业结构和引导行业发展服务。同时，通过区域品牌竞争力指数，各级政府还可以了解各地区企业品牌竞争力的发展情况，并通过各地指数的对比，了解各地企业品牌竞争力的发展水平，为调整品牌竞争力的地区结构提供参考。另外，各地政府也可以通过地区品牌竞争力指数与其他区域的企业的品牌发展水平对比，掌握本地企业品牌发展的情况。对于地方政府，除了指导对辖区内企业品牌建设的情况进行调控外，还可以通过与各地指数的对比，了解本地品牌竞争力在全国品牌竞争力市场中的地位，更好地做出本地品牌竞争力的发展决策。

（二）为企业品牌的发展提供重要的依据

企业通过对品牌竞争力指数的构建和分析，可以发现企业自身在品牌运营方面的优势和劣势，从而有针对性地加强对品牌资产的培育和利用，增强企业的品牌竞争力。

首先，企业品牌竞争力指数系统从品牌的财务表现指标、品牌的市场价值表现指标、品牌的发展潜力指标、品牌的顾客支持指标四个部分入手，形成4个一级指标，下设规模要素、增长因素、效率因素、市场占有能力、超值获利能力、市场稳定性、国际市场影响力、品牌技术创新力、品牌资源筹供力、品牌市场营销力、品牌市场成长力、品牌基础管理能力、品牌认知度、品牌知名度、品牌美誉度、品牌满意度、品牌忠诚度、品牌联想度18个二级指标，继而分解为72个三级指标，将一个企业的品牌竞争力的各个主要环节及因素"一网打尽"。企业可以根据自己的品牌得分情况，详细了解自身品牌在品牌创造、品牌运用、品牌保护、品牌管理、品牌效益、社会责任等多个维度下，薄弱的环节，优势的环节又在哪里。在改善的过程中，容易找到切入点。从得分较低的方面加大力气，能够更具实效地提升企业品牌的竞争力；优势的环节要继续保持，并持续改进。

其次，目前企业为了进行产品营销一般通过媒体广告、楼书、销售人员介绍等向消费者介绍产品，由于时机、频率等方面的影响，很难全面地让消费者了解企业产品，而在市场与消费者都日渐成熟的情况下，仅凭一个"概念"或空洞"许诺"已经很难让消费者信服，中国品牌竞争力指数正好弥补了这一方面的不足，可以成为企业营销一个非常重要的手段。另外，中国品牌竞争力指数在计算统计过程中，还可以通过对市场、消费者不间断的调查，在企业产品营销的整个运作过程中随时为企业提供最及时、最需要的决策参考依据。

同时，得分较高的企业则成为了其他企业的标杆，榜样的作用由此树立。企业可以在中国企业品牌竞争力排行榜的榜单中寻求自己的模仿对象或者学习榜样，可以取经求道，也可交流经验。有了现实的案例，在提升自身品牌竞争力的过程中也有法可循。

另外，也为企业在实施自己的品牌策略、品牌延伸策略、品牌投资策略、品牌连锁经营等战略的时候，提供有效的数据参考，了解即将涉足行业的其他企业的品牌竞争力状况。

（三）为消费者消费提供指导

品牌是其选择商品和服务的方向标。我国的消费者、中产阶级对于品牌、品质、质量的要求越来越高。这些追求高品质的消费有些时候却无法在国内得到满足。人们更需要精神上的享受，改革开放有这样一个要求，消费者在当今有这样的一个客观需要。消费者的个性也需要通过具体的品牌向外传达。美誉度高的品牌省去了消费者的选择烦恼，给消费者的生活带来方便。

消费者需要从权威机构来获得品牌评价的信息。品牌竞争力指数的高低，可以作为消费者在消费时进行评价的依据，从而获得更好品牌的优质产品与服务。另外，指数系统详尽完备的数据库和定期分析报告，对市场各个主体同样具有重要的参考价值。

（四）为科学研究和中介机构提供基础数据

中国品牌竞争力指数的发布，可以为中介机构提供咨询的参考，提供咨询机构对市场发展变化的科学预见和判断能力，有利于市场投资服务业的健康发展。

此外，中国品牌竞争力指数的发布还能为投资者决策提供区位、时点选择的帮助，为其他经济研究机构、科研人员提供有效的信息及分析工具。正如前面所指出的，中国品牌竞争力指数系统的服务对象是整个市场，系统将以不同层次的指数产品来满足市场各个层次的需要。

（五）为投资商提供决策依据

企业品牌竞争力指数可以使投资商了解中国企业品牌竞争力的整体状况，提高其投资时机、投资结构的决策准确程度；行业品牌竞争力指数和区域品牌竞争力指数可以使他们了解各行业、各区域品牌竞争力的不同状况，在投资选择上为之提供帮助，减少投资风险；通过中国品牌竞争力指数的动态比较，可以更好地判断品牌竞争力发展所处的周期性阶段，以把握市场形势，决定或调整投资时机。

第二章　中国企业品牌竞争力指数体系构建

第一节　企业品牌竞争力评价指标体系构建思路

中国企业品牌竞争力指标体系是用以评估品牌竞争力状态的一系列要素体系，一般来说，指标体系由两层或两层以上的指标构成。如果一级指标可以直接测量，则无须再细化。品牌竞争力评价指标体系的本质是将品牌竞争力这一复杂不可直接测量的概念分解成可以直接衡量的片段，所以有必要发展二级或更广一级来辅助一级指标的测量。

一、品牌竞争力指标体系的构建原则

——代表性原则。影响品牌竞争力的指标有很多，但不能把方方面面都放入评价指标体系内。代表性原则要求测评指标的设计要能反映出品牌竞争力各个因素主要的客观体现。

——系统性原则。评估的每一个对象，都可以称为一个自成体系的系统。所以新方法应根据系统的思想，利用该方法体系与外部的关系，以及体系内各指标间的相互关系来构建，形成一个开放的、互动的方法体系。

——有效性原则。有效性指品牌竞争力测评指标要明确清楚、简单直观。指标数量得当，指标间不出现交叉重复，但应尽量反映评估对象的一般性或共性特征，以此来提高实际评估的可行性与可比性。

——实用性原则。设计品牌竞争力测评指标的目的在于衡量品牌竞争力的强弱情况，应该能够体现测评指标的实用意义，即测评指标应成为企业自我诊断、自我完善的有力工具，为最终建立有竞争力的品牌而不断改善企业品牌建设的薄弱点。

——普适性原则。所选指标应适用于不同行业、不同地区，且综合反映企业（区域）品牌竞争力状况，具体的三级指标需要根据行业的不同而有所微调。

——可测性原则。指标所体现的基础数据在企业现有核算中应能够取得。一级指标要明确具体，且相互之间具有一定的独立性，否则会出现共线性问题；一级以下指标是计分的基本单位，需要直接面对被访者，应当具有可直接衡量性，且指标之间要存在一定的相关性，否则就不是在测量同一个上级指标。

二、品牌竞争力指标体系的构建过程

为了使品牌竞争力指标体系符合以上原则，研究过程必须采取一套科学的研究方法，课题组将品牌竞争力指标体系的构建过程划分为三个阶段：课题组内部专家提出阶段和国内品牌专家（德尔菲法）修正阶段，这两个阶段均属于定性研究，在未来的数据统计中课题组将增加一个统计分析环节，验证指标体系的信度和效度。

（一）在理论分析和评估实践的基础上提出指标体系

> 在本研究中，企业品牌竞争力指标体系的提出有三个来源：
>
> （1）品牌竞争力来源及机理的理论分析。理论为评估提供了方向性的指导，并从逻辑层面确保了指标体系的系统性。
>
> （2）国家竞争力、城市竞争力、企业竞争力的评价方法论，确保本研究符合竞争力评价的一般逻辑思路。
>
> （3）已有关于企业品牌价值和品牌竞争力测评的研究。据此，课题组发展了包含4个维度的品牌竞争力矩阵假设，根据研究层次（行业、区域）的不同，对指标体系进行相应调整。

（二）采用德尔菲法筛选、修正指标体系

课题组先召开中国社会科学院内部专家论证会，重要内容之一即对指标体系进行修改补充。在此基础上召开国内专家论证会，聘请10名国内品牌竞争力研究的权威专家对修正的指标体系提出修正意见，完成指标体系构建的定性研究。

（三）主成分分析确定最终指标体系

可以说，以上两个阶段研究在理论逻辑上是合理的，但由于本指标体系是首次提出，需要实践数据统计分析来检验其效度和信度。课题组认为，可以利用因子分析的主成分法来检验指标体系，主成分法的原理就是将若干相关度较大的广义级指标汇集在一起，形成少数几个因子，这几个因子可以较大程度地解释品牌竞争力核心指标的信息。

第二节　企业品牌竞争力评价指标体系

一、企业品牌竞争力评价理论模型与指标体系

借鉴国内外学者对企业品牌竞争力评价指标体系的现有研究成果，根据全面性、系统性、本土性以及可测量性的原则，课题组设计企业品牌竞争力指数理论逻辑模型，如图2-1所示。

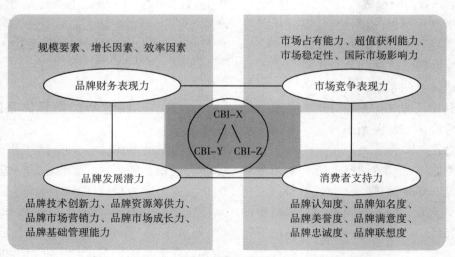

图2-1　"四位一体"企业品牌竞争力指数理论模型

通过对国内外关于品牌价值和品牌竞争力评价的综合研究，可以总结出品牌竞争力评价均是从财务指标、市场指标和消费者指标三个方面评价，如 Interbrand 着重财务指标测评品牌价值，Aaker 从消费者支持层面构建 10 个品牌竞争力评价指标，Landor 机构基于市场表现构建品牌竞争力评价指标体系。评价模型各具优劣，均以简单可操作性为原则，目前国内各种品牌价值和竞争力评价机构及排行榜充斥大众眼帘，其系统性、全面性以及评价结果的权威性广受质疑，这也正是本课题研究的价值所在。

综合以上关于品牌竞争力评价模型的对比，对于品牌竞争力的评价主要从品牌财务表现、市场表现和消费者支持的视角展开，或者是其中一个或两个方面，或者是其中两个形式组合。本研究力图构建一套全面系统的评价体系，吸收现有研究成果，课题组认为竞争力的必要条件之一是必须具有可持续性，因此在以上学术界、权威机构公认的三个指标基础上提出品牌发展潜力评价指标，这样保证了评价指标体系的系统性（企业内部如发展潜力、财务表现和市场表现指标，企业外部如消费者支持）、动态性（现状如市场表现、财务表现和消费者支持指标，未来状况如发展潜力指标）、科学性（定性指标如发展潜力和消费者支持指标，定量指标如市场表现、财务表现）。

经过两次论证会的专家修正，根据以上理论逻辑模型，课题组最终提出包含 4 个一级指标、18 个二级指标、72 个三级指标的指标体系，如表 2-1 所示。

表 2-1　中国企业品牌竞争力评价分级指标体系

一级指标	代码	二级指标	代码	三级指标	代码
品牌财务表现力	F	规模要素	F1	销售收入	F11
				净资产	F12
				净利润	F13
		增长因素	F2	近三年销售收入增长率	F21
				近三年净利润增长率	F22
		效率因素	F3	净资产利润率	F31
				总资产贡献率	F32
				全员劳动率	F33
市场竞争表现力	M	市场占有能力	M1	市场占有率	M11
				市场覆盖率	M12
				新产品市场渗透率	M13
				品牌产品销售量	M14
				品牌总资产周转率	M15
		超值获利能力	M2	品牌溢价率	M21
				品牌资产报酬率	M22
				品牌销售利润率	M23
		市场稳定性	M3	销售收入增长率	M31
				品牌盈利变化率	M32
				品牌价值变化率	M33
				品牌成长年龄	M34
		国际市场影响力	M4	品牌产品出口总额	M41
				品牌产品出口利润率	M42
				品牌产品海外销售比重	M43

续表

一级指标	代码	二级指标	代码	三级指标	代码
品牌发展潜力	D	品牌技术创新力	D1	新产品替代率	D11
				新产品开发速度	D12
				品牌质量合格率	D13
				发明专利数	D14
				技术创新投资效果系数	D15
				技术经费占销售收入的比重	D16
		品牌资源筹供力	D2	资金筹供能力	D21
				原料能源筹供力	D22
				品牌专项人力资源比例	D23
		品牌市场营销力	D3	营销创新度	D31
				营销执行力	D32
				营销管理能力	D33
		品牌市场成长力	D4	品牌战略投资度	D41
				品牌成长指数	D42
				延伸新产品的接受度	D43
				品牌保护能力	D44
				品牌危机处理能力	D45
				品牌影响发展趋势	D46
		品牌基础管理能力	D5	品牌关系能力	D51
				品牌定位成功度	D52
				品牌传播效率	D53
				品牌运作能力	D54
				品牌战略规划	D55
				品牌文化建设	D56
				品牌社会责任	D57
消费者支持力	C	品牌认知度	C1	品牌的主观熟悉程度	C11
				品牌形象认知度	C12
				品牌符号认知度	C13
				品牌认知层次	C14
		品牌知名度	C2	品牌知名状态	C21
				品牌传播评价	C22
				品牌识别系统	C23
				无提示知名度	C24
				提示后知名度	C25
		品牌美誉度	C3	品牌信任程度	C31
				品牌认同程度	C32
				品牌品质承诺	C33
		品牌满意度	C4	品牌产品满意度	C41
				品牌服务满意度	C42
		品牌忠诚度	C5	品牌溢价性	C51
				品牌偏好性	C52
				再次购买率	C53
				行为忠诚度	C54
				顾客推荐率	C55
				缺货忠诚率	C56

续表

一级指标	代码	二级指标	代码	三级指标	代码
消费者支持力	C	品牌联想度	C6	功能联想	C61
				品牌个性联想	C62
				品牌独特性	C63
				组织联想	C64
指标个数	4		18		72

注：①从理论完整性、评价全面性的高度，课题组最终提出包含4个一级指标、18个二级指标、72个三级指标的指标体系。在后期的调研实施过程中，课题组会对评价体系做出增加（或减少）指标的操作，把指标分为基础指标和辅助指标，以应对实施过程中资料收集问题。具体步骤会在《中国企业品牌竞争力编写指南》中阐述。②品牌财务表现指标和品牌市场表现指标的数据来源于企业年报、国家统计局、工商局、行业协会统计数据等公开数据，财务数据部分采用统计标准化方法，再转化为Likert5级量表计量形式，根据行业不同赋予不同修正系数计算最后得分；品牌发展潜力主要针对测评企业展开定性调研获得数据；品牌客户支持主要针对消费者展开定性调研获得数据，届时将开通专门在线调研系统。

二、企业品牌竞争力评价指标释义

（一）品牌财务表现层面指标释义及测度依据

目前国内企业经营者对于现代化管理手段的理解与实践，多半仍然停留在以财务数据为主导的思维里。即使在市场竞争日益激烈，单一财务维度的数据早已不足以解释与掌握企业核心竞争力的今天，很多管理者仍然对非财务性指标采取忽视的态度。20世纪七八十年代，因为"全面质量管理"（Total Quality Management，TOM）与"顾客满意度"被公认为不可或缺的企业核心竞争力，非财务性的绩效指标才稍稍撼动了财务为主的管理思潮。课题组认为，非财务指标虽然在数据获取方面存在一定主观性、经验性、片面性等疑难，但其在整个竞争力的评价体系中举足轻重，本研究正是在公开数据的基础上对不同行业和地区的企业及其客户展开调研，探索其评价指标体系的科学性及系统性，力争弥补单一财务数据评价的片面性。

品牌财务表现层面指标的选取主要参考中国社会科学院中国产业与企业竞争力研究中心的企业竞争力检测体系，将财务指标分为规模因素、增长因素和效率因素3个二级指标。

1. 规模因素主要从销售收入、净资产和净利润3个三级指标衡量

（1）销售收入 = 产品销售数量 × 产品单价。

（2）净资产 = 资产 – 负债。

（3）净利润 = 利润总额 × （1 – 所得税率）。

2. 增长因素主要从近三年销售收入增长率、近三年净利润增长率2个三级指标衡量

（1）近三年销售收入增长率 = ［（当年主营业务收入总额/三年前主营业务收入总额）× 1/3 – 1］× 100%。

（2）近三年净利润增长率 = ［（当年净利润总额/三年前净利润总额）× 1/3 – 1］× 100%。

3. 效率因素主要从净资产利润率、总资产贡献率、全员劳动率3个三级指标衡量

（1）净资产利润率 = 净利润 × 2/（本年期初净资产 + 本年期末净资产）。

（2）总资产贡献率 = （利润总额 + 税金总额 + 利息支出）/平均资产总额 × 100%。

（3）全员劳动率 = 工业企业的工业增加值/同一时期全部从业人员的平均人数。

关于品牌竞争力财务表现部分，基础数据计算方法先将被监测企业的每一指标进行标准化处理，指标的原始数据经过标准化处理后称为指标标准值。各指标标准值与指标权重相乘后可以直接相加，从而得出因素的标准值。因素的标准值与因素的权重相乘后直接相加得到竞争力标准值。数据的标准化处理[1]按以下步骤进行：

（1）对规模类指标（包括销售收入、净资产、净利润）取自然对数。

（2）计算某一行业（假设为A行业）的监测

---

① 财务数据标准化处理方法参考中国社会科学院金碚研究员主持的《中国企业竞争力报告2007：盈利能力与竞争力》关于竞争力基础数据计算方法。

企业数（设 A 行业共有 N 个企业）。

（3）计算 A 行业所有监测企业某一指标（以净利润为例）的平均值，设为：

$$\overline{Q} = \frac{\sum_{i=1}^{N} Q_i}{N}$$

（4）计算 A 行业所有监测企业净利润的标准差为：

$$S = \sqrt{\frac{\sum_{i=1}^{N} (Q_i - \overline{Q_i})^2}{N}}$$

（5）计算 A 行业某一监测企业（假设为企业 X）净利润的标准值 $D_i = (Q_i - \overline{Q})/S$。

（6）重复（4），计算 A 行业所有监测企业净利润的标准值。

（7）重复（2）~（5），计算 A 行业所有监测企业其他指标（包括销售收入、总资产贡献率、净资产、净资产利润率、净利润、近三年净利润增长率、近三年销售收入增长率）的标准值。

（8）将企业各指标的标准值乘以该指标权重后相加，得到每个企业的竞争力基础数据的标准值。

在企业品牌竞争力评价中，财务与非财务管理指标的平衡对本指数体系的科学性举足轻重。Interbrand 的品牌价值测量技术，不但在资本市场有了专业公正的地位，对企业来说，更有着超越单纯财务绩效的管理意义。更为准确地说，Interbrand 的品牌价值测量，其实就是一套以财务语言为表征，融合了资金运用效率、业务模式思考，以及企业核心竞争力的综合性关键绩效管理仪表盘。当企业在基础效率管理的数据上（如现金流、库存流转天数、订单完成率等），加上品牌价值管理的总体目标时，就能合理地平衡财务与非财务指标间的重要性，确保企业在财务增长的同时，也能稳步强化核心竞争力，往永续成长的道路迈进。品牌价值作为企业管理指标的优越平衡性，来源于计算的三大基础：财务收益、品牌作用力以及品牌强度。而在分析财务收益时，经济附加值（Economic Value Added，EVA）是最为核心的基础。测量经济附加值（EVA）的意义，在于它反映了企业运营的真实效率。在单纯的营业利润概念上，经济附加值的计算更加入了资金机会成本的考量，进而相对完整地测量了企业的生产力与资产运用的效率。其实，资本市场早已经把经济附加值作为衡量一家企业运营绩效的重要标准。

Interbrand 品牌价值评估的第一步是测试品牌作为品牌化产品带来的当前收益和未来收益。在收入中扣除运营成本，以求得品牌化利润，这个数字称为经济附加值（EVA）。所有的财务分析都是基于企业的公开财务信息。对于未来的预算数据均建立在广泛的财务分析基础上。

此外，在品牌财务表现指标的系数设置还参考了世界最有价值的品牌评价公式和中国最有价值的品牌评价公式。以上财务指标选择和权重赋值均从企业竞争力测评的角度出发，关于基础数据的标准值属于企业财务指标，本系数参照 Interbrand 品牌的价值算法，品牌贡献率则需界定了一个修正系数，根据不同行业品牌对企业财务绩效的贡献度设定参数 K，K 的取值范围为 0~1，K 的调整取决于品牌的盈利能力状况、品牌扩张能力、品牌的发展趋势、品牌忠诚度、行业性质等。

（二）市场竞争表现层面指标释义及测度依据

企业品牌的市场表现是目前各大品牌价值评估机构的重要指标之一，财务表现指标从企业绩效角度反映品牌对企业的贡献率，市场表现指标则从品牌竞争的角度反映企业当前的竞争地位。品牌的市场竞争表现指标划分为市场占有能力、超值获利能力、市场稳定性、国际市场影响力 4 个二级指标。

1. 市场占有能力通过市场占有率、市场覆盖率、市场渗透率、品牌总资产周转率、品牌产品销售量 5 个三级指标来衡量

（1）市场占有率 = 品牌产品的销量/产品的总销量 × 100%。

（2）市场覆盖率 = 品牌产品的销售区域/总销售区域 × 100%。

（3）市场渗透率 = 新品牌区域销售额/区域总销售额 × 100%。

（4）品牌总资产周转率 = 品牌销售收入净额/平均总资产 × 100%。

2. 超值获利能力通过品牌溢价率、品牌资产报酬率和销售利润率 3 个三级指标来衡量

（1）品牌溢价率 =（品牌产品价格 - 无品牌产品价格）/无品牌产品价格 × 100%。

（2）品牌资产报酬率 = 品牌利润/企业总资产 × 100%。

（3）销售利润率 =（品牌产品销售额 - 品牌产

品成本)/销售额 × 100%。

3. 市场稳定性通过销售收入增长率、品牌盈利变化率、品牌价值变化率、品牌成长年龄 4 个三级指标来衡量

(1) 销售收入增长率 = (本年度品牌产品的销售收入 – 上年度品牌产品的销售收入)/上年度品牌产品的销售收入 × 100%。

(2) 品牌盈利变化率 = (本年度品牌产品的盈利率 – 上年度品牌产品的盈利率)/上年度品牌产品的盈利率 × 100%。

(3) 品牌价值变化率 = (上年度品牌产品的盈利率 – 前年度品牌产品的盈利率)/上年度品牌产品的盈利率 × 100%。

4. 国际市场影响力通过品牌产品出口总额、品牌产品海外销售比重、品牌产品出口利润率 3 个三级指标衡量

(1) 品牌产品海外销售比重 = 品牌产品海外销售额/品牌产品销售总额 × 100%。

(2) 品牌产品出口利润率 = 品牌产品出口利润/品牌产品出口总额 × 100%。

(三) 品牌发展潜力层面指标释义及测度依据

通过以往的种种努力与投入，品牌竞争力已经转移到产品的市场占有能力和超值创利能力上了。但是，品牌管理状况不同，维护力度不同，未来的可持续经营会发生很大的不同。现在经营好的品牌，未必完全是因为品牌管理和维护得好，好的品牌还应有基础日深的投入，不断支持未来发展的潜力。品牌发展潜力是从企业对品牌战略的重视、对品牌塑造的投入以及品牌管理的控制，从而实现品牌可持续发展的目的。

因此，这部分的重点是研究企业品牌的发展潜能。根据课题组对品牌发展基本规律的研究，将潜能指标量化，计算出潜力系数。品牌发展潜力层面指标主要通过品牌技术创新力、品牌资源筹供力、品牌市场营销力、品牌市场成长力、品牌基础管理能力 5 个二级指标衡量。

1. 品牌技术创新力主要通过新产品替代率、新产品开发速度、品牌质量合格率、发明专利数、技术创新投资效果系数、技术经费占销售收入的比重 6 个三级指标衡量

(1) 新产品替代率 = 新品牌产品数量/所有产品总量 × 100%。

(2) 品牌质量合格率 = 品牌合格产品数量/产品总数 × 100%。

(3) 技术创新投资效果系数 = 新产品利润/技术创新投资 × 100%。

(4) 技术经费占销售收入的比重 = 技术投入经费/销售收入 × 100%。

2. 品牌资源筹供力主要通过资金筹供力、原料能源筹供力、品牌专项人力资本 3 个三级指标衡量

资金筹供力从企业的信用等级、负债程度、国家对行业的支持度等方面衡量；原料能源筹供力通过单位原料能源成本、具有特殊合作关系的供应商数量及其在行业中的地位等来评估；品牌专项人力资本通过企业各类人力资源的短缺度以及专业化程度衡量。

3. 品牌市场营销力主要通过营销创新度、营销执行力、营销管理能力 3 个三级指标衡量

营销创新度通过从企业是否不断投入和组合营销资源，推出富有创意的营销方案迎合顾客的需求、引导顾客需求的角度进行评价；营销执行力主要考虑企业能否执行制定的营销方案，并根据变化的市场环境做出控制努力；营销管理能力主要通过供应厂家、分销渠道、社会公众、顾客等的关系维护和发展状况评价。

4. 品牌市场成长力通过品牌战略投资度、品牌成长指数、延伸新产品的接受度、品牌保护能力、品牌危机处理能力、品牌社会责任、品牌发展趋势 7 个三级指标衡量

(1) 品牌战略投资度 = (预期品牌的投资额 – 当期品牌的投资额)/当期品牌的投资额 × 100%。

(2) 品牌成长指数 = (本年度某品牌的市场占有率 – 上年度该品牌的市场占有率)/上年度该品牌的市场占有率 × 100%。

(3) 延伸新产品的接受度 = 当前新产品的销售量/新产品的生产量。

(4) 品牌保护能力通过投入的力度如专门保护机制等衡量，品牌危机处理能力通过危机处理能力的强度衡量。

(5) 品牌发展趋势包括国际化、民族化、区域化、行业化 4 个级别衡量。

5. 品牌基础管理能力主要通过品牌关系能力、品牌定位成功度、品牌传播效率、品牌运作能力、品牌战略规划、品牌文化建设、品牌社会责任 7 个三级指标衡量

（1）品牌关系能力通过品牌与客户关系、品牌与供应商关系、品牌与相关协作方关系三个方面衡量。

（2）品牌定位成功度主要从目标市场选择、品牌核心价值、品牌个性等方面衡量。

（3）品牌传播效率通过品牌沟通、分销状况、广告费用投入等方面衡量。

（4）品牌运作能力通过品牌形象设计、品牌延伸能力、规模扩张能力等方面衡量。

（5）品牌战略规划通过品牌组织团队、品牌战略设计等方面衡量。

（6）品牌文化建设通过品牌文化内涵、表现等方面衡量，品牌制度建设通过品牌的制度化程度等方面衡量。

（7）品牌社会责任通过企业环保、公益等投入程度衡量。

（四）客户支持度层面指标释义及测度依据

品牌竞争力的重要表现是消费者用自己的钞票投票而形成的，通常情况下，销售收入水平最能代表消费者对品牌的态度，得到的消费者选票越多，品牌的竞争力越强。基于消费者的品牌竞争力评估主要是评估顾客或消费者对品牌的知名度、态度、联想、情感依附和忠诚。消费者是品牌资产的源头，顾客对品牌的心理认知能够预测市场潜力。

本研究中课题组从品牌认知度、品牌知名度、品牌美誉度、品牌满意度、品牌忠诚度、品牌联想度 6 个二级指标来衡量消费者对品牌的支持程度。

1. 品牌认知度指消费者对品牌的主观熟悉程度。对不同品牌的熟悉程度进行打分，分值越高，则认为消费者在主观上对该品牌越熟悉。通过品牌的主观熟悉程度、品牌形象认知度、品牌符号认知度、品牌认知层次 4 个三级指标衡量

（1）品牌形象认知度通过优秀、良好、一般、较差、很差 5 级量表测度。

（2）品牌符号认知度通过品牌名称、品牌标识、品牌包装、品牌色彩等方面衡量。

（3）品牌认知层次通过公司品牌、公司名称、公司标识和公司形象四个层面衡量。

2. 品牌知名度是指消费者在对调查品牌形成的初步认知印象的基础上，受到调查品牌的自身识别系统、营销传播方式等方面的影响，产生二次感知的认知状态。品牌知名度的程度高低受到多方面因素的影响，如知名状态、来源方式、传播方式、传播评价、识别系统和宣传类别等。本研究通过品牌知名状态、品牌传播评价、品牌识别系统、无提示知名度、提示后知名度 5 个三级指标衡量品牌知名度

（1）品牌知名状态通过国际知名、国内知名、区域知名、区域一般和行业知名五个维度衡量。

（2）品牌传播评价通过持续不断、偶尔间断、总是间断、没有传播四个层次衡量。

（3）品牌识别系统通过公司名称、公司标志、公司口号和公司文化四个方面衡量。

（4）无提示知名度=首先回答该品牌名称的人数/被调查人数×100%。

（5）提示后知名度=提示后回答该品牌名称的人数/被调查人数×100%。

3. 品牌美誉度是指被调查对象（消费者）对调查品牌在品质上的整体印象，实质是指被调查对象对该品牌的赞誉程度

具体内涵包括功能、特点、可信赖度、耐用度、服务度、商品品质和外观。品牌美誉度是品牌差异定位、高价策略和品牌延伸的基础。本研究从品牌信任程度、品牌认同程度、品牌品质承诺 3 个三级指标衡量。

（1）品牌信任程度从非常可信、比较可信、一般可信、可信度差、无可信度 5 级量表测度。

（2）品牌认同程度通过非常认同、比较认同、一般认同、较小认同、决不认同 5 级量表测度。

（3）品牌品质承诺通过超值品质、优秀品质、一般品质、较差品质、恶劣品质 5 级量表测度。

4. 品牌满意度主要通过品牌产品满意度和品牌服务满意度 2 个三级指标衡量

（1）品牌产品满意度通过质量、外观、体验等要素衡量。

（2）品牌服务满意度通过对售前、售后服务质量感知衡量。

5. 品牌忠诚度是一种行为过程，是消费者对某种品牌的心理决策和评估过程，是一种在一个购买决策单位中，多次表现出来的对某个品牌偏向性的（而非随意性的）行为反映

品牌忠诚度主要通过品牌溢价性、品牌偏好性、再次购买性、行为忠诚度、顾客推荐率、缺货忠诚率6个三级指标衡量。

（1）品牌溢价性即相比同类产品均价，愿意为A品牌多付的价格比例。可以通过涨价忠诚指数和降价忠诚指数衡量，涨价忠诚指数=品牌价格上涨变动率/市场份额变动率，降价忠诚指数=主要竞争对手降价变动率/市场份额变动率。

（2）品牌偏好性即消费者在购买某类产品时，优先选择A品牌的可能性。

（3）行为忠诚度=期间重复购买该品牌产品的人数/期间品牌的总购买人数。

（4）顾客推荐率=向其他人推荐该品牌的人数/品牌的总购买人数。

（5）缺货忠诚率即在A品牌缺货的情况下，愿意等待的可能性。

6. 品牌联想度是指透过品牌而产生的所有联想，以及更深层次的情感和依附程度

这些联想能够组合出一些意义，形成品牌形象，进一步提供购买的理由和品牌延伸的依据，更主要的是反映对品牌的情感和依附度。本研究中品牌联想度主要通过功能联想、品牌个性联想、品牌独特性和组织联想4个三级指标衡量。

（1）功能联想通过产品的外观、产品与服务的质量、功能利益等方面衡量。

（2）品牌个性联想包括科技、健康、时尚、服务等方面的联想认知。

（3）品牌独特性从品牌符号、产品、服务、情感功能独特性等方面衡量。

（4）组织联想主要从企业形象、产品形象、品牌形象、文化形象、个人形象5个层面衡量。

第三节 企业品牌竞争力评价指标权重体系

权重是以某种数量形式对比、权衡被评价事物总体中诸要素相对重要程度的量值（邱东，1991），权重概念的本质是反映人进行判断时的价值观念和价值取向（卢泰宏，1998）。由于权重的变动会引起被评价对象各要素重要程度排序的改变，从而直接影响综合评价的结果。因此，在多指标综合评估中，权重的确定不仅是一个基本步骤，也是一个举足轻重的环节。

一、权重分析方法论基础

层次分析法（AHP）是由美国运筹学家 T. L. Saaty 教授于 20 世纪 70 年代提出的系统分析方法，它把决策过程中定性与定量的因素有机地结合起来，用一种统一的方式对各个指标进行处理。该方法把人的思维过程层次化、数量化，并用数学手段为分析、决策提供定量的依据，是一种定性与定量相结合进行权重分析的较好方法。

> 基本思路：把复杂事情分成若干有序层次，建立起一个描述系统功能或特征的内部独立的层次结构（即模型树）。然后根据对各层面相关元素的判断，对每一层次的相对重要性做出定量表示，即构造"比较矩阵"，以这个矩阵的最大特征值及其相应的特征向量，在通过一致性检验的前提下，确定每一层次中各元素的相对重要性次序的权重。最后通过对各层次的分析，进而导出对整个问题的分析，即总排序权重。

具体而言，其基本步骤如下：

1. 确定问题

先弄清楚利用 AHP 要解决的问题、问题的范围、所包含的因素和因素之间的相互关系。

2. 划分层次

层次的正确划分和各因素间关系的正确描述是层次分析法的关键。根据问题内在因素间的联

系与结构，把这种结构划分为若干层，如措施层、准则层、目的层等。措施层指决策问题的可行方案；准则层指评判方案优劣的准则；目的层指解决问题所追求的总目标。把各层间诸要素的联系用直线表示出来，层次结构如图 2-2 所示。

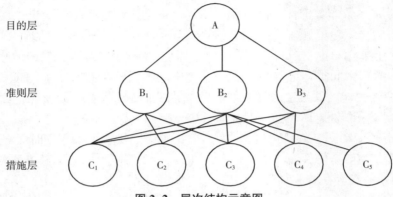

图 2-2　层次结构示意图

资料来源：陈洪涌.企业品牌研究 ［M］.北京：中国经济出版社，2007：300.

需要说明的是，层次划分的数目及定义并没有严格的规定，可以分为三层或多于三层，各层次的名称也根据具体问题而定。如所考虑的属于措施因素，则可以再增加措施层等。

3. 确定比较矩阵

就同层因素之间对上层某因素重要性进行评价，一般采用 "两两比较法"。"两两比较法"是每次在 n 个属性中只对两个属性进行比较，并在对 i 和 j 两个因素进行重要程度比较时作如下约定："极为重要"记为 9；"重要得多"记为 7；"重要"记为 5；"稍重要"记为 3；"一样重要"记为 1；"稍次要"记为 1/3；"次要"记为 1/5；"次要得多"记为 1/7；"极为次要"记为 1/9。通过专家论证或市场调研，进行两两因素之间重要程度的比较，所得结果如表 2-2 所示。

表 2-2　比较矩阵之两两比较法示意

	X_1	X_2	...	X_n
X_1	a_{11}	a_{12}	...	a_{1n}
X_2	a_{21}	a_{22}	...	a_{2n}
⋮	⋮	⋮	⋮	⋮
X_n	a_{n1}	a_{n2}	...	a_{nn}

资料来源：陈洪涌.企业品牌研究 ［M］.北京：中国经济出版社，2007：301.

根据上述结果，得到比较矩阵 A：

$$A = [a_{ij}]_{n \times n}$$

A 矩阵具有 "$a_{ij} = 1$；$a_{ji} = 1/a_{ij}$" 性质。根据这一性质可知，进行两两比较的次数不是 n^2 次，而是 $n(n-1)/2$ 次。

4. 计算权重系数

对于矩阵 A 先计算出最大特征根 λ_{max}，然后求出其相应的规范化的特征向量 W，即：

$$AW = \lambda_{max} \cdot W$$

式中 W 的分量（W_1，W_2，W_3，…，W_n）就是对应于 n 个因素的权重系数。

上述计算权重系数的方法比较麻烦，还有近似算法、和积法与方根可以简便地计算权重系数。和积法相对应的较多，其技术步骤与公式如下：

首先，对 A 按列规范化：

$$\bar{a}_{ij} = \frac{a_{ij}}{\sum_{i=1}^{N} a_{ij}}$$

其次，再按行相加得和数：

$$\overline{W}_i = \sum_{j=1}^{N} \bar{a}_{ij}$$

最后，再规范化，既得权重系数：

$$W_i = \frac{\overline{W}_i}{\sum_{i=1}^{N} \overline{W}_i}$$

5. 一致性检验

为评价层次总排序的计算结果的一致性，需要计算与层次单排序类似的检验。

CI：层次总排序一致性指标；

RI：层次总排序随机一致性指标；

CR：层次总排序随机一致性比例。

使用两两比较法可以得到比较矩阵，但是可能会判断不一致，所以需要进行一致性检验。一致性检验，就是检查决策者对多属性评价的一致性。完全一致时，应该存在如下关系：

$$a_{ij} = a_{ik}a_{kj}$$

反之，就是不一致。由于不一致性在所难免，那么多大的不一致性可以被接受呢？这就是一致性检验所要讨论的内容。

当判断完全一致时，应该有 λ_{max}，定义一致性指标 CI 为：

$$CI = (\lambda_{max} - n)/(n - 1)$$

当一致时，CI = 0；不一致时，一般 $\lambda_{max} > n$，因此 CI > 0。关于如何衡量值可否被接受，Saaty 构造了最不一致的情况，就是对不同 n 的比较矩阵中的元素，采取 1/9，1/7，…，1，…，7，9 随机取数的方式赋值，并且对不同的 n 用了 100~500 个子样，计算其一致性指标，再求得平均值，记为 CR。试验结果如表 2-3 所示。

表 2-3 一致性指标平均值

N	3	4	5	6	7	8	9	10	11
CR	0.58	0.9	1.12	1.24	1.32	1.41	1.45	1.49	1.51

资料来源：陈洪涌. 企业品牌研究 [M]. 北京：中国经济出版社，2007：303.

只要满足 CI/CR<0.1，就认为所得的比较矩阵的判断可以接受。最大特征根的简易算法是：

$$\lambda_{max} = \sum \frac{(AW)_i}{nW_i}$$

关于权重系数还要说明两点：①权重系数 W_i 可能随时间而改变，也就是随时间的发展，决策者的价值观和偏好可能发生改变；②权重系数可能随属性值而改变。

6. 计算组合权重

在得出各层所有元素相对于上层元素的权重之后，接下来的步骤是计算各层元素的组合权重。为了得到递阶结构每一层次中所有元素相对于总目标层的权重，应当把上一步的结果适当组合、计算，并求出总判断一致性检验。这一过程由目标层向准则层、措施层逐步进行，最后得出最低层相对于目标层的相对权重和整个模型的判断一致性检验。

不妨设第 k-1 层元素相对于总目标的组合排序权重向量。即：

$$W^{k-1} = (W_1^{k-1}, W_2^{k-1}, \cdots, W_n^{k-1})^T$$

第 k 层在第 k-1 层第 j 个元素作为准则下元素的排序向量为：

$$b_j^k = (b_{1j}^k, b_{2j}^k, \cdots, b_{nj}^k)^T$$

令 $B^k = (b_1^k, b_2^k, \cdots, b_m^k)$，则第 k 层 n 个元素相对于总目标的组合排序权重为：

$$W^k = B^k \times W^{k-1}$$

为评价层次总排序的计算结果的一致性如何，需要计算与单排序类似的检验量。

最后一步是得到相对于目标层的各评价方案的优先顺序。在整个递阶层次结构所有判断的总的一致性指标达到满意时，则可以利用模型进行评价。

二、指标权重系数的确定

权重的确定直接影响评价的结果，过去使用灰色系统模型进行批判，权重的确定多采用专家评定法（DelPhi 法）与层次分析法（AHP）等主观方法，也有部分学者单独采用熵值法等客观方法。事实上，单纯采用主观方法确定权重（如层次分析法），过于强调评价者的偏好，人为因素过于浓重，评价带有一定倾向性；单纯采用客观方法确定权重，则权重分配主要取决于各指标评价值的差异性，往往难以满足评价的目标要求，也无法反映评价者的主观偏好，甚至背离评价者的主观愿望。为了能客观地对被评价品牌做出公正的评价，避免以往评价方法中确定指标权重时采用单一方法的局限性，在评价模型中采用以下组合权重系数：

$$W_j^* = \beta W_j^z + (1 - \beta)W_j^s$$

式中，W_j^* 为指标 j 的组合权重系数；W_j^z 为相应的主观权重系数，β 为主观偏好系数；W_j^s 为相应的客观权重系数，$(1 - \beta)$ 为客观偏好系数，$\beta \in [0, 1]$。β 的具体数值由评价者根据实际情况、被评价品牌所处行业背景和评价者偏好等因素中和给出，本研究中 β 取值 0.6。

本书应用 G1 法确定主观权重，采用熵值法确定客观权重。下面给出 W_j^z 和 W_j^s 的确定方法。

1. 主观权重的确定方法——G1 法

G1 法是东北大学郭亚军教师提出的一种方法，他通过对 AHP 进行改进，避开了 AHP 的缺点，而且该方法无须一致性检验。不失一般性，设 X_1，X_2，$\cdots$，X_m（$m > 2$）是经过指标类型一致化和无量纲化处理的 m 个极大型指标。先确定序关系。

定义一：若评价指标 X_i 相对某评价准则的重要程度大于（或不小于）X_j 时，则记为 $X_i = X_j$。

定义二：若评价指标 X_1，X_2，$\cdots$，X_m 相对某评价准则具有关系式 $X_1^* = X_2^* = \cdots = X_m^*$ 时，称评价指标 X_1，X_2，$\cdots$，X_m 之间按"="确立了序关系。对于评价指标集 $\{X_1 \cdots X_m\}$，可以按照以下步骤建立序关系：

（1）专家（或决策者）在指标集 $\{X_1$，X_2，$\cdots$，$X_m\}$ 中，选出一个认为是最重要（关于某评价准则）的指标，记为 X_1^*。

（2）专家在余下的 m－1 个指标中，选出一个认为是最重要（关于某评价准则）的指标，记为 X_2^*。

……

（k）专家在余下的 m－（k－1）个指标中，选出一个认为是最重要（关于某评价准则）的指标，记为 X_k^*。

……

（m）经过 m－1 次挑选剩下的评价指标，记为 X_m^*。

用 X_j^* 表示按序关系二排定顺序后的第 j 个评价指标（j = 1，2，$\cdots$，m），这样，就可以确定唯一的一个序关系。

然后需要做的就是确定相邻指标之间的重要程度，设专家关于评价指标 X_{k-1}。

与 X_k 的重要程度之比 W_{k-1}/W_k 的理性判断分别为：

$$W_{k-1}/W_k = r_k (k = m,\ m-1,\ \cdots,\ 3,\ 2)$$

这样，就可以依照前数个指标之间的序关系，计算出各指标之间的相对重要度。对于指标数量较大时，可以取最次要指标 $r_k = 1$。其中，r_k 的取值可参考表 2-4。

表 2-4　r_k 取值参考

r_k	定义
1.0	指标 X_{k-1} 与指标 X_k 具有同样重要性
1.1	指标 X_{k-1} 与指标 X_k 之比介于同样重要和稍微重要之间
1.2	指标 X_{k-1} 比指标 X_k 稍微重要
1.3	指标 X_{k-1} 与指标 X_k 之比介于稍微重要和明显重要之间
1.4	指标 X_{k-1} 比指标 X_k 明显重要
1.5	指标 X_{k-1} 与指标 X_k 之比介于明显重要和强烈重要之间
1.6	指标 X_{k-1} 比指标 X_k 强烈重要
1.7	指标 X_{k-1} 与指标 X_k 之比介于强烈重要和极端重要之间
1.8	指标 X_{k-1} 比指标 X_k 极端重要

若评价人员给出理性赋值，显然有：

$$W_{k-1} \geq 1/r_k (k = m,\ m-1,\ \cdots,\ 3,\ 2)$$

$$W_j^z = \left(1 + \sum_{k=2}^{m} \prod_{j=k}^{m} r_j\right)^{-1}$$

$$W_{k-1} = r_k W_k (k = m,\ m-1,\ \cdots,\ 3,\ 2)$$

式中，W_j^z 表示第 j 个指标的主观权重。

在这里，以确定品牌市场成长力（D4）的各指标——品牌战略投资度（D41）、品牌危机处理能力（D42）、品牌发展趋势（D43）、延伸新产品的接受度（D44）、品牌成长指数（D45）、品牌保护能力（D46）的权重为例，说明该方法的应用。

根据课题组以及相关专家对这六个指标的打分均值的计算，得：$x_6 > x_1 > x_2 > x_5 > x_3 > x_4$，且它们的权重分别为 W_1，W_2，$\cdots$，W_6，由定义二，可以确定它们之间唯一的序关系：$X_1^* > X_2^* > X_3^* > X_4^* > X_5^* > X_6^*$，即它们在序关系下的权重分别为 W_1^*，W_2^*，$\cdots$，W_6^*。

则有：

$$r_2 = \frac{W_1^*}{W_2^*} = 1.5,\ r_3 = \frac{W_2^*}{W_3^*} = 1.4,\ r_4 = \frac{W_3^*}{W_4^*} = 1.4,$$

$$r_5 = \frac{W_4^*}{W_5^*} = 1.3,\ r_6 = \frac{W_5^*}{W_6^*} = 1.0$$

按对应关系还原对应指标的权重：

$$W_1 = W_2^* = 0.2517,\ W_2 = W_3^* = 0.1983,\ W_3 = W_5^* = 0.1507,\ W_4 = W_6^* = 0.1507,\ W_5 = W_4^* = 0.1483,$$

$$W_6 = W_1^* = 0.1025$$

依此类推，可分别算得各大类及各层次指标的主观权重。

2. 客观权重的确定方法——熵值法

熵值法也是一种根据各项指标观测值所提供信息量的大小来确定指标权数的方法。熵是热力学中的一个名词，在信息论中又称为平均信息量，它是信息的一个度量。根据信息论的定义，在一个信息通道中输的第 i 个信号的信息量为 I_i，$I_i = -\ln p_i$，公式中 p_i 是这个信号出现的概率。因此，如果有 n 个信号，其出现的概率分别为 p_1，p_2，…，p_n，则这 n 个信号的平均信息量，即熵为：

$$-\sum_{i=1}^{n} p_i \ln p_i$$

下面利用熵的概念给出确定指标权重系数的熵值法。

信息的增加意味着熵的减少，熵可以用来度量这种信息量的大小。设 X_{ij}（i = 1，2，…，n；j = 1，2，…，m）为第 i 个系统中第 j 项指标的观测数据。对于给定的 i，它的差异与该项指标对系统的比较作用呈正相关的关系，越大说明该项指标包含和传输的信息越多。用熵值确定指标权数的步骤如下：

（1）计算第 j 项指标下，第 i 个系统的特征比重为：

$$p_{ij} = X_{ij} / \sum_{i=1}^{n} X_{ij}$$

其中，假定 $X_{ij} = 0$，且 $\sum_{i=1}^{n} X_{ij} > 0$。

（2）计算第 j 项指标的熵值：

$$e_j = -k \sum_{i=1}^{n} p_{ij} \ln(p_{ij})$$

其中，k > 0，e_j > 0，若 X_{ij} 对于给定的值全部相等，那么 $p_{ij} = \dfrac{1}{n}$，此时 $e_j = k \ln n$。

（3）计算指标 X_j 的差异性系数。

对于给定的 j，若 X_{ij} 的差异越小，则 e_j 越大，当 X_{ij} 全都相等时，$e_j = e_{max} = 1$（k = 1/lnn），此时对于系统间的比较，指标 X_j 毫无作用；当 X_{ij} 差异越大，e_j 越小，则指标对于系统的比较作用越大。因此定义差异系数 $g_j = 1 - e_j$，e_j 越大，越应重视该项指标的作用。

（4）确定权数，即取：

$$W_j^s = g_j / \sum_{i=1}^{m} g_j$$

为归一化了的权重系数。

在本文中，X_{ij} 为专家给每个评价指标的打分；j 为评价指标，i 为专家。利用之前的公式，得到指标的客观权重。计算结果如下：

$W_1^s = 0.2721 \quad W_4^s = 0.1591$

$W_2^s = 0.1987 \quad W_6^s = 0.1010$

$W_3^s = 0.1651 \quad W_5^s = 0.1540$

依此类推，可分别算得其他三级指标的客观权重。

按照最初的权数计算公式对主观权重和客观权重进行线性组合，可得三级指标体系整体的权重集。

第三章 中国企业品牌竞争力指数评价流程设计

第一节 企业品牌竞争力指数的数据收集

一、基础数据收集

（一）调查区域范围

（1）分区先要遵照的就是行政区域。这样分区的优势在于便于数据统计；各地的营销学会也是按照行政区域设置，这样便于各地的营销学会充分发挥自己的优势和能动性；得出的结果能够以省为单位进行对比，这使得各省（市、自治区）的政府部门便于对指数反映出来的结果进行借鉴。

（2）分区也要参照品牌集群。因为中国企业的发展过程在一定程度上都存在着集群现象，品牌的发展也是随着企业的发展逐步壮大起来的，也会因此而存在着一定的区域集聚现象。例如温州的制鞋企业、中关村的电子互联网企业等，分区收集便于对样本进行代表性的收集，而且收集的成本也会有所降低。

综合以上两点，本次调研将在全国范围内展开，依照行政区域划分在浙江省、上海市、广东省、湖南省等陆续展开，并且对产业集群区域进行有针对性的调查。

（二）调查行业范围

根据国家统计局现行的《国民经济行业分类》行业划分标准，以及课题研究中遇到的实际情况，课题组将本次 CBI 指数的调查行业划分为 44 个行业，如表 3-1 所示。

表 3-1 中国品牌竞争力指数系统行业划分

金融	仪器仪表	医疗器械	小商品
房地产	电力燃气及水的生产和供应	文化传播	服装
医药	造纸印刷	农林牧渔	文教体育用品
烟	酒店旅游	日化	咨询
机械设备	金属及金属制品	社会服务	金银珠宝
非金属及其制品	化工	木材、家具	塑料制品
电子	通信及通信设备	建筑材料	船舶制造
纺织	计算机及软件	互联网	能源
快速消费品	汽车	教育培训	商业百货
交通运输仓储	家电	餐饮	物资贸易
建筑	采掘	飞机制造	酒

（三）调查企业选择标准

根据本研究指标体系，将选择符合财务指标、市场指标、消费者指标和品牌发展潜力指标等标准的企业作为调查对象，具体标准如下：

（1）此次指数编写的目的主要是能够为中国自主品牌发展提供一定的借鉴和发展的动力，品牌应该是中国大陆企业原创的，所以本次数据选择的范围主要是中国的自主企业品牌。

（2）被评估的品牌业务主要是面向个人消费者，但也包括了一些服务于中小型企业并且具备广泛市场认知的品牌，如阿里巴巴。指标编写的对象企业旗下有一个以上产品品牌能够在一定区域内为主流消费者所熟知。这样才能更好地反映企业品牌的整体实力和形象。

（3）入选的企业在行业内的销售额排名必须达到前50名。这样能够让课题组集中更多的精力把工作做好，也能够抓住中国品牌界具有代表性的企业，对其进行整体有代表性的研究。

（4）入选企业具有充足的经第三方严格审计的公开财务信息。有些企业的业务未完全上市，其被评估的收入部分将只考虑经过企业公布的信息中所包含的那部分收入。

（5）品牌创造的经济增加值（EVA）必须为正，也就是说，在考虑公司运营和财务成本的基础上，品牌化的业务还是盈利的。虽然有些品牌根据其公司报表计算的EVA为负，但是其品牌化收入部分（Brand Earnings）受财务成本和运营成本分摊的影响较小或者没有受影响，在品牌EVA仍为正数的情况下，课题组也会考虑这些品牌。

（四）数据收集范围

基础数据的收集包括两大块，其一是指数测算数据。指数测算数据为品牌企业硬性的财务指标，指数测算数据必须唯一、准确。其二是指数分析数据。指数分析是消费者和媒体对该品牌的评价，专家学者对品牌的评价等方面的测评数据，指数分析数据视调查的情况进行加权汇总，对总体结果进行一定程度的修正。

在数据收集过程中，要及时对调查资料进行整理，建立中国品牌竞争力指数基础样本数据库，以后每年新的调查数据应持续纳入基础样本数据库。收集的数据包括以下三类：

（1）财务数据。企业整体的财务情况，如资产总额、销售收入、净资产收益率等反映企业总体经营状况好坏的指标。主打品牌的财务指标，如主打品牌创造的税后净利润、主打品牌创造的毛利润等。

（2）为品牌宣传和维护投入的力量。包括企业品牌保护的投入，企业在维护品牌的社会责任过程中的投入数量，企业在品牌管理方面的投入。

（3）社会对企业品牌的认可程度。包括社会公众，主要是社会主流的消费者对于企业品牌的认可程度；各媒体对于品牌的认可程度；专家、学者、教授等研究群体对于品牌的看法。

（五）数据主要来源

1. 中国市场学会通过自己的渠道收集数据

中国市场学会在全国各地都有自己的分支机构，各地分会的会员组织涵盖了当地主流的大型知名企业，而且各地学会的主管领导基本上是当地有一定影响力或者是政府实权部门的领导，他们对于当地的数据收集有很强的执行能力。品牌管理专业委员会制定了《中国企业品牌竞争力指数（CBI）调查表》，由各地的分支机构对本地区的会员单位进行汇总，然后把数据汇总到品牌管理委员会再进行统一的分析和处理。

2. 网上调查

通过与第三方网站的良好协作和信息联网获取即时、准确的数据。中国市场学会品牌管理委员会设立了专门的网站（www.chinanb.org.cn）来收集数据，并有专门的人员负责数据的汇总管理；设立"品牌频道"通过第三方网站的覆盖来收集数据。

3. 全国大学生品牌策划大赛

中国市场学会品牌管理委员会每年会举办全国大学生品牌策划大赛，组织大学生对于当地的企业进行品牌方面的策划工作，这里汇总到的数据会直接充实到数据库中。

4. 官方数据

有关政府部门（统计局、中信委等）掌握的企业品牌管理方面的数据。

5. 企业年报等公开数据

（六）数据的基本要求

1. 真实准确

课题组会对收集上来的数据进行随机抽样检查，对那些明显不符合实际情况的数据，课题组会按照区域原则进行重点审核。对于那些问题重大的数据，课题组会协同当地的市场学会分支机构重新填写数据。

2. 保密原则

企业在填报数据时可能会有一些现实方面的顾虑，为了能够得到企业的积极配合，课题组郑重承诺，收集上来的数据仅作为制定指数之用，不会对另外的机构泄露，充分保证企业的权益。

3. 币种采用人民币计算，外币币种一律按调查期间汇率折算，并注明折算比率

二、基础数据处理

调查所得的原始数据不能直接用于指数的测算和分析，需要按数据的基本要求和分析的实际需要进行必要的处理。

1. 对残缺数据的处理

对个别由于各方面原因实在无法取得的数据

进行相应的补充。品牌管理委员会的专家会根据同规模、同类型企业的情况进行相应的推测；有条件的地区直接对企业进行调查；根据企业公开的数据进行推测。

2. 对原始数据进行规范

在《中国企业品牌竞争力指数（CBI）调查表》填写过程中，对于选项理解有差异造成的填写不规范、数字的计量方式不统一等都是课题组在后期的数据处理过程中要重点考虑的问题。在规范过程中特别注意调整要有准确的数据依据。

3. 对异常数据进行检验

课题组市场学会品牌管理委员会有权威的行业专家对于数据的真实有效性进行专门的审查。对于明显不符合要求的数据，课题组会进行重点调查和改正工作，调查清楚问题产生的源头，确保类似的事情不会再次发生。

第二节 企业品牌竞争力指数评价流程

一、评价实施流程设计的原则

中国品牌竞争力指数评价的实施是在整个品牌竞争力理论体系和评价体系构建完成之后进行的一项重要工作，它是对理论分析的应用，是将科学的理论和方法应用到系统的实践中去。因此，中国品牌竞争力指数评价的实施步骤和流程具有很强的科学性和系统性，设计评价的实施流程应该遵循以下原则：

1. 一致性与经济性原则

中国企业品牌竞争力指数评价实施流程中的每一个步骤、环节的设计，其目的都是为了评价这一最终目的，即得到中国企业的品牌竞争力评价结果，以对评价对象的品牌竞争力状况和水平做出评估结论，在此基础上制定改进的措施或策略。因此，评价实施流程中的每一个步骤都应该以此为目标设计，不需要多余的、无关的步骤和环节。中国品牌竞争力指数评价实施流程在设计

时还应该考虑每一个步骤实施的障碍和难度，因为评价实施时的障碍和难度都会带来经济成本、技术成本的增加。考虑到评价对象的广泛性和差异性、评价数据获得的困难程度，实施流程的设计应该尽可能具有普遍的适应性，操作难度适中、成本适中，具有经济性。

2. 全面性及科学性原则

中国企业品牌竞争力指数评价的实施流程是对品牌竞争力指数系统进行全面、系统应用的规范，是评价实践的程序性指导。中国品牌竞争力指数评价的理论和实施方法具有内在的逻辑性，因此，评价的流程也应该具有完整的系统结构，成为一个有机整体。这一系统的结构设计必须遵循科学性的原则，流程设计人员必须能够对中国品牌竞争力指数的定性、定量指标的标准化公式、品牌竞争力指数的计算公式、中国品牌竞争力指数的合成公式了然于心，才能编写出科学合理的流程。

3. 操作性与监控性原则

中国企业品牌竞争力指数评价的实施流程设计的每一个步骤都应该具有可执行性，即每一个步骤都有具体的操作方法，并能顺利操作完成。同时，在评价操作的过程中，设计的流程在实施过程中应该处于可控状态。

4. 完备性与简明性原则

中国企业品牌竞争力指数评价实施流程所包含的操作步骤是一个有机的整体，因此，这一实施流程具有完备性，按照这一流程能够顺利完成对评价对象品牌竞争力的评价过程。但是，完备的流程不等于繁琐、冗余的步骤，在能够完成指数评价过程、得到评价结果的前提下，中国品牌竞争力指数评价实施流程的步骤应该尽量少，使评价过程更加简洁明了。

5. 固定性与灵活性原则

中国企业品牌竞争力指数评价实施流程有其固定的、内在的逻辑性，因此，流程的设计应具有相对的稳定性，程序或步骤一般是不变的。但是，因为品牌竞争力的评价对象各异、评价时的情境不同，评价实施的流程也可能需要做出相应调整，因此，评价实施的流程也不能过于死板，应该具有可变、可调整的灵活性，即流程的设计需要体现出动态性。

二、评价实施流程的框架设计

作为中国社会科学院的重点课题，中国企业品牌竞争力的评价结果要做到系统、科学、标准、合理，其评价的实施必须按一定的流程顺序进行。品牌竞争力的评价是一个从明确评价目的开始至获得评价结果结束的完整过程，这一完整的实施流程包括了六个步骤，每个步骤又包括了若干程序，整个实施流程包含的六个步骤如下：

1. 评价准备阶段

评价准备子流程包括三个主要步骤：明确评价目的、成立专家委员会、汇集符合标准的企业名录。这个阶段是整个实施流程的起点，它要为后面的评价进行打下基础。

在评价开始前，要确定品牌竞争力评价的目的，即评价出的结果起什么作用。不同的评价目的，所选用的具体流程可能不同、选用的评价模型也可能不同。只有目标明确，才有针对性，这是一般系统评价前的一项基础性工作。中国企业品牌竞争力指数评价实施流程开始前的准备工作十分重要，评价的准备工作中要先明确评价的目的，因为评价的目的关系到后面的流程和步骤。评价主体要根据评价目的来确定评价客体和需要选择什么样的评价样本来实施评价。

根据上述中国企业品牌竞争力指数评价的目的，中国社会科学院和中国市场学会品牌管理委员会联合成立了专家委员会来专门指导和实施本次品牌竞争力指数评价实施流程的推进工作。专家委员会作为本次品牌竞争力指数评价实施流程推进工作的评价主体，具有专家和资源等多方面的优势，为此次评价指数的成功实施打下了坚实的基础。

在确定了准备阶段的评价目的和评价主体之后，很重要的一点就是明确确定此次指数评价的客体中哪些企业能够参与此次指数评价，即汇集符合要求的企业名录。这也关系到后面流程操作的进行。专家组在这个阶段会根据前文数据收集中选择企业的标准，收集相关的企业名录，主要是一般的营利性企业组织，包括中小企业、企业、大型企业集团等，评价对象所处的行业一般为竞争性的非垄断行业和国有大中型企业。中国企业品牌竞争力的评价会侧重于同一行业或产业的评价，并会推出行业或产业的排名，因此，每一次评价的对象都不止一个，而应该是一个企业群或行业群。这里关于企业名录的来源问题，专家组会和各个行业协会、各地方营销协会签订《合作协议书》，由他们对本行业、本地区符合条件的企业进行初步提名，形成初步的"样本企业数据库"。专家组会对名录保密使用。

2. 数据收集及预处理阶段

数据收集及预处理流程是整个评价实施流程的第二步，包括三个主要步骤：指标分类处理、原始数据收集、数据检验和指标预处理。在评价准备工作完成、准备充分的基础上，要根据评价对象和评价样本进行数据收集工作了，为指标值的计算做准备，收集的原始数据是品牌竞争力评价指标值计算的"原材料"。计算得到的指标值不能直接用于后面的指数计算，还需要对评价样本的指标值进行数据分析和检验，进行数据的纠错和处理。经过检验的指标值数据才能作为后面评价流程的计算基础。

指标分类处理阶段主要是指把本次指数评价所要用到的指标按照不同的收集渠道进行分类，以便开展数据收集和汇总工作。本次数据收集工作共采用了中国市场学会通过自己的渠道、网上调查、全国大学生品牌策划大赛、官方数据、企业年报等公开数据五大渠道来收集数据，为了避免重复和不必要的人力物力消耗，把主要精力用在数据的整理和分析上，对指标进行分类以确定来源渠道是非常重要的。企业的财务数据主要是通过公司年报等取得的，消费者对于公司的评价主要是通过网络调查等取得的，公司内部的品牌管理人员、物力方面的投入等的指标主要是通过对企业的问卷调查取得的，这样一来就可以简洁、明了、高效地进行数据的收集工作了。

指标原始数据收集是指中国品牌竞争力指数评价的指标体系中每个指标计算时涉及的原始数据或信息的收集工作。本章第一节对于数据收集的工作进行了详细的介绍，这里不再赘述。

在收集的原始数据基础上，指标值的计算根据品牌竞争力评价指标的计算公式得到。调查所得的原始数据不能直接用于指数的测算和分析，需要按数据的基本要求和分析的实际需要进行必要的处理。因为样本数据的数量一般较多，指标值数据需要进行统计检验后方可作为后面评价的依据，统计检验主要是验证样本数据的信效度。信度主要是指测量结果的可靠性、一致性和稳定性，一般多以内部一致性来表示该测验信度的高低。信度系数越高表示该测验的结果越一致、稳定与可靠；效度表示一项研究的真实性和准确性程度，又称真确性，它与研究的目标密切相关，一项研究所得结果必须符合其目标才是有效的，因而效度也就是达到目标的程度。本次调研主要采用 SPSS 作为数据检验方法。品牌竞争力评价指标值的信效度检验，主要是看所选指标能否准确、合理地反映评价对象的品牌竞争力特征和状况，指标体系是否有冗余或无效的指标，并进行优化和筛选。

对于检验后有异常或数据不合格的指标，可以参照检验结果决定其取舍，但不宜作为检验结果，因为财务指标数据有其独有的特征，应该结合品牌竞争力评价的理论分析决定是否删除有异常的指标。对于基础数据的处理，在本章的第一节做了说明，这里不再赘述。

3. 数据标准化阶段

数据标准化流程是整个评价实施流程的第三步，也是核心步骤之一。

在中国品牌竞争力指数体系中，位于最底层的基础指数是由品牌竞争力评价指标按照特定的无量纲化方法转换而来的，这一子流程主要包括评价指标到基础指数名称的转换、基础指数数量的转换、基础指数值的计算三个步骤。

因为本次品牌竞争力的评价是采用指数的方法来进行评价的。在采集到的数据的格式差距很大，如销售收入和近三年销售收入增长率这类指标在评价时就很难进行指数的比较等，进行标准化很好地解决了这一矛盾。课题组对于定性指标采用了"阈值法"，对于定量指标采用了"统计法"来进行原始数据的标准化。

这样，专家组在得到的评价样本指标值的基础上，就可以按照中国品牌竞争力指数标准化的方法进行品牌竞争力基础指数的转换，得到的基础指数就可以继续计算模型评价所需的各级品牌竞争力指标数据了。

4. 模型选择及指数计算阶段

模型选择及指数计算子流程是整个评价实施流程的第四步，也是承前启后的一步。包括评价模型选择、竞争力分值计算、各级指标计算三个步骤。

根据评价目的的不同，评价模型的选择也就不同。选择的评价模型不同，需要计算的各级中国品牌竞争力指数也不同。本次品牌竞争力指数评价特意构建了"四位一体"品牌竞争力指数评价模型来进行评价。根据评价模型和标注化后的数据，就可以对评价模型中各个评价指标进行计算了。采用加法合成的合成方法，把基础数据合成为具体的竞争力分值。

竞争力分值（CBS）计算是本次指数评价的一大特色。企业品牌竞争力分值综合地反映了企业品牌竞争力在某一时点的状态，采用的是绝对值的表现形式。

5. 评价结果输出阶段

评价结果输出流程是整个评价实施流程的第

五步，也是最后一步。之前已经根据评价目的选择了需要的评价模型，根据模型计算得到的中国品牌竞争力指数评价结果就是对评价对象的品牌竞争力状况进行分析的依据，不同的评价模型其结果显示的方式也不同。

中国品牌竞争力指数评价模型包括 CBI 模型、CBI-X 模型、CBI-Y 模型三种，不同的模型具有不同的功能，根据评价目的的不同，应该选择某一个或某几个模型进行评价。此外，不同的模型需要计算得到的各层级指数也不尽相同。

6. 数据汇总流程

数据归集子流程是整个评价实施流程中比较特殊的一个步骤，它不同于其他子流程是顺序进行的，数据归集是在其他流程实施的过程中"并行"的，在其他子流程实施的过程中同时实施。

因为，中国品牌竞争力指数评价以定量评价为主，在评价进行的过程中会收集、产生、得到大量与评价有关的数据，如样本数据、指标数据、分值数据、模型数据等，这些数据在评价过程中必须随时保存下来才能为后面流程的实施服务，因此，在前面五个子流程进行的过程中都有相应的数据库来收集这一子流程数据。

数据归集子流程主要包括四个步骤：样本数据归集、指标值数据归集、分值数据归集、评价结果数据归集，根据这四个步骤分别建立四个中国品牌竞争力指数评价的数据库：样本数据库、指标数据库、分值数据库、评价结果数据库，这四个数据库分别用于归集前五个子流程实施过程中收集或产生的大量评价数据。

第四章 中国企业品牌竞争力指数总体报告

第一节 2013 年度中国企业品牌竞争力指数解读

中国企业品牌竞争力指数（以下简称 CBI）研究课题组采用多指标综合指数法对中国企业品牌竞争力进行量化研究。为了检验综合指数方法和评价体系、模型的应用效果，课题组连续三年对 15 个行业 1500 多家中国上市企业品牌进行了跟踪调研，根据调查数据应用 CBI 计算模型得出中国企业品牌竞争力指数排名（见表 4-1），结果将以《中国企业品牌竞争力指数报告》蓝皮书的形式在中国品牌管理大会上发布。

根据中国 15 个行业 1548 家企业品牌竞争力指数数据，可以计算出 2013 年中国企业品牌指数

CBI 数值为 47。CBI 数值为相对值，是对各指标数据进行标准化处理之后的跨行业、跨规模、跨单位的通用可比数据。因此，一方面可以反映行业总体竞争水平；另一方面为行业内企业提供一个比较标准，能够均衡反映中国企业品牌竞争的平均水平。行业内部 CBI 数值低于 47 的企业，说明其品牌竞争力在行业内部处于劣势，高于 47 说明其品牌竞争力在行业内部处于优势，整个 CBI 指标体系为企业提供了一套具有诊断功能和预测功能的实用工具。

表 4-1　2013 年中国企业品牌竞争力指数排名

企业名称	省（市、自治区）	所属行业	相对值（指数）		绝对值（百分制）		
			CBI	序号	品牌竞争力得分（CBS）	品牌财务竞争力	市场竞争表现力
中国移动	北京市	通信	100.0000	1	91.4171	91.1918	91.9427
工商银行	北京市	金融	98.4553	2	90.2035	89.9574	90.7778
建设银行	北京市	金融	97.1603	3	89.1862	89.0769	89.4412
农业银行	北京市	金融	96.0801	4	88.3375	88.1850	88.6934
中国电信	北京市	通信	95.8480	5	88.1552	86.7093	91.5290
青岛海尔	山东省	家电	95.6006	6	87.9608	84.5859	95.8356
中国银行	北京市	金融	95.5726	7	87.9388	87.9730	87.8592
上汽集团	上海市	汽车	94.2692	8	86.9148	84.6878	92.1112
中国联通	上海市	通信	89.1473	9	82.8909	80.0942	89.4166
交通银行	上海市	金融	88.5399	10	82.4137	83.4331	80.0352
洋河股份	江苏省	酒	87.6303	11	81.6992	75.6434	95.8293

企业名称	省（市、自治区）	所属行业	相对值（指数）		绝对值（百分制）		
			CBI	序号	品牌竞争力得分（CBS）	品牌财务竞争力	市场竞争表现力
万科 A	广东省	房地产	86.8631	12	81.0964	79.2260	85.4608
贵州茅台	贵州省	酒	86.5672	13	80.8640	76.4039	91.2708
中国人寿	北京市	金融	86.3541	14	80.6965	83.7471	73.5785
中国平安	广东省	金融	86.2720	15	80.6320	83.6764	73.5284
恒大地产	广东省	房地产	85.6470	16	80.1410	77.1424	87.1377
五粮液	四川省	酒	84.6437	17	79.3528	74.1902	91.3989
联想集团	北京市	IT	83.5821	18	78.5188	72.1033	93.4883
美的电器	广东省	家电	83.5445	19	78.4893	73.1165	91.0259
格力电器	广东省	家电	83.3111	20	78.3059	73.6250	89.2281
碧桂园	广东省	房地产	83.1395	21	78.1711	76.1712	82.8376
招商银行	广东省	金融	82.9243	22	78.0020	81.4017	70.0695
保利地产	广东省	房地产	82.4137	23	77.6009	76.0750	81.1613
民生银行	北京市	金融	82.1247	24	77.3738	80.9563	69.0146
兴业银行	福建省	金融	81.4016	25	76.8058	80.5335	68.1076
中信银行	北京市	金融	81.2500	26	76.6866	80.5601	67.6485
燕京啤酒	北京市	酒	81.1200	27	76.5845	70.8133	90.0508
浦发银行	上海市	金融	80.9887	28	76.4814	80.2348	67.7233
青岛啤酒	山东省	酒	80.9122	29	76.4212	68.9859	93.7704
双汇发展	河南省	食品饮料	80.8231	30	76.3512	70.5575	89.8701
百丽国际	广东省	服装	80.7408	31	76.2866	70.0882	90.7497
中国财险	北京市	金融	80.6339	32	76.2026	80.6986	65.7119
光大银行	北京市	金融	80.4247	33	76.0383	78.2115	70.9674
TCL 集团	广东省	家电	80.3542	34	75.9829	72.5412	84.0135
中国国航	北京市	交通	79.5770	35	75.3723	72.4461	82.2002
国美电器	北京市	家电	79.1211	36	75.0141	70.2603	86.1064
国药控股	上海市	医药	79.1058	37	75.0021	69.6798	87.4209
大秦铁路	山西省	交通	79.0173	38	74.9326	76.2577	71.8406
蒙牛乳业	内蒙古自治区	食品饮料	78.9919	39	74.9126	68.6711	89.4762
伊利股份	内蒙古自治区	食品饮料	78.4686	40	74.5015	66.9623	92.0929
华润置地	北京市	房地产	78.2602	41	74.3378	73.2878	76.7877
中国南车	北京市	交通	77.8481	42	74.0140	71.3846	80.1494
中联重科	湖南省	机械	77.5068	43	73.7459	72.6127	76.3901
平安银行	广东省	金融	77.4742	44	73.7203	76.5495	67.1188
南方航空	广东省	交通	77.2321	45	73.5301	70.2198	81.2540
苏宁云商	江苏省	商业百货	77.0937	46	73.4214	68.1170	85.7983
三一重工	北京市	机械	77.0720	47	73.4043	69.9948	81.3599
雅戈尔	浙江省	服装	76.9229	48	73.2872	65.4593	91.5523
张裕 A	山东省	酒	76.7730	49	73.1694	68.8763	83.1868
华夏银行	北京市	金融	76.7427	50	73.1456	75.8491	66.8374
云南白药	云南省	医药	76.5693	51	73.0093	71.4722	76.5960
中国北车	北京市	交通	76.5097	52	72.9626	69.9446	80.0045

企业名称	省 (市、自治区)	所属行业	相对值（指数）		绝对值（百分制）		
			CBI	序号	品牌竞争力 得分（CBS）	品牌财务竞争力	市场竞争表现力
华域汽车	上海市	汽车	76.2806	53	72.7826	70.2401	78.7149
海信电器	山东省	家电	76.2374	54	72.7486	65.6301	89.3585
中国重工	北京市	交通	76.2357	55	72.7473	70.0965	78.9325
中国粮油控股	北京市	食品饮料	75.7912	56	72.3981	65.4885	88.5204
长城汽车	河北省	汽车	75.5365	57	72.1980	70.1716	76.9262
哈药股份	黑龙江省	医药	75.4612	58	72.1388	69.6307	77.9910
上海医药	上海市	医药	75.3302	59	72.0359	67.6139	82.3538
北京银行	北京市	金融	74.8346	60	71.6466	74.8584	64.1524
东方航空	上海市	交通	74.7162	61	71.5535	68.0097	79.8224
龙湖地产	北京市	房地产	74.3784	62	71.2882	70.1405	73.9661
中国太保	上海市	金融	74.3708	63	71.2822	73.4743	66.1674
泸州老窖	四川省	酒	74.2420	64	71.1810	65.6354	84.1206
SOHO 中国	北京市	房地产	74.0120	65	71.0003	71.0531	70.8770
潍柴动力	山东省	机械	73.7807	66	70.8186	66.6356	80.5791
绿城中国	浙江省	房地产	73.5152	67	70.6100	69.0235	74.3116
世茂房地产	上海市	房地产	73.3879	68	70.5100	69.0398	73.9404
富力地产	广东省	房地产	72.7577	69	70.0149	68.5507	73.4315
康美药业	广东省	医药	72.5962	70	69.8880	67.1465	76.2849
雅居乐地产	广东省	房地产	72.2857	71	69.6441	68.1813	73.0573
金地集团	广东省	房地产	72.2675	72	69.6298	67.9033	73.6583
国机汽车	天津市	机械	72.1096	73	69.5058	65.6993	78.3876
新华保险	北京市	金融	71.9280	74	69.3630	69.2178	69.7020
京东方 A	北京市	电子	71.6809	75	69.1689	63.1748	83.1554
中航国际控股	广东省	电子	71.5584	76	69.0727	62.6284	84.1094
同仁堂	北京市	医药	71.5229	77	69.0448	67.0865	73.6142
远洋地产	北京市	房地产	71.3538	78	68.9120	67.0908	73.1614
美邦服饰	上海市	服装	71.2489	79	68.8295	62.4975	83.6042
招商地产	广东省	房地产	71.2192	80	68.8062	67.2563	72.4228
友谊股份	上海市	商业百货	71.1978	81	68.7894	63.9654	80.0453
中集集团	广东省	交通	70.3093	82	68.0914	64.9175	75.4972
徐工机械	江苏省	机械	70.1992	83	68.0049	64.0778	77.1680
神州数码	北京市	IT	70.0067	84	67.8537	62.0900	81.3021
际华集团	北京市	服装	69.9167	85	67.7829	60.5271	84.7131
特步国际	福建省	服装	69.8941	86	67.7652	62.3425	80.4180
XD 四川长	四川省	家电	69.8107	87	67.6997	61.9851	81.0337
佳兆业集团	广东省	房地产	69.5745	88	67.5141	65.2526	72.7911
长城电脑	广东省	IT	69.5546	89	67.4985	60.4508	83.9430
贝因美	浙江省	食品饮料	69.3278	90	67.3203	64.4096	74.1118
华侨城 A	广东省	房地产	69.0914	91	67.1346	65.6153	70.6796
海南航空	海南省	交通	68.2486	92	66.4724	63.6464	73.0665
古井贡酒	安徽省	酒	68.1043	93	66.3591	61.0002	78.8631

企业名称	省 （市、自治区）	所属行业	相对值（指数）		绝对值（百分制）		
			CBI	序号	品牌竞争力 得分（CBS）	品牌财务竞争力	市场竞争表现力
比亚迪	广东省	汽车	68.0911	94	66.3487	61.7978	76.9676
TCL多媒体	广东省	家电	68.0464	95	66.3136	61.1893	78.2704
魏桥纺织	山东省	纺织	68.0168	96	66.2904	58.2718	85.0004
光明乳业	上海市	食品饮料	68.0109	97	66.2857	60.0507	80.8339
福田汽车	北京市	汽车	67.6124	98	65.9727	62.1758	74.8321
鄂尔多斯	内蒙古自治区	服装	67.3514	99	65.7676	58.3333	83.1143
吉利汽车	浙江省	汽车	67.0700	100	65.5465	62.6972	72.1950
中国食品	北京市	食品饮料	66.8026	101	65.3364	59.4852	78.9894
金融街	北京市	房地产	66.7634	102	65.3056	63.8001	68.8185
长安汽车	重庆市	汽车	66.6258	103	65.1975	61.4460	73.9510
七匹狼	浙江省	服装	66.6160	104	65.1898	60.0542	77.1729
方兴地产	北京市	房地产	66.5934	105	65.1721	64.1238	67.6180
申洲国际	浙江省	服装	66.3902	106	65.0124	59.2170	78.5352
东软集团	辽宁省	IT	66.2223	107	64.8805	61.0910	73.7229
同方股份	北京市	IT	66.2107	108	64.8715	59.6264	77.1099
中海集运	上海市	交通	66.0629	109	64.7553	61.7188	71.8403
庞大集团	河北省	商业百货	65.9076	110	64.6333	57.6668	80.8883
大商股份	辽宁省	商业百货	65.8810	111	64.6124	60.1021	75.1364
九牧王	福建省	服装	65.4375	112	64.2640	59.3891	75.6388
芜湖港	安徽省	交通	64.9404	113	63.8735	61.2491	69.9972
中兴通讯	广东省	通信	64.8767	114	63.8234	58.0155	77.3749
安踏体育	福建省	服装	64.7204	115	63.7006	57.8237	77.4133
苏泊尔	浙江省	家电	64.6239	116	63.6248	60.4621	71.0043
天地科技	北京市	机械	64.5101	117	63.5354	60.6393	70.2928
雨润食品	江苏省	食品饮料	64.3013	118	63.3714	57.1684	77.8449
山西汾酒	山西省	酒	63.9846	119	63.1225	57.6431	75.9079
中国太平	上海市	金融	63.9826	120	63.1210	63.3093	62.6815
匹克体育	福建省	服装	63.9754	121	63.1153	57.7915	75.5377
宇通客车	河南省	汽车	63.8782	122	63.0389	60.5130	68.9328
水井坊	四川省	酒	63.8598	123	63.0245	59.0223	72.3631
新世界	上海市	商业百货	63.8530	124	63.0192	61.3274	66.9667
中芯国际	上海市	电子	63.8530	125	63.0191	57.4394	76.0385
豫园商城	上海市	商业百货	63.8373	126	63.0068	59.1326	72.0466
广深铁路	广东省	交通	63.8197	127	62.9930	61.3632	66.7959
航天信息	北京市	IT	63.7252	128	62.9188	59.2131	71.5652
上海机电	上海市	机械	63.6768	129	62.8808	58.9361	72.0849
联华超市	上海市	商业百货	63.6010	130	62.8212	57.5217	75.1868
宁波港	浙江省	交通	63.4968	131	62.7393	62.1199	64.1848
九州通	湖北省	医药	63.4235	132	62.6817	57.7731	74.1351
荣盛发展	河北省	房地产	63.2332	133	62.5322	61.0402	66.0135
报喜鸟	浙江省	服装	63.2061	134	62.5110	57.4311	74.3638
复星医药	上海市	医药	63.1853	135	62.4946	59.6847	69.0511

续表

企业名称	省（市、自治区）	所属行业	相对值（指数）		绝对值（百分制）		
			CBI	序号	品牌竞争力得分（CBS）	品牌财务竞争力	市场竞争表现力
越秀地产	广东省	房地产	63.1682	136	62.4811	61.4255	64.9443
永辉超市	福建省	商业百货	63.1284	137	62.4499	57.9705	72.9017
重庆百货	重庆市	商业百货	63.0627	138	62.3983	57.5695	73.6654
合生创展集团	广东省	房地产	63.0483	139	62.3870	60.8895	65.8811
江铃汽车	江西省	汽车	62.9604	140	62.3179	59.8624	68.0473
中国船舶	上海市	交通	62.8327	141	62.2176	58.9747	69.7844
中信证券	广东省	金融	62.8018	142	62.1933	65.6178	54.2028
首开股份	北京市	房地产	62.7036	143	62.1162	60.0674	66.8967
用友软件	北京市	IT	62.6521	144	62.0757	58.5651	70.2672
王府井	北京市	商业百货	62.5672	145	62.0090	57.7620	71.9188
合景泰富	广东省	房地产	62.5392	146	61.9870	60.7882	64.7841
森马服饰	浙江省	服装	62.4937	147	61.9512	55.9491	75.9561
江淮汽车	安徽省	汽车	62.4519	148	61.9184	57.8151	71.4930
郑煤机	河南省	机械	62.4421	149	61.9107	59.4742	67.5959
龙光地产	广东省	房地产	62.3089	150	61.8061	60.8215	64.1033
天津港	天津市	交通	62.2815	151	61.7845	60.1511	65.5958
新湖中宝	浙江省	房地产	62.2335	152	61.7468	60.4562	64.7584
歌尔声学	山东省	电子	62.0960	153	61.6388	57.0386	72.3725
辽宁成大	辽宁省	商业百货	61.9610	154	61.5328	58.2405	69.2146
宁沪高速	江苏省	交通	61.8263	155	61.4269	60.7306	63.0517
鲁泰A	山东省	纺织	61.8212	156	61.4229	54.6399	77.2499
环旭电子	上海市	电子	61.6845	157	61.3155	55.3531	75.2278
天津港发展	天津市	交通	61.6269	158	61.2703	59.0630	66.4205
宁波银行	浙江省	金融	61.4111	159	61.1007	63.5517	55.3819
瑞安房地产	上海市	房地产	61.2332	160	60.9610	59.8753	63.4942
振华重工	上海市	机械	61.2299	161	60.9584	56.0535	72.4032
南京银行	江苏省	金融	61.0949	162	60.8523	63.5640	54.5251
大连重工	辽宁省	机械	61.0622	163	60.8267	57.7429	68.0223
首商股份	北京市	商业百货	60.8229	164	60.6387	57.6088	67.7085
中储股份	天津市	交通	60.7340	165	60.5688	57.5092	67.7081
中航飞机	陕西省	交通	60.6870	166	60.5319	58.0133	66.4085
中国无线	广东省	电子	60.6785	167	60.5252	54.8885	73.6776
海通证券	上海市	金融	60.6633	168	60.5132	64.1173	52.1036
中南建设	江苏省	房地产	60.6184	169	60.4780	58.1478	65.9151
中海发展	上海市	交通	60.6162	170	60.4763	57.9595	66.3487
海信科龙	广东省	家电	60.5668	171	60.4374	55.6531	71.6008
梅花集团	河北省	食品饮料	60.4518	172	60.3471	54.9392	72.9657
*ST远洋	天津市	交通	60.4512	173	60.3466	53.7599	75.7156
玉柴国际	广西壮族自治区	机械	60.3928	174	60.3008	56.3990	69.4049
天虹商场	广东省	商业百货	60.2254	175	60.1693	56.1365	69.5791
宏图高科	江苏省	商业百货	60.1698	176	60.1256	55.8195	70.1732
金科股份	重庆市	房地产	60.1491	177	60.1093	58.0519	64.9099

企业名称	省（市、自治区）	所属行业	相对值（指数）		绝对值（百分制）		
			CBI	序号	品牌竞争力得分（CBS）	品牌财务竞争力	市场竞争表现力
北京首都机场股份	北京市	交通	60.0693	178	60.0466	58.8804	62.7677
上海梅林	上海市	食品饮料	60.0609	179	60.0400	55.9134	69.6688
深康佳 A	广东省	家电	60.0575	180	60.0373	54.7491	72.3766
恒盛地产	上海市	房地产	60.0416	181	60.0248	58.4071	63.7995
柳工	广西壮族自治区	机械	59.9445	182	59.9486	55.8779	69.4468
宝龙地产	上海市	房地产	59.8449	183	59.8703	59.1113	61.6413
山东高速	山东省	交通	59.8272	184	59.8564	59.1163	61.5833
顺鑫农业	北京市	酒	59.7198	185	59.7720	52.3722	77.0382
东风汽车	湖北省	汽车	59.7053	186	59.7607	56.0113	68.5091
中国一重	黑龙江省	机械	59.6582	187	59.7236	56.0309	68.3399
金龙汽车	福建省	汽车	59.5134	188	59.6099	55.7945	68.5124
亿利能源	内蒙古自治区	医药	59.4870	189	59.5892	55.4760	69.1864
南车时代电气	湖南省	机械	59.4500	190	59.5601	57.2983	64.8376
鄂武商 A	湖北省	商业百货	59.4330	191	59.5467	55.0326	70.0797
国药一致	广东省	医药	59.4002	192	59.5209	54.8750	70.3614
科伦药业	四川省	医药	59.3300	193	59.4658	56.7466	65.8104
华东医药	浙江省	医药	59.2939	194	59.4374	55.5570	68.4918
世茂股份	上海市	房地产	59.2325	195	59.3892	58.3128	61.9007
三安光电	福建省	电子	59.2025	196	59.3656	55.2817	68.8946
华茂股份	安徽省	纺织	59.1851	197	59.3520	49.6407	70.6568
天士力	天津市	医药	59.1487	198	59.3233	56.3457	66.2712
华孚色纺	安徽省	纺织	59.1228	199	59.3030	51.9938	76.3578
长城开发	广东省	IT	59.0881	200	59.2757	53.8117	72.0252
银座股份	山东省	商业百货	59.0370	201	59.2356	54.7949	69.5973
中科三环	北京市	电子	58.9256	202	59.1481	55.0345	68.7465
首创置业	北京市	房地产	58.9084	203	59.1346	57.0487	64.0016
南太电子 NTE	广东省	电子	58.8998	204	59.1278	54.4372	70.0724
重庆机电	重庆市	机械	58.8331	205	59.0754	55.5935	67.1998
爱施德	广东省	商业百货	58.8193	206	59.0645	54.1694	70.4864
白云山	广东省	医药	58.7958	207	59.0461	56.4883	65.0142
申达股份	上海市	纺织	58.7817	208	59.0350	51.4088	75.1276
华润三九	广东省	医药	58.7696	209	59.0255	56.4253	65.0927
中航精机	湖北省	汽车	58.7355	210	58.9988	57.4615	62.5856
中集安瑞科	广东省	机械	58.6695	211	58.9468	56.4475	64.7786
杭锅股份	浙江省	机械	58.6391	212	58.9230	55.5724	66.7409
中信重工	河南省	机械	58.6267	213	58.9132	55.8759	66.0003
中百集团	湖北省	商业百货	58.5952	214	58.8885	54.3356	69.5120
银亿股份	甘肃省	房地产	58.5088	215	58.8206	59.8027	56.5290
天音控股	江西省	通信	58.4768	216	58.7955	54.9858	67.6849
中粮地产	广东省	房地产	58.4069	217	58.7406	57.1932	62.3512
一拖股份	河南省	机械	58.2329	218	58.6039	54.9290	67.1786

续表

企业名称	省（市、自治区）	所属行业	相对值（指数）		绝对值（百分制）		
			CBI	序号	品牌竞争力得分（CBS）	品牌财务竞争力	市场竞争表现力
合生元	广东省	食品饮料	58.1934	219	58.5728	55.9601	64.6692
中渝置地	四川省	房地产	58.1567	220	58.5440	57.5347	60.8991
罗莱家纺	江苏省	纺织	58.1318	221	58.5245	50.5537	69.3666
上海机场	上海市	交通	58.1208	222	58.5158	58.0772	59.5394
中国重汽	山东省	汽车	58.1100	223	58.5074	54.3041	68.3149
经纬纺机	北京市	机械	57.9626	224	58.3915	55.8469	64.3291
红豆股份	江苏省	服装	57.9425	225	58.3758	52.2369	72.6998
大成食品	北京市	食品饮料	57.9073	226	58.3481	52.8866	71.0916
北京城建	北京市	房地产	57.8963	227	58.3394	57.0738	61.2926
恒瑞医药	江苏省	医药	57.8706	228	58.3193	56.3454	62.9250
澳柯玛	山东省	家电	57.8519	229	58.3046	52.5353	71.7663
陕鼓动力	陕西省	机械	57.8413	230	58.2962	55.4767	64.8751
梦洁家纺	湖南省	纺织	57.8275	231	58.2854	45.0758	63.2898
一汽轿车	吉林省	汽车	57.7564	232	58.2295	53.4025	69.4925
象屿股份	福建省	交通	57.6443	233	58.1415	54.2591	67.2002
奥康国际	浙江省	服装	57.5352	234	58.0557	52.8163	70.2810
生益科技	广东省	电子	57.5128	235	58.0381	52.8955	70.0376
百盛集团	北京市	商业百货	57.4646	236	58.0003	55.1539	64.6419
双钱股份	上海市	汽车	57.3946	237	57.9453	54.8386	65.1943
友好集团	新疆维吾尔自治区	商业百货	57.3873	238	57.9395	54.5306	65.8936
威高股份	山东省	医药	57.3615	239	57.9193	55.9787	62.4475
广州药业	广东省	医药	57.2836	240	57.8581	54.7902	65.0163
李宁	上海市	服装	57.2691	241	57.8467	50.2198	75.6430
华联综超	北京市	商业百货	57.1827	242	57.7788	53.1385	68.6062
大族激光	广东省	电子	57.1385	243	57.7441	53.1753	68.4045
海马汽车	海南省	汽车	57.1178	244	57.7278	55.1621	63.7145
厦门信达	福建省	商业百货	57.1027	245	57.7160	52.7297	69.3506
滨江集团	浙江省	房地产	57.0986	246	57.7127	56.0320	61.6345
合肥百货	安徽省	商业百货	57.0838	247	57.7011	54.0659	66.1833
华北制药	河北省	医药	57.0699	248	57.6902	53.1725	68.2315
华润双鹤	北京市	医药	57.0151	249	57.6472	54.7977	64.2958
仁和药业	江西省	医药	56.9562	250	57.6009	55.9653	61.4172
中国医药	北京市	医药	56.9407	251	57.5887	53.7056	66.6493
四环医药	海南省	医药	56.8781	252	57.5396	55.9825	61.1726
浙江医药	浙江省	医药	56.8062	253	57.4830	55.0969	63.0507
花样年控股	广东省	房地产	56.7515	254	57.4400	56.1971	60.3401
人人乐	广东省	商业百货	56.6634	255	57.3709	52.7954	68.0469
南京医药	江苏省	医药	56.6401	256	57.3526	51.8698	70.1457
兆驰股份	广东省	家电	56.6038	257	57.3240	54.3387	64.2898
黑牡丹	江苏省	纺织	56.5284	258	57.2648	52.1024	75.2112
山推股份	山东省	机械	56.5276	259	57.2642	53.0462	67.1061

续表

企业名称	省（市、自治区）	所属行业	相对值（指数）		绝对值（百分制）		
			CBI	序号	品牌竞争力得分（CBS）	品牌财务竞争力	市场竞争表现力
中国利郎	福建省	服装	56.5127	260	57.2525	52.5467	68.2328
中国高速传动设备	江苏省	机械	56.5085	261	57.2491	53.7481	65.4182
中国龙工	福建省	机械	56.4923	262	57.2364	53.6322	65.6464
大连港	辽宁省	交通	56.4438	263	57.1983	55.9420	60.1298
步步高	湖南省	商业百货	56.4284	264	57.1862	53.2165	66.4491
盾安环境	浙江省	机械	56.4068	265	57.1693	53.8886	64.8241
泛海建设	北京市	房地产	56.3865	266	57.1533	56.3599	59.0045
小商品城	浙江省	商业百货	56.3799	267	57.1481	53.8810	64.7713
瑞安建业	上海市	房地产	56.3523	268	57.1264	55.9594	59.8493
威孚高科	江苏省	汽车	56.2242	269	57.0258	55.3623	60.9073
杉杉股份	江苏省	服装	56.1905	270	56.9993	50.9749	71.0563
百隆东方	浙江省	纺织	56.1890	271	56.9982	52.5128	75.3101
四川成渝	四川省	交通	56.1768	272	56.9886	56.2197	58.7825
维维股份	江苏省	食品饮料	56.1639	273	56.9784	51.7969	69.0687
志高控股	广东省	家电	56.1357	274	56.9563	52.5199	67.3078
美菱电器	安徽省	家电	56.1134	275	56.9387	52.6284	66.9961
健康元	广东省	医药	56.0581	276	56.8953	53.7564	64.2195
烽火通信	湖北省	通信	56.0055	277	56.8540	55.3676	60.3222
人福医药	湖北省	医药	55.9903	278	56.8420	54.1022	63.2351
太原重工	山西省	机械	55.9442	279	56.8058	52.3160	67.2822
北辰实业	北京市	房地产	55.9368	280	56.8000	55.3541	60.1739
明发集团	福建省	房地产	55.8373	281	56.7218	55.9073	58.6223
欧菲光	广东省	电子	55.8326	282	56.7181	52.3935	66.8089
汇源果汁	北京市	食品饮料	55.7174	283	56.6276	51.8144	67.8584
鑫苑置业	北京市	房地产	55.7004	284	56.6143	56.0932	57.8300
赣粤高速	江西省	交通	55.6492	285	56.5740	55.5821	58.8885
北京京客隆	北京市	商业百货	55.6420	286	56.5684	52.5056	66.0482
海正药业	浙江省	医药	55.6319	287	56.5604	53.2466	64.2927
文峰股份	江苏省	商业百货	55.5913	288	56.5285	53.2469	64.1856
厦工股份	福建省	机械	55.5621	289	56.5056	52.6723	65.4500
日照港	山东省	交通	55.5365	290	56.4855	55.6719	58.3840
福星股份	湖北省	房地产	55.5345	291	56.4839	54.8557	60.2830
小天鹅 A	江苏省	家电	55.5051	292	56.4609	52.5262	65.6418
力帆股份	重庆市	交通	55.4716	293	56.4345	54.2702	61.4846
敏实集团	浙江省	汽车	55.4460	294	56.4145	55.0176	59.6738
庆铃汽车股份	重庆市	汽车	55.4332	295	56.4044	54.2949	61.3264
金种子酒	安徽省	酒	55.4163	296	56.3911	51.6917	67.3565
陆家嘴	上海市	房地产	55.3734	297	56.3574	55.7013	57.8883
万向钱潮	浙江省	汽车	55.3144	298	56.3110	53.5946	62.6493
国药股份	北京市	医药	55.3014	299	56.3008	52.7541	64.5764
欧亚集团	吉林省	商业百货	55.2105	300	56.2294	52.0252	66.0393

企业名称	省 (市、自治区)	所属行业	相对值（指数）		绝对值（百分制）		
			CBI	序号	品牌竞争力 得分（CBS）	品牌财务竞争力	市场竞争表现力
五洲交通	广西壮族自治区	交通	55.1924	301	56.2152	55.2880	58.3786
孚日股份	山东省	纺织	55.1700	302	56.1976	49.7932	73.8097
隆鑫通用	重庆市	机械	55.0310	303	56.0884	53.3050	62.5829
新和成	浙江省	医药	55.0251	304	56.0837	53.7970	61.4196
均胜电子	吉林省	汽车	55.0166	305	56.0770	54.8225	59.0043
杭氧股份	浙江省	机械	55.0105	306	56.0723	53.3204	62.4933
奥瑞金	北京市	食品饮料	55.0100	307	56.0719	52.1042	65.3297
三普药业	青海省	医药	55.0089	308	56.0710	51.5406	66.6419
珠江啤酒	广东省	酒	54.9651	309	56.0366	49.9464	70.2472
华润锦华	四川省	纺织	54.9556	310	56.0291	42.7998	52.1874
深天马 A	广东省	电子	54.9336	311	56.0119	50.7690	68.2452
莱蒙国际	广东省	房地产	54.8842	312	55.9731	54.8633	58.5626
亨通光电	江苏省	通信	54.8693	313	55.9613	54.5176	59.3300
立讯精密	广东省	电子	54.8639	314	55.9571	51.9844	65.2268
华邦颖泰	重庆市	医药	54.8629	315	55.9563	53.9031	60.7473
龙头股份	上海省	纺织	54.8491	316	55.9455	49.1644	72.0468
华泰证券	江苏省	金融	54.8429	317	55.9406	59.1353	48.4862
中银绒业	宁夏回族自治区	纺织	54.8290	318	55.9297	49.6987	70.4689
交运股份	上海市	汽车	54.7941	319	55.9023	53.4213	61.6913
联发股份	江苏省	纺织	54.7689	320	55.8825	49.7285	70.2418
外高桥	上海市	房地产	54.7621	321	55.8771	53.6686	61.0303
冠城大通	福建省	房地产	54.7218	322	55.8455	54.4190	59.1737
一汽富维	吉林省	汽车	54.7161	323	55.8410	53.6763	60.8921
友阿股份	湖南省	商业百货	54.6952	324	55.8246	52.7463	63.0073
大华股份	浙江省	IT	54.6773	325	55.8105	53.4058	61.4214
广发证券	广东省	金融	54.6039	326	55.7529	58.3679	49.6512
东阿阿胶	山东省	医药	54.5914	327	55.7430	54.0906	59.5987
奇虎 360QIHU	北京市	IT	54.5789	328	55.7332	54.3052	59.0651
白云机场	广东省	交通	54.5044	329	55.6747	54.9122	57.4537
巨人网络	上海市	IT	54.4864	330	55.6605	53.8967	59.7762
中国奥园	广东省	房地产	54.4474	331	55.6299	54.8667	57.4106
飞马国际	广东省	交通	54.4449	332	55.6279	52.1427	63.7601
英特集团	浙江省	医药	54.4436	333	55.6269	51.3881	65.5175
神马股份	河南省	纺织	54.3665	334	55.5663	48.3899	81.3747
嘉凯城	湖南省	房地产	54.2990	335	55.5133	52.9298	61.5415
酒鬼酒	湖南省	酒	54.2626	336	55.4848	51.3574	65.1153
风神股份	河南省	汽车	54.2573	337	55.4806	52.4421	62.5703
中原高速	河南省	交通	54.2425	338	55.4689	53.6748	59.6554
深高速	广东省	交通	54.2220	339	55.4528	54.4168	57.8704
中航电子	北京市	交通	54.2122	340	55.4451	54.9740	56.5443
海立股份	上海市	机械	54.1971	341	55.4333	51.9857	63.4777
安徽合力	安徽省	机械	54.1883	342	55.4264	52.6793	61.8362

企业名称	省（市、自治区）	所属行业	相对值（指数）		绝对值（百分制）		
			CBI	序号	品牌竞争力得分（CBS）	品牌财务竞争力	市场竞争表现力
沱牌舍得	四川省	酒	54.1877	343	55.4259	50.6421	66.5880
广百股份	广东省	商业百货	54.1620	344	55.4057	51.6933	64.0677
常山股份	河北省	纺织	54.1073	345	55.3627	50.0923	74.0007
方正科技	上海市	IT	54.1009	346	55.3577	51.1948	65.0710
华发股份	广东省	房地产	54.0832	347	55.3438	53.8254	58.8866
太极实业	江苏省	电子	54.0557	348	55.3222	50.2300	67.2038
长电科技	江苏省	电子	54.0521	349	55.3194	49.8771	68.0179
华东电脑	上海市	IT	54.0361	350	55.3068	51.8927	62.7859
九阳股份	山东省	家电	54.0233	351	55.2967	52.3125	62.2599
中远航运	广东省	交通	54.0118	352	55.2877	53.3873	59.7218
营口港	辽宁省	交通	53.9532	353	55.2416	54.4966	56.9801
华胜天成	北京市	IT	53.8501	354	55.1607	51.0513	63.9504
阳光城	福建省	房地产	53.8446	355	55.1563	53.7171	58.5146
沪电股份	江苏省	电子	53.8379	356	55.1511	50.7208	65.4883
永业国际 YONG	北京市	医药	53.7936	357	55.1162	53.8368	58.1016
航空动力	陕西省	交通	53.7899	358	55.1134	53.3358	59.2611
宁波富达	浙江省	房地产	53.7706	359	55.0982	53.4949	58.8392
中新药业	天津市	医药	53.7660	360	55.0946	52.2962	61.6241
南都电源	浙江省	电子	53.7414	361	55.0752	50.8850	64.8525
重庆啤酒	重庆市	酒	53.7380	362	55.0726	48.9407	69.3801
兴达国际	浙江省	汽车	53.6709	363	55.0199	52.7242	60.3765
苏宁环球	吉林省	房地产	53.6637	364	55.0142	53.8278	57.7824
唐山港	河北省	交通	53.6470	365	55.0011	54.2387	56.7800
中国动向	北京市	服装	53.5671	366	54.9383	49.6440	67.2918
紫光股份	北京市	IT	53.5451	367	54.9210	50.1392	64.0115
宋都股份	浙江省	房地产	53.5009	368	54.8863	55.1401	54.2939
大名城	上海市	房地产	53.4686	369	54.8610	56.5567	50.9041
超声电子	广东省	电子	53.4252	370	54.8268	50.1890	65.6484
中天科技	江苏省	通信	53.3816	371	54.7926	53.6955	57.3523
丽珠集团	广东省	医药	53.3117	372	54.7376	52.1573	60.7583
日出东方	江苏省	家电	53.2949	373	54.7245	52.3230	60.3279
上实发展	上海市	房地产	53.2938	374	54.7236	53.8280	56.8135
信达地产	北京市	房地产	53.2917	375	54.7219	53.6282	57.2739
一汽夏利	天津市	汽车	53.2252	376	54.6697	51.4948	62.0776
喜得龙 EDS	福建省	服装	53.2099	377	54.6577	49.8238	65.9368
招商证券	广东省	金融	53.1931	378	54.6445	57.8911	47.0690
珠江钢管	广东省	机械	53.1729	379	54.6286	52.2164	60.2572
药明康德 WX	上海市	医药	53.1631	380	54.6209	52.6769	59.1571
新华百货	宁夏回族自治区	商业百货	53.0855	381	54.5600	51.2506	62.2819
赛轮股份	山东省	汽车	53.0782	382	54.5542	51.6715	61.2805
宁波华翔	浙江省	汽车	53.0780	383	54.5540	52.5236	59.2917
沈阳机床	辽宁省	机械	53.0743	384	54.5511	49.8959	65.4133

续表

企业名称	省（市、自治区）	所属行业	相对值（指数）		绝对值（百分制）		
			CBI	序号	品牌竞争力得分（CBS）	品牌财务竞争力	市场竞争表现力
大东方	江苏省	商业百货	53.0738	385	54.5507	50.4242	64.1794
锐迪科微电子RDA	上海市	电子	53.0200	386	54.5085	51.2345	62.1477
五菱汽车	上海市	汽车	53.0153	387	54.5048	50.0026	65.0100
东凌粮油	广东省	食品饮料	52.9937	388	54.4878	47.6291	70.4914
禹洲地产	福建省	房地产	52.9694	389	54.4687	53.1933	57.4447
中华企业	上海市	房地产	52.9113	390	54.4231	53.1631	57.3629
展讯通信	上海市	通信	52.8846	391	54.4022	54.2314	54.8006
中环股份	天津市	电子	52.8758	392	54.3952	49.5998	65.5844
新华都	福建省	商业百货	52.8542	393	54.3783	50.7626	62.8149
海宁皮城	浙江省	商业百货	52.8265	394	54.3565	52.3631	59.0076
TCL通讯	广东省	通信	52.7810	395	54.3207	51.5243	60.8455
安琪酵母	湖北省	食品饮料	52.7717	396	54.3134	50.0541	64.2519
中国软件国际	北京市	IT	52.7557	397	54.3009	51.5206	59.8077
航天通信	浙江省	通信	52.6576	398	54.2238	51.8579	59.7441
洽洽食品	安徽省	食品饮料	52.6290	399	54.2013	50.4341	62.9914
中航重机	贵州省	交通	52.6205	400	54.1947	52.4709	58.2169
神冠控股	广西壮族自治区	食品饮料	52.6053	401	54.1827	51.4815	60.4855
悦达投资	江苏省	汽车	52.5862	402	54.1677	53.0042	56.8826
广州友谊	广东省	商业百货	52.5680	403	54.1534	51.3192	60.7666
航民股份	浙江省	纺织	52.5087	404	54.1068	49.6730	69.3175
佛山照明	广东省	电子	52.4963	405	54.0971	50.3073	62.9398
鹏博士	四川省	IT	52.3813	406	54.0067	50.3882	62.0510
龙净环保	福建省	机械	52.3465	407	53.9794	51.0165	60.8928
搜于特	广东省	服装	52.2797	408	53.9269	49.6107	63.9981
三精制药	黑龙江省	医药	52.2739	409	53.9224	51.2786	60.0912
招商轮船	上海市	交通	52.2615	410	53.9126	52.8033	56.5010
软通动力 ISS	北京市	IT	52.2290	411	53.8871	51.7165	58.6646
杰瑞股份	山东省	机械	52.2261	412	53.8848	52.6241	56.8264
吉林敖东	吉林省	医药	52.2237	413	53.8829	52.0179	58.2347
黔轮胎 A	贵州省	汽车	52.2109	414	53.8728	50.9357	60.7262
广船国际	广东省	交通	52.1721	415	53.8423	51.5620	59.1633
外运发展	北京市	交通	52.1549	416	53.8289	53.2131	55.2656
中信国安	北京市	IT	52.1194	417	53.8009	50.1469	61.8929
铁岭新城	辽宁省	房地产	52.1140	418	53.7968	56.2798	48.0030
铁龙物流	辽宁省	交通	52.0976	419	53.7838	53.2807	54.9577
海王生物	广东省	医药	52.0783	420	53.7687	49.6655	63.3427
福建高速	福建省	交通	52.0757	421	53.7667	52.8216	55.9718
阳光照明	浙江省	电子	52.0728	422	53.7644	49.3727	64.0115
中弘股份	安徽省	房地产	52.0671	423	53.7599	53.1211	55.2504
中骏置业	福建省	房地产	51.9689	424	53.6827	52.3481	56.7970
广电运通	广东省	IT	51.9536	425	53.6707	50.9712	59.2842

企业名称	省（市、自治区）	所属行业	相对值（指数）		绝对值（百分制）		
			CBI	序号	品牌竞争力得分（CBS）	品牌财务竞争力	市场竞争表现力
曙光股份	辽宁省	汽车	51.9033	426	53.6312	50.7838	60.2751
亚信科技 ASIA	北京市	通信	51.9001	427	53.6287	53.2568	54.4964
神威药业	河北省	医药	51.8873	428	53.6186	52.0740	57.2226
中航地产	广东省	房地产	51.8040	429	53.5532	52.1950	56.7222
大唐电信	北京市	通信	51.7964	430	53.5472	51.7215	57.8073
新华联	北京市	房地产	51.7881	431	53.5407	53.7778	52.9874
德豪润达	广东省	家电	51.7713	432	53.5275	50.2662	61.1372
罗欣药业	山东省	医药	51.7517	433	53.5121	52.6623	55.4951
三花股份	浙江省	机械	51.7317	434	53.4964	50.9754	59.3787
东华软件	北京市	IT	51.6919	435	53.4651	52.5685	61.6962
浙大网新	浙江省	IT	51.6120	436	53.4023	48.9873	63.7040
翠微股份	北京市	商业百货	51.6112	437	53.4017	50.0791	61.1545
左岸 ZA	上海市	服装	51.5617	438	53.3628	49.5347	62.2952
三元股份	北京市	食品饮料	51.5494	439	53.3532	48.6501	64.3270
合肥三洋	安徽省	家电	51.5488	440	53.3527	50.1031	60.9351
三江购物	浙江省	商业百货	51.4512	441	53.2760	49.9234	61.0988
中国宝安	广东省	房地产	51.4481	442	53.2736	51.9939	56.2595
万通地产	北京市	房地产	51.4245	443	53.2550	52.1105	55.9255
江苏舜天	江苏省	商业百货	51.4150	444	53.2476	49.3011	62.4561
宝信软件	上海市	IT	51.4139	445	53.2467	49.8396	61.1967
广日股份	广东省	机械	51.3738	446	53.2152	50.2439	60.1484
新野纺织	河南省	纺织	51.3720	447	53.2138	48.6052	71.1301
富安娜	广东省	纺织	51.3352	448	53.1848	48.7950	66.5010
深圳机场	广东省	交通	51.3035	449	53.1600	52.7418	54.1358
太极集团	重庆市	医药	51.2847	450	53.1452	48.4279	64.1523
华意压缩	江西省	机械	51.2836	451	53.1443	49.6056	61.4014
皖通高速	安徽省	交通	51.2823	452	53.1433	52.8005	53.9434
百视通	上海市	IT	51.2673	453	53.1315	50.7074	58.7880
南京中商	江苏省	商业百货	51.2607	454	53.1264	48.2947	64.4002
伊力特	新疆维吾尔自治区	酒	51.2472	455	53.1158	47.9443	65.1824
万丰奥威	浙江省	汽车	51.1075	456	53.0060	51.5890	56.3124
华映科技	广东省	电子	51.0981	457	52.9986	48.6190	63.2178
华菱星马	安徽省	汽车	51.0933	458	52.9949	50.5376	58.7285
正兴集团	福建省	汽车	51.0895	459	52.9918	51.4658	56.5527
古越龙山	浙江省	酒	51.0818	460	52.9858	47.9812	64.6633
上海集优	上海市	机械	51.0558	461	52.9654	50.5396	58.6255
海普瑞	广东省	医药	51.0388	462	52.9520	50.7899	57.9970
中恒集团	广西壮族自治区	医药	51.0200	463	52.9372	51.3031	56.7503
利信达集团	广东省	服装	50.9984	464	52.9202	49.1683	61.6748
海欣股份	上海市	纺织	50.9942	465	52.9170	47.6112	66.2866
天房发展	天津市	房地产	50.9785	466	52.9046	52.0772	54.8353
德赛电池	广东省	电子	50.9696	467	52.8977	48.3405	63.5310

续表

企业名称	省 （市、自治区）	所属行业	相对值（指数）		绝对值（百分制）		
			CBI	序号	品牌竞争力 得分（CBS）	品牌财务竞争力	市场竞争表现力
中粮屯河	安徽省	食品饮料	50.8855	468	52.8316	47.2137	65.9401
南粤物流	广东省	交通	50.8650	469	52.8155	50.7040	57.7423
粤运交通	广东省	交通	50.8650	470	52.8155	50.7040	57.7423
深圳华强	广东省	电子	50.8627	471	52.8137	48.9120	61.9176
光大证券	上海市	金融	50.8553	472	52.8079	56.1235	45.0715
青青稞酒	青海省	酒	50.8450	473	52.7997	48.5749	62.6577
康恩贝	浙江省	医药	50.8424	474	52.7977	50.4818	58.2015
大连友谊	辽宁省	商业百货	50.8225	475	52.7821	48.8893	61.8653
中鼎股份	安徽省	汽车	50.8059	476	52.7691	51.4200	55.9168
三全食品	河南省	食品饮料	50.7991	477	52.7637	48.5664	62.5576
中航光电	河南省	电子	50.7868	478	52.7541	48.5135	62.6486
S佳通	黑龙江省	汽车	50.7760	479	52.7456	50.8563	57.1539
红旗连锁	四川省	商业百货	50.7525	480	52.7271	49.9222	59.2721
强生控股	上海市	交通	50.7369	481	52.7149	51.7319	55.0085
中国卫星	北京市	交通	50.7365	482	52.7145	51.5260	55.4879
普洛药业	浙江省	医药	50.7318	483	52.7108	49.9484	59.1566
华远地产	湖北省	房地产	50.7058	484	52.6904	51.7643	54.8513
吉峰农机	四川省	商业百货	50.6880	485	52.6764	48.5573	62.2877
大众交通	上海市	交通	50.6549	486	52.6504	51.7591	54.7302
通程控股	湖南省	商业百货	50.6443	487	52.6421	49.4984	59.9774
万和电气	广东省	家电	50.6105	488	52.6155	49.9928	58.7352
深振业A	广东省	房地产	50.5634	489	52.5786	51.9276	54.0975
XD张江高	上海市	房地产	50.5423	490	52.5620	51.9571	53.9733
伟星股份	浙江省	服装	50.5392	491	52.5595	47.4339	64.5193
大恒科技	北京市	IT	50.5100	492	52.5366	48.7486	61.3752
新民科技	江苏省	纺织	50.4997	493	52.5285	45.7347	70.5686
众安房产	浙江省	房地产	50.4928	494	52.5231	52.0030	53.7366
宗申动力	重庆市	交通	50.4883	495	52.5195	51.4320	55.0571
瑞康医药	山东省	医药	50.4391	496	52.4809	49.2041	60.1267
航天电子	湖北省	交通	50.3437	497	52.4060	51.1314	55.3800
天马股份	浙江省	机械	50.3390	498	52.4022	50.0131	57.9770
信立泰	广东省	医药	50.3093	499	52.3789	51.1784	55.1800
西安民生	陕西省	商业百货	50.2713	500	52.3491	48.9361	60.3128
新华医疗	山东省	医药	50.2685	501	52.3468	49.9316	57.9825
朗姿股份	北京市	服装	50.2269	502	52.3142	48.0935	62.1624
安东油田服务	北京市	机械	50.2231	503	52.3112	51.1186	55.0940
江中药业	江西省	医药	50.1586	504	52.2605	49.7292	58.1669
锦富新材	江苏省	电子	50.1487	505	52.2527	48.5920	60.7944
中纺投资	上海市	纺织	50.1239	506	52.2332	46.0226	69.0037
青岛双星	山东省	汽车	50.1129	507	52.2246	49.1886	59.3087
中牧股份	北京市	医药	50.1100	508	52.2223	49.8003	57.8737
希尼亚XNY	福建省	服装	50.0875	509	52.2047	47.9896	62.0400

企业名称	省（市、自治区）	所属行业	相对值（指数）		绝对值（百分制）		
			CBI	序号	品牌竞争力得分（CBS）	品牌财务竞争力	市场竞争表现力
迪马股份	重庆市	汽车	50.0669	510	52.1885	49.8704	57.5974
科达机电	广东省	机械	50.0645	511	52.1866	49.9234	57.4672
横店东磁	浙江省	电子	50.0517	512	52.1766	47.0165	64.2166
上柴股份	上海市	机械	49.9593	513	52.1040	49.5530	58.0562
华贸物流	上海市	交通	49.9297	514	52.0807	49.8279	57.3372
山东墨龙	山东省	机械	49.9153	515	52.0694	49.5166	58.0257
中国智能交通	北京市	IT	49.8961	516	52.0543	48.8280	59.5824
慈星股份	浙江省	机械	49.8350	517	52.0063	50.2986	55.9909
中国自动化	北京市	IT	49.8294	518	52.0019	48.8155	59.4370
兴业科技	福建省	服装	49.7425	519	51.9336	47.3846	62.5481
顺发恒业	吉林省	房地产	49.7325	520	51.9258	51.0883	53.8799
西王食品	山东省	食品饮料	49.6772	521	51.8823	48.2545	60.3472
凯诺科技	江苏省	服装	49.6514	522	51.8621	46.9798	63.2541
神州泰岳	北京市	IT	49.6329	523	51.8475	49.7818	56.6677
风华高科	广东省	电子	49.6216	524	51.8386	47.4301	62.1251
南纺股份	江苏省	纺织	49.6037	525	51.8245	44.2328	71.8852
大洋电机	广东省	机械	49.5973	526	51.8195	49.6560	56.8678
北方创业	内蒙古自治区	机械	49.5457	527	51.7790	49.4161	57.2926
嘉欣丝绸	浙江省	纺织	49.5322	528	51.7684	46.5698	65.4480
飞乐股份	上海市	电子	49.5044	529	51.7466	47.7327	61.1123
东北制药	辽宁省	医药	49.4996	530	51.7428	47.9667	60.5538
南京新百	江苏省	商业百货	49.4994	531	51.7427	48.8980	58.3803
华海药业	浙江省	医药	49.4234	532	51.6829	49.9569	55.7105
鲁商置业	山东省	房地产	49.4147	533	51.6761	49.4318	56.9129
星期六	广东省	服装	49.3843	534	51.6522	46.5230	63.6204
奥马电器	广东省	家电	49.3490	535	51.6244	48.5777	58.7336
先声药业 SCR	江苏省	医药	49.2990	536	51.5852	49.7349	55.9026
宝石 A	河北省	电子	49.2844	537	51.5737	49.7129	55.9156
宏源证券	新疆维吾尔自治区	金融	49.2405	538	51.5392	55.0975	43.2365
深长城	广东省	房地产	49.2361	539	51.5358	50.9846	52.8220
太极股份	北京市	IT	49.1918	540	51.5010	48.0910	59.4577
软控股份	山东省	IT	49.1852	541	51.4958	48.3052	58.9405
威创股份	广东省	电子	49.1502	542	51.4683	48.3737	58.6889
高鸿股份	贵州省	通信	49.1378	543	51.4586	50.2366	54.3099
开元投资	陕西省	商业百货	49.1376	544	51.4584	48.1403	59.2006
南京高科	江苏省	房地产	49.1136	545	51.4396	50.5838	53.4363
江淮动力	江苏省	机械	49.1076	546	51.4349	48.6720	57.8816
中国国贸	北京市	房地产	49.1031	547	51.4313	51.3675	51.5801
江苏旷达	江苏市	纺织	49.0791	548	51.4124	46.6757	63.8385
栖霞建设	江苏省	房地产	49.0477	549	51.3878	50.3513	53.8062
益佰制药	贵州省	医药	49.0302	550	51.3740	49.6089	55.4926

企业名称	省（市、自治区）	所属行业	相对值（指数）		绝对值（百分制）		
			CBI	序号	品牌竞争力得分（CBS）	品牌财务竞争力	市场竞争表现力
现代投资	湖南省	交通	49.0229	551	51.3683	50.8152	52.6589
昆明制药	云南省	医药	49.0017	552	51.3517	48.9508	56.9537
希努尔	山东省	服装	48.9562	553	51.3159	46.6408	62.2242
飞乐音响	上海市	电子	48.9285	554	51.2941	47.0467	61.2047
东方市场	江苏省	纺织	48.9142	555	51.2829	46.4645	64.1442
承德露露	河北省	食品饮料	48.9120	556	51.2812	47.6452	59.7652
明阳风电	广东省	机械	48.9118	557	51.2810	47.6695	59.7076
三湘股份	上海市	房地产	48.9085	558	51.2784	51.8197	50.0155
武汉中商	湖北省	商业百货	48.9002	559	51.2719	47.6047	59.8287
天宝股份	辽宁省	食品饮料	48.8797	560	51.2558	47.4163	60.2146
汤臣倍健	广东省	食品饮料	48.8728	561	51.2503	48.8215	56.9177
中兴商业	辽宁省	商业百货	48.8491	562	51.2318	48.3533	57.9481
诚志股份	江西省	医药	48.8157	563	51.2055	48.1853	58.2526
江苏吴中	江苏省	医药	48.7948	564	51.1891	47.5850	59.5985
厦门港务	福建省	交通	48.7855	565	51.1818	50.5970	52.5462
华光股份	江苏省	机械	48.7767	566	51.1749	48.0701	58.4195
金安国纪	上海市	电子	48.7377	567	51.1442	46.7232	61.4599
南国置业	湖北省	房地产	48.7093	568	51.1219	51.0099	51.3833
中国软件	北京市	IT	48.7054	569	51.1188	47.4710	59.6304
老白干酒	河北省	酒	48.6818	570	51.1003	45.7713	63.5347
众和股份	福建省	纺织	48.6679	571	51.0894	45.5183	65.1654
三房巷	江苏省	纺织	48.6539	572	51.0784	45.6608	64.4009
金陵药业	江苏省	医药	48.6389	573	51.0666	48.8106	56.3307
仪电电子	上海市	电子	48.6324	574	51.0615	47.7393	58.8133
东湖高新	湖北省	房地产	48.6285	575	51.0584	49.5471	54.5847
亿城股份	辽宁省	房地产	48.6174	576	51.0497	50.0154	53.4631
高金食品	四川省	食品饮料	48.6107	577	51.0444	46.4658	61.7278
老板电器	浙江省	家电	48.5835	578	51.0231	49.0282	55.6779
苏州高新	江苏省	房地产	48.5775	579	51.0184	49.3348	54.9467
益民集团	上海市	商业百货	48.5694	580	51.0120	48.5581	56.7378
加加食品	湖南省	食品饮料	48.5539	581	50.9998	47.6692	58.7714
安凯客车	安徽省	汽车	48.5502	582	50.9969	48.5884	56.6167
华天科技	甘肃省	电子	48.4909	583	50.9503	46.9697	60.2385
长盈精密	广东省	电子	48.4745	584	50.9374	47.8248	58.2002
航天晨光	江苏省	汽车	48.4294	585	50.9020	48.3906	56.7618
北京城乡	北京市	商业百货	48.4108	586	50.8874	48.3751	56.7495
新华制药	山东省	医药	48.3824	587	50.8651	47.8318	57.9428
东方通信	浙江省	通信	48.3662	588	50.8524	50.2317	52.3007
福日电子	福建省	电子	48.3377	589	50.8300	46.1106	61.8419
深赤湾 A	广东省	交通	48.3339	590	50.8270	50.6202	51.3095
云内动力	云南省	机械	48.2983	591	50.7990	48.1818	56.9059
昆百大 A	云南省	商业百货	48.2931	592	50.7949	47.5977	58.2550

企业名称	省（市、自治区）	所属行业	相对值（指数）		绝对值（百分制）		
			CBI	序号	品牌竞争力得分（CBS）	品牌财务竞争力	市场竞争表现力
通富微电	江苏省	电子	48.2490	593	50.7603	46.5112	60.6747
探路者	北京市	服装	48.2447	594	50.7569	46.8487	59.8760
金杯汽车	辽宁省	汽车	48.2403	595	50.7535	47.0253	59.4526
华西能源	四川省	机械	48.2301	596	50.7455	48.1280	56.8530
以岭药业	河北省	医药	48.2157	597	50.7341	48.7863	55.2791
长春高新	吉林省	医药	48.1621	598	50.6920	49.1832	54.2124
苏常柴 A	江苏省	机械	48.1426	599	50.6767	48.0406	56.8276
莲花味精	河南省	食品饮料	48.1146	600	50.6547	45.8322	61.9073
荣安地产	浙江省	房地产	48.0692	601	50.6190	49.9730	52.1264
桐君阁	重庆市	医药	48.0682	602	50.6182	46.5717	60.0602
洪都航空	江西省	交通	48.0257	603	50.5848	49.9390	52.0918
泰禾集团	福建省	房地产	47.9854	604	50.5532	49.1074	53.9267
京威股份	北京市	汽车	47.9780	605	50.5474	50.2140	51.3255
得润电子	广东省	电子	47.9698	606	50.5409	46.5734	59.7984
霞客环保	江苏省	纺织	47.9686	607	50.5400	44.5023	66.4592
华帝股份	广东省	家电	47.9574	608	50.5312	47.9646	56.5199
天安	上海市	房地产	47.9516	609	50.5267	50.3767	50.8767
徐家汇	上海市	商业百货	47.9438	610	50.5205	48.4338	55.3896
莱宝高科	广东省	电子	47.9210	611	50.5026	46.9172	58.8687
嘉宝集团	上海市	房地产	47.9048	612	50.4899	50.1334	51.3219
鹿港科技	江苏省	纺织	47.8864	613	50.4754	44.7983	65.7320
海升果汁	陕西省	食品饮料	47.8792	614	50.4697	45.9035	61.1243
得利斯	山东省	食品饮料	47.8750	615	50.4665	46.7408	59.1598
星网锐捷	福建省	通信	47.8526	616	50.4489	50.1452	51.1574
浪潮信息	山东省	IT	47.8260	617	50.4280	47.4478	57.3818
浙江富润	浙江省	纺织	47.7990	618	50.4068	45.1801	62.8312
四川九洲	四川省	家电	47.7857	619	50.3963	47.1821	57.8961
开山股份	浙江省	机械	47.7733	620	50.3865	48.9286	53.7884
康缘药业	江苏省	医药	47.7002	621	50.3292	48.2078	55.2790
亚夏汽车	安徽省	汽车	47.6898	622	50.3210	47.9879	55.7649
万达商业地产	北京市	房地产	47.6822	623	50.3150	50.0728	50.8802
钱江摩托	浙江省	交通	47.6560	624	50.2944	48.7840	53.8186
漳州发展	福建省	商业百货	47.6495	625	50.2893	47.2296	57.4285
东方电子	山东省	电子	47.6366	626	50.2792	46.3863	59.3626
天坛生物	北京市	医药	47.6214	627	50.2672	48.0915	55.3439
北方股份	内蒙古自治区	机械	47.6176	628	50.2642	47.6860	56.2801
法拉电子	福建省	电子	47.6135	629	50.2610	46.9758	57.9266
春天百货	福建省	商业百货	47.6133	630	50.2608	47.9549	55.6415
华纺股份	山东省	纺织	47.6075	631	50.2563	43.6529	66.1657
名流置业	云南省	房地产	47.5759	632	50.2315	49.5973	51.7112
张化机	江苏省	机械	47.5356	633	50.1998	48.0108	55.3076
航天电器	四川省	电子	47.5279	634	50.1938	46.9419	57.7817

企业名称	省（市、自治区）	所属行业	相对值（指数）		绝对值（百分制）		
			CBI	序号	品牌竞争力得分（CBS）	品牌财务竞争力	市场竞争表现力
通裕重工	山东省	机械	47.4743	635	50.1517	48.2647	54.5547
绿润集团 ALN	山东省	食品饮料	47.4619	636	50.1419	46.8524	57.8173
嘉事堂	北京市	医药	47.4209	637	50.1097	47.7172	55.6923
海南椰岛	海南省	酒	47.4160	638	50.1059	44.9920	62.0382
上海三毛	上海市	纺织	47.4074	639	50.0991	43.1266	66.8922
联创光电	江西省	电子	47.3762	640	50.0746	46.3236	58.8270
科陆电子	广东省	电子	47.3374	641	50.0441	45.9622	59.5685
国投中鲁	北京市	食品饮料	47.3111	642	50.0234	46.2351	58.8629
双鹭药业	北京市	医药	47.2936	643	50.0097	49.4798	51.2460
中航动控	湖南省	交通	47.2737	644	49.9941	49.3749	51.4388
通鼎光电	江苏省	通信	47.2723	645	49.9929	49.4456	51.2700
高德软件 AMAP	北京市	IT	47.2720	646	49.9928	48.4892	53.5011
模塑科技	江苏省	汽车	47.2329	647	49.9620	48.1457	54.2001
七星电子	北京市	电子	47.2142	648	49.9473	46.2314	58.6177
振华科技	贵州省	通信	47.1797	649	49.9202	49.0965	51.8423
南宁百货	广西壮族自治区	商业百货	47.1727	650	49.9147	47.0879	56.5106
北巴传媒	北京市	交通	47.1631	651	49.9072	49.1942	51.5709
贵航股份	贵州省	汽车	47.1601	652	49.9048	48.3141	53.6164
广联达	广东省	IT	47.1498	653	49.8967	48.2899	53.6460
晋亿实业	浙江省	机械	47.0975	654	49.8556	46.9254	56.6927
时代万恒	辽宁省	纺织	47.0557	655	49.8228	43.9683	64.4044
康力电梯	江苏省	机械	47.0552	656	49.8224	48.1209	53.7927
金鹰股份	浙江省	纺织	47.0483	657	49.8170	44.1557	63.0461
润邦股份	江苏省	机械	47.0389	658	49.8096	47.9607	54.1239
福建南纺	福建省	纺织	47.0321	659	49.8043	44.1080	63.1381
南宁糖业	广西壮族自治区	食品饮料	47.0073	660	49.7848	43.3819	64.7247
天地源	上海市	房地产	46.9601	661	49.7477	48.7061	52.1781
华工科技	湖北省	机械	46.9574	662	49.7456	47.7008	54.5166
香江控股	广东省	房地产	46.9536	663	49.7426	47.9946	53.8212
爱尔眼科	湖南省	医药	46.9435	664	49.7347	48.2108	53.2903
美都控股	浙江省	房地产	46.9376	665	49.7300	48.5425	52.5010
南京熊猫	江苏省	通信	46.9270	666	49.7217	49.4531	50.3485
桂林三金	广西壮族自治区	医药	46.9026	667	49.7025	48.3750	52.7999
林州重机	河南省	机械	46.8809	668	49.6855	48.0549	53.4900
新疆城建	新疆维吾尔自治区	房地产	46.8791	669	49.6841	48.5285	52.3803
晋西车轴	山西省	交通	46.8645	670	49.6726	49.0057	51.2285
安德利果汁	山东省	食品饮料	46.8373	671	49.6512	46.2732	57.5332
现代制药	上海市	医药	46.8311	672	49.6463	47.3660	54.9671
飞克国际	福建省	纺织	46.8266	673	49.6428	44.5777	61.9996
哈飞股份	黑龙江省	交通	46.8087	674	49.6287	48.2138	52.9302
力生制药	天津市	医药	46.8054	675	49.6261	48.4269	52.4242

续表

企业名称	省（市、自治区）	所属行业	相对值（指数）		绝对值（百分制）		
			CBI	序号	品牌竞争力得分（CBS）	品牌财务竞争力	市场竞争表现力
贵州百灵	贵州省	医药	46.7885	676	49.6129	47.8733	53.6718
津滨发展	天津市	房地产	46.7813	677	49.6073	48.1347	53.0432
士兰微	浙江省	电子	46.7467	678	49.5801	45.2241	59.7441
啤酒花	新疆维吾尔自治区	酒	46.7303	679	49.5671	44.5672	61.2336
正和股份	海南省	房地产	46.7090	680	49.5505	49.5233	49.6138
成商集团	四川省	商业百货	46.7052	681	49.5474	46.9673	55.5676
方正证券	湖南省	金融	46.6573	682	49.5098	53.1872	40.9291
天津松江	天津市	房地产	46.6536	683	49.5069	47.7927	53.5067
江南嘉捷	江苏省	机械	46.5947	684	49.4607	47.5343	53.9554
格力地产	广东省	房地产	46.5884	685	49.4557	48.6867	51.2500
红日药业	天津市	医药	46.5862	686	49.4540	48.5324	51.6043
乐普医疗	北京市	医药	46.5629	687	49.4357	48.4023	51.8468
金枫酒业	上海市	酒	46.5583	688	49.4320	44.7497	60.3574
飞毛腿	福建省	电子	46.5556	689	49.4299	44.8511	60.1137
仙琚制药	浙江省	医药	46.4703	690	49.3629	47.0030	54.8696
川化股份	四川省	医药	46.4586	691	49.3537	46.6091	55.7578
茂业物流	河北省	商业百货	46.4580	692	49.3533	47.1517	54.4902
珠江实业	广东省	房地产	46.4147	693	49.3192	49.4960	48.9066
兴森科技	广东省	电子	46.4109	694	49.3163	46.0364	56.9692
舜天船舶	江苏省	交通	46.4046	695	49.3113	47.7081	53.0522
勤上光电	广东省	电子	46.3807	696	49.2925	45.9985	56.9785
恒立油缸	江苏省	机械	46.3699	697	49.2840	48.1933	51.8290
长江证券	湖北省	金融	46.3528	698	49.2706	52.7861	41.0679
卡奴迪路	广东省	服装	46.3422	699	49.2623	45.6502	57.6904
中国生物制品	山东省	医药	46.3360	700	49.2574	48.2733	51.5537
龙源技术	山东省	机械	46.3187	701	49.2438	48.2434	51.5782
天药股份	天津市	医药	46.2911	702	49.2221	47.2360	53.8565
美欣达	浙江省	纺织	46.2890	703	49.2205	43.6440	63.6401
新大陆	福建省	IT	46.2607	704	49.1983	46.4261	55.6666
蒙发利	福建省	家电	46.2596	705	49.1973	46.5595	55.3523
宏达高科	浙江省	纺织	46.2566	706	49.1950	44.6479	59.8897
国星光电	广东省	电子	46.2384	707	49.1807	45.5105	57.7445
日海通讯	广东省	通信	46.2313	708	49.1751	49.1919	49.1361
长城信息	湖南省	IT	46.2274	709	49.1720	46.4307	55.5685
深物业 A	广东省	房地产	46.2271	710	49.1718	49.0897	49.3634
片仔癀	福建省	医药	46.1931	711	49.1451	47.9493	51.9352
华联股份	北京市	商业百货	46.1919	712	49.1442	46.8451	54.5089
粤高速 A	广东省	交通	46.1793	713	49.1343	48.3960	50.8570
全柴动力	安徽省	机械	46.1772	714	49.1326	46.2818	55.7845
北大医药	重庆市	医药	46.1765	715	49.1321	46.3118	55.7126
爱仕达	浙江省	家电	46.1566	716	49.1165	46.3924	55.4726
爱康科技	江苏省	电子	46.1559	717	49.1159	44.5406	59.7918

续表

企业名称	省（市、自治区）	所属行业	相对值（指数）		绝对值（百分制）		
			CBI	序号	品牌竞争力得分（CBS）	品牌财务竞争力	市场竞争表现力
新朋股份	上海市	机械	46.1354	718	49.0998	47.3184	53.2565
兴业证券	福建省	金融	46.0973	719	49.0699	52.5219	41.0151
长信科技	安徽省	电子	46.0910	720	49.0650	46.2203	55.7024
卓翼科技	广东省	IT	46.0704	721	49.0487	46.5250	54.9375
中国武夷	福建省	房地产	45.9976	722	48.9915	47.8162	51.7339
广弘控股	广东省	食品饮料	45.9834	723	48.9804	45.3978	57.3398
奇峰化纤	吉林省	服装	45.9274	724	48.9364	43.0034	62.7799
马应龙	湖北省	医药	45.8761	725	48.8961	47.2116	52.8265
创元科技	江苏省	机械	45.8758	726	48.8958	46.3874	54.7489
华微电子	吉林省	电子	45.8440	727	48.8709	44.8333	58.2920
江钻股份	湖北省	机械	45.8429	728	48.8700	46.9352	53.3846
同洲电子	广东省	通信	45.8307	729	48.8604	48.5368	49.6156
银江股份	浙江省	IT	45.8225	730	48.8540	46.1399	55.1867
天顺风能	江苏省	机械	45.8006	731	48.8368	47.7670	51.3329
东百集团	福建省	商业百货	45.7944	732	48.8319	46.0217	55.3891
锦州港	辽宁省	交通	45.7533	733	48.7996	48.1707	50.2669
广宇发展	天津市	房地产	45.7400	734	48.7892	48.8033	48.7562
振东制药	山西省	医药	45.7383	735	48.7879	46.9573	53.0591
恩华药业	江苏省	医药	45.7149	736	48.7695	46.7338	53.5192
宝德科技集团	广东省	IT	45.6633	737	48.7289	45.9856	55.1299
鱼跃医疗	江苏省	医药	45.6604	738	48.7266	47.5111	51.5627
山东矿机	山东省	机械	45.6420	739	48.7122	46.7219	53.3561
中通客车	山东省	汽车	45.6415	740	48.7118	46.4407	54.0110
山河智能	湖南省	机械	45.6378	741	48.7089	45.7087	55.7092
光迅科技	湖北省	通信	45.6336	742	48.7056	48.5501	49.0683
远大医药	湖北省	医药	45.6072	743	48.6848	46.3304	54.1785
大冷股份	辽宁省	机械	45.6057	744	48.6836	46.8277	53.0142
龙力生物	山东省	食品饮料	45.5924	745	48.6732	45.1791	56.8262
中汽系统	湖北省	汽车	45.5842	746	48.6667	46.9379	52.7007
首航节能	北京市	机械	45.5805	747	48.6639	47.6090	51.1251
江海股份	江苏省	电子	45.5622	748	48.6494	45.3497	56.3487
人民网	北京市	IT	45.5344	749	48.6276	47.1528	52.0689
连云港	江苏省	交通	45.5337	750	48.6271	48.1747	49.6828
亚星锚链	江苏省	交通	45.5261	751	48.6211	48.0677	49.9123
国光电器	广东省	电子	45.5245	752	48.6199	43.5686	60.4063
同方国芯	河北省	电子	45.5103	753	48.6087	45.8347	55.0813
大杨创世	辽宁省	服装	45.5064	754	48.6056	44.2174	58.8448
中关村	北京市	房地产	45.4813	755	48.5860	46.8369	52.6670
万里扬	浙江省	汽车	45.4490	756	48.5606	47.5451	50.9300
南天信息	云南省	IT	45.4386	757	48.5524	45.1981	56.3790
万家乐	广东省	家电	45.4272	758	48.5434	45.4793	55.6929
海格通信	广东省	通信	45.4242	759	48.5411	48.9183	47.6608

企业名称	省（市、自治区）	所属行业	相对值（指数）		绝对值（百分制）		
			CBI	序号	品牌竞争力得分（CBS）	品牌财务竞争力	市场竞争表现力
海思科	西藏自治区	医药	45.3990	760	48.5213	48.0159	49.7006
华兰生物	河南省	医药	45.3800	761	48.5063	47.1122	51.7593
华业地产	北京市	房地产	45.3687	762	48.4974	47.6459	50.4843
千金药业	湖南省	医药	45.3652	763	48.4947	46.6930	52.6987
杭州解百	浙江省	商业百货	45.3614	764	48.4917	45.9248	54.4811
潍柴重机	山东省	机械	45.3606	765	48.4911	45.8423	54.6717
香溢融通	浙江省	商业百货	45.3377	766	48.4731	46.5828	52.8839
华芳纺织	江苏省	纺织	45.3309	767	48.4678	42.8621	63.9719
海陆重工	江苏省	机械	45.3230	768	48.4615	46.8464	52.2301
东风科技	上海市	汽车	45.3061	769	48.4483	46.7988	52.2971
上海凯宝	上海市	医药	45.2913	770	48.4366	47.4905	50.6441
杭齿前进	浙江省	机械	45.2793	771	48.4272	46.1343	53.7773
浦东金桥	上海市	房地产	45.2437	772	48.3993	48.3315	48.5574
方正控股	北京市	IT	45.2136	773	48.3756	45.6471	54.7422
金证股份	广东省	IT	45.2002	774	48.3651	45.4398	55.1908
江西长运	江西省	交通	45.1956	775	48.3615	47.3908	50.6265
鑫茂科技	天津市	IT	45.1954	776	48.3613	45.6022	54.7992
嘉麟杰	上海省	纺织	45.1640	777	48.3366	43.4269	60.2298
电子城	北京市	房地产	45.1464	778	48.3228	48.5676	47.7516
浙江震元	浙江省	医药	45.1365	779	48.3150	46.1283	53.4173
鲁抗医药	山东省	医药	45.1141	780	48.2974	44.6575	56.7907
世联地产	广东省	房地产	45.0904	781	48.2788	48.2570	48.3297
百大集团	浙江省	商业百货	45.0847	782	48.2744	45.4596	54.8421
松芝股份	上海市	汽车	45.0760	783	48.2675	47.2493	50.6433
航天动力	陕西省	机械	45.0406	784	48.2397	46.6946	51.8450
东富龙	上海市	医药	45.0339	785	48.2344	46.9933	51.1304
烟台冰轮	山东省	机械	45.0040	786	48.2110	46.4196	52.3908
柯莱特 CIS	北京市	IT	44.9985	787	48.2066	45.2757	55.0454
煌上煌	江西省	食品饮料	44.9852	788	48.1962	45.4167	54.6818
博林特	辽宁省	机械	44.9605	789	48.1768	46.2947	52.5683
新黄浦	上海市	房地产	44.9549	790	48.1723	48.3415	47.7776
凤凰股份	江苏省	房地产	44.9490	791	48.1677	47.3674	50.0350
亚太股份	浙江省	汽车	44.9431	792	48.1631	46.5614	51.9002
中国汽研	重庆市	汽车	44.9253	793	48.1491	47.3076	50.1127
恒生电子	浙江省	IT	44.9209	794	48.1457	46.0720	52.9842
*ST 黑豹	山东省	汽车	44.8901	795	48.1215	45.3224	54.6526
重庆港九	重庆市	交通	44.8616	796	48.0991	47.5797	49.3109
冀东装备	河北省	机械	44.8414	797	48.0832	46.3128	52.2141
四维图新	北京市	IT	44.8196	798	48.0661	46.0151	52.8517
亚宝药业	山西省	医药	44.8187	799	48.0654	45.9979	52.8894
康大食品	山东省	食品饮料	44.8184	800	48.0652	43.9851	57.5854
星宇股份	江苏省	汽车	44.8159	801	48.0632	47.4342	49.5309

企业名称	省（市、自治区）	所属行业	相对值（指数）		绝对值（百分制）		
			CBI	序号	品牌竞争力得分（CBS）	品牌财务竞争力	市场竞争表现力
动感集团	福建省	纺织	44.8112	802	48.0595	43.5733	59.4512
超华科技	广东省	电子	44.8058	803	48.0552	45.1616	54.8070
厦门空港	福建省	交通	44.7706	804	48.0276	48.7123	46.4299
兰州黄河	甘肃省	酒	44.7492	805	48.0108	43.3011	59.0001
安洁科技	江苏省	电子	44.7300	806	47.9957	45.7280	53.2869
南方汇通	贵州省	交通	44.7223	807	47.9896	47.3342	49.5190
升华拜克	浙江省	医药	44.6932	808	47.9668	45.5630	53.5755
天润曲轴	山东省	机械	44.6819	809	47.9579	46.1391	52.2016
楚天高速	湖北省	交通	44.6688	810	47.9476	47.1544	49.7984
远光软件	广东省	IT	44.6640	811	47.9439	46.6645	50.9291
南通科技	江苏省	机械	44.6447	812	47.9287	45.4853	53.6299
石基信息	北京市	IT	44.6360	813	47.9218	46.4765	51.2941
顺络电子	广东省	电子	44.6303	814	47.9174	44.9185	54.9147
机器人	辽宁省	机械	44.6102	815	47.9016	47.0049	49.9939
乔治白	浙江省	服装	44.5932	816	47.8882	44.0609	56.8186
网秦 NQ	北京市	IT	44.5860	817	47.8825	47.1478	49.5968
富基旋风 EFUT	北京市	IT	44.5582	818	47.8607	45.4413	53.5059
天奇股份	江苏省	机械	44.4586	819	47.7824	45.1764	53.8632
科大讯飞	安徽省	IT	44.4523	820	47.7775	46.1006	51.6902
德信无线 CNTF	北京市	电子	44.4363	821	47.7650	44.0024	56.5444
飞力达	江苏省	交通	44.4261	822	47.7569	47.5157	48.3196
利欧股份	浙江省	机械	44.3568	823	47.7025	45.5753	52.6659
晨光生物	河北省	食品饮料	44.3484	824	47.6959	44.5411	55.0571
阳光电源	安徽省	机械	44.3243	825	47.6770	46.2582	50.9875
上海复旦	上海市	电子	44.2811	826	47.6430	45.2847	53.1457
国元证券	安徽省	金融	44.2782	827	47.6407	51.7365	38.0839
轻纺城	浙江省	商业百货	44.2215	828	47.5962	45.7670	51.8644
大港股份	江苏省	房地产	44.2179	829	47.5934	46.2248	50.7865
中电广通	北京市	IT	44.2111	830	47.5880	45.0364	53.5418
富瑞特装	江苏省	机械	44.1582	831	47.5464	45.9979	51.1598
上海贝岭	上海市	电子	44.1458	832	47.5367	44.3814	54.8991
新北洋	山东省	IT	44.1405	833	47.5326	45.9151	51.3067
大华农	广东省	医药	44.1207	834	47.5170	46.4044	50.1131
山东如意	山东省	纺织	44.1174	835	47.5144	42.3908	61.2864
沃森生物	浙江省	医药	44.1065	836	47.5059	46.3283	50.2535
克明面业	湖南省	食品饮料	44.1057	837	47.5052	44.6972	54.0572
科华生物	上海市	医药	44.0944	838	47.4963	46.5391	49.7299
德联集团	广东省	汽车	44.0542	839	47.4648	47.0042	48.5393
通化东宝	吉林省	医药	44.0508	840	47.4621	45.9133	51.0761
常林股份	江苏省	机械	44.0498	841	47.4613	45.2974	52.5103
康强电子	浙江省	电子	44.0491	842	47.4608	43.1425	57.5367
成发科技	四川省	交通	44.0423	843	47.4554	46.8599	48.8449

企业名称	省 （市、自治区）	所属行业	相对值（指数）		绝对值（百分制）		
			CBI	序号	品牌竞争力 得分（CBS）	品牌财务竞争力	市场竞争表现力
启明信息	吉林省	IT	44.0325	844	47.4477	44.5535	54.2010
凤竹纺织	福建省	纺织	44.0256	845	47.4423	41.8481	60.7357
万达信息	上海市	IT	44.0198	846	47.4377	45.6141	51.6929
国海证券	广西壮族自治区	金融	43.9980	847	47.4206	52.1452	36.3965
银轮股份	浙江省	汽车	43.9549	848	47.3867	45.8812	50.8995
奇正藏药	西藏自治区	医药	43.9498	849	47.3827	46.4648	49.5245
保龄宝	山东省	食品饮料	43.9056	850	47.3480	44.2627	54.5470
数源科技	浙江省	家电	43.8871	851	47.3335	44.2938	54.4262
中葡股份	新疆维吾尔自治区	酒	43.8773	852	47.3258	42.1720	59.3512
智飞生物	重庆市	医药	43.8759	853	47.3247	46.1590	50.0447
汇银家电	江苏省	家电	43.8511	854	47.3052	43.0216	57.3003
武汉健民	湖北省	医药	43.8191	855	47.2801	45.2853	51.9345
中国动物保健品	北京市	医药	43.8112	856	47.2738	46.1164	49.9745
海南海药	广西壮族自治区	医药	43.7971	857	47.2628	45.5431	51.2753
航天机电	上海市	电子	43.7774	858	47.2473	41.9388	59.6338
众生药业	广东省	医药	43.7619	859	47.2351	46.1615	49.7402
丰原药业	安徽省	医药	43.7483	860	47.2245	44.9062	52.6338
英飞拓	广东省	IT	43.7367	861	47.2153	45.0860	52.1835
水晶光电	浙江省	电子	43.7334	862	47.2127	44.7470	52.9659
浙江广厦	浙江省	房地产	43.6899	863	47.1786	45.9469	50.0524
黑牛食品	广东省	食品饮料	43.6888	864	47.1777	44.1913	54.1459
捷成股份	北京市	IT	43.6349	865	47.1353	45.8043	50.2410
星湖科技	广东省	食品饮料	43.6325	866	47.1334	42.6413	57.6152
龙洲股份	福建省	交通	43.6244	867	47.1271	46.4326	48.7473
誉衡药业	黑龙江省	医药	43.5430	868	47.0631	45.9371	49.6905
北海港	广西壮族自治区	交通	43.4943	869	47.0249	46.3348	48.6352
北方导航	北京市	机械	43.4714	870	47.0069	45.0856	51.4900
积成电子	山东省	IT	43.4651	871	47.0020	45.2295	51.1378
涪陵榨菜	重庆市	食品饮料	43.4617	872	46.9993	44.4455	52.9580
上海证大	上海市	房地产	43.4243	873	46.9699	46.3209	48.4842
南方泵业	浙江省	机械	43.4149	874	46.9625	45.9225	49.3892
御银股份	广东省	IT	43.3973	875	46.9487	45.1016	51.2586
四创电子	安徽省	电子	43.3796	876	46.9348	43.0801	55.9290
万业企业	上海市	房地产	43.3783	877	46.9337	46.4222	48.1273
天喻信息	湖北省	电子	43.3415	878	46.9048	43.6054	54.6034
南京中北	江苏省	房地产	43.3366	879	46.9010	46.3853	48.1043
香雪制药	广东省	医药	43.3352	880	46.8999	45.2950	50.6447
华丽家族	上海市	房地产	43.3342	881	46.8991	47.0952	46.4416
东莞控股	广东省	交通	43.3272	882	46.8936	47.2791	45.9941
贵糖股份	广西壮族自治区	食品饮料	43.3263	883	46.8929	43.1915	55.5293
尔康制药	湖南省	医药	43.3256	884	46.8924	46.1800	48.5546
金达威	福建省	食品饮料	43.3227	885	46.8901	44.2034	53.1588

续表

企业名称	省 (市、自治区)	所属行业	相对值（指数）		绝对值（百分制）		
			CBI	序号	品牌竞争力 得分（CBS）	品牌财务竞争力	市场竞争表现力
漫步者	广东省	IT	43.3109	886	46.8808	44.9024	51.4971
澳洋顺昌	江苏省	交通	43.3049	887	46.8761	46.5704	47.5893
苏州固锝	江苏省	电子	43.2954	888	46.8687	43.3773	55.0151
上工申贝	上海市	机械	43.2936	889	46.8672	44.8404	51.5964
科力远	湖南省	电子	43.2740	890	46.8518	41.1650	60.1212
九芝堂	湖南省	医药	43.2658	891	46.8453	45.2003	50.6839
京投银泰	浙江省	房地产	43.2646	892	46.8445	45.6115	49.7213
金自天正	北京市	机械	43.2431	893	46.8275	44.8944	51.3382
渤海轮渡	山东省	交通	43.2223	894	46.8112	47.1066	46.1220
凯撒股份	广东省	服装	43.2101	895	46.8016	42.8962	55.9143
华斯股份	河北省	服装	43.1921	896	46.7875	43.0419	55.5272
江苏三友	江苏省	服装	43.1876	897	46.7840	42.7942	56.0933
航天长峰	北京市	机械	43.1857	898	46.7824	46.1896	48.1658
三宝科技	江苏省	IT	43.1739	899	46.7732	44.9731	50.9734
恒宝股份	江苏省	IT	43.1463	900	46.7515	44.8897	51.0957
银河电子	江苏省	家电	43.1238	901	46.7338	44.8863	51.0448
网宿科技	上海市	IT	43.1237	902	46.7337	45.2743	50.1391
实益达	广东省	电子	43.1200	903	46.7308	42.8084	55.8832
开开实业	上海市	服装	43.0936	904	46.7101	41.9854	57.7342
先进半导体	上海市	电子	43.0685	905	46.6904	43.3413	54.5049
利君股份	四川省	机械	43.0498	906	46.6757	45.4743	49.4789
常发股份	江苏省	机械	43.0452	907	46.6721	44.8797	50.8542
信质电机	浙江省	机械	43.0426	908	46.6700	45.6483	49.0540
达实智能	广东省	IT	43.0375	909	46.6660	44.9182	50.7441
深桑达 A	广东省	通信	43.0172	910	46.6501	46.7639	46.3845
汇通能源	上海市	商业百货	43.0155	911	46.6488	44.0635	52.6810
皇氏乳业	广西壮族自治区	食品饮料	42.9952	912	46.6328	43.6723	53.5406
中原内配	河南省	汽车	42.9870	913	46.6263	46.1387	47.7641
蓝科高新	甘肃省	机械	42.9866	914	46.6260	45.2576	49.8190
浙富股份	浙江省	机械	42.9797	915	46.6206	45.1884	49.9625
长青集团	广东省	家电	42.9771	916	46.6186	44.4465	51.6867
中信海直	广东省	交通	42.9682	917	46.6116	46.4954	46.8827
菲达环保	浙江省	机械	42.9469	918	46.5948	43.9482	52.7701
博彦科技	北京市	IT	42.9344	919	46.5850	44.7160	50.9460
新时达	上海市	机械	42.9323	920	46.5834	45.8076	48.3935
天人果汁 SPU	陕西省	食品饮料	42.9313	921	46.5826	43.9629	52.6951
山大华特	山东省	医药	42.9146	922	46.5694	45.6338	48.7527
启明星辰	北京市	IT	42.9086	923	46.5648	44.7595	50.7770
兴民钢圈	山东省	汽车	42.8816	924	46.5436	45.4370	49.1257
天保基建	天津市	房地产	42.8800	925	46.5423	46.4817	46.6835
汉得信息	上海市	IT	42.8705	926	46.5348	45.0634	49.9680
珠江船务	广东省	交通	42.8592	927	46.5259	46.4172	46.7796
*ST 中基	新疆维吾尔自治区	食品饮料	42.8439	928	46.5139	41.1764	58.9682

企业名称	省 （市、自治区）	所属行业	相对值（指数）		绝对值（百分制）		
			CBI	序号	品牌竞争力 得分（CBS）	品牌财务竞争力	市场竞争表现力
远东传动	河南省	机械	42.8101	929	46.4874	45.3046	49.2473
盛运股份	安徽省	机械	42.8000	930	46.4794	44.9233	50.1102
广东鸿图	广东省	汽车	42.7991	931	46.4787	45.4448	48.8913
天立环保	北京市	机械	42.7961	932	46.4764	45.4814	48.7980
中茵股份	湖北省	房地产	42.7645	933	46.4515	45.7730	48.0347
亿纬锂能	广东省	电子	42.7491	934	46.4394	43.8963	52.3735
步森股份	浙江省	服装	42.7440	935	46.4354	42.2407	56.2232
海欣食品	福建省	食品饮料	42.7364	936	46.4294	43.7495	52.6825
京能置业	北京市	房地产	42.7143	937	46.4121	46.2806	46.7189
西藏发展	西藏自治区	酒	42.7101	938	46.4088	42.4272	55.6992
渤海活塞	山东省	机械	42.7002	939	46.4010	44.1194	51.7248
天源迪科	广东省	IT	42.6947	940	46.3967	44.9816	49.6987
荣之联	北京市	IT	42.6851	941	46.3892	44.4612	50.8877
厦华电子	福建省	家电	42.6789	942	46.3843	42.2268	56.0850
东软载波	山东省	IT	42.6741	943	46.3805	45.4344	48.5881
华声股份	广东省	家电	42.6705	944	46.3777	44.2147	51.4246
瑞普生物	天津市	医药	42.6631	945	46.3718	45.5637	48.2575
大富科技	广东省	通信	42.6620	946	46.3710	45.8179	47.6617
德棉股份	山东省	纺织	42.6608	947	46.3701	41.2726	61.8382
舒泰神	北京市	医药	42.6366	948	46.3511	46.1560	46.8063
上海钢联	上海市	IT	42.6221	949	46.3397	44.7806	49.9774
国民技术	广东省	电子	42.6041	950	46.3255	43.2256	53.5586
美尔雅	湖北省	服装	42.5972	951	46.3201	41.5372	57.4803
瑞立集团	浙江省	汽车	42.5960	952	46.3191	45.6038	47.9883
海得控制	上海市	IT	42.5616	953	46.2921	43.4022	53.0353
博实股份	黑龙江省	机械	42.5596	954	46.2906	45.5926	47.9191
兰州民百	河南省	商业百货	42.5579	955	46.2892	44.0837	51.4354
中润资源	山东省	房地产	42.5443	956	46.2786	46.0618	46.7844
海岛建设	海南省	商业百货	42.4840	957	46.2312	44.3615	50.5938
双塔食品	山东省	食品饮料	42.4817	958	46.2293	43.5003	52.5971
拓邦股份	广东省	电子	42.4428	959	46.1988	42.4786	54.8791
美兰机场	海南省	交通	42.4066	960	46.1704	46.7482	44.8220
合肥城建	安徽省	房地产	42.3935	961	46.1600	45.8699	46.8371
光电股份	湖北省	交通	42.3205	962	46.1028	44.6734	49.4379
滨海泰达物流	天津市	交通	42.3137	963	46.0974	44.7671	49.2013
春兰股份	江苏省	家电	42.2808	964	46.0715	43.9128	51.1086
东安动力	黑龙江省	汽车	42.2652	965	46.0593	44.2365	50.3125
榕基软件	福建省	IT	42.2649	966	46.0590	44.6173	49.4231
特发信息	广东省	通信	42.2639	967	46.0582	45.6419	47.0297
成飞集成	四川省	汽车	42.2633	968	46.0578	45.7600	46.7527
西南证券	重庆市	金融	42.2268	969	46.0291	50.1447	36.4261
新界泵业	浙江省	机械	42.2062	970	46.0130	44.9793	48.4249

续表

企业名称	省 (市、自治区)	所属行业	相对值（指数）		绝对值（百分制）		
			CBI	序号	品牌竞争力 得分（CBS）	品牌财务竞争力	市场竞争表现力
千红制药	江苏省	医药	42.1916	971	46.0015	44.7150	49.0033
亿阳信通	黑龙江省	通信	42.1707	972	45.9851	46.0360	45.8663
秦川发展	陕西省	机械	42.1509	973	45.9695	43.8882	50.8260
炬力ACTS	广东省	电子	42.1285	974	45.9519	43.6637	51.2910
国金证券	四川省	金融	42.1254	975	45.9494	49.8395	36.8727
豪迈科技	山东省	汽车	42.1100	976	45.9373	45.8166	46.2190
上海莱士	上海市	医药	42.0837	977	45.9167	45.3202	47.3084
七喜控股	广东省	IT	42.0421	978	45.8840	43.0009	52.6112
长方照明	广东省	电子	42.0159	979	45.8634	43.0186	52.5014
东吴证券	江苏省	金融	42.0093	980	45.8583	49.7405	36.7997
杰赛科技	广东省	通信	41.9965	981	45.8481	45.7585	46.0573
京运通	北京市	机械	41.9935	982	45.8458	44.4283	49.1534
乾照光电	福建省	电子	41.9889	983	45.8422	43.3180	51.7320
长江润发	江苏省	机械	41.9795	984	45.8348	44.3225	49.3636
恒顺醋业	江苏省	食品饮料	41.9768	985	45.8327	40.7997	57.5764
惠泉啤酒	福建省	酒	41.9698	986	45.8272	40.8881	57.3518
聚飞光电	广东省	电子	41.9451	987	45.8078	43.3674	51.5020
中航电测	陕西省	电子	41.9212	988	45.7890	42.9922	52.3151
中捷股份	浙江省	机械	41.9201	989	45.7882	43.7355	50.5776
深赛格	广东省	电子	41.9155	990	45.7845	42.9029	52.5085
新潮实业	山东省	电子	41.9061	991	45.7772	41.7890	55.0828
双林股份	浙江省	汽车	41.8945	992	45.7680	45.1328	47.2503
拓日新能	广东省	电子	41.8919	993	45.7660	42.3025	53.8475
第一医药	上海市	医药	41.8776	994	45.7548	43.7325	50.4734
天汽模	天津市	汽车	41.8701	995	45.7489	44.8618	47.8188
威海广泰	山东省	机械	41.8672	996	45.7466	44.5909	48.4432
*ST济柴	山东省	机械	41.8630	997	45.7433	42.6616	52.9339
海翔药业	浙江省	医药	41.7978	998	45.6921	43.3007	51.2721
百圆裤业	山西省	服装	41.7910	999	45.6868	41.8623	54.6105
双环传动	浙江省	机械	41.7055	1000	45.6196	44.4496	48.3494
中国服装	湖北省	纺织	41.7011	1001	45.6161	38.8808	63.8449
铜峰电子	安徽省	电子	41.6999	1002	45.6151	42.0382	53.9613
太安堂	广东省	医药	41.6993	1003	45.6147	44.7561	47.6179
银河磁体	重庆市	电子	41.6952	1004	45.6115	43.0637	51.5564
华北高速	北京市	交通	41.6598	1005	45.5836	45.9795	44.6600
莫高股份	甘肃省	酒	41.6538	1006	45.5789	41.7287	54.5627
海能达	广东省	通信	41.6360	1007	45.5649	45.5226	45.6637
西南药业	重庆市	医药	41.5883	1008	45.5275	43.1922	50.9766
焦点科技	江苏省	IT	41.5793	1009	45.5204	43.9486	49.1879
利亚德	北京市	电子	41.5603	1010	45.5055	42.6725	52.1157
太龙药业	河南省	医药	41.5559	1011	45.5021	43.3606	50.4988
英唐智控	广东省	电子	41.5425	1012	45.4915	42.2920	52.9572

企业名称	省 （市、自治区）	所属行业	相对值（指数）		绝对值（百分制）		
			CBI	序号	品牌竞争力 得分（CBS）	品牌财务竞争力	市场竞争表现力
巨轮股份	广东省	汽车	41.5306	1013	45.4822	44.7177	47.2661
永鼎股份	江苏省	通信	41.5300	1014	45.4817	44.5610	47.6300
瑞凌股份	广东省	机械	41.5261	1015	45.4786	44.5102	47.7382
中国数码信息	北京市	IT	41.5144	1016	45.4695	43.5387	49.9745
旭光股份	四川省	电子	41.5064	1017	45.4631	43.0206	51.1624
远望谷	广东省	IT	41.4749	1018	45.4384	43.9340	48.9487
皖通科技	安徽省	IT	41.4691	1019	45.4339	43.7371	49.3930
南洋科技	浙江省	电子	41.4627	1020	45.4288	42.9635	51.1813
工大首创	浙江省	商业百货	41.4422	1021	45.4127	43.6332	49.5649
长江投资	上海市	交通	41.4345	1022	45.4067	44.9659	46.4352
龙溪股份	福建省	机械	41.4281	1023	45.4016	44.1575	48.3047
江苏阳光	江苏省	纺织	41.4167	1024	45.3927	36.7414	65.5790
*ST 二重	四川省	机械	41.4150	1025	45.3913	39.0583	60.1684
长江通信	湖北省	通信	41.3980	1026	45.3779	45.6195	44.8143
深深房 A	广东省	房地产	41.3803	1027	45.3641	45.1952	45.7582
动力源	北京市	电子	41.3410	1028	45.3332	41.4103	54.4867
易华录	北京市	IT	41.3343	1029	45.3279	43.6439	49.2573
宁波海运	浙江省	交通	41.3314	1030	45.3257	44.0926	48.2027
奋达科技	广东省	家电	41.2983	1031	45.2997	43.8214	48.7489
浪潮软件	山东省	IT	41.2981	1032	45.2995	43.1682	50.2725
天通股份	浙江省	电子	41.2904	1033	45.2935	39.9734	57.7071
达华智能	广东省	电子	41.2853	1034	45.2895	42.7174	51.2909
宝利来	广东省	商业百货	41.2834	1035	45.2880	46.5432	42.3590
艾迪西	浙江省	机械	41.2797	1036	45.2850	43.2853	49.9509
益盛药业	吉林省	医药	41.2415	1037	45.2551	44.2637	47.5684
南大苏富特	江苏省	IT	41.2338	1038	45.2490	43.1944	50.0430
神开股份	上海市	机械	41.2254	1039	45.2424	44.2203	47.6272
中核科技	江苏省	机械	41.2180	1040	45.2365	43.9202	48.3079
佳士科技	广东省	机械	41.1952	1041	45.2187	44.3637	47.2135
云南城投	云南省	房地产	41.1940	1042	45.2177	44.8963	45.9675
长荣股份	天津市	机械	41.1857	1043	45.2112	44.8691	46.0094
三泰电子	四川省	IT	41.1836	1044	45.2095	43.3101	49.6417
华仁药业	山东省	医药	41.1747	1045	45.2025	44.2482	47.4292
昆明机床	云南省	机械	41.1722	1046	45.2006	42.8178	50.7605
武汉凡谷	湖北省	通信	41.1587	1047	45.1900	45.3416	44.8364
亚威股份	江苏省	机械	41.1494	1048	45.1827	44.1431	47.6083
上海普天	上海市	通信	41.1479	1049	45.1815	44.7872	46.1016
晶盛机电	浙江省	机械	41.1428	1050	45.1775	44.8059	46.0447
中体产业	天津市	房地产	41.1253	1051	45.1637	44.9237	45.7238
汉商集团	湖北省	商业百货	41.1055	1052	45.1482	42.9557	50.2641
珠海港	广东省	交通	41.0658	1053	45.1170	45.4761	44.2790
金智科技	江苏省	IT	41.0204	1054	45.0813	42.6986	50.6410

企业名称	省（市、自治区）	所属行业	相对值（指数）		绝对值（百分制）		
			CBI	序号	品牌竞争力得分（CBS）	品牌财务竞争力	市场竞争表现力
京新药业	浙江省	医药	41.0025	1055	45.0673	43.4889	48.7502
华灿光电	湖北省	电子	41.0007	1056	45.0659	42.4995	51.0541
森宝食品	福建省	食品饮料	40.9483	1057	45.0247	41.8858	52.3487
鸿利光电	广东省	电子	40.9462	1058	45.0231	42.1444	51.7398
和而泰	广东省	电子	40.9340	1059	45.0134	42.0280	51.9794
新筑股份	四川省	机械	40.9296	1060	45.0100	42.9202	49.8861
金固股份	浙江省	汽车	40.9213	1061	45.0035	44.1171	47.0717
和佳股份	广东省	医药	40.9151	1062	44.9986	44.3178	46.5873
哈空调	黑龙江省	机械	40.8942	1063	44.9822	42.6589	50.4032
隆基机械	山东省	汽车	40.8840	1064	44.9741	43.8540	47.5877
茂硕电源	广东省	电子	40.8832	1065	44.9735	42.0377	51.8239
莱茵置业	浙江省	房地产	40.8645	1066	44.9588	43.8505	47.5450
东睦股份	浙江省	机械	40.8401	1067	44.9397	43.1644	49.0819
聚龙股份	辽宁省	机械	40.8391	1068	44.9389	45.2150	44.2947
中国嘉陵	重庆市	交通	40.7986	1069	44.9071	42.9684	49.4307
深纺织A	广东省	纺织	40.7959	1070	44.9050	37.8422	61.3848
东北证券	吉林省	金融	40.7810	1071	44.8933	48.7100	35.9875
首都信息	北京市	IT	40.7650	1072	44.8807	43.4167	48.2966
数码视讯	北京市	通信	40.7568	1073	44.8743	46.1747	41.8398
中南重工	江苏省	机械	40.7346	1074	44.8568	43.5399	47.9295
汤臣集团	上海市	房地产	40.7320	1075	44.8548	44.3611	46.0068
洲明科技	广东省	电子	40.7306	1076	44.8537	41.6018	52.4415
中珠控股	湖北省	医药	40.7276	1077	44.8513	43.2355	48.6217
北斗星通	北京市	IT	40.7190	1078	44.8445	42.9452	49.2763
金城医药	山东省	医药	40.7154	1079	44.8417	43.1963	48.6811
西藏药业	西藏自治区	医药	40.7034	1080	44.8323	42.7310	49.7354
新国都	广东省	IT	40.6811	1081	44.8148	43.4039	48.1069
华东科技	江苏省	电子	40.6400	1082	44.7825	40.6543	54.4150
三维通信	浙江省	通信	40.6213	1083	44.7678	44.7678	44.7678
蓉胜超微	广东省	电子	40.6143	1084	44.7623	40.8213	53.9580
安居宝	广东省	电子	40.5278	1085	44.6943	42.2607	50.3729
宜昌交运	湖北省	交通	40.5125	1086	44.6824	44.6300	44.8046
瑞丰光电	广东省	电子	40.4715	1087	44.6501	42.0474	50.7231
常山药业	河北省	医药	40.4656	1088	44.6455	43.6682	46.9258
轴研科技	河南省	机械	40.4617	1089	44.6424	43.4433	47.4404
联建光电	广东省	电子	40.4440	1090	44.6285	41.6255	51.6356
精华制药	江苏省	医药	40.4328	1091	44.6197	43.7491	46.6511
盐田港	广东省	交通	40.4224	1092	44.6115	45.5548	42.4107
信隆实业	广东省	交通	40.4174	1093	44.6076	43.7393	46.6337
信雅达	浙江省	IT	40.4169	1094	44.6072	42.6419	49.1927
金马股份	安徽省	汽车	40.4100	1095	44.6018	43.7607	46.5643
川润股份	四川省	机械	40.4094	1096	44.6013	43.3440	47.5351

企业名称	省（市、自治区）	所属行业	相对值（指数）		绝对值（百分制）		
			CBI	序号	品牌竞争力得分（CBS）	品牌财务竞争力	市场竞争表现力
UT斯达康 UTSI	北京市	通信	40.4087	1097	44.6008	43.9030	46.2290
东方电热	江苏省	机械	40.3896	1098	44.5858	43.6834	46.6913
青海华鼎	青海省	机械	40.3300	1099	44.5389	41.9787	50.5128
金飞达	江苏省	纺织	40.3259	1100	44.5357	40.0158	55.0822
泛华保险 CISG	广东省	金融	40.3070	1101	44.5208	48.7265	34.7076
永利控股	浙江省	电子	40.3010	1102	44.5161	42.2980	49.6918
中华地产	陕西省	房地产	40.2977	1103	44.5136	44.3443	44.9085
渝开发	重庆市	房地产	40.2787	1104	44.4986	44.5358	44.4119
粤宏远 A	广东省	房地产	40.2746	1105	44.4954	44.9124	43.5223
美罗药业	辽宁省	医药	40.2609	1106	44.4846	42.8981	48.1866
西泵股份	河南省	汽车	40.2419	1107	44.4697	43.4397	46.8731
大智慧	上海市	IT	40.2202	1108	44.4527	42.0210	50.1266
东诚生化	山东省	医药	40.2012	1109	44.4377	43.6222	46.3406
金宇集团	内蒙古自治区	医药	40.1138	1110	44.3691	43.0028	47.5572
易食股份	北京市	食品饮料	40.0860	1111	44.3473	41.4264	51.1627
新海宜	江苏省	通信	40.0808	1112	44.3431	44.8484	43.1642
GQY视讯	浙江省	电子	40.0728	1113	44.3369	41.8612	50.1135
深深宝 A	广东省	食品饮料	40.0561	1114	44.3238	42.3053	49.0336
泰亚股份	福建省	服装	40.0337	1115	44.3062	40.9598	52.1143
猛狮科技	广东省	电子	40.0126	1116	44.2896	41.5703	50.6347
海泰发展	天津市	房地产	40.0111	1117	44.2884	44.4294	43.9595
迪安诊断	浙江省	医药	40.0034	1118	44.2824	43.4309	46.2690
万泽股份	广东省	房地产	39.9627	1119	44.2504	44.9558	42.6045
雷柏科技	广东省	IT	39.9478	1120	44.2387	42.4521	48.4075
莱美药业	重庆市	医药	39.9377	1121	44.2307	42.8871	47.3658
西藏城投	西藏自治区	房地产	39.9361	1122	44.2295	43.4027	46.1586
津劝业	天津市	商业百货	39.9304	1123	44.2250	42.0313	49.3436
汉钟精机	上海市	机械	39.8740	1124	44.1807	43.2982	46.2397
通润装备	江苏省	机械	39.8411	1125	44.1548	42.8020	47.3115
银基发展	辽宁省	房地产	39.8265	1126	44.1434	44.4472	43.4345
中房地产	重庆市	房地产	39.8159	1127	44.1351	44.8327	42.5073
南方食品	广西壮族自治区	食品饮料	39.7903	1128	44.1149	40.7931	51.8658
紫鑫药业	吉林省	医药	39.7797	1129	44.1066	42.5748	47.6809
福星晓程	北京市	电子	39.7676	1130	44.0971	41.8763	49.2790
鸿特精密	广东省	机械	39.7425	1131	44.0774	42.9625	46.6788
江特电机	江西省	机械	39.7372	1132	44.0732	43.0340	46.4981
山西证券	山西省	金融	39.7004	1133	44.0443	48.0508	34.6959
宜科科技	浙江省	服装	39.6982	1134	44.0426	40.2102	52.9850
中科金财	北京市	IT	39.6159	1135	43.9779	42.3071	47.8766
宇顺电子	广东省	电子	39.5705	1136	43.9422	38.6418	56.3100
福安药业	重庆市	医药	39.5321	1137	43.9121	43.0035	46.0323
立思辰	北京市	IT	39.4948	1138	43.8828	42.1140	48.0099

续表

企业名称	省 （市、自治区）	所属行业	相对值（指数）		绝对值（百分制）		
			CBI	序号	品牌竞争力 得分（CBS）	品牌财务竞争力	市场竞争表现力
亿利达	浙江省	家电	39.4799	1139	43.8711	42.7182	46.5610
达安基因	广东省	医药	39.4589	1140	43.8546	43.0048	45.8374
利达光电	河南省	电子	39.4551	1141	43.8516	40.7226	51.1526
金活医药集团	广东省	医药	39.4531	1142	43.8500	42.8851	46.1015
恒信移动	河北省	通信	39.4459	1143	43.8444	43.8636	43.7996
深华发 A	广东省	电子	39.4240	1144	43.8272	40.0262	52.6961
永安药业	湖北省	医药	39.4194	1145	43.8235	43.1271	45.4486
波导股份	浙江省	通信	39.3874	1146	43.7984	44.0819	43.1369
海峡股份	海南省	交通	39.3477	1147	43.7672	44.4931	42.0736
棒杰股份	浙江省	服装	39.3338	1148	43.7563	40.1798	52.1015
商业城	辽宁省	商业百货	39.3211	1149	43.7463	38.9579	54.9194
燃控科技	江苏省	机械	39.2930	1150	43.7243	43.3445	44.6103
浪莎股份	四川省	服装	39.2783	1151	43.7127	39.8048	52.8312
阳光股份	广西壮族自治区	房地产	39.2715	1152	43.7074	43.5742	44.0183
汉森制药	湖南省	医药	39.2706	1153	43.7067	43.0492	45.2407
世荣兆业	广东省	房地产	39.2659	1154	43.7029	44.3620	42.1650
共达电声	山东省	电子	39.2415	1155	43.6838	40.8822	50.2209
尚荣医疗	山东省	医药	39.2318	1156	43.6762	42.8870	45.5177
交大昂立	上海市	医药	39.2223	1157	43.6687	42.8538	45.5700
山东章鼓	山东省	机械	39.2095	1158	43.6586	42.8600	45.5220
蓝英装备	辽宁省	机械	39.1985	1159	43.6500	43.3748	44.2921
山东威达	山东省	机械	39.1935	1160	43.6461	42.8591	45.4824
华润万东	北京市	医药	39.1845	1161	43.6390	42.1344	47.1498
证通电子	广东省	IT	39.1712	1162	43.6286	41.4462	48.7209
天桥起重	湖南省	机械	39.1710	1163	43.6284	42.4644	46.3444
达意隆	广东省	机械	39.1669	1164	43.6252	42.2614	46.8074
中船股份	上海市	交通	39.1599	1165	43.6197	42.7646	45.6150
申通地铁	上海市	交通	39.1430	1166	43.6064	43.8898	42.9452
粤海制革	广东省	服装	39.1381	1167	43.6025	39.3778	53.4602
中星微电子 VIMC	北京市	电子	39.1306	1168	43.5967	40.5816	50.6319
蓝汛 CCIH	北京市	通信	39.0891	1169	43.5641	44.4717	41.4462
润和软件	江苏省	IT	39.0600	1170	43.5412	42.5866	45.7685
锦龙股份	广东省	纺织	38.9846	1171	43.4819	39.4143	52.9732
羚锐制药	河南省	医药	38.9790	1172	43.4776	42.1765	46.5135
东信和平	广东省	通信	38.9746	1173	43.4741	43.4155	43.6108
三诺生物	湖南省	医药	38.9741	1174	43.4737	43.6154	43.1431
国脉科技	福建省	通信	38.9665	1175	43.4678	43.7114	42.8994
康芝药业	海南省	医药	38.9534	1176	43.4574	42.5448	45.5869
万润科技	广东省	电子	38.9448	1177	43.4507	41.0221	49.1176
华资实业	内蒙古自治区	食品饮料	38.8991	1178	43.4148	41.4718	47.9485
锐奇股份	上海市	机械	38.8971	1179	43.4132	42.7185	45.0344

续表

企业名称	省（市、自治区）	所属行业	相对值（指数）		绝对值（百分制）		
			CBI	序号	品牌竞争力得分（CBS）	品牌财务竞争力	市场竞争表现力
金龙机电	浙江省	电子	38.8882	1180	43.4062	40.8426	49.3880
汉鼎股份	浙江省	IT	38.8573	1181	43.3819	42.2938	45.9210
宇阳控股	广东省	电子	38.8515	1182	43.3774	40.1846	50.8273
泰达生物	天津市	医药	38.8488	1183	43.3753	42.7154	44.9149
天广消防	福建省	机械	38.8161	1184	43.3496	43.4002	43.2314
中京电子	广东省	电子	38.8087	1185	43.3438	40.4877	50.0081
信邦制药	贵州省	医药	38.7956	1186	43.3335	42.4322	45.4365
万安科技	浙江省	交通	38.7956	1187	43.3335	42.7769	44.6322
烽火电子	陕西省	通信	38.7919	1188	43.3306	43.3273	43.3384
三元达	福建省	通信	38.7884	1189	43.3278	43.6450	42.5877
精功科技	浙江省	机械	38.7475	1190	43.2957	41.1806	48.2310
空港股份	北京市	房地产	38.7322	1191	43.2837	43.1356	43.6290
鑫富药业	浙江省	医药	38.7129	1192	43.2685	41.7982	46.6991
市北高新	上海市	机械	38.7121	1193	43.2678	43.3372	43.1059
延华智能	上海市	IT	38.6585	1194	43.2257	41.1575	48.0516
美亚柏科	福建省	IT	38.6298	1195	43.2032	42.1668	45.6215
金花股份	陕西省	医药	38.6078	1196	43.1859	42.3667	45.0974
中海科技	上海市	IT	38.5681	1197	43.1547	41.4809	47.0602
三六五网	江苏省	IT	38.5459	1198	43.1373	42.7145	44.1238
中瑞思创	浙江省	IT	38.5016	1199	43.1025	41.7736	46.2032
高新发展	四川省	房地产	38.4974	1200	43.0992	41.4392	46.9726
民生投资	山东省	商业百货	38.4544	1201	43.0655	41.9955	45.5620
珈伟股份	广东省	电子	38.4475	1202	43.0600	39.6722	50.9650
卧龙地产	浙江省	房地产	38.4410	1203	43.0549	42.6961	43.8921
雷曼光电	广东省	电子	38.4251	1204	43.0424	40.6223	48.6895
佳隆股份	广东省	食品饮料	38.3669	1205	42.9967	40.8162	48.0845
重庆路桥	重庆市	交通	38.3588	1206	42.9903	43.2631	42.3538
标准股份	陕西省	机械	38.3141	1207	42.9552	41.1859	47.0834
华神集团	四川省	医药	38.3136	1208	42.9548	41.7399	45.7896
东力传动	浙江省	机械	38.2904	1209	42.9366	41.1491	47.1075
广誉远	青海省	医药	38.2890	1210	42.9355	43.6669	41.2289
新研股份	新疆维吾尔自治区	机械	38.2721	1211	42.9222	42.7178	43.3991
东方国信	北京市	IT	38.2608	1212	42.9134	42.2070	44.5616
捷顺科技	广东省	IT	38.2300	1213	42.8891	41.5261	46.0694
吉林长龙药业	吉林省	医药	38.2213	1214	42.8823	43.3327	41.8314
ST轻骑	湖南省	交通	38.2169	1215	42.8788	42.8194	43.0175
江苏神通	江苏省	机械	38.2067	1216	42.8709	42.3343	44.1227
太阳鸟	湖南省	交通	38.1753	1217	42.8462	43.5618	41.1765
理邦仪器	广东省	医药	38.1501	1218	42.8264	42.1026	44.5151
浙江美大	浙江省	家电	38.1247	1219	42.8064	42.0232	44.6338
丹邦科技	广东省	电子	38.1204	1220	42.8030	40.3860	48.4428

续表

企业名称	省（市、自治区）	所属行业	相对值（指数）		绝对值（百分制）		
			CBI	序号	品牌竞争力得分（CBS）	品牌财务竞争力	市场竞争表现力
飞利信	北京市	IT	38.1168	1221	42.8002	41.5156	45.7974
精锻科技	江苏省	汽车	38.1035	1222	42.7897	43.0966	42.0737
蓝盾股份	广东省	IT	38.0716	1223	42.7647	41.5581	45.5800
闽福发 A	福建省	通信	38.0455	1224	42.7442	43.6460	40.6401
丹甫股份	四川省	机械	38.0427	1225	42.7420	41.6369	45.3205
金通灵	江苏省	机械	38.0410	1226	42.7407	41.3136	46.0705
二六三	北京市	通信	38.0302	1227	42.7322	44.4408	38.7455
雪莱特	广东省	电子	38.0230	1228	42.7265	39.9453	49.2160
赛象科技	天津市	机械	38.0076	1229	42.7144	41.6824	45.1224
美克国际	福建省	纺织	38.0070	1230	42.7140	37.6379	54.5581
台基股份	湖北省	电子	38.0039	1231	42.7115	40.4389	48.0142
天银制药 TPI	四川省	医药	37.9644	1232	42.6805	42.3305	43.4971
博深工具	河北省	机械	37.9423	1233	42.6631	41.5738	45.2049
美盛文化	浙江省	服装	37.9311	1234	42.6543	39.7543	49.4212
哈高科	黑龙江省	食品饮料	37.9285	1235	42.6522	39.5619	49.8631
顺网科技	浙江省	IT	37.9278	1236	42.6517	41.9229	44.3523
禾嘉股份	四川省	汽车	37.9212	1237	42.6465	43.6027	40.4154
奥拓电子	广东省	电子	37.8881	1238	42.6205	40.4557	47.6717
东方财富	上海市	IT	37.8521	1239	42.5922	41.3157	45.5708
亚星客车	江苏省	汽车	37.8193	1240	42.5665	40.9854	46.2557
隆华节能	河南省	机械	37.8000	1241	42.5513	42.0161	43.8001
千山药机	湖南省	医药	37.7962	1242	42.5483	42.1382	43.5054
秋林集团	黑龙江省	商业百货	37.7852	1243	42.5397	41.5351	44.8837
海隆软件	上海市	IT	37.7674	1244	42.5257	41.5923	44.7036
利德曼	北京市	医药	37.7606	1245	42.5204	42.1889	43.2940
紫光古汉	湖南省	医药	37.7585	1246	42.5187	42.4385	42.7057
福瑞股份	北京市	医药	37.7330	1247	42.4987	41.8666	43.9735
天银机电	江苏省	家电	37.7116	1248	42.4819	41.8287	44.0060
联信永益	北京市	IT	37.7108	1249	42.4812	39.5339	49.3585
百仕达控股	广东省	房地产	37.7002	1250	42.4729	43.0172	41.2031
中海海盛	海南省	交通	37.6920	1251	42.4665	40.2604	47.6141
保兴资本	北京市	医药	37.6722	1252	42.4509	40.6941	46.5501
襄阳轴承	湖北省	汽车	37.6211	1253	42.4108	41.2554	45.1067
三联商社	山东省	商业百货	37.6156	1254	42.4064	40.6439	46.5191
八菱科技	广西壮族自治区	汽车	37.6089	1255	42.4012	42.4506	42.2859
兆日科技	广东省	IT	37.6002	1256	42.3944	41.9930	43.3308
佳都新太	广东省	通信	37.5996	1257	42.3939	42.8094	41.4245
*ST 国恒	天津市	交通	37.5990	1258	42.3934	40.8112	46.0852
科林环保	江苏省	机械	37.5690	1259	42.3698	41.6038	44.1573
天津普林	天津市	电子	37.5683	1260	42.3693	39.0539	50.1052
浙江世宝	浙江省	汽车	37.5581	1261	42.3613	42.0263	43.1429
石煤装备	河北省	机械	37.5555	1262	42.3592	42.1959	42.7404

续表

企业名称	省 (市、自治区)	所属行业	相对值（指数）		绝对值（百分制）		
			CBI	序号	品牌竞争力 得分（CBS）	品牌财务竞争力	市场竞争表现力
泰尔重工	安徽省	机械	37.5550	1263	42.3589	41.7503	43.7787
亚通股份	上海市	交通	37.5060	1264	42.3204	42.7037	41.4259
通策医疗	浙江省	医药	37.5041	1265	42.3188	42.4139	42.0970
数字政通	北京市	IT	37.4637	1266	42.2871	41.5265	44.0619
大金重工	辽宁省	机械	37.4456	1267	42.2729	41.4378	44.2214
复旦张江	上海市	医药	37.4375	1268	42.2665	43.3964	39.6301
掌趣科技	北京市	IT	37.4349	1269	42.2645	41.7515	43.4614
世纪瑞尔	北京市	IT	37.4241	1270	42.2560	41.0363	45.1020
陕国投 A	陕西省	金融	37.3805	1271	42.2218	48.0207	28.6908
金丰投资	上海市	房地产	37.3777	1272	42.2195	42.1072	42.4817
康迪车业	浙江省	汽车	37.3565	1273	42.2029	42.6312	41.2034
华宏科技	江苏省	机械	37.3423	1274	42.1918	41.4948	43.8180
建设机械	陕西省	机械	37.3306	1275	42.1825	40.4368	46.2559
云意电气	江苏省	汽车	37.2630	1276	42.1294	42.6513	40.9116
海南高速	海南省	交通	37.2549	1277	42.1231	42.7731	40.6064
春兴精工	江苏省	通信	37.2370	1278	42.1090	41.7199	43.0170
金山开发	上海市	交通	37.2271	1279	42.1013	41.8580	42.6688
运盛实业	上海市	房地产	37.2122	1280	42.0895	43.7504	38.2141
宜通世纪	广东省	通信	37.1004	1281	42.0017	43.0907	39.4608
量子高科	广东省	食品饮料	37.0887	1282	41.9925	40.3213	45.8922
西部证券	陕西省	金融	37.0308	1283	41.9470	45.9235	32.6687
森远股份	辽宁省	机械	37.0257	1284	41.9430	42.0505	41.6923
中电环保	江苏省	机械	36.9815	1285	41.9083	41.5290	42.7933
华中数控	湖北省	机械	36.9601	1286	41.8914	41.0625	43.8256
东晶电子	浙江省	电子	36.9508	1287	41.8842	38.8837	48.8852
伊立浦	广东省	家电	36.9213	1288	41.8610	40.2333	45.6590
华星创业	浙江省	通信	36.8970	1289	41.8419	42.6268	40.0107
天玑科技	上海市	IT	36.8891	1290	41.8357	40.9072	44.0021
邦讯技术	北京市	通信	36.8816	1291	41.8298	42.9304	39.2618
汉王科技	北京市	IT	36.8697	1292	41.8204	39.6644	46.8512
华东重机	江苏省	机械	36.8659	1293	41.8174	41.1919	43.2770
赛为智能	广东省	IT	36.8585	1294	41.8117	40.6889	44.4315
荣科科技	辽宁省	IT	36.8372	1295	41.7949	40.9676	43.7252
黄海机械	江苏省	机械	36.7844	1296	41.7534	41.6154	42.0755
新亚制程	广东省	IT	36.7776	1297	41.7481	40.1486	45.4804
佐力药业	浙江省	医药	36.7725	1298	41.7441	41.2394	42.9218
易联众	福建省	IT	36.7701	1299	41.7422	40.8071	43.9241
钱江生化	浙江省	医药	36.7559	1300	41.7310	40.1611	45.3942
键桥通讯	广东省	通信	36.7268	1301	41.7082	42.5303	39.7901
华力创通	北京市	IT	36.6330	1302	41.6345	40.5593	44.1431
安科生物	安徽省	医药	36.6074	1303	41.6144	41.4064	42.0996
翰宇药业	广东省	医药	36.6063	1304	41.6135	41.6058	41.6316

企业名称	省 （市、自治区）	所属行业	相对值（指数）		绝对值（百分制）		
			CBI	序号	品牌竞争力 得分（CBS）	品牌财务竞争力	市场竞争表现力
力源信息	湖北省	电子	36.5423	1305	41.5632	39.2577	46.9426
科兴生物 SVA	北京市	医药	36.5107	1306	41.5384	40.7072	43.4777
永新视博 STV	北京市	通信	36.4879	1307	41.5205	42.1499	40.0520
雪人股份	福建省	机械	36.4763	1308	41.5113	41.3255	41.9450
旋极信息	北京市	IT	36.4759	1309	41.5111	40.6814	43.4469
卫宁软件	上海市	IT	36.4608	1310	41.4992	40.8130	43.1004
天山纺织	新疆维吾尔自 治区	纺织	36.4376	1311	41.4810	36.8091	52.3821
泰格医药	浙江省	医药	36.4018	1312	41.4529	41.6743	40.9363
三毛派神	甘肃省	纺织	36.3997	1313	41.4512	37.1058	51.5904
东方精工	广东省	机械	36.3748	1314	41.4316	41.2588	41.8348
独一味	四川省	医药	36.3642	1315	41.4233	40.8161	42.8400
成城股份	吉林省	商业百货	36.3638	1316	41.4230	40.4292	43.7420
银信科技	北京市	IT	36.3520	1317	41.4137	40.6483	43.1999
海虹控股	海南省	IT	36.3345	1318	41.4000	40.1845	44.2361
日发精机	浙江省	机械	36.2783	1319	41.3558	41.1051	41.9409
阳普医疗	广东省	医药	36.2654	1320	41.3457	41.0848	41.9546
东华实业	广东省	房地产	36.2633	1321	41.3440	41.0449	42.0421
南风股份	广东省	机械	36.2517	1322	41.3350	40.7796	42.6309
金字火腿	浙江省	食品饮料	36.2475	1323	41.3316	39.2728	46.1355
仟源制药	山西省	医药	36.1690	1324	41.2699	40.5081	43.0476
*ST 生化	山西省	医药	36.1457	1325	41.2517	39.6197	45.0596
华联控股	广东省	房地产	36.1399	1326	41.2471	41.6316	40.3500
拓尔思	北京市	IT	36.0836	1327	41.2028	40.4332	42.9985
中颖电子	上海市	电子	36.0743	1328	41.1955	38.7684	46.8589
21 世纪不动产	北京市	房地产	36.0506	1329	41.1770	41.4181	40.6144
丰东股份	江苏省	机械	35.9965	1330	41.1344	40.7987	41.9177
中昌海运	广东省	交通	35.9865	1331	41.1266	40.6792	42.1705
九安医疗	天津市	医药	35.9684	1332	41.1124	40.3398	42.9152
梅泰诺	北京市	通信	35.9597	1333	41.1055	42.1799	38.5986
川大智胜	四川省	IT	35.9438	1334	41.0930	40.2196	43.1311
百润股份	上海市	食品饮料	35.9295	1335	41.0818	39.7997	44.0734
国兴地产	北京市	房地产	35.8274	1336	41.0016	42.8939	36.5861
掌上灵通	北京市	通信	35.8135	1337	40.9907	42.8326	36.6929
精伦电子	湖北省	电子	35.7379	1338	40.9313	38.4274	46.7736
科远股份	江苏省	IT	35.7378	1339	40.9312	39.7147	43.7696
戴维医疗	浙江省	医药	35.7358	1340	40.9296	41.0515	40.6453
博雅生物	江西省	医药	35.7358	1341	40.9296	41.0936	40.5471
保税科技	江苏省	交通	35.6940	1342	40.8968	41.2664	40.0344
河北宣工	河北省	机械	35.6904	1343	40.8939	39.3890	44.4054
南通锻压	江苏省	机械	35.6801	1344	40.8858	40.4415	41.9227
中国擎天软件	江苏省	IT	35.6775	1345	40.8838	40.7494	41.1975
中青宝	广东省	IT	35.6524	1346	40.8641	40.0873	42.6766
方圆支承	安徽省	机械	35.6112	1347	40.8318	39.9656	42.8527
迪康药业	四川省	医药	35.6101	1348	40.8309	40.1433	42.4352

企业名称	省（市、自治区）	所属行业	相对值（指数）		绝对值（百分制）		
			CBI	序号	品牌竞争力得分（CBS）	品牌财务竞争力	市场竞争表现力
卫士通	四川省	IT	35.6100	1349	40.8308	39.1526	44.7466
北信源	北京市	IT	35.5628	1350	40.7937	40.4852	41.5135
中海达	广东省	通信	35.4778	1351	40.7269	42.1759	37.3459
长春一东	吉林省	汽车	35.4615	1352	40.7141	39.8619	42.7026
青海明胶	青海省	医药	35.4461	1353	40.7020	39.2719	44.0389
世纪鼎利	广东省	通信	35.4059	1354	40.6705	41.5517	38.6143
福晶科技	福建省	电子	35.3651	1355	40.6384	38.6782	45.2120
海特高新	四川省	交通	35.3605	1356	40.6347	41.6710	38.2168
四环生物	江苏省	医药	35.3575	1357	40.6324	40.1874	41.6709
华东数控	山东省	机械	35.3534	1358	40.6292	38.4157	45.7941
华伍股份	江西省	机械	35.2991	1359	40.5865	40.0846	41.7577
方正电机	浙江省	机械	35.2964	1360	40.5844	39.4781	43.1658
鞍重股份	辽宁省	机械	35.2635	1361	40.5586	40.6540	40.3361
拓维信息	湖南省	通信	35.2559	1362	40.5526	41.6021	38.1038
海伦哲	江苏省	机械	35.2448	1363	40.5438	40.1482	41.4670
合众思壮	北京市	通信	35.2360	1364	40.5370	41.1713	39.0569
大连控股	辽宁省	电子	35.1605	1365	40.4776	36.8732	48.8879
富临运业	四川省	交通	35.0902	1366	40.4225	41.7441	37.3387
博盈投资	湖北省	汽车	35.0676	1367	40.4047	39.3752	42.8067
*ST超日	上海市	电子	35.0565	1368	40.3960	32.6821	58.3951
达刚路机	陕西省	机械	35.0427	1369	40.3851	40.4778	40.1689
超图软件	北京市	IT	35.0425	1370	40.3850	39.0287	43.5498
华虹计通	上海市	IT	34.9398	1371	40.3043	39.1791	42.9295
奥维通信	辽宁省	通信	34.9040	1372	40.2761	41.6015	37.1835
朗玛信息	贵州省	IT	34.8962	1373	40.2700	40.5427	39.6338
同花顺	浙江省	IT	34.8680	1374	40.2478	38.9986	43.1626
海兰信	北京市	IT	34.8515	1375	40.2349	38.9092	43.3282
天业股份	山东省	房地产	34.8415	1376	40.2271	40.0270	40.6939
湘邮科技	湖南省	IT	34.8152	1377	40.2064	38.7393	43.6296
北人股份	北京市	机械	34.8031	1378	40.1968	37.1241	47.3667
朗科科技	广东省	IT	34.7938	1379	40.1896	39.0536	42.8401
大龙地产	北京市	房地产	34.7916	1380	40.1878	40.9148	38.4916
中江地产	江西省	房地产	34.7576	1381	40.1612	40.6230	39.0834
佛慈制药	甘肃省	医药	34.7283	1382	40.1381	39.5698	41.4643
兴源过滤	浙江省	机械	34.7204	1383	40.1319	39.8846	40.7091
浩物股份	四川省	汽车	34.6792	1384	40.0995	39.8587	40.6614
上海辅仁	上海市	医药	34.6741	1385	40.0955	38.8898	42.9089
诺亚财富NOAH	上海市	金融	34.6591	1386	40.0838	45.8783	26.5632
金明精机	广东省	机械	34.6464	1387	40.0738	40.1033	40.0050
蓝鼎控股	湖北省	纺织	34.6464	1388	40.0738	35.4531	50.8553
新开普	河南省	IT	34.5742	1389	40.0171	39.3704	41.5260
法因数控	山东省	机械	34.5251	1390	39.9785	39.4272	41.2648
和晶科技	江苏省	IT	34.5074	1391	39.9646	38.6518	43.0277
中源协和	天津市	医药	34.4804	1392	39.9433	38.5419	43.2134
三五互联	福建省	IT	34.4564	1393	39.9245	38.6410	42.9194

续表

企业名称	省 (市、自治区)	所属行业	相对值（指数）		绝对值（百分制）		
			CBI	序号	品牌竞争力 得分（CBS）	品牌财务竞争力	市场竞争表现力
硕贝德	广东省	通信	34.4327	1394	39.9059	41.4961	36.1954
红宇新材	湖南省	机械	34.4222	1395	39.8977	39.9239	39.8364
欧比特	广东省	电子	34.4184	1396	39.8947	38.0092	44.2941
多伦股份	上海市	房地产	34.3946	1397	39.8760	41.9318	35.0791
联环药业	江苏省	医药	34.3932	1398	39.8748	39.4333	40.9050
依米康	四川省	机械	34.3864	1399	39.8695	39.8929	39.8149
中路股份	上海市	交通	34.3596	1400	39.8485	40.0842	39.2984
华鹏飞	广东省	交通	34.3432	1401	39.8356	40.9563	37.2206
皇台酒业	甘肃省	酒	34.3317	1402	39.8265	36.9586	46.5185
京山轻机	湖北省	机械	34.3276	1403	39.8233	37.4173	45.4375
中科电气	湖南省	机械	34.3168	1404	39.8148	39.7064	40.0677
海源机械	福建省	机械	34.2645	1405	39.7737	39.2885	40.9058
易达控股 CNYD	福建省	IT	34.2136	1406	39.7338	38.1204	43.4983
亚太药业	浙江省	医药	34.1998	1407	39.7229	38.6272	42.2796
三丰智能	湖北省	机械	34.1907	1408	39.7158	39.6876	39.7814
安彩高科	河南省	电子	34.1640	1409	39.6948	31.6138	58.5505
沃华医药	山东省	医药	34.1577	1410	39.6899	39.7391	39.5748
开能环保	上海市	机械	34.1453	1411	39.6801	39.8677	39.2422
东光微电	江苏省	电子	34.1325	1412	39.6700	37.3940	44.9808
顺荣股份	安徽省	汽车	34.1128	1413	39.6546	39.8399	39.2223
申科股份	浙江省	机械	34.1022	1414	39.6462	39.1084	40.9011
沙河股份	广东省	房地产	34.0731	1415	39.6233	39.7218	39.3936
西北轴承	宁夏回族自治区	机械	34.0528	1416	39.6074	38.4296	42.3555
华昌达	湖北省	机械	34.0460	1417	39.6021	39.4635	39.9253
天津海运	天津市	交通	33.9773	1418	39.5481	43.0944	31.2734
任子行	广东省	IT	33.9311	1419	39.5118	38.8465	41.0643
长百集团	吉林省	商业百货	33.8819	1420	39.4732	38.1922	42.4620
大连三垒	辽宁省	机械	33.8751	1421	39.4678	39.5192	39.3480
佳讯飞鸿	北京市	通信	33.8227	1422	39.4267	40.5371	36.8358
北京君正	北京市	电子	33.8071	1423	39.4144	37.4262	44.0534
光韵达	广东省	电子	33.7662	1424	39.3822	37.7501	43.1905
东宝生物	内蒙古自治区	医药	33.7240	1425	39.3491	39.1326	39.8543
上海九百	上海市	商业百货	33.7007	1426	39.3308	38.7305	40.7315
初灵信息	浙江省	IT	33.6991	1427	39.3295	38.6766	40.8530
南方轴承	江苏省	机械	33.6562	1428	39.2959	39.3853	39.0873
天星生物 SKBI	陕西省	医药	33.6550	1429	39.2949	38.9906	40.0049
同有科技	北京市	IT	33.6369	1430	39.2807	38.4292	41.2675
珠江轮胎	广东省	汽车	33.6319	1431	39.2767	39.3111	39.1964
桑乐金	安徽省	机械	33.5619	1432	39.2217	39.1402	39.4121
湖南投资	湖南省	房地产	33.5317	1433	39.1981	40.3981	36.3979
中生北控生物 科技	北京市	医药	33.5116	1434	39.1823	39.5061	38.4265
松德股份	广东省	机械	33.4871	1435	39.1630	38.8573	39.8762
有研硅股	北京市	电子	33.4607	1436	39.1422	34.3294	50.3721
长亮科技	广东省	IT	33.3904	1437	39.0870	38.8267	39.6945

企业名称	省（市、自治区）	所属行业	相对值（指数）		绝对值（百分制）		
			CBI	序号	品牌竞争力得分（CBS）	品牌财务竞争力	市场竞争表现力
太平洋	云南省	金融	33.3185	1438	39.0306	43.5110	28.5763
双成药业	海南省	医药	33.2154	1439	38.9495	39.2289	38.2976
辉煌科技	河南省	通信	33.2134	1440	38.9480	40.0251	36.4347
华平股份	上海市	通信	33.2009	1441	38.9382	41.0484	34.0142
奥星制药 BSPM	陕西省	医药	33.1696	1442	38.9135	38.1913	40.5987
特力 A	广东省	汽车	33.1477	1443	38.8963	38.3610	40.1454
四海股份	内蒙古自治区	服装	33.1088	1444	38.8658	34.6400	48.7261
创博国际 TBOW	山东省	通信	33.0322	1445	38.8056	40.8999	33.9188
莱茵生物	广西壮族自治区	医药	33.0064	1446	38.7854	37.2345	42.4039
高新兴	广东省	通信	32.7872	1447	38.6131	39.6133	36.2793
天泽信息	江苏省	IT	32.7629	1448	38.5941	37.5481	41.0347
江南红箭	湖南省	机械	32.7412	1449	38.5770	38.0389	39.8324
生意宝	浙江省	IT	32.7161	1450	38.5573	37.8039	40.3151
彩虹电子	陕西省	电子	32.7072	1451	38.5503	28.5676	61.8432
浙江东日	浙江省	房地产	32.6840	1452	38.5320	39.8055	35.5607
圣莱达	浙江省	家电	32.6325	1453	38.4916	37.9355	39.7892
*ST 西仪	云南省	机械	32.4714	1454	38.3651	37.0290	41.4824
绵世股份	北京市	房地产	32.4660	1455	38.3608	40.2771	33.8895
中发科技	安徽省	机械	32.4294	1456	38.3320	37.6760	39.8628
金运激光	湖北省	电子	32.4095	1457	38.3164	36.5726	42.3851
麦捷科技	广东省	电子	32.4006	1458	38.3094	37.0256	41.3051
广济药业	湖北省	医药	32.3976	1459	38.3071	35.3844	45.1266
特尔佳	广东省	汽车	32.3791	1460	38.2926	38.8486	36.9951
天业通联	河北省	机械	32.3377	1461	38.2600	34.8492	46.2186
宝莱特	广东省	医药	32.2744	1462	38.2103	38.3908	37.7890
鼎汉技术	北京市	交通	32.2709	1463	38.2076	39.2374	35.8045
盛路通信	广东省	通信	32.2660	1464	38.2037	39.1732	35.9414
龙生股份	浙江省	汽车	32.2443	1465	38.1866	38.9766	36.3432
安信信托	上海市	金融	32.2150	1466	38.1636	43.3912	25.9660
上海佳豪	上海市	交通	32.1198	1467	38.0888	39.3502	35.1455
新宁物流	江苏省	交通	32.0627	1468	38.0439	39.1210	35.5309
汇源通信	四川省	通信	32.0296	1469	38.0179	38.5633	36.7454
恒基达鑫	广东省	交通	31.8824	1470	37.9023	39.4885	34.2012
冠昊生物	广东省	医药	31.8722	1471	37.8943	38.1342	37.3345
泰丰国际	四川省	电子	31.8428	1472	37.8712	32.6359	50.0869
大江股份	上海市	食品饮料	31.7131	1473	37.7693	33.9137	46.7656
迪威视讯	广东省	通信	31.6096	1474	37.6880	39.2043	34.1500
国腾电子	四川省	通信	31.4151	1475	37.5352	39.0611	33.9746
信维通信	广东省	通信	31.3940	1476	37.5186	39.0406	33.9672
科新机电	四川省	机械	31.3521	1477	37.4857	37.2643	38.0024
通葡股份	吉林省	酒	31.3516	1478	37.4853	34.9102	43.4939
凯利泰	上海市	医药	31.2457	1479	37.4021	38.3647	35.1561
北纬通信	北京市	通信	31.0738	1480	37.2671	39.0840	33.0277
永贵电器	浙江省	交通	31.0562	1481	37.2532	38.9035	33.4026
南京港	江苏省	交通	30.9357	1482	37.1586	38.4820	34.0706

企业名称	省 (市、自治区)	所属行业	相对值（指数）		绝对值（百分制）		
			CBI	序号	品牌竞争力 得分（CBS）	品牌财务竞争力	市场竞争表现力
通化金马	辽宁省	医药	30.8618	1483	37.1005	36.6402	38.1746
坚瑞消防	陕西省	机械	30.8433	1484	37.0860	36.9965	37.2949
汇冠股份	北京市	IT	30.8069	1485	37.0574	36.6588	37.9874
吴通通讯	江苏省	通信	30.7615	1486	37.0217	38.5522	33.4505
华控赛格	广东省	电子	30.6883	1487	36.9642	35.2281	41.0151
银之杰	广东省	IT	30.6502	1488	36.9343	36.5165	37.9092
深信泰丰	广东省	通信	30.6060	1489	36.8995	37.6850	35.0667
智云股份	辽宁省	机械	30.5203	1490	36.8322	36.8319	36.8328
亿通科技	江苏省	通信	30.3580	1491	36.7047	38.3226	32.9297
东土科技	北京市	通信	30.3362	1492	36.6876	39.1709	30.8932
永生投资	上海市	医药	30.3126	1493	36.6690	37.1734	35.4923
天津磁卡	天津市	IT	30.2134	1494	36.5911	34.6747	41.0625
中际装备	山东省	机械	30.1368	1495	36.5310	37.1023	35.1979
洪城股份	湖北省	医药	30.1091	1496	36.5092	35.2291	39.4961
林海股份	江苏省	交通	30.0192	1497	36.4385	37.6634	33.5805
S 前锋	四川省	房地产	30.0133	1498	36.4339	37.8930	33.0292
松辽汽车	辽宁省	汽车	29.9066	1499	36.3500	38.5365	31.2483
新嘉联	浙江省	电子	29.6364	1500	36.1378	32.4829	44.6659
中威电子	浙江省	通信	29.5226	1501	36.0484	38.4026	30.5552
中创信测	北京市	通信	29.1607	1502	35.7641	36.5605	33.9058
深华新	北京市	机械	29.1032	1503	35.7189	35.7411	35.6671
岳阳恒立	湖南省	机械	29.0563	1504	35.6821	35.9584	35.0373
*ST 国发	广西壮族自治区	医药	29.0371	1505	35.6670	31.9180	44.4147
世纪星源	广东省	房地产	28.6088	1506	35.3305	37.2946	30.7477
中国中期	北京市	交通	28.3795	1507	35.1503	37.7037	29.1925
嘉应制药	广东省	医药	28.3331	1508	35.1139	35.5753	34.0373
方直科技	广东省	IT	28.1954	1509	35.0057	35.0233	34.9645
深大通	广东省	房地产	27.9757	1510	34.8332	35.7391	32.7192
富春通信	福建省	通信	27.9474	1511	34.8108	37.0482	29.5902
宜华地产	广东省	房地产	27.7531	1512	34.6582	36.3776	30.6464
上海新梅	上海市	房地产	27.1613	1513	34.1933	36.0915	29.7641
中国信息科技	北京市	IT	26.9362	1514	34.0165	33.9434	34.1871
交大慧谷	上海市	IT	26.9260	1515	34.0084	34.2427	33.4618
光华控股	吉林省	房地产	26.6041	1516	33.7556	35.8681	28.8263
宝德股份	陕西省	IT	26.3943	1517	33.5907	33.1346	34.6550
国农科技	广东省	医药	26.2684	1518	33.4918	33.9614	32.3959
S 舜元	湖北省	房地产	25.8149	1519	33.1355	35.3184	28.0421
天目药业	浙江省	医药	25.7308	1520	33.0695	30.9641	37.9821
廊坊发展	河北省	IT	25.5370	1521	32.9173	33.9622	30.4789
荣丰控股	上海市	房地产	25.3868	1522	32.7992	34.6226	28.5445
*ST 珠江	海南省	房地产	25.3682	1523	32.7846	32.0186	34.5719
四环药业	北京市	医药	24.9324	1524	32.4422	33.9846	28.8433
道博股份	湖北省	房地产	24.7727	1525	32.3168	35.3225	25.3035
浙江展望	浙江省	汽车	24.4279	1526	32.0459	33.5603	28.5122
天伦置业	黑龙江省	房地产	23.9999	1527	31.7096	33.8032	26.8244

续表

企业名称	省（市、自治区）	所属行业	相对值（指数）		绝对值（百分制）		
			CBI	序号	品牌竞争力得分（CBS）	品牌财务竞争力	市场竞争表现力
ST澄海	上海市	房地产	23.5349	1528	31.3443	35.9834	20.5197
实达集团	福建省	房地产	23.3959	1529	31.2351	31.0478	31.6720
亚太实业	海南省	房地产	22.9977	1530	30.9223	34.4727	22.6380
银润投资	福建省	房地产	22.8042	1531	30.7702	33.7427	23.8345
天宸股份	上海市	交通	22.6630	1532	30.6593	31.5944	28.4776
S中纺机	上海市	机械	22.5314	1533	30.5559	29.7785	32.3700
万方发展	辽宁省	房地产	21.1352	1534	29.4591	30.7270	26.5005
*ST中冠A	广东省	纺织	20.5429	1535	28.9937	27.0221	33.5942
青鸟华光	山东省	通信	19.2583	1536	27.9845	32.0125	18.5860
绿景控股	广东省	房地产	18.7458	1537	27.5819	30.3484	21.1268
丰华股份	上海市	房地产	17.3870	1538	26.5144	28.8605	21.0400
东北虎药业	吉林省	医药	17.1598	1539	26.3359	28.8051	20.5743
万好万家	浙江省	房地产	17.1497	1540	26.3280	28.1524	22.0710
星美联合	重庆市	通信	16.5583	1541	25.8633	33.9570	6.9781
中房股份	北京市	房地产	16.3180	1542	25.6745	29.4116	16.9547
明华科技	广东省	电子	16.2869	1543	25.6501	24.0447	29.3960
东方银星	河南省	房地产	15.9043	1544	25.3496	29.3318	16.0576
武昌鱼	湖北省	房地产	13.3142	1545	23.3147	26.0310	16.9766
卓越金融	北京市	房地产	12.7520	1546	22.8730	26.6936	13.9582
宁波万豪	浙江省	电子	11.2446	1547	21.6888	21.8470	21.3196
海德股份	海南省	房地产	10.0000	1548	20.7110	23.2471	14.7933

第二节　中国企业品牌行业竞争总体分析

　　根据《中华人民共和国统计法》、《证券期货市场统计管理办法》、《国民经济行业分类》等法律法规和相关规定，参考《上市公司行业分类指引》，结合中国社会科学院重点课题《中国企业品牌竞争力指数理论与实践》关于行业选择标准，将本研究评价范围界定如下15个行业：机械行业、医药行业、房地产行业、IT行业、电子行业、交通行业、汽车行业、通信行业、商业百货行业、食品饮料行业、纺织行业、服装行业、金融行业、家电行业、酒行业。

一、中国企业品牌行业分布特征

　　本次调研的上市企业总数为1600家，剔除部分极端企业和ST企业最终精选1548家，上市企业数量过百的行业共6个，分别是：机械行业、医药行业、房地产行业、IT行业、电子行业、交通行业，所占比重分别为14%、13%、11%、10%、9%、8%，6个行业上市企业总数为1015家，占调研企业总数的66%。上市企业数量低于50家的行业共4个，分别是服装行业、金融行业、家电行业、酒行业，所占比重分别为3%、3%、3%、2%，4个行业上市企业总数为165家，占企业调研总数的11%。从15个行业上市企业数量分布来看，消费类行业上市企业数量远大于制造类上市企业数量，一定程度说明我国企业处于规模增长阶段，正向创新驱动、市场导向的方向迈进。

表 4-2　中国企业品牌行业分布特征

行业名称	企业数量（家）	所占比重（%）	CBI	CBS	品牌财务表现力	市场竞争表现力
机械	211	14	43.9838	47.4094	45.7500	51.2815
医药	204	13	44.7921	48.0445	46.4475	51.7708
房地产	177	11	47.2358	49.9643	49.6616	50.6705
IT	155	10	42.5999	46.3223	44.4272	50.7441
电子	145	9	44.2092	47.5865	43.9927	55.9722
交通	123	8	48.8699	51.2481	50.4210	53.1779
汽车	90	6	48.6002	51.0362	49.3976	54.8597
通信	81	5	41.6866	45.6047	45.9451	44.8106
商业百货	78	5	51.7904	53.5425	50.3286	61.0414
食品饮料	64	4	49.6944	51.8958	47.9736	61.0476
纺织	55	4	48.6269	51.0572	45.0198	65.1445
服装	49	3	52.7249	54.2767	49.3794	65.7037
金融	45	3	62.5635	62.0061	65.1041	54.7776
家电	41	3	54.2412	55.4679	52.1973	63.0993
酒	30	2	57.4443	57.9844	53.0044	69.6044
总体情况	1548	100	47.0249	49.7986	47.8711	54.2961

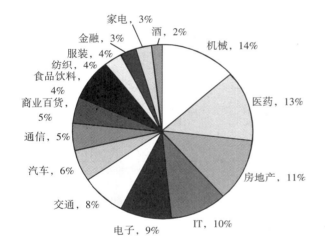

图 4-1　中国企业品牌行业分布比重

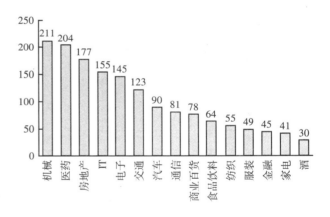

图 4-2　中国企业品牌行业数量分布

二、中国企业品牌行业指数分布特征

如表 4-2 和图 4-3 所示，金融、酒、家电、服装、商业百货、食品饮料、交通、纺织、汽车、房地产 10 个行业品牌指数均值分别为 62.5635、57.4443、54.2412、52.7249、51.7904、49.6944、48.8699、48.6269、48.6002、47.2358，以上细分行业品牌指数均超过中国 2013 年企业品牌竞争力综合指数 47.0249，在品牌竞争方面高于行业平均水平，医药、电子、机械、IT 和通信等行业在品牌竞争方面低于全国平均水平。金融行业最具品牌竞争力，银行、证券、基金和投资机构发展如火如荼，金融产品市场化程度不断升级，金融服务满意度和忠诚度不断提升。而 IT 和通信行业在企业品牌竞争中处于劣势，整体行业处于传统价格竞争阶段，在技术创新、产品价值提升和品牌塑造层面与国外同行业仍有很大差距，尤其在基层售前服务和售后服务质量方面还有很大提升空间。

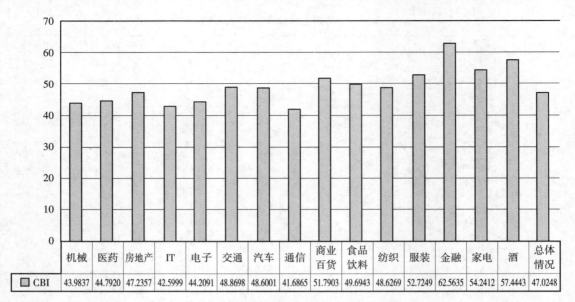

图4-3　中国企业品牌行业 CBI 对比分析

	CBI
机械	43.9837
医药	44.7920
房地产	47.2357
IT	42.5999
电子	44.2091
交通	48.8698
汽车	48.6001
通信	41.6865
商业百货	51.7903
食品饮料	49.6943
纺织	48.6269
服装	52.7249
金融	62.5635
家电	54.2412
酒	57.4443
总体情况	47.0248

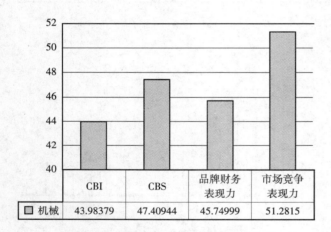

	CBI	CBS	品牌财务表现力	市场竞争表现力
机械	43.98379	47.40944	45.74999	51.2815

图4-4　中国机械行业品牌指数对比分析

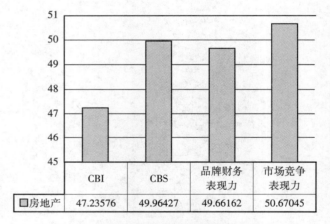

	CBI	CBS	品牌财务表现力	市场竞争表现力
房地产	47.23576	49.96427	49.66162	50.67045

图4-6　中国房地产行业品牌指数对比分析

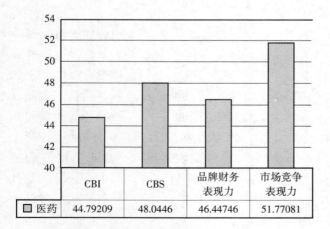

	CBI	CBS	品牌财务表现力	市场竞争表现力
医药	44.79209	48.0446	46.44746	51.77081

图4-5　中国医药行业品牌指数对比分析

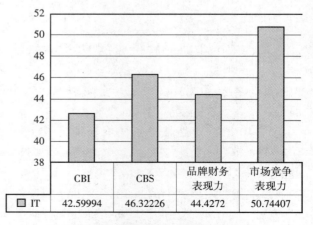

	CBI	CBS	品牌财务表现力	市场竞争表现力
IT	42.59994	46.32226	44.4272	50.74407

图4-7　中国 IT 行业品牌指数对比分析

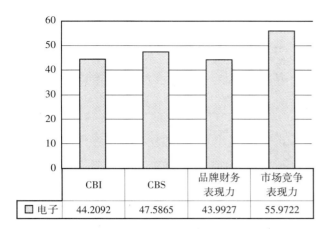

	CBI	CBS	品牌财务表现力	市场竞争表现力
电子	44.2092	47.5865	43.9927	55.9722

图4-8　中国电子行业品牌指数对比分析

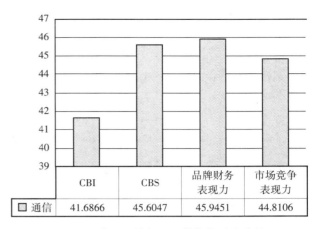

	CBI	CBS	品牌财务表现力	市场竞争表现力
通信	41.6866	45.6047	45.9451	44.8106

图4-11　中国通信行业品牌指数对比分析

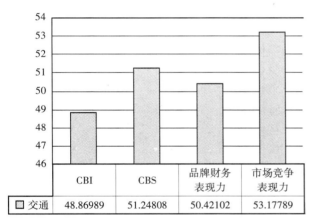

	CBI	CBS	品牌财务表现力	市场竞争表现力
交通	48.86989	51.24808	50.42102	53.17789

图4-9　中国交通行业品牌指数对比分析

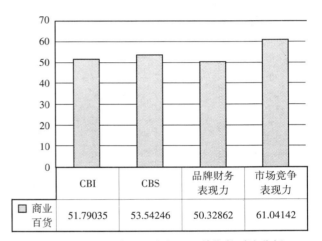

	CBI	CBS	品牌财务表现力	市场竞争表现力
商业百货	51.79035	53.54246	50.32862	61.04142

图4-12　中国商业百货行业品牌指数对比分析

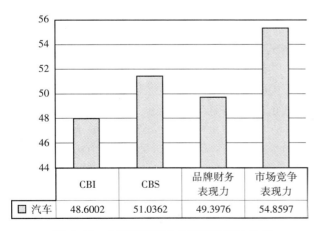

	CBI	CBS	品牌财务表现力	市场竞争表现力
汽车	48.6002	51.0362	49.3976	54.8597

图4-10　中国汽车行业品牌指数对比分析

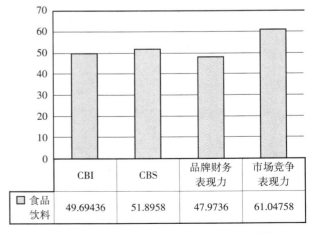

	CBI	CBS	品牌财务表现力	市场竞争表现力
食品饮料	49.69436	51.8958	47.9736	61.04758

图4-13　中国食品饮料行业品牌指数对比分析

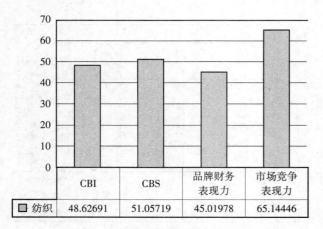

图4-14　中国纺织行业品牌指数对比分析

	CBI	CBS	品牌财务表现力	市场竞争表现力
纺织	48.62691	51.05719	45.01978	65.14446

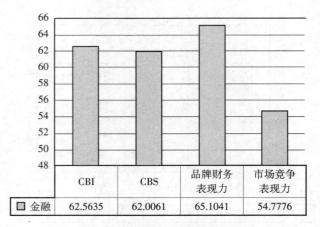

图4-16　中国金融行业品牌指数对比分析

	CBI	CBS	品牌财务表现力	市场竞争表现力
金融	62.5635	62.0061	65.1041	54.7776

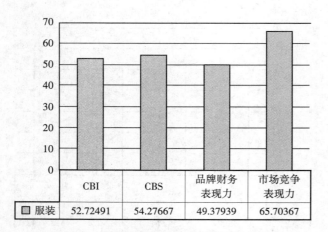

图4-15　中国服装行业品牌指数对比分析

	CBI	CBS	品牌财务表现力	市场竞争表现力
服装	52.72491	54.27667	49.37939	65.70367

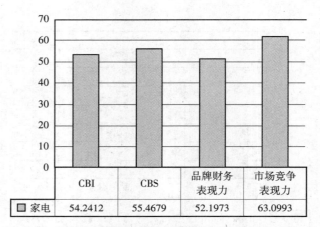

图4-17　中国家电行业品牌指数对比分析

	CBI	CBS	品牌财务表现力	市场竞争表现力
家电	54.2412	55.4679	52.1973	63.0993

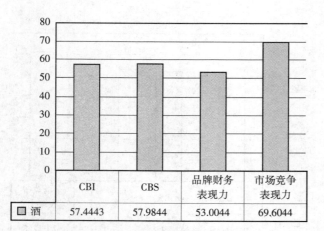

图4-18　中国酒行业品牌指数对比分析

	CBI	CBS	品牌财务表现力	市场竞争表现力
酒	57.4443	57.9844	53.0044	69.6044

如图4-4~图4-18所示，品牌财务表现力平均指数低于品牌财务表现力平均指数，和品牌财务表现力平均指数47.8711相比，金融、酒、家电、交通运输、商业百货、房地产、汽车、服装

和食品饮料行业在资本运作方面高于行业平均水平，医药、通信、机械设备、纺织、IT和电子行业在资本运作方面低于行业平均水平。金融资本最具财务竞争力，银行、证券、基金和投资机构的盈利能力和增长态势较强。IT电子行业品牌财务竞争力指数最低，整体行业盈利水平较低。

如图4-4~图4-18所示，市场竞争表现力平均指数得分最高，和市场竞争表现力平均指数54.2961相比，酒、服装、纺织、家电、食品饮料、商业百货、电子、汽车和金融行业在市场运作方面高于行业平均水平，交通运输、医药、机械设备、IT、房地产和通信行业在市场运作方面低于行业平均水平。酒行业最具市场竞争力，服装、纺织等消费品行业整体在公共关系维护和媒体传播以及企业内部软实力打造方面表现良好，整体在理财产品设计和跟踪服务方面表现良好，消费者满意度和忠诚度高。通信行业市场指数最

低，房地产行业整体市场表现一般，售前和售后
服务质量还有待提高，在品牌关系维护和媒体公

关层面还有很大提升空间。

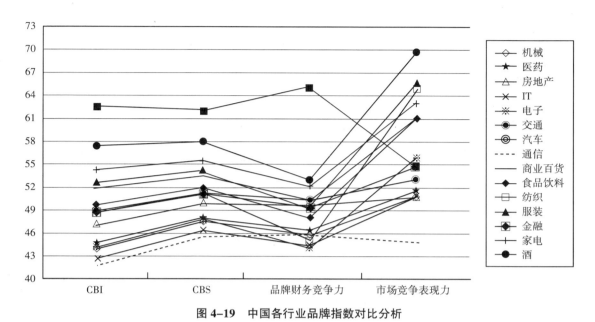

图4-19　中国各行业品牌指数对比分析

第三节　中国企业品牌区域竞争总体分析

一、中国企业品牌区域分布特征

根据国家经济区域分类，受调研的 1548 家企
业分布在华东地区、中南地区、华北地区、西南
地区、东北地区和西北地区，其所占比重分别为
42%、27%、17%、6%、5% 和 3%，华东地区上
市企业数量占总量四成以上，华东地区、中南地
区、华北地区企业总量 1327 家，其比重占调研上
市总量的 86%，东北地区和西北地区企业数量所
占比重最小，上市企业总量加在一起不足总体的
一成。以上间接证明一个地区上市企业的数量和
质量与其发达程度呈正相关关系。

表4-3　中国企业品牌区域分布特征

区域	企业数量	所占比重（%）	CBI	CBS	品牌财务表现力均值	市场竞争表现力均值
华东地区	645	42	38.9813	43.4794	42.3001	46.2605
中南地区	416	27	46.0641	49.0438	47.2207	53.2866
华北地区	266	17	50.2197	52.3085	50.5698	56.3952
西南地区	100	6	46.1349	49.0994	47.2987	52.9500
东北地区	73	5	44.5041	47.8182	46.2384	51.5171
西北地区	48	3	43.0805	46.6998	44.5408	51.7377
总体情况	1548	100	47.0249	49.7986	47.8711	54.2961

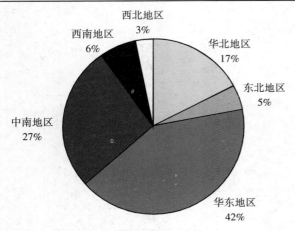

图 4-20　中国企业品牌区域分布比重

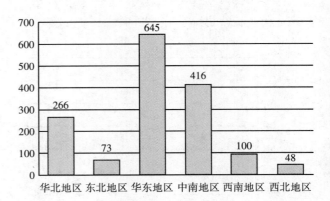

图 4-21　中国企业品牌区域企业数量对比

二、中国企业品牌指数区域对比分析

如表 4-4 所示，华东地区、中南地区、华北地区、西南地区、东北地区和西北地区 6 个地区的品牌指数均值分别为 38.9813、46.0641、50.2197、46.1349、44.5041 和 43.0805，以上区域品牌指数与 2013 年中国企业品牌综合指数 47.0249 相比，华北地区在品牌竞争方面高于行业平均水平，其他五个地区在品牌竞争方面低于行业平均水平。以北京为代表的华北地区企业品牌最具品牌竞争力，而东北地区和西北地区在企业品牌竞争中处于劣势，在产品价值提升和品牌塑造层面还有很大提升空间。

表 4-4　中国企业品牌省（市）分布特征

省（市）	企业数量	所占比重 (%)	CBI	CBS	品牌财务表现力均值	市场竞争表现力均值
广东省	270	17	47.1433	49.8916	48.0278	54.2495
北京市	189	12	51.1153	53.0122	51.4576	56.6477
浙江省	152	10	45.4076	48.5280	46.4735	53.4272
上海市	149	10	48.7169	51.1279	49.4463	55.0671
江苏省	141	9	45.9157	48.9272	46.7290	54.1457
其他省（市）	647	42	46.0126	49.0033	46.9725	53.6880
总体情况	1548	100	47.0249	49.7986	47.8711	54.2961

根据图 4-22~图 4-28 的对比分析，可以发现：

（1）和品牌财务竞争力平均指数 47.8711 相比，华北地区在资本运作方面高于行业平均水平，华北地区企业品牌最具财务竞争力，区域内企业品牌盈利能力和增长态势较强，其他 5 个区域在资本运作方面低于行业平均水平。华东地区品牌财务竞争力最低，整体行业盈利水平较低。

（2）如图 4-22~图 4-28 所示，和市场竞争表现力平均指数 54.2961 相比，华北地区在市场运作方面高于行业平均水平高于行业平均水平，华北地区企业品牌最具市场竞争力，区域内上市企业盈利能力和增长态势较强，其他 5 个区域在市场运作方面低于行业平均水平。华东地区品牌市场表现指数最低，整体行业市场发展水平较低，华东地区企业品牌整体在公共关系维护和媒体传播以及企业内部软实力打造方面还有很大提升空间，整体需要在产品开发设计和跟踪服务方面继续完善，提高消费者满意度和忠诚度。

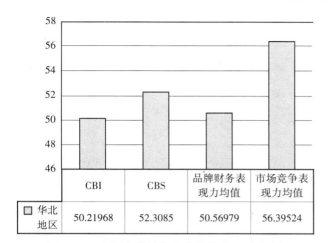

□ 华北地区	CBI	CBS	品牌财务表现力均值	市场竞争表现力均值
	50.21968	52.3085	50.56979	56.39524

图 4-22 中国企业品牌指数华北地区对比分析

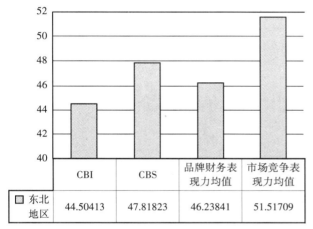

□ 东北地区	CBI	CBS	品牌财务表现力均值	市场竞争表现力均值
	44.50413	47.81823	46.23841	51.51709

图 4-23 中国企业品牌指数东北地区对比分析

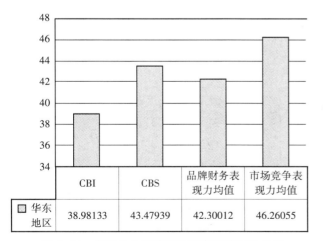

□ 华东地区	CBI	CBS	品牌财务表现力均值	市场竞争表现力均值
	38.98133	43.47939	42.30012	46.26055

图 4-24 中国企业品牌指数华东区域对比分析

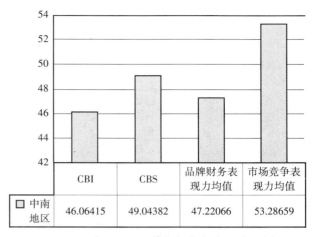

□ 中南地区	CBI	CBS	品牌财务表现力均值	市场竞争表现力均值
	46.06415	49.04382	47.22066	53.28659

图 4-25 中国企业品牌指数中南地区对比分析

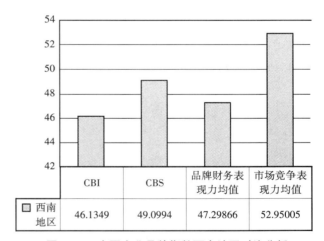

□ 西南地区	CBI	CBS	品牌财务表现力均值	市场竞争表现力均值
	46.1349	49.0994	47.29866	52.95005

图 4-26 中国企业品牌指数西南地区对比分析

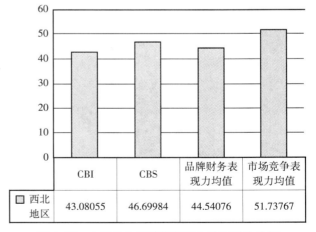

□ 西北地区	CBI	CBS	品牌财务表现力均值	市场竞争表现力均值
	43.08055	46.69984	44.54076	51.73767

图 4-27 中国企业品牌指数西北地区对比分析

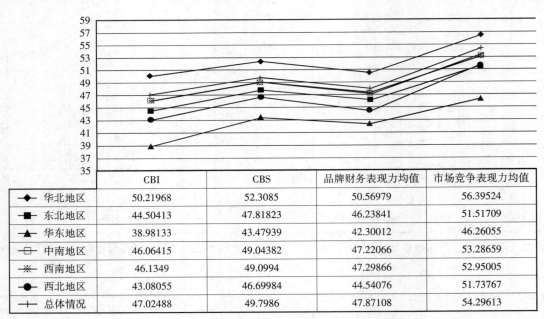

	CBI	CBS	品牌财务表现力均值	市场竞争表现力均值
◆ 华北地区	50.21968	52.3085	50.56979	56.39524
■ 东北地区	44.50413	47.81823	46.23841	51.51709
▲ 华东地区	38.98133	43.47939	42.30012	46.26055
□ 中南地区	46.06415	49.04382	47.22066	53.28659
※ 西南地区	46.1349	49.0994	47.29866	52.95005
● 西北地区	43.08055	46.69984	44.54076	51.73767
+ 总体情况	47.02488	49.7986	47.87108	54.29613

图 4-28　中国企业品牌指数区域对比分析折线图

第四节　中国企业品牌省（市）竞争总体分析

一、中国企业品牌省（市）分布特征

根据各省调研的上市企业数量分布统计，广东、北京、浙江、上海、江苏 5 个省（市）排名靠前，其所占比重分别为 17%、12%、10%、10%、9%，以上 5 个省（市）均为中国经济的重点省（市），客观支持了企业品牌发达是省（市）强大的标志这一论点。

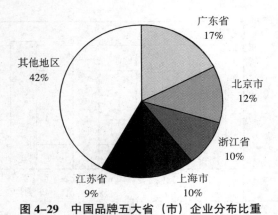

图 4-29　中国品牌五大省（市）企业分布比重

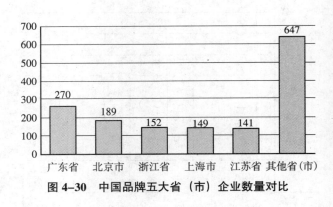

图 4-30　中国品牌五大省（市）企业数量对比

二、中国企业品牌指数典型省（市）对比分析

如表 4-4 所示，广东、北京、浙江、上海、

江苏 5 个省（市）品牌指数均值分别为 47.1433、51.1153、45.4076、48.7169、45.9157，以上省（市）品牌指数与中国企业品牌综合指数 47.0249 相比，北京、上海和广东企业在品牌竞争方面高于行业平均水平，其他省份在品牌竞争方面低于

行业平均水平。以广东、北京、上海为代表的上市企业聚集区最具品牌竞争力，在产品价值提升和品牌塑造层面有很多值得借鉴的经验，对于当前产业结构调整和转型升级来说，区域内企业软实力的打造和提升十分关键。

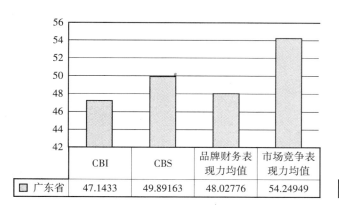

图4-31 中国企业品牌指数广东省对比分析

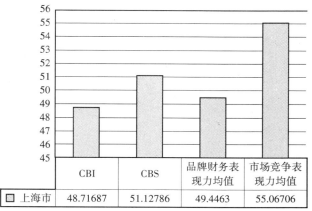

图4-34 中国企业品牌指数上海市对比分析

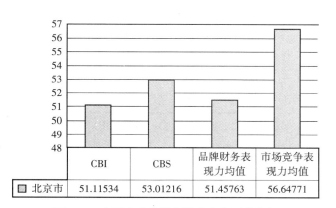

图4-32 中国企业品牌指数北京市对比分析

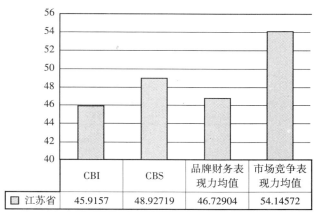

图4-35 中国企业品牌指数江苏省对比分析

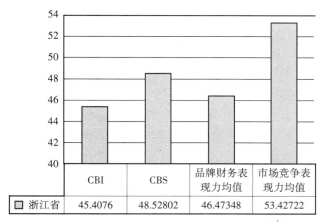

图4-33 中国企业品牌指数浙江省对比分析

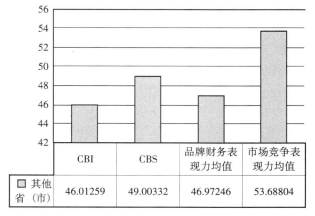

图4-36 中国企业品牌指数其他省市对比分析

根据图4-31~图4-37，可以发现：

（1）和品牌财务表现力平均指数47.8711相比，北京、上海和广东上市企业在资本运作方面高于行业平均水平，其他省（市）在资本运作方面低于行业平均水平。北京上市企业最具财务竞争力，区域内上市企业盈利能力和增长态势较强。

（2）和市场竞争表现力平均指数 54.2961 相比，北京、上海、浙江和广东上市企业在市场运作方面高于行业平均水平，其他省（市）在市场运作方面低于行业平均水平。北京上市企业品牌最具市场竞争力，整体在公共关系维护和媒体传播以及企业内部软实力打造方面表现良好。

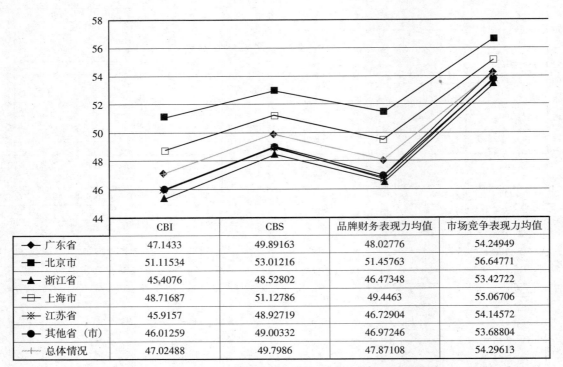

	CBI	CBS	品牌财务表现力均值	市场竞争表现力均值
广东省	47.1433	49.89163	48.02776	54.24949
北京市	51.11534	53.01216	51.45763	56.64771
浙江省	45.4076	48.52802	46.47348	53.42722
上海市	48.71687	51.12786	49.4463	55.06706
江苏省	45.9157	48.92719	46.72904	54.14572
其他省（市）	46.01259	49.00332	46.97246	53.68804
总体情况	47.02488	49.7986	47.87108	54.29613

图 4-37　中国企业品牌指数五大省（市）对比分析折线图

第五节　中国企业品牌分项指标竞争总体分析

一、中国企业品牌规模要素指数对比分析

根据表 4-5 经过对比分析发现，3 个三级指标营业收入、所有者权益、净利润分项指数分别为 49.1108、33.9774、49.6468，所有者权益指标得分远低于综合指数，营业收入和净利润指数接近于综合指数。与规模要素总体指数 43.9481 相比，本次报告涉及的 15 个上市公司行业中，金融、家电、酒、交通运输、商业百货、房地产、汽车和服装行业高于平均水平，食品饮料、机械设备、医药、纺织、通信、电子和 IT 行业低于平均水平。其中金融业以 67.1961 的最高指数领军发展，金融业强大的现金流使其财务资本的规模总量最高。

表 4-5　中国企业品牌规模要素指数行业对比分析

行业名称	CBI	CBS	营业收入	所有者权益	净利润	规模要素
机械	43.9838	47.4094	46.6448	31.7618	47.7294	41.7069
医药	44.7921	48.0445	46.4269	31.0144	48.3678	41.5178
房地产	47.2358	49.9643	49.4418	38.5513	52.4803	46.3898
IT	42.5999	46.3223	42.3819	28.7321	47.5425	38.8946

续表

行业名称	CBI	CBS	营业收入	所有者权益	净利润	规模要素
电子	44.2092	47.5865	44.0824	29.2267	46.7463	39.5489
交通	48.8699	51.2481	53.3905	39.5348	50.0275	47.7003
汽车	48.6002	51.0362	54.1097	34.3482	49.4428	46.0265
通信	41.6866	45.6047	45.5965	31.4200	48.4942	41.3591
商业百货	51.7904	53.5425	57.5895	33.9436	48.4519	47.0290
食品饮料	49.6944	51.8958	50.8411	32.1045	48.5282	43.7051
纺织	48.6269	51.0572	48.6493	29.3542	46.8081	41.4357
服装	52.7249	54.2767	49.5924	35.1461	50.3306	44.7208
金融	62.5635	62.0061	67.7402	63.4513	71.5683	67.1961
家电	54.2412	55.4679	58.0219	37.1727	51.5708	49.1119
酒	57.4443	57.9844	52.9690	37.8646	56.2331	48.4985
总体情况	47.0249	49.7986	49.1108	33.9774	49.6468	43.9481

根据表4-5分析发现：

（1）与营业收入总体指数49.1108相比，高于平均水平的排序为：金融、家电、商业百货、汽车、交通运输、酒、食品饮料、服装和房地产行业，其中金融业以多元化的理财产品和投资使其营业收入最高。纺织、机械设备、医药、通信、电子和IT行业低于平均水平。

（2）与所有者权益总体指数33.9774相比，高于平均水平的排序为：金融、交通运输、房地产、酒、家电、服装和汽车行业。商业百货、食品饮料、机械设备、通信、医药、纺织、电子和IT行业低于平均水平。除金融业外的14个行业所有者权益指标均在40以下，金融业以63.4513的相对高分远远高于其他行业。

（3）与净利润总体指数49.6468相比，高于平均水平的排序为：金融、酒、房地产、家电、服装和交通运输行业。低于平均水平的排序为：汽车、食品饮料、通信、商业百货、医药、机械设备、IT、纺织和电子行业。其中金融业净利润指数最高，金融服务是最为盈利的行业之一，资本回报率显著高于制造业和其他实体行业。

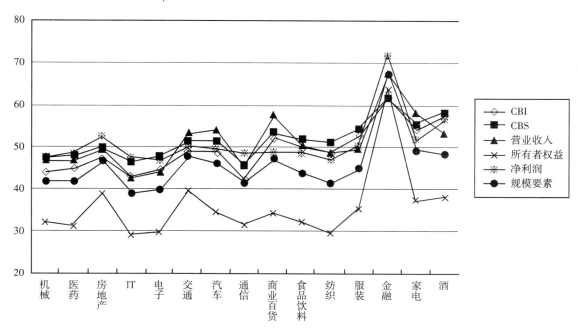

图4-38　中国企业品牌规模要素分项指数行业对比分析折线图

如表 4-6 所示：

（1）与规模要素总体指数 43.9481 相比，本次报告涉及的 6 个区域中，华北地区规模要素指数高于平均水平，规模要素指数低于平均水平的排序为：华东地区、西南地区、中南地区、东北地区和西北地区。以北京为核心的华北地区企业财务规模最高，东北地区和西北地区企业财务规模垫底。

表 4-6　中国企业品牌规模要素指数区域对比分析

区域	CBI	CBS	营业收入	所有者权益	净利润	规模要素
华北地区	50.2197	52.3085	52.1523	37.5551	52.3265	47.0869
东北地区	44.5041	47.8182	46.5300	32.0978	47.9024	41.8218
华东地区	47.0438	49.8134	49.2301	33.7110	49.1056	43.7673
中南地区	46.0653	49.0447	48.0325	33.2253	49.5794	43.2367
西南地区	46.1349	49.0994	48.5686	33.0379	48.9880	43.2377
西北地区	43.1321	46.7403	45.1132	29.1498	46.7368	39.9319
总体情况	47.0249	49.7986	49.1108	33.9774	49.6468	43.9481

（2）与营业收入总体指数 49.1108 相比，高于平均水平的区域包括华北地区和华东地区。西南地区、中南地区、东北地区和西北地区低于平均水平。其中华北地区和华东两大经济中心营业收入指数最高，东北地区和西北地区仍旧垫底。

（3）与所有者权益总体指数 33.9774 相比，华北地区所有者权益平均指数仍是一枝独秀，高于平均水平，华东地区、中南地区、西南地区、东北地区和西北地区低于平均水平。6 个地区的所有者权益指标均在 40 以下，西北地区破天荒地突破 30 底线大关。

（4）与净利润总体指数 49.6468 相比，华北地区高于平均水平，低于平均水平的排序为：中南地区、华东地区、西南地区、东北地区和西北地区。其中华北地区净利润指数最高，东北地区和西北地区的净利润指数最低。

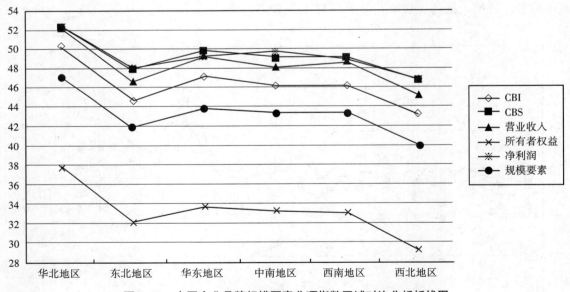

图 4-39　中国企业品牌规模要素分项指数区域对比分析折线图

二、中国企业品牌效率要素指数对比分析

如表 4-7 所示：

（1）2 个三级指标净资产收益率和总资产贡献率分项指数分别为 51.9964 和 44.6136，净资产收益率指数高于综合指数，总资产贡献率指数低于综合指数。与效率要素总体指数 49.0433 相比，

本次报告涉及的 15 个上市公司行业中，酒、服装、家电、医药、食品饮料和 IT 行业高于平均水平，低于平均水平的行业排序为：汽车、商业百货、通信、房地产、金融、交通、机械、电子和纺织行业。经过以上分析可以发现，效率要素排在前列的均为消费品行业，其中酒行业效率要素最高，纺织行业大部分为服装行业的供应商，因此效率要素指数最低。

表 4-7　中国企业品牌效率要素指数行业对比分析

行业名称	CBI	CBS	净资产收益率	总资产贡献率	效率要素
机械	43.9838	47.4094	50.7863	42.0983	47.3111
医药	44.7921	48.0445	52.5605	48.1886	50.8117
房地产	47.2358	49.9643	52.7122	41.9318	48.4000
IT	42.5999	46.3223	51.9256	47.3053	50.0775
电子	44.2092	47.5865	49.0594	42.3811	46.3881
交通	48.8699	51.2481	51.5688	42.8421	48.0781
汽车	48.6002	51.0362	51.9080	44.6268	48.9955
通信	41.6866	45.6047	50.9642	44.7460	48.4769
商业百货	51.7904	53.5425	52.3143	43.6359	48.8429
食品饮料	49.6944	51.8958	53.0006	46.1409	50.2567
纺织	48.6269	51.0572	49.5601	39.9371	45.7109
服装	52.7249	54.2767	55.8957	53.1117	54.7821
金融	62.5635	62.0061	52.4533	41.8936	48.2294
家电	54.2412	55.4679	56.5406	46.4379	52.4995
酒	57.4443	57.9844	60.0501	53.1309	57.2824
总体情况	47.0249	49.7986	51.9964	44.6136	49.0433

（2）与净资产收益率总体指数 51.9964 相比，高于平均水平的排序为：酒、家电、服装、食品饮料、房地产、医药、金融和商业百货行业。IT、汽车、交通、通信、机械、纺织和电子行业低于平均水平。其中酒行业净资产收益率最高，电子行业净资产收益率最低。

（3）与总资产贡献率总体指数 44.6136 相比，高于平均水平的排序为：酒、服装、医药、IT、家电、食品饮料、通信和汽车行业。商业百货、交通、电子、机械、房地产、金融和纺织行业低于平均水平。其中酒行业总资产贡献率最高，纺织行业总资产贡献率最低。

如表 4-8 所示：

（1）与效率要素总体指数 49.0433 相比，本次报告涉及的 6 个区域中，华北地区和华东地区

效率要素指数高于平均水平，效率要素指数低于平均水平的排序为：西南地区、中南地区、东北地区和西北地区。以北京为核心的华北地区和以上海为中心的华东地区财务效率最高，东北地区和西北地区垫底。

（2）与净资产收益率总体指数 51.9964 相比，高于平均水平的区域包括华北地区、华东地区和东北地区，华北地区、华东地区仍旧领先于净资产收益率指标，东北地区在行业平均水平之上，其根源在于国家关于老工业基地的政策，政策红利带来的大量投资项目产生的收益偏高。西南地区、中南地区、西北地区略低于平均水平，总体来看，净资产收益率指标各区域发展比较均衡。

（3）与总资产贡献率总体指数 44.6136 相比，华北地区和西南地区总资产贡献率平均指数高于

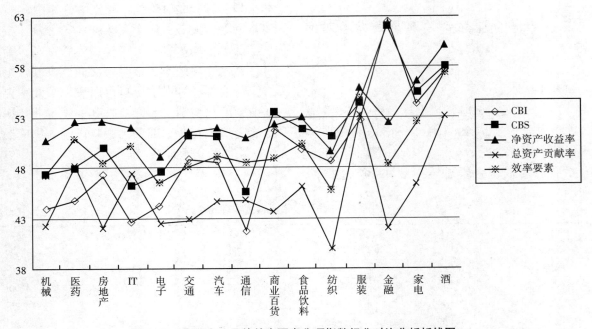

图 4-40　中国企业品牌效率要素分项指数行业对比分析折线图

表 4-8　中国企业品牌效率要素指数区域对比分析

区域	CBI	CBS	净资产收益率	总资产贡献率	效率要素
华北地区	50.2197	52.3085	52.5975	46.6764	50.2290
东北地区	44.5041	47.8182	52.0871	43.0992	48.4919
华东地区	47.0438	49.8134	52.1656	44.4128	49.0645
中南地区	46.0653	49.0447	51.5395	44.0025	48.5247
西南地区	46.1349	49.0994	51.7813	44.7405	48.9650
西北地区	43.1321	46.7403	50.6810	43.2316	47.7012
总体情况	47.0249	49.7986	51.9964	44.6136	49.0433

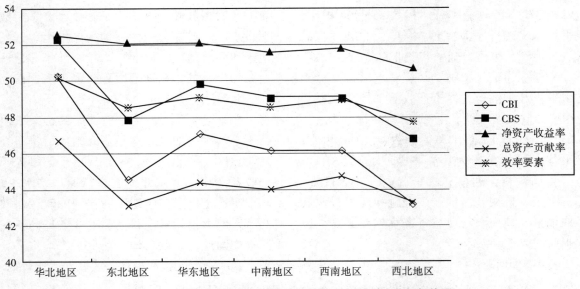

图 4-41　中国企业品牌效率要素分项指数区域对比分析折线图

平均水平，间接说明西南地区企业经营业绩和管理水平上了一个新台阶。华东地区、中南地区、西北地区、东北地区低于平均水平。东北地区总资产贡献率再次垫底，说明东北地区企业整体在管理水平有待提升。

三、中国企业品牌增长要素指数对比分析

如表4-9所示，可以发现：

（1）2个三级指标销售收入年均增长率和净利润年均增长率分项指数分别为50.0028和50.7106，两个指数均略高于综合指数。与增长要素总体指数50.3567相比，本次报告涉及的15个上市公司行业中，酒、IT、商业百货、医药、食品饮料、通信、服装和房地产行业高于平均水平，低于平均水平的行业排序为：汽车、家电、金融、交通、机械、电子和纺织行业，其中酒行业效率要素最高，纺织行业增长要素指数最低，这与行业发展趋势和大环境密不可分。

表4-9　中国企业品牌增长要素指数行业对比分析

行业名称	CBI	CBS	销售收入年均增长率	净利润年均增长率	增长要素
机械	43.9838	47.4094	48.7515	49.5573	49.1544
医药	44.7921	48.0445	51.1458	51.3526	51.2492
房地产	47.2358	49.9643	48.9379	52.5193	50.7286
IT	42.5999	46.3223	51.9793	51.2822	51.6307
电子	44.2092	47.5865	42.3811	49.9904	49.1519
交通	48.8699	51.2481	49.0374	50.0837	49.5605
汽车	48.6002	51.0362	49.5009	50.8776	50.1893
通信	41.6866	45.6047	51.0464	51.0096	51.0280
商业百货	51.7904	53.5425	51.4623	51.6098	51.5361
食品饮料	49.6944	51.8958	50.6570	51.4268	51.0419
纺织	48.6269	51.0572	47.9378	46.5469	47.2423
服装	52.7249	54.2767	49.7793	51.8408	50.8100
金融	62.5635	62.0061	48.5017	51.1328	49.8173
家电	54.2412	55.4679	48.4412	51.4049	49.9230
酒	57.4443	57.9844	53.1562	54.0188	53.5875
总体情况	47.0249	49.7986	50.0028	50.7106	50.3567

（2）与销售收入年均增长率分项指数50.0028相比，高于平均水平的排序为：酒、IT、商业百货、医药、通信、食品饮料行业。服装、汽车、交通、房地产、机械、金融、家电、纺织、电子行业低于平均水平。其中酒行业销售收入年均增长率最高，电子行业销售收入年均增长率最低。

（3）与净利润年均增长率分项指数50.7106相比，酒、房地产、服装、商业百货、食品饮料、家电、医药、IT、金融、通信和汽车11个行业高于平均水平，其中酒行业利润增长趋势领衔发展，效益稳定，发展潜力巨大。交通、电子、机械、

纺织行业低于平均水平，纺织行业利润仍呈下降趋势，行业发展进入瓶颈期。

中国企业品牌增长要素分项指数行业对比分析折线图如图4-42所示。

根据表4-10对比分析，可以发现：

（1）与增长要素总体指数50.3567相比，本次报告涉及的6个区域中，华北地区和东北地区增长要素指数高于平均水平，增长要素指数低于平均水平的排序为西南地区、中南地区、华东地区、西北地区。以北京为核心的华北地区和以国家振兴政策扶持的东北地区增长要素指数领衔发展。

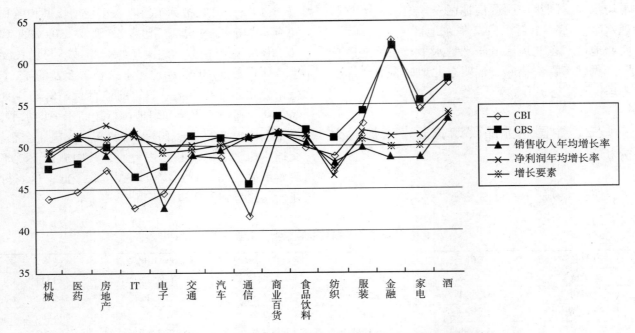

图 4-42 中国企业品牌增长要素分项指数行业对比分析折线图

表 4-10 中国企业品牌增长要素指数区域对比分析

区域	CBI	CBS	销售收入年均增长率	净利润年均增长率	增长要素
华北地区	50.2197	52.3085	51.3138	51.6234	51.4686
东北地区	44.5041	47.8182	50.0411	51.2689	50.6550
华东地区	47.0438	49.8134	49.2756	50.9090	50.0923
中南地区	46.0653	49.0447	50.3825	49.8385	50.1105
西南地区	46.1349	49.0994	49.6436	50.6981	50.1708
西北地区	43.1321	46.7403	49.9202	49.7223	49.8212
总体情况	47.0249	49.7986	50.0028	50.7106	50.3567

（2）与销售收入年均增长率分项指数 50.0028 相比，高于平均水平的区域包括华北地区、中南地区、东北地区，华北地区领衔销售收入年均增长率。西北地区、西南地区、华东地区略低于平均水平，总体来看销售收入年均增长率指标各区域发展比较均衡，华东地区企业市场占有率整体偏低，未来发展不容乐观。

（3）与净利润年均增长率分项指数 50.7106 相比，华北地区、东北地区和华东地区平均指数高于平均水平，间接说明华北地区和华东地区企业效益稳定，东北地区企业发展潜力巨大。西南地区、中南地区、西北地区低于平均水平，西北地区再次垫底，说明西北地区企业整体效益和发展潜力较低。

中国企业品牌增长要素分项指数区域对比如图 4-43 所示。

四、中国企业品牌市场占有能力指数对比分析

根据表 4-11 对比分析，可以发现：

（1）2 个三级指标市场占有率和市场覆盖率分项指数分别为 54.9186 和 59.7698，市场覆盖率指数高于市场占有率指数，两者均高于综合指数。与市场占有能力总体指数 56.3740 相比，本次报告涉及的 15 个上市公司行业中，酒、服装、纺织、家电、商业百货、食品饮料、电子、汽车高于平均水平，低于平均水平的行业排序为：金融、交通、医药、机械、IT、房地产、通信行业。经过以上分析可以发现，市场占有能力指数排在前

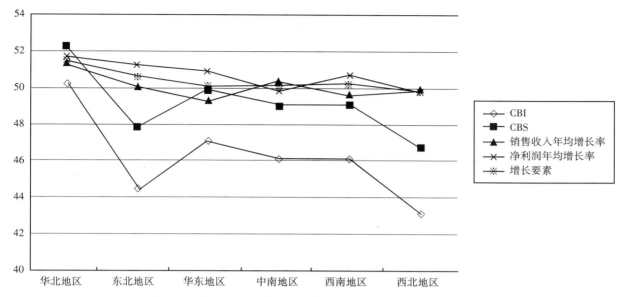

图4-43 中国企业品牌增长要素分项指数区域对比分析折线图

列的大部分为消费品行业，其中酒行业市场占有能力相对最高，通信行业市场占有能力相对最低，财务表现一枝独秀的金融行业在市场占有能力上居于各行业下游（见图4-44）。

表4-11 中国企业品牌市场占有能力指数行业对比分析

行业名称	CBI	CBS	市场占有率	市场覆盖率	市场占有能力
机械	43.9838	47.4094	51.8116	56.5072	53.2203
医药	44.7921	48.0445	51.6482	58.1924	53.6115
房地产	47.2358	49.9643	50.9978	55.0355	52.2091
IT	42.5999	46.3223	49.3865	59.2114	52.3340
电子	44.2092	47.5865	57.5807	60.7671	58.5366
交通	48.8699	51.2481	53.7497	58.3750	55.1373
汽车	48.6002	51.0362	55.3396	61.1908	57.0949
通信	41.6866	45.6047	44.8212	48.3558	45.8816
商业百货	51.7904	53.5425	62.7846	66.8762	64.0121
食品饮料	49.6944	51.8958	62.0616	68.2184	63.9086
纺织	48.6269	51.0572	67.8810	70.5290	68.6754
服装	52.7249	54.2767	68.1049	70.4370	68.8045
金融	62.5635	62.0061	56.6991	54.1802	55.9435
家电	54.2412	55.4679	64.7010	68.7108	65.9039
酒	57.4443	57.9844	71.6199	74.2299	72.4029
总体情况	47.0249	49.7986	54.9186	59.7698	56.3740

（2）与市场占有率分项指数54.9186相比，高于平均水平的排序为：酒、服装、纺织、家电、商业百货、食品饮料、电子、金融和汽车行业。交通、机械、医药、房地产、IT、通信行业低于平均水平。其中酒行业市场占有率最高，通信行业市场占有率最低。

（3）与市场覆盖率分项指数59.7698相比，高于平均水平的排序为：酒、服装、医药、IT、家电、食品饮料、通信和汽车行业。商业百货、交通、电子、机械、房地产、金融和纺织行业低于平均水平。其中酒行业总资产贡献率最高，纺织行业总资产贡献率最低。

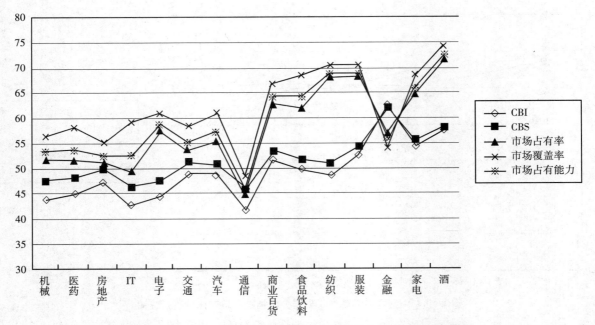

图 4-44 中国企业品牌市场占有能力分项指数行业对比分析折线图

根据表 4-12 对比分析，可以发现：

（1）与市场占有能力总体指数 56.3740 相比，本次报告涉及的 6 个区域中，华北地区和华东地区市场占有能力指数高于平均水平，市场占有能力指数低于平均水平的排序为：中南地区、西南地区、西北地区、东北地区。以北京为核心的华北地区和以上海为核心的华东地区企业整体市场占有能力偏高（见图 4-45）。

表 4-12 中国企业品牌市场占有能力指数区域对比分析

区域	CBI	CBS	市场占有率	市场覆盖率	市场占有能力
华北地区	50.2197	52.3085	56.9991	62.1547	58.5458
东北地区	44.5041	47.8182	51.2853	58.1709	53.3510
华东地区	47.0438	49.8134	55.6167	60.1123	56.9654
中南地区	46.0653	49.0447	53.8305	58.5922	55.2590
西南地区	46.1349	49.0994	53.3569	58.3720	54.8614
西北地区	43.1321	46.7403	52.2517	57.5236	53.8332
总体情况	47.0249	49.7986	54.9186	59.7698	56.3740

（2）与市场占有率分项指数 54.9186 相比，华北地区和华东地区高于平均水平，间接说明华北地区和华东地区企业渠道开拓能力整体较强。中南地区、西南地区、西北地区、东北地区低于平均水平，总体来看市场占有率指标各区域发展比较均衡，东北地区再次垫底，企业市场占有率整体偏低，说明东北企业整体拓展能力较弱，大多属于区域性产品品牌。

（3）与市场覆盖率分项指数 59.7698 相比，华北地区和华东地区高于平均水平，中南地区、西南地区、东北地区、西北地区低于平均水平，西北地区企业整体渠道建设能力较弱。

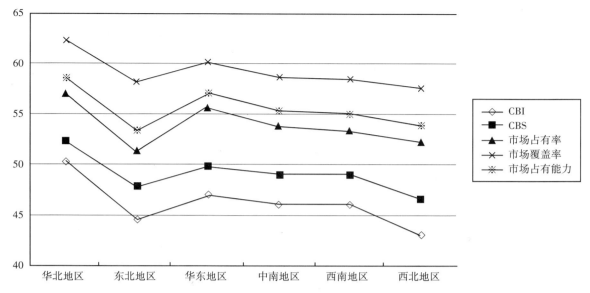

图4-45 中国企业品牌市场占有能力分项指数区域对比分析折线图

五、中国企业品牌超值获利能力指数对比分析

根据表4-13对比分析发现：

（1）2个三级指标品牌溢价率和品牌销售利润率分项指数分别为55.6787和40.7033，其中品牌溢价率高于行业综合指数，品牌销售利润率低于行业综合指数。与超值获利能力总体指数50.4373

相比，本次报告涉及的15个上市公司行业中，酒、服装、纺织、家电、食品饮料、商业百货、金融、电子和汽车行业高于平均水平，低于平均水平的行业排序为：交通、医药、房地产、IT、机械和通信行业，其中酒行业超值获利能力指数最高，通信行业超值获利能力指数最低，通信行业等大部分行业垄断特征明显，品牌带来的超值获利相对较少，与行业特征相关（见图4-46）。

表4-13 中国企业品牌超值获利能力指数行业对比分析

行业名称	CBI	CBS	品牌溢价率	品牌销售利润率	超值获利能力
机械	43.9838	47.4094	52.0594	39.5494	47.6809
医药	44.7921	48.0445	52.8156	40.0637	48.3525
房地产	47.2358	49.9643	51.2582	41.4147	47.8130
IT	42.5999	46.3223	52.1044	39.7815	47.7914
电子	44.2092	47.5865	57.7216	39.1163	51.2098
交通	48.8699	51.2481	54.5435	40.2449	49.5390
汽车	48.6002	51.0362	56.3009	40.3225	50.7085
通信	41.6866	45.6047	44.4015	39.8878	42.8217
商业百货	51.7904	53.5425	63.8269	40.1056	55.5245
食品饮料	49.6944	51.8958	63.7988	40.7571	55.7342
纺织	48.6269	51.0572	68.6320	39.9319	58.5870
服装	52.7249	54.2767	68.4237	44.1986	59.9449
金融	62.5635	62.0061	55.4700	47.3054	52.6123
家电	54.2412	55.4679	65.7437	43.3063	**57.8906**
酒	57.4443	57.9844	71.9957	50.3139	64.4071
总体情况	47.0249	49.7986	55.6787	40.7033	50.4373

（2）与品牌溢价率分项指数 55.6787 相比，高于平均水平的排序为：酒、纺织、服装、家电、商业百货、食品饮料、电子、汽车行业。金融、交通、医药、IT、机械、房地产、通信行业低于平均水平。其中酒行业品牌溢价率最高，通信行业品牌溢价率最低。

（3）与品牌销售利润率分项指数 40.7033 相

比，酒、金融、服装、家电、房地产和食品饮料行业高于平均水平，其中酒行业品牌销售利润率最高，较高的品牌价值能够为企业带来较为稳定的效益，品牌发展潜力巨大。汽车、交通、商业百货、医药、纺织、通信、IT、机械、电子 9 个行业低于平均水平，机械、电子等制造业行业利润仍呈下降趋势，行业发展进入瓶颈期。

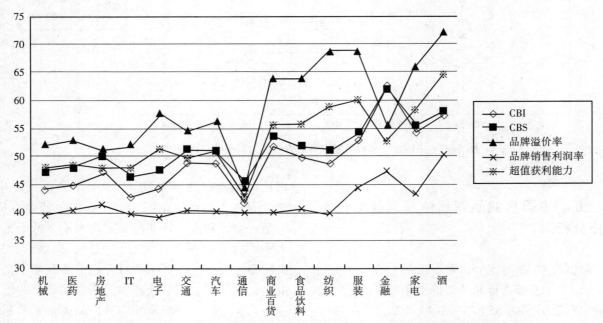

图 4-46　中国企业品牌超值获利能力分项指数行业对比分析折线图

根据表 4-14 对比分析发现：

（1）与超值获利能力总体指数 50.4373 相比，本次报告涉及的 6 个区域中，华北地区和华东地区超值获利能力指数高于平均水平，超值获利能力指数低于平均水平的排序为：中南地区、西

南地区、东北地区、西北地区。以北京为核心的华北地区和以上海、江浙等地区领先发展的华东地区超值获利能力指数较高，领先各大地区（见图 4-47）。

表 4-14　中国企业品牌超值获利能力指数区域对比分析

区域	CBI	CBS	品牌溢价率	品牌销售利润率	超值获利能力
华北地区	50.2197	52.3085	58.0624	41.8881	52.4014
东北地区	44.5041	47.8182	52.6694	39.6464	48.1113
华东地区	47.0438	49.8134	56.2603	40.5591	50.7648
中南地区	46.0653	49.0447	54.4937	40.5617	49.6175
西南地区	46.1349	49.0994	54.0532	40.7593	49.4003
西北地区	43.1321	46.7403	52.9192	38.8306	47.9882
总体情况	47.0249	49.7986	55.6787	40.7033	50.4373

（2）与品牌溢价率分项指数 55.6787 相比，高于平均水平的区域包括华北地区和华东地区。中

南地区、西南地区、西北地区、东北地区均略低于平均水平，总体来看各区域发展均衡度较差，

东北地区整体表现偏低，未来发展不容乐观。

（3）与品牌销售利润率分项指数 40.7033 相比，华北地区和西南地区平均指数高于平均水平，间接说明华北地区企业利润表现稳定，西南地区的企业发展势头较好。中南地区、华东地区、东

北地区、西北地区低于平均水平，西北地区仍排名最后，说明西北企业整体效益和发展潜力较低。较高的品牌溢价率并没有给华东地区带来较高的利润，说明华东地区的企业没有较好地控制成本，企业发展态势还需进一步提升。

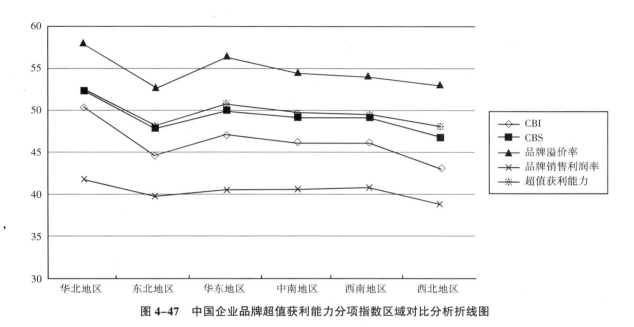

图 4-47　中国企业品牌超值获利能力分项指数区域对比分析折线图

第六节　中国企业品牌分级竞争分析报告

一、中国企业品牌竞争力指数评级标准体系

根据中国企业品牌竞争力指数 CBI 数值，课

题组绘制总体布局对调查的企业进行分级评估，根据本标准的规定对企业品牌进行评价时，对指数采用评分制按照一般惯例分为五级，划分标准如表 4-15 所示。

表 4-15　中国企业品牌竞争力指数评级标准体系

评级	CBI 数值标准	评价结果的等级
5A	CBI≥80	80分以上（含80分），五星品牌
4A	60≤CBI<80	60~80分（含60分），四星品牌
3A	40≤CBI<60	40~60分（含40分），三星品牌
2A	20≤CBI<40	20~40分（含20分），二星品牌
1A	CBI<20	20分以下，一星品牌

二、中国企业品牌竞争力指数评级总体情况

由以上评价标准可以将调研的 1548 家上市企业划分为五个集团，具体的企业个数及分布情况如表 4-16 所示，其中 3A 级品牌企业 1208 家，占调研企业的 78%，4A 和 2A 级企业均占 9%，5A 级企业占比 2%，1A 级企业占比 1%。整体分布呈金字塔形，符合预期的橄榄形分布情况。各级水平的企业得分情况由于篇幅原因仅列出代表企业。

表 4-16　中国企业品牌各分级数量

企业评级	企业数量（家）	所占比重（%）	CBI	CBS	品牌财务表现力均值	市场竞争表现力均值
5A 级企业	34	2	86.5982	80.8883	79.4882	84.1554
4A 级企业	147	9	67.5960	65.9598	62.6349	73.7179
3A 级企业	1208	78	45.6698	48.7340	46.6755	53.5372
2A 级企业	146	9	31.1119	37.2970	37.3132	37.2592
1A 级企业	13	1	15.5445	25.0669	27.9033	18.4486
全部	1548	100	47.0249	49.7986	47.8711	54.2961

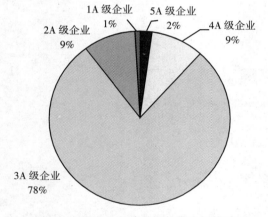

图 4-48　中国企业品牌分级数量比例饼形图

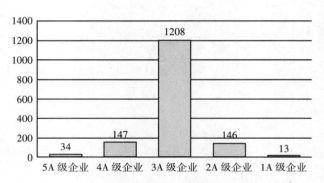

图 4-49　中国企业品牌分级数量比例柱形图

如表 4-16 所示，5A 级企业、4A 级企业、3A 级企业、2A 级企业和 1A 级企业的 CBI 均值分别为 86.5982、67.5960、45.6698、31.1119 和 15.5445，和 2013 年中国企业 CBI 综合指数 47.0249 相比，5A 级企业、4A 级企业远远高于综合指数，是当之无愧的领军和领先企业，2A 级企业、1A 级企业远低于综合指数，是行业的中下游企业，占比最多的 3A 级企业接近综合指数，反映中国企业品牌建设的整体情况，是行业的中游水平。如图 4-51、图 4-52、图 4-53 所示，在企业品牌竞争力分值（CBS）、品牌财务表现力均值、市场竞争表现力均值方面同样是 5A 级企业、4A 级企业遥遥领先，3A 级企业接近综合水平，而 2A 级、1A 级企业处于行业中下游。

三、中国企业品牌 5A 级品牌企业评价

据表 4-16 可知，5A 级企业品牌企业共有 34 家，占企业品牌总数的 2%。表 4-17 所列的前 10 名企业包括中国移动、工商银行、建设银行、农业银行、中国电信、青岛海尔、中国银行、上汽集团、中国联通和交通银行，它们是本次调研的中国上市企业的领军品牌，品牌市场绩效、发展潜力表现突出，具有一定的消费者支持力度和顾客忠诚度，品牌发展潜力巨大。CBI 及各项分指标得分值均远远超出其他集团企业，在集团内部比较而言，中国移动品牌财务表现力位于全行业第一，上汽集团在市场竞争力方面领先发展，消费者支持力度和顾客忠诚度最高。

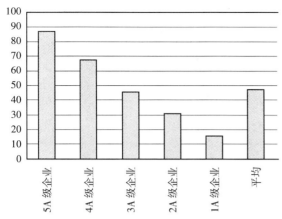

图 4-50 中国企业品牌分级 CBI 分布柱形图

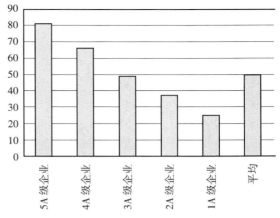

图 4-51 中国企业品牌分级 CBS 分布柱形图

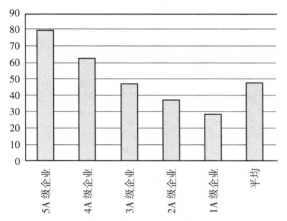

图 4-52 中国企业品牌分级财务表现力分布柱形图

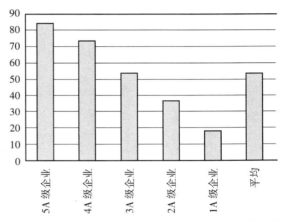

图 4-53 中国企业品牌分级市场竞争表现力分布柱形图

表 4-17 中国企业品牌 5A 级企业品牌列表

企业名称	省（市）	所属行业	评级水平	排名	CBI	CBS	品牌财务表现力	市场竞争表现力
中国移动	北京市	通信	5A	1	100.0000	91.4171	91.1918	91.9427
工商银行	北京市	金融	5A	2	98.4553	90.2035	89.9574	90.7778
建设银行	北京市	金融	5A	3	97.1603	89.1862	89.0769	89.4412
农业银行	北京市	金融	5A	4	96.0801	88.3375	88.1850	88.6934
中国电信	北京市	通信	5A	5	95.8480	88.1552	86.7093	91.5290
青岛海尔	山东省	家电	5A	6	95.6006	87.9608	84.5859	95.8356
中国银行	北京市	金融	5A	7	95.5726	87.9388	87.9730	87.8592
上汽集团	上海市	汽车	5A	8	94.2692	86.9148	84.6878	92.1112
中国联通	上海市	通信	5A	9	89.1473	82.8909	80.0942	89.4166
交通银行	上海市	金融	5A	10	88.5399	82.4137	83.4331	80.0352

四、中国企业品牌 4A 级品牌企业评价

据表 4-16 可知，4A 级品牌企业共有 147 家，占企业品牌总数的 9%。表 4-18 所列的中国国航、国美电器、国药控股、大秦铁路、蒙牛乳业、伊利股份、华润置地、中国南车、中联重科和平安银行是调研中国上市企业中的领先企业的代表，品牌市场绩效、发展潜力表现较好，财务绩效和消费者支持力度表现良好，品牌发展潜力较大。CBI 及各项分指标得分值均超出行业平均水平，在第二集团内部比较而言，平安银行在品牌财务表现方面领先发展，伊利股份的消费者支持力度和顾客忠诚度高于集团内部其他企业，市场表现在第二集团居冠。

表 4-18　中国企业品牌 4A 级企业品牌列表

企业名称	省（市、自治区）	所属行业	评级水平	排名	CBI	CBS	品牌财务表现力	市场竞争表现力
中国国航	北京市	交通	4A	35	79.5770	75.3723	72.4461	82.2002
国美电器	北京市	家电	4A	36	79.1211	75.0141	70.2603	86.1064
国药控股	上海市	医药	4A	37	79.1058	75.0021	69.6798	87.4209
大秦铁路	山西省	交通	4A	38	79.0173	74.9326	76.2577	71.8406
蒙牛乳业	内蒙古自治区	食品饮料	4A	39	78.9919	74.9126	68.6711	89.4762
伊利股份	内蒙古自治区	食品饮料	4A	40	78.4686	74.5015	66.9623	92.0929
华润置地	北京市	房地产	4A	41	78.2602	74.3378	73.2878	76.7877
中国南车	北京市	交通	4A	42	77.8481	74.0140	71.3846	80.1494
中联重科	湖南省	机械	4A	43	77.5068	73.7459	72.6127	76.3901
平安银行	广东省	金融	4A	44	77.4742	73.7203	76.5495	67.1188

五、中国企业品牌 3A 级品牌企业评价

据表 4-16 可知，3A 级企业品牌企业共有 1208 家，占企业品牌总数的 78%。表 4-19 所列的柳工机械、宝龙地产、山东高速、顺鑫农业、东风汽车、中国一重、金龙汽车、亿利能源、南车时代电气和鄂武商 A 等是调研中上市中游企业的代表，品牌财务表现力一般，市场竞争力表现和发展潜力有待提升。CBI 及各项分指标得分值均处于行业平均值上下。在第三集团内部比较而言，山东高速品牌财务表现集团内部最好，顺鑫农业市场竞争力和发展潜力方面集团内部领先发展，领先于集团内部其他企业。

表 4-19　中国企业品牌 3A 级企业品牌列表

企业名称	省（市、自治区）	所属行业	评级水平	排名	CBI	CBS	品牌财务表现力	市场竞争表现力
柳工机械	广西壮族自治区	机械	3A	182	59.9445	59.9486	55.8779	69.4468
宝龙地产	上海市	房地产	3A	183	59.8449	59.8703	59.1113	61.6413
山东高速	山东省	交通	3A	184	59.8272	59.8564	59.1163	61.5833
顺鑫农业	北京市	酒	3A	185	59.7198	59.7720	52.3722	77.0382
东风汽车	湖北省	汽车	3A	186	59.7053	59.7607	56.0113	68.5091
中国一重	黑龙江省	机械	3A	187	59.6582	59.7236	56.0309	68.3399
金龙汽车	福建省	汽车	3A	188	59.5134	59.6099	55.7945	68.5124
亿利能源	内蒙古自治区	医药	3A	189	59.4870	59.5892	55.4760	69.1864
南车时代电气	湖南省	机械	3A	190	59.4500	59.5601	57.2983	64.8376
鄂武商 A	湖北省	商业百货	3A	191	59.4330	59.5467	55.0326	70.0797

六、中国企业品牌 2A 级品牌企业评价

据表 4-16 可知，2A 级企业品牌企业共有 146 家，占企业品牌总数的 9%。表 4-20 所列的

法因数控、和晶科技、中源协和、三五互联、硕贝德、红宇新材、欧比特、多伦股份、联环药业和依米康是调研中国上市中下游企业的代表，整体品牌财务表现力较低，市场竞争力表现和发展潜力较大提升空间。

表 4-20　中国企业品牌 2A 级企业品牌列表

企业名称	省（市）	所属行业	评级水平	排名	CBI	CBS	品牌财务表现力	市场竞争表现力
法因数控	山东省	机械	2A	1390	34.5251	39.9785	39.4272	41.2648
和晶科技	江苏省	IT	2A	1391	34.5074	39.9646	38.6518	43.0277
中源协和	天津市	医药	2A	1392	34.4804	39.9433	38.5419	43.2134
三五互联	福建省	IT	2A	1393	34.4564	39.9245	38.6410	42.9194
硕贝德	广东省	通信	2A	1394	34.4327	39.9059	41.4961	36.1954
红宇新材	湖南省	机械	2A	1395	34.4222	39.8977	39.9239	39.8364
欧比特	广东省	电子	2A	1396	34.4184	39.8947	38.0092	44.2941
多伦股份	上海市	房地产	2A	1397	34.3946	39.8760	41.9318	35.0791
联环药业	江苏省	医药	2A	1398	34.3932	39.8748	39.4333	40.9050
依米康	四川省	机械	2A	1399	34.3864	39.8695	39.8929	39.8149

七、中国企业品牌 1A 级品牌企业评价

据表 4-16 可知，1A 级企业品牌企业共有 13 家，占企业品牌总数的 1%。表 4-21 所列的青鸟

华光、绿景控股、丰华股份、东北虎药业、万好万家、星美联合、中房股份、明华科技、东方银星和武昌鱼是调研中国上市下游企业的代表，整体品牌财务表现力低下，市场竞争力表现和发展潜力具有很大提升空间。

表 4-21　中国企业品牌 1A 级企业品牌列表

企业名称	省（市）	所属行业	评级水平	排名	CBI	CBS	品牌财务表现力	市场竞争表现力
青鸟华光	山东省	通信	1A	1536	19.2583	27.9845	32.0125	18.5860
绿景控股	广东省	房地产	1A	1537	18.7458	27.5819	30.3484	21.1268
丰华股份	上海市	房地产	1A	1538	17.3870	26.5144	28.8605	21.0400
东北虎药业	吉林省	医药	1A	1539	17.1598	26.3359	28.8051	20.5743
万好万家	浙江省	房地产	1A	1540	17.1497	26.3280	28.1524	22.0710
星美联合	重庆市	通信	1A	1541	16.5583	25.8633	33.9570	6.9781
中房股份	北京市	房地产	1A	1542	16.3180	25.6745	29.4116	16.9547
明华科技	广东省	电子	1A	1543	16.2869	25.6501	24.0447	29.3960
东方银星	河南省	房地产	1A	1544	15.9043	25.3496	29.3318	16.0576
武昌鱼	湖北省	房地产	1A	1545	13.3142	23.3147	26.0310	16.9766

第五章 中国房地产企业品牌竞争力指数报告

第一节 中国房地产企业品牌竞争力总体报告

一、2013年度中国房地产企业总体竞争态势

中国企业品牌竞争力指数（以下简称CBI）研究课题组为了检验理论成果的应用效果，2013年对中国177家自主房地产上市企业品牌进行调研。根据各大区域及各省市营业额的数据分布情况，可以看出中国房地产企业竞争力呈现出中南地区占据半壁江山，华东及华北两地区旗鼓相当的局面。在各省（市）的比较中前三甲仍为广东、北京和上海，其中广东所占比例高达49%，同比增长3个百分点，上海维持9%不变，而北京则下降了1个百分点（见图5-1、图5-2）。

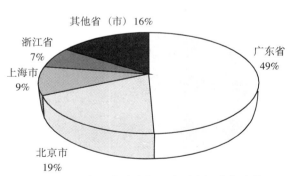

图5-1 中国房地产行业区域竞争态势 图5-2 中国房地产行业省（市）竞争态势

截至2012年底，中国房地产行业受调研的177家企业营业总额为10647亿元，中南地区、华北地区、华东地区房地产企业营业总额分别为5529亿元、2353亿元、2352亿元，占营业总额的比重分别为51.93%、22.1%、22.09%，2011年度三大区域营业总额分别为4400亿元、2079亿元、1753亿元，同比分别增长25.66%、13.18%、34.17%，三大区域营业总额的比重高达96.12%，占据绝对优势。2011年度排在前四名的省（市）分别为广东省、北京市、上海市、浙江省，营业总额分别为4166亿元、1746亿元、837亿元、554亿元，2012年度四省（市）的营业总额分别为5255亿元、2087亿元、979亿元、723亿元，同比增长分别为26.14%、19.53%、16.97%、30.5%，所占比重分别为49.36%、19.6%、9.2%、6.79%（见图5-3、图5-4）。

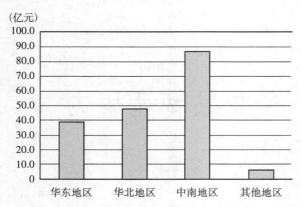

图 5-3 中国房地产企业净利润区域分布

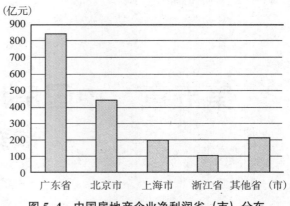

图 5-4 中国房地产企业净利润省（市）分布

中国 2012 年房地产行业受调研的企业净利润总额为 1798 亿元，中南地区、华北地区、华东地区房地产企业净利润总额分别为 870 亿元、477 亿元、391 亿元，占利润总额比重分别为 48.39%、24.92%、21.75%；2011 年三大区域的利润额分别为 667 亿元、455 亿元、264 亿元，同比分别增长 30%、5%、48%。三大区域占净利润总额的比重高达 97%，排名在前四名的省（市）分别为广东省、北京市、上海市、浙江省，净利润总额分别为 846 亿元、442 亿元、196 亿元、104 亿元，2011 年分别为 645 亿元、405 亿元、118 亿元、92 亿元，同比增长分别为 31%、9%、66%、13%，四大省（市）共计占净利润总额的 88%。

中国房地产行业目前仍呈现区域差异显著，地产大亨仍主要集中在珠三角、长三角以及环渤海地区；广东、北京、上海稳居前三名，鉴于房地产行业初期投入大、投资回报周期长的特性，

这种局势在未来一段时期还将保持稳定。

二、2013 年度中国房地产企业品牌竞争力指数排名

中国企业品牌竞争力指数研究课题组已于 2011 年 7 月完成了理论研究，采用多指标综合指数法对中国企业品牌竞争力进行量化研究。初期理论成果包括 CBI 四位一体理论模型、CBI 评价指标体系、CBI 评价指标权重以及 CBI 计算模型，并且已经通过国内 10 位经济学、管理学界权威专家论证。为了检验理论成果的应用效果，课题组继 2011~2012 年连续两年对中国房地产企业品牌调研之后，于 2013 年底对中国房地产企业品牌再一次进行调研，根据调查数据应用 CBI 计算模型得出中国房地产企业品牌竞争力（CBI-R）排名（见表 5-1）。

表 5-1 2013 年中国房地产企业品牌竞争力排名

企业名称	省（市、自治区）	相对值（指数）		绝对值形式（百分制）		
		CBI 值	排名	品牌竞争力（CBS）	品牌财务竞争力	市场竞争表现力
万科企业股份有限公司	广东省	86.8631	1	81.0964	79.2260	85.4608
恒大地产集团有限公司	广东省	85.6470	2	80.1410	77.1424	87.1377
碧桂园股份有限公司	广东省	83.1395	3	78.1711	76.1712	82.8376
保利房地产（集团）股份有限公司	广东省	82.4137	4	77.6009	76.0750	81.1613
华润置地有限公司	北京市	78.2602	5	74.3378	73.2878	76.7877
龙湖地产有限公司	北京市	74.3784	6	71.2882	70.1405	73.9661
SOHO 中国有限公司	北京市	74.0120	7	71.0003	71.0531	70.8770
绿城中国控股有限公司	浙江省	73.5152	8	70.6100	69.0235	74.3116
世茂房地产控股有限公司	上海市	73.3879	9	70.5100	69.0398	73.9404
广州富力地产股份有限公司	广东省	72.7577	10	70.0149	68.5507	73.4315

续表

企业名称	省（市、自治区）	相对值（指数）		绝对值形式（百分制）		
		CBI值	排名	品牌竞争力（CBS）	品牌财务竞争力	市场竞争表现力
雅居乐地产控股有限公司	广东省	72.2857	11	69.6441	68.1813	73.0573
金地（集团）股份有限公司	广东省	72.2675	12	69.6298	67.9033	73.6583
远洋地产控股有限公司	北京市	71.3538	13	68.9120	67.0908	73.1614
招商局地产控股股份有限公司	广东省	71.2192	14	68.8062	67.2563	72.4228
佳兆业集团控股有限公司	广东省	69.5745	15	67.5141	65.2526	72.7911
深圳华侨城股份有限公司	广东省	69.0914	16	67.1346	65.6153	70.6796
金融街控股股份有限公司	北京市	66.7634	17	65.3056	63.8001	68.8185
方兴地产（中国）有限公司	北京市	66.5934	18	65.1721	64.1238	67.6180
荣盛房地产发展股份有限公司	河北省	63.2332	19	62.5322	61.0402	66.0135
越秀地产股份有限公司	广东省	63.1682	20	62.4811	61.4255	64.9443
合生创展集团有限公司	广东省	63.0483	21	62.3870	60.8895	65.8811
北京首都开发股份有限公司	北京市	62.7036	22	62.1162	60.0674	66.8967
合景泰富地产控股有限公司	广东省	62.5392	23	61.9870	60.7882	64.7841
龙光地产控股有限公司	广东省	62.3089	24	61.8061	60.8215	64.1033
新湖中宝股份有限公司	浙江省	62.2335	25	61.7468	60.4562	64.7584
瑞安房地产	上海市	61.2332	26	60.9610	59.8753	63.4942
江苏中南建设集团股份有限公司	江苏省	60.6184	27	60.4780	58.1478	65.9151
金科地产集团股份有限公司	重庆市	60.1491	28	60.1093	58.0519	64.9099
恒盛地产控股有限公司	上海市	60.0416	29	60.0248	58.4071	63.7995
宝龙地产控股有限公司	上海市	59.8449	30	59.8703	59.1113	61.6413
上海世茂股份有限公司	上海市	59.2325	31	59.3892	58.3128	61.9007
首创置业股份有限公司	北京市	58.9084	32	59.1346	57.0487	64.0016
银亿房地产股份有限公司	甘肃省	58.5088	33	58.8206	59.8027	56.5290
中粮地产（集团）股份有限公司	广东省	58.4069	34	58.7406	57.1932	62.3512
中渝置地控股有限公司	四川省	58.1567	35	58.5440	57.5347	60.8991
北京城建投资发展股份有限公司	北京市	57.8963	36	58.3394	57.0738	61.2926
杭州滨江房产集团股份有限公司	浙江省	57.0986	37	57.7127	56.0320	61.6345
花样年控股集团有限公司	广东省	56.7515	38	57.4400	56.1971	60.3401
泛海控股股份有限公司	北京市	56.3865	39	57.1533	56.3599	59.0045
瑞安建业	上海市	56.3523	40	57.1264	55.9594	59.8493
北京北辰实业股份有限公司	北京市	55.9368	41	56.8000	55.3541	60.1739
明发集团（国际）有限公司	福建省	55.8373	42	56.7218	55.9073	58.6223
鑫苑置业	北京市	55.7004	43	56.6143	56.0932	57.8300
湖北福星科技股份有限公司	湖北省	55.5345	44	56.4839	54.8557	60.2830
上海陆家嘴金融贸易区开发股份有限公司	上海市	55.3734	45	56.3574	55.7013	57.8883
莱蒙国际集团有限公司	广东省	54.8842	46	55.9731	54.8633	58.5626
上海外高桥保税区开发股份有限公司	上海市	54.7621	47	55.8771	53.6686	61.0303
冠城大通	福建省	54.7218	48	55.8455	54.4190	59.1737
中国奥园	广东省	54.4474	49	55.6299	54.8667	57.4106
嘉凯城集团股份有限公司	湖南省	54.2990	50	55.5133	52.9298	61.5415
珠海华发实业股份有限公司	广东省	54.0832	51	55.3438	53.8254	58.8866
阳光城集团股份有限公司	福建省	53.8446	52	55.1563	53.7171	58.5146
宁波富达股份有限公司	浙江省	53.7706	53	55.0982	53.4949	58.8392
苏宁环球股份有限公司	吉林省	53.6637	54	55.0142	53.8278	57.7824
宋都基业投资股份有限公司	浙江省	53.5009	55	54.8863	55.1401	54.2939

企业名称	省（市、自治区）	相对值（指数）		绝对值形式（百分制）		
		CBI值	排名	品牌竞争力（CBS）	品牌财务竞争力	市场竞争表现力
上海大名城企业股份有限公司	上海市	53.4686	56	54.8610	56.5567	50.9041
上海实业发展股份有限公司	上海市	53.2938	57	54.7236	53.8280	56.8135
信达地产股份有限公司	北京市	53.2917	58	54.7219	53.6282	57.2739
禹洲地产股份有限公司	福建省	52.9694	59	54.4687	53.1933	57.4447
中华企业股份有限公司	上海市	52.9113	60	54.4231	53.1631	57.3629
铁岭新城投资控股股份有限公司	辽宁省	52.1140	61	53.7968	56.2798	48.0030
中弘地产股份有限公司	安徽省	52.0671	62	53.7599	53.1211	55.2504
中骏置业控股有限公司	福建省	51.9689	63	53.6827	52.3481	56.7970
中航地产股份有限公司	广东省	51.8040	64	53.5532	52.1950	56.7222
新华联不动产股份有限公司	北京市	51.7881	65	53.5407	53.7778	52.9874
中国宝安集团股份有限公司	广东省	51.4481	66	53.2736	51.9939	56.2595
北京万通地产股份有限公司	北京市	51.4245	67	53.2550	52.1105	55.9255
天津市房地产发展（集团）股份有限公司	天津市	50.9785	68	52.9046	52.0772	54.8353
华远地产股份有限公司	湖北省	50.7058	69	52.6904	51.7643	54.8513
深圳市振业（集团）股份有限公司	广东省	50.5634	70	52.5786	51.9276	54.0975
上海张江高科技园区开发股份有限公司	上海市	50.5423	71	52.5620	51.9571	53.9733
众安房产有限公司	浙江省	50.4928	72	52.5231	52.0030	53.7366
顺发恒业股份公司	吉林省	49.7325	73	51.9258	51.0883	53.8799
鲁商置业股份有限公司	山东省	49.4147	74	51.6761	49.4318	56.9129
深圳市长城投资控股股份有限公司	广东省	49.2361	75	51.5358	50.9846	52.8220
南京新港高科技股份有限公司	江苏省	49.1136	76	51.4396	50.5838	53.4363
中国国际贸易中心股份有限公司	北京市	49.1031	77	51.4313	51.3675	51.5801
南京栖霞建设股份有限公司	江苏省	49.0477	78	51.3878	50.3513	53.8062
三湘股份有限公司	上海市	48.9085	79	51.2784	51.8197	50.0155
武汉南国置业股份有限公司	湖北省	48.7093	80	51.1219	51.0099	51.3833
武汉东湖高新集团股份有限公司	湖北省	48.6285	81	51.0584	49.5471	54.5847
亿城集团股份有限公司	辽宁省	48.6174	82	51.0497	50.0154	53.4631
苏州新区高新技术产业股份有限公司	江苏省	48.5775	83	51.0184	49.3348	54.9467
荣安地产股份有限公司	浙江省	48.0692	84	50.6190	49.9730	52.1264
泰禾集团股份有限公司	福建省	47.9854	85	50.5532	49.1074	53.9267
天安中国投资有限公司	上海市	47.9516	86	50.5267	50.3767	50.8767
上海嘉宝实业（集团）股份有限公司	上海市	47.9048	87	50.4899	50.1334	51.3219
万达商业地产（集团）有限公司	北京市	47.6822	88	50.3150	50.0728	50.8802
名流置业集团股份有限公司	云南省	47.5759	89	50.2315	49.5973	51.7112
天地源股份有限公司	上海市	46.9601	90	49.7477	48.7061	52.1781
深圳香江控股股份有限公司	广东省	46.9536	91	49.7426	47.9946	53.8212
美都控股股份有限公司	浙江省	46.9376	92	49.7300	48.5425	52.5010
新疆城建（集团）股份有限公司	新疆维吾尔自治区	46.8791	93	49.6841	48.5285	52.3803
天津津滨发展股份有限公司	天津市	46.7813	94	49.6073	48.1347	53.0432
海南正和实业集团股份有限公司	海南省	46.7090	95	49.5505	49.5233	49.6138
天津松江股份有限公司	天津市	46.6536	96	49.5069	47.7927	53.5067
格力地产股份有限公司	广东省	46.5884	97	49.4557	48.6867	51.2500
广州珠江实业开发股份有限公司	广东省	46.4147	98	49.3192	49.4960	48.9066
深圳市物业发展（集团）股份有限公司	广东省	46.2271	99	49.1718	49.0897	49.3634

续表

企业名称	省（市、自治区）	相对值（指数）		绝对值形式（百分制）		
		CBI 值	排名	品牌竞争力（CBS）	品牌财务竞争力	市场竞争表现力
中国武夷实业股份有限公司	福建省	45.9976	100	48.9915	47.8162	51.7339
均值		47.2358		49.9643	49.6616	50.6705

注：从理论上说，中国企业品牌竞争力指数（CBI）由中国企业品牌竞争力分值（CBS）标准化之后得出，CBS 由 4 个一级指标品牌财务表现、市场竞争表现、品牌发展潜力和消费者支持力的得分值加权得出。在实际操作过程中，课题组发现，品牌发展潜力和消费者支持两个部分的数据收集存在一定的难度，且收集到的数据准确性有待核实，因此，本报告暂未将品牌发展潜力和消费者支持力列入计算。品牌财务表现主要依据各企业的财务报表数据以及企业上报数据进行计算。同时，关于市场竞争力表现方面的得分，课题组选取了部分能够通过公开数据计算得出结果的指标，按照 CBI 计算模型得出最终结果。关于详细的计算方法见《中国企业品牌竞争力指数系统：理论与实践》。

由表 5-1 可以看出，在 2013 年房地产行业企业品牌 CBI 排名中，排名前 10 的企业有万科企业股份有限公司、恒大地产集团有限公司、碧桂园集团、保利房地产（集团）股份有限公司、华润置地有限公司、龙湖地产有限公司、SOHO 中国有限公司、绿城中国控股有限公司、世贸房地产控股有限公司和富力地产股份有限公司。其中龙湖地产有限公司、SOHO 中国有限公司、绿城中国控股有限公司、世贸房屋地产控股有限公司等五家公司是新进入十强的企业。稳居前两位的依然是万科企业股份有限公司和恒大地产集团有限公司，其中万科企业股份有限公司已连续三年排名第一，但与第二名恒大地产集团有限公司差距甚微，未来谁是赢家还未可知。

依据 2013 年中国房地产企业品牌竞争力指数数据，计算出中国房地产行业 CBI 数值为 47.2。CBI 数值为相对值，一方面可以反映行业总体竞争水平，另一方面也为行业内企业提供一个比较标准。课题组根据受调研的 15 个行业 1548 家企业的 CBI 数据得出中国企业品牌竞争力指数值为

47，那么房地产行业 CBI 为 47.2，正好处于中国企业品牌竞争力指数的平均值，相比 2012 年，房地产行业品牌竞争力有所下降。同理，行业内部企业 CBI 数值低于 47.2，说明其品牌竞争力处于劣势，高于 47.2，则说明其品牌竞争力处于优势，整个 CBI 指标体系为企业提供了一套具有诊断功能和预测功能的实用工具。

三、2013 年度中国房地产企业品牌竞争力指数评级报告

（一）中国房地产企业品牌竞争力指数评级标准体系

根据表 5-1 得出的房地产企业 CBI 数值，课题组绘制总体布局（见图 5-5），从整体上看，CBI 分布曲线两头陡峭、中间平缓。根据 CBI 数值表现出来的特征，结合房地产企业的行业竞争力特性对调查的企业进行分级评估，按照一般惯例分为五级，划分标准如表 5-2 所示。

表 5-2　中国企业品牌竞争力分级评级标准

评级	标准 CBI 数值标准
5A	CBI≥80
4A	60≤CBI<80
3A	40≤CBI<60
2A	20≤CBI<40
1A	CBI<20

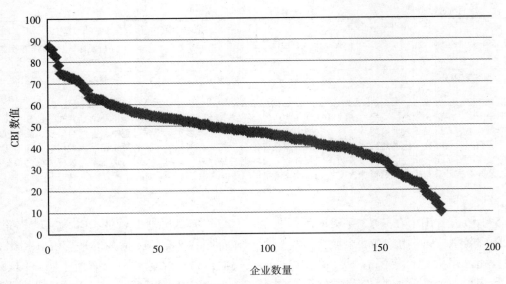

图 5-5　中国房地产行业企业 CBI 散点分布

（二）中国房地产企业品牌竞争力指数评级结果

　　由以上评价标准可以将房地产企业划分为五个集团，具体的企业个数及分布情况如表 5-3 和图 5-6 所示，各级水平的企业得分情况由于篇幅原因仅列出代表企业。

表 5-3　中国房地产行业企业各分级数量表

企业评级	竞争分类	企业数量	所占比重（%）	CBI 均值	CBS 均值	品牌财务表现力均值	市场竞争表现力均值
5A 级企业	第一集团	4	2	84.5158	79.2524	77.1537	84.1493
4A 级企业	第二集团	25	14	67.4695	65.8604	64.4116	69.2409
3A 级企业	第三集团	100	56	49.2517	51.5480	50.8039	53.2843
2A 级企业	第四集团	40	23	32.2297	38.1751	39.2183	35.7412
1A 级企业	第五集团	8	5	15.1964	24.7934	27.7595	17.8723
全部	不分类	177	100	47.4817	50.1575	49.8436	50.8900

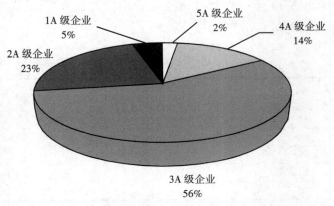

图 5-6　中国房地产企业分级分布

表 5-4 中国房地产行业 5A 级企业品牌代表

企业名称	评级水平	排名	CBI	CBS	品牌财务表现力	市场竞争表现力
万科 A	5A	1	86.8631	81.0964	79.2260	85.4608
恒大地产	5A	2	85.6470	80.1410	77.1424	87.1377
碧桂园	5A	3	83.1395	78.1711	76.1712	82.8376
保利地产	5A	4	82.4137	77.6009	76.0750	81.1613

根据表 5-3 可知，5A 级房地产企业共有 4 家，占房地产企业总数的 2%，比重大于 2012 年。其中万科企业股份有限公司和恒大地产集团有限公司稳居前两名，其各项指标均高于其他企业；碧桂园集团和保利地产从第二集团升至第一集团，碧桂园排名有较大的提升，由 2012 年的第 6 名上升至第 3 名。四家第一集团企业 CBI 数值和市场竞争表现力得分均高于 80 分，具有较高的消费者支持力和顾客忠诚度，具有很大的品牌发展潜力。

表 5-5 中国房地产行业 4A 级企业品牌代表

企业名称	评级水平	排名	CBI	CBS	品牌财务表现力	市场竞争表现力
华润置地	4A	5	78.2602	74.3378	73.2878	76.7877
龙湖地产	4A	6	74.3784	71.2882	70.1405	73.9661
SOHO 中国	4A	7	74.0120	71.0003	71.0531	70.8770
绿城中国	4A	8	73.5152	70.6100	69.0235	74.3116
世茂房地产	4A	9	73.3879	70.5100	69.0398	73.9404

根据表 5-3 可知，4A 级房地产企业共有 25 家，占房地产企业总数的 14%，相比 2012 年增长 3%。表 5-5 所列的华润置地、龙湖地产有限公司、SOHO 中国、绿城中国、世茂房地产控股有限公司是房地产行业内领先的五家企业，其品牌财务表现力、市场竞争表现力表现突出，消费者支持力度较大，具有较高的顾客忠诚度，品牌发展潜力较大。CBI 及各项分指标得分值均高于行业平均值。在第二集团内部比较而言，华润置地的品牌表现力和市场竞争表现力都位居第一，排名第五，与 2012 年相比没有变化。

表 5-6 中国房地产行业 3A 级企业品牌代表

企业名称	评级水平	排名	CBI	CBS	品牌财务表现力	市场竞争表现力
宝龙地产	3A	30	59.8449	59.8703	59.1113	61.6413
世贸股份	3A	31	59.2325	59.3892	58.3128	61.9007
首创置业	3A	32	58.9084	59.1346	57.0487	64.0016
银亿股份	3A	33	58.5088	58.8206	59.8027	56.5290
中粮地产	3A	34	58.4069	58.7406	57.1932	62.3512

据表 5-3 可知，3A 级房地产企业共有 100 家，占房地产企业总数的 56%，低于 2012 年所占比重 41%。表 5-6 中所列的宝龙地产股份有限公司、世贸股份有限公司、首创置业股份有限公司、银亿股份、中粮地产五家企业是中国房地产行业的中游企业，品牌财务表现力、市场竞争力表现一般，具有一定的消费者支持力度和顾客忠诚度，品牌发展潜力较大。CBI 及各项分指标得分值均处于行业平均值上下。在第三集团内部比较而言，宝龙地产控股有限公司品牌财务表现力位于本梯队企业第一，世贸股份市场竞争表现力最佳，银亿股份品牌财务表现力最佳。

表 5-7　中国房地产行业 2A 级企业品牌代表

企业名称	评级水平	排名	CBI	CBS	品牌财务表现力	市场竞争表现力
万泽股份	2A	130	39.9627	44.2504	44.9558	42.6045
西藏城投	2A	131	39.9361	44.2295	43.4027	46.1586
银基发展	2A	132	39.8265	44.1434	44.4472	43.4345
中房地产	2A	133	39.8159	44.1351	44.8327	42.5073
阳光股份	2A	134	39.2715	43.7074	43.5742	44.0183

据表 5-3 可知，2A 级房地产企业共有 40 家，占房地产企业总数的 23%。表 5-7 中所列的万泽股份、西藏城投、银基发展、中房地产、阳光股份五家企业是中国房地产行业中下游企业的代表，其特征是品牌财务表现力、市场竞争力等表现均处于行业平均水平之下，CBI 及各项分指标得分值均低于行业平均值。在第四集团内部比较而言，品牌财务表现力普遍较低，均在 45 分以下，处于劣势，还有待提高；而市场竞争表现力也均超过 40 分左右。

表 5-8　中国房地产行业 1A 级企业品牌代表

企业名称	评级水平	排名	CBI	CBS	品牌财务表现力	市场竞争表现力
绿景控股	1A	170	18.7458	27.5819	30.3484	21.1268
丰华股份	1A	171	17.3870	26.5144	28.8605	21.0400
万好万家	1A	172	17.1497	26.3280	28.1524	22.0710
中房股份	1A	173	16.3180	25.6745	29.4116	16.9547
东方银星	1A	174	15.9043	25.3496	29.3318	16.0576

据表 5-3 可知，1A 级房地产企业共有 8 家，占房地产企业总数的 5%，该比重比 2012 年高 1%。表 5-8 中所列的绿景控股、丰华股份、万好万家、中房股份、东方银星五家企业是中国房地产行业的下游企业，其特征是 CBI、品牌财务表现力、市场竞争力等表现均远远低于行业平均水平。在第五集团内部比较而言，品牌财务表现力仍表现一般，市场竞争力具有广阔的提升空间。

四、2013 年中国房地产企业品牌价值 50 强排名

课题组认为，品牌价值（以下简称 CBV）是客观存在的，它能够为其所有者带来特殊的收益。品牌价值是品牌在市场竞争中的价值实现。一个品牌有无竞争力，就是要看它有没有一定的市场份额，有没有一定的超值创利能力。品牌的竞争力正是体现在品牌价值的这两个最基本的决定性因素上，品牌价值就是品牌竞争力的具体体现。通常上品牌价值以绝对值（单位：亿元）的形式量化研究品牌竞争水平，课题组在品牌价值和品牌竞争力的关系展开研究，针对品牌竞争力以相对值（指数：0～100）的形式量化研究品牌竞争力水平。在研究世界上关于品牌价值测量方法论基础上，提出本研究关于品牌价值计算方法：$CBV = (N - E \times 5\%)(1 + A) \times C \times CBI/100 + K$。其中，CBV 为企业品牌价值，CBI 为企业品牌竞争力指数，N 为净利润，E 为所有者权益，A 为品牌溢价，C 为行业调整系数，K 为其他影响系数，据此得出中国房地产企业品牌价值 50 强（见表 5-9）。

表 5-9　2013 年中国房地产行业价值排名

企业名称	省份（市）	品牌价值（CBV）	排名	品牌竞争力（CBI）
万科 A	广东省	298.52	1	86.86
恒大地产	广东省	280.59	2	85.65
碧桂园	广东省	269.82	3	83.14
保利地产	广东省	258.12	4	82.41

续表

企业名称	省份（市）	品牌价值（CBV）	排名	品牌竞争力（CBI）
华润置地	北京市	218.32	5	78.26
SOHO 中国	北京市	202.56	6	74.01
龙湖地产	北京市	185.79	7	74.38
世茂房地产	上海市	173.18	8	73.39
富力地产	广东省	168.69	9	72.76
绿城中国	浙江省	166.63	10	73.52
雅居乐地产	广东省	162.00	11	72.29
金地集团	广东省	155.98	12	72.27
招商地产	广东省	150.47	13	71.22
佳兆业集团	广东省	140.84	14	69.57
华侨城 A	广东省	140.47	15	69.09
远洋地产	北京市	139.31	16	71.35
金融街	北京市	118.40	17	66.76
方兴地产	北京市	116.08	18	66.59
合生创展集团	广东省	104.05	19	63.05
越秀地产	广东省	103.11	20	63.17
荣盛发展	河北省	102.81	21	63.23
合景泰富	广东省	101.16	22	62.54
新湖中宝	浙江省	100.00	23	62.23
龙光地产	广东省	97.33	24	62.31
首开股份	北京市	96.48	25	62.70
瑞安房地产	上海市	94.17	26	61.23
宝龙地产	上海市	89.92	27	59.84
中南建设	江苏省	87.30	28	60.62
金科股份	重庆市	87.01	29	60.15
恒盛地产	上海市	82.85	30	60.04
首创置业	北京市	82.54	31	58.91
世茂股份	上海市	82.21	32	59.23
北京城建	北京市	80.10	33	57.90
滨江集团	浙江省	77.91	34	57.10
明发集团	福建省	76.36	35	55.84
中粮地产	广东省	75.19	36	58.41
花样年控股	广东省	74.64	37	56.75
中渝置地	四川省	71.36	38	58.16
鑫苑置业	北京市	69.44	39	55.70
瑞安建业	上海市	69.36	40	56.35
陆家嘴	上海市	69.22	41	55.37
泛海建设	北京市	69.15	42	56.39
莱蒙国际	广东省	68.90	43	54.88
冠城大通	福建省	68.56	44	54.72
北辰实业	北京市	68.34	45	55.94
银亿股份	甘肃省	68.30	46	58.51
福星股份	湖北省	68.22	47	55.53
外高桥	上海市	67.46	48	54.76
中国奥园	广东省	66.04	49	54.45

续表

企业名称	省（市）	品牌价值（CBV）	排名	品牌竞争力（CBI）
苏宁环球	吉林省	65.16	50	53.66
合计		5930.41		

　　CBV 分析：在 177 家受调研的房地产企业中，排名前 50 强的企业 CBV 合计为 5930.41 亿元，较 2012 年有所提高。前 10 强房地产企业 CBV 总值合计为 2222.20 亿元，占前 50 强比重为 37.47%。比 2012 年占比的 42% 下降了近 5 个百分点。在前 10 强企业中，万科企业股份有限公司、恒大地产集团、碧桂园股份有限公司、保利房地产（集团）股份有限公司、华润置地有限公司稳居前 5 强，其 CBV 值均有上升。其中：碧桂园股份有限公司由第 6 名跃居到第 3 名，SOHO 中国有限公司由第 14 名跃居到第 6 名，上海世贸股份有限公司由第 18 名跃居到第 8 名，提升较快，发展势头良好；而金地（集团）股份有限公司则跌出了前 10 名，排名第 12；招商局地产控股股份有限公司由第 9 名又回到了 2011 年的第 13 名。在前 10 强企业中，50% 的企业位于广东省，30% 在北京市，上海市和浙江省各有 1 家企业。在前 50 强的企业来看，广东省和北京市仍旧占据大多数，是国内龙头房地产企业的发源地。

第二节　2013 年度中国房地产企业品牌竞争力区域报告

一、六大经济分区

（一）总体情况分析

　　根据课题组的调研数据发现，中国房地产企业仍旧主要分布于华东地区、中南地区和华北地区，占企业总数的比重分别为 37%、32% 和 20%，集中度较高，该比重与 2012 年相当。中南地区和华北地区的 CBI 均值分别为 48.1374 和 49.8676，远高于全国均值 47.23，东北地区 CBI 均值最低，仅为 39.46。华东地区虽然企业总数行业排名第一，但其 CBI 均值为 46.35，低于全国均值，其品牌竞争力差强人意，还有很大的提升空间。华北地区仍然具有绝对优势，财务表现力分项指标的得分均值位列第一，中南地区同样也在市场竞争表现力上表现突出，发展前景良好。

表 5-10　中国房地产企业六大经济区域竞争状况

区域	企业数量	所占比重（%）	CBI 均值	CBS 均值	品牌财务表现力均值	市场竞争表现力均值
华北地区	36	20	49.8676	52.0319	51.6725	52.8706
东北地区	8	5	39.4617	43.8568	44.5071	42.3393
华东地区	65	37	46.3509	49.2691	48.8676	50.2059
中南地区	56	32	48.1374	50.6726	50.4034	51.3008
西南地区	9	5	43.9575	47.3888	46.9093	48.5075
西北地区	3	2	48.5619	51.0061	50.8919	51.2726
总体情况	177	101	46.05676	49.0376	48.8753	49.4161

（二）分项情况分析

　　在各分项竞争力指标对比方面，CBS 指标、市场竞争表现力、品牌财务表现力三个指标差距并不大，比较平均。华北地区、中南地区、西北地区三个地区各项指标均大于 50 分，华东地区、西南地区得分均为 45~50 分，唯有东北地区各项指标均小于 45 分。其中华北地区财务表现力分项指标、市场竞争力表现力分项指标和 CBS 指标的

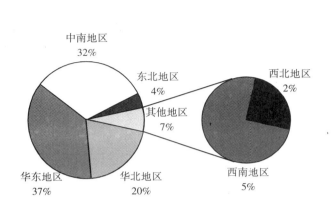

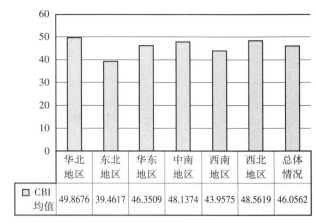

图 5-7 中国房地产企业数量区域分布

图 5-8 中国房地产企业区域 CBI 均值对比

得分均值全部位列第一。东北地区在各项指标排名上垫底，其品牌竞争力堪忧。整个房地产行业

品牌竞争力区域发展水平差距仍旧明显，相比2012 年并无明显改善。

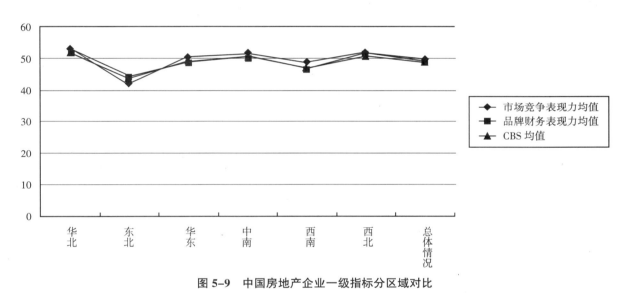

图 5-9 中国房地产企业一级指标分区域对比

二、四大省（市）分析

（一）总体情况分析

表 5-11 中国房地产企业四大省（市）竞争状况

省（市）	企业数量	所占比重（%）	CBI 均值	CBS 均值	品牌财务表现力均值	市场竞争表现力均值
广东省	40	23	55.3087	53.6386	57.0991	51.9836
北京市	28	16	50.6368	52.6362	52.3759	53.2436
上海市	29	16	49.8651	52.1190	40.8032	49.1241
浙江省	14	8	47.2651	49.9873	49.3377	51.5031
其他省（市）	66	37	42.3959	46.1620	45.9780	46.5913
总体情况	177	100	49.0943	50.9086	49.1188	50.4891

由表 5-11 可以看出，广东省、北京市、上海市、浙江省四个省（市）的企业数量占据行业数量总和的 63%，所占比重分别为 23%、16%、16%、8%，集中度较高，主要分布于珠三角、长三角和京津地区。广东省企业数量排名第一，CBI 均值为 55.3087，远远高于行业平均水平；北京市

企业数量排名第二，CBI 均值为 50.6368，也高于行业平均水平；上海市企业数量排名第三，CBI 均值为 49.8651，略高于行业平均水平；浙江省虽然企业数量排名第四，但其 CBI 均值低于行业平均水平，竞争优势不明显，品牌竞争力有待于进一步提高。

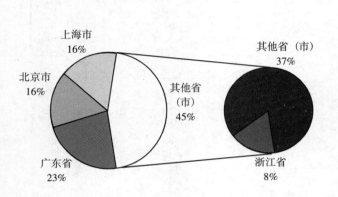

图 5-10　中国房地产企业数量省（市）分布

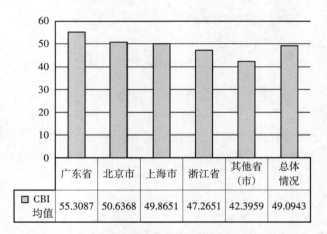

图 5-11　中国房地产企业省（市）CBI 均值对比

（二）分项情况分析

在各分项竞争力指标对比方面，各项指标在不同省（市）的排名情况并不一致。其中广东省的品牌财务表现力最高，CBS 均值最低；北京市的市场竞争力均值得分最高，品牌财务表现力最低；上海市的 CBS 均值得分最高，品牌财务表现力得分最低，且两者得分差距为 12 分；浙江省市

场竞争表现力得分最高，品牌财务表现力得分最低。三项指标的总体情况中 CBS 均值最大、市场竞争表现力次之，品牌财务表现力均值最小，且与另外两项指标差距较大。总体而言，广东省、北京市还是稳居前两名，各项分指标得分均大于 50 分，远高于其他各省（市），具有绝对优势。

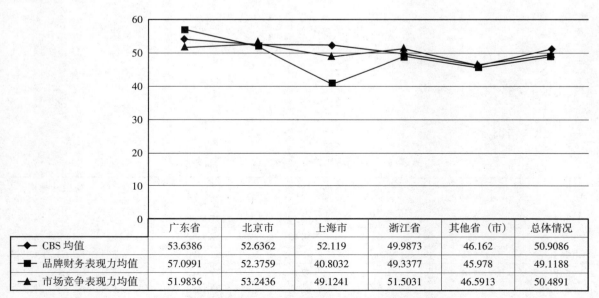

图 5-12　中国房地产企业一级指标代表省（市）对比

第三节　2013年度中国房地产企业品牌竞争力分项报告

一、品牌财务表现

目前国内企业经营者对于现代化管理手段的理解与实践，多半仍然停留在以财务数据为主导的思维里。虽然财务数据无法帮助经营者充分掌握企业发展方向的现实，但在企业的实际运营过程中，财务表现仍然是企业对外展示基本实力的重要依据。品牌财务表现层面的分析将财务指标分为规模因素、增长因素和效率因素3个二级指标。规模因素主要从销售收入、所有者权益和净利润3个三级指标衡量；效率因素主要从净资产利润率、总资产贡献率2个三级指标衡量；增长因素主要从近三年销售收入增长率、近三年净利润增长率2个三级指标衡量。

近几年中国房地产行业的蓬勃发展使得各房地产企业的营业收入、净利润都保持了良好的增长态势。此次调研的177家房地产企业的财务表现力得分均值为49.66。其中，万科地产集团有限公司（简称万科地产）、恒大地产集团有限公司（简称恒大地产）、碧桂园集团、保利地产、华润置地、SOHO中国、龙湖地产有限公司（简称龙湖地产）、世贸地产控股有限公司（简称世贸地产）、绿城中国、富力地产股份有限公司（简称富力地产）位列前10名。其中万科地产有限公司品牌财务竞争力排名第1，得分为79.22；富力地产股份有限公司排名第10，得分为68.55，与第1名相差11分，还具有很大的上升空间，同时也证明了万科地产有绝对领先地位。

从3个二级指标看，其均值分别为：规模要素46.3898，效率因素48.4000，增长因素50.7286。增长因素最高，其中又以年平均净利润增长率得分最高，为52.5193，说明企业越来越追求利润的最大化。规模要素得分最低，得分为46.3898，其中所有者权益得分最低，为38.5513，与其他指标相差甚远。

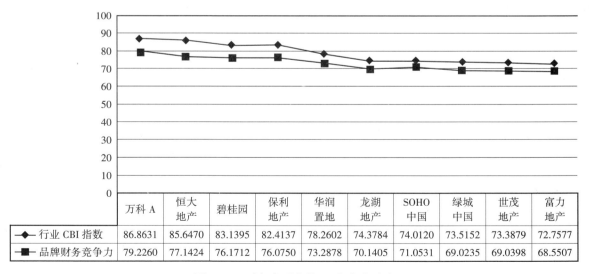

	万科A	恒大地产	碧桂园	保利地产	华润置地	龙湖地产	SOHO中国	绿城中国	世茂地产	富力地产
行业 CBI 指数	86.8631	85.6470	83.1395	82.4137	78.2602	74.3784	74.0120	73.5152	73.3879	72.7577
品牌财务竞争力	79.2260	77.1424	76.1712	76.0750	73.2878	70.1405	71.0531	69.0235	69.0398	68.5507

图5-13　财务表现力前10名企业对比

表 5-12　品牌财务表现力各分项指标得分均值

品牌财务表现力	49.3794	规模要素	46.3898	销售收入	49.4418
				所有者权益	38.5513
				净利润	52.4803
		效率因素	48.4000	净资产报酬率	52.7122
				总资产贡献率	41.9318
		增长因素	50.7286	年平均销售收入增长率	48.9379
				年平均净利润增长率	52.5193

二、市场竞争表现

随着房地产行业的持续、快速发展，市场竞争也更加激烈。企业只有具备更强的市场竞争能力，才能在目前的行业环境中生存下去。市场竞争表现层面的分析将指标分为市场占有能力和超值获利能力2个二级指标。市场占有能力主要从市场占有率、市场覆盖率2个三级指标衡量；超值获利能力主要从品牌溢价率、品牌销售利润率2个三级指标衡量。

由于近几年中国房地产市场的快速发展，房价不断攀升等因素使得各房地产企业近年来营业收入、净利润都保持了良好的增长态势。全国177家房地产企业在市场竞争表现力得分均值为50.4633，高于财务表现力指标得分均值。恒大地产、万科地产、碧桂园、保利地产、华润置地、绿城中国、龙湖地产、世茂房地产、金地集团、富力地产位列前10名。市场竞争力表现得分第1名恒大地产87.1377分，第2名万科地产85.4608分，第3名碧桂园82.8376分，第10名富力地产得分73.4315。

二级指标中，市场占有能力得分均值为51.9915，超值获利能力得分47.6250。整个房地产行业的垄断比较严重，所以行业领先的企业市场占有率及市场覆盖率高，大部分企业的市场占有率及市场覆盖率都比较低，导致行业此项得分均值很低。房地产行业内，品牌对企业市场竞争力的影响非常明显，因此品牌溢价率得分均值也最高，为51.0331。三级指标中市场占有率为50.7706、市场覆盖率为54.8404、品牌销售利润率仅41.2957，还有很大的上升空间。

表 5-13　市场竞争表现指数——行业前 10 名

企业名称	省（市、自治区）	CBI 值	品牌市场竞争力
恒大地产	广东省	85.6470	87.1377
万科 A	广东省	86.8631	85.4608
碧桂园	广东省	83.1395	82.8376
保利地产	广东省	82.4137	81.1613
华润置地	北京市	78.2602	76.7877
绿城中国	浙江省	73.5152	74.3116
龙湖地产	北京市	74.3784	73.9661
世茂房地产	上海市	73.3879	73.9404
金地集团	广东省	72.2675	73.6583
富力地产	广东省	72.7577	73.4315

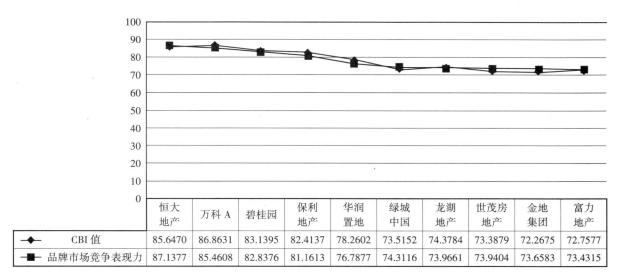

	恒大地产	万科 A	碧桂园	保利地产	华润置地	绿城中国	龙湖地产	世茂房地产	金地集团	富力地产
CBI 值	85.6470	86.8631	83.1395	82.4137	78.2602	73.5152	74.3784	73.3879	72.2675	72.7577
品牌市场竞争表现力	87.1377	85.4608	82.8376	81.1613	76.7877	74.3116	73.9661	73.9404	73.6583	73.4315

图 5-14　市场竞争表现力前 10 名企业

表 5-14　市场竞争表现力各分项指标得分均值

市场竞争表现力	50.4633	市场占有能力	51.9915	市场占有率	50.7706
				市场覆盖率	54.8404
		超值获利能力	47.6250	品牌溢价率	51.0331
				品牌销售利润率	41.2957

第四节　中国房地产企业品牌竞争力提升策略专题研究

一、中国房地产行业宏观经济与政策分析

（一）房地产市场运行情况

1. 房地产企业购置土地面积小幅增加，地价涨幅持续增加

2013 年房地产开发企业购置土地面积 3.88 亿平方米，同比增加 8.8%，增幅比上年增加 28.3 个百分点。其中，前 10 个月企业购置土地面积均为负增长，11 月后增幅由负转正。

2013 年地价涨幅逐季增加，1~4 各季度全国主要监测城市综合地价环比涨幅分别为 1.47%、1.62%、1.85% 和 2.06%。从不同用地类型来看，居住用地价格涨幅最高；从不同区域来看，珠三角地区地价涨幅最大。

2. 房地产开发投资增速增加

2013 年房地产开发完成投资 8.6 万亿元，同比增长 19.8%，增速高于上年同期 3.6 个百分点。从月数据看，房地产开发投资增速年初最高为 22.8%，逐月缓慢下降。从不同物业类型看，商品住宅、办公楼、商业用房开发投资增幅均略高于上年同期。

3. 商品房新开工面积增幅增加，竣工面积增幅回落

2013 年，商品房施工面积 66.6 亿平方米，同比增长 16.1%，增幅增加 2.9 个百分点；新开工面积 20.1 亿平方米，同比增加 13.5%，增幅增加 20.8 个百分点；竣工面积 10.1 亿平方米，同比增长 2%，增幅减少 5.3 个百分点。从不同物业类型看，商品住宅和商业用房新开工面积增幅高于上年同期，办公楼新开工面积增幅低于上年同期。

4. 房屋需求较快增加，增幅高位回落

2013 年，商品房销售面积 13.05 亿平方米，同比增加 17.3%，增幅增加 15.5 个百分点。从月数据看，商品房销售面积增幅由年初的 49.5% 逐月下降为年末的 17.3%。各类型物业销售面积增幅均高于上年同期，其中商品住宅和办公楼销售面积增幅由年初最高逐月回落，商业用房销售面积增幅平稳。

2013 年，北京、广州、深圳、天津、宁波、郑州、南宁、成都、南昌、大连等城市二手房成交量均比上年增加，同比涨幅分别为 17.2%、44.2%、45.2%、57.7%、87.5%、88.2%、106%、10.1%、8.4%、63.6%，多数城市涨幅高于上年同期。从交易量的月变化来看，各城市上半年二手房交易量同比增幅较高，下半年增幅明显减小，且部分城市二手房交易量开始出现持续负增长或多数月份的同比负增长。

5. 住宅价格持续较快上涨，涨幅逐步回落

2013 年，70 个大中城市住房价格继续延续上年下半年的上涨态势。其中，新建住房价格同比上涨 5.7%，环比涨幅为 8.8%；二手住宅价格同比上涨 2.7%，环比上涨 4.6%。分月度看，新建住房价格月环比涨幅由年初的 1% 逐步回落至 12 月的 0.4%，二手住房价格月环比涨幅则基本保持在 0.4% 左右。新建住房价格和二手住房价格同比涨幅均逐月提高，12 月分别为 9.3% 和 4.7%。

从环比累计涨幅来看，2013 年，除温州外，70 个大中城市中 69 个城市住房价格上涨，北上广深涨幅最大。

6. 房地产市场区域分化逐步明显

2013 年一线城市和部分二线城市房价持续较快上涨，而其他城市房价则上涨缓慢。70 个大中城市中，北上广深四个一线城市新建住房价格同比涨幅均超过 20%，二手住房价格涨幅均超过 10%，此外，部分二线城市如厦门、南京、福州、沈阳、太原、郑州等新建住房价格同比涨幅为 12%~18%，这些城市二手住房价格涨幅为 5%~10%，属于房价上涨较快城市。全年房价涨幅较小的城市基本都是三四线城市，新建住房价格涨幅最低的 10 个城市分别为温州、唐山、海口、蚌埠、三亚、无锡、安庆、牡丹江、大理、韶关，这些城市新建住房价格同比涨幅多数在 6% 以下，

二手住房价格同比涨幅基本在 2% 左右。

（二）房地产行业政策分析

2013 年，无论是房地产行业抑或是开发企业，都是高歌猛进的一年。在政策趋向宽松、经济平稳回升等宏观环境持续向好的情况下，一二线城市市场迅速回暖，并维持成交高位态势，各线城市、各类地王纪录被屡屡刷新，房企逐鹿资本市场，争相借壳上市或者谋划海外投资。随着市场成交的持续上行，7 家房企有望冲刺"千亿俱乐部"。与之相应的是，新一届政府执政、十八届三中全会召开，未来房地产业必将面临新的政策挑战，整个行业也在孕育未来发展的深度变革。

新一届政府在经济领域的执政思路相比其他前任有明显的区别，以市场化为导向在各个领域的改革中均有体现，房地产调控也不例外。释放的信号即是以更加市场化的手段来解决房地产问题，这符合本届政府强调职能转变的改革路线。

2013 年房地产行业政策有两件值得关注的事情：其一，在中共中央政治局第十次集体学习中，明确了以市场化为主，以保障住房为辅的住房供应体建设；在提到供应体系建设时，会议前所未有地用了"千方百计增加住房供应"的措辞，促进供应被放到了前所未有的高度。其二，在三中全会最终公布的决定中，对房地产行业虽无明确扶植表态，但诸如"处理好政府和市场的关系，使市场在资源配置中起决定性作用"、"建立城乡统一的建设用地市场"、"完善城镇化健康发展体制机制。推进以人为核心的城镇化"等内容均毫无悬念地将对未来行业发展起到巨大的推动作用，尤其是政府职能转型的提法意味着过去 10 年房地产行政性调控的淡出。

以下是国家相关调控政策：

1. 年初"国五条"加码调控，主要从需求端抑制房价上涨预期

"国五条"细则确定坚持房地产调控基调。在 2013 年初房地产市场持续火热的背景下，2 月 20 日，国务院召开常务会议研究部署房地产市场调控工作，会议提出五条调控措施即"国五条"，并在 3 月 1 日发布国五条细则[《关于继续做好房地产市场调控工作通知》（国办发〔2013〕17 号）]。作为两会前上届政府最后一次重要会议，此次会议旨在释放继续调控房地产的信号，强调政策的

连续性，稳定市场预期。

2. 三中全会强调全面深化改革，促长效机制建立健全

三中全会全面深化改革，强调市场的决定作用，促房地产长效机制建立健全。11月，十八届三中全会审议通过了《中共中央关于全面深化改革若干重大问题的决定》（以下简称《决定》）。《决定》强调进行全面深化改革，虽然《决定》中并未明确提及房地产业，但已从顶层设计上为房地产业长期健康发展指明了方向，财税、土地、金融等诸多方面的改革轮廓已经得以清晰描绘。未来政府将更多地在房地产民生保障领域发挥作用，而由市场来满足居民日趋多样化的住房需求和优化商业、产业、养老、文化等其他结构地产的资源配置。在全面深化改革的大背景下，房地产业将迎来更加市场化的机遇和挑战，市场供需关系将更趋良性，保障行业的长期健康发展。

3. 年末进一步落实改革，调控思路转为以市场为主，优化供应

10月，中共中央总书记习近平在主持加快推进住房保障体系和供应体系建设第十次集体学习（详见2013年10月30日《习近平政治局讲话解读：政府市场齐动员，实现住有所居美好愿景》）时强调，只有坚持市场化改革方向，才能充分激发市场活力，满足多层次住房需求。同时，政府必须为困难群众提供基本住房保障。"从我国国情看，总的方向是构建以政府为主提供基本保障、以市场为主满足多层次需求的住房供应体系"。习近平同志此番讲话表明，中央调控思路正发生转变，未来会将更多的话语权交予市场，由市场调节供需结构，将居民的住房需求进一步差异化；与此同时，对于确实存在住房困难的居民，由政府做好充分保障。

4. 上半年坚持调控不动摇：各地落实"国五条"细则，北京政策最严厉

"国五条"后各地细则纷纷出台并落实相关措施，落实力度不一，北京政策最为严厉。大多数城市仅公布了本年度的房价控制目标，部分重点城市公布了"国五条"细则，主要包括完善稳定房价工作责任制、坚决抑制投机投资性购房、增加普通商品住房及用地供应、加快保障性安居工程规划建设、加强市场监管等方面。但在公布细

则的城市中，对"国五条"各项调控政策的落实力度也存在差异，仅有北京、上海等城市在地方细则中严格落实"国五条"相关要求。

5. 下半年市场促政策分化：热点城市继续收紧，部分城市出现放松

调控政策日趋市场化，城市间政策差别化明显。对于房价快速上涨的热点城市，坚持调控仍然是主基调，在房价反弹压力较大、年度房价调控目标难以实现的情况下，部分城市的政策进一步升级。而对房地产市场持续低迷的城市，在不突破调控底线的前提下，政策可能出现放松，以达到当地房地产市场与社会经济实现同步健康发展的目的。

6. 深化土地管理制度改革，推进城乡建设用地市场一体化

"同地、同权、同价"促进集体土地流转。3月8日，吴邦国在十二届全国人大一次会议第二次全体会议中明确指出，要重新修订《土地管理法》，出台《农村集体土地征收补偿条例》、《集体经营性建设用地流转指导意见》等法案，规范农地出让市场、确保农民权益，并将农民纳入土地市场的交易主体。11月15日《中共中央关于全面深化改革若干重大问题的决定》明确提出，"建立城乡统一的建设用地市场。在符合规划和用途管制前提下，允许农村集体经营性建设用地出让、租赁、入股，实行与国有土地同等入市、同权同价"。11月26日全国国土资源依法行政工作会议上，国土资源部副部长胡存智表示，要做好对现行的《土地管理法》进行全面修改的准备，包括要全面加强土地权利体系研究，加紧开展不动产统一登记制度研究并大力推进，继续深入征地制度改革研究，完善对被征地农民合理、规范、多元保障机制并与规范集体建设用地流转相协调。同时，要更加突出城乡统一的土地市场建设研究，研究如何依法将农村集体经营性建设用地纳入已有的国有建设用地市场等交易平台，培育和发展城乡一体的建设用地市场信息等。

7. 严格落实差别化信贷，推进财税金融改革

"有保有压"信贷原则促房地产市场健康发展。2013年7月5日国务院办公厅发布《国务院办公厅关于金融支持经济结构调整和转型升级的指导意见》（国办发〔2013〕67号），提出对房地

产行业继续秉持"有保有压"原则，在防控融资风险的前提下，进一步落实差别化信贷政策，加大对居民首套住房的支持力度，同时抑制投资投机需求，促进市场需求结构合理回归。6月19日国务院总理李克强主持召开国务院常务会议，明确表示支持居民家庭首套自住购房。

8. 不动产登记制度继续推进，国土部成为新的主导部门

不动产登记统一整合。2013年3月国务院办公厅关于实施《国务院机构改革和职能转变方案》任务分工的通知，提出整合房屋登记和土地登记的职责，由国土资源部、住房城乡建设部会同法制办、税务总局等有关部门负责，2014年6月底前出台不动产登记条例。此次明确不动产登记制度的任务时间表，不动产统一登记制度将来会与全国住宅信息联网挂钩，不动产统一登记制度值得期待。11月20日，国务院总理李克强主持召开国务院常务会议，进一步明确整合不动产登记职责、建立不动产统一登记制度。

二、2013年度中国房地产企业品牌竞争力总体述评

（一）宏观竞争格局

随着房地产行业竞争格局日趋激烈，并逐步进入品牌竞争阶段，行业集中度呈现显著提升。截至2012年底，中国房地产行业受调研的177家企业营业总额为10647亿元，中南地区、华北地区、华东地区房地产企业营业总额分别为5529亿元、2353亿元、2352亿元，占营业总额的比重分别为51.93%、22.1%、22.09%。中南地区竞争优势显著，远远高于其他地区。从省（市、自治区）看，广东省、北京市、上海市、浙江省四省（市）的营业总额分别为5255亿元、2087亿元、979亿元、723亿元，所占比重分别为49.36%、19.6%、9.2%、6.79%，占比总和为84.95%，说明我国房地产企业集中度较高。根据调研数据行业CBI均值为47.2358，品牌竞争力CBS均值为49.9643，品牌财务表现力均值为49.6616，市场竞争表现力为50.6705，各项指标数据均低于60分，分布在50分上下，整个行业的品牌竞争力有待于进一步提升。

房地产行业已经处于一个十分敏感的时期。降价之风开始弥漫，全国楼市成交延续量价增速双降，部分城市住宅产品"去库存"压力有增无减，房地产行业已经不比从前，不是只要有地有楼就有利润，现在已经步入改革转型阶段：①部分企业开始进行产品转型，从单一开发走向综合开发，开发领域涉及文化地产、养老地产、旅游地产等；②部分企业进行业态转型，从开发商走向运营商、服务商；③部分企业进行市场转型，从国内经营走向海外经营；④部分企业进行资源配置转型，从低能级走向高能级；⑤从线下走向线上，在互联网的影响下，营销模式电商化已经是大势所趋。

所以房地产行业的竞争格局已不再是销售额的竞争，而是整个企业战略布局的竞争。参与土地市场竞争的房地产企业目的已经分化，部分房地产企业已经不单纯看重项目利润，拿地不问价。住宅竞争已经白热化，部分拿地企业已经不考虑利润，这种情况下商业运营及销售类商用物业必须提高重视，复合型土地供应也已经成为市场主流。商品房虽然更加稀缺，但从当下存量看，很多项目特别是中低端面临与自住房的同质竞争，必须提高对营销及产品差异化工作的重视。后期规划项目在面积、定位上需要规避与周围自住房竞争。

（二）中观竞争态势

根据中国企业品牌竞争力分级评级标准，对2013年受调查的企业进行分级评估，按照一般惯例分为五级，其中5A级房地产企业共有4家，万科企业股份有限公司和恒大地产集团有限公司稳居前2名；4A级房地产企业共有25家，占房地产企业总数的14%；3A级房地产企业共有100家，占房地产企业总数的56%；2A级房地产企业共有40家，占房地产企业总数的23%；1A级房地产企业共有8家，占房地产企业总数的5%。从这个比例可以看出有一半多的企业都处于第三集团，属于房地产行业的中游企业。

5A级企业CBI均值分别为84.5158，4A级企业均值为67.4695，3A级企业均值为49.2517，2A级企业均值为32.2297，1A级企业均值为15.1964。房地产市场持续一年多的暴涨后，市场势必要理性回归。市场将在资金流动性偏紧的背

景下量价增速回落，房地产逐渐回归到市场与保障的双轨制、调控政策将以房产税等市场调节手段代替行政干预手段。经历了过去 10 年全国房地产市场粗放且迅猛的发展，如今一、二、三线城市分化发展特征明显，因此全国房地产市场已经很难用同一周期概括。

（三）微观竞争比较

在中国房地产行业的快速发展中，房地产企业之间的竞争也越来越激烈。从企业层面看，不同集团企业差距悬殊，龙头万科地产突破 1000 亿元，营业收入超过百亿元的企业分别是万科地产、保利地产、恒大地产、碧桂园、华润置地、绿城中国、金地集团、富力地产、雅乐居、远洋地产、世贸地产、龙湖地产、招商地产、华侨城地产、金融街、SOHO 中国、方兴地产、荣盛发展、中南建设、首开股份、佳兆业集团、龙光地产、金科股份共 23 家企业，占比仅为 13%，可见房地产公司之间的差距非常显著。

三、中国房地产企业品牌竞争力提升策略建议

（一）品牌定位注重消费者感性而朴实的情感需求

一般来说，房地产企业在消费者心目中的品牌形象，都是比较感性而朴实的。消费者对于房地产品牌的评价，主要集中在房地产企业的实力、广告的数量和是否吸引人、物业管理水平、楼盘的档次、楼盘设计的风格以及建筑施工的质量等方面。并且对于房地产品牌的评价，业主和一般消费者也有着比较大的差别。业主的评价多集中在物业管理以及小区的整体规划和社区环境上面，而一般消费者由于没有亲身的居住感受，对房地产企业的品牌评价更多地集中在广告媒体和售楼现场的感悟上。

此外，需要引起我们注意的是，消费者对于房地产企业想要传达的品牌价值通常没有企业和专家想象的那么理性和有深度。打个比方来说，万科地产的企业文化是建筑无限生活，想做专业化的品牌，而消费者却认为万科的品牌形象是物业管理好、广告比较多等。万科地产想传达给消费者专业化的品牌内涵，而很多消费者因为并没

有买万科地产的房子，对万科地产想要传递的专业化概念比较难理解。

还有，如目前大家都很关注的绿色地产和绿色社区等概念，消费者能够理解和感受到的大多是小区绿化多、树木林荫、业主之间关系和睦等，而房地产企业想传递却是可持续发展社区、综合生态社区、建筑材料的节能和环保等内涵。一般情况下，消费者很难产生相关的联想。

因此，房地产企业在进行品牌塑造的时候，尤其是在品牌定位的时候，不要把普通的消费者想得过于专业和理性，对自身的品牌价值赋予更多理性的东西。房地产企业拼命想让消费者知道我这个品牌如何专业、如何富有责任感，但是消费者却主要关注建筑施工质量、物业管理、社区环境等。这样的品牌定位就很难打动消费者，让消费者产生共鸣。房地产企业在做品牌定位的时候，一定要多关注一下消费者朴实和感性的情感需求。

（二）加强品牌策划，注重品牌延伸

作为房地产开发商，不论采用何种经营战略，加强品牌策划与管理是永恒的主题。我们建立了顾客的忠诚度，形成企业品牌，就可以降低销售成本、服务成本，获得宝贵的意见，开展客户营销。周全的服务是树立企业形象、发挥品牌效应、赢得客户满意最有力的手段，要在售前、售中、售后服务全过程完美体现。售前服务直接关系到开发的物业是否可以销售出去，关系到资金的变现和增值。而售后服务则直接关系到消费者长期居住的舒适性和安全性，其优劣是消费者关注的热点，也直接影响企业品牌的市场延伸性。因此，在塑造品牌过程中，从项目策划、销售到物业的维护管理，每一个环节都要满足消费者的深层次需求，树立全面顾客意识，建立全方位、多层次的综合服务体系。

（三）有特色、有个性、有创新

现代社会崇尚个性发展，消费者特别是年青一代往往把需要能否得以全面满足、个性能否得以发挥和张扬，作为衡量和选择商品的一个重要标准。具体到房地产来看，购买者都希望所购房屋能满足自己的最大需求，特别是消费者需求已呈高度多样化趋势，任何一种类型、一种建筑风格都难以独占市场份额。开发商只有抛弃传统的

生产销售观念，踏实研究消费者的真正需求，分析消费者的购房动机、承受能力，了解消费层次、习惯兴趣并据此进行设计开发，才能确保项目的最终成功。

企业管理界有句名言：管理塑品牌，品牌促发展。品牌从某种角度讲也可以视为企业内部管理有效性的综合体现。优秀的管理是产品和企业的生命，是房地产品牌建设的前提和基础，品牌战略实质上就是一种品质战略。因此，要创造优质品牌住宅，满足并赢得消费者和社会公众的认同，刺激他们的消费激情和购买欲。房地产开发商除了在产品品质、服务上营造品牌之外，还要在社会公共形象上树立公益品牌。房地产企业还应该在社会公众形象上塑造品牌，积极参加社会公益活动、支持社会公益事业，参加各种房地产交易展览会，举办洽谈会，组织消费者参观、座谈，开办企业形象网站等。通过企业自身形象和社会公众形象的塑造，从而创造出企业的最佳形象，这将有力地塑造企业品牌特色。

（四）建立科学的品牌组织、管理流程或制度和监控体系

目前很多房地产企业在品牌管理方面都存在以下几个问题：①没有独立的品牌管理部门，品牌管理的实际工作更多的是做一些广告宣传、推广等活动，品牌管理的专业性较差；②缺乏完整的品牌管理流程或制度体系；③对品牌传播效果没有进行事后监控，难以对未来的品牌传播活动进行指导，费效比偏低。这些问题直接导致了对内品牌管理处于较为被动的地位；对外品牌传播过程中的品牌形象不清晰，广告诉求点不明确，传播渠道和方式较为单一等。因此，如何搭建品牌管理组织体系、优化品牌管理流程和建立完善的监控体系是加强企业内部建设的一个侧面。

品牌管理组织体系是企业创造强势品牌的保证，只有通过对品牌进行良好的规划和管理，才能促进品牌的整体发展。品牌管理部门的主要职能就是管理品牌资产、制定品牌战略规划、编制相关品牌管理制度、对品牌进行推广和维护等，相应地可设置品牌管理岗、广告营销岗、新闻公关岗等。由于目前我国大多数房地产企业纷纷实施异地扩张战略，对这些公司来说，除了健全企业总部的品牌管理职能外，更为重要的是如何搭建科学的管控体系和明确各个层级的品牌管理职能，从而对外地公司进行有效的指导。

第六章 中国金融行业企业品牌竞争力指数报告

第一节 中国金融企业品牌竞争力指数总报告

一、2013 年度中国金融企业总体竞争态势

中国企业品牌竞争力指数（以下简称 CBI）研究课题组为了检验理论成果的应用效果，于 2013 年对中国 45 家金融企业品牌进行了调研，

根据各企业营业收入和净利润的原始数据发现，华北地区占比高达 70%以上，在华北地区中表现尤为突出的是北京市。简言之，中国金融企业品牌竞争力整体表现出华北地区独占鳌头，其他地区远远落后；而北京市遥遥领先，其他省（市、自治区）相差甚远的总体竞争态势，如图 6-1 和图 6-2 所示。

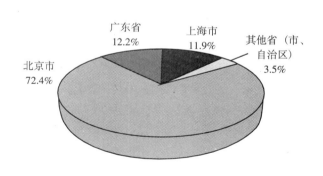

图 6-1 中国金融行业区域竞争态势　　　图 6-2 中国金融行业省（市）竞争态势

截至 2012 年底，受调研的 45 家中国金融品牌企业的营业总额为 38980.77 亿元。从地区的角度分析，华北地区营业总额为 28225.37 亿元，占行业整体营业总额的 72.4%，呈现一枝独秀的局面。虽然华东地区和中南地区位于第 2 名和第 3 名，但是与第 1 名的华北地区相差甚远，其营业额分别为 5828.38 亿元和 4835.06 亿元，占整个金融行业营业额的比率分别为 15.0%和 12.4%，这两

个地区之间的差距并不是很大，说明这两个地区的竞争力差别不大。其他地区包括西南地区、西北地区和东北地区，这三个地区的总营业额为 91.95 亿元，其中东北地区最少，仅为 12 亿元，西南地区为 33.26 亿元，西北地区为 46.69 亿元，三个地区总和仅占营业总额的 0.2%。这说明华北地区对我国金融行业营业额的贡献最大，该地区的金融企业竞争力优势突出，一家独大的势头明

显；而东北地区、西南地区、西北地区的金融行业远远落后于华北地区，企业数量和发展前景均仍有待提高；第2名和第3名的华东地区和中南地区，营业总额和企业数量都远低于行业老大华北地区，说明它们还有很大的发展空间。总营业额反映了一个比较明显的现象：每个地区金融企业的营业收入与该地区的企业数量是有一定关系的。

从省（市、自治区）角度来看，排在前3名的北京市、广东省和上海市的营业额分别为28214.87亿元、4774.26亿元、4644.78亿元，所占比重分别为72.4%、12.2%和11.9%，北京市遥遥领先，广东省和上海市与其相比差距明显。全国其他省（市、自治区）加总的营业额仅为495.74亿元，占比为3.5%，北京市为其总额的

56.91倍之多，由此可见，我国金融企业的分布呈现以下特点：①分布比较集中，大部分都位于经济发达的地区，如北京市、广东省、上海市等；②各个省（市、自治区）间的差距非常明显，北京市的营业额高达28214.87亿元，虽然广东省和上海市位居第2名和第3名，但是两者的总和都远不如北京市，但是中南地区和华东地区两者间的差距不是很大；③相对于北京市，其他省（市、自治区）发展空间潜力巨大，北京市是金融企业聚集的主要地区，数量占据绝对优势，营业额也随之而上升，其他省（市、自治区）企业数量较少，营业收入也会受到影响，正因为如此，其发展空间相对来说也比较大。

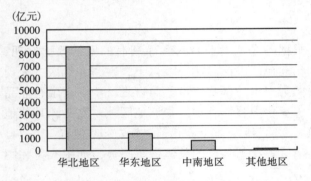

图6-3　中国金融企业净利润区域分布

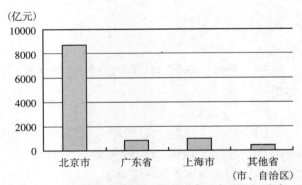

图6-4　中国金融企业净利润省（市、自治区）分布

截至2012年底，中国金融行业受调研的45家金融品牌企业的净利润总额为11109.15亿元。从区域的角度分析，华北地区金融企业的净利润与营业收入一样优势明显，净利润总额高达8654.78亿元，占行业利润总额的77.9%，远远领先于其他地区，保持了绝对的优势地位。华东地区和中南地区的净利润总额分别为1495.74亿元和937.77亿元，分别占行业利润总额的13.5%和8.4%，两个地区在净利润方面的差距比在营业收入方面的差距要明显，虽然排第2名和第3名，但与行业第一的华北地区相比差距较大。东北地区、西南地区和西北地区的净利润加总为20.86亿元，仅占据净利润总额的0.2%，这与其营业收入所占比重是一样的，说明三个地区的竞争力有待进一步提高（见图6-3）。

从省（市、自治区）角度来看，北京市、上海市和广东省位居前3名，净利润总额分别为8653.35亿元、1036.35亿元和923.71亿元，北京

市的净利润仍然是独占鳌头，远远高于第2名和第3名，仅其占行业净利润总额的比重就高达77.9%；上海市和广东省的比重分别为9.3%和8.3%，与营业收入表现不同的是，广东省的营业收入排第2名，但其净利润却低于上海市，位居第3名，并且净利润间的差距比营业收入间的差距要大，这说明该地区企业的平均成本控制不如上海市。其他省（市、自治区）净利润总额为495.74亿元，占比仅为4.5%，需要采取必要的措施来提高其竞争力（见图6-4）。

总体来看，中国金融行业整体的分布状态是集中在经济发达的地区，北京市表现尤为突出，上海市和广东省紧随其后；无论在营业收入还是在净利润方面，华北地区中的北京市均遥遥领先于其他省（市、自治区），各地区和各省（市、自治区）间的差距也甚大；这就是当前中国金融行业竞争最显著的特征。

二、2013年度中国金融企业品牌竞争力指数排名

中国企业品牌竞争力指数研究课题组已于2011年7月完成了理论研究，采用多指标综合指数法对中国企业品牌竞争力进行量化研究。初期理论成果包括CBI四位一体理论模型、CBI评价指标体系、CBI评价指标权重以及CBI计算模型，并且已经通过国内10位经济学、管理学界权威专家论证。为了检验理论成果的应用效果，课题组继2011~2012年连续两年对中国自主金融企业品牌调研之后，于2013年底对中国自主金融企业再一次进行调研，根据调查数据应用CBI计算模型得出中国金融企业品牌竞争力（以下简称CBI-R）排名（见表6-1）。

表6-1　2013年中国金融企业品牌竞争力排名

企业名称	省（市、自治区）	相对数（指数）		绝对形式（百分制）		
		CBI	排名	品牌竞争力得分（CBS）	品牌财务表现力	市场竞争表现力
工商银行	北京市	98.4553	1	90.2035	89.9574	90.7778
建设银行	北京市	97.1603	2	89.1862	89.0769	89.4412
农业银行	北京市	96.0801	3	88.3375	88.1850	88.6934
中国银行	北京市	95.5726	4	87.9388	87.9730	87.8592
交通银行	上海市	88.5399	5	82.4137	83.4331	80.0352
中国人寿	北京市	86.3541	6	80.6965	83.7471	73.5785
中国平安	广东省	86.2720	7	80.6320	83.6764	73.5284
招商银行	广东省	82.9243	8	78.0020	81.4017	70.0695
民生银行	北京市	82.1247	9	77.3738	80.9563	69.0146
兴业银行	福建省	81.4016	10	76.8058	80.5335	68.1076
中信银行	北京市	81.2500	11	76.6866	80.5601	67.6485
浦发银行	上海市	80.9887	12	76.4814	80.2348	67.7233
中国财险	北京市	80.6339	13	76.2026	80.6986	65.7119
光大银行	北京市	80.4247	14	76.0383	78.2115	70.9674
平安银行	广东省	77.4742	15	73.7203	76.5495	67.1188
华夏银行	北京市	76.7427	16	73.1456	75.8491	66.8374
北京银行	北京市	74.8346	17	71.6466	74.8584	64.1524
中国太保	上海市	74.3708	18	71.2822	73.4743	66.1674
新华保险	北京市	71.9280	19	69.3630	69.2178	69.7020
中国太平	上海市	63.9826	20	63.1210	63.3093	62.6815
中信证券	广东省	62.8018	21	62.1933	65.6178	54.2028
宁波银行	浙江省	61.4111	22	61.1007	63.5517	55.3819
南京银行	江苏省	61.0949	23	60.8523	63.5640	54.5251
海通证券	上海市	60.6633	24	60.5132	64.1173	52.1036
华泰证券	江苏省	54.8429	25	55.9406	59.1353	48.4862
广发证券	广东省	54.6039	26	55.7529	58.3679	49.6512
招商证券	广东省	53.1931	27	54.6445	57.8911	47.0690
光大证券	上海市	50.8553	28	52.8079	56.1235	45.0715
宏源证券	新疆维吾尔自治区	49.2405	29	51.5392	55.0975	43.2365
方正证券	湖南省	46.6573	30	49.5098	53.1872	40.9291
长江证券	湖北省	46.3528	31	49.2706	52.7861	41.0679
兴业证券	福建省	46.0973	32	49.0699	52.5219	41.0151
国元证券	安徽省	44.2782	33	47.6407	51.7365	38.0839
国海证券	广西壮族自治区	43.9980	34	47.4206	52.1452	36.3965

续表

企业名称	省（市、自治区）	相对数（指数）		绝对形式（百分制）		
		CBI	排名	品牌竞争力得分（CBS）	品牌财务表现力	市场竞争表现力
西南证券	重庆市	42.2268	35	46.0291	50.1447	36.4261
国金证券	四川省	42.1254	36	45.9494	49.8395	36.8727
东吴证券	江苏省	42.0093	37	45.8583	49.7405	36.7997
东北证券	吉林省	40.7810	38	44.8933	48.7100	35.9875
泛华保险 CISG	广东省	40.3070	39	44.5208	48.7265	34.7076
山西证券	山西省	39.7004	40	44.0443	48.0508	34.6959
陕国投 A	陕西省	37.3805	41	42.2218	48.0207	28.6908
西部证券	陕西省	37.0308	42	41.9470	45.9235	32.6687
诺亚财富 NOAH	上海市	34.6591	43	40.0838	45.8783	26.5632
太平洋	云南省	33.3185	44	39.0306	43.5110	28.5763
安信信托	上海市	32.2150	45	38.1636	43.3912	25.9660

注：从理论上说，中国企业品牌竞争力指数（CBI）由中国企业品牌竞争力分值（CBS）标准化之后得出，CBS由4个一级指标品牌财务表现力、市场竞争表现力、品牌发展潜力和消费者支持力的得分加权得出。在实际操作过程中，课题组发现，品牌发展潜力和消费者支持两个部分的数据收集存在一定的难度，且收集到的数据准确性有待核实，因此，本报告暂未将品牌发展潜力和消费者支持力列入计算。品牌财务表现力主要依据各企业的财务报表数据以及企业上报数据进行计算。同时，关于市场竞争表现力方面的得分，课题组选取了部分能够通过公开数据计算得出结果的指标，按照CBI计算模型得出最终结果。关于详细的计算方法见《中国企业品牌竞争力指数系统：理论与实践》。

由表6-1可以看出，在2013年金融行业企业品牌CBI排名中，工商银行、建设银行、农业银行、中国银行、交通银行、中国人寿、中国平安、招商银行、民生银行、兴业银行位居行业前10强的位置。其中，中国工商银行以98.4553的高分位居第1名，各项指标优势明显，是金融行业的领导品牌；紧接着的第2名、第3名、第4名、第5名的CBI分别为97.1603、96.0801、95.5726、88.5399；前5名都是国有商业银行，具有得天独厚的优势；前4名银行的CBI的差距非常小，说明这四大行各方面的竞争力旗鼓相当。与前4名相比，交通银行相对来说较差些，CBI的差距也较大。中国人寿、中国平安、招商银行、民生银行、兴业银行的CBI分别为86.3541、86.2720、82.9243、82.1247、81.4016，这五个企业的CBI都大于80，前两个企业的CBI几乎持平，后三个企业的CBI差距也比较小，但是与前两个还有一定的差距。前10名企业可以分为三个等级：大于95的前四个，85~90的中间三个，80~85的后三个，这说明三个等级间差距还是比较大的，各企业的竞争力也是参差不齐的，四大行具有绝对优势。从整体来看，这45家企业的CBI下降速度比较大，第1名和第45名竟然相差60多分，也反映了竞争力的巨大差别。

虽然CBS与CBI呈现同步变化的趋势，但是由于其是四个一级指标得分加权得到的数，因此其降低的速度并没有CBI的幅度大，并且第1名和第45名间的差距也不像CBI那么大。通过2013年中国金融企业品牌竞争力指数数据，可以计算出中国金融行业CBI数值为62.5635。CBI数值为相对值，一方面可以反映行业总体竞争水平，另一方面也为行业内企业提供一个比较标准。课题组根据受调研的15个行业1548家企业的CBI数据得出中国企业品牌竞争力指数值为47，那么金融行业CBI数值62.56>47，说明金融行业整体竞争水平高于平均水平，行业发展处于良好状态。同理，行业内部企业CBI数值低于62.56，说明其品牌竞争力处于劣势；高于62.56，则说明其品牌竞争力处于优势，整个CBI指标体系为企业提供了一套具有诊断功能和预测功能的实用工具。

三、2013年度中国金融企业品牌竞争力指数评级报告

（一）中国金融企业品牌竞争力指数评级标准体系

根据表6-1得出的金融企业CBI数值，课题组绘制总体布局（见图6-5），从整体上看，CBI

分布曲线两头陡峭、中间平缓。根据 CBI 数值表现出来的特征，结合金融企业的行业竞争力特性

对调查的企业进行分级评估，按照一般惯例分为五级，划分标准如表 6-2 所示。

表 6-2　中国企业品牌竞争力分级评级标准

评级	标准	CBI 数值标准
5A		CBI≥80
4A		60≤CBI<80
3A		40≤CBI<60
2A		20≤CBI<40
1A		CBI<20

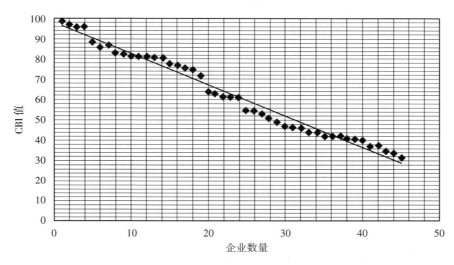

图 6-5　中国金融行业企业 CBI 散点分布

（二）中国金融企业品牌竞争力指数评级结果

依表 6-2 的评价标准可以将金融企业划分为五个集团，具体的企业个数及分布情况如表 6-3

和图 6-6 所示，各级水平的企业得分情况由于篇幅原因仅列出代表企业。

表 6-3　中国金融行业企业各分级数量表

企业评级	竞争分类	企业数量	所占比重（%）	CBI 均值	CBS 均值	品牌财务表现力均值	市场竞争表现力均值
5A 级企业	第一集团	14	31	87.0130	81.2142	83.4747	75.9397
4A 级企业	第二集团	10	22	68.5304	66.6938	69.0109	61.2873
3A 级企业	第三集团	15	33	46.5046	49.3898	53.0769	40.7867
2A 级企业	第四集团	6	14	35.7174	40.9152	45.7959	29.5268
1A 级企业	第五集团	0	0	—	—	—	—
全部	不分类	45	100	59.4413	59.5533	62.8396	51.8851

据表 6-2 中国企业品牌竞争力分级评级标准可知，5A 级金融企业共有 14 家，占金融企业总数的 31%，其 CBI 的均值为 87.0130，远远高于行业均值 62.5635，其他指标也都远高于均值，说

明这一集团是金融行业中竞争力比较强的企业。工商银行以 98.4553 位居第一，其 CBI 数值、品牌财务表现力和市场竞争表现力均领先于其他企业，唯一一家企业市场竞争表现力得分在 90 以

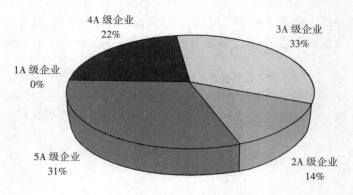

图 6-6　中国金融企业分级分布

表 6-4　中国金融行业 5A 级企业品牌代表

企业名称	评级水平	排名	CBI	CBS	品牌财务表现力	市场竞争表现力
工商银行	5A	1	98.4553	90.2035	89.9574	90.7778
建设银行	5A	2	97.1603	89.1862	89.0769	89.4412
农业银行	5A	3	96.0801	88.3375	88.1850	88.6934
中国银行	5A	4	95.5726	87.9388	87.9730	87.8592
交通银行	5A	5	88.5399	82.4137	83.4331	80.0352
中国人寿	5A	6	86.3541	80.6965	83.7471	73.5785
中国平安	5A	7	86.2720	80.6320	83.6764	73.5284
招商银行	5A	8	82.9243	78.0020	81.4017	70.0695
民生银行	5A	9	82.1247	77.3738	80.9563	69.0146
兴业银行	5A	10	81.4016	76.8058	80.5335	68.1076

上，是当之无愧的龙头企业。在这个集团中，四大行的 CBI 都高于 95，且差距相当小，品牌财务表现力和市场竞争表现力间的区别就更小，说明四大行的品牌竞争力不相上下，随时都有可能变换在行业中的位置；从第 5 名的交通银行到第 14 名的光大银行业呈现阶梯状递减，每个阶梯内的企业差距比较小；5A 集团中只有 5 家国有商业银行的 CBI 大于均值 87.0130，其中交通银行也是略高于均值，这说明四大行具有绝对的竞争优势，其他企业相对来说弱许多，各方面都有待提高；虽然光大银行的 CBI 值位居第 14 名，但是其市场竞争表现力得分 70.9674 却略高于第 8 名的招商银行的得分 70.0695，由于品牌财务表现力稍微差一些，因此 CBI 的排名靠后些，由此表明要使企业品牌竞争力比较强，各个指标都不能落后。

表 6-5　中国金融行业 4A 级企业品牌代表

企业名称	评级水平	排名	CBI	CBS	品牌财务表现力	市场竞争表现力
平安银行	4A	15	77.4742	73.7203	76.5495	67.1188
华夏银行	4A	16	76.7427	73.1456	75.8491	66.8374
北京银行	4A	17	74.8346	71.6466	74.8584	64.1524
中国太保	4A	18	74.3708	71.2822	73.4743	66.1674
新华保险	4A	19	71.9280	69.3630	69.2178	69.7020
中国太平	4A	20	63.9826	63.1210	63.3093	62.6815
中信证券	4A	21	62.8018	62.1933	65.6178	54.2028
宁波银行	4A	22	61.4111	61.1007	63.5517	55.3819
南京银行	4A	23	61.0949	60.8523	63.5640	54.5251
海通证券	4A	24	60.6633	60.5132	64.1173	52.1036

据表 6-2 中国企业品牌竞争力分级评级标准可知，4A 级金融企业共有 10 家，占金融企业总数的 22%，其 CBI 均值为 68.5304，高于行业均值 62.5635，这一集团代表中国金融行业的领先企业，品牌财务表现力、市场竞争表现力相对都比较突出，品牌潜力比较大。表 6-5 所列的 10 家企业可以分为两个层次，前面五家企业平安银行、华夏银行、北京银行、中国太保、新华保险的 CBI 均都大于 70，后面五家企业中国太平、中信

证券、宁波银行、南京银行、海通证券的 CBI 均小于 65；每个层次内的差距比较小，但是两个层次间差距比较大，最大的 77.4742 比最小的 60.6633 约高出 17，但是该集团各项指标的均值都高于行业的均值，说明其在行业中具有一定的竞争优势。从第二集团的内部比较而言，平安银行在品牌财务表现力和市场竞争表现力方面均位于本集团第一，具有较强的财务表现和市场竞争力。

表 6-6　中国金融行业 3A 级企业品牌代表

企业名称	评级水平	排名	CBI	CBS	品牌财务表现力	市场竞争表现力
华泰证券	3A	25	54.8429	55.9406	59.1353	48.4862
广发证券	3A	26	54.6039	55.7529	58.3679	49.6512
招商证券	3A	27	53.1931	54.6445	57.8911	47.0690
光大证券	3A	28	50.8553	52.8079	56.1235	45.0715
宏源证券	3A	29	49.2405	51.5392	55.0975	43.2365
方正证券	3A	30	46.6573	49.5098	53.1872	40.9291
长江证券	3A	31	46.3528	49.2706	52.7861	41.0679
兴业证券	3A	32	46.0973	49.0699	52.5219	41.0151
国元证券	3A	33	44.2782	47.6407	51.7365	38.0839
国海证券	3A	34	43.9980	47.4206	52.1452	36.3965

据表 6-2 中国企业品牌竞争力分级评级标准，可知，3A 级金融企业共有 15 家，占金融企业总数的 33%，该集团企业的 CBI 均值为 46.5046，与行业均值 62.5635 有较大差距，说明这 15 家企业品牌竞争力、财务表现力和市场竞争力都低于行业平均水平，在行业中没有竞争优势，并且 CBI 大部分介于 40~50，说明这些企业有很大的发

展空间。从第三集团的内部比较来看，广发证券市场竞争表现力位于本集体第一，华泰证券品牌财务表现力位于本梯队企业第一，但是两者之间的 CBI 差距微乎其微，说明两家企业的品牌竞争力势均力敌。第三集团的企业位于行业的中下游，几乎没有竞争优势，具有巨大的提升空间。

表 6-7　中国金融行业 2A 级企业品牌代表

企业名称	评级水平	排名	CBI	CBS	品牌财务表现力	市场竞争表现力
山西证券	2A	40	39.7004	44.0443	48.0508	34.6959
陕国投 A	2A	41	37.3805	42.2218	48.0207	28.6908
西部证券	2A	42	37.0308	41.9470	45.9235	32.6687
诺亚财富 NOAH	2A	43	34.6591	40.0838	45.8783	26.5632
太平洋	2A	44	33.3185	39.0306	43.5110	28.5763
安信信托	2A	45	32.2150	38.1636	43.3912	25.9660

据表 6-2 中国企业品牌竞争力分级评级标准可知，2A 级金融企业共有 6 家，占金融企业总数的 14%。表 6-7 所列的六家企业山西证券、陕国投 A、西部证券、诺亚财富 NOAH、太平洋、安

信信托是中国金融行业的下游企业的代表，其特征是品牌财务表现力、市场竞争表现力等均处于行业平均水平之下，CBI 及各项分指标得分值均远低于行业平均值。从第四集团的内部比较而言，

品牌财务表现力普遍较低均在 50 分以下，但是差距并不是很明显；而市场竞争表现力也均低于 40，差距比较大。该集团的企业几乎没有任何竞争优势，因此急需采取措施来提高各方面的竞争力。

四、2013 年中国 40 家金融企业品牌价值排名

课题组认为，品牌价值（以下简称 CBV）是客观存在的，它能够为其所有者带来特殊的收益。品牌价值是品牌在市场竞争中的价值实现。一个品牌有无竞争力，就是要看它有没有一定的市场份额，有没有一定的超值创利能力。品牌的竞争力正是体现在品牌价值的这两个最基本的决定性因素上，品牌价值就是品牌竞争力的具体体现。通常上品牌价值以绝对值（单位：亿元）的形式量化研究品牌竞争水平，课题组对品牌价值和品牌竞争力的关系展开研究，针对品牌竞争力以相对值（指数：0~100）的形式量化研究品牌竞争力水平。在研究世界上关于品牌价值测量方法论基础上，提出本研究关于品牌价值的计算方法：$CBV = (N - E \times 5\%)(1 + A) \times C \times CBI/100 + K$。其中，CBV 为企业品牌价值，CBI 为企业品牌竞争力指数，N 为净利润，E 为所有者权益，A 为品牌溢价，C 为行业调整系数，K 为其他影响系数，据此得出中国 40 家金融企业品牌价值排名（见表 6-8）。

表 6-8　2013 年中国金融行业品牌价值排名

企业名称	省（市、自治区）	品牌价值（CBV）	排名	品牌竞争力（CBI）
工商银行	北京市	701.88	1	98.46
建设银行	北京市	510.81	2	97.16
农业银行	北京市	501.83	3	96.08
中国银行	北京市	493.56	4	95.57
交通银行	上海市	416.94	5	88.54
中国人寿	北京市	398.18	6	86.35
中国平安	广东省	390.01	7	86.27
招商银行	广东省	344.11	8	82.92
光大银行	北京市	343.52	9	80.42
民生银行	北京市	337.47	10	82.12
中国人保	北京市	330.61	11	80.63
兴业银行	福建省	330.28	12	81.40
中信银行	北京市	328.33	13	81.25
浦发银行	上海市	326.57	14	80.99
平安银行	广东省	315.44	15	77.47
华夏银行	北京市	311.42	16	76.74
北京银行	北京市	290.53	17	74.83
中国太保	上海市	234.56	18	74.37
新华保险	北京市	203.20	19	71.93
中信证券	广东省	145.11	20	62.80
宁波银行	浙江省	144.33	21	61.41
南京银行	江苏省	140.62	22	61.09
中国太平	上海市	136.00	23	63.98
海通证券	上海市	123.82	24	60.66
华泰证券	江苏省	89.04	25	54.84
招商证券	广东省	83.39	26	53.19
广发证券	广东省	80.64	27	54.60
光大证券	上海市	70.44	28	50.86

续表

企业名称	省（市、自治区）	品牌价值（CBV）	排名	品牌竞争力（CBI）
宏源证券	新疆维吾尔自治区	64.41	29	49.24
长江证券	湖北省	55.38	30	46.35
兴业证券	福建省	54.79	31	46.10
方正证券	湖南省	54.55	32	46.66
国元证券	安徽省	46.26	33	44.28
国海证券	广西壮族自治区	43.32	34	44.00
国金证券	四川省	42.45	35	42.13
东吴证券	江苏省	41.87	36	42.01
西南证券	重庆市	41.61	37	42.23
泛华保险 CISG	广东省	39.38	38	40.31
东北证券	吉林省	38.59	39	40.78
山西证券	山西省	36.01	40	39.70
合计		8681.26		

CBV 分析：在 45 家受调研的金融企业中，CBV 合计为 8681.26 亿元，较 2012 年有大幅度提高。前 10 强的金融企业 CBV 值合计为 4438.31 亿元，占总量的比重为 51.13%。比上年度下降了 13 个百分点，主要原因是保险与券商的 CBV 值上升幅度较大。其中：工商银行、建设银行、农业银行、中国银行四家企业的 CBV 排名稳居前 4 强，CBV 值均有上升。交通银行由 2012 年的第 7 名上升到第 5 名，光大银行由 2012 年的第 15 名跃居到第 9 名，民生银行上升了 1 个名次，排名第 10。中国人民财产保险有限公司和中信银行的品牌价值则有所下降，跌出了前 10 强，分别排在第 11 名和第 13 名。在前 10 强企业中，70% 的企业位于北京市，20% 在广东省，上海仅有 1 家交通银行。从所有 45 家企业来看，北京市、广东省和上海市是金融企业的主要聚集地，是国内龙头金融企业的发源地。

第二节 2013 年度中国金融企业品牌竞争力区域报告

一、六大经济分区

（一）总体情况分析

根据课题组的调研数据，我们可以看出，我国金融企业主要分布于华北地区、华东地区和中南地区，企业数量高达 38 家，占行业企业总数的 84%，其中华东地区最多，为 15 家，占总数的 33%，华北地区 13 家，占 29%。虽然华北地区没有华东地区的企业数量多，但是其 CBI 均值、CBS 均值、品牌财务表现力和市场竞争表现力都远高于华东地区的均值，说明华北地区的企业品牌竞争力与华东地区相比具有绝对优势。中南地区企业数量排名第 3，有 10 家企业，占据总数的 22%，其各项指标的均值都略高于华东地区，这两个地区的企业品牌竞争力旗鼓相当。由表 6-9、图 6-7、图 6-8 和图 6-9 可以看出，虽然华东地区和中南地区的企业数量比较多，但是其各项指标的均值都低于行业均值，品牌竞争力在行业中处于一般水平。东北地区仅有一家企业，CBI 均值、品牌财务表现力和市场竞争表现力均位于行业劣势地位，几乎没有竞争优势，需要有力的措施来改变现状。华东地区的各项指标远远高于行业均值，在行业竞争中属于领头企业，发展前景良好。

表 6-9　中国金融企业六大经济区域竞争状况

区域	企业数量	所占比重（%）	CBI 均值	CBS 均值	品牌财务表现力均值	市场竞争表现力均值
华北地区	13	29	81.6355	76.9895	79.0263	72.2369
华东地区	15	33	58.4940	58.8090	62.0497	51.2474
中南地区	10	22	59.4584	59.5667	63.0349	51.4741
西南地区	3	7	39.2236	43.6697	47.8317	33.9583
西北地区	3	7	41.2173	45.2360	49.6806	34.8653
东北地区	1	2	40.7810	44.8933	48.7100	35.9875
总体情况	45	100	62.5635	62.0061	65.1041	54.7776

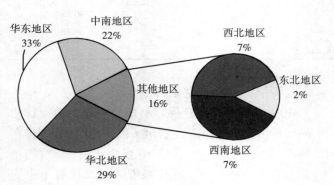

图 6-7　中国金融企业数量区域分布

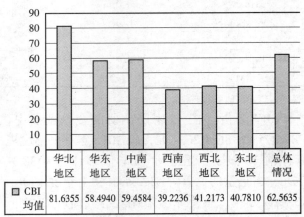

图 6-8　中国金融企业区域 CBI 均值对比

（二）分项情况分析

在各分项竞争力指标对比方面，除了华北地区的各个指标远高于均值之外，其他地区的各指标都低于均值，尤其是东北地区、西南地区、西北地区三个地区远远偏离均值，并且华北地区的均值与其他地区的差距相当明显。市场竞争表现力方面，除了华北地区大于 60 分外，其他都低于60，尤其是东北地区、西北地区、西南地区三个地区远远低于 60，各地区都必须加大对市场的重视程度；品牌财务表现力方面，华东地区和中南地区略高于 60，华北地区为 79.0263，其他三个地区都低于 60，说明这三个地区的财务竞争力有很大的提升空间；指标间对比可知，各地区的品牌财务表现力都高于其市场竞争表现力，并且越是 CBI 低的地区，两者之间的差距就越大，最大的是西北地区，说明这些地区对财务指标的重视度相对高于市场指标。总体来看，除了华北地区各项表现不错之外，其他地区品牌的品牌财务表现力和市场竞争表现力都有待提高，由此可以看出，金融行业的发展严重不平衡，华北地区一枝独秀，其品牌财务表现力和市场竞争表现力方面均位列第一；其他地区与其相差甚远，可以借鉴华北地区的成功经验。

二、三大省（市）分析

（一）总体情况分析

这里主要根据不同省（市、自治区）企业的数量，把金融企业的分布划分为三大省（市），因为金融行业的企业数量只有 45 家，样本不是很多，因此会有一定的误差。根据调研组的数据可知，我国金融行业的企业分布是相对集中的，由于行业自身的特点，这些企业大都集中在大城市，并且具有很强的品牌竞争力，具体情况如表 6-10、图 6-10 和图 6-11 所示。

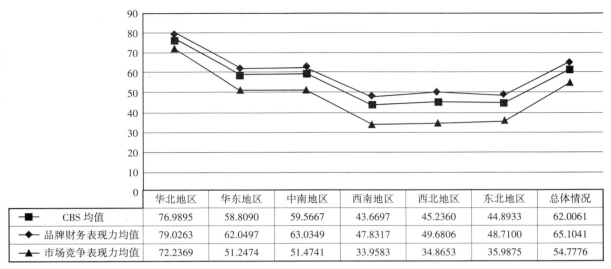

图6-9　中国金融企业一级指标分区域对比

表6-10　中国金融企业三大省(市)竞争状况

省（市、自治区）	企业数量	所占比重（%）	CBI 均值	CBS 均值	品牌财务表现力均值	市场竞争表现力均值
北京市	12	27	85.1301	79.7349	81.6076	75.3653
广东省	7	15	65.3680	64.2094	67.4616	56.6211
上海市	8	18	60.7843	60.6083	63.7452	53.2890
其他省（市、自治区）	18	40	47.2193	49.9513	53.7889	40.9971
总体情况	45	100	62.5635	62.0061	65.1041	54.7776

由表6-10可以看出，北京市、广东省、上海市三个省（市）的企业数量占据行业数量总和的60%，所占比重分别为27%、15%、18%、集中度较高，且主要分布在经济发达的地区。北京市企业数量排名第一，CBI均值为85.1301，远高于行业平均水平62.5635，其品牌财务表现力均值和市场竞争表现力均值分别为81.6076、75.3653，远远高于行业平均水平，说明北京市的金融企业具有非常强的品牌竞争力。上海市的企业数量是8个，虽然比广东省多，但是其CBI均值、品牌财务表现力均值和市场竞争表现力均值都低于广东省，反映了广东省的品牌竞争力要强于上海市的企业；但是广东省的各项指标均值都只略高于行业平均水平，在行业中只有微弱的竞争优势，上海市的则略低于平均水平，在行业中属于中下游位置。其他省（市、自治区）虽然有18家，但其中最多的是江苏省，有3家企业；次之是陕西省，有2家企业，其他13家企业位于13个省（市、自治区），分布比较分散；这18家企业的各项指标都远低于行业均值，不具有竞争优势，需要采取措施进一步提高。地区内部进行比较发现，每个地区的财务指标要比市场指标得分高，说明金融行业相对更重视财务方面的表现，如果要提高整个行业的品牌竞争力则需要全面发展。

（二）分项情况分析

在各分项竞争力指标对比方面，从图6-12可看出，CBS均值曲线、品牌财务表现力均值曲线、市场竞争表现力均值曲线的趋势是一致的，但是品牌财务表现力均值曲线始终位于其他两条曲线之上，说明金融行业的品牌财务表现力表现比市场竞争表现力好些。品牌财务表现力、市场竞争表现力在各省（市、自治区）之间差距比较大，第1名是北京市，其财务竞争力均值为81.6076，市场竞争表现力均值为75.3653，远远高于行业均值，显示了该地区企业强有力的竞争优势；广东省的品牌财务表现力和市场竞争表现力略高于行业均值，在行业中属于竞争稍强的水平；其他省（市、自治区）企业分布比较分散，各指标的均值

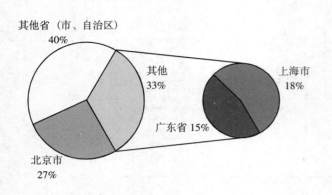

图 6-10　中国金融企业数量省（市、自治区）分布

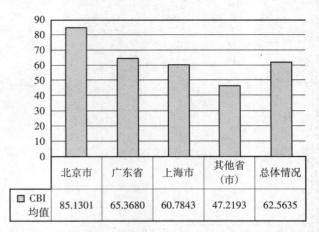

	北京市	广东省	上海市	其他省（市）	总体情况
CBI均值	85.1301	65.3680	60.7843	47.2193	62.5635

图 6-11　中国金融企业省（市、自治区）CBI 均值对比

都远低于行业均值，因此有待进一步提高。总体而言，北京市金融企业发展强劲，广东省紧随其后，上海市仅位于均值边缘，有一定的提升空间，

其他省（市、自治区）的财务和市场竞争力都比较弱，潜力巨大，各省（市、自治区）间的差距也是比较明显的。

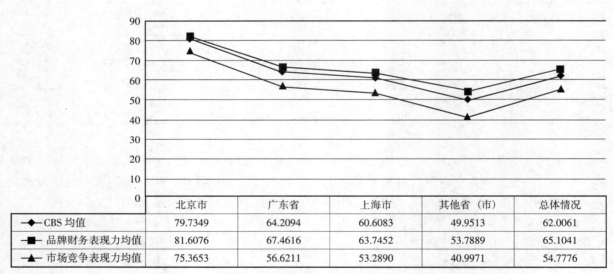

	北京市	广东省	上海市	其他省（市）	总体情况
CBS 均值	79.7349	64.2094	60.6083	49.9513	62.0061
品牌财务表现力均值	81.6076	67.4616	63.7452	53.7889	65.1041
市场竞争表现力均值	75.3653	56.6211	53.2890	40.9971	54.7776

图 6-12　中国金融企业一级指标代表省（市、自治区）对比

第三节　2013 年度中国金融企业品牌竞争力分项报告

一、品牌财务表现

目前国内企业经营者对于现代化管理手段的理解与实践，多半仍然停留在以财务数据为主导的思维里。虽然财务数据无法帮助经营者充分掌

握企业发展方向的现实，但在企业的实际运营过程中，财务表现仍然是企业对外展示基本实力的重要依据。品牌财务表现层面的分析将财务指标分为规模因素、效率因素和增长因素 3 个二级指标。规模因素主要从销售收入、所有者权益和净利润 3 个三级指标衡量；效率因素主要从净资产

报酬率、总资产贡献率2个三级指标衡量；增长因素主要从年平均销售收入增长率、年平均净利润增长率2个三级指标衡量。

世界经济和金融的全球化发展促使我国不断对外开放和各行各业的改革，我国金融行业改革的成果也非常喜人。不仅企业数量逐渐增加，竞争力也日益增强。表现最为明显的就是金融企业近年来营业收入和净利润规模不断扩大，呈现良好的增长态势。全国受调研的45家金融企业的品牌财务表现力得分均值为65.1041。其中，工商银行、建设银行、农业银行、中国银行、交通银行、中国人寿、中国平安、招商银行、民生银行、兴业银行位列前10名（见表6-11），这10家企业在品牌财务表现力方面比较突出，都大于80分，不过各企业间还存在一定差距，前4名企业的品牌财务表现力差距比较小，第5名以后企业的差距呈现加大的趋势。CBI排第5名交通银行的品牌财务表现力却落后于中国人寿和中国平安，位居第7。工商银行的品牌财务表现力最高，其CBI也位居第1。前10名中品牌财务表现力得分最低的是兴业银行，为80.5335，与行业第1的工商银行还是存在很大的差距，仍有较大的进步空间（见图6-13）。

表6-11 品牌财务表现指数——行业前10名

企业名称	省（市）	CBI值	品牌财务表现力
工商银行	北京市	98.4553	89.9574
建设银行	北京市	97.1603	89.0769
农业银行	北京市	96.0801	88.1850
中国银行	北京市	95.5726	87.9730
中国人寿	北京市	86.3541	83.7471
中国平安	广东省	86.2720	83.6764
交通银行	上海市	88.5399	83.4331
招商银行	广东省	82.9243	81.4017
民生银行	北京市	82.1247	80.9563
兴业银行	福建省	81.4016	80.5335

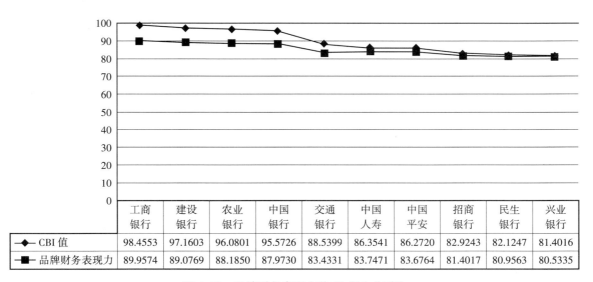

图6-13 品牌财务表现力前10名企业对比

从3个二级指标看，其均值分别为：规模因素67.1961，效率因素48.2294，增长因素49.8173（见表6-12）。规模因素得分最高，其中净利润得分最高，为71.5683；效率要素得分最低，原因是总资产贡献率太低，仅为41.8936；虽然效率因素和增长因素的得分都低于50，但是规模要素的带动作用使得金融行业的品牌财务表现力还是不错的，其值为65.1041。在所有三级指标中，规模要素3个下级指标表现比较突出，远远高于其他三级指标，因此规模要素的得分最高；效率因素下的2个三级指标差距比较大，增长因素的2个下级指标对其贡献度相当。

表6-12　品牌财务表现力各分项指标得分均值

品牌财务表现力 65.1041	规模因素	67.1961	销售收入	67.7402
			所有者权益	63.4513
			净利润	71.5683
	效率要素	48.2294	净资产报酬率	52.4533
			总资产贡献率	41.8936
	增长要素	49.8173	年平均销售收入增长率	48.5017
			年平均净利润增长率	51.1328

二、市场竞争表现

随着金融行业的持续快速发展，市场竞争也更加激烈。企业只有具备更强的市场竞争能力，才能在目前的行业环境中生存下去。市场竞争表现层面的分析将指标分为市场占有能力和超值获利能力2个二级指标。市场占有能力主要从市场占有率和市场覆盖率2个三级指标衡量；超值获利能力主要从品牌溢价率和品牌销售利润率2个三级指标衡量。

改革开放的深入和经济全球化浪潮的推动，一方面促进了我国经济的发展，另一方面也给我国企业带来了新的挑战。金融行业进入门槛的逐渐降低，政策越来越宽松，使得国际大银行进入中国的难度大大减少，随着市场制度的不断完善和严格，整个金融行业的竞争环境日趋复杂和激烈。全国45家金融企业的市场竞争表现力得分均值仅为54.7776，低于品牌财务表现力。从市场竞争表现力角度来看，排在前10名的企业为工商银行、建设银行、农业银行、中国银行、交通银行、中国人寿、中国平安、光大银行、招商银行、新华保险（见表6-13）。五大国有商业稳居前5，其中工商银行以90.7778的值高居第1，前4名的市场表现力差距比较小，排在第5名的交通银行与前四个企业有一定的差距。第6名到第10名的企业与排在前5的企业在市场竞争表现力方面还是有很大差距的。值得一提的是，CBI排在第19名的新华保险其市场竞争表现力却位居第10名，CBI位居第14名的光大银行其市场竞争表现力却上升至第8名，说明两者在市场上的竞争力还是不错的（见图6-14）。整个金融行业的市场竞争表现力却只得到54.7776，说明金融企业的市场竞争表现力整体比较弱。

表6-13　市场竞争表现指数——行业前10名

企业名称	省（市、自治区）	CBI值	市场竞争表现力
工商银行	北京市	98.4553	90.7778
建设银行	北京市	97.1603	89.4412
农业银行	北京市	96.0801	88.6934
中国银行	北京市	95.5726	87.8592
交通银行	上海市	88.5399	80.0352
中国人寿	北京市	86.3541	73.5785
中国平安	广东省	86.2720	73.5284
光大银行	北京市	80.4247	70.9674
招商银行	广东省	82.9243	70.0695
新华保险	北京市	71.9280	69.7020

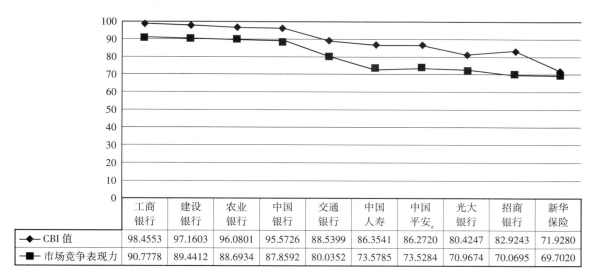

	工商银行	建设银行	农业银行	中国银行	交通银行	中国人寿	中国平安	光大银行	招商银行	新华保险
CBI 值	98.4553	97.1603	96.0801	95.5726	88.5399	86.3541	86.2720	80.4247	82.9243	71.9280
市场竞争表现力	90.7778	89.4412	88.6934	87.8592	80.0352	73.5785	73.5284	70.9674	70.0695	69.7020

图 6-14　市场竞争表现力前 10 名企业对比

从 2 级指标角度来看，市场占有能力得分均值为 55.9435，超值获利能力得分 52.6123，2 个二级指标都低于 60，很显然整个金融企业的市场竞争表现力不佳。虽然我国金融企业也在不断创新，但是与国外银行相比，其创新业务的竞争力还是有限的，因为各个企业的产品比较趋于同质化，又缺乏绝对核心竞争力，因此各个企业间市场竞争比较激烈，利润空间逐渐被压缩，所以市场占有能力和超值获利能力都表现不佳，两者都低于 60，而超值获利能力更是低，仅为 52.6123，

这影响了行业的市场竞争表现力。

在 4 个三级指标中，市场占有率得分最高，为 56.6991，品牌销售利润率最低，仅为 47.3054，这说明我国金融企业的销售利润相对偏低（见表 6-14）；因为 4 个三级指标都比较差，造成二级指标的表现也不尽如人意。因为金融产品的特殊性，不可能像其他行业一样提供差异明显的产品，因此在金融行业内，品牌对企业市场竞争表现力的影响就比较大，所以金融企业应该加大对品牌的重视度，以提高其市场竞争力。

表 6-14　市场竞争表现力各分项指标得分均值

市场竞争表现力	54.7776	市场占有能力	55.9435	市场占有率	56.6991
				市场覆盖率	54.1802
		超值获利能力	52.6123	品牌溢价率	55.4700
				品牌销售利润率	47.3054

三、总结

本节从品牌财务表现力和市场竞争表现力两个方面概况分析了金融行业品牌竞争力，同时也具体分析了二级指标和三级指标对品牌竞争力的贡献和影响，并以品牌财务表现力和市场竞争表现力前 10 名的企业为代表研究整个行业的发展现状和将来的发展趋势。经过研究可知：①行业品牌的财务表现力均值大于市场竞争表现力均值，这说明金融行业的品牌财务表现力要高于市场竞

争表现力对品牌竞争力的贡献；②以品牌财务表现力选择出来的 10 家企业，其品牌财务表现力得分都大于 80，而市场竞争表现力 10 家代表企业的得分却参差不齐；③市场竞争表现力曲线和 CBI 曲线的距离大于 CBI 曲线与品牌财务表现力曲线间的距离；④各指标选择的前 10 名企业中，品牌财务表现力的下降趋势比市场竞争表现力的下降趋势更为平稳；⑤品牌财务表现力的三级指标差距比较大，市场竞争表现力的三级指标间的差距则比较小。

随着我国经济的全面发展和全球化浪潮的涌

现，金融行业规模不断扩大，竞争不断加剧，其参与国际化的程度也逐步深入。我们从前文的分析可以看出，其盈利规模是相当大的，但是其市场占有能力表现欠佳，这一方面是因为我国经济处于不断摸索的改革，另一方面更重要的是受国际大型金融企业的冲击。因此我国金融企业要想在起步比较晚的劣势下生存，在向国外成熟企业学习的同时也要不断开发出适合经济潮流的产品，不断扩大市场，进而提高品牌竞争力。

第四节　中国金融企业品牌竞争力提升策略专题研究

一、中国金融行业宏观经济与政策分析

（一）金融市场运行情况

2013 年是国际经济不断复苏的一年，金融行业也在大环境下逐步走出金融危机的阴影。中国人民银行发布的经济运行情况显示：金融市场各项改革和发展政策措施稳步推进，产品创新不断深化，规范管理进一步加强，金融市场对促进经济结构调整和转型升级的基础性作用进一步发挥。具体情况如下。

1. 票据融资交易活跃，利率有所上升

票据承兑业务增幅趋缓。2013 年，企业累计签发商业汇票 20.3 万亿元，同比增长 13.3%；期末商业汇票未到期金额 9.0 万亿元，同比增长 8.3%。1~8 月，票据承兑余额持续增长，8 月末达到 9.6 万亿元，创历史新高。9 月以来票据承兑增幅趋缓、余额小幅下降，年末承兑余额比年初增加 0.7 万亿元。从行业结构看，企业签发的银行承兑汇票余额仍集中在制造业、批发和零售业。从企业结构看，由中小型企业签发的银行承兑汇票约占 2/3。票据承兑的持续稳定增长有效加大了对实体经济、特别是对小微企业的融资支持。

票据融资交易活跃，票据市场利率总体有所上升。2013 年，金融机构累计贴现 45.7 万亿元，同比增长 44.3%；期末贴现余额 2.0 万亿元，同比下降 4.1%。上半年票据融资余额波动中有所增长，5 月末达到年度最高值 2.4 万亿元。下半年，金融机构加强了对信贷总量和结构的调整，盘活票据融资存量，年末票据融资余额比年初下降 896 亿元。受货币市场利率和票据市场供求变化等多种因素影响，1~5 月票据市场利率总体平稳，6 月以后票据市场利率波动加大，利率水平总体有所上升。

2. 债券发行规模同比增加，银行间市场成交量同比减少

债券发行规模同比增加（仅指国内债券市场发行的人民币债券情况，含央行票据）。2013 年，债券市场共发行人民币债券 9.0 万亿元，同比增长 12.5%。其中银行间债券市场累计发行人民币债券 8.2 万亿元，同比增加 9.9%。截至 2013 年末，债券市场债券托管（包含央行票据托管量）总额达 29.6 万亿元，同比增加 13.0%。其中，银行间市场债券托管余额为 27.7 万亿元，同比增加 10.7%。

2013 年，财政部通过银行间债券市场发行债券 1.3 万亿元，代发地方政府债券 2848 亿元，地方政府自行发行债券 652 亿元；央行发行票据 5362 亿元；国家开发银行和中国进出口银行、中国农业发展银行在银行间债券市场发行债券 2.1 万亿元；政府支持机构债券 1900 亿元；商业银行等金融机构发行金融债券 1321 亿元；证券公司短期融资券发行 2996 亿元；信贷资产支持证券发行 158 亿元。公司信用类债券发行 3.7 万亿元（仅包括非金融企业发行的公司信用类债券，不包括政府支持机构债券），同比增加 4.0%。其中，超短期融资券 7535.0 亿元，短期融资券 8324.4 亿元，中期票据 6716.0 亿元，中小企业集合票据 5.2 亿元，中小企业集合票据（含中小企业区域集合票据 61 亿元）66.1 亿元，非公开定向债务融资工具 5668.1 亿元，企业债券 4752.3 亿元，非金融企业资产支持票据 48.0 亿元，公司债券 4081.4 亿元。

2013 年，银行间市场拆借、现券和债券回购累计成交 235.3 万亿元，同比减少 10.7%。其中，

银行间市场同业拆借成交 35.5 万亿元，同比减少 24.0%；债券回购成交 158.2 万亿元，同比增加 11.6%；现券成交 41.6 万亿元，同比减少 44.7%。银行间市场债券指数有所下降，交易所市场指数上升。银行间债券总指数由年初的 144.65 点下降至年末的 143.93 点，下降 0.72 点，降幅 0.49%；交易所市场国债指数由年初的 135.84 点升至年末的 139.52 点，上升 3.68 点，升幅 2.71%。

3. 货币市场利率中枢上移明显，国债收益率曲线平坦化上移

2013 年，货币市场利率波动幅度加大，利率中枢上移明显。2013 年 12 月，质押式回购加权平均利率为 4.28%，较 2012 年同期上升 166 个基点；同业拆借加权平均利率为 4.16%，较 2012 年同期上升 155 个基点。年内货币市场利率共发生两次较大波动：6 月 20 日，7 天质押式回购加权平均利率上升至 11.62%，达到历史最高点；12 月 23 日，7 天质押式回购加权平均利率上升至 8.94%，创下半年利率新高。

2013 年银行间市场国债收益率曲线整体平坦化大幅上移。12 月末，国债收益率曲线 1 年、3 年、5 年、7 年、10 年的收益率平均比 2012 年底分别高 131 个、132 个、124 个、112 个、98 个基点。全年大致分为两个阶段：第一阶段为年初至 5 月，国债收益率缓慢下降，收益率曲线整体振荡下行；第二阶段为 2013 年 6~12 月，国债收益率持续攀升，收益率曲线平坦化特征明显。

4. 境外投资者类型多元化，商业银行柜台交易量和开户数量有所增加

随着银行间市场创新产品的推出和基础设施的完善，市场层次更加丰富，运行效率进一步提高，银行间市场的影响日益扩大，正在吸引越来越多境内外机构积极参与市场活动。截至 2013 年底，已有 138 家包括境外央行、国际金融机构、主权财富基金、中国港澳清算行、境外参加行、境外保险机构、RQFII 和 QFII 等境外机构获准进入银行间债券市场，银行间市场投资者类型进一步丰富。

2013 年，商业银行柜台业务运行平稳。2013 年商业银行柜台新增记账式国债 16 只，包括 1 年期 4 只，3 年期 2 只，5 年期 3 只，7 年期 4 只，10 年期 3 只。截至 2013 年末，柜台交易的国债券种包含 1 年、3 年、5 年、7 年、10 年和 15 年期六个品种，柜台交易的国债数量达到 102 只。2013 年商业银行柜台记账式国债累计成交 18.7 亿元，同比增加 24.7%。截至 2013 年 12 月底，商业银行柜台开户数量达到 1357 万户，较 2012 年增加 197 万户，增长 17.0%。

5. 人民币汇率呈现升值走势

2013 年，人民币小幅升值，双向浮动特征明显，汇率弹性明显增强，人民币汇率预期总体平稳。2013 年末，人民币对美元汇率中间价为 6.0969 元，比 2012 年末升值 1886 个基点，升值幅度为 3.09%。2005 年人民币汇率形成机制改革至 2013 年末，人民币对美元汇率累计升值 35.75%。根据国际清算银行的计算，2013 年，人民币名义有效汇率升值 7.18%，实际有效汇率升值 7.89%；2005 年人民币汇率形成机制改革至 2013 年 12 月，人民币名义有效汇率升值 32.05%，实际有效汇率升值 42.21%。

简言之，2013 年金融行业的运行情况就是票据融资交易活跃，利率有所上升；债券发行规模同比增加，银行间市场成交量同比减少；货币市场利率中枢上移明显，国债收益率曲线平坦化上移；境外投资者类型多元化，商业银行柜台交易量和开户数量有所增加；人民币汇率呈现升值走势。

（二）金融行业政策分析

1. 金融政策的发展历程概述

虽然我国经济起步比较晚，但是改革开放以来，经济的进步也是非常巨大的，这与整个国际经济形势有密切关系，但更重要的是我国政策的驱动作用。在探索经济发展的实践中，政府和国家相关机构也不断完善经济的相关制度和政策。例如，1993 年底，国务院发布了《关于金融体制改革的决定》，规定国有商业银行不得对非金融企业投资，对保险业、证券业、信托业、银行业实现分业经营；1995 年颁布的《中华人民共和国中央银行法》、《中华人民共和国商业银行法》、《中华人民共和国保险法》三部法律基本确定了我国金融体制分业经营的格局；2000 年保监会发布《保险兼业代理管理暂行办法》；2001 年中国人民银行颁布《商业银行中间业务暂行规定》；2004 年国务院出台《关于推进资本市场改革开放和稳定发展的若干意见》；2005 年中国人民银行与银监会

联合发布《信贷资产证券化试点管理办法》等一系列文件，均对跨业金融服务的开展预留出空间。同时监管部门还出台了一批通知、意见等解释性、具体性的配套规定，这都有力地促进了银行混业经营的发展。2005年7月21日发布《关于完善人民币汇率形成机制改革的公告》（中国人民银行公告〔2005〕第16号）。12月27日，印发《中国人民银行关于中小企业信用担保体系建设相关金融服务工作的指导意见》（银发〔2006〕451号），要求鼓励和支持中小企业发展，加大金融产品和服务方式创新，做好中小企业信用担保体系建设等相关金融服务工作。2007年8月20日，国家外汇管理局发布《关于开展境内个人直接投资境外证券市场试点的批复》（汇复〔2007〕276号），研究在风险可控前提下开展境内个人直接对外证券投资业务试点。2010年6月22日，中国人民银行、财政部、商务部、海关总署、国家税务总局、中国银行业监督管理委员会联合下发了《关于扩大跨境贸易人民币结算试点范围有关问题的通知》（银发〔2010〕186号），扩大跨境贸易人民币结算试点范围，增加国内试点地区，不再限制境外地域，试点业务范围扩展到货物贸易之外的其他经常项目结算，以进一步满足企业对跨境贸易人民币结算的实际需求，发挥跨境贸易人民币结算的积极作用。2013年3月26日，中国人民银行与南非储备银行签署《中国人民银行代理南非储备银行投资中国银行间债券市场的代理投资协议》。2013年12月26日，中国人民银行与世界银行集团成员组织国际金融公司签署《中国人民银行代理国际金融公司投资中国银行间债券市场的代理投资协议》。

以上简要概括了我国政府和机构为促进金融行业发展制定的法律、规章、制度和有关政策等，不仅是我国金融业制度不断完善的缩影，更反映了我国政府对金融业的重视；上面的法规有的反映了金融业的发展路径，有的显示了政府政策侧重点的调整，有的为金融业国际接轨提供了建议，总之无论具体作用是什么，主要目的就是促使我国金融业的不断发展、创新和改革。中共十八大、十八届三中全会以及中央经济工作会议更是突出强调了国家对金融业的重视。

2. 十八大对金融业的相关措施

中国人民银行将按照党中央、国务院的战略部署，贯彻落实中共十八大、十八届三中全会和中央经济工作会议精神，坚持稳中求进、改革创新，继续实施稳健的货币政策，坚持"总量稳定、结构优化"的取向，保持政策的连续性和稳定性，增强调控的前瞻性、针对性、协同性，统筹稳增长、调结构、促改革和防风险，适时适度预调微调，继续为结构调整和转型升级创造稳定适宜的货币金融环境。综合运用数量、价格等多种货币政策工具组合，健全宏观审慎政策框架，保持适度流动性，实现货币信贷及社会融资规模合理增长。

盘活存量、用好增量，改善和优化融资结构和信贷结构。把货币政策调控与深化改革紧密结合起来，重视从提高资源的配置效率、扩大消费者主权的角度继续深化改革，更充分地发挥市场在资源配置中的决定性作用，针对金融深化和创新发展，进一步完善调控模式，疏通传导机制，提高金融运行效率和服务实体经济的能力。有效防范系统性金融风险，促进经济持续健康发展。

在全球化浪潮的促使下，越来越不能忽视金融业对经济的作用，我国金融业在宽松的大环境下有突飞猛进的发展，但是同时也面临着更大的竞争压力，因此我国政府对金融业的改革从未放慢过脚步。十八届三中全会颁发《中共中央关于全面深化改革若干重大问题的决定》（以下简称《决定》）分为16个部分，其中共18处提到"金融"，金融对经济的重要性不言而喻，市场对以金融改革促发展的期望也较高，《决定》对金融相关问题的表述可以从以下几方面进行分析：

（1）健全多层次资本市场改革，利率和汇率逐步实现市场化。

在政策上，未来证券业将会持续释放政策红利，具体创新业务继续放开、细则不断完善；从中长期看，整个市场的资本配置效率将会得到提升，证券行业将会从整个资本市场扩容、证券业务及产品丰富、经济转型及产业升级带来机遇等迎来跨越式发展的时期。其中，健全多层次资本市场体系将明显有利于新三板业务的增量。对于2014年新三板交易制度的改革预期更为乐观，一旦做市商制度落实，将为券商带来实质性的利好。

推进股票发行注册制改革则是更为宏观和长期的政策利好。注册制改革涉及资本市场的方方面面，需要从法律、制度以及市场参与者多方合力，短期1~2年难以一步到位。但为了推进注册制而实施的相应改革措施，将会在今后一段较长的时间内对证券业形成持续释放政策红利的市场憧憬，当中国股市能够较好地适应注册制时，亦将是中国股市多年沉疴得以根治之时。

利率和汇率的市场化就是以市场为资源配置的主要手段，也就是说利率和汇率最终由供求关系确定其价格。市场利率化是经济发展的必然趋势，从2005年我国发布《关于完善人民币汇率形成机制改革的公告》（中国人民银行公告〔2005〕第16号）到十八届三中全会做出《决定》都显示了我国对利率市场化的努力。《决定》提出要完善人民币汇率市场化形成机制，加快推进利率市场化，健全反映市场供求关系的国债收益率曲线。这分别从推进汇率市场化和利率市场化来提出顶层设计，市场对此也有充分预期，人民币汇改的下一步是实现资本项目下的可兑换，利率的全面市场化只差存款的"临门一脚"。《决定》提出健全反映供求关系的国债收益率曲线，我们认为未来有必要从国债交易的期限品种和报价等层面去深化、加强市场的价格发现功能。

（2）设立存款保险制度，允许民间资本发起设立中小型民间金融机构。

存款保险制度是一种金融保障制度，是指由符合条件的各类存款性金融机构集中起来建立一个保险机构，各存款机构作为投保人按一定存款比例向其缴纳保险费，建立存款保险准备金，当成员机构发生经营危机或面临破产倒闭时，存款保险机构向其提供财务救助或直接向存款人支付部分或全部存款，从而保护存款人利益、维护银行信用、稳定金融秩序的一种制度。存款保险制度可提高金融体系稳定性，保护存款人的利益，促进银行业适度竞争；但其本身也有成本，可能诱发道德风险，使银行承受更多风险，还产生了逆向选择的问题。截至2011年底，全球已有111个国家建立存款保险制度。截至2014年3月，中国尚未建立显性的存款保险制度。但是我国也一直在加紧实施这项制度，存款保险的最终目的是市场化竞争，保护存款人利益，这也为利率的完

全市场化铺路，相信这一制度可以较快出台。银行业并购重组未来可能加速，资本实力雄厚、竞争优势明显的公司有望加速成长。

随着我国经济的快速发展，民间也积累了很多财富，由于政策和历史的原因，一直对民营资本进入金融业有很多限制，导致一些民间资本不能通过合规合法的渠道得以利用，也会出现一些新问题，因此我国金融业也在不断完善和改革，促使这些资本充分发挥作用。民营银行相关概念受到追捧。未来放宽金融尤其是银行准入是大势所趋，竞争格局有望改变。当前我国金融业的重大局限在于金融需求庞大，而金融企业由于经营边界等各种限制无法满足市场需求，未来多元化竞争的金融体系有益于满足各方金融需求。对民间资本金融机构规模进行了中小型的设定，未来金融领域国有资本与民间资本展开竞争的领域也主要体现在区域性和中小客户。我们看好有特色以及有特长的新兴民营金融机构，例如专注小微金融领域，以及具有互联网基因的金融机构进入传统金融业。

（3）建立多层次社会保障体系，发展普惠金融。

保险行业政策红利有望释放。过去20年来中国保险行业受益于中国经济高速增长和人口红利，获得高速发展，但保险业尤其是寿险近两年陷入发展"瓶颈"，我国目前以国家基本社会保障体系为主，三中全会决议明确提出"制定实施免税、延期征税等优惠政策，加快发展企业年金、职业年金、商业保险"，保险行业有望再次迎来高速发展的时机。从支持惠普金融角度提出顶层设计，主要还是从满足庞大的金融需求角度，鼓励创新、鼓励发展满足各方金融需求的产品，小微金融、支农金融将有很大的发展，但关键在于如何在创新与风险控制之间取得平衡。

二、2013年度中国金融企业品牌竞争力总体述评

（一）宏观竞争格局：企业分布集中在三省（市），营业收入集中在华北地区

宏观格局的研究主要从地区和省（市、自治区）的营业收入、净利润以及企业的分布情况来分析。本次调研的45家金融企业分布在六个地

区，划分在 17 个省（市、自治区），其中排在前 3 名的北京市、广东省和上海市就占了 17 家，剩余的 28 家企业分布在 14 个省（市、自治区）内，由此可见，金融企业主要集中在经济发达的北京市、上海市和广东省三个省（市、自治区）。除了利用这些地区的优惠政策外，更重要的是这里是人才的集聚地，因为金融行业是知识密集型产业，不同于传统行业，技术和信息的革新非常快，在北上广这些大城市，信息和知识的交流成本低，能充分发挥人才的作用，降低企业的成本，进而提高利润率和品牌竞争力。

被调研的 45 家金融企业的营业收入总金额为 38980.77 亿元，但是仅华北地区就获得 28225.37 亿元，占 72.4%，北京市是华北地区企业数量和营业收入最多的一个市，营业收入高达 28214.87 亿元，占华北地区的 99.97%，虽然广东省和上海市紧随其后，位居第 2 名和第 3 名，但是与第 1 名的北京市相差甚远，其他 14 个省（市、自治区）更是望尘莫及。

随着我国经济的发展，金融行业的创新面临一定的挑战，产品趋于同质化，但是大型金融企业凭借其规模优势、技术优势、人才优势等也能获得不错的竞争地位。如华北地区的 CBI 均值、CBS 均值、品牌财务表现力均值和市场竞争表现力均值分别为 81.6355、76.9895、79.0263 和 72.2369，不仅远远高于位于第 2 名和第 3 名的中南地区和华东地区，更是唯一一个超过均值的地区。虽然我国金融企业不止 45 家，但是将这 45 家作为研究的样本，一定程度上能反映出整个金融行业的总体趋势。总之，宏观上，金融行业的收入规模非常庞大，企业分布相对集中。

（二）中观竞争态势：一枝独秀引领行业，中游企业亟待发展

调研组以 15 个行业中 1548 家企业为研究样本，根据数据处理结果得出 CBI 的特征，将这些企业分为 5 个等级。中观角度我们主要分析金融企业在所有行业中所处的层级以及不同层级之间企业品牌竞争力存在的特征和规律。根据中国企业品牌竞争力分级评级标准，金融企业呈现以下分布特征：5A 级企业 14 家，4A 级企业 10 家，3A 级企业 15 家，2A 级企业 6 家，1A 级企业 0 家。14 家 5A 级金融企业的 CBI 均值竟然大于

87，其他财务指标也远远超过行业均值，绝对的竞争优势不容置疑，集团间的各项指标差距也逐步拉大，说明后面的企业要想赶上还有很长的路要走。虽然金融行业没有 1A 级企业，但是却有 15 家企业位于第三集团，占据行业的 1/3，且 CBI 均值仅为 46.5046，远远低于行业均值 59.4413，因此要想提高行业的整体品牌竞争力，必须使得该集团的企业数量减少，使得下一个集团的企业竞争力不断提高。

（三）微观竞争比较：财务指标和市场指标表现都比较突出，财务指标比市场指标发展平稳

微观层面我们主要具体到金融行业的财务指标和市场指标来剖析，以求能发现其中的发展特点和规律。对于中国企业来说，定量分析仍然是分析企业发展情况的重要方法，因为这会使得结果更具有说服力。这个层面我们会结合前面的定量和定性分析的结果来阐述这 2 个一级指标的表现情况。因为财务指标比市场指标更好定义和测量，因此长期以来形成了比较成熟的标准，但是近些年市场指标也越来越受到企业的重视，从这次的测量结果我们可以看出：虽然市场指标没有财务指标发展平稳，财务指标均值也高于市场得分，但是最高值 90.7778 大于财务竞争力指标 89.9574，说明竞争力强的企业已经强烈意识到市场指标的重要性。

从 2 个指标的总体情况来看，财务竞争力的均值却高出市场竞争力均值 10 多分。不过除了四大国有商业银行这 2 个指标间的差距不大外，其他金融企业市场竞争力得分都低于财务竞争力得分。行业的财务竞争力均值为 62.8396，市场竞争力均值为 51.8851，因此在注重财务指标的同时，更要注重市场指标的提高。

三、中国金融企业品牌竞争力提升策略建议

（一）使金融产品多样化，不断满足客户需求

20 世纪 70 年代欧美国家就开始探索非利息业务的发展，以实现金融产品的多样化，一方面可以通过多元化战略降低企业风险；另一方面可以获得多样化经营的规模优势、协同优势。现在经济全球化势不可挡，国家对国际金融企业限制

的放松，使得一些大型的、成熟的国际跨国企业纷纷在我国成立分支机构或者办事处，再加上我国金融脱媒现象日趋严重，使得我国金融企业竞争逐日加剧，市场份额逐渐萎缩，净利润严重受创，因此我国金融业也不得不进行改革和创新。

在这样的背景下，金融企业先要做的就是了解顾客的需求。因为随着金融业越来越重视创新和改革，对其投入也不断加大，使得金融产品的种类逐渐被丰富，一些新的产品如雨后春笋般出现。这在给投资者和消费者提供更多选择的时候，也会出现新的问题，并且监管部门的监管一般会有滞后性，对于这些新产品的潜在风险是无法预知的，尤其是一些金融衍生产品，大家对其投资并不是建立在了解的基础上，投资者的层次也不同，这不仅加大了投资者的风险也加大了监管的难度。

另外，现在行业间的界限已经没有那么明晰，金融产品的创新也出现跨行业发展的趋势。以其他行业实体为基础，创造出来连接实体经济与虚拟经济的中间业务产品，如期货，由大宗商品和金融产品相结合而形成的。很多从业人士都不是那么容易明白的，更何况消费者，因为金融企业创新和产品多样化的前提是能满足客户的需求，而不是为了创新而创新，应该以市场需求为前提，同时要不断普及这些产品的相关知识，做好宣传和营销工作。同时要不断提高服务质量和服务意识，只有这样才能建立良好的客户关系，保持长远的发展。

（二）树立科学的品牌理念，提升金融品牌文化

在金融业的发展过程中，本民族传统文化在很大程度上推动了金融业的发展。中国是一个勤俭节约的国家，优良的传统文化促使人们把多余的资金储蓄在银行等金融机构，这是成为银行传统业务发展的重要动力，也是银行利润的主要来源。但是随着经济的发展，简单的传统业务逐渐失去竞争优势，那么怎样才能在买方市场的环境下获得竞争优势，作为软实力的品牌和文化就成为了企业制胜的法宝。品牌的背后是文化，我国金融品牌与世界品牌的差距主要在于文化内涵，国际知名金融企业品牌成功的重要原因，就是将本国文化融入金融产品，从而具有深厚的文化底

蕴和民族特色。

虽然我国金融行业已具备品牌意识，但是在市场经济观念很重的今天，许多金融企业重视的依然是有形资源投入的产品经济时代。企业品牌不仅包括良好的财务表现、可观的市场份额、较大的企业规模这些可以看得见的指标，还包括企业的知名度、影响力、顾客忠诚度、企业品牌文化等方面。如果前面说的是定量指标的话，那后面说的就是定性的，无形的、抽象的指标。在品牌经济竞争时代，这些摸不着的指标发挥着越来越重要的作用。另外，创建和塑造品牌不仅仅是单纯依靠广告、人员促销，而是企业理念、企业价值、企业行为的统一。高价值的品牌需要正确的理念定位，确定企业使命和愿景，企业经营哲学和企业价值观，并将企业理念严格地贯彻到企业行为识别和文化识别中去，贯彻到企业的员工理念中去，长期坚持宣传，并不断完善和强化公司文化，逐步锻造出一流的品牌，赢得市场，提高企业知名度，进而赢得消费者忠诚。因此，我国金融品牌要想提升竞争力，形成国际品牌，就要注重金融在文化层面上的提升，把金融文化放在战略的高度，以本土文化作为品牌发展的基础，形成自己独特的品牌文化，并不断丰富品牌内涵，在国际化进程中融入他国文化，同时捕捉现代潮流并进行文化创新，只有这样才会具有强大的品牌生命力和不竭的发展动力。

（三）注重人才培养，提升金融企业的品牌竞争力

随着技术的进步，各行业之间的界限已经没有那么明显，金融业也是如此。创新金融产品之所以在我国发展比较缓慢，除了其产品比较复杂之外，主要是缺乏人才，不仅包括将这种产品推销出去的人才，还包括研究型人才，怎样能够开发出被大家了解和接受的产品也是我国银行业发展中间业务必须要解决的问题。高素质的从业人员不仅能够给金融企业设计出更优质的金融产品，也将提高顾客对银行的忠诚度。其实我国金融产品的种类算是增长比较快的，为何这些创新的产品，如期货、期权等衍生产品的收入占比一直比较低？这主要是因为有些金融创新产品根本得不到发展就夭折了，因此要提高宣传度和接受度，更重要的是金融创新产品要不断简化和调整以符

合市场的需求，这当然会对人员提出更高的要求。现在我国的金融企业非常重视人才的竞争，但是并没有形成一个普遍使用的培养体系。政府要积极引导人才机制的建立，同时企业也要不断探索和创新适合自己的模式。

金融是现代经济的核心，是国民经济的血脉，金融业是我国产业发展的重要组成部分，是其他产业发展的重要保障，是推动转型跨越的强力支撑。也许一个很小的失误或者不合规交易就可能对很多人甚至很多相关行业造成难以估量的影响。例如 2013 年的光大银行"乌龙指"事件，光大证券因程序错误以 234 亿元的巨量资金申购 180ETF 成份股，实际成交 72.7 亿元，可能影响投资者判断，对沪深 300 指数、180ETF、50ETF 和股指期货合约价格均可能产生重大影响，8 月 16 日 11 点 5 分，上证指数出现大幅拉升，大盘一分钟内涨超 5%。最高涨幅 5.62%，指数最高报 2198.85 点，盘中逼近 2200 点。虽然操作风险是银行业风险中比较少见的，但是由此造成的影响可见一斑。因此金融业对人才的要求是多方面的、复合型的，同时也必须是市场需要的。

金融产品的创新需要高端人才，金融企业的战略发展更离不开高素质人才，更何况我国经济发展正处于转型期，金融企业的改革需要人才。高素质人才是指精通市场投资技巧，具备市场分析能力，能够向客户详尽地分析中间业务产品的种类、风险和回报率等的金融从业人员。一是在内部，可以采取定期培训的方式，时时更新金融业的相关知识，与时俱进；在外部，可以引进大型商业银行的优秀金融业务人才，以较短的时间周期取得较快的效果。二是要加强激励约束机制，设立业务考核标准和制度，用制度化的方式增加从业人员的工作动力。三是要不断学习和借鉴国外的先进管理理念，加强对员工的温情管理和关怀，改善目前全国性股份制商业银行员工高流失率的情况，提出适合全国性股份制商业银行中间业务自我发展的新思路。

第七章 中国汽车行业企业品牌竞争力指数报告

第一节 中国汽车企业品牌竞争力指数总报告

一、2013 年度中国汽车企业总体竞争态势

中国企业品牌竞争力指数（以下简称 CBI）研究课题组于 2013 年通过对 90 家中国自主汽车企业品牌进行调研，并根据各企业营业收入和净利润的原始数据分析得出，华东地区与 2012 年一样，一枝独秀，占据过半江山。其中，上海市所占比例超过了 50%，营业额分布如图 7-1 和图 7-2 所示。

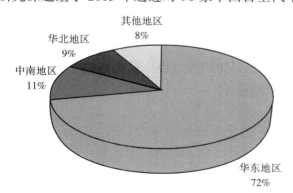

图 7-1 中国汽车行业区域竞争态势

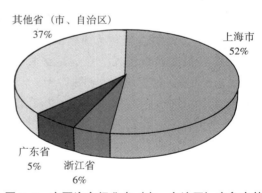

图 7-2 中国汽车行业省（市、自治区）竞争态势

截至 2012 年底，中国汽车行业受调研的 90 家企业营业总额为 10960.67 亿元。从区域的角度分析，华东地区营业总额为 7840.41 亿元，占行业整体营业总额的 72%。中南地区总额略高于华北地区，分别为 1191.16 亿元和 942.54 亿元，分别占行业整体营业总额的 11% 和 9%。东北地区和西南地区的营业总额较少，合计仅占行业整体营业总额的 8%。说明华东地区对我国汽车行业营业额的贡献最大，发展较为繁荣，一方独大的势

头明显。而东北地区和西南地区的汽车行业远远落后于华东地区，企业数量和发展前景均有待提高。中南地区和华北地区虽然排在第 2 名、第 3 名，但其营业额却远低于行业老大华东地区，还有很大的发展空间。

从省（市、自治区）角度来看，排在前 3 名的省（市、自治区）分别为上海市、浙江省和广东省，营业总额分别为 5720.76 亿元、674.06 亿元和 515.30 亿元。其中，上海市营业总额占整体

的 52%，位居行业第一，占据了整个行业的半壁江山。浙江省和广东省两省的营业总额所占比例为整个行业的 11%，发展空间很大，还需要努力

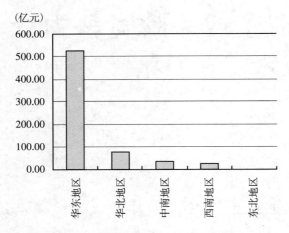

图 7-3　中国汽车企业净利润区域分布

提高。其他省（市、自治区）的营业总额相加也不到 40%，说明中国汽车行业的品牌集中度相对较低，比较分散。

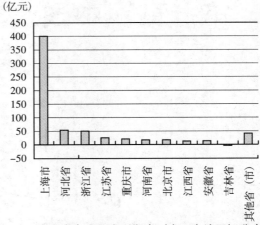

图 7-4　中国汽车企业净利润省（市、自治区）分布

截至 2012 年底，中国汽车行业受调研的 90 家企业净利润总额为 666.06 亿元。从区域角度分析，华东地区仍延续了营业收入的总体优势，净利润总额高达 523.33 亿元，占行业利润总额的 79%，远远领先于其他地区，保持了绝对的优势地位。华北地区和中南地区的利润总额分别为 76.63 亿元和 37.54 亿元，分别占行业利润总额的 12% 和 6%，虽然排第 2 名和第 3 名，但与行业第一的华东地区相比差距较大。东北地区和西南地区的利润总额更是少之又少（见图 7-3）。

从省（市、自治区）角度来看，排在前 3 名的省（市、自治区）分别为上海市、河北省和浙江省，利润总额分别为 400.85 亿元、57.2 亿元和 50.87 亿元。其中，上海市的表现较为突出，净利润总额占行业总额的 60%，领先于其他省（市、自治区），位居行业第一。河北省和浙江省不相上下，净利润总额分别占行业总额的 9% 和 8%，虽然所占比例不大，但发展速度较快，势头较为强进。而其他省（市、自治区）的利润总额所占比重都较小，与行业前 3 名差距较大，有很大的发展提升空间。值得注意的是，2011 年表现不错的吉林省 2012 年利润总额为 -2.88 亿元，下滑速度较快，远远落后于行业前几名（见图 7-4）。究其原因，主要是一汽轿车股份有限公司 2012 年大额

亏损，拉低了整个吉林省的净利润总额，值得引起行业和地区的高度重视。

总体来看，中国汽车行业整体的分布状态是华东地区称霸一方，上海市表现最为突出，无论是营业收入还是净利润方面均远远领先于其他省（市、自治区）及地区，这也是当前中国汽车行业竞争最显著的特征。

二、2013 年度中国汽车企业品牌竞争力指数排名

中国企业品牌竞争力指数（以下简称 CBI）研究课题组已于 2011 年 7 月完成了理论研究，采用多指标综合指数法对中国企业品牌竞争力进行量化研究。初期理论成果包括 CBI 四位一体理论模型、CBI 评价指标体系、CBI 评价指标权重以及 CBI 计算模型，并且已经通过国内 10 位经济学、管理学界权威专家论证。为了检验理论成果的应用效果，课题组继 2011~2012 年连续两年对中国自主汽车企业品牌调研之后，于 2013 年底对中国自主汽车企业品牌进行再一次调研，根据调查数据应用 CBI 计算模型得出中国汽车企业品牌竞争力（以下简称 CBI-R）排名（见表 7-1）。

表 7-1 2013 年中国汽车企业品牌竞争力指数排名

企业名称	省（市、自治区）	相对值（指数）		绝对值形式（百分制）		
		CBI 值	排名	品牌竞争力得分（CBS）	品牌财务表现力	市场竞争表现力
上海汽车集团股份有限公司	上海市	94.2692	1	86.9148	84.6878	92.1112
华域汽车系统股份有限公司	上海市	76.2806	2	72.7826	70.2401	78.7149
长城汽车股份有限公司	河北省	75.5365	3	72.1980	70.1716	76.9262
比亚迪股份有限公司	广东省	68.0911	4	66.3487	61.7978	76.9676
北汽福田汽车股份有限公司	北京市	67.6124	5	65.9727	62.1758	74.8321
吉利汽车控股有限公司	浙江省	67.0700	6	65.5465	62.6972	72.1950
重庆长安汽车股份有限公司	重庆市	66.6258	7	65.1975	61.4460	73.9510
郑州宇通客车股份有限公司	河南省	63.8782	8	63.0389	60.5130	68.9328
江铃汽车股份有限公司	江西省	62.9604	9	62.3179	59.8624	68.0473
安徽江淮汽车股份有限公司	安徽省	62.4519	10	61.9184	57.8151	71.4930
东风汽车股份有限公司	湖北省	59.7053	11	59.7607	56.0113	68.5091
厦门金龙汽车集团股份有限公司	福建省	59.5134	12	59.6099	55.7945	68.5124
中航工业机电系统股份有限公司	湖北省	58.7355	13	58.9988	57.4615	62.5856
中国重汽集团济南卡车股份有限公司	山东省	58.1100	14	58.5074	54.3041	68.3149
一汽轿车股份有限公司	吉林省	57.7564	15	58.2295	53.4025	69.4925
双钱集团股份有限公司	上海市	57.3946	16	57.9453	54.8386	65.1943
海马汽车集团股份有限公司	海南省	57.1178	17	57.7278	55.1621	63.7145
无锡威孚高科技集团股份有限公司	江苏省	56.2242	18	57.0258	55.3623	60.9073
敏实集团有限公司	浙江省	55.4460	19	56.4145	55.0176	59.6738
庆铃汽车股份有限公司	重庆市	55.4332	20	56.4044	54.2949	61.3264
万向钱潮股份有限公司	浙江省	55.3144	21	56.3110	53.5946	62.6493
宁波均胜电子股份有限公司	浙江省	55.0166	22	56.0770	54.8225	59.0043
上海交运集团股份有限公司	上海市	54.7941	23	55.9023	53.4213	61.6913
长春一汽富维汽车零部件股份有限公司	吉林省	54.7161	24	55.8410	53.6763	60.8921
风神轮胎股份有限公司	河南省	54.2573	25	55.4806	52.4421	62.5703
兴达国际控股有限公司	浙江省	53.6709	26	55.0199	52.7242	60.3765
天津一汽夏利汽车股份有限公司	天津市	53.2252	27	54.6697	51.4948	62.0776
赛轮集团股份有限公司	山东省	53.0782	28	54.5542	51.6715	61.2805
宁波华翔电子股份有限公司	浙江省	53.0780	29	54.5540	52.5236	59.2917
五菱汽车集团控股有限公司	上海市	53.0153	30	54.5048	50.0026	65.0100
江苏悦达投资股份有限公司	江苏省	52.5862	31	54.1677	53.0042	56.8826
贵州轮胎股份有限公司	贵州省	52.2109	32	53.8728	50.9357	60.7262
辽宁曙光汽车集团股份有限公司	辽宁省	51.9033	33	53.6312	50.7838	60.2751
浙江万丰奥威汽轮股份有限公司	浙江省	51.1075	34	53.0060	51.5890	56.3124
华菱星马汽车（集团）股份有限公司	安徽省	51.0933	35	52.9949	50.5376	58.7285
正兴车轮集团有限公司	福建省	51.0895	36	52.9918	51.4658	56.5527
安徽中鼎密封件股份有限公司	安徽省	50.8059	37	52.7691	51.4200	55.9168
佳通轮胎股份有限公司	黑龙江省	50.7760	38	52.7456	50.8563	57.1539
青岛双星股份有限公司	山东省	50.1129	39	52.2246	49.1886	59.3087
重庆市迪马实业股份有限公司	重庆市	50.0669	40	52.1885	49.8704	57.5974
安徽安凯汽车股份有限公司	安徽省	48.5502	41	50.9969	48.5884	56.6167
航天晨光股份有限公司	江苏省	48.4294	42	50.9020	48.3906	56.7618
金杯汽车股份有限公司	辽宁省	48.2403	43	50.7535	47.0253	59.4526
北京威卡威汽车零部件股份有限公司	北京市	47.9780	44	50.5474	50.2140	51.3255

续表

企业名称	省（市、自治区）	相对值（指数）		绝对值形式（百分制）		
		CBI 值	排名	品牌竞争力得分（CBS）	品牌财务表现力	市场竞争表现力
芜湖亚夏汽车股份有限公司	安徽省	47.6898	45	50.3210	47.9879	55.7649
江南模塑科技股份有限公司	江苏省	47.2329	46	49.9620	48.1457	54.2001
贵州贵航汽车零部件股份有限公司	贵州省	47.1601	47	49.9048	48.3141	53.6164
中通客车控股股份有限公司	山东省	45.6415	48	48.7118	46.4407	54.0110
中国汽车系统股份公司	湖北省	45.5842	49	48.6667	46.9379	52.7007
浙江万里扬变速器股份有限公司	浙江省	45.4490	50	48.5606	47.5451	50.9300
东风电子科技股份有限公司	上海市	45.3061	51	48.4483	46.7988	52.2971
上海加冷松芝汽车空调股份有限公司	上海市	45.0760	52	48.2675	47.2493	50.6433
浙江亚太机电股份有限公司	浙江省	44.9431	53	48.1631	46.5614	51.9002
中国汽车工程研究院股份有限公司	重庆市	44.9253	54	48.1491	47.3076	50.1127
中航黑豹股份有限公司	山东省	44.8901	55	48.1215	45.3224	54.6526
常州星宇车灯股份有限公司	江苏省	44.8159	56	48.0632	47.4342	49.5309
广东德联集团股份有限公司	广东省	44.0542	57	47.4648	47.0042	48.5393
浙江银轮机械股份有限公司	浙江省	43.9549	58	47.3867	45.8812	50.8995
河南省中原内配股份有限公司	河南省	42.9870	59	46.6263	46.1387	47.7641
山东兴民钢圈股份有限公司	山东省	42.8816	60	46.5436	45.4370	49.1257
广东鸿图科技股份有限公司	广东省	42.7991	61	46.4787	45.4448	48.8913
浙江瑞立集团公司	浙江省	42.5960	62	46.3191	45.6038	47.9883
哈尔滨东安汽车动力股份有限公司	黑龙江省	42.2652	63	46.0593	44.2365	50.3125
四川成飞集成科技股份有限公司	四川省	42.2633	64	46.0578	45.7600	46.7527
山东豪迈机械科技股份有限公司	山东省	42.1100	65	45.9373	45.8166	46.2190
宁波双林汽车部件股份有限公司	浙江省	41.8945	66	45.7680	45.1328	47.2503
天津汽车模具股份有限公司	天津市	41.8701	67	45.7489	44.8618	47.8188
巨轮股份有限公司	广东省	41.5306	68	45.4822	44.7177	47.2661
浙江金固股份有限公司	浙江省	40.9213	69	45.0035	44.1171	47.0717
山东隆基机械股份有限公司	山东省	40.8840	70	44.9741	43.8540	47.5877
黄山金马股份有限公司	安徽省	40.4100	71	44.6018	43.7607	46.5643
河南省西峡汽车水泵股份有限公司	河南省	40.2419	72	44.4697	43.4397	46.8731
江苏太平洋精锻科技股份有限公司	江苏省	38.1035	73	42.7897	43.0966	42.0737
四川禾嘉股份有限公司	四川省	37.9212	74	42.6465	43.6027	40.4154
扬州亚星客车股份有限公司	江苏省	37.8193	75	42.5665	40.9854	46.2557
襄阳汽车轴承股份有限公司	湖北省	37.6211	76	42.4108	41.2554	45.1067
南宁八菱科技股份有限公司	广西壮族自治区	37.6089	77	42.4012	42.4506	42.2859
浙江世宝股份有限公司	浙江省	37.5581	78	42.3613	42.0263	43.1429
浙江康迪车业有限公司	浙江省	37.3565	79	42.2029	42.6312	41.2034
江苏云意电气股份有限公司	江苏省	37.2630	80	42.1294	42.6513	40.9116
长春一东离合器股份有限公司	吉林省	35.4615	81	40.7141	39.8619	42.7026
湖北博盈投资股份有限公司	湖北省	35.0676	82	40.4047	39.3752	42.8067
四川浩物机电股份有限公司	四川省	34.6792	83	40.0995	39.8587	40.6614
芜湖顺荣汽车部件股份有限公司	安徽省	34.1128	84	39.6546	39.8399	39.2223
珠江轮胎（控股）有限公司	广东省	33.6319	85	39.2767	39.3111	39.1964
深圳市特力（集团）股份有限公司	广东省	33.1477	86	38.8963	38.3610	40.1454
深圳市特尔佳科技股份有限公司	广东省	32.3791	87	38.2926	38.8486	36.9951
浙江龙生汽车部件股份有限公司	浙江省	32.2443	88	38.1866	38.9766	36.3432

续表

企业名称	省（市、自治区）	相对值（指数）		绝对值形式（百分制）		
		CBI 值	排名	品牌竞争力得分（CBS）	品牌财务表现力	市场竞争表现力
松辽汽车股份有限公司	辽宁省	29.9066	89	36.3500	38.5365	31.2483
浙江展望股份有限公司	浙江省	24.4279	90	32.0459	33.5603	28.5122
均值		48.6002		51.0362	49.3976	54.8597

注：从理论上说，中国企业品牌竞争力指数（CBI）由中国企业品牌竞争力分值（CBS）标准化之后得出，CBS 由 4 个一级指标品牌财务表现、市场竞争表现力、品牌发展潜力和消费者支持力的得分值加权得出。在实际操作过程中，课题组发现，品牌发展潜力和消费者支持两个部分的数据收集存在一定的难度，且收集到的数据准确性有待核实，因此，本报告暂未将品牌发展潜力和消费者支持力列入计算。品牌财务表现力主要依据各企业的财务报表数据以及企业上报数据进行计算。同时，关于市场竞争表现力方面的得分，课题组选取了部分能够通过公开数据计算得出结果的指标，按照 CBI 计算模型得出最终结果。关于详细的计算方法见《中国企业品牌竞争力指数系统：理论与实践》。

由表 7-1 可以看出，2013 年汽车行业企业品牌 CBI 排名前 10 强分别为上海汽车集团股份有限公司、华域汽车系统股份有限公司、长城汽车股份有限公司、比亚迪股份有限公司、北汽福田汽车股份有限公司、吉利汽车控股有限公司、重庆长安汽车股份有限公司、郑州宇通客车股份有限公司、江铃汽车股份有限公司和安徽江淮汽车股份有限公司。其中，排名第一的上海汽车集团股份有限公司 CBI 值为 94.2692，远高于其他企业，各项指标优势明显，是汽车行业的领导品牌。

CBI 指标体系为企业提供了一套具有诊断功能和预测功能的实用工具，CBI 数值为相对值，一方面可以反映行业总体竞争水平，另一方面也为行业内企业提供一个比较标准。通过 2013 年中国汽车企业品牌竞争力指数数据计算得出中国汽车行业 CBI 数值为 48.6002。略高于本报告调研的 1548 家中国企业品牌竞争力指数均值 47，说明汽车行业整体竞争水平高于平均水平，行业发展状态良好。同理，行业内部企业 CBI 数值低于 48.60，说明其品牌竞争力处于劣势；高于 48.60，则说明其品牌竞争力处于优势。

三、2013 年度中国汽车企业品牌竞争力指数评级报告

（一）中国汽车企业品牌竞争力指数评级标准体系

根据表 7-1 得出的汽车企业 CBI 数值，课题组绘制总体布局（见图 7-5），从整体上看 CBI 分布曲线两头陡峭、中间平缓。根据 CBI 数值表现出来的特征，结合汽车企业的行业竞争力特性对调查的企业进行分级评估，按照一般惯例分为五级，划分标准如表 7-2 所示。

表 7-2　中国企业品牌竞争力分级评级标准

评级 ＼ 标准	CBI 数值标准
5A	CBI≥80
4A	60≤CBI<80
3A	40≤CBI<60
2A	20≤CBI<40
A	CBI<20

（二）中国汽车企业品牌竞争力指数评级结果

由以上评价标准可以将汽车企业划分为五个集团，具体的企业个数及分布情况如表 7-3 和图 7-6 所示，各级水平的企业得分情况由于篇幅原因仅列出代表企业。

表 7-3 中国汽车行业企业各分级数量表

企业评级	竞争分类	企业数量	所占比重（%）	CBI 均值	CBS 均值	品牌财务表现力均值	市场竞争表现力均值
5A 级企业	第一集团	1	2	94.2692	86.9148	84.6878	92.1112
4A 级企业	第二集团	9	14	67.8341	66.1468	62.9688	73.5622
3A 级企业	第三集团	62	70	49.0795	51.4128	49.5023	55.8705
2A 级企业	第四集团	18	14	34.7950	40.1905	40.2905	39.9572
1A 级企业	第五集团	0	0	—	—	—	—
全部	不分类	90	100	48.6002	51.0362	49.3976	54.8597

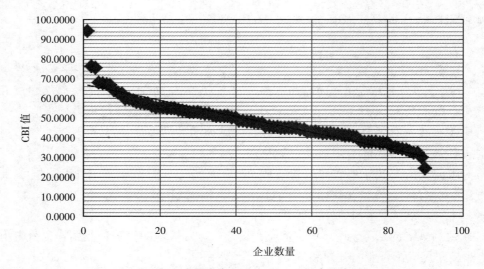

图 7-5 中国汽车行业企业 CBI 散点分布

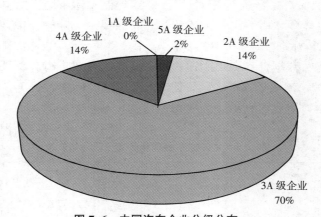

图 7-6 中国汽车企业分级分布

表 7-4 中国汽车行业 5A 级企业品牌代表

企业名称	评级水平	排名	CBI	CBS	品牌财务表现力	市场竞争表现力
上海汽车集团股份有限公司	5A	1	94.2692	86.9148	84.6878	92.1112

据表 7-2 中国企业品牌竞争力分级评级标准，5A 级汽车企业仅有 1 家，就是位列第一的上海汽车集团股份有限公司，其 CBI 所占比重为 2%，CBI 数值、品牌财务表现力得分均在 80 分以上，市场竞争表现力得分超过了 90 分，均遥遥领先于其他企业，这说明上汽集团的品牌发展势头强劲，是当之无愧的龙头企业（见表 7-4）。

表 7-5　中国汽车行业 4A 级企业品牌代表

企业名称	评级水平	排名	CBI	CBS	品牌财务表现力	市场竞争表现力
华域汽车系统股份有限公司	4A	2	76.2806	72.7826	70.2401	78.7149
长城汽车股份有限公司	4A	3	75.5365	72.1980	70.1716	76.9262
比亚迪股份有限公司	4A	4	68.0911	66.3487	61.7978	76.9676
北汽福田汽车股份有限公司	4A	5	67.6124	65.9727	62.1758	74.8321
吉利汽车控股有限公司	4A	6	67.0700	65.5465	62.6972	72.1950

据表 7-2 中国企业品牌竞争力分级评级标准，4A 级汽车企业共有 9 家，CBI 所占比重为 14%。表 7-5 所列的 5 家企业：华域汽车系统股份有限公司、长城汽车股份有限公司、比亚迪股份有限公司、北汽福田汽车股份有限公司、吉利汽车控股有限公司是中国汽车行业领先企业，品牌财务表现力、市场竞争表现力表现突出，消费者支持力度较大，具有较高的顾客忠诚度，品牌发展潜力较大。CBI 及各项分指标得分值均远远高于行业平均值。从第二集团的内部比较而言，华域汽车系统股份有限公司在品牌财务表现力和市场竞争表现力方面均位于本集团第一，具有较强的财务表现和市场竞争力。

表 7-6　中国汽车行业 3A 级企业品牌代表

企业名称	评级水平	排名	CBI	CBS	品牌财务表现力	市场竞争表现力
东风汽车股份有限公司	3A	11	59.7053	59.7607	56.0113	68.5091
厦门金龙汽车集团股份有限公司	3A	12	59.5134	59.6099	55.7945	68.5124
中航工业机电系统股份有限公司	3A	13	58.7355	58.9988	57.4615	62.5856
中国重汽集团济南卡车股份有限公司	3A	14	58.1100	58.5074	54.3041	68.3149
一汽轿车股份有限公司	3A	15	57.7564	58.2295	53.4025	69.4925

四、2013 年中国汽车企业品牌价值 50 强排名

课题组认为，品牌价值（以下简称 CBV）是客观存在的，它能够为其所有者带来特殊的收益。品牌价值是品牌在市场竞争中的价值实现。一个品牌有无竞争力，就是要看它有没有一定的市场份额，有没有一定的超值创利能力。品牌的竞争力正是体现在品牌价值的这两个最基本的决定性因素上，品牌价值就是品牌竞争力的具体体现。

通常上品牌价值以绝对值（单位：亿元）的形式量化研究品牌竞争水平，课题组对品牌价值和品牌竞争力的关系展开研究，针对品牌竞争力以相对值（指数：0~100）的形式量化研究品牌竞争力水平。在研究世界上关于品牌价值测量方法论基础上，提出本研究关于品牌价值计算方法：$CBV=(N-E\times5\%)(1+A)\times C\times CBI/100+K$。其中，CBV 为企业品牌价值，CBI 为企业品牌竞争力指数，N 为净利润，E 为所有者权益，A 为品牌溢价，C 为行业调整系数，K 为其他影响系数，据此得出中国汽车企业品牌价值 50 强（见表 7-7）。

表 7-7　2013 年中国汽车行业品牌价值排名

企业名称	省（市）	品牌价值（CBV）	排名	品牌竞争力（CBI）
上汽集团	上海市	346.95	1	94.27
一汽轿车	吉林省	236.60	2	57.76
长城汽车	河北省	233.34	3	75.54
华域汽车	上海市	182.19	4	76.28
东风汽车	湖北省	179.40	5	59.71
比亚迪	广东省	158.63	6	68.09

企业名称	省（市）	品牌价值（CBV）	排名	品牌竞争力（CBI）
吉利汽车	浙江省	148.33	7	67.07
福田汽车	北京市	144.93	8	67.61
长安汽车	重庆市	141.48	9	66.63
宇通客车	河南省	128.06	10	63.88
江铃汽车	江西省	124.12	11	62.96
五菱汽车	上海市	120.94	12	53.02
江淮汽车	安徽省	114.61	13	62.45
金龙汽车	福建省	103.93	14	59.51
中国重汽	山东省	96.03	15	58.11
双钱股份	上海市	93.12	16	57.39
中航精机	湖北省	92.33	17	58.74
威孚高科	江苏省	91.71	18	56.22
海马汽车	海南省	90.79	19	57.12
敏实集团	浙江省	88.19	20	55.45
万向钱潮	浙江省	86.44	21	55.31
一汽富维	吉林省	83.89	22	54.72
风神股份	河南省	83.82	23	54.26
悦达投资	江苏省	83.81	24	52.59
庆铃汽车股份	重庆市	83.24	25	55.43
交运股份	上海市	83.21	26	54.79
均胜电子	吉林省	79.44	27	55.02
兴达国际	浙江省	79.29	28	53.67
赛轮股份	山东省	78.83	29	53.08
一汽夏利	天津市	78.24	30	53.23
宁波华翔	浙江省	77.37	31	53.08
黔轮胎 A	贵州省	76.29	32	52.21
曙光股份	辽宁省	75.58	33	51.90
华菱星马	安徽省	72.46	34	51.09
中鼎股份	安徽省	72.04	35	50.81
S 佳通	黑龙江省	71.98	36	50.78
正兴集团	福建省	71.34	37	51.09
迪马股份	重庆市	70.95	38	50.07
万丰奥威	浙江省	70.78	39	51.11
青岛双星	山东省	70.37	40	50.11
金杯汽车	辽宁省	69.46	41	48.24
安凯客车	安徽省	65.59	42	48.55
航天晨光	江苏省	64.99	43	48.43
亚夏汽车	安徽省	63.48	44	47.69
模塑科技	江苏省	61.80	45	47.23
京威股份	北京市	60.57	46	47.98
贵航股份	贵州省	60.26	47	47.16
中通客车	山东省	58.42	48	45.64
中汽系统	湖北省	57.26	49	45.58
*ST 黑豹	山东省	57.19	50	44.89
合计		5084.06		

CBV 分析：在 90 家受调研的汽车企业中，排名前 50 强的企业 CBV 合计为 5084.06 亿元。相比 2012 年，汽车行业品牌价值有所提升，但幅度不大。前 10 强的汽车企业 CBV 值合计为 1899.91 亿元，占总量的比重为 37.37%。其中：在 CBV 排名前 10 强的企业中，上海汽车集团股份有限公司、中国第一汽车集团公司稳居前 2 名，长城汽车股份有限公司、东风汽车股份有限公司、比亚迪股份有限公司、吉利汽车控股有限公司、北汽福田汽车股份有限公司、中国长安汽车集团股份有限公司 6 家公司虽然名次有所调整，但其品牌价值仍然保持在前 10 强。郑州宇通客车股份有限公司由上年度的第 12 名上升到第 10 名，值得一提的是上海华域汽车系统股份有限公司的发展势头迅猛，由第 28 名上跃升到第 4 名，而广州汽车集团股份有限公司和中国重型汽车集团有限公司被挤出了前 10 名。在前 10 强汽车企业中，

上海有 2 家，其他 8 家分布在 8 个省（市），说明中国汽车行业龙头企业分布较为广泛，竞争相当激烈。

据表 7-2 中国企业品牌竞争力分级评级标准，3A 级汽车企业共有 62 家，CBI 所占比重为 70%。表 7-6 所列的 5 家企业东风汽车股份有限公司、厦门金龙汽车集团股份有限公司、中航工业机电系统股份有限公司、中国重汽集团济南卡车股份有限公司、一汽轿车股份有限公司是中国汽车行业的中游企业，品牌财务表现力和市场竞争表现力都一般，CBI 及各项分指标得分值在行业平均值上下波动。从第三集团的内部比较而言，一汽轿车股份有限公司市场竞争表现力较好，中航工业机电系统股份有限公司的品牌财务表现力位于本集团第一，说明其财务情况和市场竞争能力相对来说是比较好的。

表 7-8　中国汽车行业 2A 级企业品牌代表

企业名称	评级水平	排名	CBI	CBS	品牌财务表现力	市场竞争表现力
江苏太平洋精锻科技股份有限公司	2A	73	38.1035	42.7897	43.0966	42.0737
四川禾嘉股份有限公司	2A	74	37.9212	42.6465	43.6027	40.4154
扬州亚星客车股份有限公司	2A	75	37.8193	42.5665	40.9854	46.2557
襄阳汽车轴承股份有限公司	2A	76	37.6211	42.4108	41.2554	45.1067
南宁八菱科技股份有限公司	2A	77	37.6089	42.4012	42.4506	42.2859

据表 7-2 中国企业品牌竞争力分级评级标准，2A 级汽车企业共有 18 家，CBI 所占比重为 14%。表 7-7 所列的 5 家企业：江苏太平洋精锻科技股份有限公司、四川禾嘉股份有限公司、扬州亚星客车股份有限公司、襄阳汽车轴承股份有限公司、南宁八菱科技股份有限公司是中国汽车行业中下游企业的代表，其特征是品牌财务表现力、市场竞争表现力等均处于行业平均水平之下，CBI 及各项分指标得分值均低于行业平均值。从第四集团的内部比较而言，品牌财务表现力和市场竞争表现力普遍较低，均在 50 分以下，处于劣势，还有待提高。

第二节　2013 年度中国汽车企业品牌竞争力区域报告

一、五大经济分区

（一）总体情况分析

根据课题组的调研数据，可以看出，我国汽车企业主要分布于华东地区，企业数量高达 50

家，占行业企业总数的 56%，CBI 均值为 49.1409，其企业数量远远超出其他区域，具有很高的行业集中度。而紧随其后的地区分别是中南地区和西南地区，企业数量分别是 18 家和 9 家，分别占行业企业总数的 20% 和 10%，CBI 均值分别为 46.0244 和 47.9207。由此可以看出，西南地

区汽车行业的企业数量虽然只有中南地区的一半，但其 CBI 的均值却略高于中南地区。而这两个地区虽然企业数量排第 2 名与第 3 名，但 CBI 均值都略低于行业平均水平，中南地区市场竞争表现力均值为 52.3250，西南地区市场竞争表现力均值为 53.9066，也都低于行业平均水平。尽管华北地区的企业数量只有 5 家，只占整个行业企业数量的 6%，但是华北地区的 CBI 均值为 57.2445，市场竞争表现力均值为 62.5960，两者皆高于行业平均水平，所以与中南地区和西南地区相比，华北地区更应该归于汽车行业的五大经济区域。另外，华东地区的市场竞争表现力均值为 55.3170，略高于行业平均水平，中南地区和西南地区与华东地区相比还有一定差距，说明两者的品牌竞争力仍有很大的提升空间（见表 7-9、图 7-7、图 7-8）。华东地区与华北地区在品牌财务表现力指标和市场竞争表现力指标得分上均名列前茅，发展前景良好。

表 7-9　　中国汽车企业五大经济区域竞争状况

区域	企业数量	所占比重（%）	CBI 均值	CBS 均值	品牌财务表现力均值	市场竞争表现力均值
华东地区	50	56	49.1409	51.4610	49.8084	55.3170
中南地区	18	20	46.0244	46.0244	47.5929	52.3250
西南地区	9	10	47.9207	50.5023	49.0434	53.9066
东北地区	8	8	46.3782	49.2905	47.2974	53.9412
华北地区	5	6	57.2445	57.8273	55.7836	62.5960
总体情况	90	100	48.6002	51.6302	49.3976	54.8597

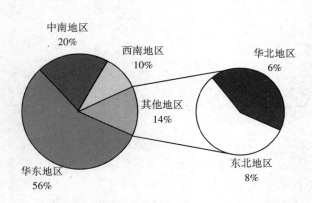

图 7-7　中国汽车企业数量区域分布

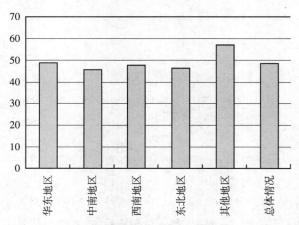

图 7-8　中国汽车企业区域 CBI 均值对比

（二）分项情况分析

在各分项竞争力指标对比方面，各个地区的品牌财务表现力不佳，得分均值在 60 分以下。市场竞争表现力指标数值普遍都在 50 分以上，只有华北地区的市场竞争表现力指标数值高于 60 分，且各地区表现差别不明显。总体来看，品牌的财务表现力不佳，市场竞争表现力处于行业中等偏上水平。由此可以看出，汽车行业的企业品牌财务表现力还有待提高。华北地区虽然只保持着稍微领先的优势，但其品牌财务表现力和市场竞争表现力方面均位列第一，如图 7-9 所示。

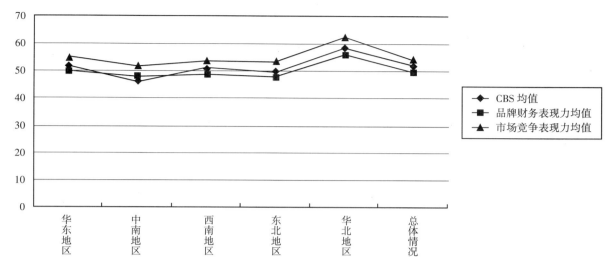

图7-9　中国汽车企业一级指标分区域对比

二、七大省（市）分析

（一）总体情况分析

表7-10　中国汽车企业七大省（市、自治区）竞争状况

省（市、自治区）	企业数量	所占比重（%）	CBI均值	CBS均值	品牌财务表现力均值	市场竞争表现力均值
浙江省	17	19	46.0029	48.9957	47.9414	51.4556
江苏省	8	9	45.3093	48.4508	47.3838	50.9404
山东省	8	9	47.2135	49.9468	47.7544	55.0625
上海市	7	8	60.8766	60.6808	58.1769	66.5232
安徽省	7	8	47.8734	50.4652	48.5642	54.9009
广东省	7	8	42.2334	46.0343	45.0693	48.2859
湖北省	5	6	47.3428	50.0483	48.2083	54.3418
其他省（市）	31	34	50.2641	52.3434	50.5147	56.6104
总体情况	90	100	48.6002	51.6302	49.3976	54.8597

　　由表7-10可以看出，浙江省、江苏省、山东省、安徽省、广东省、上海市、湖北省七个省（市）的企业数量占据行业的66%，所占比重分别为19%、9%、9%、8%、8%、8%、6%，集中度较高，且主要分布在珠三角和江浙地区。浙江省企业数量排名第一，CBI均值为46.0029，低于行业平均水平。上海市的企业数量虽排第三，但其CBI均值为60.8766，位列各省（市、自治区）第

一，品牌发展势头良好，潜力巨大。其他各省（市、自治区）CBI值均低于行业平均值48.6002，说明其品牌竞争力仍有待提升（见图7-10、图7-11）。上海市虽然净利润总额上相对上年有所下滑，但其CBI均值高于行业平均值，说明存在一定的缓冲效应，品牌竞争力的改善和提高应当引起重视，还有很大的上升空间。

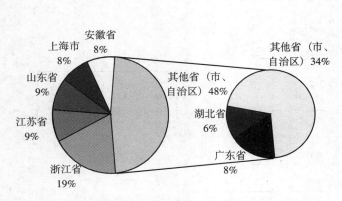

图7-10　中国汽车企业数量省（市、自治区）分布

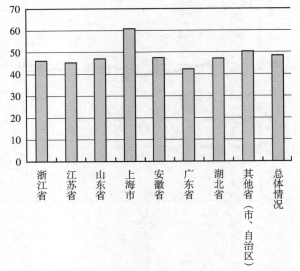

图7-11　中国汽车企业省（市、自治区）CBI均值对比

（二）分项情况分析

在各分项竞争力指标对比方面，品牌财务表现力、市场竞争表现力在各省（市、自治区）之间有所差距。上海市在品牌财务表现力及市场竞争表现力方面得分均较高，分别为58.1769和66.5232。湖北省虽然企业数量较少，但其市场竞争表现力指标为54.3418，接近行业平均水平，说明品牌竞争力还有发展空间。广东省企业数量居于第三，但其财务表现力得分为45.0693，市场竞

争表现力指标得分为48.2859，均低于其他六省（市、自治区），还有较大的上升空间（见图7-12）。整体来看，除上海市汽车行业品牌财务表现力和市场竞争表现力指标得分较为突出外，其他各省（市、自治区）汽车行业品牌财务表现力和市场竞争表现力指标得分都一般，说明汽车行业品牌财务表现力和市场竞争表现力都有较大的提升空间。

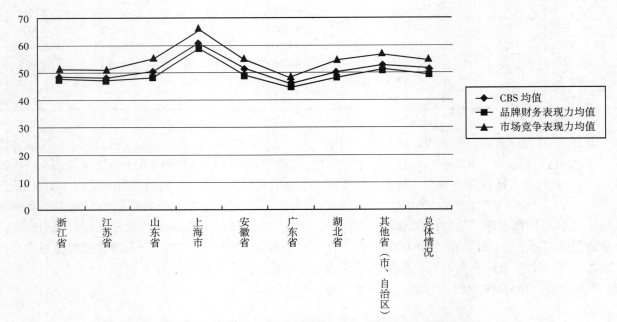

图7-12　中国汽车企业一级指标代表省（市、自治区）对比

第三节 2013年度中国汽车企业品牌竞争力分项报告

一、品牌财务表现

目前国内企业经营者对于现代化管理手段的理解与实践,多半仍然停留在以财务数据为主导的思维里。虽然财务数据无法帮助经营者充分掌握企业发展方向的现实,但在企业的实际运营过程中,财务表现仍然是企业对外展示基本实力的重要依据。品牌财务表现层面的分析将财务指标分为规模因素、效率因素和增长因素3个二级指标。规模因素主要从销售收入、所有者权益和净利润3个三级指标衡量;效率因素主要从净资产报酬率、总资产贡献率2个三级指标衡量;增长因素主要从年平均销售收入增长率、年平均净利润增长率2个三级指标衡量。

由于中国经济的快速发展,加上近几年中国汽车市场逐渐呈现井喷之势,消费需求的不断攀升等因素使得各汽车企业近年来营业收入、净利润都保持了良好的增长态势。全国90家汽车企业的品牌财务表现力得分均值为49.3976,其中,上海汽车集团股份有限公司、华域汽车系统股份有限公司、长城汽车股份有限公司、吉利汽车控股有限公司、北汽福田汽车股份有限公司、比亚迪股份有限公司、重庆长安汽车股份有限公司、郑州宇通客车股份有限公司、江铃汽车股份有限公司、安徽江淮汽车股份有限公司位列前10名(见表7-11),这10家企业中品牌财务表现力最高的是上海汽车集团股份有限公司,其品牌财务表现力得分为84.6878,CBI数值也最高,而最低的是安徽江淮汽车股份有限公司,品牌财务表现力得分只有57.8151,与行业第一还存在很大的差距,仍存在很大的进步空间(见图7-13)。

从3个二级指标看,其均值分别为:规模要素46.0265,效率因素48.9955,增长因素50.1893。增长因素得分最高,其中,年平均净利润增长率得分50.8776。规模要素得分最低,对品牌财务表现影响最大,导致行业整体财务表现欠佳。在所有三级指标的均值中,所有者权益最低,仅为34.3482,净资产报酬率最高,为51.9080(见表7-12)。

表7-11 品牌财务表现指数——行业前10名

企业名称	省(市)	CBI值	品牌财务表现力
上海汽车集团股份有限公司	上海市	94.2692	84.6878
华域汽车系统股份有限公司	上海市	76.2806	70.2401
长城汽车股份有限公司	河北省	75.5365	70.1716
吉利汽车控股有限公司	浙江省	67.0700	62.6972
北汽福田汽车股份有限公司	北京市	67.6124	62.1758
比亚迪股份有限公司	广东省	68.0911	61.7978
重庆长安汽车股份有限公司	重庆市	66.6258	61.4460
郑州宇通客车股份有限公司	河南省	63.8782	60.5130
江铃汽车股份有限公司	江西省	62.9604	59.8624
安徽江淮汽车股份有限公司	安徽省	62.4519	57.8151

二、市场竞争表现

社会经济的良好运行,促进了我国汽车行业的高速发展。与此同时,这样的高速发展也让行业内市场竞争更加激烈。企业只有具备更强的市场竞争能力,才能在目前的行业环境中生存下去。市场竞争表现层面的分析将指标分为市场占有能力和超值获利能力2个二级指标。市场占有能力主要从市场占有率和市场覆盖率2个三级指标衡

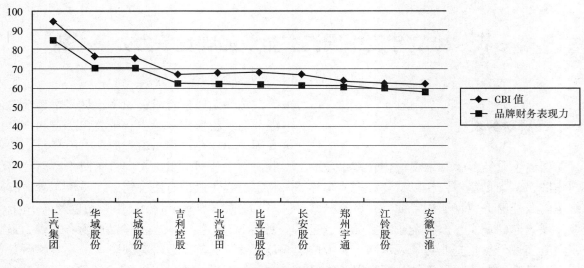

图 7-13　品牌财务表现力前 10 名企业对比

表 7-12　品牌财务表现力各分项指标得分均值

品牌财务表现力	49.3976	规模因素	46.0265	销售收入	54.1097
				所有者权益	34.3482
				净利润	49.4428
		效率因素	48.9955	净资产报酬率	51.9080
				总资产贡献率	44.6268
		增长因素	50.1893	年平均销售收入增长率	49.5009
				年平均净利润增长率	50.8776

量；超值获利能力主要从品牌溢价率和品牌销售利润率 2 个三级指标衡量。

在经济全球化不断加深的大趋势下，我国经济的不断发展、居民收入的不断提高等因素使得各汽车企业近年来营业收入、净利润都保持了良好的增长态势。全国 90 家汽车企业的市场竞争表现力得分均值仅为 54.8597，略高于品牌财务表现力。上海汽车集团股份有限公司、华域汽车系统股份有限公司、比亚迪股份有限公司、长城汽车股份有限公司、北汽福田汽车股份有限公司、重庆长安汽车股份有限公司、吉利汽车控股有限公司、安徽江淮汽车股份有限公司、一汽轿车股份有限公司、郑州宇通客车股份有限公司位列前 10 名（见表 7-13），这 10 家企业在市场竞争表现力方面都很强，差距也不是很大，指标得分均在 68 分以上。第 1 名上海汽车集团股份有限公司，分

值为 92.1112，第 10 名郑州宇通客车股份有限公司分值为 68.9328，说明汽车行业的企业市场竞争表现力整体较强（见图 7-14）。

二级指标中，市场占有能力得分均值 57.0949，超值获利能力得分 50.7085。整个汽车行业的竞争状况较好，各家企业百花齐放。虽然行业领先企业的市场占有率较高，但大部分企业的市场占有率还是处于中等水平。由于各企业在全国各地开设品牌 4S 店，因而行业前 10 名企业的市场覆盖率较高，在汽车行业，品牌对企业市场竞争力表现的影响非常明显，因此品牌溢价率得分均值相对较高，为 56.3009，而品牌销售利润率指标却表现平平，为 40.3225，说明企业应该加大力度控制成本（见表 7-14）。另外，品牌是一个十分重要的因素，各汽车企业必须要加强品牌建设的力度。

表 7-13　市场竞争表现指数——行业前 10 名

企业名称	省（市）	CBI 值	市场竞争表现力
上海汽车集团股份有限公司	上海市	94.2692	92.1112
华域汽车系统股份有限公司	上海市	76.2806	78.7149
比亚迪股份有限公司	广东省	68.0911	76.9676
长城汽车股份有限公司	河北省	75.5365	76.9262
北汽福田汽车股份有限公司	北京市	67.6124	74.8321
重庆长安汽车股份有限公司	重庆市	66.6258	73.9510
吉利汽车控股有限公司	浙江省	67.0700	72.1950
安徽江淮汽车股份有限公司	安徽省	62.4519	71.4930
一汽轿车股份有限公司	吉林省	57.7564	69.4925
郑州宇通客车股份有限公司	河南省	63.8782	68.9328

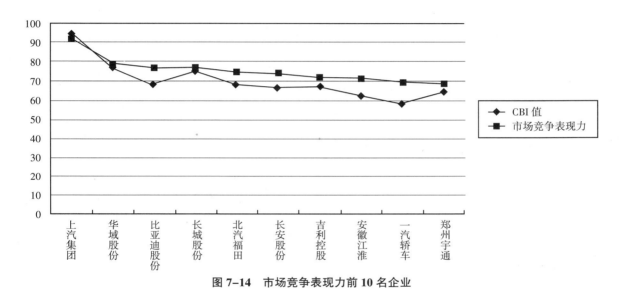

图 7-14　市场竞争表现力前 10 名企业

表 7-14　市场竞争表现力各分项指标得分均值

市场竞争表现力	54.8597	市场占有能力	57.0949	市场占有率	55.3396
				市场覆盖率	61.1908
		超值获利能力	50.7085	品牌溢价率	56.3009
				品牌销售利润率	40.3225

第四节　中国汽车企业品牌竞争力提升策略专题研究

一、中国汽车行业宏观经济与政策分析

（一）汽车市场运行情况

2013 年，国民经济呈现稳中有进、稳中向好的发展态势，为我国汽车工业的健康发展提供了重要保障。在汽车消费热情高涨、消费升级、城市限购预期等有利因素促进下，汽车产销增速总体呈现较快回升，汽车产销双双超过 2000 万辆。汽车工业经济效益呈现较快增长态势，主要经济指标增速好于 2012 年。

截至 2013 年底，汽车产销分别达到 2211.68

万辆和 2198.41 万辆，同比分别增长 14.76% 和 13.87%，增幅高于 2012 年 10.13 个百分点和 9.54 个百分点。其中乘用车产销分别达到 1808.52 万辆和 1792.89 万辆，同比分别增长 16.50% 和 15.71%，增幅高于 2012 年 9.33 个百分点和 8.64 个百分点；商用车产销分别达到 403.16 万辆和 405.52 万辆，同比分别增长 7.56% 和 6.40%。

从 2013 年各月汽车产销情况来看，2 月同比下降，5 月和 7 月增速略低，其他各月累计增速均超过 10%。2013 年月均产销分别达到 184.31 万辆和 183.21 万辆，比 2012 年分别多出 23.71 万辆和 22.32 万辆。

分季度来看，一季度产销同比较快增长，分别为 539.69 万辆和 542.42 万辆，同比增长 12.70% 和 13.11%；二季度产销略少于一季度，分别为 535.41 万辆和 535.73 万辆，同比分别增长 12.72% 和 11.40%；三季度由于 7 月和 8 月为传统销售淡季，产销分别为 518.71 万辆和 510.10 万辆，同比分别增长 12.78% 和 13.56%；四季度产销为全年最高，分别达到 618.82 万辆和 611.07 万辆，同比分别增长 20.55% 和 17.36%。

根据以上数据分析得出，2013 年国产汽车产销首次突破 2000 万辆大关，创全球历史新高，并连续 5 年蝉联全球第一。乘用车产销双双超过 1700 万辆，占汽车产销总量的 81.77% 和 81.55%，分别比 2012 年高出 1.22 个百分点和 1.29 个百分点。进入 2013 年以来，乘用车市场总体保持较为活跃的态势，月均销量达到 149.41 万辆，比 2012 年增加 20.28 万辆。轿车产销分别达到 1210.08 万辆和 1200.97 万辆，同比分别增长 12.38% 和 11.77%，增幅较 2012 年提升 6.16 个百分点和 5.62 个百分点；占乘用车比重分别为 66.91% 和 66.99%，较 2012 年有所下降。中国品牌轿车总体表现不佳，共销售 330.61 万辆，同比增长 8.41%，增幅较 2012 年有所提升，但低于同期轿车全行业；占轿车销售总量的 27.53%，比 2012 年同期低 0.85 个百分点。

从 2013 年汽车行业形势报告的资料中可以看出，在四大类乘用车品种中，市场竞争更为激烈。轿车继续稳居主导，且新产品不断推出；运动型多用途乘用车（SUV）延续了 2012 年快速增长势头；多功能乘用车（MPV）表现也十分抢眼，低

价 MPV 进入这一市场，极大地激活了市场需求，使得 MPV 市场呈现迅猛增长。交叉型乘用车表现依然低迷，降幅较 2012 年明显加大。中国品牌乘用车共销售 722.20 万辆，同比增长 11.37%，高于 2012 年 5.27 个百分点；占乘用车销售总量的 40.28%，占有率比 2012 年下降 1.57 个百分点，降幅又有所加大。这一年，外国品牌对中国品牌的冲击较往年更大，共销售 1070.31 万辆，同比增长 18.89%，高于乘用车行业增速 3.18 个百分点。此外，消费者对于品牌内在品质日益注重，相比较而言，外国品牌竞争力仍明显高于中国品牌。

从全年汽车产销累计增长速度看，逐月增速总体保持在 10% 以上，呈现两头高、中间低的走势。扣除春节因素影响，前 8 个月累计增速最低，但仍高于 2012 年同期 7.7 个百分点。9 月累计产销开始回升，趋势持续到年底。总体来看，2013 年汽车行业运行形势主要呈现以下几个特点：①产销再创新高，增速大幅提升；②乘用车产销增长较快，国产品牌市占率下降；③商用车产销回升、汽车出口下降；④新能源汽车产销保持增长；⑤市场集中度有所提升；⑥经济效益良好，增速提高。

汽车产业作为我国经济的支柱产业，能够带动消费的换代和升级，未来几年仍将得到较快发展。在 2012 年 5% 增长水平的基础上，2013 年我国汽车销售增长率大幅提高，而 2014 年、2015 年中国汽车工业会迎来又一个年均增长超过 20% 的两年"黄金时间"，届时，中国汽车工业将达到顶峰，销售量会达到 3500 万辆左右。

（二）汽车行业政策分析

2013 年中国汽车行业出台与实施频率远胜往年，如"三包"、"召回条例"等业界与消费者期盼多年的政策终于问世，虽然暂时因为相关配套法规的不完备而难达预期效力，但其对消费者权益的护航意义已经十分明显。另外，中央政府仍希望尽快转变经济增长方式，结束粗放型增长转向集约型经济，提高经济效益成为未来中国经济和社会发展过程中的一项重要战略方针，2013 年，这一方针在国民支柱产业之———汽车行业中突出表现在中央加速淘汰落后产能、推动行业兼并重组。

2013 年国内汽车行业政策最高频词当属"环保"，受年初北方大范围雾霾天气的影响，2013 年政府层面对节能减排达到空前的重视程度，被

广泛定义为主要大气污染源的汽车当仁不让地受到了较多"照顾"，促进汽车行业节能减排也成为全年宏观政策层面的最显著特征。

根据2013年中央各部委颁布实施的与车市相关的政策，通过对十大新政的梳理，可以更好地从宏观层面把握全年车市动态以及对未来车市走势做出预判。

1. 乘用车企业平均燃料消耗量核算办法

作为2012年国务院印发《节能与新能源汽车产业发展规划（2012~2020年）》中相关规定的配套政策，2013年3月，工信部、国家发改委、商务部、海关总署、质检总局共同颁布了《乘用车企业平均燃料消耗量核算办法》（以下简称《办法》）。

《节能与新能源汽车产业发展规划（2012~2020年）》中明确规定，2015年和2020年分别实现我国乘用车产品平均燃料消耗量由当前的7.38升/100公里降至6.9升/100公里和5.0升/100公里的目标，《办法》对这一规定的具体推行进行了更加详细的规定，明确了核算主体以及燃料消耗量数据报送与公示系统，并对具体核算方式进行了解读。

2. 新能源汽车补贴

9月17日，财政部网站公布了由财政部、科技部、工信部、国家发改委共同制定的《关于继续开展新能源汽车推广应用工作的通知》（以下简称《通知》），业界期盼已久的新能源汽车补贴政策终于落定。

《通知》规定了对消费者购买新能源汽车给予补贴，补助范围是纳入中央财政补贴范围的新能源汽车车型应是符合要求的纯电动汽车、插电式混合动力汽车和燃料电池汽车。根据新规，新能源乘用车可获得3.5万元、5万元和6万元不等的补贴。

3. 节能补贴

9月30日，财政部、国家发改委以及工信部公开宣布现行1.6升及以下节能汽车推广补贴政策执行到当天结束，并公布《关于开展1.6升及以下节能环保汽车推广工作的通知》，从10月1日起，1.6升及以下节能环保汽车（乘用车）实施新一轮推广补贴政策，入围车型门槛提高至百公里油耗5.9升，补贴标准仍为每辆车3000元。

4. 汽车"三包"

10月1日，国庆黄金周的第一天，多方利益博弈多年后，汽车"三包"政策终于浮出水面。2013年1月15日，质检总局网站发布公告称，《家用汽车产品修理、更换、退货责任规定》已于2012年6月27日由国家质量监督检验检疫总局局务会议审议通过，现予公布，自2013年10月1日起施行。

通过汽车"三包"，消费者购买汽车用品将获得更大的权益保障，主要体现在以下几点：消费者知情权保障、消费者选择权保障、消费者权益受损时保障获得相应补偿。

5. 汽车召回条例

2012年10月30日，国务院办公厅颁布国务院令，《缺陷汽车产品召回管理条例》（以下简称《条例》）2012年10月10日已经国务院第219次常务会议通过并予以公布，自2013年1月1日起施行。

召回条例的一大亮点就是不再做表面文章，提高了车商的违规处罚力度，一些应召回而拒不召回的行为或将面临上亿元的罚款。《条例》第二十四条明确规定，出现未停止生产、销售或者进口缺陷汽车产品，隐瞒缺陷情况，经责令召回拒不召回三种情形之一，可处缺陷汽车产品货值金额1%以上10%以下的罚款；有违法所得的，并处没收违法所得；情节严重的，由许可机关吊销有关许可。

6. 天津限购

面对严重的道路拥堵和雾霾天气，天津市也终于负重难行，成为又一个限购汽车的城市。2013年12月15日晚，天津市政府紧急发布两条公告，《关于实行小客车总量调控管理的通告》和《关于实施机动车限行交通管理措施的通告》，指出自2013年12月16日零时开始天津实施无偿摇号与有偿竞价相结合的限牌措施。2014年3月1日开始实施限行措施，每日和每周限行的尾号与北京一致。

7. 取消公务车

2013年11月25日，中共中央、国务院印发了《党政机关厉行节约反对浪费条例》（以下简称《条例》），《条例》共分12章、65条，对党政机关经费管理、国内差旅、因公临时出国（境）、公务接待、公务用车等方面做出全面规范。

《条例》中与汽车行业相关的规定主要针对公

务用车，《条例》指出，要坚持社会化、市场化方向改革公务用车制度。改革公务用车实物配给方式，取消一般公务用车。

8. 兼并重组指导意见

2013 年 1 月 22 日，工信部网站公布消息，工信部、国家发改委、财政部等国务院促进企业兼并重组工作部际协调小组 12 家成员单位联合印发了《关于加快推进重点行业企业兼并重组的指导意见》（以下简称《意见》）。《意见》指出，将以汽车、钢铁、水泥等九大行业为重点，推进企业兼并重组。具体到汽车行业，《意见》的出台，鼓励更多汽车企业"走出去"，把握时机开展跨国并购，在全球范围内优化资源配置，增强国际竞争力。《意见》指出，到 2015 年，汽车行业前 10 家整车企业产业集中度达到 90%，并形成几家具有核心竞争力的大型汽车企业集团。

9. "大气国十条"

2013 年 9 月 10 日，国务院发布《大气污染防治行动计划》十条措施（简称"大气国十条"），明确了未来 5 年大气污染防治的治理目标和重点治理措施，其中多项措施涉及汽车及相关产业，例如实施公交优先战略，根据城市发展规划合理控制机动车保有量，提升燃油品质，加快淘汰黄标车和老旧车辆等。

10. 商用车国四排放标准

商用车国四排放标准因为原定于 2013 年 7 月 1 日全国实施的政策再次"跳票"，至今还未确定准确的全面实施日期。虽然中央层面未颁布全国性的政令，但面对严峻的环境危机，多地方政府已经率先于 2013 年 7 月 1 日前后实施商用车国四地方标准。

二、2013 年度中国汽车企业品牌竞争力总体评述

（一）宏观竞争格局：企业分布集中在三省（市），营业收入集中在华东地区

宏观格局的研究主要从地区和省（市、自治区）的营业收入、净利润以及企业的分布情况来分析。总体来说，本次调研的 90 家汽车企业主要分布在五个区域，包含 21 个省（市、自治区）。从区域来看，整个被调研企业的营业收入总额为10960.67 亿元，其中华东地区的营业收入就高达7840.41 亿元，占整个汽车行业的 72%；而整个行业的净利润总额为 666.06 亿元，华东地区高达523.33 亿元，占行业利润总额的 79%。由此可以看出，华东地区的优势地位仍然非常明显，遥遥领先于其他地区。

从省（市、自治区）来看，营业收入排在前3 名的上海市、广东省和浙江省就囊括了 31 家，剩余的 59 家企业分布在 18 个省（市、自治区）；净利润分布情况与营业收入分布情况基本保持一致，上海市净利润总额达到 400.85 亿元，居各省（市、自治区）之首，虽然浙江省和广东省紧随其后，位居第二和第三，但是与第 1 名的上海相比还是相差甚远，其他 18 个省（市、自治区）就更是望尘莫及。可见，汽车企业主要集中在经济发达的浙江、上海和广东三个省（市）。

根据中国汽车行业的 CBI 排名，从区域来看，中国汽车企业主要分布于华东地区，企业数量占行业总数的比重为 79%，集中度非常高。华东地区的 CBI 均值、CBS 均值、财务竞争力均值和市场竞争力均值都居于榜首，远高于其他地区。当然，中国的汽车企业远不止 90 家，我们只是将这90 家作为研究样本，在一定程度上反映出整个汽车行业的总体趋势，从中分析中国汽车行业的竞争情况。总之，从宏观上可以看出，无论是从营业收入还是净利润，抑或是企业数量来看，无论是从区域还是省（市、自治区）来看，中国汽车行业的聚集度都比较高，主要集中在华东地区和三大省（市）。其余地区汽车行业的发展仍处于竞争劣势，这些地区需要成长一批具有综合竞争力的企业来带动区域汽车行业的发展。

（二）中观竞争态势：一枝独秀引领行业，中游企业亟待发展

调研组以 15 个行业中 1548 家企业为研究样本，根据数据处理结果得出的 CBI 的特征，将这些企业分为 5 个等级。中观角度我们主要分析汽车行业在所有行业中所处的层级以及不同层级之间企业品牌竞争力存在的特征和规律。根据中国企业品牌竞争力分级评级标准，汽车企业呈现以下分布特征：5A 级企业 1 家，上海汽车集团股份有限公司，其 CBI 所占比重为汽车行业的 2%；4A 级企业 9 家，CBI 所占比重为 14%；3A 级企

业62家，CBI所占比重为70%；2A级企业18家，CBI所占比重为14%；1A级企业0家。1家5A级汽车企业的CBI均值竟然在90以上，其他财务指标也远远超过行业均值，绝对的竞争优势不容置疑，集团间各项指标差距也逐步拉大，说明后面的企业要想赶上前面的还有很长的路要走。虽然汽车行业没有1A级企业，但是却有62家企业位于第三集团，占据行业的大半，且CBI均值较低，甚至低于行业均值。因此要想提高行业的整体品牌竞争力，必须使得这个集团的企业数量减少，使得下一个集团的企业竞争力不断提高。

（三）微观竞争比较：财务指标和市场指标表现都比较突出，财务指标比市场指标发展平稳

微观层面我们主要具体到汽车行业的财务指标和市场指标来剖析，以求能发现其中的发展特点和规律。对于中国企业来说，定量分析仍然是分析企业发展情况的重要方法，因为这会使得出的结果更具有说服力。这个层面我们会结合前面的定量和定性分析的结果来阐述这2个一级指标的表现情况。因为财务指标比市场指标更好定义和测量，因此长期以来形成了比较成熟的标准，但是近些年市场指标也越来越受到企业的重视，从这次的测量结果可以看出：虽然市场指标没有财务指标发展平稳，但是均值却高于财务指标得分，最高值92.1112大于财务竞争力指标84.6878，说明竞争力强的企业已经强烈意识到市场指标的重要性。

从2个指标的总体情况来看，财务竞争力的均值稍微低于市场竞争力。从前10名的企业来看，品牌财务表现力的差距较大，还有待提高；市场竞争表现力方面均表现突出，差距较小。总的来看，中国汽车呈现产销两旺、经济效益改善、竞争力增强的良好发展势头，虽然总体财务指数表现一般，仍需进一步改进，但在实体经济普遍产能过剩压力的情况下，汽车行业通过技术创新、开发新产品、扩延市场份额实现了平稳较快增长，为经济增速"保下限"发挥了重要作用。

三、中国汽车企业品牌竞争力提升策略建议

中国加入WTO以来，汽车市场竞争激烈，我国汽车企业迅速发展，日趋成熟，国内外市场环境既提供机遇又充满挑战，在中国汽车市场中，相对于外资品牌和合资品牌，自主品牌处于劣势地位，很多国内企业存在急功近利、缺少长期打算的问题。如何适应国内汽车市场结束高增长、进入调整期的行业环境，结合本次调查结果和目前国内汽车企业的现状以及一些专家学者的意见，整合出以下品牌竞争力提升策略建议：

（一）完善售后服务体系

现如今的中国汽车市场日新月异，企业的主要利润来源不再是单纯的靠卖汽车增加销量。国家对于刺激汽车消费的一系列鼓励政策相继退出历史舞台，伴随着一线城市限购、交通拥挤的现状，在汽车拥有量极高、汽车销量增速放缓的今天，如何实现可持续增长，并保持较快的增长速度是企业面临的最紧迫的问题。在这样的环境下，作为维系客户忠诚度和品牌口碑不可或缺的售后服务，真正成为汽车企业乃至整个汽车行业可持续发展的重要组成部分。许多企业渐渐意识到，要想获得客户，稳住客户，留住客户，仅仅靠价格和车型是远远不够的，售后服务的质量越来越得到消费者的重视。由于我国汽车业起步晚，售后服务水平与国外相比，还不尽如人意。一些厂商从经营模式到服务理念、品牌维护还存在一定的问题。目前，我国的汽车厂商仍普遍存在"重生产轻服务"的现象，汽车企业纷纷扩大产能，但在服务市场管理方面还很欠缺。即使汽车企业在宣传时强调服务的重要性，但实际上，"加强售后服务"看上去更像企业的口号。因此，汽车企业要想在市场上站稳脚跟，必须重视售后服务体系的建立与完善。

售后是非常关键的一个环节，因为汽车是技术密集型产业，对从业人员的技术水平有着相当高的要求，这要求企业在招聘时应该严格把关，并做好企业培训和绩效考核工作，以保证售后的服务质量，建立起一支拥有雄厚技术力量的高素质维修队伍。只有这样，才能快速高效地检测出设备存在的问题，即时解决以保证消费者的利益。近些年，许多大型汽车企业在我国大专院校开展校企合作项目，由学校定期向品牌企业输送优秀技术人才，并能适应不断变化的市场形势。

同时有顾客反映售后服务人员不热情，丝毫

没有"顾客是上帝"的服务意识，这同样需要引起汽车公司的重视，在公司上下灌输建立主动热情的企业文化，提高消费者的服务感知质量。

（二）营造良好的外部环境

汽车自主品牌的发展需要政府引导及扶持、行业组织及协调、社会舆论导向来营造一个良好的外部环境。

国家明确的政策引导和措施扶持可以坚定自主品牌企业的信心，促使企业将自主开发活动从政府推动变为企业为取得生存和竞争优势需要的自觉行为。这些政策包括：

一是有关有助于自主开发的财税、金融政策体系的制定、完善和落实。对企业有关研发的减免税要落实到位，对自主研发的各项开支加大税收抵扣，如企业投入的研发经费抵免企业所得税，按照企业年度研发支出的平均额实现优惠税率；加速研发设备的折旧，缩短折旧期限等，有步骤地实现内外资企业税率政策的统一，给内资自主研发企业创造公平的竞争环境；建议对自主研发的产品以及某些高新技术产品单列税收抵免政策，加大对高新技术企业的支持力度；制定鼓励风险投资的政策措施。

二是要加强对知识产权的保护和有关立法支持。自主创新不仅需要大量投入，而且要承受巨大风险，必须有措施保证企业创新活动获得与高风险、高投入相对应的收益；知识产权保护渗透到创造、保护、利用和扩散的全过程，知识产权制度不能独立发挥作用，要建立一个较为完整的知识产权保护和发展体系；适当降低专利申请费用和专利年费的标准，克服研发投入的体制性障碍，增强企业技术创新的内在动力，调动企业研发的积极性，改变我国企业研发机构数量少、能力弱的现状；要把企业自主创新纳入法律范围，通过法律条文把政府行为上升为国家意志；支持企业建立完善研发中心，国家有关部门应建立专项基金予以支持；允许企业和企业化经营的科研机构、科技中介组织在健全法人治理结构的条件下自主规定对科技成果贡献者的激励方式，国家通过立法确认其合法性和不可侵犯性。

三是要加大对民族工业的保护和支持力度。政府要对自主品牌产品实行优先采购，严格执行《政府采购法》，把自主品牌企业的产品和服务纳入政府采购优先目录；要充分利用WTO规则中允许政府保护幼稚产业的规定，以及例外条款和保障机制对民族自主研发产业进行保护；对国外滥用知识产权案例而使我国自主研发企业无端陷入纠纷的情况得到改变，要给受害企业提供法律支持；加大信息共享力度，通过对产学研结合和对共性技术研发基地的支持，对企业的自主研发给予间接支持。

总之，政府及社会应尽快形成完整的自主品牌开发支持体系，营造有利于自主品牌成长的外部环境。

（三）供应链整合战略

汽车行业发展到今天，已经没有哪家企业能够独立完成从零部件生产、整车装配到将汽车卖给终端客户的全过程。提高新产品的开发速度、降低生产成本，不能仅靠企业自身来解决，而是一个全球化的产业供应链问题。所以，必须通过供应链管理优化来提高效率和竞争力，实行全球采购、全球生产、全球合作开发和全球销售的全球经营策略，从而达到优化价值链的目的。供应链管理的意义就是优化核心业务流程，降低企业组织和经营成本，提升企业的市场竞争力。它意在帮助企业建立一套与市场竞争力相适应的、数字化的管理模式，弥补我国企业长期以来在组织结构设计、业务流程和信息化管理方面存在的不足，从整体上降低组织成本，提高业务管理水平和经营效率，实现增值。供应链管理正日益成为一种新的企业竞争战略。这种战略包括：

一是横向整合战略，又称横向一体化战略。横向一体化战略有两种表现形式。首先是直接或有形的横向一体化战略，也就是竞争对手之间的合并和相互参股。其次是间接或无形的横向一体化战略，竞争对手通过战略联盟开拓新市场、降低成本或狙击竞争对手的市场进入。我国汽车品牌应争取多层次、跨领域的战略合作，共享资源，集成要素优势，实现双赢或共赢的市场策略。

二是纵向整合战略，是指核心企业把企业的外部供应链与企业的内部供应链有机整合起来，形成一个集成化的产业链条，把上下游企业之间以及企业内部的各种业务及其流程看作一个整体过程，形成一体化的供应链管理体系。从采购原材料开始，到制成中间产品以及最终产品，最后由销售网络把产品送到消费者手中，最终将供应商、制造商、分销商和零售商到最终用户连成一个整体的功能网链和组织结构模式。这条产业管理链条不仅包含了企业内部各部门、各分公司和办事处，而且还包含了所有联盟的上下游企业；不仅是一条连接供应商和用户的物料链、信息链、资金链，而且是一条增值链。它更加注重企业内部和企业之间的合作，使企业内部和外部分担的采购、生产、分销和销售的职能和流程协调发展。

（四）技术创新（自主研发）战略

国内外技术创新的研究与实践成果表明，技术创新是科学技术与经济相结合的概念，是一项复杂的系统工程。技术创新是现代企业核心竞争力的决定性因素。技术创新是企业发展的永恒动力，是获得竞争力优势的根本方法。只有技术领先，才能保持名牌产品的优势。现实表明，核心竞争力的不断生成与强化，特别明显地表现在开发潜在市场能力的不断更新强化与升级换代上。为此，技术创新的核心任务是提高企业的自主开发能力。技术创新的战略措施包括以下几个：

1. 建立技术创新体系

我国汽车产业应改革汽车工业管理体制，完善市场运作机制，由政府主导建立资源共享、以企业为主体、以市场为导向、官产学研相结合的科技创新体系。

2. 制定和完善各项政策及法律法规体系

我国汽车产业应尽快制定和完善各项支持汽车产业自主创新的政策与措施以及适合国情的标准与法律法规体系，建立在引进技术基础上改进创新能力，建立整车、底盘、动力总成和车身的集成开发能力，在全球零部件资源基础上有选择地建立一批关键零部件的开发与创新能力。从而全面提高关键核心技术的自主创新能力，全力打造具有自主知识产权的自主品牌。

3. 建立国家创新工程

单个企业无法完成很多基础性、前瞻性、共享性的科研项目。因此，由国家出面组织实施类似美国 PNGV 的我国汽车创新工程计划显得很有必要。动员社会力量，形成官产学研四方为一体的研究网络，采取有所为有所不为的策略，在某一关键核心技术上寻求突破口，逐步过渡到其他

次核心领域，牢牢抓住新一轮汽车产业发展的主动权。

（五）明确品牌定位

市场细分不足、产品同质化严重是当前我国汽车市场的一个尴尬局面，也是价格战愈演愈烈的主观原因之一。当前国内顾客买车已进入个性化阶段，消费者在购买动机、习惯、偏好等方面存在着显著不同，汽车市场细分已成为必然趋势。所以，我国汽车企业应通过市场调研，找出细分市场，分析出目标顾客群的精神需求及价值需求来定位品牌的核心价值，先入为主地争取消费者。

品牌实际上是一种消费者利益或者价值的象征。消费者购买品牌产品，实际购买的是品牌所代表、创造、传递的价值。品牌价值由产品功能和消费者情感组成。品牌所表明的是产品与消费者之间的关系，因此品牌定位的目标在于使品牌所体现的价值与消费者的购买动机相吻合。品牌不应只反映产品的特性或功能，更重要的在于要赋予产品一种与众不同的情感，从而引起消费者共鸣，实现相互间的沟通，最终作为可信赖的印象沉淀在消费者心中。鉴于我国汽车自主开发的历史较短，在消费者心目中没有多少文化沉淀，所以品牌定位，即找准目标消费群的精神需求，与消费者建立感情非常重要。

（六）建立品牌价值

品牌核心价值是品牌走向伟大的道路，也是顾客通往品牌的道路；品牌核心价值就像品牌的"身份证"，有了核心价值，品牌才成为品牌。象征性的品牌核心价值是品牌成为顾客表达个人主张或宣泄的方式，有个性的品牌就像人一样有血有肉，令人难忘。近年来品牌个性在品牌核心识别中越来越重要，以至于不少人认为品牌个性就是品牌核心价值，品牌个性已经成为一种玄乎其玄的神奇力量。如奔驰车成为地位与名望的象征一样。品牌核心价值是一个品牌最独一无二且最有价值的精髓所在，它代表着品牌对消费者的终极意义和独特价值，是考验品牌强势程度的重要标志，也决定了顾客对品牌的忠诚度。所以，只有构建内涵丰富的品牌价值体系，从消费者的每一个接触点去传递品牌价值，才能在消费者头脑中树立起栩栩如生的立体的品牌形象。

第八章 中国 IT 行业企业品牌竞争力指数报告

第一节 中国 IT 企业品牌竞争力指数总报告

一、2013 年度中国 IT 企业总体竞争态势

中国企业品牌竞争力指数（以下简称 CBI）研究课题组为了检验理论成果的应用效果，于 2013 年对中国 155 家自主 IT 企业品牌进行了调研，根据对各企业营业收入和净利润原始数据的研究发现，华北地区独占鳌头，中南地区略高于华东地区，北京市所占份额遥遥领先。因此，中国 IT 企业品牌竞争力整体表现出华北地区一枝独秀，与中南地区、华东地区三分天下的总体竞争态势，如图 8-1 和图 8-2 所示。

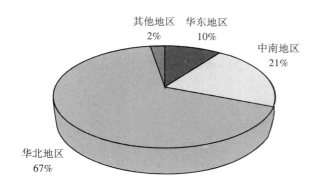

图 8-1　中国 IT 行业区域竞争态势

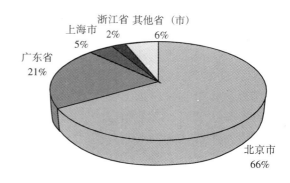

图 8-2　中国 IT 行业省（市）竞争态势

截至 2012 年底，中国 IT 行业受调研的 155 家自主 IT 品牌企业的营业总额为 5614.00 亿元。从区域的角度分析，华北地区营业总额为 3740.70 亿元，占行业整体营业总额的 67%，占据绝对的优势，遥遥领先于其他地区。中南地区营业总额为 1172.85 亿元，占比 21%，位列第二。华东地区虽位列第三，但营业总额仅为 555.79 亿元，占比 10%。其他地区营业总额较少，加起来仅为 144.66 亿元，占比 2%。由此看出，IT 行业发展集中度较高，华北地区对我国 IT 行业整体贡献最大，发展态势良好，发展优势明显。中南地区和华东地区虽位列第二、第三，仍远远落后于华北地区，有待提高。其他地区发展较为落后，与华北地区形成较大对比，企业数量和发展前景均有

待提高。

从省（市）角度来看，排在前 3 名的省（市）分别为北京市、广东省、上海市。其中北京市表现最为突出，营业总额为 3726.01 亿元，占行业营业总额的 66%，遥遥领先于其他省（市），稳坐行业老大的位置。广东省跟随其后，营业总额为 1150.29 亿元，占比 21%，排名第二，但与北京市仍存在较大的差距，有很大的发展空间。上海市

排名第三，营业总额为 261.14 亿元，占比 5%，其 IT 行业发展有待提高。浙江省营业额为 132.38 亿元，仅占 2%。其他省（市）仅占 6%。北京市、广东省和上海市三个省（市）营业总额总占比高达 92%，说明中国 IT 行业企业主要分布于北京市、上海市和广东省等较发达的一线城市，品牌集中度较高，趋势明显（见图 8-2）。

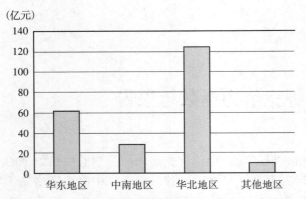

图 8-3　中国 IT 企业净利润区域分布

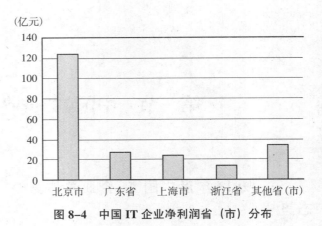

图 8-4　中国 IT 企业净利润省（市）分布

截至 2012 年底，中国 IT 行业受调研的 155 家自主 IT 品牌企业的净利润总额为 223.45 亿元。从区域的角度分析，华北地区仍保持了营业收入的总体优势，净利润总额高达 124.27 亿元，占行业利润总额的 56%，占据半壁江山。华东地区排名第二，净利润达 61.19 亿元，占比 27%。中南地区虽营业收入高于华东地区，但净利润却低于华东地区，为 28.60 亿元，仅占比 13%。华东地区和中南地区虽分别排名第二、第三，但与华北地区仍存在较大差距，其他地区的利润甚少，其利润总额仅占 4%（见图 8-3）。

从省（市）角度来看，排在前 4 名的省市分别为北京市、广东省、上海市、浙江省，净利润总额分别为 123.46 亿元、27.08 亿元、24.55 亿元、13.79 亿元。其中，北京市表现最为突出，净利润总额占比 55%，基本创造了华北地区的所有净利润，大大领先于其他省（市），稳居各省（市）第一。广东省与上海市差距较小，净利润总额分别占比 12% 和 11%，发展势头良好，但与北京市差距仍较大。浙江省发展速度较快，净利润总额占比 6%，还有很大的提升空间（见图 8-4）。

总体来看，中国 IT 行业整体分布大多数集中于珠三角、长三角以及环渤海地区。华北地区称霸一方，北京市优势尤为明显，无论营业收入还是净利润方面均遥遥领先于其他地区和省（市），这也是当前中国 IT 行业最显著的特征。

二、2013 年度中国 IT 企业品牌竞争力指数排名

中国企业品牌竞争力指数（以下简称 CBI）研究课题组已于 2011 年 7 月完成了理论研究，采用多指标综合指数法对中国企业品牌竞争力进行量化研究。初期理论成果包括 CBI 四位一体理论模型、CBI 评价指标体系、CBI 评价指标权重以及 CBI 计算模型，并且已经通过国内 10 位经济学、管理学界权威专家论证。为了检验理论成果的应用效果，课题组继 2011~2012 年连续两年对中国自主 IT 企业品牌调研之后，于 2013 年底对中国自主 IT 企业品牌进行再一次调研，根据调查数据应用 CBI 计算模型得出中国 IT 企业品牌竞争力排名（见表 8-1）。

表 8-1　2013 年中国 IT 企业品牌竞争力排名

企业名称	省（市、自治区）	相对值（指数）		绝对值形式（百分制）		
		CBI 值	排名	品牌竞争力得分（CBS）	品牌财务表现力	市场竞争表现力
联想集团有限公司	北京市	83.5821	1	78.5188	72.1033	93.4883
神州数码控股有限公司	北京市	70.0067	2	67.8537	62.0900	81.3021
中国长城计算机深圳股份有限公司	广东省	69.5546	3	67.4985	60.4508	83.9430
东软集团股份有限公司	辽宁省	66.2223	4	64.8805	61.0910	73.7229
同方股份有限公司	北京市	66.2107	5	64.8715	59.6264	77.1099
航天信息股份有限公司	北京市	63.7252	6	62.9188	59.2131	71.5652
用友软件股份有限公司	北京市	62.6521	7	62.0757	58.5651	70.2672
深圳长城开发科技股份有限公司	广东省	59.0881	8	59.2757	53.8117	72.0252
浙江大华技术股份有限公司	浙江省	54.6773	9	55.8105	53.4058	61.4214
奇虎 360QIHU	北京市	54.5789	10	55.7332	54.3052	59.0651
巨人网络	上海市	54.4864	11	55.6605	53.8967	59.7762
方正科技集团股份有限公司	上海市	54.1009	12	55.3577	51.1948	65.0710
上海华东电脑股份有限公司	上海市	54.0361	13	55.3068	51.8927	62.7859
北京华胜天成科技股份有限公司	北京市	53.8501	14	55.1607	51.0513	63.9504
紫光股份有限公司	北京市	53.5451	15	54.9210	50.1392	64.0115
中软国际有限公司	北京市	52.7557	16	54.3009	51.5206	59.8077
鹏博士电信传媒集团股份有限公司	四川省	52.3813	17	54.0067	50.3882	62.0510
软通动力 ISS	北京市	52.2290	18	53.8871	51.7165	58.6646
中信国安信息产业股份有限公司	北京市	52.1194	19	53.8009	50.1469	61.8929
广州广电运通金融电子股份有限公司	广东省	51.9536	20	53.6707	50.9712	59.2842
东华软件股份公司	北京市	51.6919	21	53.4651	52.5685	61.6962
浙大网新科技股份有限公司	浙江省	51.6120	22	53.4023	48.9873	63.7040
上海宝信软件股份有限公司	上海市	51.4139	23	53.2467	49.8396	61.1967
百视通新媒体股份有限公司	上海市	51.2673	24	53.1315	50.7074	58.7880
大恒新纪元科技股份有限公司	北京市	50.5100	25	52.5366	48.7486	61.3752
中国智能交通系统（控股）有限公司	北京市	49.8961	26	52.0543	48.8280	59.5824
中国自动化集团有限公司	北京市	49.8294	27	52.0019	48.8155	59.4370
北京神州泰岳软件股份有限公司	北京市	49.6329	28	51.8475	49.7818	56.6677
太极计算机股份有限公司	北京市	49.1918	29	51.5010	48.0910	59.4577
软控股份有限公司	山东省	49.1852	30	51.4958	48.3052	58.9405
中国软件与技术服务股份有限公司	北京市	48.7054	31	51.1188	47.4710	59.6304
浪潮电子信息产业股份有限公司	山东省	47.8260	32	50.4280	47.4478	57.3818
高德软件 AMAP	北京市	47.2720	33	49.9928	48.4892	53.5011
广联达软件股份有限公司	广东省	47.1498	34	49.8967	48.2899	53.6460
福建新大陆电脑股份有限公司	福建省	46.2607	35	49.1983	46.4261	55.6666
长城信息产业股份有限公司	湖南省	46.2274	36	49.1720	46.4307	55.5685
深圳市卓翼科技股份有限公司	广东省	46.0704	37	49.0487	46.5250	54.9375
银江股份有限公司	浙江省	45.8225	38	48.8540	46.1399	55.1867
宝德科技集团股份有限公司	广东省	45.6633	39	48.7289	45.9856	55.1299
人民网股份有限公司	北京市	45.5344	40	48.6276	47.1528	52.0689
云南南天电子信息产业股份有限公司	云南省	45.4386	41	48.5524	45.1981	56.3790
方正控股有限公司	北京市	45.2136	42	48.3756	45.6471	54.7422
深圳市金证科技股份有限公司	广东省	45.2002	43	48.3651	45.4398	55.1908
天津鑫茂科技股份有限公司	天津市	45.1954	44	48.3613	45.6022	54.7992

续表

企业名称	省（市、自治区）	相对值（指数）		绝对值形式（百分制）		
		CBI 值	排名	品牌竞争力得分（CBS）	品牌财务表现力	市场竞争表现力
柯莱特 CIS	北京市	44.9985	45	48.2066	45.2757	55.0454
恒生电子股份有限公司	浙江省	44.9209	46	48.1457	46.0720	52.9842
北京四维图新科技股份有限公司	北京市	44.8196	47	48.0661	46.0151	52.8517
远光软件股份有限公司	广东省	44.6640	48	47.9439	46.6645	50.9291
北京中长石基信息技术股份有限公司	北京市	44.6360	49	47.9218	46.4765	51.2941
网秦 NQ	北京市	44.5860	50	47.8825	47.1478	49.5968
富基旋风 EFUT	北京市	44.5582	51	47.8607	45.4413	53.5059
科大讯飞股份有限公司	安徽省	44.4523	52	47.7775	46.1006	51.6902
中电广通股份有限公司	北京市	44.2111	53	47.5880	45.0364	53.5418
山东新北洋信息技术股份有限公司	山东省	44.1405	54	47.5326	45.9151	51.3067
启明信息技术股份有限公司	吉林省	44.0325	55	47.4477	44.5535	54.2010
万达信息股份有限公司	上海市	44.0198	56	47.4377	45.6141	51.6929
深圳英飞拓科技股份有限公司	广东省	43.7367	57	47.2153	45.0860	52.1835
北京捷成世纪科技股份有限公司	北京市	43.6349	58	47.1353	45.8043	50.2410
积成电子股份有限公司	山东省	43.4651	59	47.0020	45.2295	51.1378
广州御银科技股份有限公司	广东省	43.3973	60	46.9487	45.1016	51.2586
深圳市漫步者科技股份有限公司	广东省	43.3109	61	46.8808	44.9024	51.4971
南京三宝科技股份有限公司	江苏省	43.1739	62	46.7732	44.9731	50.9734
恒宝股份有限公司	江苏省	43.1463	63	46.7515	44.8897	51.0957
网宿科技股份有限公司	上海市	43.1237	64	46.7337	45.2743	50.1391
深圳达实智能股份有限公司	广东省	43.0375	65	46.6660	44.9182	50.7441
博彦科技股份有限公司	北京市	42.9344	66	46.5850	44.7160	50.9460
北京启明星辰信息技术股份有限公司	北京市	42.9086	67	46.5648	44.7595	50.7770
上海汉得信息技术股份有限公司	上海市	42.8705	68	46.5348	45.0634	49.9680
深圳天源迪科信息技术股份有限公司	广东省	42.6947	69	46.3967	44.9816	49.6987
北京荣之联科技股份有限公司	北京市	42.6851	70	46.3892	44.4612	50.8877
青岛东软载波科技股份有限公司	山东省	42.6741	71	46.3805	45.4344	48.5881
上海钢联电子商务股份有限公司	上海市	42.6221	72	46.3397	44.7806	49.9774
上海海得控制系统股份有限公司	上海市	42.5616	73	46.2921	43.4022	53.0353
福建榕基软件股份有限公司	福建省	42.2649	74	46.0590	44.6173	49.4231
七喜控股股份有限公司	广东省	42.0421	75	45.8840	43.0009	52.6112
焦点科技股份有限公司	江苏省	41.5793	76	45.5204	43.9486	49.1879
中国数码信息有限公司	北京市	41.5144	77	45.4695	43.5387	49.9745
深圳市远望谷信息技术股份有限公司	广东省	41.4749	78	45.4384	43.9340	48.9487
安徽皖通科技股份有限公司	安徽省	41.4691	79	45.4339	43.7371	49.3930
北京易华录信息技术股份有限公司	北京市	41.3343	80	45.3279	43.6439	49.2573
浪潮软件股份有限公司	山东省	41.2981	81	45.2995	43.1682	50.2725
江苏南大苏富特科技股份有限公司	江苏省	41.2338	82	45.2490	43.1944	50.0430
成都三泰电子实业股份有限公司	四川省	41.1836	83	45.2095	43.3101	49.6417
江苏金智科技股份有限公司	江苏省	41.0204	84	45.0813	42.6986	50.6410
首都信息发展股份有限公司	北京市	40.7650	85	44.8807	43.4167	48.2966
北京北斗星通导航技术股份有限公司	北京市	40.7190	86	44.8445	42.9452	49.2763
深圳市新国都技术股份有限公司	广东省	40.6811	87	44.8148	43.4039	48.1069
信雅达系统工程股份有限公司	浙江省	40.4169	88	44.6072	42.6419	49.1927
上海大智慧股份有限公司	上海市	40.2202	89	44.4527	42.0210	50.1266

续表

企业名称	省（市、自治区）	相对值（指数）		绝对值形式（百分制）		
		CBI 值	排名	品牌竞争力得分（CBS）	品牌财务表现力	市场竞争表现力
深圳雷柏科技股份有限公司	广东省	39.9478	90	44.2387	42.4521	48.4075
北京中科金财科技股份有限公司	北京市	39.6159	91	43.9779	42.3071	47.8766
北京立思辰科技股份有限公司	北京市	39.4948	92	43.8828	42.1140	48.0099
深圳市证通电子股份有限公司	广东省	39.1712	93	43.6286	41.4462	48.7209
江苏润和软件股份有限公司	江苏省	39.0600	94	43.5412	42.5866	45.7685
汉鼎信息科技股份有限公司	浙江省	38.8573	95	43.3819	42.2938	45.9210
上海延华智能科技（集团）股份有限公司	上海市	38.6585	96	43.2257	41.1575	48.0516
厦门市美亚柏科信息股份有限公司	福建省	38.6298	97	43.2032	42.1668	45.6215
中海网络科技股份有限公司	上海市	38.5681	98	43.1547	41.4809	47.0602
江苏三六五网络股份有限公司	江苏省	38.5459	99	43.1373	42.7145	44.1238
杭州中瑞思创科技股份有限公司	浙江省	38.5016	100	43.1025	41.7736	46.2032
北京东方国信科技股份有限公司	北京市	38.2608	101	42.9134	42.2070	44.5616
深圳市捷顺科技实业股份有限公司	广东省	38.2300	102	42.8891	41.5261	46.0694
北京飞利信科技股份有限公司	北京市	38.1168	103	42.8002	41.5156	45.7974
蓝盾信息安全技术股份有限公司	广东省	38.0716	104	42.7647	41.5581	45.5800
杭州顺网科技股份有限公司	浙江省	37.9278	105	42.6517	41.9229	44.3523
东方财富信息股份有限公司	上海市	37.8521	106	42.5922	41.3157	45.5708
上海海隆软件股份有限公司	上海市	37.7674	107	42.5257	41.5923	44.7036
北京联信永益科技股份有限公司	北京市	37.7108	108	42.4812	39.5339	49.3585
深圳兆日科技股份有限公司	广东省	37.6002	109	42.3944	41.9930	43.3308
北京数字政通科技股份有限公司	北京市	37.4637	110	42.2871	41.5265	44.0619
北京掌趣科技股份有限公司	北京市	37.4349	111	42.2645	41.7515	43.4614
北京世纪瑞尔技术股份有限公司	北京市	37.4241	112	42.2560	41.0363	45.1020
上海天玑科技股份有限公司	上海市	36.8891	113	41.8357	40.9072	44.0021
汉王科技股份有限公司	北京市	36.8697	114	41.8204	39.6644	46.8512
深圳市赛为智能股份有限公司	广东省	36.8585	115	41.8117	40.6889	44.4315
荣科科技股份有限公司	辽宁省	36.8372	116	41.7949	40.9676	43.7252
深圳市新亚电子制程股份有限公司	广东省	36.7776	117	41.7481	40.1486	45.4804
易联众信息技术股份有限公司	福建省	36.7701	118	41.7422	40.8071	43.9241
北京华力创通科技股份有限公司	北京市	36.6330	119	41.6345	40.5593	44.1431
北京旋极信息技术股份有限公司	北京市	36.4759	120	41.5111	40.6814	43.4469
上海金仕达卫宁软件股份有限公司	上海市	36.4608	121	41.4992	40.8130	43.1004
北京银信长远科技股份有限公司	北京市	36.3520	122	41.4137	40.6483	43.1999
海虹企业（控股）股份有限公司	海南省	36.3345	123	41.4000	40.1845	44.2361
北京拓尔思信息技术股份有限公司	北京市	36.0836	124	41.2028	40.4332	42.9985
四川川大智胜软件股份有限公司	四川省	35.9438	125	41.0930	40.2196	43.1311
南京科远自动化集团股份有限公司	江苏省	35.7378	126	40.9312	39.7147	43.7696
中国擎天软件科技集团有限公司	江苏省	35.6775	127	40.8838	40.7494	41.1975
深圳中青宝互动网络股份有限公司	广东省	35.6524	128	40.8641	40.0873	42.6766
成都卫士通信息产业股份有限公司	四川省	35.6100	129	40.8308	39.1526	44.7466
北京北信源软件股份有限公司	北京市	35.5628	130	40.7937	40.4852	41.5135
北京超图软件股份有限公司	北京市	35.0425	131	40.3850	39.0287	43.5498
上海华虹计通智能系统股份有限公司	上海市	34.9398	132	40.3043	39.1791	42.9295
贵阳朗玛信息技术股份有限公司	贵州省	34.8962	133	40.2700	40.5427	39.6338

续表

企业名称	省（市、自治区）	相对值（指数）		绝对值形式（百分制）		
		CBI 值	排名	品牌竞争力得分（CBS）	品牌财务表现力	市场竞争表现力
浙江核新同花顺网络信息股份有限公司	浙江省	34.8680	134	40.2478	38.9986	43.1626
北京海兰信数据科技股份有限公司	北京市	34.8515	135	40.2349	38.9092	43.3282
湖南湘邮科技股份有限公司	湖南省	34.8152	136	40.2064	38.7393	43.6296
深圳市朗科科技股份有限公司	广东省	34.7938	137	40.1896	39.0536	42.8401
新开普电子股份有限公司	河南省	34.5742	138	40.0171	39.3704	41.5260
无锡和晶科技股份有限公司	江苏省	34.5074	139	39.9646	38.6518	43.0277
厦门三五互联科技股份有限公司	福建省	34.4564	140	39.9245	38.6410	42.9194
易达控股 CNYD	福建省	34.2136	141	39.7338	38.1204	43.4983
任子行网络技术股份有限公司	广东省	33.9311	142	39.5118	38.8465	41.0643
杭州初灵信息技术股份有限公司	浙江省	33.6991	143	39.3295	38.6766	40.8530
北京同有飞骥科技股份有限公司	北京市	33.6369	144	39.2807	38.4292	41.2675
深圳市长亮科技股份有限公司	广东省	33.3904	145	39.0870	38.8267	39.6945
天泽信息产业股份有限公司	江苏省	32.7629	146	38.5941	37.5481	41.0347
浙江网盛生意宝股份有限公司	浙江省	32.7161	147	38.5573	37.8039	40.3151
北京汇冠新技术股份有限公司	北京市	30.8069	148	37.0574	36.6588	37.9874
深圳市银之杰科技股份有限公司	广东省	30.6502	149	36.9343	36.5165	37.9092
天津环球磁卡股份有限公司	天津市	30.2134	150	36.5911	34.6747	41.0625
深圳市方直科技股份有限公司	广东省	28.1954	151	35.0057	35.0233	34.9645
中国信息科技发展有限公司	北京市	26.9362	152	34.0165	33.9434	34.1871
上海交大慧谷信息产业股份有限公司	上海市	26.9260	153	34.0084	34.2427	33.4618
西安宝德自动化股份有限公司	陕西省	26.3943	154	33.5907	33.1346	34.6550
廊坊发展股份有限公司	河北省	25.5370	155	32.9173	33.9622	30.4789
合计		42.5999		46.3223	44.4272	50.7441

　　注：从理论上说，中国企业品牌竞争力指数（CBI）由中国企业品牌竞争力分值（CBS）标准化之后得出，CBS 由 4 个一级指标品牌财务表现力、市场竞争表现力、品牌发展潜力和消费者支持力的得分加权得出。在实际操作过程中，课题组发现，品牌发展潜力和消费者支持力两个部分的数据收集存在一定的难度，且收集到的数据准确性有待核实，因此，本报告暂未将品牌发展潜力和消费者支持力列入计算。品牌财务表现力主要依据各企业的财务报表数据以及企业上报数据进行计算。同时，关于市场竞争表现力方面的得分，课题组选取了部分能够通过公开数据计算得出结果的指标，按照 CBI 计算模型得出最终结果。关于详细的计算方法见《中国企业品牌竞争力指数系统：理论与实践》。

　　由表 8-1 可以看出，在 2013 年 IT 行业企业品牌 CBI 排名中，联想集团有限公司、神州数码控股有限公司、中国长城计算机深圳股份有限公司、东软集团股份有限公司、同方股份有限公司、航天信息股份有限公司、用友软件股份有限公司、深圳长城开发科技股份有限公司、浙江大华技术股份有限公司、奇虎 360QIHU 稳坐行业前 10 强的位置。其中，联想集团有限公司 CBI 值为 83.5821，排名第一，各项指标均处于行业优势地位，是 IT 行业毋庸置疑的领军品牌。

　　根据 2013 年中国 IT 企业品牌竞争力指数数据，可以计算出中国 IT 行业 CBI 数值为 42.60。CBI 数值为相对值，一方面可以反映行业总体竞争水平，另一方面也为行业内企业提供一个比较标准。课题组根据受调研的 15 个行业 1548 家企业的 CBI 数据得出，中国企业品牌竞争力指数值为 47，那么 IT 行业 CBI 数值为 42.60<47，说明 IT 行业整体竞争水平低于平均水平，行业发展处于不良状态。同理，行业内部企业 CBI 数值低于 42.60，说明其品牌竞争力处于劣势；高于 42.60，则说明其品牌竞争力处于优势，整个 CBI 指标体系为企业提供了一套具有诊断功能和预测功能的实用工具。

三、2013 年度中国 IT 企业品牌竞争力指数评级报告

(一)中国 IT 企业品牌竞争力指数评级标准体系

根据表 8-1 得出的 IT 企业 CBI 数值,课题组绘制总体布局(见图 8-5),从整体上看 CBI 分布曲线两头陡峭、中间平缓。根据 CBI 数值表现出来的特征,结合 IT 企业的行业竞争力特性对调查的企业进行分级评估,按照一般惯例分为五级,划分标准如表 8-2 所示。

表 8-2 中国企业品牌竞争力分级评级标准

评级 \ 标准	CBI 数值标准
5A	CBI≥80
4A	60≤CBI<80
3A	40≤CBI<60
2A	20≤CBI<40
1A	CBI<20

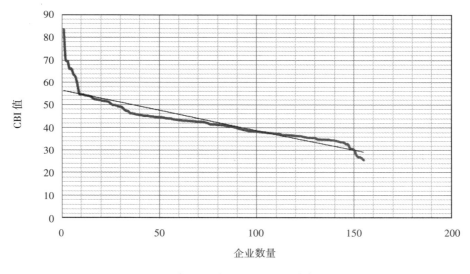

图 8-5 中国 IT 行业企业 CBI 散点分布

(二)中国 IT 企业品牌竞争力指数评级结果

由以上评价标准可以将 IT 企业划分为五个集团,具体的企业个数及分布情况如表 8-3 和图 8-6所示,各级水平的企业得分情况由于篇幅原因仅列出代表企业。

表 8-3 中国 IT 行业企业各分级数量表

企业评级	竞争分类	企业数量	所占比重(%)	CBI 均值	CBS 均值	品牌财务表现力均值	市场竞争表现力均值
5A 级企业	第一集团	1	1	83.5821	78.5188	72.1033	93.4883
4A 级企业	第二集团	6	4	66.3953	65.0164	60.1727	76.3184
3A 级企业	第三集团	82	53	46.0591	49.0399	46.6911	54.5203
2A 级企业	第四集团	66	42	35.5181	40.7586	39.7637	43.0798
1A 级企业	第五集团	0	0	—	—	—	—
全部	不分类	155	100	42.5999	46.3223	44.4272	50.7441

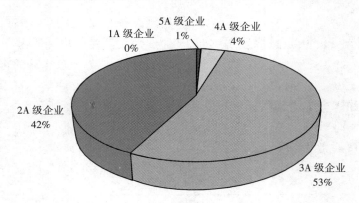

图 8-6　中国 IT 企业分级分布

表 8-4　中国 IT 行业 5A 级企业品牌代表

企业名称	评级水平	排名	CBI	CBS	品牌财务表现力	市场竞争表现力
联想集团有限公司	5A	1	83.5821	78.5188	72.1033	93.4883

据表 8-2 中国企业品牌竞争力分级评级标准可知，5A 级 IT 企业共有 1 家，联想集团有限公司，占 IT 企业总数的 1%。联想集团有限公司是 IT 行业的龙头企业，其 CBI 数值、品牌财务表现力和市场竞争表现力均遥遥领先于其他企业，市场竞争表现力得分在 90 分以上（见表 8-4），位列行业第一，是当之无愧的领军企业，发展优势明显，发展潜力巨大。

表 8-5　中国 IT 行业 4A 级企业品牌代表

企业名称	评级水平	排名	CBI	CBS	品牌财务表现力	市场竞争表现力
神州数码控股有限公司	4A	2	70.0067	67.8537	62.0900	81.3021
中国长城计算机深圳股份有限公司	4A	3	69.5546	67.4985	60.4508	83.9430
东软集团股份有限公司	4A	4	66.2223	64.8805	61.0910	73.7229
同方股份有限公司	4A	5	66.2107	64.8715	59.6264	77.1099
航天信息股份有限公司	4A	6	63.7252	62.9188	59.2131	71.5652

据表 8-2 中国企业品牌竞争力分级评级标准可知，4A 级 IT 企业共有 6 家，占 IT 企业总数的 4%。表 8-5 中所列的五家企业神州数码控股有限公司、中国长城计算机深圳股份有限公司、东软集团股份有限公司、同方股份有限公司、航天信息股份有限公司是中国 IT 行业发展良好的代表，品牌财务表现力、市场竞争表现力表现突出，能够赢得较高的消费者支持，品牌发展势头迅猛，潜力较大。CBI 及各项分指标得分值均远远高于行业平均值（见表 8-5）。从第二集团的内部比较而言，神州数码控股有限公司在品牌财务表现力位列本集团第一，中国长城计算机深圳股份有限公司市场竞争表现力方面位于本集团第一。

表 8-6　中国 IT 行业 3A 级企业品牌代表

企业名称	评级水平	排名	CBI	CBS	品牌财务表现力	市场竞争表现力
深圳长城开发科技股份有限公司	3A	8	59.0881	59.2757	53.8117	72.0252
浙江大华技术股份有限公司	3A	9	54.6773	55.8105	53.4058	61.4214
奇虎 360QIHU	3A	10	54.5789	55.7332	54.3052	59.0651
巨人网络	3A	11	54.4864	55.6605	53.8967	59.7762
方正科技集团股份有限公司	3A	12	54.1009	55.3577	51.1948	65.0710

据表 8-2 中国企业品牌竞争力分级评级标准可知，3A 级 IT 企业共有 82 家，占 IT 企业总数的 53%。表 8-6 所列的 5 家企业深圳长城开发科技股份有限公司、浙江大华技术股份有限公司、奇虎 360QIHU 、巨人网络、方正科技集团股份有限公司是中国 IT 行业的中游企业，品牌财务表现

力和市场竞争力表现都中等，CBI 及各项分指标得分值在行业平均值上下波动。从第三集团的内部比较来看，深圳长城开发科技股份有限公司市场竞争表现力较好，奇虎 360QIHU 的品牌财务表现力位于本集团企业第一。

表 8-7 中国 IT 行业 2A 级企业品牌代表

企业名称	评级水平	排名	CBI	CBS	品牌财务表现力	市场竞争表现力
深圳雷柏科技股份有限公司	2A	90	39.9478	44.2387	42.4521	48.4075
北京中科金财科技股份有限公司	2A	91	39.6159	43.9779	42.3071	47.8766
北京立思辰科技股份有限公司	2A	92	39.4948	43.8828	42.1140	48.0099
深圳市证通电子股份有限公司	2A	93	39.1712	43.6286	41.4462	48.7209
江苏润和软件股份有限公司	2A	94	39.0600	43.5412	42.5866	45.7685

据表 8-2 中国企业品牌竞争力分级评级标准，2A 级 IT 企业共有 66 家，占 IT 企业总数的 42%。表 8-7 所列的 5 家企业深圳雷柏科技股份有限公司、北京中科金财科技股份有限公司、北京立思辰科技股份有限公司、深圳市证通电子股份有限公司、江苏润和软件股份有限公司是中国 IT 行业中下游企业的代表，其特征是品牌财务表现力、市场竞争表现力等均处于行业平均水平之下，CBI 及各项分指标得分值均低于行业平均值。从第四集团的内部比较而言，品牌财务表现力和市场竞争表现力普遍较低均在 50 分以下，处于劣势，得分参差不齐，仍有很大的提高空间。

四、2013 年中国 IT 企业品牌价值 50 强排名

课题组认为，品牌价值（以下简称 CBV）是

客观存在的，它能够为其所有者带来特殊的收益。品牌价值是品牌在市场竞争中的价值实现。一个品牌有无竞争力，就是要看它有没有一定的市场份额，有没有一定的超值创利能力。品牌的竞争力正是体现在品牌价值的这两个最基本的决定性因素上，品牌价值就是品牌竞争力的具体体现。通常上品牌价值以绝对值（单位：亿元）的形式量化研究品牌竞争水平，课题组对品牌价值和品牌竞争力的关系展开研究，针对品牌竞争力以相对值（指数：0~100）的形式量化研究品牌竞争力水平。在研究世界上关于品牌价值测量方法论基础上，提出本研究关于品牌价值计算方法：$CBV=(N-E\times 5\%)(1+A)\times C\times CBI/100+K$。其中，CBV 为企业品牌价值，CBI 为企业品牌竞争力指数，N 为净利润，E 为所有者权益，A 为品牌溢价，C 为行业调整系数，K 为其他影响系数，据此得出中国 IT 企业品牌价值 50 强（见表 8-8）。

表 8-8 2013 年中国 IT 行业品牌价值排名

企业名称	省（市）	品牌价值（CBV）	排名	品牌竞争力（CBI）
联想集团	北京市	343.68	1	83.58
神州数码	北京市	192.16	2	70.01
东软集团	辽宁省	172.91	3	66.22
长城电脑	广东省	170.85	4	69.55
同方股份	北京市	164.56	5	66.21
航天信息	北京市	156.05	6	63.73
用友软件	北京市	155.11	7	62.65
长城开发	广东省	122.15	8	59.09
巨人网络	上海市	105.43	9	54.49

企业名称	省（市）	品牌价值（CBV）	排名	品牌竞争力（CBI）
大华股份	浙江省	105.01	10	54.68
方正科技	上海市	101.08	11	54.10
华胜天成	北京市	100.49	12	53.85
华东电脑	上海市	100.16	13	54.04
紫光股份	北京市	100.04	14	53.55
东华软件	北京市	97.95	15	51.69
中信国安	北京市	96.97	16	52.12
鹏博士	四川省	96.71	17	52.38
奇虎360QIHU	北京市	95.55	18	54.58
广电运通	广东省	94.67	19	51.95
浙大网新	浙江省	93.39	20	51.61
宝信软件	上海市	93.06	21	51.41
百视通	上海市	91.55	22	51.27
中国软件国际	北京市	91.45	23	52.76
大恒科技	北京市	89.33	24	50.51
软通动力ISS	北京市	88.36	25	52.23
中国智能交通	北京市	86.77	26	49.90
软控股份	山东省	86.44	27	49.19
中国自动化	北京市	86.31	28	49.83
太极股份	北京市	84.79	29	49.19
神州泰岳	北京市	84.72	30	49.63
中国软件	北京市	83.61	31	48.71
浪潮信息	山东省	78.45	32	47.83
广联达	广东省	74.65	33	47.15
新大陆	福建省	74.24	34	46.26
高德软件AMAP	北京市	73.84	35	47.27
长城信息	湖南省	73.49	36	46.23
银江股份	浙江省	72.89	37	45.82
南天信息	云南省	72.38	38	45.44
卓翼科技	广东省	72.17	39	46.07
宝德科技集团	广东省	71.99	40	45.66
金证股份	广东省	71.53	41	45.20
鑫茂科技	天津市	70.89	42	45.20
方正控股	北京市	70.35	43	45.21
人民网	北京市	69.74	44	45.53
四维图新	北京市	69.27	45	44.82
恒生电子	浙江省	69.08	46	44.92
启明信息	吉林省	67.52	47	44.03
中电广通	北京市	67.25	48	44.21
石基信息	北京市	67.14	49	44.64
柯莱特CIS	北京市	66.92	50	45.00
合计		4985.09		

　　CBV分析：在155家受调研的IT企业中，排名前50强的企业CBV合计为4985.09亿元，较2012年有了大幅度的提高。前10强IT企业CBV值合计为1687.93亿元，占前50强比重为33.86%，

与 2012 年相比降幅较大。其中：在前 10 强企业中，联想集团有限公司、神州数码控股有限公司、东软集团股份有限公司、中国长城计算机深圳股份有限公司、同方股份有限公司、航天信息股份有限公司和北京用友软件股份有限公司稳居行业前 7 名，而排名第 8、9、10 位的深圳长城开发科技股份有限公司、上海巨人网络科技有限公司和浙江大华技术股份有限公司是新进入前 10 强的企业，发展势头良好。2012 年度排名第 7 位的方正科技集团股份有限公司跌到了第 11 位，

排名第 9 位的软控股份有限公司和第 10 位的中国自动化集团有限公司分别跌到了第 27、28 位。在前 10 强企业中，来自北京市的 5 家，广东省 2 家，辽宁省、上海市和浙江省各 1 家。北京市是中国 IT 行业企业的龙头地位不可动摇。这就说明了，一方面是由于 IT 行业受政策影响较大，而北京是政治中心，有利于利用好政治资源；另一方面，IT 行业作为资金、技术密集型企业需要靠近人才集散地。

第二节　2013 年度中国 IT 企业品牌竞争力区域报告

一、六大经济分区

（一）总体情况分析

根据课题组的调研数据，我们可以看出，我国 IT 企业主要分布于华北地区、华东地区和中南地区，企业总数高达 145 家，占行业企业总数的 93%。其中，华北地区企业数量居于第一，占比 37%，超出其他区域，具有很高的行业集中度，CBI 均值为 44.6098，高于行业平均水平，发展态势良好。紧跟其后的地区分别是华东地区，有 55

家企业，占行业企业总数的 35%。虽然华北地区与华东地区企业数量相当，但华东地区 CBI 均值为 41.3883，低于华北地区，说明在发展企业数量的同时，企业品牌竞争力还有待提高。中南地区企业数量为 33 家，占比 21%，居于第 3 位。CBI 均值为 41.3618，与华东地区不相上下。东北地区只有 3 家企业，但其 CBI 均值为 49.0307，远高于行业平均水平，品牌竞争力发展态势较好。西南地区和西北地区企业数量少，CBI 均值远低于行业平均水平，IT 行业发展较为落后，还有很大的提升空间（见表 8-9、图 8-7、图 8-8）。

表 8-9　中国 IT 企业六大经济区域竞争状况

区域	企业数量	所占比重 (%)	CBI 均值	CBS 均值	品牌财务表现力均值	市场竞争表现力均值
华北地区	57	37	44.6098	47.9012	45.7969	52.8389
华东地区	55	35	41.3883	45.3703	43.6523	49.3702
中南地区	33	21	41.3618	45.3496	43.5260	49.5838
西南地区	6	4	40.9089	44.9937	43.1352	49.2639
东北地区	3	2	49.0307	51.3744	48.8707	57.2164
西北地区	1	1	26.3943	33.5907	33.1346	34.6550
总体情况	155	100	42.5999	46.3223	44.4272	50.7441

（二）分项情况分析

在各分项竞争力指标对比方面，各指标变现均不佳。品牌财务表现力得分均值均在 50 分以下。市场竞争表现力指标数值普遍都在 50 分上下，各地区表现差别不明显（见图 8-9）。总体来看，品牌的财务表现力不佳，市场竞争表现力处

于行业中等水平。由此可以看出，IT 行业的各项指标还有待提高。东北地区虽然企业数量较少，但各项指标仍保持优势，其品牌财务表现力和市场竞争表现力方面均位列第一。说明企业在注重数量发展的同时，更要注重质量的提升。

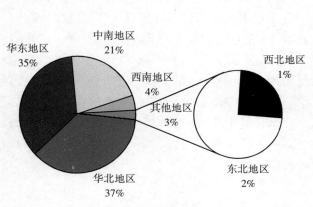

图 8-7　中国 IT 企业数量区域分布

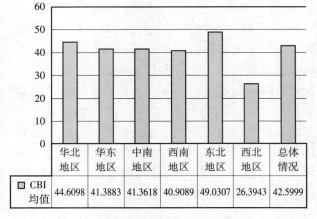

图 8-8　中国 IT 企业区域 CBI 均值对比

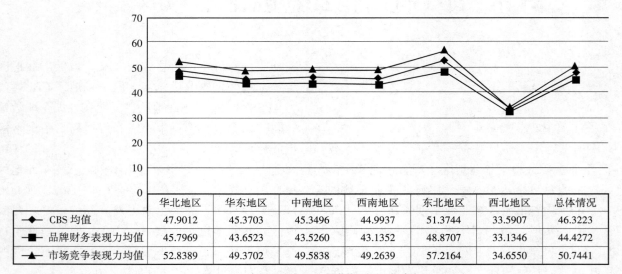

	华北地区	华东地区	中南地区	西南地区	东北地区	西北地区	总体情况
CBS 均值	47.9012	45.3703	45.3496	44.9937	51.3744	33.5907	46.3223
品牌财务表现力均值	45.7969	43.6523	43.5260	43.1352	48.8707	33.1346	44.4272
市场竞争表现力均值	52.8389	49.3702	49.5838	49.2639	57.2164	34.6550	50.7441

图 8-9　中国 IT 企业一级指标分区域对比

二、四大省（市）分析

（一）总体情况分析

表 8-10　中国 IT 企业四大省（市）竞争状况

省（市）	企业数量	所占比重（%）	CBI 均值	CBS 均值	品牌财务表现力均值	市场竞争表现力均值
北京市	54	35	45.2187	48.3796	46.2256	53.4348
上海市	19	12	42.5676	46.2968	44.4408	50.6019
广东省	29	19	41.8272	45.7152	43.8494	50.0450
浙江省	11	7	41.2745	45.2809	43.5197	49.3906
其他省（市）	42	27	40.1283	44.3805	42.7454	48.1861
总体情况	155	100	42.5999	46.3223	44.4272	50.7441

由表 8-10 可以看出，北京市、上海市、广东省、浙江省四个省（市）的企业数量占据行业数量总和的 73%，所占比重分别为 35%、12%、19%、7%，集中度较高，且主要分布于珠三角、长三角及环渤海地区。北京市企业数量排名第一，CBI 均值为 45.2187，高于行业平均水平。广东省共有 29 家 IT 企业，占企业总数的 19%。其 CBI

均值为 41.8272，低于行业平均水平，说面其品牌竞争力仍有待提升。上海市企业数量 19 家，占比 12%，其 CBI 均值为 42.5676，与行业平均水平持平，还有很大的提升空间（见图 8-10、图 8-11）。同时也提示我们，不应该只注重企业数量的发展，提升企业品牌竞争力才是地区或省（市）综合实力的体现。

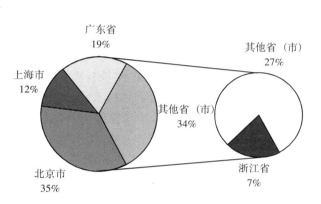

图 8-10　中国 IT 企业数量省（市）分布

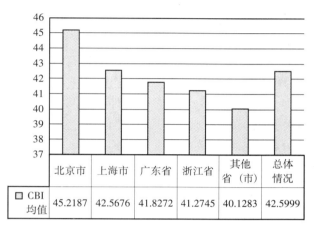

图 8-11　中国 IT 企业省（市）CBI 均值对比

（二）分项情况分析

在各分项竞争力指标对比方面，品牌财务表现力、市场竞争表现力在各省（市）之间差距较小，整体表现欠佳。北京市在品牌财务表现指标和市场竞争表现力指标均位列各省（市）第一，分别为 46.2256 和 53.4348，高于行业平均水平，为各省（市）之典范。相比其他省（市），北京

市、上海市、广东省和浙江省四大省（市）的发展较为领先，与其他地区间差异较大，不均衡发展趋势明显，还有很大的进步空间。整体来看，各分项指标均在 60 分以下，说明 IT 行业财务表现力差强人意，亟待解决。总体而言，北京市 IT 企业的竞争水平仍牢牢占据优势，远高于其他各省（市）（见图 8-12）。

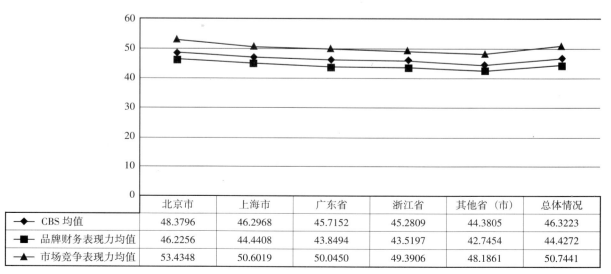

	北京市	上海市	广东省	浙江省	其他省（市）	总体情况
CBS 均值	48.3796	46.2968	45.7152	45.2809	44.3805	46.3223
品牌财务表现力均值	46.2256	44.4408	43.8494	43.5197	42.7454	44.4272
市场竞争表现力均值	53.4348	50.6019	50.0450	49.3906	48.1861	50.7441

图 8-12　中国 IT 企业一级指标代表省（市）对比

第三节 2013年度中国IT企业品牌竞争力分项报告

一、品牌财务表现

目前国内企业经营者对于现代化管理手段的理解与实践，多半仍然停留在以财务数据为主导的思维里。虽然财务数据无法帮助经营者充分掌握企业发展方向的现实，但在企业的实际运营过程中，财务表现仍然是企业对外展示基本实力的重要依据。品牌财务表现层面的分析将财务指标分为规模因素、效率因素和增长因素3个二级指标。规模因素主要从销售收入、所有者权益和净利润3个三级指标衡量；效率因素主要从净资产报酬率、总资产贡献率2个三级指标衡量；增长因素主要从年平均销售收入增长率、年平均净利润增长率2个三级指标衡量。

由于近几年中国IT市场的飞速发展，不断扩大的市场需求使得各IT企业近年来营业收入、净利润都保持了良好的增长态势。全国155家IT企业在品牌财务表现力得分均值为44.4272。其中，联想集团有限公司、神州数码控股有限公司、东软集团股份有限公司、中国长城计算机深圳股份有限公司、同方股份有限公司、航天信息股份有限公司、用友软件股份有限公司、奇虎360QIHU、巨人网络、深圳长城开发科技股份有限公司位列前10名，这10家企业在品牌财务表现力方面还存在一定的差距。最高的是联想集团有限公司，其品牌财务表现力得分为72.1033，CBI数值也最高，遥遥领先其他企业。品牌财务表现力数值最低的是深圳长城开发科技股份有限公司，其品牌财务表现力得分为53.8117，与行业第一还存在很大的差距，仍存在很大的进步空间（见表8-11、图8-13）。

表8-11 品牌财务表现指数——行业前10名

企业名称	省（市）	CBI值	品牌财务表现力
联想集团有限公司	北京市	83.5821	72.1033
神州数码控股有限公司	北京市	70.0067	62.0900
东软集团股份有限公司	辽宁省	66.2223	61.0910
中国长城计算机深圳股份有限公司	广东省	69.5546	60.4508
同方股份有限公司	北京市	66.2107	59.6264
航天信息股份有限公司	北京市	63.7252	59.2131
用友软件股份有限公司	北京市	62.6521	58.5651
奇虎360QIHU	北京市	54.5789	54.3052
巨人网络	上海市	54.4864	53.8967
深圳长城开发科技股份有限公司	广东省	59.0881	53.8117

从3个二级指标看，其均值分别为：规模要素38.8946，效率因素50.0775，增长因素51.6307。增长因素得分最高，其中又以年平均销售收入增长率得分最高为51.9793。规模要素得分最低，对品牌财务表现影响最大，因此导致了行业整体财务表现欠佳。在所有三级指标中，所有者权益最低，仅为28.7321（见表8-12）。

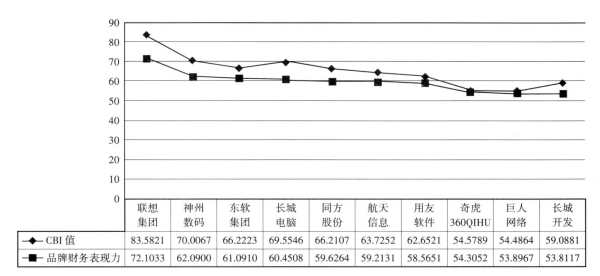

图 8-13　品牌财务表现力前 10 名企业对比

	联想集团	神州数码	东软集团	长城电脑	同方股份	航天信息	用友软件	奇虎360QIHU	巨人网络	长城开发
CBI 值	83.5821	70.0067	66.2223	69.5546	66.2107	63.7252	62.6521	54.5789	54.4864	59.0881
品牌财务表现力	72.1033	62.0900	61.0910	60.4508	59.6264	59.2131	58.5651	54.3052	53.8967	53.8117

表 8-12　品牌财务表现力各分项指标得分均值

品牌财务表现力	44.4272	规模因素	38.8946	销售收入	42.3819
				所有者权益	28.7321
				净利润	47.5425
		效率因素	50.0775	净资产报酬率	51.9256
				总资产贡献率	47.3053
		增长因素	51.6307	年平均销售收入增长率	51.9793
				年平均净利润增长率	51.2822

二、市场竞争表现

随着 IT 行业的持续快速发展，市场竞争也更加激烈。企业只有具备更强的市场竞争能力，才能在目前的行业环境中生存下去。市场竞争表现层面的分析将指标分为市场占有能力和超值获利能力 2 个二级指标。市场占有能力主要从市场占有率和市场覆盖率 2 个三级指标衡量；超值获利能力主要从品牌溢价率和品牌销售利润率 2 个三级指标衡量。

由于近几年中国 IT 市场的快速发展，市场需求不断扩大等因素使得各 IT 企业近年来营业收入、净利润都保持了良好的增长态势。全国 155 家 IT 企业在市场竞争表现力得分均值仅为 50.7441，略高于品牌财务表现力。联想集团有限公司、中国长城计算机深圳股份有限公司、神州数码控股有限公司、同方股份有限公司、东软集团股份有限公司、深圳长城开发科技股份有限公

司、航天信息股份有限公司、用友软件股份有限公司、方正科技集团股份有限公司、紫光股份有限公司位列前 10 名，这 10 家企业在市场竞争表现力方面表现不错，指标得分均在 60 分以上。得分最高的联想集团有限公司，市场竞争表现力分值为 93.4883，大大高于其他企业。得分最低的紫光股份有限公司，分值为 64.0115。虽然位列第 10，但与行业第一仍存在较大差距，还有较大的发展空间。整体来看，我国 IT 企业的市场竞争表现力整体发展尚可（见表 8-13）。

二级指标中，市场占有能力得分均值 52.3340，超值获利能力得分 47.7914。虽然 IT 行业的垄断竞争比较激烈，但行业领先企业的市场占有率较高，同时由于各企业在各地的专营店较多，因而行业前 10 名企业的市场覆盖率较高。在 IT 行业，品牌对企业市场竞争力表现的影响非常明显，因此品牌溢价率得分均值相对较高，为 52.1044，而品牌销售利润率指标却表现一般，为 39.7815（见图 8-14、表 8-13）。

表 8–13　市场竞争表现指数——行业前 10 名

企业名称	省（市）	CBI 值	市场竞争表现力
联想集团有限公司	北京市	83.5821	93.4883
中国长城计算机深圳股份有限公司	广东省	69.5546	83.9430
神州数码控股有限公司	北京市	70.0067	81.3021
同方股份有限公司	北京市	66.2107	77.1099
东软集团股份有限公司	辽宁省	66.2223	73.7229
深圳长城开发科技股份有限公司	广东省	59.0881	72.0252
航天信息股份有限公司	北京市	63.7252	71.5652
用友软件股份有限公司	北京市	62.6521	70.2672
方正科技集团股份有限公司	上海市	54.1009	65.0710
紫光股份有限公司	北京市	53.5451	64.0115

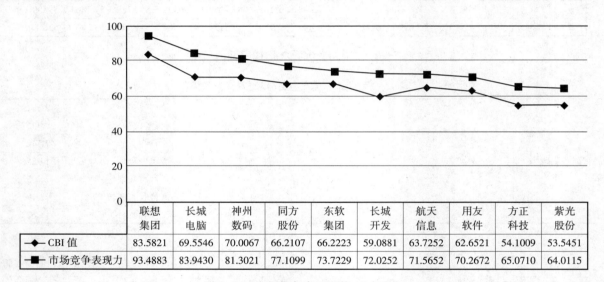

	联想集团	长城电脑	神州数码	同方股份	东软集团	长城开发	航天信息	用友软件	方正科技	紫光股份
CBI 值	83.5821	69.5546	70.0067	66.2107	66.2223	59.0881	63.7252	62.6521	54.1009	53.5451
市场竞争表现力	93.4883	83.9430	81.3021	77.1099	73.7229	72.0252	71.5652	70.2672	65.0710	64.0115

图 8–14　市场竞争表现力前 10 名企业

表 8–14　市场竞争表现力各分项指标得分均值

市场竞争表现力	50.7441	市场占有能力	52.3340	市场占有率	49.3865
				市场覆盖率	59.2114
		超值获利能力	47.7914	品牌溢价率	52.1044
				品牌销售利润率	39.7815

第四节　中国 IT 企业品牌竞争力提升策略专题研究

一、中国 IT 行业宏观经济与政策分析

（一）IT 市场运行情况

　　IT 产业是当今时代最具创新活力的产业，当前以大数据、云计算、移动互联网为代表的信息技术迅猛发展，IT 与金融、电信、交通、物流等各个领域深入融合，推动社会经济各行业大发展、大变革、大创新。2012 年，中国 IT 产业在创新中稳步前行，以下从几个方面扼要盘点：

　　一是 IT 推动经济社会大发展。IT 产业是战略性支柱产业，2012 年中国 IT 产业占 GDP 的比重为 6.3%，比 2011 年提升了 0.4 个百分点，IT 发展创造了新的经济增长点，如电子商务、移动支付、数字消费等，推动经济持续增长。

二是产业规模保持平稳增长。2012 年，IT 产业保持了平稳增长，其中电子信息制造业实现收入 8.5 万亿元，同比增长 13%，软件业收入 2.5 万亿元，同比增长 28.5%。电信业收入 1.1 万亿元，同比增长 9%。IT 产业逐步向中西部地区转移，产业资本和金融资本加速融合。2012 年，中国 IT 产业通过资本市场获得资金 1000 亿元以上，占产业投资总量的 10%，互联网企业增长较好，传统 IT 企业面临转型压力。

三是产业基础能力稳步提升。2012 年中国 IT 产业的基础能力进一步提升，已经成为全球电子元器件制造基地，高端通用芯片、集成电路技术、平板显示技术取得一定进展。国产基础辅件渐成规模，智能终端操作系统、北斗导航等取得一定的成果。但同时也要看到，中国 IT 技术能力与国际水平相比差距巨大，需要继续努力。

中共十八大提出促进工业化、城镇化、信息化、农业现代化四化同步发展，2013 年及未来几年中国 IT 产业依然保持稳定增长的态势：

一是新一代信息技术推动产业创新。新一代信息技术加速发展，呈现融合、智能、跨界的趋势，移动互联网时代全面到来。2013 年，移动电子商务用户规模约达 38076 万人，较 2012 年的 25050 万人同比增长 52%。据中国电子商务研究中心监测数据显示，截至 2013 年 12 月，中国移动电子商务市场交易规模达到 2325 亿元，较 2012 年的 965 亿元同比增长 141%，依然保持快速增长的趋势。我们预计：到 2014 年这一数字有望达 4124 亿元，云计算商业生态将日趋成熟，服务对象由小众逐步走向大众。2013 年底，微信用户数早已超过了 6 亿人，其中海外用户数也超过了 1 亿人。大数据的发展将引发全球新一轮的生产力增长与创新中国的数据量将占到全球数据量的 16%。人机交互、智能语音、超高清显示技术迎来发展的热潮，物联网在工业、农业、能源、环保、交通、金融等行业的应用将更加深入。

二是下一代信息网络加速产业发展。随着宽带中国工程的推进，信息基础设施建设将取得突破性进展，2013 年工信部向中国移动、中国电信、中国联通正式发放了第四代移动通信业务牌照（即 4G 牌照），这标志着我国电子通信行业正式进入了 4G 时代。工信部指出，结合历史经验，移动通信网络的部署可以直接和间接地拉动经济增长，创造就业岗位。以 3G 发展为例，我国 3G 发展头 3 年，已直接带动投资 4556 亿元，间接拉动投资 22300 亿元；直接带动终端业务消费 3558 亿元，间接拉动社会消费 3033 亿元；直接带动 GDP 增长 2110 亿元，间接拉动 GDP 增长 7440 亿元。同时，3G 发展也增加了社会就业机会，3 年直接带动增加就业岗位 123 万个，间接拉动增加就业岗位 266 万个。业内专家表示，4G 牌照的发放，意味着 4G 网络、终端、业务将正式进入商用阶段，整个产业链超过 5000 亿元的市场规模将逐渐释放。

三是信息安全战略带来发展机遇。国家网络信息战略或将出台，对安全可靠信息技术和产品的需求大增，为 IT 产业带来很大的机遇。云安全 SAAS 市场逐步走向成熟，大数据市场融合发展，企业及移动应用和社交网络对安全等级的需求大幅提升。

四是智慧城市将会成为产业的新蓝海。智慧城市建设与城镇化建设结合将成为趋势，预计到 2015 年将有 600 个以上城市进行智慧城市建设，带动装备制造、移动通信、集成电路、新型显示、应用电子等行业迅速发展，形成智慧产业体系。催生市场需求，有望成为投融资新热点。

（二）IT 行业政策分析

当前世界经济仍保持着复苏的总态势，2013 年世界经济形势总体上仍十分严峻复杂，世界经济复苏的不稳定性、不确定性上升。中长期看，新兴科技性和消费类产业在未来发展空间巨大，目前正处于加快发展和获得更多发展资源的时点，存在着社会需求、国家政策和产业资金等市场环境不断改善和发展的预期。十八届三中全会决议中关于 IT 产业链的指导政策分析如下：

首先，IT 产业链自主可控，关键领域实现国产化替代。随着互联网、云计算和大数据技术的发展，各种信息源互联渗透与融合，我国以往采取的限制、隔离等简单安全策略已经难以保障信息安全。而美国凭借其在全球 IT 和互联网产业的绝对话语权，在国家间信息对抗中形成了较为明显的优势，使得没有自主 IT 装备制造能力的国家对美国的监控无可奈何。十八届三中全会公报提出设立国家安全委员会，意味着政府痛下决心，将信息安全上升到国家战略的高度，将通过政府采购或政策扶持等方式逐渐实现基础软硬件和重要 IT 服务的国产化替代，建立自有、安全、可控的 IT 架构体系，这将为国内 IT 产业带来历史性发展机遇。我们建议重点关注国产化替代突破可能性大、国产厂商具备相对优势的细分行业：服务器（一方面 X86 替代 IBM 的小型机，为国内低端服务器厂商带来发展机会；另一方面以浪潮天梭 K1 为首的国产高端服务器在技术层面已经取得突破，在国产化替代的大趋势下，其市场份额正在扩大）；存储（出于信息安全的考虑，国家在未来加大对存储设备的扶持力度是大概率事件）；基础软件（对信息安全要求高的部门将加大对国产服务器操作系统和数据库的采购）。

其次，利用云计算加强安全管理，实现安全领域集中管控。我们认为，云计算的发展路径最终将呈现出从硬件到软件，从制造到服务的特点。然而由于目前我国云计算仍处于发展的初级阶段，云计算基础软硬件设施提供仍是现阶段发展重点。从云计算制造链来看，云计算的建设带动了传统软硬件基础设施的采购，云平台软硬件提供商、系统集成商将直接受益这一趋势。

最后，加强社会安全和企业安全信息安全管理，确保国家安全。随着城镇化的持续推进，以及政府对平安城市、智慧城市建设的高度重视，安防监控产品行业的市场规模仍将不断扩大。我们预计国家安全委员会将对社会安全领域的建设提出新的要求。同时，在棱镜门等一系列事件的推动下，我国企业信息安全的潜在需求将逐渐释放，政府将加大信息安全产品采购，而企业在信息安全体系建设上的投资也将不断增加，以加强数据安全和隐私保护并提升 IT 基础设施防御能力。国家安全委员会的成立将加强对国有企业信息安全的管理和控制。我们预计，CEC、CETC、POTEVIO 将加大整合重组与资本运作力度，大力推进结构调整和转型升级，提高资源配置效率，强化国有企业信息安全管理。

二、2013 年度中国 IT 企业品牌竞争力总体述评

（一）宏观竞争格局：华北地区一家独大，与中南地区、华东地区三分天下，省（市）分布极不均衡

根据中国 IT 行业整体的营业收入数据，从区域来看，2013 年受调研的 155 家自主 IT 品牌企业 2012 年营业总额为 5614.00 亿元。其中，华北地区营业总额为 3740.70 亿元，占行业整体营业总额的 67%，中南地区营业总额为 1172.85 亿元，占比 21%。华东地区营业总额仅为 555.79 亿元，仅占比 10%。其他地区营业额同华北地区相比，差距较大，东北地区、西南地区和东北地区所占份额仅达 2%。由此可以看出，华北地区的优势地位仍然非常明显，遥遥领先于其他地区。

从省（市）来看，排在前 4 名的省（市）分别为北京市、广东省、上海市和浙江省，营业总额分别为 3726.01 亿元、1150.29 亿元、261.14 亿元和 132.38 亿元，总占比高达 94%，说明我国 IT 行业的集中度很高。净利润分布情况与营业收入分布情况相差不大，北京市表现最为突出，净利润总额分别为 123.46 亿元，占比 55%；广东省与上海市差距较小，净利润总额分别占比 12% 和 11%。总体来看，中国 IT 行业整体分布大多数集中于珠三角、长三角以及环渤海地区。

根据中国 IT 行业的 CBI 排名，从区域来看，我国 IT 企业主要分布于华北地区、华东地区和中南地区，企业总数高达 145 家，占行业企业总数的 93%。华北地区企业数量 57 家，居各区域第一，CBI 均值为 44.6098，高于行业平均水平，发展态势良好。华东地区企业数量为 55 家，虽然与华北地区企业数量相当，但华东地区 CBI 均值为 41.3883，低于华北地区，由此可以看出，企业数量的增加并不代表企业品牌竞争力的提升，华东地区应吸取经验，在注重量的发展的同时，努力提升企业品牌竞争力。中南地区企业数量为 33 家，位居第三。CBI 均值为 41.3618，与华东地区不相上下。东北地区只有 3 家企业，但其 CBI 均值为 49.0307，远高于行业平均水平，品牌竞争力发展态势较好。西南地区和西北地区企业数量少，

CBI 均值远低于行业平均水平，IT 行业发展较为落后，还有很大的提升空间。

从省（市）来看，四大省（市）的企业数量占据行业数量总和的 73%，北京市、上海市、广东省、浙江省四大省（市）所占比重分别为 35%、12%、19%、7%，行业集中度相对较高，且主要分布于珠三角和江浙及环渤海地区。北京市企业数量排名第一，CBI 均值为 45.2187，高于行业平均水平，企业品牌竞争力还有待提高和进步。广东省 IT 企业数量共有 29 家，其 CBI 均值为 41.8272，低于行业平均水平。上海市企业数量 19 家，其 CBI 均值为 42.5676，与行业平均水平持平，仍存在有很大的提升空间。

中国 IT 企业远不止 155 家，这 155 家企业只是众多 IT 企业中的杰出代表，从中可以分析中国 IT 企业的竞争情况。IT 行业关乎中国经济发展的重要行业，IT 企业目前已形成双雄争霸之势，一定程度上也揭示了中国区域经济发展的不均衡，西北地区、西南地区和东北地区 IT 行业的发展仍处于竞争劣势，这些地区需要培养一批具有综合竞争力的企业以带动区域地产行业的发展。

（二）中观竞争态势：鹤立鸡群领跑行业，中下游企业竞争激烈

根据中国企业品牌竞争力分级评级标准，对 2013 年受调查的企业进行分级评估，按照一般惯例分为五级，5A 级企业 1 家，4A 级企业 6 家，3A 级企业 82 家，2A 级企业 66 家，1A 级企业 0 家。一家 5A 级 IT 企业是联想集团有限公司，占 IT 企业总数的 1%，数量相对较少。联想集团有限公司一家企业的营业总额为 2138.26 亿元，占 IT 行业整体营业总额的 38%，对 IT 行业整体贡献较大。IT 行业 5A 级企业联想集团有限公司的 CBI 均值为 83.5821，远高于行业 CBI 平均水平，所以联想集团有限公司是中国 IT 行业名副其实的龙头企业，引领中国 IT 行业的发展方向。值得关注的是 82 家 3A 级企业，占据行业比重的 53%，其 CBI 均值为 46.0591，略高于行业平均值。3A 级企业基本代表了中国 IT 行业发展的平均水平，并且企业之间指数分布比较均匀，这说明企业竞争状况日益激烈。2A 企业有 66 家，相对较弱，CBI 均值为 35.5181，低于行业平均水平，因此 IT 行业整体还有待发展，企业品牌竞争力还有待提高。

（三）微观竞争比较：财务指标差强人意，市场指标仍待提升

对于中国企业来说，财务表现仍然是企业对外展示基本实力的重要依据。由于近几年中国 IT 市场的快速发展，带来了中国国民物质消费水平的不断提高，这也使得各 IT 企业近年来营业收入和净利润都保持了良好的增长态势。2013 年全国受调研的 155 家 IT 企业的品牌财务表现力均值仅为 44.4272，低于 60 分，说明企业的品牌财务表现力表现一般，还需得到有效的改善。

根据品牌财务表现力指标，排在前 10 名的企业分别是联想集团有限公司、神州数码控股有限公司、东软集团股份有限公司、中国长城计算机深圳股份有限公司、同方股份有限公司、航天信息股份有限公司、用友软件股份有限公司、奇虎360QIHU、巨人网络、深圳长城开发科技股份有限公司。第 1 名的联想集团有限公司，其品牌财务表现力均值为 72.1033，第 10 名深圳长城开发科技股份有限公司，其品牌财务表现力得分为 53.8117，与第 1 名联想集团有限公司的差距较大，有较大的提升空间。通过以上分析我们不难发现，前 10 名的企业中，品牌财务表现力指标存在一定差距，还有较大的发展空间。前 10 名的品牌财务表现力均值还相对较高，但品牌财务表现力指标总体均值却相对较低。

根据市场竞争表现力单项指标，排在前 10 名的企业分别是联想集团有限公司、中国长城计算机深圳股份有限公司、神州数码控股有限公司、同方股份有限公司、东软集团股份有限公司、深圳长城开发科技股份有限公司、航天信息股份有限公司、用友软件股份有限公司、方正科技集团股份有限公司、紫光股份有限公司，这 10 家企业在市场竞争表现力方面表现不错，指标得分均在 60 分以上。得分最高的联想集团有限公司，分值为 93.4883，相比其他企业优势明显。得分最低的紫光股份有限公司，分值为 64.0115。虽然位列第十，但与行业第一仍存在较大差距，还有较大的发展空间。说明中国 IT 企业的市场竞争表现力整体发展势头良好，发展潜力较大。

如果将企业的竞争力从规模竞争、效率竞争和创新竞争三个阶段分析的话，中国 IT 行业发展的不均衡性，使得部分龙头企业处于效率甚至创新的竞争阶段，而对于很大一部分企业来说，与这两个阶段仍存在一定的差距。目前，我国IT行业发展急速增长，必然导致其对国内外信息技术的需求也在不断地增长。我国IT行业品牌发展相比国外仍然处于比较落后的地位。我国IT行业壮大之路，需要企业不断努力打造自身核心技术，增强核心竞争力的同时，也需要政府、社会各界等给予足够的支持和配合，共同打造中华民族的IT自主品牌。

三、中国IT企业品牌竞争力提升策略建议

信息时代技术能将一个公司的产品推向市场，但只有品牌才能将市场带给产品，品牌是企业的DNA，是决定企业成败的关键因素。在高产出、强竞争的IT市场上，品牌问题是一大挑战，品牌是一个企业走向成熟的标志和符号。

（一）品牌家族策略

对于各种不同的产品，是使用同一个品牌还是分别使用不同的品牌，成了IT企业面临的一个重大决策。通常情况下，品牌家族策略有四种：一是统一品牌策略。即对所有的产品使用共同的家族品牌名称。如日本索尼公司的所有产品都使用"sony"这个品牌名称，佳能公司生产的照相机、传真机、复印机等产品都统一使用"佳能"品牌，韩国三星电子公司生产的电视机、影碟机都使用"三星"品牌。统一品牌的好处是：可以利用已经成功的品牌推出新产品，容易使消费者产生信任感，可以壮大企业的声势，提升企业的市场形象，以及节约建立新品牌的费用。但是，统一品牌策略容易产生"株连风险"，即如果某个产品信誉出现了危机，将会严重影响企业的整体形象，整个产品组合也将会面临极大的危机。二是个别品牌。即企业对各种不同的产品使用不同的品牌，如新惠普的家用电脑产品采用双品牌，包括康柏Presario、HP Pavilion桌上型电脑；笔记本电脑采用Presario、Pavilion品牌。再如现在有些网络公司不断推出新网站，每个网站都有自己的网域名称。使用个别品牌，能严格区分不同质量水平的产品，便于消费者识别和选购产品，当个别产品出现信誉危机时，对其他产品和整个企业的信誉影响较小。但是，这种策略会增加品牌建立费用和产品促销费用。三是分类品牌。即对各产品线分别使用不同的品牌，像日本松下公司，其音像制品的品牌是"Panasonic"；家用电器的品牌是"National"；立体音响的品牌则是"Technics"。采用此种策略可同时具有统一品牌和个别品牌的优点。四是企业名称加个别名称并用。即在个别品牌之前冠以企业名称。以企业名称表明产品的好处，以个别名称表明产品的特点。例如海尔生产的各种空调分别用"小英才"、"小元帅"等品牌，而每个品牌名称前都冠以"海尔"。微软、惠普公司公司多采用这种策略，便于使每一种产品既能得益于企业已建立的信誉，又可以体现每一种产品的各自特色。

（二）品牌快速成长策略

传统的品牌策略似乎存在着一个真理，即在全国或全球范围内创建一个品牌要花很长时间，即所谓"罗马不是一天建成的"。以往一些产品需要历经四五十年甚至更长的时间才能将自己的品牌形象植入消费者心中，如宝洁系列中的汰渍有50年历史，佳洁士有40年历史；可口可乐更是百年老店。然而，随着最新信息技术的诞生和发展，时间从来没有像今天这样具体地成为一种资源。微电子技术、芯片运算能力和性能价格比、软件技术、IP技术及其他网络技术都在以月甚至以天的速度向前推进，速度的经济性可说是信息经济的又一个重要特征。因此，IT企业必须在时间上抢得先机，领先其他竞争对手，快速建立品牌竞争优势。IT企业可以其良好的口碑，成功的公关推广，强大的广告攻势，以及运用网站清晰、快捷、良好的服务等，使得一个个富有价值的品牌没用多少时间就可建立起来。像美国在线这样一家非常年轻的公司，在美国家庭的知名度高达80%，雅虎短短数年闻名全球，亚马逊网上书店、戴尔电脑这两家公司几乎是一夜成名。建立品牌当然需要时间，但IT企业品牌的建立要以秒作单位。IT品牌如同它们的顾客一样没有耐心，因为它们要生存。

（三）品牌联合策略

近年来，品牌联合策略有上升的趋势。品牌联合是指两个或更多品牌相互联合，相互借势，以实现"1+1>2"的做法。这种策略结合了不同企

业的优势，可增强产品的竞争力，降低促销费用。品牌联合比较成功的典型是英特尔公司与世界主要计算机制造商之间的合作。英特尔公司是世界上最大的计算机芯片生产者。该公司推出了鼓励计算机制造商如IBM、戴尔在其产品上使用"Intel Inside"标志的联合计划，结果在计划实施的短短18个月里，该标志的曝光次数就高达100亿次，使得许多个人计算机的购买者意识到要购买有"Intel Inside"标志的计算机。英特尔公司与各大计算机品牌合作的结果是，标有"Intel Inside"的计算机比没有该标志的计算机更为消费者所认可和接受。在国内也有品牌联合有事件，联想与D-LINK公司联合开发有联想D-LINK交换机的产品曾风行一时。

（四）品牌特许策略

品牌特许即品牌所有者与生产商或经销商间通过协议的形式取得某品牌的使用权。国外一些知名品牌将自己的品牌以签约出让使用权的形式许可某些类别的产品使用，《财富》杂志所列500家大型企业中，1/3以上企业的业务与品牌特许有关。特许人与受许人共同借助同一个品牌，在相同模式的约束下实现品牌的扩张，达到双赢或多赢。特许人向受许人提供统一的品牌、技术、管理、营销等模式，受许人向特许人支付一定费用。品牌特许经营策略可以实现品牌的快速扩张，由于借助他人的资金，相对风险低、成本低。受许人则可以"背靠大树好乘凉"。正因为如此，目前中国品牌特许在IT企业也正方兴未艾。像联想、清华同方、北大方正等IT企业均运用这一策略。联想作为中国IT企业品牌特许先行者，经过几年的实践，已经建立起了中国规模最大、运营最规范的特许专卖店体系，并带动了一批IT大厂商进入特许经营领域。联想品牌特许实行"六个统一"，即统一的形象、统一的规划、统一的销售产品、统一的价格、统一的服务和统一的管理标准。

（五）品牌分化策略

品牌分化策绝不是一种简单的多品牌策略，它是在适应消费者个性化需求基础上针对不同目标消费者而采用不同品牌的一种策略。摩托罗拉是将品牌进行分化，用目标品牌在全球范围推广其产品的第一家IT企业。摩托罗拉经过全球市场调研发现，随着手机外形功能的进步与发展，衍变出了各种文化价值与内涵。各式各样的手机在不同的人手中体现出不同的个性与象征，人们希望通过手机来表现自己与众不同的气质。因此，将品牌进行分化来推广手机，会比继续使用一个摩托罗拉品牌效果更好。摩托罗拉这个品牌给消费者的印象一直是一个传统的、重视技术突破的"工程主导型"的品牌形象，使用摩托罗拉手机的人必定是事业型、工作型的消费者。而现在，随着市场的不断扩大，市场需求发生了很大变化，消费需求出现了多样化，消费者对品牌的要求也越来越高。鉴于此，摩托罗拉赋予了品牌全新的营销观念，确定了全新的目标品牌战略，于2000年推出了以下四个品牌：天拓、时梭、V.（Vdot）和心语，分别对应科技追求型、时间管理型、形象追求型和个人交往型等不同的目标市场。手机是一种非常个性化的产品，它需要具体的形象。摩托罗拉将品牌进行分化，针对不同群体的消费者"量身定做"产品及其品牌，很快就使摩托罗拉尝到了此种策略的成功。现在很多IT企业特别是手机生产企业均仿效这种做法来进行品牌运作。

（六）品牌运营外包策略

品牌的运营必须有既定发展的方向，即品牌蓝图与品牌发展的前景。企业要使消费者与品牌之间建立起独特的关系，就必须给消费者一个具体真实的"图像"。为此品牌运营策略必须率先进行品牌蓝图的描绘，找出品牌与消费者相连的最佳利益共同点。在这方面，现代企业大多借助于广告推广，因为广告就是不断地描绘品牌蓝图并期望在消费者心目中建立品牌蓝图。基于此，许多企业寻求广告投入的产出比（影响力）最大化而采取外包（交给专业化品牌宣传推广公司运营）。"整合品牌传播"已成为当今企业竞相仿效的运作方式。

第九章 中国服装行业企业品牌竞争力指数报告

第一节 中国服装企业品牌竞争力指数总报告

一、2013年度中国服装企业总体竞争态势

中国企业品牌竞争力指数（以下简称CBI）研究课题组为了检验理论成果的应用效果，于2013年对中国49家自主服装企业品牌进行了调研，根据各企业营业收入和净利润的原始数据发现，华东地区占据半壁江山，华北地区与中南地区势均力敌，其他地区几乎可以忽略不计。浙江省和广东省不相上下，在省（市、自治区）中遥遥领先，北京市和福建省紧随其后。由此我们可以看出，中国服装企业品牌竞争力整体表现为华东地区独占鳌头，与华北地区、中南地区三分天下，浙江省和广东省领先发展的总体竞争态势，如图9-1和图9-2所示。

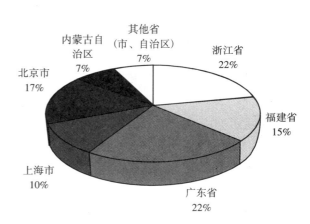

图 9-1 中国服装行业区域竞争态势   图 9-2 中国服装行业省（市、自治区）竞争态势

截至2012年底，中国服装行业受调研的49家自主服装品牌企业的营业总额为1817.26亿元。从区域的角度分析，华东地区营业总额为942.40亿元，占行业整体营业总额的52%。华北地区营业总额略高于中南地区，但相差较小，分别为451.89亿元和396.34亿元，分别占行业整体营业总额的25%和22%。东北地区和西南地区的营业总额最少，合计占行业整体营业总额的1%。我们不难发现，华东地区对我国服装行业营业额的贡献最大，发展较为繁荣，一家独大的势头明显，

遥遥领先于其他地区。华北地区和中南地区虽然分别排第二和第三，但其营业额却远低于行业老大华东地区，属于我国服装行业发展的中上游地区，两者齐头并进，不分上下，竞争激烈，同样拥有较为明显的发展势头和优势，但相比华东地区还有很大的提升幅度。值得一提的是，西北地区没有服装企业，东北地区和西南地区的服装行业发展情况均远远落后于华东地区，属于服装行业发展非常落后的地方，无论是设备、人员、企业数量和发展前景等都与发达地区有很大的差距，想要从发达地区分得一杯羹，还有较长的发展之路。

从省（市、自治区）角度来看，排在前6名的省（市、自治区）分别为浙江省、广东省、北京市、福建省、上海市和内蒙古自治区，营业总额分别为399.88亿元、391.45亿元、305.02亿元、271.47亿元、184.94亿元和136.83亿元。其中，浙江省和广东省表现突出，两省的营业总额之和占比高达44%，占据半壁江山。两省各自营业额相当，均占到了行业营业总额的22%，并列居于行业第一的位置。北京市和福建省的营业总额分别占比17%和15%，发展速度较快，表现势头良好，略落后于行业领先者，分别居于第二和第三的位置。上海市和内蒙古自治区分别占比10%和7%，与行业第一还存在一定的差距，但在所有省（市、自治区）中仍分别排名第4和第5，仍有提高和进步的空间。六大省（市、自治区）营业总额占行业营业总额的93%，说明中国服装行业企业品牌集中度相对较高。

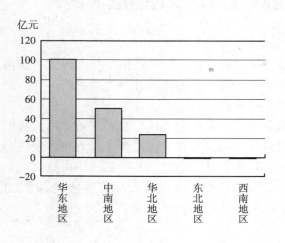

图9-3　中国服装企业净利润区域分布

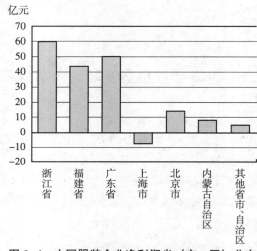

图9-4　中国服装企业净利润省（市、区）分布

截至2012年底，中国服装行业受调研的49家自主服装品牌企业的净利润总额为175.07亿元。从区域的角度分析，华东地区延续了营业收入的总体优势，净利润总额高达100.73亿元，占行业利润总额的58%，远远领先于其他地区，较高的营业收入带来了较多的净利润总额，说明华东地区的发展状态良好，企业发展保持了绝对的优势地位。中南地区和华北地区净利润总额分别为50.62亿元和24.43亿元，分别占行业利润总额的29%和14%，虽然分别排名第2和第3，但与行业第一华东地区相比差距较大。而且，中南地区和华北地区的营业收入相当，但中南地区的净利润总额却大大超出华北地区，说明中南地区的企业盈利能力较强，发展势头比较大。相比之下，

东北地区和西南地区的利润总额却少之又少，发展非常落后（见图9-3）。

从省（市、自治区）角度来看，排在前5名的省（市、自治区）分别为浙江省、广东省、福建省、北京市和内蒙古自治区，净利润总额分别为60.03亿元、50.26亿元、43.53亿元、14.24亿元和8.98亿元。其中浙江省表现突出，净利润总额占行业总额的34%，领先其他省（市、自治区），居于行业第1的位置。广东省和福建省也不相上下，净利润总额分别占行业总额的28%和24%，发展速度较快，势头较为强劲。而北京市和内蒙古自治区跟随其后，净利润总额分别占行业总额的8%和5%，虽分别居于行业第4和第5的位置，但与行业前3名差距较大，仍有很大的

提高进步空间。值得一提的是，一向表现良好的上海市，2012 年净利润总额为-7.49 亿元，下滑速度较快，远远落后于行业前几名。究其原因发现，上海市的李宁体育用品有限公司 2012 年亏损额较大，拉低了上海市的净利润总额，应引起行业和地区重视。

总体来看，华东地区称霸一方的局势非常明显，拥有服装行业最高的营业收入和净利润，是对我国服装行业贡献最大的区域，是服装行业的核心地区。中南地区和华东地区不相上下，形成了明显的竞争态势。这也说明，我国服装行业的区域集中度较高，浙江省和广东省表现突出，无论在营业收入还是净利润方面均远远领先于其他地区，这种分布不均衡的发展状态也是当前中国服装行业竞争最显著的特征。

二、2013 年度中国服装企业品牌竞争力指数排名

中国企业品牌竞争力指数（以下简称 CBI）研究课题组已于 2011 年 7 月完成了理论研究，采用多指标综合指数法对中国企业品牌竞争力进行量化研究。初期理论成果包括 CBI 四位一体理论模型、CBI 评价指标体系、CBI 评价指标权重以及 CBI 计算模型，并且已经通过国内 10 位经济学、管理学界权威专家论证。为了检验理论成果的应用效果，课题组继 2011~2012 年连续两年对中国自主服装企业品牌调研之后，于 2013 年底对中国自主服装企业品牌再一次进行调研，根据调查数据应用 CBI 计算模型得出中国服装企业品牌竞争力排名（见表 9-1）。

表 9-1　2013 年中国服装企业品牌竞争力排名

企业名称	省（市、自治区）	相对值（指数）		绝对值形式（百分制）		
		CBI 值	排名	品牌竞争力得分（CBS）	品牌财务表现力	市场竞争表现力
百丽国际控股有限公司	广东省	80.7408	1	76.2866	70.0882	90.7497
雅戈尔集团股份有限公司	浙江省	76.9229	2	73.2872	65.4593	91.5523
上海美特斯邦威服饰股份有限公司	上海市	71.2489	3	68.8295	62.4975	83.6042
际华集团股份有限公司	北京市	69.9167	4	67.7829	60.5271	84.7131
安踏（中国）有限公司	福建省	69.8941	5	67.7652	57.8237	77.4133
特步（中国）有限公司	福建省	67.3514	6	65.7676	62.3425	80.4180
内蒙古鄂尔多斯资源股份有限公司	内蒙古自治区	66.6160	7	65.1898	58.3333	83.1143
申洲国际集团控股有限公司	浙江省	66.3902	8	65.0124	59.2170	78.5352
匹克体育用品有限公司	福建省	65.4375	9	64.2640	57.7915	75.5377
中国动向（集团）有限公司	北京市	64.7204	10	63.7006	49.6440	67.2918
七匹狼实业股份有限公司	福建省	63.9754	11	63.1153	60.0542	77.1729
浙江报喜鸟服饰股份有限公司	浙江省	63.2061	12	62.5110	57.4311	74.3638
九牧王股份有限公司	福建省	62.4937	13	61.9512	59.3891	75.6388
李宁（中国）体育用品有限公司	上海市	57.9425	14	58.3758	50.2198	75.6430
浙江森马服饰股份有限公司	浙江省	57.5352	15	58.0557	55.9491	75.9561
江苏红豆实业股份有限公司	江苏省	57.2691	16	57.8467	52.2369	72.6998
浙江奥康鞋业股份有限公司	浙江省	56.5127	17	57.2525	52.8163	70.2810
利郎（中国）有限公司	福建省	56.1905	18	56.9993	52.5467	68.2328
宁波杉杉股份有限公司	江苏省	53.5671	19	54.9383	50.9749	71.0563
喜得龙（中国）有限公司	福建省	53.2099	20	54.6577	49.8238	65.9368
东莞市搜于特服装股份有限公司	广东省	52.2797	21	53.9269	49.6107	63.9981
左岸服饰有限公司	上海市	51.5617	22	53.3628	49.5347	62.2952
利信达集团有限公司	广东省	50.9984	23	52.9202	49.1683	61.6748
浙江伟星实业发展股份有限公司	浙江省	50.5392	24	52.5595	47.4339	64.5193

续表

企业名称	省（市、自治区）	相对值（指数）		绝对值形式（百分制）		
		CBI值	排名	品牌竞争力得分（CBS）	品牌财务表现力	市场竞争表现力
朗姿股份有限公司	北京市	50.2269	25	52.3142	48.0935	62.1624
中国希尼亚时装有限公司	福建省	50.0875	26	52.2047	47.9896	62.0400
兴业皮革科技股份有限公司	福建省	49.7425	27	51.9336	47.3846	62.5481
凯诺科技股份有限公司	江苏省	49.6514	28	51.8621	46.9798	63.2541
佛山星期六鞋业股份有限公司	广东省	49.3843	29	51.6522	46.5230	63.6204
希努尔男装股份有限公司	山东省	48.9562	30	51.3159	46.6408	62.2242
北京探路者户外用品股份有限公司	北京市	48.2447	31	50.7569	46.8487	59.8760
广州卡奴迪路服饰股份有限公司	广东省	46.3422	32	49.2623	45.6502	57.6904
吉林奇峰化纤股份有限公司	吉林省	45.9274	33	48.9364	43.0034	62.7799
大连大杨创世股份有限公司	辽宁省	45.5064	34	48.6056	44.2174	58.8448
浙江乔治白服饰股份有限公司	浙江省	44.5932	35	47.8882	44.0609	56.8186
凯撒（中国）股份有限公司	广东省	43.2101	36	46.8016	42.8962	55.9143
华斯农业开发股份有限公司	河北省	43.1921	37	46.7875	43.0419	55.5272
江苏三友集团股份有限公司	江苏省	43.1876	38	46.7840	42.7942	56.0933
上海开开实业股份有限公司	上海市	43.0936	39	46.7101	41.9854	57.7342
浙江步森服饰股份有限公司	浙江省	42.7440	40	46.4354	42.2407	56.2232
湖北美尔雅股份有限公司	湖北省	42.5972	41	46.3201	41.5372	57.4803
山西百圆裤业有限公司	山西省	41.7910	42	45.6868	41.8623	54.6105
泰亚鞋业股份有限公司	福建省	40.0337	43	44.3062	40.9598	52.1143
宁波宜科科技实业股份有限公司	浙江省	39.6982	44	44.0426	40.2102	52.9850
浙江棒杰数码针织品股份有限公司	浙江省	39.3338	45	43.7563	40.1798	52.1015
四川浪莎控股股份有限公司	四川省	39.2783	46	43.7127	39.8048	52.8312
粤海制革有限公司	广东省	39.1381	47	43.6025	39.3778	53.4602
美盛文化创意股份有限公司	浙江省	37.9311	48	42.6543	39.7543	49.4212
内蒙古四海科技股份有限公司	内蒙古自治区	33.1088	49	38.8658	34.6400	48.7261
均值		52.7249		54.2767	49.3794	65.7037

注：从理论上说，中国企业品牌竞争力指数（CBI）由中国企业品牌竞争力分值（CBS）标准化之后得出，CBS由4个一级指标品牌财务表现力、市场竞争表现力、品牌发展潜力和消费者支持力的得分值加权得出。在实际操作过程中，课题组发现，品牌发展潜力和消费者支持力两个部分的数据收集存在一定的难度，且收集到的数据准确性有待核实，因此，本报告暂未将品牌发展潜力和消费者支持力列入计算。品牌财务表现力主要依据各企业的财务报表数据以及企业上报数据进行计算。同时，关于市场竞争表现力方面的得分，课题组选取了部分能够通过公开数据计算得出结果的指标，按照CBI计算模型得出最终结果。关于详细的计算方法见《中国企业品牌竞争力指数系统：理论与实践》。

由表9-1可以看出，在2013年服装行业企业品牌CBI排名中，百丽国际控股有限公司、雅戈尔集团股份有限公司、上海美特斯邦威服饰股份有限公司、际华集团股份有限公司、安踏（中国）有限公司、特步（中国）有限公司、内蒙古鄂尔多斯资源股份有限公司、申洲国际集团控股有限公司、匹克体育用品有限公司、中国动向（集团）有限公司稳坐行业前10强的位置。其中，百丽国际控股有限公司CBI值为80.7408，排名第一，各项指标优势明显，是服装行业的领导品牌。前10名的其他服装企业，CBI均值都在64分以上，说明各企业间也存在一定的差距，但差距不大，都

大大高于行业平均水平，说明前几名的发展状态还不错，是我国服装行业的领先企业代表。

通过2013年中国服装企业品牌竞争力指数数据，可以计算出中国服装行业CBI数值为52.7249。CBI数值为相对值，一方面可以反映行业总体竞争水平，另一方面也为行业内企业提供一个比较标准。课题组根据受调研的15个行业1548家企业的CBI数据得出中国企业品牌竞争力指数值为47，那么服装行业CBI为52.72>47，说明服装行业整体竞争水平高于平均水平，行业发展处于良好状态。同理，行业内部企业CBI数值低于52.72，说明其品牌竞争力处于劣势，高于

52.72，则说明其品牌竞争力处于优势，整个 CBI 指标体系为企业提供了一套具有诊断功能和预测功能的实用工具。

三、2013 年度中国服装企业品牌竞争力指数评级报告

（一）中国服装企业品牌竞争力指数评级标准体系

根据表 9-1 得出的服装企业 CBI 数值，课题组绘制总体布局图（见图 9-5），从整体上看 CBI 分布曲线两头陡峭、中间平缓。根据 CBI 数值表现出来的特征，结合服装企业的行业竞争力特性对调查的企业进行分级评估，按照一般惯例分为五级，划分标准如表 9-2 所示。

表 9-2　中国企业品牌竞争力分级评级标准

评级	CBI 数值标准
5A	CBI≥80
4A	60≤CBI<80
3A	40≤CBI<60
2A	20≤CBI<40
1A	CBI<20

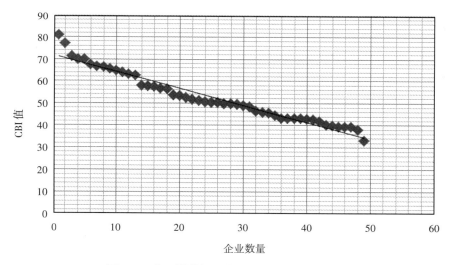

图 9-5　中国服装行业企业 CBI 散点分布

（二）中国服装企业品牌竞争力指数评级结果

由以上评价标准可以将服装企业划分为五个集团，具体的企业个数及分布情况如表 9-3 和图 9-6 所示，各级水平的企业得分情况由于篇幅原因仅列出代表企业。

表 9-3　中国服装行业企业各分级数量表

企业评级	竞争分类	企业数量	所占比重（%）	CBI 均值	CBS 均值	品牌财务表现力均值	市场竞争表现力均值
5A 级企业	第一集团	1	2	80.7408	76.2866	70.0882	90.7497
4A 级企业	第二集团	12	25	67.3478	65.7647	59.2092	79.1130
3A 级企业	第三集团	30	61	48.8706	51.2486	46.8342	62.3283

续表

企业评级	竞争分类	企业数量	所占比重（%）	CBI 均值	CBS 均值	品牌财务表现力均值	市场竞争表现力均值
2A 级企业	第四集团	6	12	38.0814	42.7724	38.9945	51.5875
1A 级企业	第五集团	0	0	—	—	—	—
全部	不分类	49	100	52.7249	54.2767	49.3794	65.7037

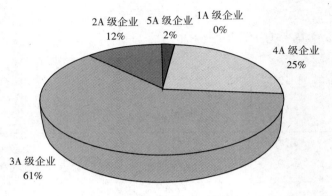

图 9-6　中国服装企业分级分布

表 9-4　中国服装行业 5A 级企业品牌代表

企业名称	评级水平	排名	CBI	CBS	品牌财务表现力	市场竞争表现力
百丽国际控股有限公司	5A	1	80.7408	76.2866	70.0882	90.7497

据表 9-2 中国企业品牌竞争力分级评级标准，5A 级服装企业共有 1 家，百丽国际控股有限公司，占服装企业总数的 2%。如表 9-4 所示，百丽国际控股有限公司是服装行业的领导企业，其 CBI 数值为 80.7408，位列各企业第 1 名，具有较

强的企业品牌竞争力。品牌财务表现力和市场竞争表现力均遥遥领先于其他企业，得分均在 70 分以上，市场竞争表现力得分在 90 分以上，遥遥领先，品牌发展潜力巨大，是当之无愧的龙头企业，引领整个服装行业的发展方向。

表 9-5　中国服装行业 4A 级企业品牌代表

企业名称	评级水平	排名	CBI	CBS	品牌财务表现力	市场竞争表现力
雅戈尔集团股份有限公司	4A	2	76.9229	73.2872	65.4593	91.5523
上海美特斯邦威服饰股份有限公司	4A	3	71.2489	68.8295	62.4975	83.6042
际华集团股份有限公司	4A	4	69.9167	67.7829	60.5271	84.7131
安踏（中国）有限公司	4A	5	69.8941	67.7652	57.8237	77.4133
特步（中国）有限公司	4A	6	67.3514	65.7676	62.3425	80.4180

据表 9-2 中国企业品牌竞争力分级评级标准，4A 级服装企业共有 12 家，占服装企业总数的 25%。表 9-5 所列的 5 家企业雅戈尔集团股份有限公司、上海美特斯邦威服饰股份有限公司、际华集团股份有限公司、安踏（中国）有限公司和特步（中国）有限公司是中国服装行业代表领先企业，品牌财务表现力、市场竞争表现力均表现突出，品牌发展潜力较大。其中，雅戈尔集团股

份有限公司是 4A 级企业的代表公司，CBI 均值为 76.9229，位列 4A 级企业梯队第一名，是中国服装行业的代表企业，具有较强的企业品牌竞争力。4A 级梯队的其他代表企业 CBI 均值均在 67 分以上，说明我国服装行业的领先企业代表企业竞争力较强，整体实力发展态势良好。CBI 均值及各项分指标得分值均远远高于行业平均值。

从第二集团内部比较而言，雅戈尔集团股份

有限公司在品牌财务表现力和市场竞争表现力方面均位于本集团第一，具有较强的财务表现和市

场竞争表现力，综合实力很强。

表 9-6　中国服装行业 3A 级企业品牌代表

企业名称	评级水平	排名	CBI	CBS	品牌财务表现力	市场竞争表现力
李宁体育用品有限公司	3A	14	57.9425	58.3758	50.2198	75.6430
浙江森马服饰股份有限公司	3A	15	57.5352	58.0557	55.9491	75.4561
江苏红豆实业股份有限公司	3A	16	57.2691	57.8467	52.2369	72.6998
浙江奥康鞋业股份有限公司	3A	17	56.5127	57.2525	52.8163	70.2810
中国利郎有限公司	3A	18	56.1905	56.9993	52.5467	68.2328

据表 9-2 中国企业品牌竞争力分级评级标准，3A 级服装企业共有 30 家，占服装企业总数的 61%。表 9-6 所列的五家企业李宁体育用品有限公司、浙江森马服饰股份有限公司、江苏红豆实业股份有限公司、浙江奥康鞋业股份有限公司和中国利郎有限公司是中国服装行业 3A 级企业的代表，处于我国服装业发展整体水平的中游，CBI 均值、品牌财务表现力和市场竞争表现力均处于行业平均水平上下浮动，也就是说，3A 级企业代表了我国服装行业发展的平均水平，因此，这一梯队的企业需要受到关注。未来我国服装行业的领先企业可能都是从 3A 级企业发展而来，是我国服装行业发展后起之秀的培养基地。而从 2013 年的数据来看，我国 3A 级服装企业的 CBI 均值为 48.8706，低于服装行业平均水平，说明我国服装行业处于发展中状态，整体水平还有待提升。

从第三集团的内部比较来看，李宁体育用品有限公司市场竞争表现力较好，具有较强的市场竞争能力。浙江森马服饰股份有限公司的品牌财务表现力位于本集团企业第一，财务表现力较好。

表 9-7　中国服装行业 2A 级企业品牌代表

企业名称	评级水平	排名	CBI	CBS	品牌财务表现力	市场竞争表现力
宁波宜科技实业股份有限公司	2A	44	39.6982	44.0426	40.2102	52.9850
浙江棒杰数码针织品股份有限公司	2A	45	39.3338	43.7563	40.1798	52.1015
四川浪莎控股股份有限公司	2A	46	39.2783	43.7127	39.8048	52.8312
粤海制革有限公司	2A	47	39.1381	43.6025	39.3778	53.4602
美盛文化创意股份有限公司	2A	48	37.9311	42.6543	39.7543	49.4212

据表 9-2 中国企业品牌竞争力分级评级标准，2A 级服装企业共有 6 家，占服装企业总数的 12%。表 9-7 所列的 5 家企业宁波宜科技实业股份有限公司、浙江棒杰数码针织品股份有限公司、四川浪莎控股股份有限公司、粤海制革有限公司、美盛文化创意股份有限公司是中国服装行业 2A 级的代表，其特征是 CBI 均值、品牌财务表现力、市场竞争表现力等指标均低于行业平均值，是我国服装行业中下游水平的代表。这一梯队的企业的发展处于较为劣势的状态，各方面发展均受到严重的威胁，一旦发展不顺利就面临着被淘汰的危险。

从第四集团内部比较而言，品牌财务表现力普遍较低，均在 50 分以下，处于劣势，还有待提高；而市场竞争表现力也均分布在 50 左右，得分参差不齐。

四、2013 年中国服装企业品牌价值 20 强排名

课题组认为，品牌价值（以下简称 CBV）是客观存在的，它能够为其所有者带来特殊的收益。品牌价值是品牌在市场竞争中的价值体现。一个品牌有无竞争力，就是要看它有没有一定的市场份额，有没有一定的超值创利能力。品牌竞争力正是体现在品牌价值的这两个最基本的决定性因

素上，品牌价值就是品牌竞争力的具体体现。通常品牌价值以绝对值（单位：亿元）的形式量化研究品牌竞争水平，课题组对品牌价值与品牌竞争力的关系展开研究，针对品牌竞争力以相对值（指数：0~100）的形式量化研究品牌竞争力水平。在研究世界上关于品牌价值测量方法论基础上，提出本研究关于品牌价值的计算方法：CBV=

$(N - E \times 5\%)(1 + A) \times C \times CBI/100 + K$。其中，CBV 为企业品牌价值，CBI 为企业品牌竞争力指数，N 为净利润，E 为所有者权益，A 为品牌溢价，C 为行业调整系数，K 为其他影响系数，据此得出中国服装企业品牌价值的前 20 强（见表 9-8）。

表 9-8　2013 年中国服装行业品牌价值排名

企业名称	省（市、自治区）	品牌价值（CBV）	排名	品牌竞争力（CBI）
百丽国际	广东省	158.15	1	80.74
雅戈尔	浙江省	140.27	2	76.92
匹克体育	福建省	115.63	3	63.98
美邦服饰	上海市	111.46	4	71.25
安踏体育	福建省	105.28	5	64.72
特步国际	福建省	103.78	6	69.89
七匹狼	浙江省	92.09	7	66.62
李宁	上海市	90.98	8	57.27
鄂尔多斯	内蒙古自治区	90.54	9	67.35
九牧王	福建省	89.28	10	65.44
报喜鸟	浙江省	83.37	11	63.21
森马服饰	浙江省	74.83	12	62.49
际华集团	北京市	74.76	13	69.92
红豆股份	江苏省	72.19	14	57.94
申洲国际	浙江省	68.52	15	66.39
奥康国际	浙江省	61.80	16	57.54
中国利郎	福建省	59.83	17	56.51
杉杉股份	江苏省	58.32	18	56.19
中国动向	北京市	52.78	19	53.57
喜得龙 EDS	福建省	51.58	20	53.21
合计		1755.44		

　　CBV 分析：在 49 家受调研的服装自主品牌企业中，排名前 20 强的企业 CBV 总值为 1755.44 亿元，较 2012 年有所上升。前 10 强的企业 CBV 总额为 1097.45 亿元，占前 20 强比重的 62.52%，下降了 8 个百分点。百丽国际控股有限公司由上年度的第 4 名上升到第 1 名，雅戈尔集团股份有限公司由上年度的第 6 名上升到第 2 名，匹克体育用品有限公司由上年度的第 1 名下滑到了第 3 名，上海美特斯邦威服饰股份有限公司由上年度的第 5 名上升到第 4 名，安踏（中国）有限公司由上年度的第 2 名下滑到了第 5 名，李宁（中国）体育用品有限公司由上年度的第 3 名下滑到了第 8 名，内蒙古鄂尔多斯上年度的第 7 名下滑到了第 9 名，特步（中国）有限公司、福建七匹狼实业股份有限公司和九牧王跻身到 CBV 排行前 10 强，而黑牡丹（集团）股份有限公司、喜得龙（中国）有限公司和中国动向（集团）有限公司，被挤出了前 10 强。在排名前 20 强的企业中，福建省占 30%，浙江省占 30%，是前 20 强企业较集中的地区。

第二节 2013 年度中国服装企业品牌竞争力区域报告

一、六大经济分区

(一)总体情况分析

根据课题组的调研数据,我们可以看出,我国服装企业主要分布于华东地区,企业数量高达30家,占行业企业总数的61%,位列各地区第一,说明我国服装行业集中度比较高。而跟随其后的地区分别是中南地区和华北地区,两者企业数量相当,分别各自有8家企业,各占行业企业总数的16%,但与华东地区存在较大差距。其他地区仅有服装企业3家,占比较少,仅6%。

我们再看CBI均值。华东地区CBI均值为54.3434,远远超出其他区域,行业集中度很高,企业品牌竞争力较强,位列各区域第一,高于行业平均水平。说明我国华东地区的整体实力很强,在拥有众多服装企业的前提下,仍然保证了较高的企业品牌竞争力,是各地区发展的表率。中南地区和华北地区的企业数量虽然相同,但华北地区CBI均值为52.2271,略高于中南地区CBI均值50.5864(见表9-9、图9-7、图9-8)。中南地区和华北地区虽然企业数量排名第二,但中南地区CBI均值仅为略高于行业平均水平,华北地区市场竞争表现力均值低于行业平均水平,与华东地区差距较大,说明两者的品牌竞争力仍有很大的提升空间。华东地区在品牌财务表现力指标和市场竞争表现力指标得分上均名列前茅,发展前景良好。

表 9-9 中国服装企业六大经济区域竞争状况

区域	企业数量	所占比重(%)	CBI 均值	CBS 均值	品牌财务表现力均值	市场竞争表现力均值
华东地区	30	61	54.3434	55.5482	50.8241	67.4805
中南地区	8	17	50.5864	52.5966	48.1065	63.0735
华北地区	8	16	52.2271	53.8856	47.8738	64.5027
其他地区	3	6	43.5707	47.0849	42.3419	58.1519
总体情况	49	100	52.7249	54.2767	49.3794	65.7037

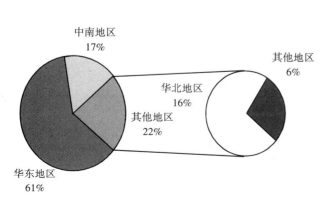

图 9-7 中国服装企业数量区域分布

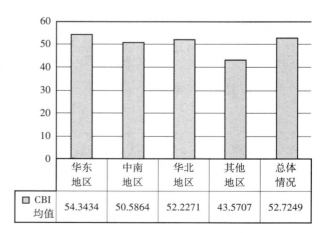

图 9-8 中国服装企业区域 CBI 均值对比

（二）分项情况分析

在各分项竞争力指标对比方面，各个地区的品牌财务表现力不佳，得分均值在50分上下。其中，华东地区品牌财务表现力得分均值为50.8241，略高于行业平均水平49.3794，属于品牌财务表现力较好的区域，为各地区第一。而中南地区和华北地区表现均差强人意，品牌财务表现力得分分别为48.1065和47.8738，略低于行业平均水平。这两个地区的服装行业发展处在中游水平，因此，品牌财务表现力是比较能体现其竞争水平和发展状态的指标。因此，这两个地区还需在财务表现力方面加大投入，大力提升财务竞争力。其他地区表现更差，品牌财务表现得分仅为42.3419，大大低于行业平均水平，属于服装行业发展非常贫瘠的地区。

再看市场竞争表现力表现，华东地区、华北地区和中南地区指标数值普遍都在60分以上，其他地区的得分低于60分，而且各地区表现差别较大。华东地区市场竞争表现力得分67.4805，为各地区第一，且高于行业平均水平65.7037。中南地区和华北地区指标得分不相上下，分别为63.0735和64.5027，低于行业平均水平。其他地区维持在更低的水平（见图9-9）。总体来看，品牌的财务表现力不佳，市场竞争表现力处于行业中等偏上水平。由此可以看出，服装行业的企业品牌财务表现力还有待提高。华东地区仍保持着遥遥领先的优势，其品牌财务表现力和市场竞争表现力方面均位列第一。

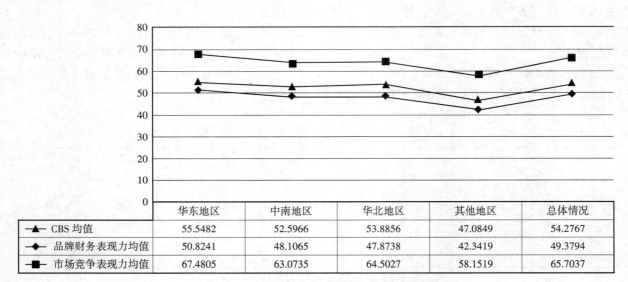

	华东地区	中南地区	华北地区	其他地区	总体情况
CBS 均值	55.5482	52.5966	53.8856	47.0849	54.2767
品牌财务表现力均值	50.8241	48.1065	47.8738	42.3419	49.3794
市场竞争表现力均值	67.4805	63.0735	64.5027	58.1519	65.7037

图9-9　中国服装企业一级指标分区域对比

二、五大省（市）分析

（一）总体情况分析

表9-10　中国服装企业五大省（市）竞争状况

省（市、自治区）	企业数量	所占比重（%）	CBI 均值	CBS 均值	品牌财务表现力均值	市场竞争表现力均值
浙江省	12	25	53.2818	54.7142	50.4006	66.6608
福建省	9	18	57.1601	57.7611	52.8946	68.8755
广东省	7	14	51.7277	53.4932	49.0449	63.8725
北京市	4	8	58.2772	58.6387	51.2783	68.5109
上海市	4	8	55.9617	56.8195	51.0593	69.8191
其他省（市、自治区）	13	27	46.9730	49.7578	45.0821	61.4801
总体情况	49	100	52.7249	54.2767	49.3794	65.7037

由表 9-10 可以看出，浙江省、福建省、广东省、北京市、上海市五个省（市）排名较靠前。其中，浙江省企业数量为 12 家，占比 25%，居行业第一。福建省企业数量为 9 家，占比 18%，居各省（市）第二。广东省紧随其后，有 7 家企业，占比 14%，居于第三。北京市和上海市企业数量相同，均为 4 家，占比 8%。五大省（市）企业数量占据行业数量总和的 73%，集中度较高，且主要分布于珠三角和江浙地区。

再看 CBI 情况。福建省企业数量排名第二，CBI 均值为 57.1601，高于行业平均水平。北京市的企业数量虽排名第四，但其 CBI 均值为 58.2772，位列各省（市）第一，品牌发展势头良好，潜力巨大。广东省的企业数量虽排名第三，但其 CBI 均值仅为 51.7277，低于行业平均值，说明其品牌竞争力仍有待提升。上海市虽然在净利润总额上下滑较快，但其 CBI 均值为 55.9617，高于行业平均值，说明存在一定的缓冲效应，品牌竞争力的改善和提高应当引起足够的重视，还有很大的上升空间（见图 9-10、图 9-11）。

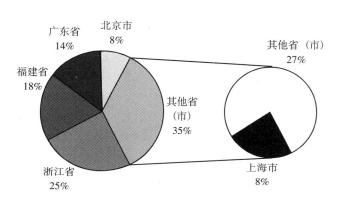

图 9-10　中国服装企业数量省（市、自治区）分布

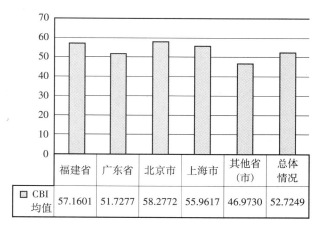

图 9-11　中国服装企业省（市）CBI 均值对比

（二）分项情况分析

在各分项竞争力指标对比方面，品牌财务表现力、市场竞争表现力在各省（市、自治区）之间有所差距。福建省在品牌财务表现力及市场竞争表现力方面得分均较高，分别为 52.8946 和 68.8755。北京市和上海市虽然企业数量较少，但其市场竞争表现力指标分别为 68.5109 和 69.8191，远高于行业平均水平，品牌竞争力发展潜力较大。广东省企业数量居于第三，但其财务表现力得分为 49.0449，市场竞争表现力指标得分为 63.8725，均低于其他四省（市），还有一定的进步空间。整体来看，各省（市、自治区）市场竞争表现力指标得分均在 60 分以上，表现较好，而财务表现力均在 60 分以下，说明服装行业财务表现力差强人意，亟待解决（见图 9-12）。总体而言，北京市、上海市和福建省三省（市）服装企业的竞争水平仍牢牢占据优势，远高于其他各省（市、自治区）。

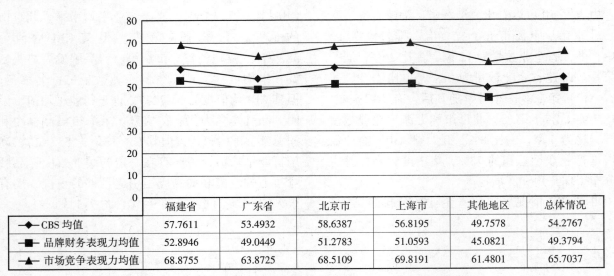

	福建省	广东省	北京市	上海市	其他地区	总体情况
CBS 均值	57.7611	53.4932	58.6387	56.8195	49.7578	54.2767
品牌财务表现力均值	52.8946	49.0449	51.2783	51.0593	45.0821	49.3794
市场竞争表现力均值	68.8755	63.8725	68.5109	69.8191	61.4801	65.7037

图 9-12　中国服装企业一级指标代表省（市）对比

第三节　2013 年度中国服装企业品牌竞争力分项报告

一、品牌财务表现

目前国内企业经营者对于现代化管理手段的理解与实践，多半仍然停留在以财务数据为主导的思维里。虽然财务数据无法帮助经营者充分掌握企业发展方向的现实，但在企业的实际运营过程中，财务表现仍然是企业对外展示基本实力的重要依据。品牌财务表现层面的分析将财务指标分为规模因素、效率因素和增长因素 3 个二级指标。规模因素主要从销售收入、所有者权益和净利润 3 个三级指标衡量；效率因素主要从净资产报酬率、总资产贡献率 2 个三级指标衡量；增长因素主要从年平均销售收入增长率、年平均净利润增长率 2 个三级指标衡量。

近年来中国经济的快速发展使得中国国民物质消费水平不断提高，使得各服装企业近年来的营业收入和净利润都保持了良好的增长态势。全国 49 家服装企业在品牌财务表现力得分均值为 49.3794。其中，百丽国际控股有限公司、雅戈尔集团股份有限公司、上海美特斯邦威服饰股份有限公司、特步（中国）有限公司、际华集团股份有限公司、福建七匹狼实业股份有限公司、九牧王股份有限公司、申洲国际集团控股有限公司、内蒙古鄂尔多斯资源股份有限公司、安踏（中国）有限公司位列前 10 名，这 10 家企业在品牌财务表现力方面还存在一定的差距。得分最高的是百丽国际控股有限公司，其品牌财务表现力得分为 70.0882，CBI 数值也最高。得分最低的是安踏（中国）有限公司，其品牌财务表现力得分为 57.8237（见表 9-11、图 9-13），与行业第一还存在很大的差距，仍存在很大的进步空间。

从 3 个二级指标看，其均值分别为：规模要素 44.7208（见表 9-12），效率因素 54.7821，增长因素 50.8101。效率因素得分最高，其中又以净资产报酬率得分最高为 55.8957。规模要素得分最低，为 44.7208（见表 9-12）。因其对品牌财务表现影响最大，因此导致了行业整体财务表现欠佳。在所有三级指标中，净资产报酬率得分最高，所有者权益最低，仅为 35.1461，总资产贡献率也较高，为 53.1117。从整体看，所有者权益低证明企业的自有资金较少，企业的资金链条是服装行业需要关注的话题。而净资产报酬率较高，说明企业的盈利能力较强。

表 9-11 品牌财务表现指数——行业前 10 名

企业名称	省（市、自治区）	CBI 值	品牌财务表现力
百丽国际控股有限公司	广东省	80.7408	70.0882
雅戈尔集团股份有限公司	浙江省	76.9229	65.4593
上海美特斯邦威服饰股份有限公司	上海市	71.2489	62.4975
特步（中国）有限公司	福建省	67.3514	62.3425
际华集团股份有限公司	北京市	69.9167	60.5271
福建七匹狼实业股份有限公司	浙江省	63.9754	60.0542
九牧王股份有限公司	福建省	62.4937	59.3891
申洲国际集团控股有限公司	浙江省	66.3902	59.2170
内蒙古鄂尔多斯资源股份有限公司	内蒙古自治区	66.6160	58.3333
安踏（中国）有限公司	福建省	69.8941	57.8237

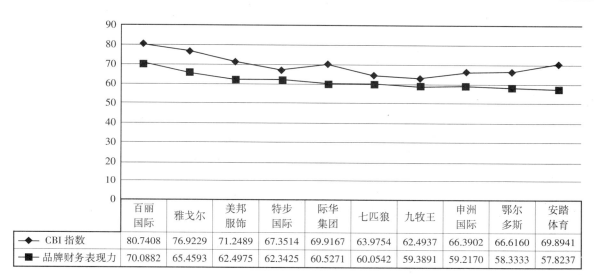

图 9-13 品牌财务表现力前 10 名企业对比

表 9-12 品牌财务表现力各分项指标得分均值

品牌财务表现力	49.3794	规模因素	44.7208	销售收入	49.5924
				所有者权益	35.1461
				净利润	50.3306
		效率因素	54.7821	净资产报酬率	55.8957
				总资产贡献率	53.1117
		增长因素	50.8101	年平均销售收入增长率	49.7793
				年平均净利润增长率	51.8408

二、市场竞争表现

随着服装行业的持续快速发展，市场竞争也更加激烈。企业只有具备更强的市场竞争能力，才能在目前的行业环境中生存下去。市场竞争表现层面的分析将指标分为市场占有能力和超值获利能力 2 个二级指标。市场占有能力主要从市场占有率和市场覆盖率 2 个三级指标衡量；超值获利能力主要从品牌溢价率和品牌销售利润率 2 个三级指标衡量。

由于近几年中国经济的快速发展带来了更为激烈复杂的市场竞争。全国 49 家服装企业在市场竞争表现力得分均值仅为 65.7037，略高于品牌财务表现力。雅戈尔集团股份有限公司、百丽国际控股有限公司、际华集团股份有限公司、上海美特斯邦威服饰股份有限公司、内蒙古鄂尔多斯资源股份有限公司、特步（中国）有限公司、申洲国际集团控股有限公司、安踏（中国）有限公司、福建七匹狼实业股份有限公司、浙江森马服饰股份有限公司位列前 10 名（见表 9-13），这 10 家企业在市场竞争表现力方面都很强，差距较小，指标得分均在 75 分以上。得分最高的雅戈尔集团股份有限公司，分值为 91.5523，得分最低的浙江森马服饰股份有限公司，分值为 75.9561。说明服装企业的市场竞争表现力整体较强（见表 9-13）。

二级指标中，市场占有能力得分均值 68.8045，超值获利能力得分 59.9449（见表 9-14）。虽然服装行业的垄断竞争比较激烈，但行业领先企业的市场占有率较高，同时由于各企业在全国各地开设连锁店，因而行业前 10 名企业的市场覆盖率较高。大部分企业的市场占有率处于中等水平。在服装行业内，品牌对企业市场竞争力表现的影响非常明显，因此品牌溢价率得分均值相对较高，为 68.4237，而品牌销售利润率指标却表现平平，为 44.1986。

表 9-13　市场竞争表现指数——行业前 10 名

企业名称	省（市、自治区）	CBI 值	市场竞争表现力
雅戈尔集团股份有限公司	浙江省	76.9229	91.5523
百丽国际控股有限公司	广东省	80.7408	90.7497
际华集团股份有限公司	北京市	69.9167	84.7131
上海美特斯邦威服饰股份有限公司	上海市	71.2489	83.6042
内蒙古鄂尔多斯资源股份有限公司	内蒙古自治区	66.6160	83.1143
特步（中国）有限公司	福建省	67.3514	80.4180
申洲国际集团控股有限公司	浙江省	66.3902	78.5352
安踏（中国）有限公司	福建省	69.8941	77.4133
福建七匹狼实业股份有限公司	浙江省	63.9754	77.1729
浙江森马服饰股份有限公司	浙江省	57.5352	75.9561

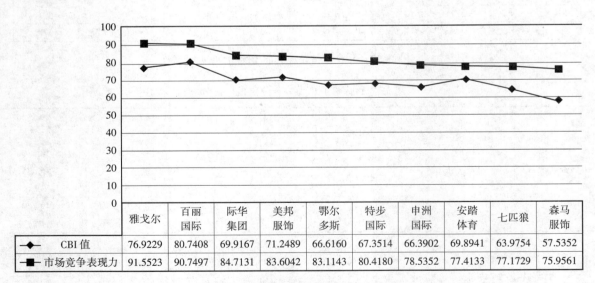

	雅戈尔	百丽国际	际华集团	美邦服饰	鄂尔多斯	特步国际	申洲国际	安踏体育	七匹狼	森马服饰
CBI 值	76.9229	80.7408	69.9167	71.2489	66.6160	67.3514	66.3902	69.8941	63.9754	57.5352
市场竞争表现力	91.5523	90.7497	84.7131	83.6042	83.1143	80.4180	78.5352	77.4133	77.1729	75.9561

图 9-14　市场竞争表现力前 10 名企业

表 9-14　市场竞争表现力各分项指标得分均值

市场竞争表现力	65.7037	市场占有能力	68.8045	市场占有率	68.1049
				市场覆盖率	70.4370
		超值获利能力	59.9449	品牌溢价率	68.4237
				品牌销售利润率	44.1986

第四节　中国服装企业品牌竞争力提升策略专题研究

一、中国服装行业宏观经济与政策分析

（一）服装市场运行情况

总体来看，2013年上半年，中国服装行业运行基本平稳。规模以上企业效益平稳增长，但受国内外市场、生产要素成本、汇率等因素影响，盈利空间缩小，亏损面有所扩大，两极分化趋于明显；中小企业抗风险能力较弱，各主要经济指标都有较明显下滑，运行压力进一步加大。服装出口保持增长，增速回落。传统市场需求部分恢复，但中国份额有所下降；对新兴市场出口则保持较大幅度增长。内销市场方面，市场规模继续扩大，增速放缓。

2013年上半年，国内服装销售平稳增长，市场规模继续扩大，但受整体经济影响，增速放缓。其中一二线市场增长相对缓慢，量大面广的三四线市场增速明显大于一二线市场，显示出较强的活力。同时，服装网络销售仍旧表现出强劲的增长势头，各主要品类的销售均同比大幅增长。

1. 整体情况

市场规模继续扩大，但增速放缓，价格增长平稳。根据国家统计局数据，2013年1~6月，社会消费品零售总额110764亿元，同比增长12.7%，增速比2012年同期回落1.7个百分点，比2012年全年回落1.6个百分点。其中，限额以上企业（单位）消费品零售额55251亿元，同比增长10.5%，比2012年同期增速回落4.4个百分点。社会消费品服装类零售总额同比增长11.7%，比2012年同期增速回落4.7个百分点。从价格方面观察，根据国家统计局数据，2013年1~6月，全国服装类商品零售价格同比上涨2.3%，较2012年同期下降1个百分点。衣着类居民消费价格同比上涨2.4%，较2012年同期下降1.1个百分点。其中服装价格上涨2.5%，鞋类价格上涨1.6%。2013年1~6月衣着类生产者出厂价格同比上涨1.3%，较2012年同期下降1.2个百分点。总体来

看，服装类商品销售价格增速趋于平稳，出厂价格涨速回落相对明显。

2. 按市场层级分析：一二线市场大型零售企业服装类商品销售增速放缓较明显；三四线市场显示较强活力

一二线市场增速放缓。根据中华全国商业信息中心统计，2013年1~5月，全国百家重点大型零售企业服装类商品零售额同比增长5.79%，增速较2012年同期放缓4.8个百分点。各类服装零售量同比增长1.33%，增速较2012年同期提高1.84个百分点。三四线市场显示较强活力。2013年1~5月，中国纺织工业联合会流通分会重点监测的40家单位的总成交额达2687.55亿元，同比增长10.92%。其中，服装类专业市场的总成交额为1343.55亿元，同比增长12.15%。增速明显大于一二线市场，显示出较强的活力。

3. 按品类分析：男西装童装增幅较大

根据中华全国商业信息中心统计，2013年1~5月，全国重点大型零售企业销售各类服装1.98亿件，同比小幅增长1.33%，但其中男西装和童装增幅相对较大，增速分别比2012年同期提高9.22个和9.73个百分点。我国服装出口保持增长，传统市场需求部分恢复，但受整体需求及东南亚等地区服装产业竞争力增强等因素影响，出口增速回落，且传统市场份额有所减少，但对新兴市场出口则保持较大幅度增长；服装进口金额同比增长，其中从东盟国家进口额增幅明显。

4. 出口：保持增长，新兴市场增速明显

世界贸易组织近日公布的统计数据显示，一季度全球货物贸易进出口同比分别下降0.44%和0.03%，显示了全球贸易活动仍乏力。但根据中国海关统计，2013年1~6月，我国累计完成服装及衣着附件出口765.61亿美元，同比增长13.4%，增速较一季度的19.3%回落5.9个百分点；累计完成服装出口数量142.80亿件，同比增长7.08%。同时，我国服装对传统市场出口额和出口数量仍保持增长，但数量增长放缓，出口额的增长主要

来自价格的增长，对传统市场出口数量占全国服装总出口的比重在减少。

5．进口：进口金额和数量增长明显

据中国海关统计，2013年1~6月，我国服装及衣着附件进口24.64亿美元，同比增长17.96%。服装进口数量为1.49亿件，同比增长26.75%。进口单价下降了7.12%。2013年1~6月，受整体需求影响，规模以上服装企业产量增速较2012年同期有所下降。根据国家统计局数据，2013年1~6月，服装行业规模以上企业累计完成服装产量124.54亿件，同比增长0.55%。其中梭织服装64.58亿件，针织服装59.95亿件，与2012年同期相比分别增长3.72%和-2.64%。根据国家统计局数据，近三年来，规模以上服装企业产量增速从2010年上半年的17.68%降至2013年上半年的0.55%；从同期比较来看，2013年上半年规模以上服装企业产量增速较2012年同期回落7.18个百分点，较2011年同期回落11.96个百分点。

（二）服装行业政策分析

2014年7月18日，作为全国最大的棉花生产基地，新疆维吾尔自治区发布了《发展纺织服装产业带动就业的意见》（以下简称《意见》），将发展纺织服装产业定位为实现大规模就业的战略选择，并提出了我区发展纺织服装产业促进就业总体规划。规划提出，第一阶段（2014~2018年），我区黏胶纤维产业链延伸初步实现；第二阶段（2019~2023年），基本建成以棉纺织、毛纺织、针织、服装、家用纺织品与地毯为主体的产业体系。此外，为了鼓励新疆维吾尔自治区纺织企业加大投资力度以及吸引更多企业来新疆维吾尔自治区投资，《意见》还出台了设立纺织服装产业发展专项资金、实施税收特殊优惠政策、实施低电价优惠政策等十大优惠、补贴政策，扶持我区纺织服装产业发展。

十八届三中全会日前审议通过了《中共中央关于全面深化改革若干重大问题的决定》。对纺织服装板块的影响主要体现在5个方面的政策：①放开二胎政策；②土改农民增收；③自贸区建设；④国企改革；⑤民营银行。其中前2点在中长期将促进品牌服装行业收入增长，而后3点更多偏重于主题性的投资机会。

棉花直补政策利好棉纺企业。2月出口受春节效应影响小幅下降，棉花直补政策利好棉纺企业。因春节影响，1月出口大增与2月出口大跌并不具趋势性。棉花直补政策出台，试点新疆，每亩补贴380元。短期来看，受内地种植面积下滑和国家抛储影响，内棉价格将保持平稳态势；中长期看，棉花直补政策将促进内外棉价差收窄。对于棉纺企业来说，内棉价格决定成本，外棉走势决定价格，内外棉价差收窄将有利企业毛利提升，增强竞争力、改善经营。

专家指出："未来我国纺织服装企业的发展机遇和核心竞争力将主要取决于企业的可持续发展战略和能力，如何以创新行动履行对员工、客户、环境和消费者等利益相关方的责任将从根本上决定企业的生产效率、市场准入、品牌内涵和商业绩效。"孙瑞哲指出，当前，纺织产业内的延伸呈现出4个主要趋势：向研发设计和品牌建设延伸，向上游或下游环节延伸，跨领域延伸，跨地域延伸。中国纺织企业应关注并着力打造"以材料智能为突破的创新力"、"以时尚导向为目标的消费力"、"以环境倒逼为动力的责任力"和"以社会青睐为基础的吸引力"，以加速建设纺织科技强国、品牌强国、可持续发展强国、人才强国的进程。

二、2013年度中国服装企业品牌竞争力总体述评

（一）宏观竞争格局：省市分布集中度高，区域分布一家独大

根据中国服装行业整体的营业收入数据，从区域来看，2013年受调研的49家自主服装品牌企业的2012年营业总额为1817.26亿元，其中华东地区营业额为942.40亿元，所占比重高达52%，华北地区、中南地区营业总额分别为451.89亿元和396.34亿元，分别占比25%和22%。其他地区营业额同华东地区相比，差距较大，西南地区和东北地区所占份额更是不到1%。由此可以看出，华东地区的优势地位仍然非常明显，遥遥领先于其他地区。

从省（市、自治区）来看，浙江省、广东省、北京市、福建省、上海市和内蒙古自治区居于前6名，营业总额分别为399.88亿元、391.45亿元、

305.02 亿元、271.47 亿元、184.94 亿元和 136.83 亿元，总占比高达 93%，说明我国服装行业的集中度很高。净利润分布情况与营业收入分布情况基本保持一致，华东地区净利润总额达到 140.26 亿元，牢牢占据着行业领先者的地位。福建省净利润总额达到 60.03 亿元，居于各省（市、自治区）之首。而营业收入排名较为靠前的上海市，净利润总额竟然为-7.49 亿元，值得引起行业重视。总体来看，中国服装企业分布主要集中在华东地区，长三角和环渤海地区也有一定份额，但比重不是很大。

根据中国服装行业的 CBI 排名，从区域来看，中国服装企业主要分布于华东地区，企业数量占行业总数的比重为 61%，集中度非常高。CBI 均值也居于榜首，为 54.3434，远高于其他地区。排在第二的是中南地区和华北地区，两个区域企业数量相同，均占比 16%，但华北地区 CBI 均值仅为 52.2271，略高于行业平均水平。而中南地区 CBI 均值仅为 50.5864，低于行业平均值，其品牌竞争力还存在很大的提高空间。由此可以看出，企业数量的发展并不代表企业品牌竞争力的提升，中南地区应吸取经验，在注重量的发展的同时，努力提升企业品牌竞争力。其他地区不仅企业数量少，而且 CBI 均值也非常低，仅为 43.5707，远低于行业平均水平。

从省（市、自治区）来看，五大省（市）的数量占据行业数量总和的 73%，浙江省、福建省、广东省、北京市、上海市五大省（市）所占比重分别为 25%、18%、14%、8%、8%，行业集中度相对较高，且主要分布于珠三角和江浙地区。浙江省企业数量居各省（市）第一，但其 CBI 均值为 53.2818，略高于行业平均水平，企业品牌竞争力还有待提高和进步。北京市虽企业数量不多，仅占 8%，但其 CBI 均值高达 58.2772，居于各省（市）榜首，发展势头迅猛。广东省企业数量虽排名第三，但其 CBI 均值仅为 51.7277，低于行业平均水平，品牌竞争力还需改善提升。

中国服装企业远不止 49 家，这 49 家企业只是众多服装企业中的杰出代表，从中可以分析中国服装行业的竞争情况。无论是从营业收入来看，还是从企业数量来看，无论是从区域还是从省（市）来看，中国服装行业的聚集度都比较高，主要集中在三大区域五大省（市）。西北地区、西南地区和东北地区服装行业的发展仍处于竞争劣势，这些地区需要成长一批具有综合竞争力的企业来带动区域服装行业的发展。区域和省（市、自治区）的企业数量也说明我国服装行业发展极端不均衡。

（二）中观竞争态势：一枝独秀引领行业，中游企业亟待发展，竞争激烈

根据中国企业品牌竞争力分级评级标准，对 2013 年受调查的企业进行分级评估，按照一般惯例分为五级，5A 级企业 1 家，4A 级企业 12 家，3A 级企业 30 家，2A 级企业 6 家，1A 级企业 0 家。1 家 5A 级服装企业是百丽国际控股有限公司，占服装企业总数的 2%，数量相对较少。百丽国际控股有限公司 1 家企业的营业总额为 328.59 亿元，占服装行业整体营业总额的 18%。服装行业 5A 级企业百丽国际控股有限公司的 CBI 均值为 80.7408，远高于行业 CBI 均值，所以百丽国际控股有限公司是中国服装行业名副其实的龙头企业，引领中国服装行业的发展方向。值得关注的是 30 家 3A 级企业，占据行业比重的 61%，其 CBI 均值为 48.8706，低于行业平均值。3A 级企业基本代表了中国服装行业发展的平均水平，并且企业之间指数分布比较均匀，这说明企业竞争状况日益激烈。由于 3A 级企业的 CBI 均值低于行业平均水平，因此服装行业整体还有待发展，企业品牌竞争力还有待提高。

（三）微观竞争比较：财务指标成绩平平，市场指标表现突出

对于中国企业来说，财务表现仍然是企业对外展示基本实力的重要依据。由于近几年中国服装市场的快速发展，带来了中国国民物质消费水平的不断提高，消费水平不断提高等因素也使得各服装企业近年来营业收入和净利润都保持了良好的增长态势。2013 年全国受调研的 49 家服装企业的品牌财务表现力均值仅为 49.3794，低于 60 分，说明企业的品牌财务表现力表现一般，还需得到有效的改善。

根据财务表现竞争力指标，排在前 10 名的企业分别是百丽国际控股有限公司、雅戈尔集团股份有限公司、上海美特斯邦威服饰股份有限公司、特步（中国）有限公司、际华集团股份有限公司、福建七匹狼实业股份有限公司、九牧王股份有限公司、申洲国际集团控股有限公司、内蒙古鄂尔多斯资源股份有限公司、安踏（中国）有限公司。品牌财务表现力排名第一的是百丽国际控股有限公司，其品牌财务表现力均值为70.0882，第十是安踏（中国）有限公司，其品牌财务表现力均值为57.8237。安踏（中国）有限公司虽位列第十，但与排名第一的百丽国际控股有限公司有很大差距，由此可以看出，前10名的企业中，品牌财务表现力的差距较大，还有待提高。前10名的品牌财务表现力均值还相对较高，但品牌财务表现力总体指标却相对较低。

根据市场竞争表现力单项指标，排在前10名的企业分别是雅戈尔集团股份有限公司、百丽国际控股有限公司、际华集团股份有限公司、上海美特斯邦威服饰股份有限公司、内蒙古鄂尔多斯资源股份有限公司、特步（中国）有限公司、申洲国际集团控股有限公司、安踏（中国）有限公司、福建七匹狼实业股份有限公司、浙江森马服饰股份有限公司，这10家企业在市场竞争表现力方面均表现突出，差距较小。得分最高的雅戈尔集团股份有限公司，均值为91.5523，得分最低的浙江森马服饰股份有限公司，分值为75.9561。说明中国服装企业的市场竞争表现力整体较强，品牌市场表现突出，发展势头良好，发展潜力巨大。

总的来看，中国服装企业仍处于劳动力密集型阶段，通过缩小成本、扩大规模，实现规模经济，走规模效率路线的阶段，技术创新和品牌经营与国际市场相比，还远远不够，需要大幅度提升；总体财务指数也表现较差，仍需进一步改进，但品牌市场表现较好，有较大的发展潜力。

三、中国服装企业品牌竞争力提升策略建议

（一）树立服装品牌的技术突破，提升品牌附加价值

大力推进技术创新，以增强核心竞争力。服装企业要做到以下几点：一是要发挥适用技术优势，形成自己的特色服装和特色服务，从而突出自己的品牌服装特色；二是要加大研发投入，建立高标准的技术中心，加强自主技术研发的力度；

三是要通过技术联盟、合作开发来获得技术优势，提升自己产品的档次；四是积极利用社会科研力量来提升自己产品的质量。成熟的中国服装企业在技术改造中扮演的不仅仅是卖家的角色，而是要通过工艺的改进优化配置，使自己的服装真正成为知名品牌。

随着人们生活水平和自身素质的提高，人们不再仅仅满足于商品的物质性功能，而越来越重视消费过程的精神享受和审美快感。服饰产业需要在产品上创造出丰厚的精神价值，满足消费者的审美需求。在创意经济时代，品牌要成为人们的注意力中心，必须针对消费者的审美需求，通过创意来为消费者创造难忘的消费体验，实质上，服装带给人们的是一种穿着体验，在这种体验中使消费者自身的身份、个性得到完美的诠释。而能够带给消费者切身感受的不再是简单的舒适与得体，相反地，这种感受更多来源于品牌的定位及文化。浙中地区要迅速进入服装产业并分得一席之地，需经营有竞争力的品牌，可以通过几个途径：一是寻求国内外的合作伙伴，进行资金与技术的嫁接；二是加强产学研合作；三是获取国际化品牌授权。

（二）必须树立精品意识，要有长远的规划

现在我国是服装制造业大国，数千万从业人员，但称得上国内知名品牌的不过百余种，成为国际知名品牌的更是屈指可数，我国服装出口平均每件的价格仅为4美元，平均每双鞋的价格不超过3美元，而进入我国市场的国际知名品牌服装动辄上千，高者上万。因此我们的服装企业必须要有长远规划、长远目标、长远眼光打造精品的意识。现在我们一些服装企业已经积蓄了一定资金和技术力量，以产品创新和渠道掌控能力为基础的品牌竞争力大大提升，必须利用这种契机来打造自己的品牌，"拒绝"数量战，核心竞争力要向技术、品牌转变。我们要在"蜕变"中超越来打造品牌，树立志在必得的勇气和坚定决心，研究、设计、规划和制定出一个远征计划，塑造中华民族之时尚，使中国成为世界时尚领域的又一标杆。

（三）增强服装品牌内销市场的国际竞争力，加快"品牌走出去"的步伐

中国经济的高速发展使得服装消费市场增长

速度加快，中国人在国内的品牌消费需求与国际流行时尚需求几乎同步，高档品牌消费群体日渐凸显。根据国家统计局对我国服装行业出口统计显示，服装出口在工业总产值中的比重一直呈下降态势，内需增长已经超过了外贸增长速度，国内需求成为拉动行业发展的主要动力，国内市场也逐渐成为服装企业的主要战场。因而，我们要抓住这场消费变革的机遇，通过产品结构升级的科技化、品牌创新的个性化、战略管理的系统化、渠道拓展的多元化、高效节能的运营打造品牌效应争得市场份额，以品牌的真正价值实力和相对价格的优势赢得品牌消费群体的忠诚度和凝聚力

的稳定，不断加快、加深、加大品牌在国内外市场营销战略目标的实现，迅速推动品牌的知名度和激发社会效应，在内销市场的国际化竞争中实现自主品牌更大的市场份额。最近几年，我们的服装虽已加快了"走出去"的步伐，但仍非常欠缺，当今国际品牌占据我国大部分高端市场份额，反映出中国品牌同世界水平尚有相当差距，中国服装品牌要成为世界知名品牌必须加大"走出去"的力度。在改进技术、提升质量的基础上要树立品牌文化与企业文化形象，谋求国际之路需要我们脚踏实地地一步一个脚印地迈出步伐。

第十章 中国医药行业企业品牌竞争力指数报告

第一节 中国医药企业品牌竞争力指数总报告

一、2013 年度中国医药企业总体竞争态势

中国企业品牌竞争力指数（以下简称 CBI）研究课题组为了检验理论成果的应用效果，于 2013 年对中国 204 家自主医药企业品牌进行了调研，根据各企业营业收入和净利润的原始数据发现，华东地区营业额占据一半以上比重，以绝对优势领先于其他各地区，成为各地区的佼佼者。中南地区紧随其后，华北地区排名第三。相比其他省（市、自治区），上海市独领风骚，独自占据 1/3 的营业额比重，在各省（市、自治区）中遥遥领先。因此，中国医药企业品牌竞争力整体表现出华东地区独占鳌头，上海市领衔发展的总体竞争态势，如图 10-1 和图 10-2 所示。

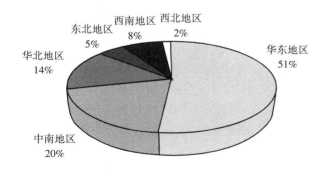

图 10-1 中国医药行业区域竞争态势

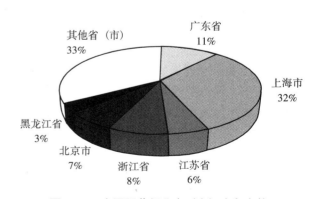

图 10-2 中国医药行业省（市）竞争态势

截至 2012 年底，中国医药行业受调研的 204 家自主医药品牌企业的营业总额为 6958.11 亿元。从区域的角度分析，华东地区营业总额为 3591.14 亿元，占行业整体营业总额的 51%。中南地区排名第二，营业总额为 1382.44 亿元，占比 20%。华北地区排名第三，营业总额为 1002.92 亿元，占比 14%。西南地区排名第四，营业总额为 536.42 亿元，占比 8%。东北地区和西北地区医药行业发展相对落后，营业收入总额占比 7%。由此看出，华东地区对我国医药行业营业额的贡献最大，是医药行业较为发达的地区，在营业收入上远远超过其他省（市），为华东地区带来了难以超越的优势。中南地区发展尚可，属于医药行业较为发达地区，属于中游偏上水平，与华东地区相

比，仍有发展空间。华北地区医药行业发展属于中游水平，发展还算繁荣，营业额比例略低于中南地区，发展空间较大。西南地区占比更小。东北地区和西北地区属于医药行业发展较为落后地区，营业额少之又少，企业数量和发展态势均处于劣势，均有待提升。

从省（市、自治区）角度来看，上海市、广东省、浙江省、北京市、江苏省和黑龙江省分别排前6名。上海市营业总额为2225.58亿元，占比32%，排名第一。广东省营业总额为791.42亿元，占比11%，排名第二。上海市和广东省属于医药行业较为发达省（市），营业总额所占比例均大大领先于其他省（市、自治区），发展较为繁

荣，态势良好。浙江省、北京市、江苏省营业总额分别为562亿元、490.20亿元和387.18亿元，分别占比8%、7%和6%，分别位列第三、第四和第五，属于医药行业发展较为中游偏上省（市），在各省（市、自治区）中具有一定的优势，但与上海市和广东省仍存在较大差距，因此，这些省（市）还有很大的提高幅度。黑龙江省排名第六，营业总额为224.81亿元，占比3%，与其他领先省（市）差距较大，企业发展状态还需提高。六大省（市）的营业总额总占比67%，说明中国医药行业企业品牌集中度相对中等，不是很高，在各省（市、自治区）间分布较为平均。

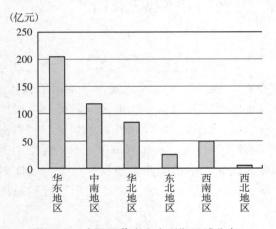

图10-3　中国医药企业净利润区域分布

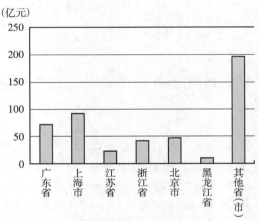

图10-4　中国医药企业净利润省（市）分布

截至2012年底，中国医药行业受调研的204家自主医药品牌企业的净利润总额为485.08亿元。从区域的角度看，整体延续了营业收入的趋势。华东地区净利润总额高达204.13亿元，占比42%，居各地区第一的位置。中南地区排名第二，净利润总额达118.78亿元，占比25%。华北地区排名第三，净利润总额达84.72亿元，占比17%。而西南地区排名第四，净利润总额高达49.98亿元，占比10%。东北地区和西北地区净利润总额相对较少，总占比合计为6%（见图10-3）。华东地区在高营业收入的基础上，带来了较高的净利润，推动了整个地区医药行业的发展，是各个地区发展的榜样。而中南地区、华北地区和西南地区虽然净利润总额占比分别排名第二、第三和第四，但与华东地区相比，地区差距较大，还需进一步发展和提高。东北地区和西北地区发展较为落后，净利润总额与其他

地区相比，相差甚远，是医药行业内发展薄弱地区，无论是营业收入还是净利润均还有待提高。

从省（市、自治区）角度来看，在前6名的省（市）中，上海市和广东省仍遥遥领先于其他省（市），净利润总额分别为92.94亿元和72.48亿元，分别占比19%和15%，分别排名第一和第二，是各省（市）中的领先者。北京市和浙江省不相上下，虽然在营业收入上浙江省高于北京市，但北京市净利润达47.60亿元，略大于浙江省41.72亿元，说明北京市医药企业的盈利能力相对浙江省强一些，分别位列第三、第四。江苏省和黑龙江省排名相对靠后，但也和营业收入的趋势相对成正比，净利润总额分别为23.31亿元和11.06亿元，占比相对较少（见图10-4）。与上海市等领先省（市）还存在一定差距，不管是在企业数量、营业收入还是在净利润方面，均需大力

提升地区行业发展。

　　总体来看，以上海市等为代表的华东地区仍是医药行业较为发达地区，占据一半以上的营业收入和净利润，表现尤为突出，各方面均远远领先于其他地区，而东北地区、西北地区等发展相对落后，这种地区分布不均衡的态势也是当前中国医药行业竞争最显著的特征。

二、2013 年度中国医药企业品牌竞争力指数排名

　　中国企业品牌竞争力指数（以下简称 CBI）

研究课题组已于 2011 年 7 月完成了理论研究，采用多指标综合指数法对中国企业品牌竞争力进行量化研究。初期理论成果包括 CBI 四位一体理论模型、CBI 评价指标体系、CBI 评价指标权重以及 CBI 计算模型，并且已经通过国内 10 位经济学、管理学界权威专家论证。为了检验理论成果的应用效果，课题组继 2011~2012 年连续两年对中国自主医药企业品牌调研之后，于 2013 年底对中国自主医药企业品牌再一次进行调研，根据调查数据应用 CBI 计算模型得出中国医药企业品牌竞争力排名（见表 10-1）。

表 10-1　2013 年中国医药企业品牌竞争力排名

企业名称	省（市、自治区）	相对值（指数）		绝对值形式（百分制）		
		CBI 值	排名	品牌竞争力得分（CBS）	品牌财务表现力	市场竞争表现力
国药控股股份有限公司	上海市	79.1058	1	75.0021	69.6798	87.4209
云南白药集团股份有限公司	云南省	76.5693	2	73.0093	71.4722	76.5960
哈药集团股份有限公司	黑龙江省	75.4612	3	72.1388	69.6307	77.9910
上海医药集团股份有限公司	上海市	75.3302	4	72.0359	67.6139	82.3538
康美药业股份有限公司	广东省	72.5962	5	69.8880	67.1465	76.2849
北京同仁堂股份有限公司	北京市	71.5229	6	69.0448	67.0865	73.6142
九州通医药集团股份有限公司	湖北省	63.4235	7	62.6817	57.7731	74.1351
上海复星医药（集团）股份有限公司	上海市	63.1853	8	62.4946	59.6847	69.0511
华润三九医药股份有限公司	广东省	59.4870	9	59.5892	56.4253	65.0927
国药集团一致药业股份有限公司	广东省	59.4002	10	59.5209	54.8750	70.3614
四川科伦药业股份有限公司	四川省	59.3300	11	59.4658	56.7466	65.8104
华东医药股份有限公司	浙江省	59.2939	12	59.4374	55.5570	68.4918
天士力制药集团股份有限公司	天津市	59.1487	13	59.3233	56.3457	66.2712
广州白云山医药集团股份有限公司	广东省	58.7958	14	59.0461	56.4883	65.0142
华润双鹤药业股份有限公司	北京市	58.7696	15	59.0255	54.7977	64.2958
内蒙古亿利能源股份有限公司	内蒙古自治区	57.8706	16	58.3193	55.4760	69.1864
江苏恒瑞医药股份有限公司	江苏省	57.3615	17	57.9193	56.3454	62.9250
浙江医药股份有限公司	浙江省	57.2836	18	57.8581	55.0969	63.0507
健康元药业集团股份有限公司	广东省	57.0699	19	57.6902	53.7564	64.2195
山东威高集团医用高分子制品股份有限公司	山东省	57.0151	20	57.6472	55.9787	62.4475
广州白云山医药集团股份有限公司	广东省	56.9562	21	57.6009	54.7902	65.0163
华北制药股份有限公司	河北省	56.9407	22	57.5887	53.1725	68.2315
南京医药股份有限公司	江苏省	56.8781	23	57.5396	51.8698	70.1457
仁和药业股份有限公司	江西省	56.8062	24	57.4830	55.9653	61.4172
中国医药健康产业股份有限公司	北京市	56.6401	25	57.3526	53.7056	66.6493
海南四环医药有限公司	海南省	56.0581	26	56.8953	55.9825	61.1726
人福医药集团股份公司	湖北省	55.9903	27	56.8420	54.1022	63.2351
浙江海正药业股份有限公司	浙江省	55.6319	28	56.5604	53.2466	64.2927
国药集团药业股份有限公司	北京市	55.3014	29	56.3008	52.7541	64.5764
浙江新和成股份有限公司	浙江省	55.0251	30	56.0837	53.7970	61.4196

续表

企业名称	省（市、自治区）	相对值（指数）		绝对值形式（百分制）		
		CBI 值	排名	品牌竞争力得分（CBS）	品牌财务表现力	市场竞争表现力
远东电缆股份有限公司	青海省	55.0089	31	56.0710	51.5406	66.6419
华邦颖泰股份有限公司	重庆市	54.8629	32	55.9563	53.9031	60.7473
山东东阿阿胶股份有限公司	山东省	54.5914	33	55.7430	54.0906	59.5987
浙江英特集团股份有限公司	浙江省	54.4436	34	55.6269	51.3881	65.5175
永业国际 YONG	北京市	53.7936	35	55.1162	53.8368	58.1016
天津中新药业集团股份有限公司	天津市	53.7660	36	55.0946	52.2962	61.6241
丽珠医药集团股份有限公司	广东省	53.3117	37	54.7376	52.1573	60.7583
药明康德 WX	上海市	53.1631	38	54.6209	52.6769	59.1571
哈药集团三精制药股份有限公司	黑龙江省	52.2739	39	53.9224	51.2786	60.0912
吉林敖东药业集团股份有限公司	吉林省	52.2237	40	53.8829	52.0179	58.2347
深圳市海王生物工程股份有限公司	广东省	52.0783	41	53.7687	49.6655	63.3427
神威药业有限公司	河北省	51.8873	42	53.6186	52.0740	57.2226
山东罗欣药业股份有限公司	山东省	51.7517	43	53.5121	52.6623	55.4951
重庆太极实业（集团）股份有限公司	重庆市	51.2847	44	53.1452	48.4279	64.1523
深圳市海普瑞药业股份有限公司	广东省	51.0388	45	52.9520	50.7899	57.9970
广西梧州中恒集团股份有限公司	广西壮族自治区	51.0200	46	52.9372	51.3031	56.7503
浙江康恩贝制药股份有限公司	浙江省	50.8424	47	52.7977	50.4818	58.2015
普洛药业股份有限公司	浙江省	50.7318	48	52.7108	49.9484	59.1566
山东瑞康医药股份有限公司	山东省	50.4391	49	52.4809	49.2041	60.1267
深圳信立泰药业股份有限公司	广东省	50.3093	50	52.3789	51.1784	55.1800
山东新华医疗器械股份有限公司	山东省	50.2685	51	52.3468	49.9316	57.9825
江中药业股份有限公司	江西省	50.1586	52	52.2605	49.7292	58.1669
中牧实业股份有限公司	北京市	50.1100	53	52.2223	49.8003	57.8737
东北制药集团股份有限公司	辽宁省	49.4996	54	51.7428	47.9667	60.5538
浙江华海药业股份有限公司	浙江省	49.4234	55	51.6829	49.9569	55.7105
先声药业 SCR	江苏省	49.2990	56	51.5852	49.7349	55.9026
贵州益佰制药股份有限公司	贵州省	49.0302	57	51.3740	49.6089	55.4926
昆明制药集团股份有限公司	云南省	49.0017	58	51.3517	48.9508	56.9537
诚志股份有限公司	江西省	48.8157	59	51.2055	48.1853	58.2526
江苏吴中实业股份有限公司	江苏省	48.7948	60	51.1891	47.5850	59.5985
金陵药业股份有限公司	江苏省	48.6389	61	51.0666	48.8106	56.3307
山东新华制药股份有限公司	山东省	48.3824	62	50.8651	47.8318	57.9428
石家庄以岭药业股份有限公司	河北省	48.2157	63	50.7341	48.7863	55.2791
长春高新技术产业（集团）股份有限公司	吉林省	48.1621	64	50.6920	49.1832	54.2124
重庆桐君阁股份有限公司	重庆市	48.0682	65	50.6182	46.5717	60.0602
江苏康缘药业股份有限公司	江苏省	47.7002	66	50.3292	48.2078	55.2790
北京天坛生物制品股份有限公司	北京市	47.6214	67	50.2672	48.0915	55.3439
嘉事堂药业股份有限公司	北京市	47.4209	68	50.1097	47.7172	55.6923
北京双鹭药业股份有限公司	北京市	47.2936	69	50.0097	49.4798	51.2460
爱尔眼科医院集团股份有限公司	湖南省	46.9435	70	49.7347	48.2108	53.2903
桂林三金药业股份有限公司	广西壮族自治区	46.9026	71	49.7025	48.3750	52.7999
上海现代制药股份有限公司	上海市	46.8311	72	49.6463	47.3660	54.9671
天津力生制药股份有限公司	天津市	46.8054	73	49.6261	48.4269	52.4242
贵州百灵企业集团制药股份有限公司	贵州省	46.7885	74	49.6129	47.8733	53.6718
天津红日药业股份有限公司	天津市	46.5862	75	49.4540	48.5324	51.6043

续表

企业名称	省（市、自治区）	相对值（指数）		绝对值形式（百分制）		
		CBI值	排名	品牌竞争力得分（CBS）	品牌财务表现力	市场竞争表现力
乐普（北京）医疗器械股份有限公司	北京市	46.5629	76	49.4357	48.4023	51.8468
浙江仙琚制药股份有限公司	浙江省	46.4703	77	49.3629	47.0030	54.8696
川化股份有限公司	四川省	46.4586	78	49.3537	46.6091	55.7578
中国生物制品	山东省	46.3360	79	49.2574	48.2733	51.5537
天津天药药业股份有限公司	天津市	46.2911	80	49.2221	47.2360	53.8565
漳州片仔癀药业股份有限公司	福建省	46.1931	81	49.1451	47.9493	51.9352
北大医药股份有限公司	重庆市	46.1765	82	49.1321	46.3118	55.7126
马应龙药业集团股份有限公司	湖北省	45.8761	83	48.8961	47.2116	52.8265
山西振东制药股份有限公司	山西省	45.7383	84	48.7879	46.9573	53.0591
江苏恩华药业股份有限公司	江苏省	45.7149	85	48.7695	46.7338	53.5192
江苏鱼跃医疗设备股份有限公司	江苏省	45.6604	86	48.7266	47.5111	51.5627
远大医药健康控股有限公司	湖北省	45.6072	87	48.6848	46.3304	54.1785
西藏海思科药业集团股份有限公司	西藏自治区	45.3990	88	48.5213	48.0159	49.7006
华兰生物工程股份有限公司	河南省	45.3800	89	48.5063	47.1122	51.7593
株洲千金药业股份有限公司	湖南省	45.3652	90	48.4947	46.6930	52.6987
上海凯宝药业股份有限公司	上海市	45.2913	91	48.4366	47.4905	50.6441
浙江震元股份有限公司	浙江省	45.1365	92	48.3150	46.1283	53.4173
山东鲁抗医药股份有限公司	山东省	45.1141	93	48.2974	44.6575	56.7907
上海东富龙科技股份有限公司	上海市	45.0339	94	48.2344	46.9933	51.1304
亚宝药业集团股份有限公司	山西省	44.8187	95	48.0654	45.9979	52.8894
浙江升华拜克生物股份有限公司	浙江省	44.6932	96	47.9668	45.5630	53.5755
广东大华农动物保健品股份有限公司	广东省	44.1207	97	47.5170	46.4044	50.1131
云南沃森生物技术股份有限公司	浙江省	44.1065	98	47.5059	46.3283	50.2535
上海科华生物工程股份有限公司	上海市	44.0944	99	47.4963	46.5391	49.7299
通化东宝药业股份有限公司	吉林省	44.0508	100	47.4621	45.9133	51.0761
西藏奇正藏药股份有限公司	西藏自治区	43.9498	101	47.3827	46.4648	49.5245
重庆智飞生物制品股份有限公司	重庆市	43.8759	102	47.3247	46.1590	50.0447
武汉健民药业集团股份有限公司	湖北省	43.8191	103	47.2801	45.2853	51.9345
中国动物保健品有限公司	北京市	43.8112	104	47.2738	46.1164	49.9745
海南海药股份有限公司	海南省	43.7971	105	47.2628	45.5431	51.2753
广东众生药业股份有限公司	广东省	43.7619	106	47.2351	46.1615	49.7402
安徽丰原药业股份有限公司	安徽省	43.7483	107	47.2245	44.9062	52.6338
哈尔滨誉衡药业股份有限公司	黑龙江省	43.5430	108	47.0631	45.9371	49.6905
广州市香雪制药股份有限公司	广东省	43.3352	109	46.8999	45.2950	50.6447
湖南尔康制药股份有限公司	湖南省	43.3256	110	46.8924	46.1800	48.5546
九芝堂股份有限公司	湖南省	43.2658	111	46.8453	45.2003	50.6839
山东山大华特科技股份有限公司	山东省	42.9146	112	46.5694	45.6338	48.7527
天津瑞普生物技术股份有限公司	天津市	42.6631	113	46.3718	45.5637	48.2575
舒泰神（北京）生物制药股份有限公司	北京市	42.6366	114	46.3511	46.1560	46.8063
常州千红生化制药股份有限公司	江苏省	42.1916	115	46.0015	44.7150	49.0033
上海莱士血液制品股份有限公司	上海市	42.0837	116	45.9167	45.3202	47.3084
上海第一医药股份有限公司	上海市	41.8776	117	45.7548	43.7325	50.4734
浙江海翔药业股份有限公司	浙江省	41.7978	118	45.6921	43.3007	51.2721
广东太安堂药业股份有限公司	广东省	41.6993	119	45.6147	44.7561	47.6179
西南药业股份有限公司	重庆市	41.5883	120	45.5275	43.1922	50.9766

续表

企业名称	省（市、自治区）	相对值（指数）		绝对值形式（百分制）		
		CBI值	排名	品牌竞争力得分（CBS）	品牌财务表现力	市场竞争表现力
河南太龙药业股份有限公司	河南省	41.5559	121	45.5021	43.3606	50.4988
吉林省集安益盛药业股份有限公司	吉林省	41.2415	122	45.2551	44.2637	47.5684
华仁药业股份有限公司	山东省	41.1747	123	45.2025	44.2482	47.4292
浙江京新药业股份有限公司	浙江省	41.0025	124	45.0673	43.4889	48.7502
珠海和佳医疗设备股份有限公司	广东省	40.9151	125	44.9986	44.3178	46.5873
中珠控股股份有限公司	湖北省	40.7276	126	44.8513	43.2355	48.6217
山东金城医药化工股份有限公司	山东省	40.7154	127	44.8417	43.1963	48.6811
西藏诺迪康药业股份有限公司	西藏自治区	40.7034	128	44.8323	42.7310	49.7354
河北常山生化药业股份有限公司	河北省	40.4656	129	44.6455	43.6682	46.9258
精华制药集团股份有限公司	江苏省	40.4328	130	44.6197	43.7491	46.6511
美罗药业股份有限公司	辽宁省	40.2609	131	44.4846	42.8981	48.1866
烟台东诚生化股份有限公司	山东省	40.2012	132	44.4377	43.6222	46.3406
内蒙古金宇集团股份有限公司	内蒙古自治区	40.1138	133	44.3691	43.0028	47.5572
浙江迪安诊断技术股份有限公司	浙江省	40.0034	134	44.2824	43.4309	46.2690
重庆莱美药业股份有限公司	重庆市	39.9377	135	44.2307	42.8871	47.3658
吉林紫鑫药业股份有限公司	吉林省	39.7797	136	44.1066	42.5748	47.6809
福安药业（集团）股份有限公司	重庆市	39.5321	137	43.9121	43.0035	46.0323
中山大学达安基因股份有限公司	广东省	39.4589	138	43.8546	43.0048	45.8374
金活医药集团有限公司	广东省	39.4531	139	43.8500	42.8851	46.1015
潜江永安药业股份有限公司	湖北省	39.4194	140	43.8235	43.1271	45.4486
湖南汉森制药股份有限公司	湖南省	39.2706	141	43.7067	43.0492	45.2407
深圳市尚荣医疗股份有限公司	山东省	39.2318	142	43.6762	42.8870	45.5177
上海交大昂立股份有限公司	上海市	39.2223	143	43.6687	42.8538	45.5700
华润万东医疗装备股份有限公司	北京市	39.1845	144	43.6390	42.1344	47.1498
河南羚锐制药股份有限公司	河南省	38.9790	145	43.4776	42.1765	46.5135
三诺生物传感股份有限公司	湖南省	38.9741	146	43.4737	43.6154	43.1431
海南康芝药业股份有限公司	海南省	38.9534	147	43.4574	42.5448	45.5869
天津泰达生物医学工程股份有限公司	天津市	38.8488	148	43.3753	42.7154	44.9149
贵州信邦制药股份有限公司	贵州省	38.7956	149	43.3335	42.4322	45.4365
浙江杭州鑫富药业股份有限公司	浙江省	38.7129	150	43.2685	41.7982	46.6991
金花企业（集团）股份有限公司	陕西省	38.6078	151	43.1859	42.3667	45.0974
成都华神集团股份有限公司	四川省	38.3136	152	42.9548	41.7399	45.7896
广誉远中药股份有限公司	青海省	38.2890	153	42.9355	43.6669	41.2289
吉林长龙药业	吉林省	38.2213	154	42.8823	43.3327	41.8314
深圳市理邦精密仪器股份有限公司	广东省	38.1501	155	42.8264	42.1026	44.5151
天银制药 TPI	四川省	37.9644	156	42.6805	42.3305	43.4971
湖南千山制药机械股份有限公司	湖南省	37.7962	157	42.5483	42.1382	43.5054
北京利德曼生化股份有限公司	北京市	37.7606	158	42.5204	42.1889	43.2940
紫光古汉集团股份有限公司	湖南省	37.7585	159	42.5187	42.4385	42.7057
内蒙古福瑞医疗科技股份有限公司	北京市	37.7330	160	42.4987	41.8666	43.9735
保兴资本控股有限公司	北京市	37.6722	161	42.4509	40.6941	46.5501
通策医疗投资股份有限公司	浙江省	37.5041	162	42.3188	42.4139	42.0970
上海复旦张江生物医药股份有限公司	上海市	37.4375	163	42.2665	43.3964	39.6301
浙江佐力药业股份有限公司	浙江省	36.7725	164	41.7441	41.2394	42.9218
浙江钱江生物化学股份有限公司	浙江省	36.7559	165	41.7310	40.1611	45.3942

续表

企业名称	省（市、自治区）	相对值（指数）		绝对值形式（百分制）		
		CBI值	排名	品牌竞争力得分（CBS）	品牌财务表现力	市场竞争表现力
安徽安科生物工程（集团）股份有限公司	安徽省	36.6074	166	41.6144	41.4064	42.0996
深圳翰宇药业股份有限公司	广东省	36.6063	167	41.6135	41.6058	41.6316
科兴生物 SVA	北京市	36.5107	168	41.5384	40.7072	43.4777
杭州泰格医药科技股份有限公司	浙江省	36.4018	169	41.4529	41.6743	40.9363
恒康医疗集团股份有限公司	四川省	36.3642	170	41.4233	40.8161	42.8400
广州阳普医疗科技股份有限公司	广东省	36.2654	171	41.3457	41.0848	41.9546
山西仟源制药股份有限公司	山西省	36.1690	172	41.2699	40.5081	43.0476
振兴生化股份有限公司	山西省	36.1457	173	41.2517	39.6197	45.0596
天津九安医疗电子股份有限公司	天津市	35.9684	174	41.1124	40.3398	42.9152
宁波戴维医疗器械股份有限公司	浙江省	35.7358	175	40.9296	41.0515	40.6453
江西博雅生物制药股份有限公司	江西省	35.7358	176	40.9296	41.0936	40.5471
四川迪康科技药业股份有限公司	四川省	35.6101	177	40.8309	40.1433	42.4352
青海明胶股份有限公司	青海省	35.4461	178	40.7020	39.2719	44.0389
江苏四环生物股份有限公司	江苏省	35.3575	179	40.6324	40.1874	41.6709
兰州佛慈制药股份有限公司	甘肃省	34.7283	180	40.1381	39.5698	41.4643
辅仁药业集团实业股份有限公司	上海市	34.6741	181	40.0955	38.8898	42.9089
中源协和干细胞生物工程股份公司	天津市	34.4804	182	39.9433	38.5419	43.2134
江苏联环药业股份有限公司	江苏省	34.3932	183	39.8748	39.4333	40.9050
浙江亚太药业股份有限公司	浙江省	34.1998	184	39.7229	38.6272	42.2796
山东沃华医药科技股份有限公司	山东省	34.1577	185	39.6899	39.7391	39.5748
包头东宝生物技术股份有限公司	内蒙古自治区	33.7240	186	39.3491	39.1326	39.8543
天星生物 SKBI	陕西省	33.6550	187	39.2949	38.9906	40.0049
中生北控生物科技股份有限公司	北京市	33.5116	188	39.1823	39.5061	38.4265
海南双成药业股份有限公司	海南省	33.2154	189	38.9495	39.2289	38.2976
奥星制药 BSPM	陕西省	33.1696	190	38.9135	38.1913	40.5987
桂林莱茵生物科技股份有限公司	广西壮族自治区	33.0064	191	38.7854	37.2345	42.4039
湖北广济药业股份有限公司	湖北省	32.3976	192	38.3071	35.3844	45.1266
广东宝莱特医用科技股份有限公司	广东省	32.2744	193	38.2103	38.3908	37.7890
广东冠昊生物科技股份有限公司	广东省	31.8722	194	37.8943	38.1342	37.3345
上海凯利泰医疗科技股份有限公司	上海市	31.2457	195	37.4021	38.3647	35.1561
通化金马药业集团股份有限公司	辽宁省	30.8618	196	37.1005	36.6402	38.1746
上海神奇制药投资管理股份有限公司	上海市	30.3126	197	36.6690	37.1734	35.4923
湖北洪城通用机械股份有限公司	湖北省	30.1091	198	36.5092	35.2291	39.4961
北海国发海洋生物产业股份有限公司	广西壮族自治区	29.0371	199	35.6670	31.9180	44.4147
广东嘉应制药股份有限公司	广东省	28.3331	200	35.1139	35.5753	34.0373
深圳中国农大科技股份有限公司	广东省	26.2684	201	33.4918	33.9614	32.3959
杭州天目山药业股份有限公司	浙江省	25.7308	202	33.0695	30.9641	37.9821
渤海水业股份有限公司	北京市	24.9324	203	32.4422	33.9846	28.8433
东北虎药业股份有限公司	吉林省	17.1598	204	26.3359	28.8051	20.5743
均值		44.7921		48.0445	46.4475	51.7708

注：从理论上说，中国企业品牌竞争力指数（CBI）由中国企业品牌竞争力分值（CBS）标准化之后得出，CBS由4个一级指标品牌财务表现力、市场竞争表现力、品牌发展潜力和消费者支持力的得分值加权得出。在实际操作过程中，课题组发现，品牌发展潜力和消费者支持力两个部分的数据收集存在一定的难度，且收集到的数据准确性有待核实，因此，本报告暂未将品牌发展潜力和消费者支持力列入计算。品牌财务表现力主要依据各企业的财务报表数据以及企业上报数据进行计算。同时，关于市场竞争表现力方面的得分，课题组选取了部分能够通过公开数据计算得出结果的指标，按照CBI计算模型得出最终结果。关于详细的计算方法见《中国企业品牌竞争力指数系统：理论与实践》。

由表 10-1 可以看出，在 2013 年医药行业企业品牌 CBI 排名中，国药控股股份有限公司、云南白药集团股份有限公司、哈药集团股份有限公司、上海医药集团股份有限公司、康美药业股份有限公司、北京同仁堂股份有限公司、九州通医药集团股份有限公司、上海复星医药（集团）股份有限公司、华润三九医药股份有限公司、国药集团一致药业股份有限公司稳坐行业前 10 强的位置。其中，国药控股股份有限公司 CBI 值为 79.1058，表现出了较强的品牌竞争力，排名第一，各项指标优势明显，是医药行业当之无愧的领导品牌。前 10 名其他企业的 CBI 均值均大大领先于其他企业，各指标均表现较好，体现出较强的企业品牌竞争力，是医药行业较为领先企业的部分代表。

通过 2013 年中国医药企业品牌竞争力指数数据，可以计算出中国医药行业 CBI 数值为 44.7921。CBI 数值为相对值，一方面可以反映行业总体竞争水平，另一方面也为行业内企业提供一个比较标准。课题组根据受调研的 1548 家企业的 CBI 数据得出中国企业品牌竞争力指数值为 47，那么医药行业 CBI 为 44.79<47，说明医药行业整体竞争水平低于平均水平，行业发展处于良好状态。同理，行业内部企业 CBI 数值低于 44.79，说明其品牌竞争力处于劣势；高于 44.79，则说明其品牌竞争力处于优势，整个 CBI 指标体系为企业提供了一套具有诊断功能和预测功能的实用工具。

三、2013 年度中国医药企业品牌竞争力指数评级报告

（一）中国医药企业品牌竞争力指数评级标准体系

根据表 10-1 得出的医药企业 CBI 数值，课题组绘制总体布局图（见图 10-5），从整体上看 CBI 分布曲线两头陡峭、中间平缓。根据 CBI 数值表现出来的特征，结合医药企业的行业竞争力特性对调查的企业进行分级评估，按照一般惯例分为五级，划分标准如表 10-2 所示。

表 10-2　中国企业品牌竞争力分级评级标准

评级	CBI 数值标准
5A	CBI≥80
4A	60≤CBI<80
3A	40≤CBI<60
2A	20≤CBI<40
1A	CBI<20

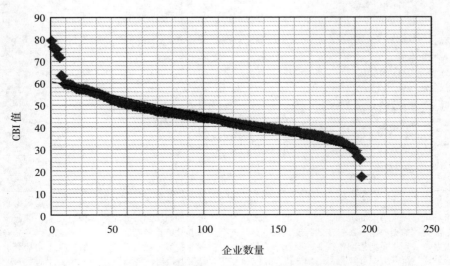

图 10-5　中国医药行业企业 CBI 散点分布

（二）中国医药企业品牌竞争力指数评级结果

由以上评价标准可以将医药企业划分为 5 个集团，具体的企业个数及分布情况如表 10-3 和图 10-6 所示，各级水平的企业得分情况由于篇幅原因仅列出代表企业。

表 10-3　中国医药行业企业各分级数量表

企业评级	竞争分类	企业数量	所占比重（%）	CBI 均值	CBS 均值	品牌财务表现力均值	市场竞争表现力均值
5A 级企业	第一集团	0	0	—	—	—	—
4A 级企业	第二集团	8	4	72.1493	69.5369	66.2609	77.1809
3A 级企业	第三集团	126	62	48.2820	50.7862	48.7167	55.6149
2A 级企业	第四集团	69	34	35.6479	40.8606	40.2620	42.2572
1A 级企业	第五集团	1	0	17.1598	26.3359	28.8051	20.5743
全部	不分类	204	100	44.7921	48.0445	46.4475	51.7708

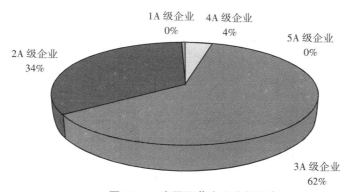

图 10-6　中国医药企业分级分布

表 10-4　中国医药行业 4A 级企业品牌代表

企业名称	评级水平	排名	CBI	CBS	品牌财务表现力	市场竞争表现力
国药控股股份有限公司	4A	1	79.1058	75.0021	69.6798	87.4209
云南白药集团股份有限公司	4A	2	76.5693	73.0093	71.4722	76.5960
哈药集团股份有限公司	4A	3	75.4612	72.1388	69.6307	77.9910
上海医药集团股份有限公司	4A	4	75.3302	72.0359	67.6139	82.3538
康美药业股份有限公司	4A	5	72.5962	69.8880	67.1465	76.2849

据表 10-2 中国企业品牌竞争力分级评级标准，4A 级医药企业共有 8 家，占医药企业总数的 4%。表 10-4 所列的 5 家企业国药控股股份有限公司、云南白药集团股份有限公司、哈药集团股份有限公司、上海医药集团股份有限公司、康美药业股份有限公司都是中国医药行业代表领先企业，品牌财务表现力、市场竞争表现力表现突出，品牌发展潜力较大。CBI 均值及各项分指标得分值均远远高于行业平均值。国药控股股份有限公司 CBI 均值高达 79.1058，位列各企业第 1 名，是我国医药行业品牌竞争力最强的企业，是医药行业各企业发展的榜样。而其他 4 家代表企业的 CBI 均值得分均在 70 分以上，财务表现得分均在 60 分以上，市场竞争力得分均在 75 分以上（见表 10-4），整体表现出较强的品牌竞争力，引领整个医药行业的发展方向。

从第二集团内部比较来看，云南白药集团股份有限公司在品牌财务表现力表现较好，位列本集团第一。而国药控股股份有限公司在市场竞争表现力方面位于本集团第一，表现出较强的市场竞争力。

据

表 10-5　中国医药行业 3A 级企业品牌代表

企业名称	评级水平	排名	CBI	CBS	品牌财务表现力	市场竞争表现力
华润三九医药股份有限公司	3A	9	59.4870	59.5892	56.4253	65.0927
国药集团一致药业股份有限公司	3A	10	59.4002	59.5209	54.8750	70.3614
四川科伦药业股份有限公司	3A	11	59.3300	59.4658	56.7466	65.8104
华东医药股份有限公司	3A	12	59.2939	59.4374	55.5570	68.4918
天士力制药集团股份有限公司	3A	13	59.1487	59.3233	56.3457	66.2712

表 10-2 中国企业品牌竞争力分级评级标准，3A 级医药企业共有 126 家，占医药企业总数的 62%。表 10-5 所列的 5 家企业华润三九医药股份有限公司、国药集团一致药业股份有限公司、四川科伦药业股份有限公司、华东医药股份有限公司、天士力制药集团股份有限公司是中国医药行业的中游企业代表，品牌财务表现力和市场竞争表现力均处于行业平均水平，CBI 均值及各项分指标得分值在行业平均值上下波动（见表 10-5）。这一集团的企业是我国医药行业发展的后续力量，其发展状态处在行业平均水平，积蓄力量，不能确定哪一家企业具备完全的优势，一跃成为领军企业。3A 企业整体来看是我国医药行业发展的中坚力量，是支持整个行业发展最稳固的堡垒。

从第三集团内部比较来看，国药集团一致药业股份有限公司市场竞争表现力较好，位列本集团第一，市场竞争能力较强。四川科伦药业股份有限公司的品牌财务表现力位于本集团企业第一，说明其财务状况良好。

表 10-6　中国医药行业 2A 级企业品牌代表

企业名称	评级水平	排名	CBI	CBS	品牌财务表现力	市场竞争表现力
重庆莱美药业股份有限公司	2A	135	39.9377	44.2307	42.8871	47.3658
吉林紫鑫药业股份有限公司	2A	136	39.7797	44.1066	42.5748	47.6809
福安药业（集团）股份有限公司	2A	137	39.5321	43.9121	43.0035	46.0323
中山大学达安基因股份有限公司	2A	138	39.4589	43.8546	43.0048	45.8374
金活医药集团有限公司	2A	139	39.4531	43.8500	42.8851	46.1015

据表 10-2 中国企业品牌竞争力分级评级标准，2A 级医药企业共有 69 家，占医药企业总数的 34%。表 10-6 所列的 5 家企业重庆莱美药业股份有限公司、吉林紫鑫药业股份有限公司、福安药业（集团）股份有限公司、中山大学达安基因股份有限公司、金活医药集团有限公司是中国医药行业中下游企业的代表，其特征是品牌财务表现力、市场竞争表现力等均处于行业平均水平之下，CBI 均值及各项分指标得分值均低于行业平均值（见表 10-6）。这一集团的企业发展状态不是很好，其中一部分企业能够克服困难，无论是财务状况还是市场竞争能力均能有所提高，升级成为 3A 级企业。也有一部分企业在激烈的竞争中，面临被淘汰的危险。

从第四集团内部比较来看，品牌财务表现力和市场竞争表现力指标表现普遍较低均在 50 分以下，得分参差不齐，处于劣势，还有待提高。

表 10-7　中国医药行业 1A 级企业品牌代表

企业名称	评级水平	排名	CBI	CBS	品牌财务表现力	市场竞争表现力
东北虎药业股份有限公司	1A	204	17.1598	26.3359	28.8051	20.5743

据表 10-2 中国医药企业品牌竞争力分级评级标准，1A 级医药企业共有 1 家，数量较少。

表 10-7 所列的 1A 企业为东北虎药业股份有限公司，是中国医药行业的下游企业，其特征是 CBI

值、品牌财务表现力、市场竞争表现力等均远远低于行业平均水平。这一类企业被淘汰的风险较大，属于我国医药行业发展最为落后企业，急需有效的战略战术来提升企业品牌竞争力。

从第五集团内部比较来看，各项指标均处于行业最低水平，CBI 均值竟低至 17.1598，亟待提高和改善。

四、2013 年中国医药企业品牌价值 50 强排名

课题组认为，品牌价值（以下简称 CBV）是客观存在的，它能够为其所有者带来特殊的收益。品牌价值是品牌在市场竞争中的价值实现。一个品牌有无竞争力，就是要看它有没有一定的市场份额，有没有一定的超值创利能力。品牌的竞争力正是体现在品牌价值的这两个最基本的决定性因素上，品牌价值就是品牌竞争力的具体体现。通常上品牌价值以绝对值（单位：亿元）的形式量化研究品牌竞争水平，课题组对品牌价值和品牌竞争力的关系展开研究，针对品牌竞争力以相对值（指数：0~100）的形式量化研究品牌竞争力水平。在研究世界上关于品牌价值测量方法论基础上，提出本研究关于品牌价值的计算方法：$CBV = (N - E \times 5\%)(1 + A) \times C \times CBI/100 + K$。其中，CBV 为企业品牌价值，CBI 为企业品牌竞争力指数，N 为净利润，E 为所有者权益，A 为品牌溢价，C 为行业调整系数，K 为其他影响系数，据此得出中国医药企业品牌价值 50 强（见表 10-8）。

表 10-8　2013 年中国医药行业品牌价值排名

企业名称	省（市、自治区）	品牌价值（CBV）	排名	品牌竞争力（CBI）
同仁堂	北京市	233.82	1	71.52
云南白药	云南省	188.12	2	76.57
国药控股	上海市	186.70	3	79.11
哈药股份	黑龙江省	166.27	4	75.46
康美药业	广东省	135.93	5	72.60
上海医药	上海市	119.08	6	75.33
江中药业	江西省	91.35	7	50.16
华润三九	广东省	90.07	8	58.77
天士力	天津市	88.99	9	59.15
仁和药业	江西省	88.05	10	56.96
东阿阿胶	山东省	86.58	11	54.59
白云山	广东省	82.70	12	58.80
东北制药	辽宁省	82.60	13	49.50
复星医药	上海市	78.11	14	63.19
三精制药	黑龙江省	76.38	15	52.27
九州通	湖北省	72.14	16	63.42
吉林敖东	吉林省	70.95	17	52.22
力生制药	天津市	68.69	18	46.81
国药一致	广东省	65.05	19	59.40
华东医药	浙江省	64.19	20	59.29
科伦药业	四川省	64.17	21	59.33
亿利能源	内蒙古自治区	60.78	22	59.49
恒瑞医药	江苏省	59.94	23	57.87
威高股份	山东省	57.98	24	57.36
中国医药	北京市	57.74	25	56.94
南京医药	江苏省	57.66	26	56.64
华润双鹤	北京市	56.81	27	57.02

续表

企业名称	省（市、自治区）	品牌价值（CBV）	排名	品牌竞争力（CBI）
浙江医药	浙江省	56.79	28	56.81
广州药业	广东省	56.16	29	57.28
四环医药	海南省	55.90	30	56.88
华北制药	河北省	55.58	31	57.07
人福医药	湖北省	54.41	32	55.99
健康元	广东省	54.32	33	56.06
国药股份	北京市	53.96	34	55.30
新和成	浙江省	53.61	35	55.03
英特集团	浙江省	52.93	36	54.44
海正药业	浙江省	52.74	37	55.63
三普药业	青海省	51.06	38	55.01
中新药业	天津市	50.27	39	53.77
华邦颖泰	重庆市	49.74	40	54.86
丽珠集团	广东省	49.00	41	53.31
海王生物	广东省	48.02	42	52.08
药明康德 WX	上海市	47.81	43	53.16
永业国际 YONG	北京市	47.78	44	53.79
海普瑞	广东省	45.95	45	51.04
神威药业	河北省	45.70	46	51.89
太极集团	重庆市	45.69	47	51.28
中恒集团	广西壮族自治区	44.89	48	51.02
瑞康医药	山东省	44.08	49	50.44
康恩贝	浙江省	43.87	50	50.84
合计		3711.12		

CBV 分析：在 204 家受调研的医药企业中，前 50 家企业 CBV 合计为 3711.12 亿元，较 2012 年有所提高。前 10 强的医药企业 CBV 总值合计为 1388.37 亿元，占前 50 名企业中的 37.41%，与上年度基本持平。在前 10 强企业中，北京同仁堂股份有限公司由上年度的第 6 名跃居到第 1 名，云南白药集团股份有限公司由上年度的第 3 名上升到第 2 名，国药控股股份有限公司由上年度的第 1 名下滑到第 3 名，哈药集团股份有限公司由上年度的第 5 名上升到第 4 名、康美药业股份有限公司由上年度的第 20 名跃居到第 5 名、上海医药集团有限公司上年度的第 2 名下滑到第 6 名、江中药业股份有限公司由上年度的第 30 名跃居到第 7 名，华润三九医药股份有限公司由上年度的

第 7 名下滑到第 8 名，天津天士力制药股份有限公司由上年度的第 17 名跃居到第 9 名、仁和药业股份有限公司由上年度的第 42 名跃居到第 10 名。前 10 强企业中表现最好的是康美药业股份有限公司、江中药业股份有限公司、天津天士力制药股份有限公司和仁和药业股份有限公司，发展势头迅猛，品牌价值提升幅度较大。上年度前 10 强企业中，第 4 名上海复星医药股份有限公司、第 8 名华东医药股份有限公司、第 9 名三普药业股份有限公司和第 10 名华润双鹤药业股份有限公司均被挤出了前 10 名，分别排在第 14、第 20、第 38 和第 27 名。在排名前 10 强的企业中，上海市、广东省、江西省各占 2 家，其他 4 家企业分别为北京市、云南省、黑龙江省和天津市。

第二节　2013 年度中国医药企业品牌竞争力区域报告

一、六大经济分区

(一) 总体情况分析

根据课题组的调研数据，我们可以从企业数量看出，我国医药企业主要分布于华东地区，企业数量高达 70 家，占行业企业总数的 34%，位列各省（市）第一。中南地区不甘示弱，企业数量同样遥遥领先，医药企业有 53 家，占比高达 26%，位列第二。华北地区紧随其后，共有 39 家医药企业，占比 19%，位列第三。三大区域总占比高达 80%，证明医药行业在企业数量上存在一定的集中度。西南地区有医药企业 22 家，占比 11%，排名第四。而东北地区和西北地区企业数量较少，合计占比仅 9%。

而从 CBI 均值上看，西南地区虽然企业数量排名第四，但其 CBI 均值高达 45.8911，位列各区

域第 1 名，企业品牌竞争力较强。华东地区发展同样态势良好，CBI 均值与西南地区不相上下，为 45.7163，大大领先于其他地区，加之华东地区医药企业众多，保持着较高的营业总额和净利润，企业品牌竞争力同样遥遥领先，是各地区发展的表率，也是对我国医药行业贡献最大的地区。华北地区也较为均衡，企业数量排名第三，CBI 均值达 45.2676，同样位列各地区第三，高于行业平均水平，发展势头良好。中南地区虽然企业数量较多，但其 CBI 均值仅为 43.7880，在各地区排名第五（见表 10-9、图 10-7、图 10-8），低于行业平均水平，企业品牌竞争力较弱，需要引起地区重视并采取适当的措施，实现企业数量和企业品牌竞争力的均衡发展。东北地区和西北地区企业数量较少，企业品牌竞争力均低于行业平均水平，是我国医药行业发展较为薄弱地区，各方面发展均较为落后，还有很大的提升空间。

表 10-9　中国医药企业六大经济区域竞争状况

区域	企业数量	所占比重（%）	CBI 均值	CBS 均值	品牌财务表现力均值	市场竞争表现力均值
华东地区	70	34	45.7163	48.7705	47.0515	52.7923
中南地区	53	26	43.7880	47.2556	45.7325	50.7808
华北地区	39	19	45.2676	48.4180	46.8569	52.0803
东北地区	13	6	44.0569	47.4669	46.1879	50.4512
西南地区	22	11	45.8911	48.9079	47.1087	53.1060
西北地区	7	3	38.4150	43.0344	41.9426	45.5821
总体情况	204	100	44.7921	48.0445	46.4475	51.7708

(二) 分项情况分析

在各分项竞争力指标对比方面，各个地区的品牌财务表现力均不佳，得分均值在 50 分以下，且地区间差异不大，得分最高的是西南地区，财务表现力指标得分 47.1087，为各地区第一。华东地区势均力敌，财务表现力指标得分 47.0515，略低于西南地区。中南地区和西北地区财务表现力较差，均低于行业平均值 46.4475。西北地区一直

是我国医药行业发展较为落后的地区，财务表现能力差情有可原。但中南地区无论在营业收入还是净利润方面均遥遥领先，财务表现力指标竟如此之低，需要引起地区重视。

再看市场竞争表现力指标，得分也不尽如人意，各地区得分均值均在 50 分上下浮动，且各地区间有一定的差距。其中，西南地区仍然得分最高，竞争力表现得分 53.1060，保持了较强的优

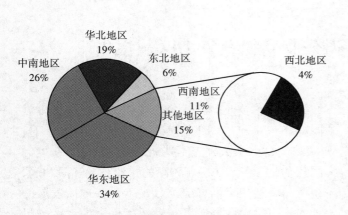

图 10-7 中国医药企业数量区域分布

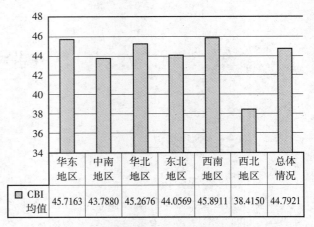

图 10-8 中国医药企业区域 CBI 均值对比

势。华东地区跟随其后，排名第二，得分为52.7923，略低于西南地区，同样成就了西南地区的品牌竞争力维持在较高的水平上。华北地区位列第三，市场指标得分略低于华东地区，为52.0803。而中南地区、东北地区和西北地区均低

于行业平均水平 51.7708。东北地区和西北地区属于我国医药行业发展较为落后的地区（见图 10-9），而中南地区不该出现这样的情况，还需进一步发展问题根源，进而提升整体品牌竞争力。

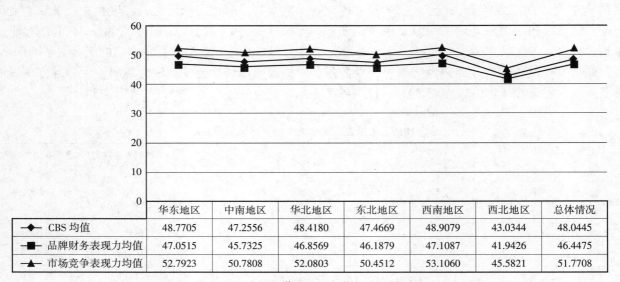

图 10-9 中国医药企业一级指标分区域对比

二、六大省（市）分析

（一）总体情况分析

表 10-10 中国医药企业六大省（市）竞争状况

省（市）	企业数量	所占比重（%）	CBI 均值	CBS 均值	品牌财务表现力均值	市场竞争表现力均值
广东省	25	12	45.3116	48.4526	46.9536	51.8034
上海市	15	7	47.2592	49.9827	48.5183	53.3996
浙江省	22	11	43.9531	47.3853	45.5771	51.5476

续表

省（市）	企业数量	所占比重（%）	CBI均值	CBS均值	品牌财务表现力均值	市场竞争表现力均值
北京市	19	9	45.7257	48.7780	47.3172	51.9861
山东省	14	7	46.6996	49.5430	47.7870	53.7052
江苏省	12	6	46.0353	49.0211	47.0736	53.6245
其他省（市）	97	48	43.8550	47.3083	45.7530	51.0105
总体情况	204	100	44.7921	48.0445	46.4475	51.7708

根据课题组的调研数据，从企业数量上来说，由表10-10可以看出，广东省企业数量最多，有25家企业，占比12%，排名第一。浙江省和北京市紧随其后，企业数量分别为22家和19家，占比11%和9%，分别位列第二和第三。上海市、山东省和江苏省企业数量不相上下，分别为15家、14家和12家，分别排名第四、第五和第六。六大省（市）企业数量总占比52%，说明我国医药行业在省（市）间的品牌集中度较低，企业分布较为分散，较为均衡。

从CBI均值上看，上海市当仁不让，虽然企业数量较少，但CBI均值为47.2592，位列各省

（市）第一。山东省和江苏省紧随其后，CBI得分均值分别为46.6996和46.0353，分别位列各省（市）第二、第三，高于行业平均水平44.7921。这三个省（市）企业数量均较少，但企业品牌竞争力均较强，位列各省（市）前几位，值得其他省（市）学习。浙江省虽企业数量排名第二，但其CBI均值仅为43.9531，低于行业平均水平（见图10-10、图10-11）。较高的企业数量并没有为浙江省带来较强的企业品牌竞争力，这也说明企业数量和企业品牌竞争力并不是完全成正比。因此，浙江省还有很大的提升空间。

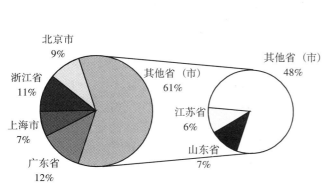

图10-10 中国医药企业数量省（市）分布

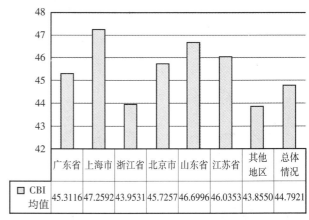

图10-11 中国医药企业省（市）CBI均值对比

（二）分项情况分析

在各分项竞争力指标对比方面，各个省（市）的品牌财务表现力均不佳，得分均值在50分以下，且地区间差异不大，最高的是上海市，财务表现力指标得分48.5183，为各省（市）第一，大大高于行业平均水平。广东省财务表现力指标得分为46.9536，虽然企业数量位列各省（市）第一，营业收入和净利润水平也均名列前茅，但其财务表现力指标却不尽如人意，虽高于行业平均

值，但仍低于排名较为靠前的几大省（市），还有很大的进步空间。北京市、山东省和江苏省在财务指标方面表现尚可，高于行业平均水平。

再看市场竞争表现力指标，得分也不尽如人意，各地区得分均值均在60分以下，在50分上下浮动，且各地区间差距并不大。其中，山东省名列前茅，市场竞争力指标得分为53.7052，位列各省（市）第一。虽然山东省在营业收入和净利润方面没有表现出绝对的优势，但其市场竞争能

力很强，优势之处值得其他省（市）借鉴。江苏省和上海市的市场指标得分也不错，和山东省势均力敌，得分分别为 53.6245 和 53.3996，大大高于行业平均水平 51.7708（见图 10-12），是各省（市）发展的表率。

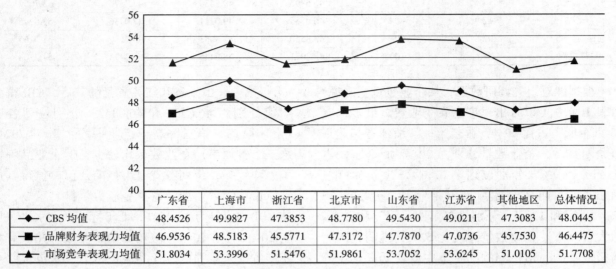

	广东省	上海市	浙江省	北京市	山东省	江苏省	其他地区	总体情况
CBS 均值	48.4526	49.9827	47.3853	48.7780	49.5430	49.0211	47.3083	48.0445
品牌财务表现力均值	46.9536	48.5183	45.5771	47.3172	47.7870	47.0736	45.7530	46.4475
市场竞争表现力均值	51.8034	53.3996	51.5476	51.9861	53.7052	53.6245	51.0105	51.7708

图 10-12　中国医药企业一级指标代表省（市）对比

第三节　2013 年度中国医药企业品牌竞争力分项报告

一、品牌财务表现

目前国内企业经营者对于现代化管理手段的理解与实践，多半仍然停留在以财务数据为主导的思维里。虽然财务数据无法帮助经营者充分掌握企业发展方向的现实，但在企业的实际运营过程中，财务表现仍然是企业对外展示基本实力的重要依据。品牌财务表现层面的分析将财务指标分为规模因素、增长因素和效率因素 3 个二级指标。规模因素主要从销售收入、所有者权益和净利润 3 个三级指标衡量；效率因素主要从净资产利润率、总资产贡献率 2 个三级指标衡量；增长因素主要从近三年销售收入增长率、近三年净利润增长率 2 个三级指标衡量。

近年来中国经济的快速发展使得国民物质消费水平不断提高，再加上国家对医药行业的大力支持使得各医药企业近年来营业收入、净利润都

保持了良好的增长态势。全国 204 家医药企业的品牌财务表现力得分均值为 46.4475。其中，云南白药集团股份有限公司、国药控股股份有限公司、哈药集团股份有限公司、上海医药集团股份有限公司、康美药业股份有限公司、北京同仁堂股份有限公司、上海复星医药（集团）股份有限公司、九州通医药集团股份有限公司、四川科伦药业股份有限公司、广州白云山医药集团股份有限公司位列前 10 名（见表 10-11），这 10 家企业在品牌财务表现力方面还存在一定的差距，但差距不大。得分最高的是云南白药集团股份有限公司，其品牌财务表现力得分为 71.4722，CBI 数值也最高。得分最低的是广州白云山医药集团股份有限公司，其品牌财务表现力得分为 56.4883，低于 60 分，与行业第一还存在很大的差距，仍存在很大的进步空间（见图 10-13）。

从 3 个二级指标看，其均值分别为：规模要素 41.5178，效率因素 50.8117，增长因素

51.2492。增长因素得分最高，其中又以年平均净利润增长率得分最高，为51.3526。规模要素得分最低，为41.5178。因其对品牌财务表现影响最大，导致了行业整体财务表现欠佳。在所有三级指标中，所有者权益最低，仅为31.0144，净资产报酬率最高，为52.5605（见表10-12）。

表 10-11　品牌财务表现指数——行业前 10 名

企业名称	省（市、自治区）	CBI 值	品牌财务表现力
云南白药集团股份有限公司	云南省	76.5693	71.4722
国药控股股份有限公司	上海市	79.1058	69.6798
哈药集团股份有限公司	黑龙江省	75.4612	69.6307
上海医药集团股份有限公司	上海市	75.3302	67.6139
康美药业股份有限公司	广东省	72.5962	67.1465
北京同仁堂股份有限公司	北京市	71.5229	67.0865
上海复星医药 (集团) 股份有限公司	上海市	63.1853	59.6847
九州通医药集团股份有限公司	湖北省	63.4235	57.7731
四川科伦药业股份有限公司	四川省	59.3300	56.7466
广州白云山医药集团股份有限公司	广东省	58.7958	56.4883

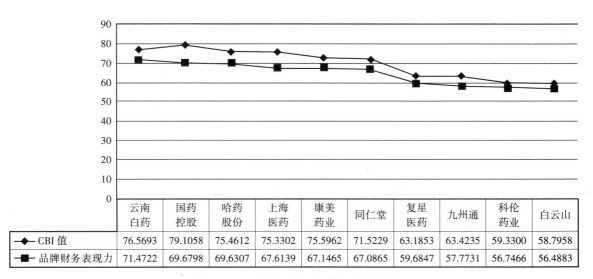

	云南白药	国药控股	哈药股份	上海医药	康美药业	同仁堂	复星医药	九州通	科伦药业	白云山
CBI 值	76.5693	79.1058	75.4612	75.3302	75.5962	71.5229	63.1853	63.4235	59.3300	58.7958
品牌财务表现力	71.4722	69.6798	69.6307	67.6139	67.1465	67.0865	59.6847	57.7731	56.7466	56.4883

图 10-13　财务表现力前 10 名企业对比

表 10-12　品牌财务表现力各分项指标得分均值

品牌财务表现力	46.4475	规模要素	41.5178	销售收入	46.4269
				所有者权益	31.0144
				净利润	48.3678
		效率因素	50.8117	净资产报酬率	52.5605
				总资产贡献率	48.1886
		增长因素	51.2492	年平均销售收入增长率	51.1458
				年平均净利润增长率	51.3526

二、市场竞争表现

随着医药行业的持续快速发展，市场竞争也更加激烈。企业只有具备更强的市场竞争能力，才能在目前的行业环境中生存下去。市场竞争表现层面的分析将指标分为市场占有能力和超值获利能力 2 个二级指标。市场占有能力主要从市场占有率和市场覆盖率 2 个三级指标衡量；超值获利能力主要从品牌溢价率和品牌销售利润率 2 个三级指标衡量。

近几年中国经济的快速发展，使中国国民物质消费水平的不断提高，使得各医药企业近年来营业收入、净利润都保持了良好的增长态势，带来了更为激烈复杂的市场竞争。全国 204 家医药企业在市场竞争表现力得分均值仅为 51.7708，略高于品牌财务表现力。国药控股股份有限公司、上海医药集团股份有限公司、哈药集团股份有限公司、云南白药集团股份有限公司、康美药业股份有限公司、九州通医药集团股份有限公司、北京同仁堂股份有限公司、国药集团一致药业股份有限公司、南京医药股份有限公司、内蒙古亿利能源股份有限公司位列前 10 名（见表 10-13、图 10-14），这 10 家企业在市场竞争表现力方面都较强，各企业间差距较大，指标得分参差不齐。

得分最高的国药控股股份有限公司，分值为 87.4209，得分最低的内蒙古亿利能源股份有限公司，分值为 69.1864。说明医药企业的市场竞争表现力整体较强，但各企业间存在一定差距。

二级指标中，市场占有能力得分均值 53.6115，超值获利能力得分 48.3525。整个医药行业有一定的垄断竞争，所以领先行业的市场占有率比较高，但很多小的医药企业的市场占有率比较低，最终导致整个行业的市场占有率较其他指标不太高，为 51.6482，由于各家企业仅开连锁店，以及一些小企业在夹缝里求生存，努力开拓各种市场，所以市场覆盖率的均值 58.1924 要稍稍高于市场占有率。医药行业内，由于大家对安全的重视，品牌对企业市场竞争力的影响非常明显，因此品牌溢价率得分均值最高，为 52.8156（见表 10-14）。但医药行业的品牌销售利润率较低，还需从控制成本下手，提高利润率。

表 10-13　市场竞争表现指数——行业前 10 名

企业名称	省（市、自治区）	CBI 值	品牌市场竞争力
国药控股股份有限公司	上海市	79.1058	87.4209
上海医药集团股份有限公司	上海市	75.3302	82.3538
哈药集团股份有限公司	黑龙江省	75.4612	77.9910
云南白药集团股份有限公司	云南省	76.5693	76.5960
康美药业股份有限公司	广东省	72.5962	76.2849
九州通医药集团股份有限公司	湖北省	63.4235	74.1351
北京同仁堂股份有限公司	北京市	71.5229	73.6142
国药集团一致药业股份有限公司	广东省	59.4002	70.3614
南京医药股份有限公司	江苏省	56.8781	70.1457
内蒙古亿利能源股份有限公司	内蒙古自治区	57.8706	69.1864

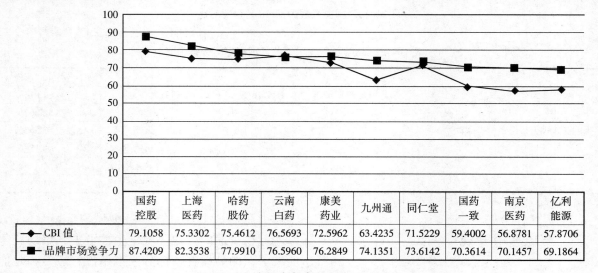

	国药控股	上海医药	哈药股份	云南白药	康美药业	九州通	同仁堂	国药一致	南京医药	亿利能源
◆ CBI 值	79.1058	75.3302	75.4612	76.5693	72.5962	63.4235	71.5229	59.4002	56.8781	57.8706
■ 品牌市场竞争力	87.4209	82.3538	77.9910	76.5960	76.2849	74.1351	73.6142	70.3614	70.1457	69.1864

图 10-14　市场竞争表现力前 10 名企业

表 10-14　市场竞争表现力各分项指标得分均值

市场竞争表现力	51.7708	市场占有能力	53.6115	市场占有率	51.6482
				市场覆盖率	58.1924
		超值获利能力	48.3525	品牌溢价率	52.8156
				品牌销售利润率	40.0637

第四节　中国医药企业品牌竞争力提升策略专题研究

一、中国医药行业宏观经济与政策分析

（一）医药市场运行情况

由于全国范围内完成 GMP 改造的无菌药品生产企业已经有六成，加之我国依靠投资拉动经济发展的模式有所转变，全社会都出现固定资产投资增速下滑的现象，导致了医药行业固定资产投资增速的缓慢。截至 2013 年底，全国完成新版 GMP 认证的无菌药品企业已达六成，产能已能满足市场供应，在未通过认证的企业中，除少数预计在 2014 年、2015 年通过认证外，其他大部分企业由于生产规模较小以及改造成本过高等原因已放弃认证，计划出售相关资产。根据新版 GMP 规定，除无菌药品外的其他药品，均应在 2015 年 12 月 31 日前达到新修订药品 GMP 的要求。由此可以推测，2014~2015 年度，医药企业依旧会在新版 GSP、新版 GMP、新版 GSP、厂房搬迁改建以及新生产线的建设上投入大量资金，且将于 2015 年达到峰值，预计 2014 年医药行业固定资产投资有望保持在 20% 的水平。近年来，国内劳动力价格不断上涨，造成我国医药市场的成本优势对国际资本的吸引力相对减弱。同时，GSK 商业贿赂事件的影响，导致业内普遍预计原研药的"超国民待遇"或将终结。鉴于低迷的国际投资形势，加之行政机构对医药行业反商业贿赂打击力度的加大，国际资本的投资态度相对谨慎。在多重因素的影响下，外资观望气氛浓厚。但从长期来看，我国是全球第二大医药市场，且目前跨国药企的营收在全国仅占总收入的 3%~4%，成长空间十分巨大，同时十八届三中全会也提出，要推

进医疗等服务业领域向外资有序开放，加强外资对我国的投资信心。由此可以预计 2014 年我国医药行业利用外资投资的建设规模仍将保持相对稳定。

（二）医药行业政策分析

2009 年 3 月 17 日，中共中央国务院发布《中共中央国务院关于深化医药卫生体制改革的意见》，明确深化医药卫生体制改革的总体目标是建立健全覆盖城乡居民的基本医疗卫生制度，为群众提供安全、有效、方便、价廉的医疗卫生服务。未来要建设覆盖城乡居民的公共卫生服务体系、医疗服务体系、医疗保障体系、药品供应保障体系，形成四位一体的基本医疗卫生制度。四大体系相辅相成，配套建设，协调发展。根据 2009 年 11 月 23 日国家发改委、卫生部、人保部共同颁布的《改革药品和医疗服务价格形成机制的意见》，我国未来将在合理审核药品成本的基础上，根据药品创新程度，对药品销售利润实行差别控制。允许创新程度较高的药品在合理期限内保持较高销售利润率，促进企业研制开发创新型药品。2010 年 10 月 10 日，国务院发布《国务院关于加快培育和发展战略性新兴产业的决定》，明确指出未来将大力发展用于重大疾病防治的生物技术药物、新型疫苗和诊断试剂、化学药物、现代中药等创新药物大品种，提升生物医药产业水平。2011 年 10 月 28 日，科技部发布的《医学科技发展"十二五"规划》，明确指出"十二五"期间我国医学科技发展应把握科技前沿领域的发展趋势，以生物、信息、材料、工程、纳米等前沿技术发展为先导，加强多学科的交叉融合，大力推进前沿技术向医学应用的转化，努力在国际医学科技

前沿领域占据一席之地。2012 年 1 月 19 日，工信部发布《医药工业"十二五"发展规划》，明确指出"十二五"期间我国医药工业发展应抓住国内外医药需求快速增长和全球市场结构调整的重大机遇，落实培育和发展战略性新兴产业的总体要求，大力发展生物技术药物、化学药新品种、现代中药、先进医疗器械、新型药用辅料包装材料和制药设备，加快推进各领域新技术的开发和应用，促进医药工业转型升级和快速发展，并重点发展缓释、控释、速释、靶向、透皮及黏膜给药等 DDS 技术。

二、2013 年度中国医药企业品牌竞争力总体述评

（一）宏观竞争格局：华东地区引领行业，上海市、广东省优势明显

根据中国医药行业整体的营业收入数据，从区域来看，2013 年受调研的 204 家自主医药品牌企业 2012 年营业总额为 6958.11 亿元，其中华东地区营业总额为 3591.14 亿元，占行业整体营业总额的 51%。中南地区排名第二，营业总额为 1382.44 亿元，占比 20%。华北地区排名第三，营业总额为 1002.92 亿元，占比 14%。西南地区排名第四，营业总额为 536.42 亿元，占比 8%。东北地区和西北地区医药行业发展相对落后，营业收入总额占比 7%。由此可以看出，华东地区的优势地位仍然非常明显，遥遥领先于其他地区。

从省（市）来看，上海市、广东省、浙江省、江苏省、北京市和黑龙江省排前 6 名。营业总额分别为 2225.58 亿元、791.42 亿元、562 亿元、387.18 亿元、490.20 亿元和 224.81 亿元。上海市和广东省属于医药行业较为发达省（市），营业总额所占比例均大大领先于其他省（市），发展较为繁荣。六大省（市）的营业总额总占比 67%，说明中国医药行业企业品牌集中度相对中等，在各省（市）间分布较为平均。净利润分布情况与营业收入分布情况基本保持一致，华东地区净利润总额高达 204.13 亿元，占比 42%，居各地区第一的位置。上海市和广东省仍遥遥领先于其他省（市），净利润总额分别为 92.94 亿元和 72.48 亿元，分别占比 19% 和 15%，分别排名第一和第

二，是各省（市）的领先者。总体来看，中国医药企业分布主要集中在华东地区，上海市尤为集中，优势地位明显。

根据中国医药行业的 CBI 排名，从区域来看，我国医药企业主要分布于华东地区，企业数量高达 70 家，占行业企业总数的 34%，具有一定的聚集度。中南地区不甘示弱，企业数量有 53 家，占比高达 26%，位列第二。西南地区虽然仅有医药企业 22 家，但其 CBI 均值高达 45.8911，位列各区域第 1 名，具有较强的企业品牌竞争力。华东地区 CBI 均值与西南地区不相上下，为 45.7163，同样具有较大的优势。是各地区发展的表率，也是对我国医药行业贡献较大的地区。中南地区虽然企业数量不少，但其 CBI 均值仅为 43.7880，低于行业平均水平，企业品牌竞争力较弱。东北地区和西北地区企业数量较少，合计占比仅 9%，各方面发展均较为落后，还有很大的进步空间。

从省（市）来看，广东省企业数量最多，有 25 家企业，排名第一。浙江省和北京市紧随其后，企业数量分别为 22 家和 19 家，上海市、山东省和江苏省企业数量不相上下，分别为 15 家、14 家和 12 家。六大省（市）企业数量总占比 52%，说明我国医药行业在省（市）间的品牌集中度较低，企业分布较为均衡。虽然上海市企业数量较少，但 CBI 均值为 47.2592，高于行业平均水平，位列各省（市）第一。山东省和江苏省紧随其后，CBI 得分均值分别为 46.6996 和 46.0353，同样高于行业平均水平。浙江省虽企业数量排名第二，但其 CBI 均值仅为 43.9531，低于行业平均水平。较高的企业数量并没有为浙江省带来较强的企业品牌竞争力，其品牌竞争力还需改善提升。

中国医药企业远不止 204 家，这 204 家企业只是众多医药企业的杰出代表，从中可以分析中国医药行业的竞争情况。无论是从营业收入还是从企业数量来看，中国医药行业的区域聚集度相对中等偏上，主要集中在华东地区，华北地区与中南地区竞相而上，其中，又以上海市、广东省为聚集之首。东北地区和西北地区医药行业的发展仍处于竞争劣势，无论在企业数量上还是在品牌竞争力上，发展均不尽如人意，这些地区需要培养一批具有综合竞争力的企业来带动区域医药行业的发展。从区域和省（市）的企业数量来看，

也说明我国医药行业发展仍存在不均衡态势。

（二）中观竞争态势：5A级企业有待破零，中下游企业有待提高

根据中国企业品牌竞争力分级评级标准，对2013年受调查的企业进行分级评估，按照一般惯例分为五级，5A级企业0家，4A级企业8家，3A级企业126家，2A级企业69家，1A级企业1家。国药控股股份有限公司、云南白药集团股份有限公司、哈药集团股份有限公司、上海医药集团股份有限公司、康美药业股份有限公司是我国医药行业的领先企业代表，引领着我国医药行业的发展方向。其中，国药控股股份有限公司的CBI均值为79.1058，位列各企业之首，企业品牌竞争力较强，是我国医药行业当之无愧的领军企业。这5家4A级代表企业的CBI均值也存在一定差距，说明医药企业的发展参差不齐，代表企业的竞争力水平还有待提高。我们不难发现，我国医药行业没有5A级企业，说明从整体来看，我国医药行业的发展还需很大程度的提升，领先企业的水平还需进一步提升。

同样值得关注的是126家3A级企业，占据行业比重的62%，其CBI均值为48.2820，低于行业平均值。3A级企业基本代表了中国医药行业发展的平均水平，是医药行业发展的储备力量。还有69家2A级企业，占比34%，占据了很大的比重。这部分企业面临着较大的风险，亟待采取有效的途径来提升自身的竞争力，是我国医药行业整体提升较为关键的部分。通过企业CBI均值分布我们可以看出，这些企业之间指数分布比较均匀，说明企业竞争状况日益激烈。由于3A企业的CBI均值低于行业平均水平，因此医药行业整体还有待发展，企业品牌竞争力还有待提高。

（三）微观竞争比较：财务指数成绩平平，市场指标表现突出

对于中国企业来说，财务表现仍然是企业对外展示基本实力的重要依据。由于近几年中国医药市场的快速发展使得国民物质消费水平不断提高，消费水平不断提高等因素也使得各医药企业近年来营业收入和净利润都保持了良好的增长态势。2013年全国受调研的204家医药企业的品牌

财务表现力均值仅为46.4475，低于50分，说明企业的品牌财务表现力情况不容乐观，还需得到有效改善。

根据财务表现竞争力指标，排在前10名的企业分别是云南白药集团股份有限公司、国药控股股份有限公司、哈药集团股份有限公司、上海医药集团股份有限公司、康美药业股份有限公司、北京同仁堂股份有限公司、上海复星医药（集团）股份有限公司、九州通医药集团股份有限公司、四川科伦药业股份有限公司、广州白云山医药集团股份有限公司。品牌财务表现力排名第一的是云南白药集团股份有限公司，其品牌财务表现力均值为71.4722，排名第十的是广州白云山医药集团股份有限公司，其品牌财务表现力均值为56.4883。广州白云山医药集团股份有限公司虽位列第十，但与排名第一的云南白药集团股份有限公司有很大差距，由此可以看出，前10名企业中，品牌财务表现力的差距较大，还有待提高。前10名的品牌财务表现力均值还相对较高，但品牌财务表现力总体指标却相对较低。

根据市场竞争表现力单项指标，排在前10名的企业分别是国药控股股份有限公司、上海医药集团股份有限公司、哈药集团股份有限公司、云南白药集团股份有限公司、康美药业股份有限公司、九州通医药集团股份有限公司、北京同仁堂股份有限公司、国药集团一致药业股份有限公司、南京医药股份有限公司、内蒙古亿利能源股份有限公司。这10家企业在市场竞争表现力方面均表现突出，差距较小。得分最高的国药控股股份有限公司，均值为87.4209，得分最低的内蒙古亿利能源股份有限公司，均值为69.1864。说明中国医药企业的市场竞争表现力整体较强，品牌市场表现突出，发展势头良好，发展潜力巨大。

总的来看，受经济因素和行业特征限制，我国医药行业的总体财务指数表现较差，仍需进一步改进，品牌市场表现也差强人意，整体品牌竞争力的发展不容乐观。与国外市场相比，在技术创新、市场开发当面仍存在较大差距，但仍有较大的发展潜力。

三、中国医药企业品牌竞争力提升策略建议

（一）优化行业政策发展环境，培育公平品牌竞争氛围

目前我国的医药企业环境混乱，普遍存在规模较小、秩序混乱、设备落后、产品低水平重复生产、恶性竞争等情况。同时，医疗机构补偿机制的不合理，造成医药混为一体、以药养医，使得很多医药企业在药品销售过程中出现不正当竞争，畸形发展，回扣、红包等各种非正当交易行为泛滥。对于如此混乱的局面，国家的相关职能部门应从多方面调整，改善行业发展环境：一要调整医药产业结构，提高医药产业的生产壁垒，杜绝低水平重复建设和生产；二要加大卫生体制改革力度，尽快实行医药分离管理，消除医院方面对药品消费的代理作用，实现公平的药品营销环境，最终形成医药企业以品牌赢天下的良好氛围。

（二）增强知识产权保护意识，积极稳步发展

产品的低水平重复生产导致在药品销售中处于劣势，造成恶性循环，从而不利于企业在发展过程中成长。造成这种状况的根本原因在于企业知识产权保护意识淡薄，不懂得运用法律赋予我们的权益来维护自己的利益。国内医药行业整体知识产权水平较低无可争议，为改善这种状况，要从根入手，加强法律意识的培养，成立专门的知识产权工作机构，坚持自主知识产权产品的开发，通过构建知识产权保护体系，加大知识产权保护力度，提高知识产权保护意识；结合企业科研创新能力制定知识产权无效战略、鼓励发明战略、知识产权买断战略、知识产权外围战略、知识产权回避战略等一系列以进攻战略为主、防守战略为辅的知识产权战略体系。最大限度地保护企业自主知识产权产品的开发，使企业的产品和技术在激烈的市场竞争中处于优势地位，为企业营造一个良好和谐的循序渐进的发展环境。

（三）加强企业研发，实现自主创新

品牌是企业进行市场竞争的有力手段，建设品牌战略的意义在于建立品牌竞争优势，优势来源于比较，在与同类企业的比较中找到自身的优点，建立优势。当今的医药竞争环境表现为产品自身差异性不大、品种众多、功能相似、产品过剩，消费者可选择对象非常多。但是一个品牌的核心或是依托仍然是产品本身，因此，企业必须不断进行产品创新，才能适应消费者日新月异的消费需求，在竞争中保持自身的优势。产品的创新来源于技术进步，持续不断的技术创新才会带动产品的更新换代，才能推动品牌价值的持续提升。新药研制投入严重不足，直接导致新药的创新研制能力及制剂水平低下，这是我国医药企业品牌建设能力低下的重要原因之一。企业要自主创新，必须从产品的功效、适应症、安全性、剂型与使用方法、包装、价格等要素考虑是否符合市场需求。同时应建立有效的创新激励机制，鼓励全员创新的热情，建立完善的企业营销信息体系，注重消费者的反馈，加强研发部门与销售部门的联系，建设高效的创新体制，形成企业特有的创新文化。

（四）加强客户关系管理，推动品牌建设

高忠诚度能使消费者反复购买相同品牌的药品，因此，医药企业必须积极开展关系营销，重视消费者反馈，力求与消费者和市场营销渠道成员建立良好的伙伴关系，加强消费者对于品牌的认可度，将企业的产品质量、对消费者的服务和密切同消费者的关系有机地统一起来，从而提高消费者对品牌的重购率，形成高度的品牌忠诚，保证稳定的消费人群。医药企业应加强营销公关，如事件公关、活动赞助等，借助新闻的力量提高企业认知度，提升企业品牌形象。在新闻报道中，企业应捕捉企业的新闻点，增加在大众媒体的新闻报道频率，产品研制的纪实"企业文化"经营模式等，都可以成为新闻传播的内容。

（五）实现企业经济规模化，并购、重组中小型企业

规模经济是医药企业降低生产成本的重要基础，因此医药企业的经济规模对于企业的研发投入、国际竞争力和长期发展就显得尤为重要。企业的发展在于品牌创新和品牌发展，而品牌创新和发展的基础在于发展规模优势。原因如下：其一，品牌的基本特征是知名度高、信誉度高、市场份额高，企业对于高市场份额的需求，要求其必须努力扩大企业的规模，否则，市场份额必将

限制品牌的创新发展。其二，品牌的另一个基本特征就是综合实力强，尤其是盈利能力强，这也是由企业的规模优势所决定的。其三，只有一定规模的企业才具有较高的研发实力，才能不断推陈出新，推出科技含量高的新产品。并购重组是企业实施扩张或收缩的一种战略选择和手段，能否有效整合和利用兼并资产往往决定了一个企业的兴衰与存亡。为扩大企业规模，增强品牌影响力，壮大企业实力，并购、重组必将成为全球医药企业的主流。

第十一章 中国通信行业企业品牌竞争力指数报告

第一节 中国通信企业品牌竞争力指数总报告

一、2013年度中国通信企业总体竞争态势

中国企业品牌竞争力指数（以下简称 CBI）研究课题组为了检验理论成果的应用效果，于 2013 年对中国 81 家自主通信企业品牌进行了调研，根据各企业营业收入和净利润的原始数据发现，华北地区仍一枝独秀，占据了过半份额，该地区中北京市占比最高。因此，中国通信企业品牌竞争力整体表现出华北地区独占鳌头，北京市大大领先的总体竞争态势，如图 11-1 和图 11-2 所示。

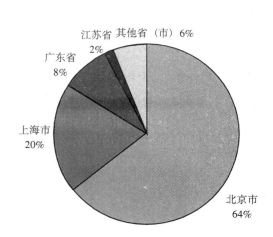

图 11-1 中国通信行业区域竞争态势   图 11-2 中国通信行业省（市）竞争态势

截至 2012 年底，中国通信行业受调研的 81 家自主通信品牌企业的营业总额为 13339.58 亿元。从区域的角度分析，华北地区营业总额为 8602.94 亿元，占行业整体营业总额的 65%；跟随其后的是华东地区和中南地区，营业额分别为 3380.02 亿元和 1249.95 亿元，但与第 1 名华北地区差距较大，分别占整体营业额的 25% 和 9%，西北地区和西南地区的营业总额最少，合计占行业整体营业总额的 1%。说明华北地区对我国通信行业营业额的贡献最大，发展较为繁荣，一家独大的势头明显。而西北地区和西南地区的通信行业远远落后于华东地区，企业数量和发展前景均

仍有待提高。华东地区和中南地区虽然分别排名第二和第三，但其营业额却远低于行业老大华北地区，还有很大的发展空间。

从省（市）角度来看，排在前 4 名的省（市）分别为北京市、上海市、广东省和江苏省，营业总额分别为 8591.94 亿元、2623.47 亿元、1118.68 亿元和 223.97 亿元。其中，北京市表现最为突出，其营业总额占比高达 64%，占据绝大多数份额。前面提到华北地区营业额占据整个行业营业额的 65%，而北京市属于华北地区，可见北京市是华北地区跻身第一名的主要贡献者，接下来是

上海市，其营业总额占行业营业总额的比重为20%，居于第二的位置，虽然发展速度较快，表现势头良好，但与行业领先者北京市仍然存在较大差距。广东省和江苏省分别占比 8% 和 2%，与两强还存在一定的差距，但在所有省（市）中仍分别排名第三和第四，仍有提高和进步的空间。四大省（市）营业总额占行业营业总额的 94%，华北地区营业额比重为 65%，华东地区营业额比重为 25%，而其中北京市和上海市的营业额比重分别为 64% 和 20%，说明中国通信行业企业品牌集中度是相当高的。

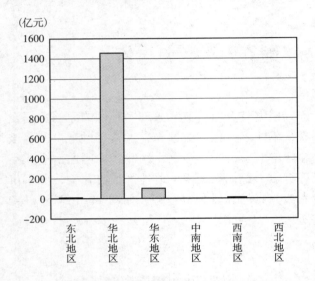

图 11-3　中国通信企业净利润区域分布

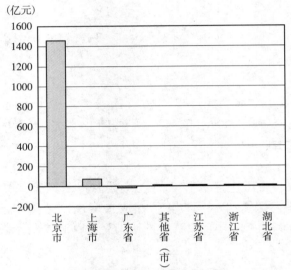

图 11-4　中国通信企业净利润省（市）分布

截至 2012 年底，中国通信行业受调研的 81 家自主通信品牌企业的净利润总额为 1549.73 亿元。从区域的角度分析，华北地区仍延续了营业收入的总体优势，净利润总额高达 1452.47 亿元，占行业利润总额的 93%，远远领先于其他地区，保持了绝对的优势地位。华东地区净利润总额为100.83 亿元，占行业利润总额的 6.5%，虽然排名第二，但与行业第一华东地区相比差距较大。东北地区、西南地区和西北地区的利润总额更是少之又少，合计占行业利润总额的 6% 左右，其中表现最差的是中南地区，净利润总额竟然为负（见图 11-3、图 11-4），拉低了整个地区的盈利水平，这主要与该地区的明星企业中兴通讯股份有限公司经营不力发生巨额亏损有关。

从省（市）角度来看，排在前 5 名的省（市）分别为北京市、上海市、江苏省、湖北省和浙江

省，净利润总额分别为 1452.19 亿元、76.21 亿元、12.59 亿元、8.5643 亿元和 5.8816 亿元。其中北京市的表现最为突出，净利润总额占行业总额的 94%，远远领先于其他省（市），居于行业第一的位置。位于行业第二的是上海市，占行业总额的 5%，虽然位居行业第二，但与行业老大的差距过大，需要进步和提升的空间巨大。江苏省、湖北省和浙江省也不相上下，净利润总额合计只占行业总额的 1% 左右，基本可以忽略。值得一提的是，一向表现良好的上海市，营业额方面表现较好，但在净利润方面的表现却差强人意，可见该地区的利润率较低。此外，一向表现较好的广东省的净利润总额竟然为负，究其原因，我们发现与该省明星企业中兴通信股份有限公司经营不力发生巨额亏损有关。

总体来看，中国通信行业整体的分布状态是

华北地区称霸一方,其中北京市表现突出,无论在营业收入还是净利润方面均远远领先于其他地区,这也是当前中国通信行业竞争的最显著特征。

二、2013 年度中国通信企业品牌竞争力指数排名

中国企业品牌竞争力指数(以下简称 CBI)研究课题组已于 2011 年 7 月完成了理论研究,采用多指标综合指数法对中国企业品牌竞争力进行量化研究。初期理论成果包括 CBI 四位一体理论模型、CBI 评价指标体系、CBI 评价指标权重以及 CBI 计算模型,并且已经通过国内 10 位经济学、管理学界权威专家论证。为了检验理论成果的应用效果,课题组继 2011~2012 年连续两年对中国自主通信企业品牌调研之后,于 2013 年底对中国自主通信企业品牌再一次进行调研,根据调查数据应用 CBI 计算模型得出中国通信企业品牌竞争力(以下简称 CBI-R)排名(见表 11-1)。

表 11-1　2013 年中国通信企业品牌竞争力排名

企业名称	省(市、自治区)	相对值(指数)		绝对值形式(百分制)		
		CBI 值	排名	品牌竞争力得分(CBS)	品牌财务表现力	市场竞争表现力
中国移动通信集团公司	北京市	100.0000	1	91.4171	91.1918	91.9427
中国电信集团公司	北京市	95.8480	2	88.1552	86.7093	91.5290
中国联合通信有限公司	上海市	89.1473	3	82.8909	80.0942	89.4166
中兴通讯股份有限公司	广东省	64.8767	4	63.8234	58.0155	77.3749
深圳市天音通信发展有限公司	江西省	58.4768	5	58.7955	54.9858	67.6849
烽火通信科技股份有限公司	湖北省	56.0055	6	56.8540	55.3676	60.3222
江苏亨通光电股份有限公司	江苏省	54.8693	7	55.9613	54.5176	59.3300
江苏中天科技股份有限公司	江苏省	53.3816	8	54.7926	53.6955	57.3523
展讯通信有限公司	上海市	52.8846	9	54.4022	54.2314	54.8006
TCL 通讯科技控股有限公司	广东省	52.7810	10	54.3207	51.5243	60.8455
航天通信控股集团股份有限公司	浙江省	52.6576	11	54.2238	51.8579	59.7441
亚信科技(中国)有限公司	北京市	51.9001	12	53.6287	53.2568	54.4964
大唐电信科技股份有限公司	北京市	51.7964	13	53.5472	51.7215	57.8073
大唐高鸿数据网络技术股份有限公司	贵州省	49.1378	14	51.4586	50.2366	54.3099
东方通信股份有限公司	浙江省	48.3662	15	50.8524	50.2317	52.3007
福建星网锐捷通讯股份有限公司	福建省	47.8526	16	50.4489	50.1452	51.1574
江苏通鼎光电股份有限公司	江苏省	47.2723	17	49.9929	49.4456	51.2700
中国振华(集团)科技股份有限公司	贵州省	47.1797	18	49.9202	49.0965	51.8423
熊猫电子集团有限公司	江苏省	46.9270	19	49.7217	49.4531	50.3485
深圳日海通讯技术股份有限公司	广东省	46.2313	20	49.1751	49.1919	49.1361
深圳市同洲电子股份有限公司	广东省	45.8307	21	48.8604	48.5368	49.6156
汉光迅科技股份有限责任公司	湖北省	45.6336	22	48.7056	48.5501	49.0683
广州海格通信集团股份有限公司	广东省	45.4242	23	48.5411	48.9183	47.6608
深圳市桑达实业股份有限公司	广东省	43.0172	24	46.6501	46.7639	46.3845
深圳市大富科技股份有限公司	广东省	42.6620	25	46.3710	45.8179	47.6617
深圳市特发信息股份有限公司	广东省	42.2639	26	46.0582	45.6419	47.0297
亿阳信通股份有限公司	黑龙江省	42.1707	27	45.9851	46.0360	45.8663
广州杰赛科技股份有限公司	广东省	41.9965	28	45.8481	45.7585	46.0573
海能达通信股份有限公司	广东省	41.6360	29	45.5649	45.5226	45.6637
江苏永鼎股份有限公司	江苏省	41.5300	30	45.4817	44.5610	47.6300
武汉长江通信产业集团股份有限公司	湖北省	41.3980	31	45.3779	45.6195	44.8143
武汉凡谷电子技术股份有限公司	湖北省	41.1587	32	45.1900	45.3416	44.8364

续表

企业名称	省（市、自治区）	相对值（指数）		绝对值形式（百分制）		
		CBI 值	排名	品牌竞争力得分（CBS）	品牌财务表现力	市场竞争表现力
上海普天邮通科技股份有限公司	上海市	41.1479	33	45.1815	44.7872	46.1016
北京数码视讯科技股份有限公司	北京市	40.7568	34	44.8743	46.1747	41.8398
浙江三维通信股份有限公司	浙江省	40.6213	35	44.7678	44.7678	44.7678
广东省 UT 斯达康股份有限公司	北京市	40.4087	36	44.6008	43.9030	46.2290
苏州新海宜通信科技股份有限公司	江苏省	40.0808	37	44.3431	44.8484	43.1642
河北恒信移动商务股份有限公司	河北省	39.4459	38	43.8444	43.8636	43.7996
宁波波导股份有限公司	浙江省	39.3874	39	43.7984	44.0819	43.1369
北京蓝汛通信有限责任公司	北京市	39.0891	40	43.5641	44.4717	41.4462
珠海东信和平智能卡股份有限公司	广东省	38.9746	41	43.4741	43.4155	43.6108
福建国脉科技股份有限公司	福建省	38.9665	42	43.4678	43.7114	42.8994
西安烽火电子科技有限责任公司	陕西省	38.7919	43	43.3306	43.3273	43.3384
福建三元达通讯有限公司	福建省	38.7884	44	43.3278	43.6450	42.5877
福建省福发集团股份有限公司	福建省	38.0455	45	42.7442	43.6460	40.6401
北京 263 网络集团	北京市	38.0302	46	42.7322	44.4408	38.7455
广州佳都集团有限公司	广东省	37.5996	47	42.3939	42.8094	41.4245
苏州春兴精工股份有限公司	江苏省	37.2370	48	42.1090	41.7199	43.0170
广东宜通世纪科技股份有限公司	广东省	37.1004	49	42.0017	43.0907	39.4608
杭州华星创业通信技术股份有限公司	浙江省	36.8970	50	41.8419	42.6268	40.0107
北京邦讯技术股份有限公司	北京市	36.8816	51	41.8298	42.9304	39.2618
深圳键桥通讯技术有限公司	广东省	36.7268	52	41.7082	42.5303	39.7901
北京视博数字电视科技有限公司	北京市	36.4879	53	41.5204	42.1499	40.0520
北京梅泰诺通信技术股份有限公司	北京市	35.9597	54	41.1055	42.1799	38.5986
北京掌上灵通咨询有限公司	北京市	35.8135	55	40.9907	42.8326	36.6929
广州中海达卫星导航技术股份有限公司	广东省	35.4778	56	40.7269	42.1759	37.3460
珠海世纪鼎利通信科技股份有限公司	广东省	35.4059	57	40.6705	41.5517	38.6143
湖南拓维信息系统股份有限公司	湖南省	35.2559	58	40.5526	41.6022	38.1038
北京合众思壮科技股份有限公司	北京市	35.2360	59	40.5370	41.1713	39.0569
沈阳奥维通信股份有限公司	辽宁省	34.9040	60	40.2761	41.6016	37.1835
惠州硕贝德无限科技股份有限公司	广东省	34.4327	61	39.9059	41.4961	36.1954
北京佳讯飞鸿电气股份有限公司	北京市	33.8227	62	39.4267	40.5371	36.8358
河南辉煌科技股份有限公司	河南省	33.2134	63	38.9480	40.0251	36.4347
上海华平信息技术股份有限公司股份	上海市	33.2009	64	38.9382	41.0485	34.0142
创博国际贸易（上海）有限公司	山东省	33.0321	65	38.8056	40.8999	33.9188
高新兴科技集团股份有限公司	广东省	32.7872	66	38.6131	39.6133	36.2793
广东盛路通信科技股份有限公司	广东省	32.2660	67	38.2037	39.1732	35.9414
四川汇源光通信股份有限公司	四川省	32.0296	68	38.0180	38.5633	36.7454
深圳市迪威视讯股份有限公司	广东省	31.6096	69	37.6880	39.2043	34.1500
成都国腾电子技术股份有限公司	四川省	31.4151	70	37.5352	39.0611	33.9747
深圳市信维通信股份有限公司	广东省	31.3940	71	37.5186	39.0406	33.9672
北京北纬通信科技股份有限公司	北京市	31.0738	72	37.2671	39.0840	33.0277
江苏吴通通讯股份有限公司	江苏省	30.7615	73	37.0217	38.5522	33.4505
深圳市深信泰丰（集团）股份有限公司	广东省	30.6060	74	36.8995	37.6850	35.0667
深圳市亿通科技有限公司	江苏省	30.3580	75	36.7047	38.3226	32.9297
北京东土科技股份有限公司	北京市	30.3362	76	36.6876	39.1709	30.8932

续表

企业名称	省（市、自治区）	相对值（指数）		绝对值形式（百分制）		
		CBI 值	排名	品牌竞争力得分（CBS）	品牌财务竞争力	市场竞争表现力
杭州中威电子股份有限公司	浙江省	29.5226	77	36.0484	38.4026	30.5552
北京中创信测科技股份有限公司	北京市	29.1607	78	35.7641	36.5605	33.905
富春通信股份有限公司	福建省	27.9474	79	34.8108	37.0482	29.5903
潍坊北大青鸟华光科技股份有限公司	山东省	19.2583	80	27.9845	32.0125	18.5860
星美联合股份有限公司	重庆市	16.5583	81	25.8633	33.9570	6.9781
均值	—	41.6866	—	45.6047	45.9451	44.8106

注：从理论上说，中国企业品牌竞争力指数（CBI）由中国企业品牌竞争力分值（CBS）标准化之后得出，CBS 由 4 个一级指标品牌财务表现、市场竞争表现、品牌发展潜力和消费者支持力的得分值加权得出。在实际操作过程中，课题组发现，品牌发展潜力和消费者支持两个部分的数据收集存在一定的难度，且收集到的数据准确性有待核实，因此，本报告暂未将品牌发展潜力和消费者支持列入计算。品牌财务表现主要依据各企业的财务报表数据以及企业上报数据进行计算。同时，关于市场竞争力表现方面的得分，课题组选取了部分能够通过公开数据计算得出结果的指标，按照 CBI 计算模型得出最终结果。关于详细的计算方法见《中国企业品牌竞争力指数系统：理论与实践》。

由表 11-1 可以看出，在 2013 年通信行业企业品牌 CBI 排名中，中国移动通信集团公司、中国电信集团公司、中国联合通信有限公司、中兴通讯股份有限公司、深圳市天音通信发展有限公司、烽火通信科技股份有限公司、江苏亨通光电股份有限公司、江苏中天科技股份有限公司、展讯通信有限公司、TCL 通讯科技控股有限公司稳坐行业前 10 强的位置。其中，中国移动通信集团公司 CBI 值为 100，排名第一，各项指标优势明显，是通信行业的领导品牌。

通过 2013 年中国通信企业品牌竞争力指数数据，可以计算出中国通信行业 CBI 均值为41.6866。CBI 数值为相对值，一方面可以反映行业总体竞争水平，另一方面也为行业内企业提供一个比较标准。课题组根据受调研的 1548 家企业的 CBI 数据得出中国企业品牌竞争力指数值为47，那么通信行业 CBI 为 41.6886<47，说明通信行业整体竞争水平低于平均水平，行业发展处于不及格状态。同理，行业内部企业 CBI 数值低于52.72，说明其品牌竞争力处于劣势，高于 52.72，则说明其品牌竞争力处于优势，整个 CBI 指标体系为企业提供了一套具有诊断功能和预测功能的实用工具。

三、2013 年度中国通信企业品牌竞争力指数评级报告

（一）中国通信企业品牌竞争力指数评级标准体系

根据表 11-1 得出的通信企业 CBI 数值，课题组绘制总体布局（见图 11-5），从整体上看 CBI 分布曲线两头陡峭、中间平缓。根据 CBI 数值表现出来的特征，结合通信企业的行业竞争力特性对调查的企业进行分级评估，按照一般惯例分为五级，划分标准如表 11-2 所示。

表 11-2　中国企业品牌竞争力分级评级标准

评级	标准　CBI 数值标准
5A	CBI≥80
4A	60≤CBI<80
3A	40≤CBI<60
2A	20≤CBI<40
1A	CBI<20

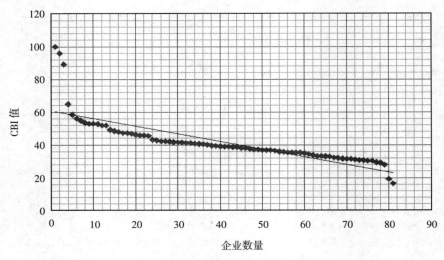

图 11-5　中国通信行业企业 CBI 散点分布

（二）中国通信企业品牌竞争力指数评级结果

由以上评价标准可以将通信企业划分为 5 个集团，具体的企业个数及分布情况如表 11-3 和 图 11-6 所示，各级水平的企业得分情况由于篇幅原因仅列出代表企业。

表 11-3　中国通信行业企业各分级数量表

企业评级	竞争分类	企业数量	所占比重（%）	CBI 均值	CBS 均值	品牌财务表现力均值	市场竞争表现力均值
5A 级企业	第一集团	3	4	94.9984	87.4877	85.9984	90.9628
4A 级企业	第二集团	1	1	64.8767	63.8234	58.0155	77.3749
3A 级企业	第三集团	33	41	46.5290	49.4090	48.8033	50.8224
2A 级企业	第四集团	42	52	34.6541	40.0798	41.1682	37.5403
1A 级企业	第五集团	2	2	17.9083	26.9239	32.9847	12.7820
全部	不分类	81	100	41.6866	45.6047	45.9451	44.8106

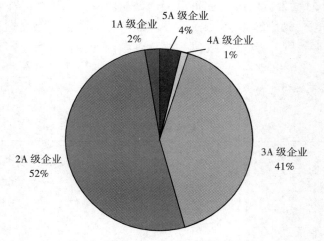

图 11-6　中国通信企业分级分布

表 11-4 中国通信行业 5A 级企业品牌代表

企业名称	评级水平	排名	CBI	CBS	品牌财务表现力	市场竞争表现力
中国移动通信集团公司	北京市	5A	100	91.4171	91.1918	91.9427
中国电信集团公司	北京市	5A	95.8480	88.1552	86.7092	91.5290
中国联合通信有限公司	上海市	5A	89.1473	82.8909	80.0942	89.4166

据表 11-2 中国企业品牌竞争力分级评级标准，5A 级通信企业共有 3 家，分别是中国移动通信集团公司、中国电信集团公司、中国联合通信有限公司，占通信企业总数的 4%。中国移动通信集团公司是通信行业的领导企业，其 CBI 数值、品牌财务表现力和市场竞争表现力均遥遥领先于其他企业，各项得分均在 90 分以上（见表 11-4），且与第 2 名差距较大，品牌发展潜力巨大，是当之无愧的龙头企业。

表 11-5 中国通信行业 4A 级企业品牌代表

企业名称	评级水平	排名	CBI	CBS	品牌财务表现力	市场竞争表现力
中兴通讯股份有限公司	4A	3	64.8767	63.8234	58.0156	77.3750

据表 11-2 中国企业品牌竞争力分级评级标准，4A 级通信企业共有 1 家，占通信企业总数的 1%。表 11-5 所列的属于中兴通讯股份有限公司的各项得分显示，其品牌财务表现力、市场竞争表现力表现突出，消费者支持力度较大，具有较高的顾客忠诚度，品牌发展潜力较大。CBI 及各项分指标得分值均远远高于行业平均值。但与其他各项比较而言，中兴通讯股份有限公司的品牌财务表现力得分较低，这与当年其巨额亏损有关。

表 11-6 中国通信行业 3A 级企业品牌代表

企业名称	评级水平	排名	CBI	CBS	品牌财务表现力	市场竞争表现力
深圳市天音通信发展有限公司	3A	4	58.4768	58.7955	54.9858	67.6849
烽火通信科技股份有限公司	3A	5	56.0055	56.8540	55.3676	60.3222
江苏亨通光电股份有限公司	3A	6	54.8693	55.9613	54.5176	59.3300
江苏中天科技股份有限公司	3A	7	53.3816	54.7926	53.6955	57.3523
展讯通信有限公司	3A	8	52.8846	54.4022	54.2314	54.8006

据表 11-2 中国企业品牌竞争力分级评级标准，3A 级通信企业共有 33 家，占通信企业总数的 41%。表 11-6 所列的 5 家企业深圳市天音通信发展有限公司、烽火通信科技股份有限公司、江苏亨通光电股份有限公司、江苏中天科技股份有限公司、展讯通信有限公司是中国通信行业的中游企业，品牌财务表现力和市场竞争力表现都一般，CBI 及各项分指标得分值在行业平均值上下波动。从第三集团内部比较来看，深圳市天音通信发展有限公司市场竞争表现力位于本集团第一，说明其市场竞争能力相对来说是比较好的，烽火通信科技股份有限公司的品牌财务表现力位于本集团第一，说明其财务情况相对来说是比较好的。

表 11-7 中国通信行业 2A 级企业品牌代表

企业名称	评级水平	排名	CBI	CBS	品牌财务表现力	市场竞争表现力
恒信移动商务股份有限公司	2A	38	39.4459	43.8444	43.8636	43.7996
宁波波导股份有限公司	2A	39	39.3874	43.7984	44.0819	43.1369
北京蓝汛通信有限责任公司	2A	40	39.0891	43.5641	44.4717	41.4462
东信和平智能卡股份有限公司	2A	41	38.9746	43.4741	43.4155	43.6108
国脉科技股份有限公司	2A	42	38.9665	43.4678	43.7114	42.8994

据表 11-2 中国企业品牌竞争力分级评级标准，2A 级通信企业共有 42 家，占通信企业总数的 52% 之多，可见通信行业中大多数企业处于中下游，拉低了整个行业的 CBI 分值。表 11-7 所列的 5 家企业恒信移动商务股份有限公司、宁波波导股份有限公司、北京蓝汛通信有限责任公司、东信和平智能卡股份有限公司、国脉科技股份有限公司是中国通信行业 2A 级企业的代表，其特征是品牌财务表现力、市场竞争力等表现均处于行业平均水平之下，CBI 及各项分指标得分值均低于行业平均值。从第四集团内部比较而言，品牌财务表现力和市场竞争表现力均普遍较低均在 45 分以下，处于劣势，还有待提高。

表 11-8　中国通讯行业 1A 级企业品牌代表

企业名称	评级水平	排名	CBI	CBS	品牌财务表现力	市场竞争表现力
潍坊北大青鸟华光通信技术有限公司	山东省	1A	19.2583	27.9845	32.0125	18.5860
星美联合股份有限公司	重庆市	1A	16.5583	25.8633	33.9570	6.9781

据表 11-2 中国企业品牌竞争力分级评级标准，1A 级通信企业共有 2 家，占通信企业总数的 2%，表 11-8 所列的 2 家 1A 级企业分别为潍坊北大青鸟华光通信技术有限公司和星美联合股份有限公司，它们处于中国电子行业上市公司的队尾，在很多地方都需要进步巨大才能实现跨越式发展，它们的品牌财务表现力得分在 35 分以下，市场竞争表现力均在 20 分以下，其中，星美联合股份有限公司的市场竞争表现力得分最低，仅有 6.9781 分，而在品牌财务表现力方面，潍坊北大青鸟华光通信技术有限公司表现最差。

四、2013 年中国通信企业品牌价值 50 强排名

课题组认为，品牌价值（以下简称 CBV）是客观存在的，它能够为其所有者带来特殊的收益。品牌价值是品牌在市场竞争中的价值实现。一个品牌有无竞争力，就是要看它有没有一定的市场份额，有没有一定的超值创利能力。品牌的竞争力正是体现在品牌价值的这两个最基本的决定性因素上，品牌价值就是品牌竞争力的具体体现。通常上品牌价值以绝对值（单位：亿元）的形式量化研究品牌竞争水平，课题组在品牌价值和品牌竞争力的关系上展开研究，针对品牌竞争力以相对值（指数：0~100）的形式量化研究品牌竞争力水平。在研究世界上关于品牌价值测量方法论基础上，提出本研究关于品牌价值计算方法：$CBV = (N - E \times 5\%)(1 + A) \times C \times CBI/100 + K$。其中，CBV 为企业品牌价值，CBI 为企业品牌竞争力指数，N 为净利润，E 为所有者权益，A 为品牌溢价，C 为行业调整系数，K 为其他影响系数，据此得出中国通信企业品牌价值 50 强（见表 11-9）。

表 11-9　2013 年中国通信行业品牌价值排名

企业名称	省（市）	品牌价值（CBV）	排名	品牌竞争力（CBI）
中国移动	北京市	1121.73	1	100.00
中国电信	北京市	534.35	2	95.85
中国联通	上海市	412.70	3	89.15
中兴通讯	广东省	144.84	4	64.88
天音控股	江西省	113.89	5	58.48
数码视讯	北京市	104.16	6	40.76
烽火通信	湖北省	102.89	7	56.01
国脉科技	福建省	98.86	8	38.97
亨通光电	江苏省	97.53	9	54.87
航天通信	浙江省	91.76	10	52.66
中天科技	江苏省	91.38	11	53.38

续表

企业名称	省（市）	品牌价值（CBV）	排名	品牌竞争力（CBI）
TCL 通讯	广东省	88.69	12	52.78
展讯通信	上海市	88.59	13	52.88
大唐电信	北京市	87.17	14	51.80
亚信科技	北京市	80.63	15	51.90
高鸿股份	贵州省	75.20	16	49.14
东方通信	浙江省	72.34	17	48.37
星网锐捷	福建省	71.33	18	47.85
通鼎光电	江苏省	69.22	19	47.27
振华科技	贵州省	68.76	20	47.18
南京熊猫	江苏省	66.81	21	46.93
同洲电子	广东省	64.82	22	45.83
日海通讯	广东省	64.19	23	46.23
光迅科技	湖北省	63.42	24	45.63
海格通信	广东省	61.82	25	45.42
深桑达 A	广东省	56.40	26	43.02
特发信息	广东省	55.22	27	42.26
永鼎股份	江苏省	54.65	28	41.53
大富科技	广东省	54.03	29	42.66
杰赛科技	广东省	53.78	30	42.00
亿阳信通	黑龙江省	53.60	31	42.17
海能达	广东省	52.01	32	41.64
上海普天	上海市	51.18	33	41.15
长江通信	湖北省	51.16	34	41.40
武汉凡谷	湖北省	50.32	35	41.16
三维通信	浙江省	50.26	36	40.62
UT 斯达康	北京市	49.40	37	40.41
新海宜	江苏省	47.72	38	40.08
恒信移动	河北省	47.33	39	39.45
波导股份	浙江省	46.94	40	39.39
东信和平	广东省	46.60	41	38.97
烽火电子	陕西省	45.83	42	38.79
三元达	福建省	44.87	43	38.79
蓝汛 CCIH	北京市	43.73	44	39.09
闽福发 A	福建省	43.40	45	38.05
春兴精工	江苏省	42.85	46	37.24
佳都新太	广东省	42.32	47	37.60
二六三	北京市	41.17	48	38.03
华星创业	浙江省	39.99	49	36.90
键桥通讯	广东省	39.71	50	36.73
合计		5141.53		

CBV 分析：在 81 家受调研的通信企业中，排名前 50 强的企业 CBV 合计为 5141.53 亿元，与 2012 年相比有了大幅度的提高。前 10 强通信企业 CBV 合计值为 2822.70 亿元，占前 50 强比重为 54.9%，比 2012 年下降了 36.1%，降幅较大。显示出中下游企业的品牌价值有了大幅度的提升。其中在前 10 强企业中，中国移动通信集团、中国电信集团、中国联合网络通信集团、中

兴通讯股份有限公司稳居前 4 强；北京数码视讯科技股份有限公司和国脉科技股份有限公司仍保留在前 10 强内。中国通信服务有限公司、中国卫星通信集团有限公司、斯凯 MOBI 和江苏宏图高科技股份有限公司 4 家被挤出了前 10 强。新进入前 10 强的 4 家企业分别是第 5 名天音控股股份有限公司、第 7 名烽火通信科技有限公司、第 9 名江苏亨通光电股份有限公司和第 10 名航天通信控

股集团股份有限公司。值得一提的是，烽火通信科技有限公司由 2012 年度的第 31 名跃升到今年的第 7 名，在财务指标上体现为较快的净利润和营业增长率，发展势头迅猛。在前 10 强企业中，北京市占了 3 席，其他 7 家企业分布在上海市、广东省、江西省、湖北省、福建省、江苏省和浙江省。从总体上看，通信行业企业主要集中在北京市和沿海城市的发达地区。

第二节　2013 年度中国通信企业品牌竞争力区域报告

一、三大经济分区

（一）总体情况分析

根据课题组的调研数据，我们可以看出，我国通信企业主要分布于中南地区和华东地区，企业数量分别高达 28 家和 27 家，两地区企业数量相当，分别占行业企业总数的 35% 和 33%，CBI 均值分别为 40.4916 和 42.5414，企业数目超出其

他区域，具有很高的行业集中度，但是，中南地区 CBI 表现却较差，低于与其企业数量相当的华东地区和其他经济分区。而跟随其后的地区则是华北地区，该地区拥有 18 家企业，各占行业企业总数的 22%，虽然该区域企业数量与前两者相差较大，但其 CBI 均值为 44.5582，在三大经济分区中分值最高，该地区在品牌财务表现力指标和市场竞争表现力指标得分上均名列前茅，发展前景良好（见表 11-10、图 11-7、图 11-8）。

表 11-10　中国通信企业三大经济区域竞争状况

区域	企业数量（家）	所占比重（%）	CBI 均值	CBS 均值	品牌财务表现力均值	市场竞争表现力均值
中南地区	28	35	40.4916	44.6659	44.7851	44.3877
华东地区	27	33	42.5414	46.2763	46.4200	45.9409
华北地区	18	22	44.5582	47.8607	48.4639	46.4533
其他地区	8	10	36.5234	41.5484	42.7349	38.7798
总体情况	81	100	41.6866	45.6047	45.9451	44.8106

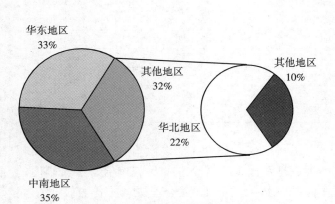

图 11-7　中国通信企业数量区域分布

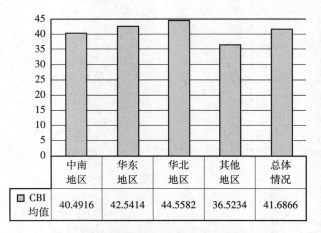

	中南地区	华东地区	华北地区	其他地区	总体情况
CBI 均值	40.4916	42.5414	44.5582	36.5234	41.6866

图 11-8　中国通信企业区域 CBI 均值对比

（二）分项情况分析

在各分项竞争力指标对比方面，各个地区的品牌市场表现力相对于品牌财务表现力来说表现较差，得分均值均在 50 分以下且均低于相对的品牌财务表现力得分。品牌财务表现力指标数值普遍都在 50 分以下，而且各地区表现差别不明显。

总体来看，品牌的财务表现力不佳，市场表现力虽强于品牌财务表现力但也处于行业中等偏下水平。由此可以看出，通信行业的企业品牌财务表现力和市场竞争表现力均还有待提高。华北地区仍保持着遥遥领先的优势，其品牌财务表现力和市场竞争表现力方面均位列第一。

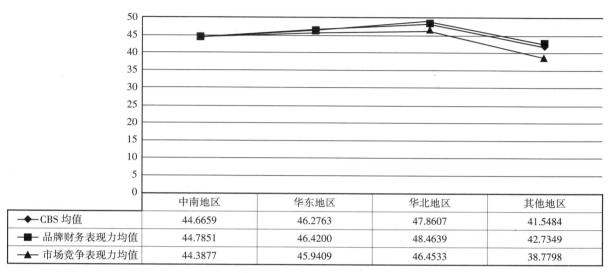

	中南地区	华东地区	华北地区	其他地区
CBS 均值	44.6659	46.2763	47.8607	41.5484
品牌财务表现力均值	44.7851	46.4200	48.4639	42.7349
市场竞争表现力均值	44.3877	45.9409	46.4533	38.7798

图 11-9 中国通信企业一级指标分区域对比

二、五大省（市）分析

（一）总体情况分析

表 11-11 中国通信企业五大省（市）竞争状况

省（市）	企业数量	所占比重（%）	CBI 均值	CBS 均值	品牌财务表现力均值	市场竞争表现力均值
广东省	22	27	40.0500	44.3190	44.4308	44.0580
北京市	17	21	44.8589	48.0970	48.7345	46.6094
江苏省	9	11	42.4908	46.2365	46.1240	46.4991
浙江省	6	7	41.2420	45.2554	45.3281	45.0859
福建省	5	6	38.3201	42.9599	43.6392	41.3750
其他省（市）	22	28	41.4294	45.4026	45.9231	44.1882
总体情况	81	100	41.6866	45.6047	45.9451	44.8106

由表 11-11 可以看出，广东省、北京市、江苏省、浙江省、福建省五个省（市）的企业数量占据行业数量总和的 72%，所占比重分别为 27%、21%、11%、7%、6%，集中度较高，且主要分布于珠三角、江浙地区和北京地区。广东省企业数量虽排名第一，但 CBI 均值为 40.0500，甚至低于行业平均水平。北京市的企业数量排名第

二，但其 CBI 均值为 44.8589，位列各省（市）第一，品牌发展势头良好，潜力巨大。江苏省的企业数量虽排名第三，但其 CBI 均值仅为 42.4908，高于行业平均值，说明其品牌竞争力表现较好。福建省的企业数量排名第五，其 CBI 均值和各项得分也在五大省（市）中最低，且低于行业均值，还有很大的上升空间（见图 11-10、图 11-11）。

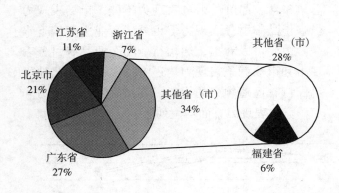

图 11-10　中国通信企业数量省（市）分布

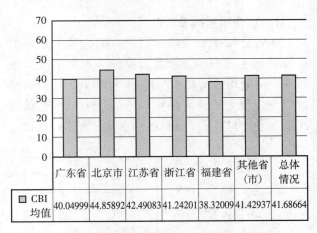

图 11-11　中国通信企业省（市）CBI 均值对比

（二）分项情况分析

在各分项竞争力指标对比方面，品牌财务表现力、市场竞争表现力在各省（市）之间有所差距，但差距并不大。广东省企业数量居于第一，但其财务表现力得分为 44.4308，市场竞争表现力指标得分为 44.0580，均低于福建省外的其他省（市），还有很大的进步空间。北京市延续了之前的优异表现，品牌财务表现力及市场竞争表现力得分均较高，分别为 48.7345 和 46.6094，其企业数量位居第 2 名。江苏省虽然企业数量较少，位居第 3 名，但其市场竞争表现力指标分别为 46.1240 和 46.4991，高于行业平均水平，品牌竞争力发展潜力较大。浙江省和福建省的企业数量分别位居第 4 名和第 5 名，其品牌财务表现力和市场竞争力均低于行业均值，其中福建省表现最差，各项指标得分均为最低。整体来看，各省（市）市场竞争表现力指标得分均在 45 分左右徘徊，表现一般，而财务表现力与品牌市场竞争力表现类似，也在 45 分左右（见图 11-12），但相对来说各省（市）的市场竞争能力弱于品牌财务表现力，亟待解决。总体而言，北京市和江苏省两省（市）通信企业的竞争水平仍牢牢占据优势，远高于其他各省（市）。

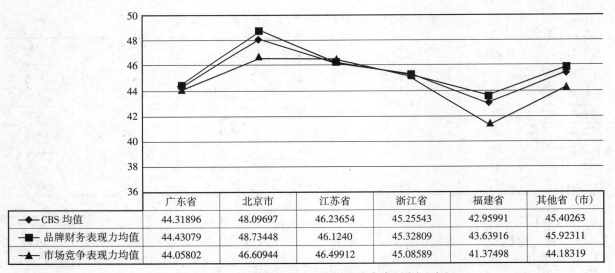

	广东省	北京市	江苏省	浙江省	福建省	其他省（市）
CBS 均值	44.31896	48.09697	46.23654	45.25543	42.95991	45.40263
品牌财务表现力均值	44.43079	48.73448	46.1240	45.32809	43.63916	45.92311
市场竞争表现力均值	44.05802	46.60944	46.49912	45.08589	41.37498	44.18319

图 11-12　中国通信企业一级指标代表省（市）对比

第三节　2013 年度中国通信企业品牌竞争力分项报告

一、品牌财务表现

目前国内企业经营者对于现代化管理手段的理解与实践，多半仍然停留在以财务数据为主导的思维里。虽然财务数据无法帮助经营者充分掌握企业发展方向的现实，但在企业的实际运营过程中，财务表现仍然是企业对外展示基本实力的重要依据。品牌财务表现层面的分析将财务指标分为规模因素、增长因素和效率因素 3 个二级指标。规模因素主要从销售收入、所有者权益和净利润 3 个三级指标衡量；效率因素主要从净资产利润率、总资产贡献率 2 个三级指标衡量；增长因素主要从近 3 年销售收入增长率、近 3 年净利润增长率 2 个三级指标衡量。

近年来中国经济的快速发展使中国国民物质消费水平不断提高，使得各通信企业近年来的营业收入和净利润都保持了良好的增长态势。全国 81 家通信企业的品牌财务表现力得分均值为 45.9451。其中，中国移动通信集团公司、中国电信集团公司、中国联合通信有限公司、中兴通讯股份有限公司、烽火通信科技股份有限公司、深圳市天音通信发展有限公司、江苏亨通光电股份有限公司、展讯通信有限公司、江苏中天科技股份有限公司、亚信科技（中国）有限公司位列前 10 名（见表 11-12），在这 10 家企业中各企业品牌财务表现力方面还存在一定的差距，得分最高的是中国移动通信集团公司，其品牌财务表现力得分为 91.1918，CBI 数值也最高。得分最低的是亚信科技（中国）有限公司，其品牌财务表现力得分为 53.2568（见图 11-13），与行业第一还存在很大的差距，仍存在很大的进步空间。

从 3 个二级指标看，其均值分别为：规模因素 41.3591，效率因素 51.0280，增长因素 48.4769。效率因素得分最高。规模要素得分最低，为 41.3591，因其对品牌财务表现影响最大，导致了行业整体财务表现欠佳。在所有三级指标中，所有者权益最低，仅为 31.4200，年平均销售收入增长率最高，为 51.0464（见表 11-13）。

表 11-12　品牌财务表现指数——行业前 10 名

企业名称	省（市、自治区）	CBI 值	品牌财务竞争力
中国移动通信集团公司	北京市	100.0000	91.1918
中国电信集团公司	北京市	95.8480	86.7093
中国联合通信有限公司	上海市	89.1473	80.0942
中兴通讯股份有限公司	广东省	64.8767	58.0155
烽火通信科技股份有限公司	湖北省	56.0055	55.3676
深圳市天音通信发展有限公司	江西省	58.4768	54.9858
江苏亨通光电股份有限公司	江苏省	54.8693	54.5176
展讯通信有限公司	上海市	52.8846	54.2314
江苏中天科技股份有限公司	江苏省	53.3816	53.6955
亚信科技（中国）有限公司	北京市	51.9001	53.2568

二、市场竞争表现

随着通信行业的持续快速发展，市场竞争也更加激烈。企业只有具备更强的市场竞争能力，才能在目前的行业环境中生存下去。市场竞争表现层面的分析将指标分为市场占有能力和超值获利能力 2 个二级指标。市场占有能力主要从市场占有率和市场覆盖率 2 个三级指标衡量；超值获利能力主要从品牌溢价率和品牌销售利润率 2 个

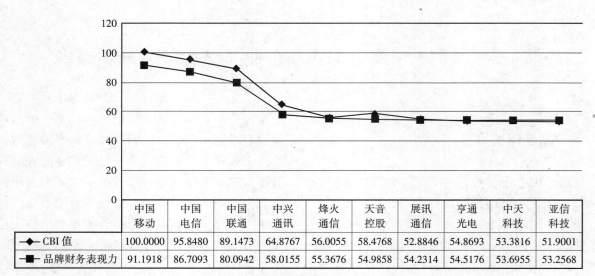

	中国移动	中国电信	中国联通	中兴通讯	烽火通信	天音控股	展讯通信	亨通光电	中天科技	亚信科技
CBI 值	100.0000	95.8480	89.1473	64.8767	56.0055	58.4768	52.8846	54.8693	53.3816	51.9001
品牌财务表现力	91.1918	86.7093	80.0942	58.0155	55.3676	54.9858	54.2314	54.5176	53.6955	53.2568

图 11-13　财务表现力前 10 名企业对比

表 11-13　品牌财务表现力各分项指标得分均值

品牌财务表现力	45.9451	规模因素	41.3591	销售收入	45.5965
				所有者权益	31.4200
				净利润	48.4942
		效率因素	51.0280	净资产报酬率	50.9642
				总资产贡献率	44.7460
		增长因素	48.4769	年平均销售收入增长率	51.0464
				年平均净利润增长率	51.0096

三级指标衡量。

近几年中国经济的快速发展，带来了更为激烈复杂的市场竞争。全国 81 家通信企业的市场竞争表现力得分均值仅为 44.8106，甚至低于品牌财务表现力。中国移动通信集团公司、中国电信集团公司、中国联合通信有限公司、中兴通讯股份有限公司、深圳市天音通信发展有限公司、TCL 通讯科技控股有限公司、烽火通信科技股份有限公司、航天通信控股集团股份有限公司、江苏亨通光电股份有限公司、大唐电信科技股份有限公司位列前 10 名（见表 11-14），这 10 家企业的市场竞争表现力差距也较大。得分最高的中国移动通信集团公司，分值为 91.9427，得分最低的大唐电信科技股份有限公司，分值为 57.8073，甚至低

于 60 分，差距可见一斑。说明通信企业的市场竞争力整体表现能力较弱，但行业巨头表现抢眼（见图 11-14）。

二级指标中，市场占有能力得分均值 45.8816，超值获利能力得分 42.8217（见表 11-15）。虽然通信行业的垄断竞争比较激烈，但行业领先企业的市场占有率较高，同时由于各企业在全国各地开设连锁店，因而行业前 10 名企业的市场覆盖率较高，大部分的企业市场占有率处于中低等水平。在通信行业内，市场覆盖率对企业市场竞争力表现的影响非常明显，因此市场覆盖率得分均值相对较高，为 48.3558，而品牌销售利润率指标却表现平平，为 39.8878。

表 11–14　市场竞争表现指数——行业前 10 名

企业名称	省（市、自治区）	CBI 值	品牌市场竞争力
中国移动通信集团公司	北京市	100.0000	91.9427
中国电信集团公司	北京市	95.8480	91.5290
中国联合通信有限公司	上海市	89.1473	89.4166
中兴通讯股份有限公司	广东省	64.8767	77.3749
深圳市天音通信发展有限公司	江西省	58.4768	67.6849
TCL 通讯科技控股有限公司	广东省	52.7810	60.8455
烽火通信科技股份有限公司	湖北省	56.0055	60.3222
航天通信控股集团股份有限公司	浙江省	52.6576	59.7441
江苏亨通光电股份有限公司	江苏省	54.8693	59.3300
大唐电信科技股份有限公司	北京市	51.7964	57.8073

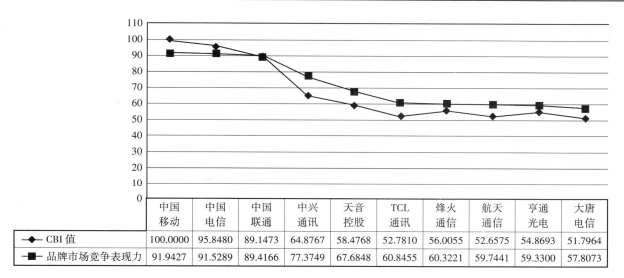

	中国移动	中国电信	中国联通	中兴通讯	天音控股	TCL通讯	烽火通信	航天通信	亨通光电	大唐电信
CBI 值	100.0000	95.8480	89.1473	64.8767	58.4768	52.7810	56.0055	52.6575	54.8693	51.7964
品牌市场竞争表现力	91.9427	91.5289	89.4166	77.3749	67.6848	60.8455	60.3221	59.7441	59.3300	57.8073

图 11–14　市场竞争表现力前 10 名企业

表 11–15　市场竞争表现力各分项指标得分均值

市场竞争表现力	44.8106	市场占有能力	45.8816	市场占有率	44.8212
				市场覆盖率	48.3558
		超值获利能力	42.8217	品牌溢价率	44.4015
				品牌销售利润率	39.8878

第四节　中国通信企业品牌竞争力提升策略专题研究

一、中国通信行业宏观经济与政策分析

（一）通信市场运行情况

2013 年，我国通信运营业认真贯彻中共十八大和十八届三中全会精神，积极落实"宽带中国"战略，加大 3G 网络和宽带基础设施建设力度，加快发展新技术新业务，不断提升电信服务水平，全行业保持健康稳定发展。综合来看，2013 年电信业务收入实现 11689.1 亿元，同比增长 8.7%，比 2012 年回落 0.2 个百分点，连续 3 年高于同期 GDP 增速。电信业务总量实现 13954 亿元，同比

增长 7.5%，比 2012 年回落 3.2 个百分点。行业发展对话音业务的依赖持续减弱，非话音业务收入占比首次过半，达 53.2%；移动数据及互联网业务收入对行业收入增长的贡献从 2012 年的 51% 猛增至 75.7%。用户结构进一步优化，3G 移动电话用户在移动用户中的渗透率达到 32.7%，比 2012 年提高 11.8 个百分点；光纤接入 FTTH/0 用户占宽带用户总数的比重突破 20%，达 21.6%。融合业务发展逐渐成规模，截至 2013 年 12 月末，IPTV 用户和物联网终端用户分别达 2842.5 万户和 3200.4 万户。

1. 移动电话普及率提高，2G 向 3G 转移趋势明显，手机网民渗透率上升，流量使用量明显上升

移动电话用户净增 11695.8 万户，总数达 12.29 亿户，普及率突破 90 部/百人，达 90.8 部/百人，比 2012 年提高 8.3 部/百人。其中 2G 移动电话用户减少 5185 万户，移动电话用户的比重下降至 67.3%。新增 3G 移动电话用户 1.69 亿户，总规模突破 4 亿户，在移动用户中的渗透率达到 32.7%，同比提高 11.8 个百分点。2013 年，我国互联网网民数净增 5358 万人，达 6.81 亿人，互联网普及率达到 45.8%，比 2012 年提高 3.7 个百分点。手机网民规模达到 5 亿人，比 2012 年增加 8009 万人，网民中使用手机上网的人群占比由 2012 年的 74.5% 提升至 81%。手机即时通信、手机搜索、手机视频、手机网络游戏用户规模比 2012 年分别增长 22.3%、25.3%、83.8%、54.5%。电子商务应用在手机端应用发展迅速，手机在线支付用户在手机网民中占比由 2012 年末的 13.2% 上升至 25.1%。移动互联网流量达到 132138.1 万 GB，同比增长 71.3%，比 2012 年提高 31.3 个百分点。月户均移动互联网接入流量达到 139.4M，同比增长 42%。其中手机上网是主要拉动因素，在移动互联网接入流量中的比重达到 71.7%。

2. 固定本地电话和长途电话语音通话量持续下降，短信业务量下降明显

2013 年，固定本地电话通话时长为 3023.1 亿分钟，同比下降 15.2%，下降幅度基本与 2012 年同期持平。固定本地电话通话量为 92.2 分钟/月/户，同比降低 12.3%。固定长途电话通话时长为 590.5 亿分钟，同比下降 15.7%，比 2012 年同期降幅收窄 2.5 个百分点。固定长途电话 MOU 同比

下降 14.3%，达到 18.0 分钟/月/户。2013 年，由移动用户主动发起的点对点短信量加剧下滑，规模达到 4313.4 亿条，同比下降 13.7%，降幅同比扩大了 6.8 个百分点。

3. 网络基础设施不断完善

2013 年，互联网宽带接入端口数量达 3.6 亿个，比 2012 年净增 3864 万个，同比增长 34.0%。互联网宽带接入端口呈现"光进铜退"的态势，xDSL 端口比 2012 年减少 1111.7 万个，总数达到 1.47 亿个，占互联网接入端口的比重由 2012 年的 49.4% 下降至 41%。光纤接入 FTTH/0 端口比 2012 年净增 4215.2 万个，达到 1.15 亿个，占互联网接入端口的比重由 2012 年的 22.7% 提升至 32%。全国新建光缆线路 265.8 万公里，光缆线路总长度达到 1745.1 万公里，同比增长 17.9%，尽管比 2012 年同期回落 4.2 个百分点，仍保持着较快的增长态势。

（二）通信行业政策分析

从中共十六大确定的"以信息化带动工业化、以工业化促进信息化"方针，到中共十七大提出"五化"并举、"两化"融合，再到中共十八大将信息化纳入全面建成小康社会目标、坚持走中国特色新型信息化道路和"四化"同步发展等新提法，党中央关于信息化建设的指导思想一脉相承、不断深化、愈加重视。

1. 宽带中国专项行动推动提升宽带相关企业的发展

为了提升国家信息化发展整体水平，缩小城乡数字鸿沟，国家制定了"宽带中国"战略。"宽带中国"战略主要包括以下三部分内容：一是统筹信息网络发展布局和演进升级，建成宽带、融合、安全、泛在的下一代国家信息基础设施；二是深化信息通信技术和服务在国民经济和社会发展各领域的应用推广和融合创新；三是加快宽带网络和信息服务普及延伸和普惠民生，推进国家基本公共服务均等化。为此，工信部 2012 年开展了宽带普及提速工程，2013 年实施了宽带 2013 专项行动，2014 年继续确定了宽带中国 2014 专项行动，在该专项行动的指引下，相信一定会给开展相关业务的企业提供发展契机。开展信息消费试点城市建设，积极探索促进信息消费的新模式，信息基础设施演进升级。

2. 三网融合

三网融合，是指广播电视网、电信网与互联网的融合，其中互联网是核心。三网融合是为了实现网络资源的共享，避免低水平的重复建设，以形成适应性广、容易维护、费用低的高速宽带的多媒体基础平台。2010 年 6 月，三网融合在 12 个城市试点，随后各试点城市的运行方案也先后获批。当时预计 2013~2015 年，三网融合会从试点城市总结的经验中逐步扩大应用范围，在这个漫长而庞大的过程中，无疑会给内容提供商、服务提供商、运营商以及光纤通信设备制造商在内的整条产业链的企业带来政策红利。

3. 新兴信息服务产业不断发展壮大

党中央、国务院高度重视物联网、云计算、电子商务等的发展，以宽带通信、物联网等为代表的下一代信息基础设施日益宽带化、个人化、智能化，推动着移动互联网、云计算、大数据等新应用、新业态不断丰富和繁荣，并加速向经济、社会各个领域全面渗透，深刻影响和改变着人们的生产和生活方式，为全球的经济社会发展发挥了重要的推动作用。近日，国家发改委更是联合 12 部门发布《关于同意深圳市等 80 个城市建设信息惠民国家试点城市的通知》，智慧城市的建设必将会促进宽带和物联网以及大数据、云计算等相关产业的飞速发展。

二、2013 年度中国通信企业品牌竞争力总体述评

（一）宏观竞争格局：省（市）分布集中度高，区域分布一家独大

根据中国通信行业整体的营业收入数据，从区域来看，2013 年受调研的 81 家自主通信品牌企业 2012 年营业总额为 13339.58 亿元，其中华北地区营业额为 8602.94 亿元，所占比重高达 64%，华东地区、中南地区营业总额分别为 3380.02 亿元、1249.95 亿元，分别占比 25%、9%。其他地区营业额同华北地区、华东地区等相比，差距较大，西南地区、西北地区和东北地区所占份额更是不到 1%。由此可以看出，华北地区的优势地位仍然非常明显，遥遥领先于其他地区。

从省（市）来看，北京市、上海市、广东省、江苏省、浙江省和湖北省居于前 6 位，营业总额分别为 8591.94 亿元、2623.47 亿元、1118.68 亿元、223.97 亿元、155.18 亿元和 124 亿元，总占比高达 96%，说明我国通信行业的集中度相对较高。净利润分布情况与营业收入分布情况基本保持一致，华北地区净利润总额达到 1452.47 亿元，牢牢占据着行业领先者的地位。其中华北地区中北京市的营业收入总额为 8591.94 亿元，净利润总额达到 1452.19 亿元，居于各省（市）之首。总体来看，中国通信企业主要集中在华北地区，长三角和环渤海地区，具体就是京沪一带。

根据中国通信行业的 CBI 排名，从区域来看，中国通信企业主要分布于中南和华东地区，企业数量占行业总数的比重为 35% 和 33%，集中度相对较高。虽然通信企业集中在中南地区和华东地区，但是这两个地区的 CBI 均值表现却不乐观，分别为 40.4916 和 42.5414，尤其是中南地区，其 CBI 均值竟然低于行业 CBI 均值 41.6866，其品牌竞争力还存在很大的提升空间。排在第三的是华北地区，该地区拥有的企业数量占比 22%，但华北地区 CBI 均值却高达 44.5582，远高于行业平均水平。由此可以看出，企业数量的发展并不代表企业品牌竞争力的提升，中南地区应吸取经验，在注重量的发展的同时，努力提升企业品牌竞争力。其他地区不仅企业数量少，而且 CBI 均值也非常低，仅为 36.5234，远低于行业平均水平，其发展空间巨大。

从省（市）来看，五大省（市）的企业数量占据行业数量总和的 73%，广东省、北京市、江苏省、浙江省、福建省五大省（市）所占比重分别为 27%、21%、11%、7%、6%，行业集中度相对较高，且主要分布于珠三角、环渤海和江浙地区。广东省企业数量居各省（市）第一，但其 CBI 均值为 40.05，甚至低于行业平均水平 41.6866，企业品牌竞争力还有待提高和进步。北京市企业数量排名第二，占比 21%，其 CBI 均值高达 44.8589，居于各省（市）榜首，发展势头迅猛。江苏省企业数量排名第三，其 CBI 均值为 42.4908，略高于行业平均水平，品牌竞争力还需改善提升。

中国通信企业远不止 81 家，这 81 家企业只是众多通信企业中的杰出代表，从中可以分析中

国通信行业的竞争情况。无论是从营业收入来看还是从企业数量来看，无论是从区域来看还是从省（市）来看，中国通信行业的聚集度都比较高，主要集中在三大区域五大省（市）。西北地区、西南地区和东北地区通信行业的发展仍处于竞争劣势，这些地区需要培养一批具有综合竞争力的企业来带动区域通信行业的发展。从区域和省（市）的企业数量来看，也说明我国通信行业发展极端不均衡。

（二）中观竞争态势：一枝独秀引领行业，中游企业亟待发展，竞争激烈

根据中国企业品牌竞争力分级评级标准，对2013年受调查的企业进行分级评估，按照一般惯例分为五级，5A级企业3家，4A级企业1家，3A级企业33家，2A级企业42家，1A级企业2家。3家5A级通信企业是中国移动通信集团公司、中国电信集团公司和中国联合通信有限公司，占通信企业总数的4%，数量相对较少。这3家5A级企业的营业总额为10997.86亿元，占通信行业整体营业总额的82%。通信行业5A级企业的CBI均值为94.9984，远高于行业CBI均值41.6866，其中中国通信集团公司的CBI均值为100，所以中国移动通信集团有限公司是中国通信行业名副其实的龙头企业，引领中国通信行业的发展方向。值得关注的是42家2A级企业，占据行业企业总数量比重的52%，其CBI均值仅为34.6541，远远低于行业平均值41.6966。这些2A级企业基本代表了中国通信行业发展的中下水平，并且企业之间指数分布比较均匀，这说明企业竞争状况日益激烈。由于2A企业的CBI均值远远低于行业平均水平，因此通信行业整体还有待发展，企业品牌竞争力还有待提高。

（三）微观竞争比较：财务指数和市场指数表现均不乐观，但是财务指数相对较好

对于中国企业来说，财务表现仍然是企业对外展示基本实力的重要依据。由于近几年中国通信市场的快速发展使中国国民物质消费水平不断提高，消费水平不断提高等因素也使得各通信企业近年来营业收入和净利润都保持了良好的增长态势。2013年全国受调研的81家通信企业的品牌财务表现力均值为45.9451，远低于60分，说明企业的品牌财务表现力表现一般，还需得到有效的改善。

根据财务表现竞争力指标，排在前10名的企业分别是中国移动通信集团公司、中国电讯集团公司、中国联合通信有限公司、中兴通信股份有限公司、烽火通信科技股份有限公司、深圳市天音通信发展有限公司、江苏亨通光电股份有限公司、展讯通信有限公司、江苏中天科技股份有限公司、亚信科技（中国）有限公司。品牌财务表现力排名最靠前的是中国移动通信集团公司，其品牌财务表现力均值为91.1918，第10名是亚信科技（中国）有限公司，其品牌财务表现力均值为53.2568，但与排名第一的中国移动通信集团有很大差距，由此可以看出，前10名企业中，品牌财务表现力的差距较大，还有待提高。

根据市场竞争表现力单项指标，排在前10名的企业分别是中国移动通信集团公司、中国电信集团公司、中国联合通信有限公司、中兴通讯股份有限公司、深圳市天音通信发展有限公司、TCL通讯科技控股有限公司、烽火通信科技股份有限公司、航天通信控股集团股份有限公司、江苏亨通光电股份有限公司、大唐电信科技股份有限公司，这10家企业在市场竞争表现力方面均表现突出。得分最高的中国移动通信有限公司，分值为91.9427；得分最低的大唐电信科技股份有限公司，分值为57.8073。说明中国通信企业的市场竞争表现力相互之间差距较大，品牌市场表现还有待提高。

总的来看，中国通信企业仍处于劳动力密集型阶段，通过缩小成本、扩大规模，实现规模经济，走规模效率路线的阶段，技术创新和品牌经营与国际市场相比，还远远不够，需要大幅度提升；总体财务指数也表现较差，仍需进一步改进，但品牌财务表现相对于市场表现较好，有较大的发展潜力。

三、中国通信企业品牌竞争力提升策略建议

（一）紧紧把握政策导向，借助政策春风飞得更高

从前面中国通信行业的政策分析中，我们已经了解到当前及以后一段时间内中国通信行业的

发展动向，在中国当前的经济运行环境中，政府政策一直是企业发展的风向标，那些符合政府导向的企业战略通常会得到丰厚的回报。所以，在这种情况下，把握政策导向，顺应市场潮流，对通信企业的品牌提升无疑会产生巨大的助力和带动。在未来一段时间内，宽带和互联网建设、物联网、大数据、云计算、移动支付、智慧型城市建设等国家重点关注的业务板块和新兴产业无疑会成为行业发展的重点，那些已经转变企业战略的企业无疑已经抓住了发展的先机。所以通信企业尤其是那些中小通信企业应该利用好契机，深化与其他行业或本行业内其他企业之间的合作，共同服务好客户，深化品牌价值。

（二）市场格局引领通信企业选择关系型营销方式，提升品牌价值

随着竞争的加剧和国家对通信行业垄断的制裁和改革，现在的通信行业已经进入卖方市场，顾客的地位得到进一步提升，但也不乏一些不和谐的现象发生，如流量清零、收取异地漫游费用等霸王条款的持续存在等，令企业品牌形象大打折扣，所以为了企业的长远发展，通信企业必须树立关系营销的理念，以用户为导向，为用户创造更多价值。关系营销就是企业要同时注意与各方利益相关者的关系维护，其中最关键的便是与顾客的关系建立与维护，企业需要处处坚持"用户至上"的原则。一切行动的出发点都是顾客的需求，不能盲目崇拜技术，高傲自大，技术存在的目的是要解决客户的问题，满足客户的需求。同时，关系营销的观点是在保留老顾客的基础上开发新顾客，而不是一味地倾向于与客户进行一次性交易，不注重对已有客户的维护。此外，企业还需注重与政府和社区等方面的互动。通信行业的发展受政策的影响较大，企业应该加强与政府的沟通，树立自身形象的同时要对相关政策有一定的敏锐性。要了解社区，积极参与社区活动。通过积极参与社区活动，加强与客户的沟通，这有助于增强客户对品牌的熟悉度，降低信息不对

称性，便于企业树立良好的形象。企业还需与竞争对手保持一种良性的互动。通信企业应该秉承"竞合"的理念，与相关竞争者资源共享、优势互补。在中国通信行业，垄断现象较为突出，中国移动、中国电信、中国联通三家独大，各企业为了实现快速发展，积极寻求外部资源便成为突围的不二法则。对于资金和技术密集型的通信行业来说，对新技术的研发或投入均需要前期的大量投资，因此，与相关竞争者进行合作，可以分散风险的同时，迅速把握市场上的机遇。

（三）努力提高核心技术水平，提高品牌竞争力

通信行业不仅仅是劳动密集型行业，还应成为技术密集型行业，在过去的一段时间里，中国通信企业一直扮演着世界加工厂的角色，对技术的投入和重视明显不够，这使得中国通信企业在近年来人工成本、原材料成本上升的现实情况中越发艰难。而且随着中国人民生活水平的提高，价格早已不是影响顾客购买行为唯一重要的决定因素，所以通信企业要把握技术发展的脉搏，实现技术的实时更新应用。进入"十二五"，国家对相应通信技术的大力支持，使得相关技术得以迅速发展应用。这就要求通信企业抓住新技术，提供相关的拳头产品。例如，随着3G技术的迅速发展，行业龙头企业纷纷推出了无线宽带、"沃3G"等。如今4G技术席卷而来，正在取代3G。在技术不断进步的今天，谁能及时把握技术发展方向谁就能把握先机，超前发展。例如，曾经的世界巨头诺基亚迟迟不肯放弃已经被淘汰的塞班系统，最终被顾客和市场淘汰，不禁让人感到惋惜。

综上，品牌对于通信企业是至关重要的。通信企业应该善于借助各方力量、各种新技术发展的契机，寻求差异化竞争，为客户建立独特的品牌价值，同时不断推进国际化的深化，塑造世界级的品牌。

第十二章　中国商业百货行业企业品牌竞争力指数报告

第一节　中国商业百货企业品牌竞争力指数总报告

一、2013 年度中国商业百货企业总体竞争态势

中国企业品牌竞争力指数（以下简称 CBI）研究课题组为了检验理论成果的应用效果，2013 年对中国 78 家自主商业百货企业品牌进行了调研，根据各企业营业收入和净利润的原始数据发现，华东地区占据半壁江山，华北地区与中南地区势均力敌，东北地区和西南地区紧随其后，江苏省领先于其他省（市）。因此，中国商业百货企业品牌竞争力整体表现出华东地区全面领先，与其他地区竞相发展的总体竞争态势，如图 12-1 和图 12-2 所示。

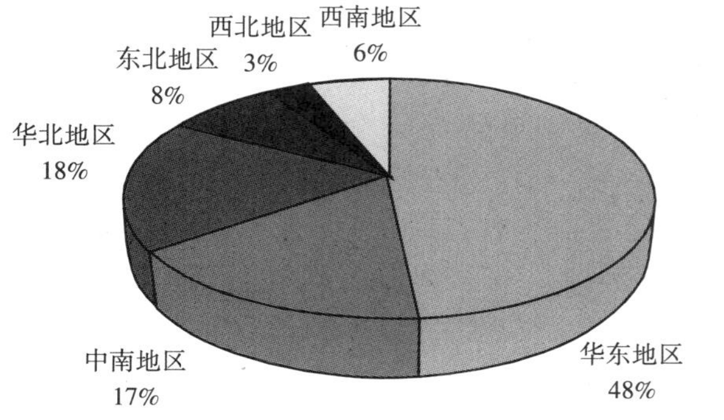

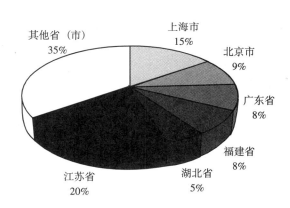

图 12-1　中国商业百货行业区域竞争态势

图 12-2　中国商业百货行业省（市）竞争态势

截至 2012 年底，中国商业百货行业受调研的 78 家自主商业百货品牌企业的营业总额为 7138.49 亿元。从区域的角度分析，华东地区营业总额为 3460.43 亿元，占行业整体营业总额的 48%。华北地区营业总额和中南地区不相上下，差距较小，分别为 1250.61 亿元和 1190.72 亿元，分别占行业整体营业总额的 18% 和 17%。东北地区和西南地区跟随其后，营业总额分别为 602.53 亿元和 427.2 亿元，分别占比 8% 和 6%。西北地区仅占 3%。由此可见，华东地区对我国商业百货行业营业额的贡献最大，发展较为繁荣，领先优势明显。西北地区的商业百货行业发展远不如华东地区，稍显落后，发展态势仍有待提高。东北地区和西南地区虽然位列第二、第三，但与华东

地区仍存在一定差距，还有很大的发展空间。

从省（市）角度来看，排在前6名的省（市）分别为江苏省、上海市、北京市、广东省、福建省和湖北省，营业总额分别为1411.4亿元、1088.84亿元、645.79亿元、590.41亿元、549.40亿元和357.18亿元。江苏省表现最为突出，营业总额占比20%，占据各省（市）龙头老大的位置，领先于其他省（市）。上海市紧随其后，占比15%，排名第二，同样表现出较强的发展态势。

北京市、广东省和福建省三个省（市）竞相发展，差距较小，分别占比9%、8%和8%，排名第三、第四和第五，略落后于江苏省。湖北省排名第六，营业总额占比5%，与行业第一存在较大差距，还有很大的发展和进步空间。六大省（市）营业总额总占比65%，说明我国商业百货行业企业的品牌集中度较弱，各省（市）分布处于较为均衡的状态。

截

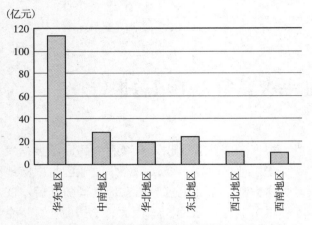

图12-3　中国商业百货企业净利润区域分布

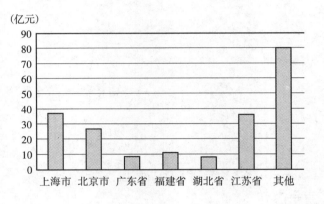

图12-4　中国商业百货企业净利润省（市）分布

至2012年底，中国商业百货行业受调研的78家自主商业百货品牌企业的净利润总额为207.38亿元。从区域的角度分析，华东地区又表现出超越营业收入的总体优势，净利润总额高达113.92亿元，占行业利润总额的55%，大大领先于其他地区，创造了商业百货行业一半以上的利润，占据绝对的优势地位。中南地区和东北地区净利润总额分别为28.08亿元和24.13亿元，分别占行业利润总额的13%和11%。虽然排名第二和第三，但与行业第一华东地区相比差距较大。华北地区净利润总额为19.61亿元，占比9%，虽营业总额排名第二，但净利润总额排名第四，还有一定的提升空间。西南地区和西北地区的净利润总额较少，总占比仅1%，发展较为落后（见图12-3）。

从省（市）角度来看，排在前6名的省（市）分别为上海市、江苏省、北京市、福建省、广东省和湖北省。其中，上海市表现最为突出，净利润总额为36.70亿元，超出了营业收入排在第一位的江苏省，发展势头强劲，态势良好。江苏省屈居第二，净利润总额为35.87亿元，同样领先于其他省（市）。北京市稍显落后，排名第三，净利润总额为26.68亿元。福建省、广东省和湖北省三个省（市）虽分别排名第四、第五、第六，但与行业前几名差距较大，仍需进一步提高和发展。六大省（市）净利润总额总占比62%，其他省（市）占比38%，说明我国商业百货行业品牌利润较为分散，在各省（市）间并未形成一家独大的势头，而是几个代表省（市）领先发展，其他竞相提高的态势（见图12-4）。

总体来看，中国商业百货行业整体的分布状态是华东地区称霸一方，江苏省、北京市、上海市领先发展，无论在营业收入还是净利润方面均为各省（市）发展的表率。我国商业百货行业主要分布于珠三角、长三角以及环渤海地区，这也是当前中国商业百货行业竞争最显著的特征。

二、2013 年度中国商业百货企业品牌竞争力指数排名

中国企业品牌竞争力指数（以下简称 CBI）研究课题组已于 2011 年 7 月完成了理论研究，采用多指标综合指数法对中国企业品牌竞争力进行量化研究。初期理论成果包括 CBI 四位一体理论模型、CBI 评价指标体系、CBI 评价指标权重以及 CBI 计算模型，并且已经通过国内 10 位经济学、管理学界权威专家论证。为了检验理论成果的应用效果，课题组继 2011~2012 年连续两年对中国自主商业百货企业品牌调研之后，于 2013 年底对中国自主商业百货企业品牌再一次进行调研，根据调查数据应用 CBI 计算模型得出中国商业百货企业品牌竞争力排名（见表 12-1）。

表 12-1　2013 年中国商业百货企业品牌竞争力排名

企业名称	省（市、自治区）	相对值（指数）		绝对值形式（百分制）		
		CBI 值	排名	品牌竞争力得分（CBS）	品牌财务表现力	市场竞争表现力
苏宁云商集团股份有限公司	江苏省	77.0937	1	73.4214	68.1170	85.7983
上海友谊集团股份有限公司	上海市	71.1978	2	68.7894	63.9654	80.0453
北京王府井百货（集团）股份有限公司	北京市	65.9076	3	64.6333	57.7620	71.9188
大商股份有限公司	辽宁省	65.8810	4	64.6124	60.1021	75.1364
上海豫园旅游商城股份有限公司	上海市	63.8530	5	63.0192	59.1326	72.0466
上海联华超级市场发展有限公司	上海市	63.8373	6	63.0068	57.5217	75.1868
永辉超市股份有限公司	福建省	63.6010	7	62.8212	57.9705	72.9017
天虹商场股份有限公司	广东省	63.1284	8	62.4499	56.1365	69.5791
中百控股集团股份有限公司	湖北省	63.0627	9	62.3983	54.3356	69.5120
重庆百货大楼股份有限公司	重庆市	62.5672	10	62.0090	57.5695	73.6654
百盛商业集团有限公司	北京市	61.9610	11	61.5328	55.1539	64.6419
庞大汽贸集团股份有限公司	河北省	60.8229	12	60.6387	57.6668	80.8883
北京首商集团股份有限公司	北京市	60.2254	13	60.1693	57.6088	67.7085
合肥百货大楼集团股份有限公司	安徽省	60.1698	14	60.1256	54.0659	66.1833
武汉武商集团股份有限公司	湖北省	59.4330	15	59.5467	55.0326	70.0797
人人乐连锁商业集团股份有限公司	广东省	59.0370	16	59.2356	52.7954	68.0469
银座集团股份有限公司	山东省	58.8193	17	59.0645	54.7949	69.5973
深圳市爱施德股份有限公司	广东省	58.5952	18	58.8885	54.1694	70.4864
上海新世界股份有限公司	上海市	57.4646	19	58.0003	61.3274	66.9667
辽宁成大股份有限公司	辽宁省	57.3873	20	57.9395	58.2405	69.2146
新疆友好（集团）股份有限公司	新疆维吾尔自治区	57.1827	21	57.7788	54.5306	65.8936
江苏宏图高科技股份有限公司	江苏省	57.1027	22	57.7160	55.8195	70.1732
北京华联综合超市股份有限公司	北京市	57.0838	23	57.7011	53.1385	68.6062
厦门信达股份有限公司	福建省	56.6634	24	57.3709	52.7297	69.3506
广州市广百股份有限公司	广东省	56.4284	25	57.1862	51.6933	64.0677
步步高商业连锁股份有限公司	湖南省	56.3799	26	57.1481	53.2165	66.4491
浙江中国小商品城集团股份有限公司	浙江省	55.6420	27	56.5684	53.8810	64.7713
广州友谊集团股份有限公司	广东省	55.5913	28	56.5285	51.3192	60.7666
北京京客隆商业集团股份有限公司	北京市	55.2105	29	56.2294	52.5056	66.0482
文峰大世界连锁发展股份有限公司	江苏省	54.6952	30	55.8246	53.2469	64.1856
长春欧亚集团股份有限公司	吉林省	54.1620	31	55.4057	52.0252	66.0393
湖南友谊阿波罗商业股份有限公司	湖南省	53.0855	32	54.5600	52.7463	63.0073
银川新华百货商业集团股份有限公司	宁夏回族自治区	53.0738	33	54.5507	51.2506	62.2819
无锡大东方百货	江苏省	52.8542	34	54.3783	50.4242	64.1794

企业名称	省（市、自治区）	相对值（指数）		绝对值形式（百分制）		
		CBI 值	排名	品牌竞争力 得分（CBS）	品牌财务 表现力	市场竞争 表现力
新华都购物广场股份有限公司	福建省	52.8265	35	54.3565	50.7626	62.8149
海宁中国皮革城股份有限公司	浙江省	52.5680	36	54.1534	52.3631	59.0076
北京翠微大厦股份有限公司	北京市	51.6112	37	53.4017	50.0791	61.1545
宁波市鄞州三江购物有限公司	浙江省	51.4512	38	53.2760	49.9234	61.0988
江苏舜天国际集团有限公司	江苏省	51.4150	39	53.2476	49.3011	62.4561
南京中央商场股份有限公司	江苏省	51.2607	40	53.1264	48.2947	64.4002
大连友谊（集团）股份有限公司	辽宁省	50.8225	41	52.7821	48.8893	61.8653
成都红旗连锁股份有限公司	四川省	50.7525	42	52.7271	49.9222	59.2721
四川吉峰农机连锁股份有限公司	四川省	50.6880	43	52.6764	48.5573	62.2877
长沙通程控股股份有限公司	湖南省	50.6443	44	52.6421	49.4984	59.9774
西安民生集团股份有限公司	陕西省	50.2713	45	52.3491	48.9361	60.3128
南京新街口百货商店股份有限公司	江苏省	49.4994	46	51.7427	48.8980	58.3803
西安开元投资集团股份有限公司	陕西省	49.1376	47	51.4584	48.1403	59.2006
武汉中商集团股份有限公司	湖北省	48.9002	48	51.2719	47.6047	59.8287
中兴—沈阳商业大厦（集团）股份有限公司	辽宁省	48.8491	49	51.2318	48.3533	57.9481
上海益民商业集团股份有限公司	上海市	48.5694	50	51.0120	48.5581	56.7378
北京城乡贸易中心股份有限公司	北京市	48.4108	51	50.8874	48.3751	56.7495
昆明百货大楼（集团）股份有限公司	云南省	48.2931	52	50.7949	47.5977	58.2550
上海徐家汇商城股份有限公司	上海市	47.9438	53	50.5205	48.4338	55.3896
福建漳州发展股份有限公司	福建省	47.6495	54	50.2893	47.2296	57.4285
中国春天百货集团有限公司	福建省	47.6133	55	50.2608	47.9549	55.6415
南宁百货大楼股份有限公司	广西壮族自治区	47.1727	56	49.9147	47.0879	56.5106
成商集团股份有限公司	四川省	46.7052	57	49.5474	46.9673	55.5676
茂业物流股份有限公司	河北省	46.4580	58	49.3533	47.1517	54.4902
北京华联商厦股份有限公司	北京市	46.1919	59	49.1442	46.8451	54.5089
福建东百集团股份有限公司	福建省	45.7944	60	48.8319	46.0217	55.3891
杭州解百集团股份有限公司	浙江省	45.3614	61	48.4917	45.9248	54.4811
香溢融通控股集团股份有限公司	浙江省	45.3377	62	48.4731	46.5828	52.8839
百大集团股份有限公司	浙江省	45.0847	63	48.2744	45.4596	54.8421
浙江中国轻纺城集团股份有限公司	浙江省	44.2215	64	47.5962	45.7670	51.8644
上海汇通能源股份有限公司	上海市	43.0155	65	46.6488	44.0635	52.6810
兰州民百（集团）股份有限公司	河南省	42.5579	66	46.2892	44.0837	51.4354
海南海岛建设股份有限公司	海南省	42.4840	67	46.2312	44.3615	50.5938
哈工大首创科技股份有限公司	浙江省	41.4422	68	45.4127	43.6332	49.5649
广东宝利来投资股份有限公司	广东省	41.2834	69	45.2880	46.5432	42.3590
武汉市汉商集团股份有限公司	湖北省	41.1055	70	45.1482	42.9557	50.2641
天津劝业场（集团）股份有限公司	天津市	39.9304	71	44.2250	42.0313	49.3436
甘肃桃海商业城有限公司	辽宁省	39.3211	72	43.7463	38.9579	54.9194
民生投资管理股份有限公司	山东省	38.4544	73	43.0655	41.9955	45.5620
哈尔滨秋林集团股份有限公司	黑龙江省	37.7852	74	42.5397	41.5351	44.8837
三联商社股份有限公司	山东省	37.6156	75	42.4064	40.6439	46.5191
吉林物华集团股份有限公司	吉林省	36.3638	76	41.4230	40.4292	43.7420
长春百货大楼集团股份有限公司	吉林省	33.8819	77	39.4732	38.1922	42.4620

续表

企业名称	省（市、自治区）	相对值（指数）		绝对值形式（百分制）		
		CBI 值	排名	品牌竞争力得分（CBS）	品牌财务竞争力	市场竞争表现力
上海九百（集团）有限公司	上海市	33.7007	78	39.3308	38.7305	40.7315
均值		51.7904		53.5425	50.3286	61.0414

注：从理论上说，中国企业品牌竞争力指数（CBI）由中国企业品牌竞争力分值（CBS）标准化之后得出，CBS 由 4 个一级指标品牌财务表现、市场竞争表现、品牌发展潜力和消费者支持力的得分值加权得出。在实际操作过程中，课题组发现，品牌发展潜力和消费者支持两个部分的数据收集存在一定的难度，且收集到的数据准确性有待核实，因此，本报告暂未将品牌发展潜力和消费者支持力列入计算。品牌财务表现主要依据各企业的财务报表数据以及企业上报数据进行计算。同时，关于市场竞争表现方面的得分，课题组选取了部分能够通过公开数据计算得出结果的指标，按照 CBI 计算模型得出最终结果。关于详细的计算方法见《中国企业品牌竞争力指数系统：理论与实践》。

由表 12-1 可以看出，在 2013 年商业百货行业企业品牌 CBI 排名中，苏宁云商集团股份有限公司、上海友谊集团股份有限公司、北京王府井百货（集团）股份有限公司、大商股份有限公司、上海豫园旅游商城股份有限公司、上海联华超级市场发展有限公司、永辉超市股份有限公司、天虹商场股份有限公司、中百控股集团股份有限公司、重庆百货大楼股份有限公司稳坐行业前 10 强的位置。其中，苏宁云商集团股份有限公司 CBI 值为 77.0937，排名第一，各项指标优势明显，是我国商业百货行业的领导品牌。

通过 2013 年中国商业百货企业品牌竞争力指数数据，可以计算出中国商业百货行业 CBI 数值为 51.7904。CBI 数值为相对值，一方面可以反映行业总体竞争水平，另一方面也为行业内企业提供一个比较标准。课题组根据受调研的 1548 家企业的 CBI 数据得出中国企业品牌竞争力指数值为 47，那么商业百货行业 CBI 为 51.79>47，说明商业百货行业整体竞争水平高于平均水平，行业发展处于良好状态。同理，行业内部企业 CBI 数值低于 51.79，说明其品牌竞争力处于劣势，高于 51.79，则说明其品牌竞争力处于优势，整个 CBI 指标体系为企业提供了一套具有诊断功能和预测功能的实用工具。

三、2013 年度中国商业百货企业品牌竞争力指数评级报告

（一）中国商业百货企业品牌竞争力指数评级标准体系

根据表 12-1 得出的商业百货企业 CBI 数值，课题组绘制总体布局（见图 12-5），从整体上看 CBI 分布曲线两头陡峭、中间平缓。根据 CBI 数值表现出来的特征，结合商业百货企业的行业竞争力特性对调查的企业进行分级评估，按照一般惯例分为五级，划分标准如表 12-2 所示。

表 12-2　中国企业品牌竞争力分级评级标准

评级	标准　　CBI 数值标准
5A	CBI≥80
4A	60≤CBI<80
3A	40≤CBI<60
2A	20≤CBI<40
1A	CBI<20

（二）中国商业百货企业品牌竞争力指数评级结果

由以上评价标准可以将商业百货企业划分为五个集团，具体的企业个数及分布情况如表 12-3 和图 12-6 所示，各级水平的企业得分情况由于篇幅原因仅列出代表企业。

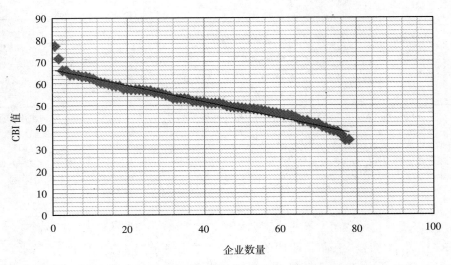

图 12-5　中国商业百货行业企业 CBI 散点分布

表 12-3　中国商业百货行业企业各分级数量表

企业评级	竞争分类	企业数量	所占比重（%）	CBI 均值	CBS 均值	品牌财务表现力均值	市场竞争表现力均值
5A 级企业	第一集团	0	0	—	—	—	—
4A 级企业	第二集团	14	18	64.5221	63.5448	58.3649	73.2295
3A 级企业	第三集团	56	72	50.7015	52.6871	49.7502	60.1403
2A 级企业	第四集团	8	10	37.1316	42.0262	40.3144	46.0204
1A 级企业	第五集团	0	0	—	—	—	—
全部	不分类	78	100	51.7904	53.5425	50.3286	61.0414

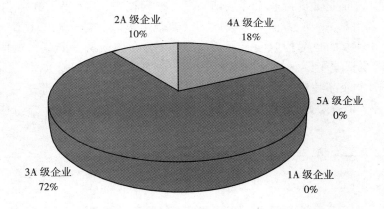

图 12-6　中国商业百货企业分级分布

表 12-4　中国商业百货行业 4A 级企业品牌代表

企业名称	评级水平	排名	CBI	CBS	品牌财务表现力	市场竞争表现力
苏宁云商集团股份有限公司	4A	1	77.0937	73.4214	68.1170	85.7983
上海友谊集团股份有限公司	4A	2	71.1978	68.7894	63.9654	80.0453
北京王府井百货（集团）股份有限公司	4A	3	65.9076	64.6333	57.7620	71.9188
大商股份有限公司	4A	4	65.8810	64.6124	60.1021	75.1364
上海豫园旅游商城股份有限公司	4A	5	63.8530	63.0192	59.1326	72.0466

据表 12-2 中国企业品牌竞争力分级评级标准，4A 级商业百货企业共有 14 家，占商业百货企业总数的 18%。表 12-4 所列的 5 家企业苏宁云商集团股份有限公司、上海友谊集团股份有限公司、北京王府井百货（集团）股份有限公司、大商股份有限公司、上海豫园旅游商城股份有限

公司是中国商业百货行业代表领先企业。CBI 均值及各项分指标得分值均远远高于行业平均值，发展潜力巨大，为各企业发展的表率。从第二集团的内部比较而言，苏宁云商集团股份有限公司在品牌财务表现力和市场竞争表现力方面均位于本集团第一，具有较强的财务表现和市场竞争力。

表 12-5　中国商业百货行业 3A 级企业品牌代表

企业名称	评级水平	排名	CBI	CBS	品牌财务表现力	市场竞争表现力
武汉武商集团股份有限公司	3A	15	59.4330	59.5467	55.0326	70.0797
人人乐连锁商业集团股份有限公司	3A	16	59.0370	59.2356	52.7954	68.0469
银座集团股份有限公司	3A	17	58.8193	59.0645	54.7949	69.5973
深圳市爱施德股份有限公司	3A	18	58.5952	58.8885	54.1694	70.4864
上海新世界股份有限公司	3A	19	57.4646	58.0003	61.3274	66.9667

据表 12-2 中国企业品牌竞争力分级评级标准，3A 级商业百货企业共有 56 家，占商业百货企业总数的 72%。表 12-5 所列的 5 家企业武汉武商集团股份有限公司、人人乐连锁商业集团股份有限公司、银座集团股份有限公司、深圳市爱施德股份有限公司和上海新世界股份有限公司是中国商业百货行业的中游企业，品牌财务表现力和市场竞争力表现均处于行业平均水平，CBI 均

值及各项分指标得分值在行业平均值上下波动。3A 级企业是需要重点关注的梯队，因为它代表了我国商业百货行业发展的平均水平，也是未来商业百货行业发展的后续力量。从第三集团的内部比较来看，深圳市爱施德股份有限公司市场竞争表现力较好，上海新世界股份有限公司的品牌财务表现力位于本集团第一。

表 12-6　中国商业百货行业 2A 级企业品牌代表

企业名称	评级水平	排名	CBI	CBS	品牌财务表现力	市场竞争表现力
天津劝业场（集团）股份有限公司	2A	71	39.9304	44.2250	42.0313	49.3436
甘肃桃海商业城有限公司	2A	72	39.3211	43.7463	38.9579	54.9194
民生投资管理股份有限公司	2A	73	38.4544	43.0655	41.9955	45.5620
哈尔滨秋林集团股份有限公司	2A	74	37.7852	42.5397	41.5351	44.8837
三联商社股份有限公司	2A	75	37.6156	42.4064	40.6439	46.5191

据表 12-2 中国企业品牌竞争力分级评级标准，2A 级商业百货企业共有 8 家，占商业百货企业总数的 10%。表 12-6 所列的 5 家企业天津劝业场（集团）股份有限公司、甘肃桃海商业城有限公司、民生投资管理股份有限公司、哈尔滨秋林集团股份有限公司和三联商社股份有限公司是中国商业百货行业中下游企业的代表。本集团的典型特征是品牌财务表现力、市场竞争力等表现均处于行业平均水平之下，CBI 均值及各项分指标得分值均低于行业平均值。这部分企业的发展较为落后，需要重点关注。从第四集团的内部比较而言，品牌财务表现力普遍较低均在 40 分上

下，处于较为劣势的地位，仍需要改善；而市场竞争表现力也均分布在 50 左右，得分参差不齐，需进一步提高。

四、2013 年中国商业百货企业品牌价值20强排名

课题组认为，品牌价值（以下简称 CBV）是客观存在的，它能够为其所有者带来特殊的收益。品牌价值是品牌在市场竞争中的价值实现。一个品牌有无竞争力，就是要看它有没有一定的市场份额，有没有一定的超值创利能力。品牌的竞争

力正是体现在品牌价值的这两个最基本的决定性因素上，品牌价值就是品牌竞争力的具体体现。通常品牌价值以绝对值（单位：亿元）的形式量化研究品牌竞争水平，课题组在品牌价值和品牌竞争力的关系上展开研究，针对品牌竞争力以相对值（指数：0~100）的形式量化研究品牌竞争力水平。在研究世界上关于品牌价值测量方法论基础上，提出本研究关于品牌价值计算方法：CBV= $(N - E \times 5\%)(1 + A) \times C \times CBI/100 + K$。其中，CBV 为企业品牌价值，CBI 为企业品牌竞争力指数，N 为净利润，E 为所有者权益，A 为品牌溢价，C 为行业调整系数，K 为其他影响系数，据此得出中国百货企业品牌价值20强（见表12-7）。

表12-7　2013年中国商业百货行业品牌价值排名

企业名称	省、市、区	品牌价值（CBV）	排名	品牌竞争力（CBI）
友谊股份	上海市	66.57	1	71.20
王府井	北京市	59.46	2	62.57
大商股份	辽宁省	55.11	3	65.88
新世界	上海市	52.17	4	63.85
百盛集团	北京市	51.69	5	57.46
豫园商城	上海市	50.40	6	63.84
重庆百货	重庆市	49.62	7	63.06
联华超市	上海市	49.21	8	63.60
永辉超市	福建省	47.57	9	63.13
辽宁成大	辽宁省	45.64	10	61.96
庞大集团	河北省	43.79	11	65.91
天虹商场	广东省	43.52	12	60.23
鄂武商A	湖北省	43.07	13	59.43
首商股份	北京市	42.87	14	60.82
苏宁云商	江苏省	42.60	15	77.09
宏图高科	江苏省	41.72	16	60.17
银座股份	山东省	41.34	17	59.04
中百集团	湖北省	40.22	18	58.60
友好集团	新疆维吾尔自治区	39.79	19	57.39
厦门信达	福建省	39.32	20	57.10
合计		945.67		

CBV 分析：在 78 家受调研的商业百货企业中，排名前 20 强的企业 CBV 合计为 945.67 亿元，较 2012 年有所提高。前 10 强商业百货企业 CBV 总值合计为 527.45 亿元，占前 50 强比重为 55.78%，下降了近 5 个百分点。其中，在前 10 强企业中，上海友谊股份有限公司由 2012 年度的第 3 名上升到了第 1 名、王府井百货集团由第 1 名降到了第 2 名、大商集团股份有限公司由 2012 年度的第 9 名上升到了第 3 名、百盛集团由 2012 年度的第 10 名上升到了第 5 名、上海豫园旅游商城股份有限公司由第 5 名降到了第 6 名、重庆百货大楼股份有限公司由第 4 名降到了第 7 名、上海联华超市股份有限公司由第 6 名降到了第 8 名、永辉超市股份有限公司由第 8 名降到了第 9 名。上海百联集团股份有限公司和中百控股集团股份有限公司被挤出了前 10 强，新进入前 10 强的上海新世界股份有限公司和辽宁成大股份有限公司业绩增长较快，发展态势良好。上海友谊股份有限公司和王府井百货集团发展势头良好，稳坐前 3 强，CBV 值稳步上升，优势地位明显，是行业名副其实的领军企业，具有强大的品牌发展实力。在前 10 名的企业中，有 4 家位于上海市，北京市和辽宁省各有 2 家。在前 20 强的企业中，也是大部分集中于上海市、北京市和辽宁省三个地区，该地区的优势地位不言而喻。

第二节　2013 年度中国商业百货企业品牌竞争力区域报告

一、六大经济分区

（一）总体情况分析

根据课题组的调研数据，我们可以看出，我国商业百货企业主要分布于华东地区，企业数量高达 33 家，占行业企业总数的 42%，远远超出其他区域，具有很高的行业集中度，CBI 均值为51.9339，略高于行业平均值，位于各地区第 4名，稍显落后。而跟随其后的地区是中南地区，有 16 家企业，占行业企业总数的 21%，位居第

二。华北地区和东北地区的企业数量相差无几，分别为 11 家和 9 家，分别占 14% 和 12%。但华北地区 CBI 均值为 53.9831，位列各省（市）第一，大大超出行业平均水平。而东北地区 CBI 均值仅为 47.1615，为第 6 名，远低于行业平均水平，说明东北地区的商业百货企业发展存在一定的问题，需进一步改善和发展。西南地区和西北地区虽然企业数量较少，但其 CBI 均值均高于行业平均水平，发展势头良好，劲头十足，潜力无限（见表 12-8、图 12-7、图 12-8、图 12-9）。

表 12-8　中国商业百货企业六大经济区域竞争状况

区域	企业数量	所占比重（%）	CBI 均值	CBS 均值	品牌财务表现力均值	市场竞争表现力均值
华东地区	33	42	51.9339	53.6552	50.7133	61.1897
中南地区	16	21	52.4306	54.0454	50.2237	60.8102
华北地区	11	14	53.9831	55.2651	51.6653	63.2781
东北地区	9	12	47.1615	49.9060	47.4139	57.3568
西南地区	5	6	51.8012	53.5510	50.1228	61.8095
西北地区	4	5	52.4164	54.0343	50.7144	61.9222
总体情况	78	100	51.7904	53.5425	50.3286	61.0414

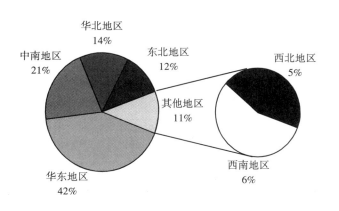

图 12-7　中国商业百货企业数量区域分布

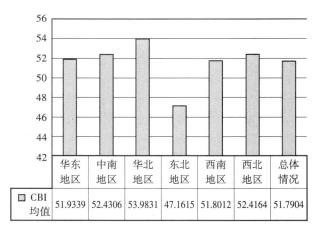

	华东地区	中南地区	华北地区	东北地区	西南地区	西北地区	总体情况
CBI 均值	51.9339	52.4306	53.9831	47.1615	51.8012	52.4164	51.7904

图 12-8　中国商业百货企业区域 CBI 均值对比

（二）分项情况分析

在各分项竞争力指标对比方面，市场竞争表现力指标表现较好，除东北地区外，得分均在 60 分以上，且地区间不相上下，差距较小。品牌财务表现力指标尚可，除东北地区外，均在 50 分以上。由此来看，东北地区在各指标上表现均较差，属于商业百货行业发展较为落后地区。总的来看，我国商业百货行业品牌企业的市场竞争表现力指标的得分较好，品牌财务表现指标处于行业平均水平，还有待提高。华北地区仍保持着遥遥领先的优势，其品牌财务表现力和市场竞争表现力方面均位列第一，虽然企业数量不多，但品牌竞争力发展势头十足，为各地区发展的表率。

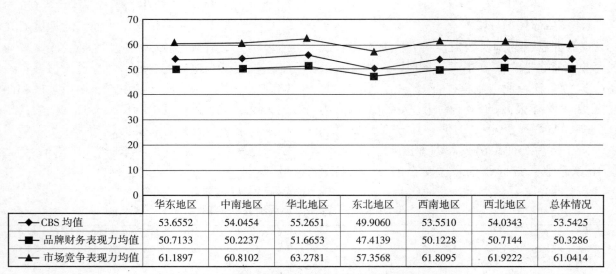

	华东地区	中南地区	华北地区	东北地区	西南地区	西北地区	总体情况
◆ CBS 均值	53.6552	54.0454	55.2651	49.9060	53.5510	54.0343	53.5425
■ 品牌财务表现力均值	50.7133	50.2237	51.6653	47.4139	50.1228	50.7144	50.3286
▲ 市场竞争表现力均值	61.1897	60.8102	63.2781	57.3568	61.8095	61.9222	61.0414

图 12-9　中国商业百货企业一级指标分区域对比

二、六大省（市）分析

（一）总体情况分析

表 12-9　中国商业百货企业六大省（市）竞争状况

省（市）	企业数量	所占比重（%）	CBI 均值	CBS 均值	品牌财务表现力均值	市场竞争表现力均值
上海市	8	10	53.6978	55.0410	52.7166	62.4732
北京市	8	10	55.8253	56.7124	52.6835	63.9171
广东省	6	8	55.6773	56.5961	52.1095	62.5510
福建省	6	8	52.3580	53.9884	50.4448	62.2544
湖北省	4	5	53.1254	54.5913	49.9821	62.4211
江苏省	7	9	56.2744	57.0653	53.4430	67.0819
其他省（市）	39	50	48.9443	51.3066	48.5404	58.5133
总体情况	78	100	51.7904	53.5425	50.3286	61.0414

由表 12-9 可以看出，上海市、北京市、广东省、福建省、湖北省、江苏省六个省（市）的企业数量占行业数量总和的 50%，所占比重分别为 10%、10%、8%、8%、5%、9%（见图 12-10），各省（市）间差距较小，分布较为平均，品牌集中度较弱，且主要分布于珠三角、长三角以及环渤海地区。虽然上海市和北京市企业数量相同，均为 8 家，但北京市 CBI 均值为 55.8253，高于上海市的 53.6978。广东省和福建省企业数量相同，但广东省 CBI 均值为 55.6773，大大超过福建省

CBI 均值 52.3580（见图 12-11），说明区域品牌竞争力和企业数量并不存在正比关系。江苏省虽然只有 7 家企业，但其 CBI 均值为 56.2744，位列各省市之首。其他地区的企业较为分散，品牌竞争力水平并不高，发展水平还需要一定的提高和改善。

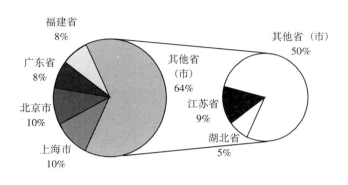

图 12-10　中国商业百货企业数量省（市）分布

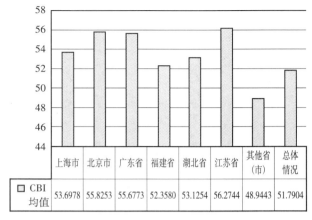

	上海市	北京市	广东省	福建省	湖北省	江苏省	其他省（市）	总体情况
CBI 均值	53.6978	55.8253	55.6773	52.3580	53.1254	56.2744	48.9443	51.7904

图 12-11　中国商业百货企业省（市）CBI 均值对比

（二）分项情况分析

在各分项竞争力指标对比方面，品牌财务表现力表现中等水平，除湖北省外，均维持在 50 分以上。市场竞争表现力表现良好，代表省（市）得分均在 60 分以上，但各省（市）之间有所差距。江苏省在两项分项指标上得分分别为 53.4430 和 67.0819，仍遥遥领先于其他省（市），品牌竞争力远远领先，发展势头迅猛，潜力巨大。上海市财务表现力居于第二，得分为 52.7166。而北京市在市场竞争表现力方面表现良好，居于第二，得分为 63.9171。湖北省虽排名第六，但与行业领先者仍存在一定差距（见图 12-12）。其他地区表现更是差强人意，是我国商业百货行业发展较为落后的省（市），还有较大的发展空间。总的来看，品牌财务表现力还可以进一步提高。江苏省牢牢把握优势，为各省（市）发展的表率。

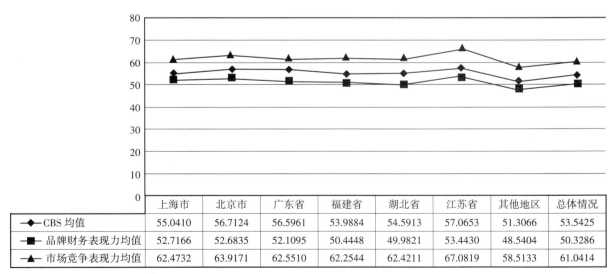

	上海市	北京市	广东省	福建省	湖北省	江苏省	其他地区	总体情况
CBS 均值	55.0410	56.7124	56.5961	53.9884	54.5913	57.0653	51.3066	53.5425
品牌财务表现力均值	52.7166	52.6835	52.1095	50.4448	49.9821	53.4430	48.5404	50.3286
市场竞争表现力均值	62.4732	63.9171	62.5510	62.2544	62.4211	67.0819	58.5133	61.0414

图 12-12　中国商业百货企业一级指标代表省（市）对比

第三节　2013 年度中国商业百货企业品牌竞争力分项报告

一、品牌财务表现

目前国内企业经营者对于现代化管理手段的理解与实践，多半仍然停留在以财务数据为主导的思维里。虽然财务数据无法帮助经营者充分掌握企业发展方向的现实，但在企业的实际运营过程中，财务表现仍然是企业对外展示基本实力的重要依据。品牌财务表现层面的分析将财务指标分为规模因素、增长因素和效率因素 3 个二级指标。规模因素主要从销售收入、所有者权益和净利润 3 个三级指标衡量；效率因素主要从净资产利润率、总资产贡献率 2 个三级指标衡量；增长因素主要从近 3 年销售收入增长率、近 3 年净利润增长率 2 个三级指标衡量。

由于近几年中国商业百货市场的快速发展，各商业百货企业近年来营业收入、净利润都保持了良好的增长态势。全国 78 家商业百货企业在品牌财务表现力得分均值为 50.3286。其中，苏宁云商集团股份有限公司、上海友谊集团股份有限公司、上海新世界股份有限公司、大商股份有限公司、上海豫园旅游商城股份有限公司、辽宁成大股份有限公司、永辉超市股份有限公司、北京王府井百货（集团）股份有限公司、庞大汽贸集团股份有限公司、北京首商集团股份有限公司位列前 10 名，这 10 家企业在品牌财务表现力方面有一定的差距，但差距不大。苏宁云商集团股份有限公司的品牌财务表现力得分为 68.1170，CBI 数值也最高，财务竞争表现良好，品牌竞争力也较强，是商业百货行业当之无愧的领军企业。北京首商集团股份有限公司的品牌财务表现力得分为 57.6088，虽位列第 10，但与行业第一仍存在一定的差距，还有很大的进步空间。

从 3 个二级指标看，其均值分别为：规模要素 47.0290，效率因素 48.8429，增长因素 51.5361。增长因素得分最高，其中又以年平均净利润增长率得分最高，为 51.6098。规模要素得分最低，为 47.0290。因其对品牌财务表现影响最大，导致了行业整体财务表现欠佳。在所有三级指标中，所有者权益最低，仅为 33.9436，总资产贡献率也较低，为 43.6359。销售收入最高，为 57.5895（见表 12-10、图 12-13、表 12-11）。

表 12-10　品牌财务表现指数——行业前 10 名

企业名称	省（市、自治区）	CBI 值	品牌财务竞争力
苏宁云商集团股份有限公司	江苏省	77.0937	68.1170
上海友谊集团股份有限公司	上海市	71.1978	63.9654
上海新世界股份有限公司	上海市	57.4646	61.3274
大商股份有限公司	辽宁省	65.8810	60.1021
上海豫园旅游商城股份有限公司	上海市	63.8530	59.1326
辽宁成大股份有限公司	辽宁省	57.3873	58.2405
永辉超市股份有限公司	福建省	63.6010	57.9705
北京王府井百货（集团）股份有限公司	北京市	65.9076	57.7620
庞大汽贸集团股份有限公司	河北省	60.8229	57.6668
北京首商集团股份有限公司	北京市	60.2254	57.6088

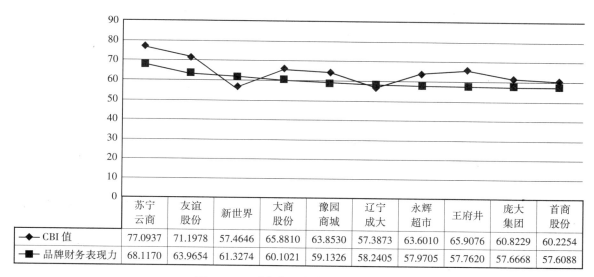

	苏宁云商	友谊股份	新世界	大商股份	豫园商城	辽宁成大	永辉超市	王府井	庞大集团	首商股份
CBI 值	77.0937	71.1978	57.4646	65.8810	63.8530	57.3873	63.6010	65.9076	60.8229	60.2254
品牌财务表现力	68.1170	63.9654	61.3274	60.1021	59.1326	58.2405	57.9705	57.7620	57.6668	57.6088

图 12-13　财务表现力前 10 名企业对比

表 12-11　品牌财务表现力各分项指标得分均值

品牌财务表现力	50.3286	规模因素	47.0290	销售收入	57.5895
				所有者权益	33.9436
				净利润	48.4519
		效率因素	48.8429	净资产报酬率	52.3143
				总资产贡献率	43.6359
		增长因素	51.5361	年平均销售收入增长率	51.4623
				年平均净利润增长率	51.6098

二、市场竞争表现

随着商业百货行业的持续快速发展，市场竞争也更加激烈。企业只有具备更强的市场竞争能力，才能在目前的行业环境中生存下去。市场竞争表现层面的分析将指标分为市场占有能力和超值获利能力 2 个二级指标。市场占有能力主要从市场占有率和市场覆盖率 2 个三级指标衡量；超值获利能力主要从品牌溢价率和品牌销售利润率 2 个三级指标衡量。

近几年中国经济的快速发展带来了更为激烈复杂的市场竞争。全国 78 家商业百货企业在市场竞争表现力得分均值仅为 61.0414，高于品牌财务表现力。苏宁云商集团股份有限公司、庞大汽贸集团股份有限公司、上海友谊集团股份有限公司、上海联华超级市场发展有限公司、大商股份有限公司、重庆百货大楼股份有限公司、永辉超市股份有限公司、上海豫园旅游商城股份有限公司、北京王府井百货（集团）股份有限公司、深圳市

爱施德股份有限公司位列前 10 名（见表 12-12），这 10 家企业在市场竞争表现力方面都很强，各企业间存在一定的差距，指标得分均在 70 分以上。得分最高的是苏宁云商集团股份有限公司，分值为 85.7983，得分最低的是深圳市爱施德股份有限公司，分值为 70.4864。说明商业百货企业的市场竞争表现力整体较强（见图 12-14）。

二级指标中，市场占有能力得分均值64.0121，超值获利能力得分 55.5245。商业百货行业的竞争较为充分，但行业领先的企业市场占有率及市场覆盖率高，大部分的企业市场占有率及市场覆盖率都比较低，因而行业前 10 名企业的市场覆盖率较高。大部分企业的市场占有率处于中等水平。在商业百货行业内，品牌对企业市场竞争力表现的影响非常明显，因此品牌溢价率得分均值相对较高，为 63.8269，而品牌销售利润率指标却表现平平，为 40.1056（见表 12-13）。说明品牌企业在拥有较高品牌溢价率的基础上，采取适当的方法控制成本，提高品牌利润率。

表 12-12 市场竞争表现指数——行业前 10 名

企业名称	省（市、自治区）	CBI 值	品牌市场竞争力
苏宁云商集团股份有限公司	江苏省	77.0937	85.7983
庞大汽贸集团股份有限公司	河北省	60.8229	80.8883
上海友谊集团股份有限公司	上海市	71.1978	80.0453
上海联华超级市场发展有限公司	上海市	63.8373	75.1868
大商股份有限公司	辽宁省	65.8810	75.1364
重庆百货大楼股份有限公司	重庆市	62.5672	73.6654
永辉超市股份有限公司	福建省	63.6010	72.9017
上海豫园旅游商城股份有限公司	上海市	63.8530	72.0466
北京王府井百货（集团）股份有限公司	北京市	65.9076	71.9188
深圳市爱施德股份有限公司	广东省	58.5952	70.4864

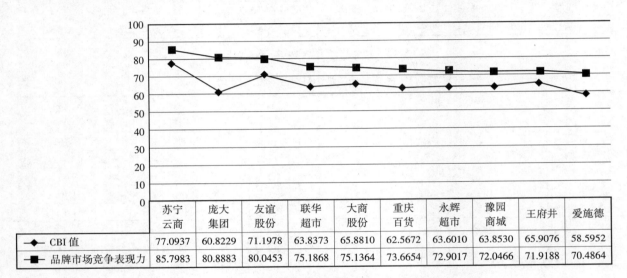

	苏宁云商	庞大集团	友谊股份	联华超市	大商股份	重庆百货	永辉超市	豫园商城	王府井	爱施德
CBI 值	77.0937	60.8229	71.1978	63.8373	65.8810	62.5672	63.6010	63.8530	65.9076	58.5952
品牌市场竞争表现力	85.7983	80.8883	80.0453	75.1868	75.1364	73.6654	72.9017	72.0466	71.9188	70.4864

图 12-14 市场竞争表现力前 10 名企业

表 12-13 市场竞争表现力各分项指标得分均值

市场竞争表现力	61.0414	市场占有能力	64.0121	市场占有率	62.7846
				市场覆盖率	66.8762
		超值获利能力	55.5245	品牌溢价率	63.8269
				品牌销售利润率	40.1056

第四节 中国商业百货企业品牌竞争力提升策略专题研究

一、中国商业百货行业宏观经济与政策分析

（一）商业百货市场运行情况

2013 年，对中国零售企业而言是艰苦的一年，经济增速降低、电商冲击加强、经营成本提高等宏观问题步步紧逼，加上多数销售业绩遇到上限、运营模式调整，这些变化对于这些企业经营都是在增加难度。国家统计局数据显示，2013 年我国社会消费品零售总额稳定增长高达 23.4 万亿元，但实际增长率仅仅为 11.5%，是 5 年来零

售总额增长率最低的一年。据调查，2013年消费市场总体平缓稳定，全年居民消费价格增长幅度控制在2.6%，城镇新增就业人口超过1310万，全国服务业占GDP的比重达46.1%。在商品零售当中，限额以上企业商品零售额达110704亿元，同比增加12.7%，其中，汽车类增加10.4%，家居类增加21.0%，家用电器和音像器材类增加14.5%。中国百货商业协会对会员企业2013年经营年度初步调查统计数据显示，130家企业商业销售总额达64376768万元，比2012年的57710950万元增加了11.55%；主营业务利润统计是2273607万元，比2012年主营业务利润2222604万元增加了2.29%。

据调查，2012年百货业发展中，一二线城市百货业销售额平稳增长，三四线城市利用城镇化建设发展，百货零售业也得到快速发展。根据连锁百货的经营业绩显示，区域性百货企业保持着稳固的区域竞争力，甚至具有区域垄断性，充分显示了区域性百货企业经营业绩优胜于全国性经营的百货企业连锁经营的特征。百货业普遍扩大电子商务业务，当时预计全国网络零售交易额高达1.85万亿元，占据社会消费品零售额的7.8%。除去银泰、王府井、华联、大悦城、新世界百货等一二线百货巨头试水外，大部分企业意向明显。此外，百货业态细分呈现多元发展趋势，部分分布在一二线城市的百货企业，通过新建、重建或重型装修等措施，对原有业态提档升级；百货店营造引领流行和前卫的消费文化，以经营实惠的品牌为主，以广大青年消费群为目标顾客，并满足这些消费群体追求时尚的需求；主题百货店，打造专业特色的消费文化，布局陈列突出某类商品特色为重要区域，同时将高档、时尚和主流生活需要融为一体，以此受到顾客认同并为企业带来级差利益；折扣性质的百货发展快速，尤其受到三四线城市的欢迎。

而伴随电子商务的普及，网络团购也是百货行业发展的一个重要的方面。根据往年的历史数据显示，团购市场在每年6月、7月将迎来"年中增长期"，如2011年7月团购市场规模迈入了"10亿元时代"，2012年7月接近"20亿元"关口，2013年7月迈上了"30亿元"台阶。但在2013年上半年，这一增长周期好像已经提前到

来：5月成交额突破"50亿元"，环比净增长6.2亿元；6月成交额紧逼"60亿元"，环比净增长4.7亿元；是整个上半年最有力的两次增长。在此背景下，6月的"三维数据"又迎来了新高：成交额为59.3亿元，环比增长9%，同比增长127%；参团人数为9522.9万人次，环比增长8%，同比增长110%，在售团单118.0万期，环比增长26%，同比增长196%。以上述数据显示，"三维数据"的同比增幅全部进入了"倍增"时代，月市场规模"10亿元量级"的跃升周期正在缩短。

（二）商业百货行业政策分析

《商务部关于"十二五"时期促进零售业发展的指导意见》（以下简称《意见》）提出我国"十二五"零售行业发展目标是商品零售规模保持稳定较快增长，社会消费品零售总额年均增长15%，零售业增加值年均增长15%。根据《意见》所提出的发展目标，"十二五"期间，社零总额和零售业增加值年均增长15%，即到2015年，社零总额及零售业增加值大约翻一番。现实增长速度明显高于"十二五"规划纲要中对居民收入提出的年增7%、10年实现翻番的增长速度，不过还低于"十一五"期间社零总额18.1%的年均增速。结合"十二五"期间经济年均增长7%的预期目标，此次《意见》提出的消费增速目标较为合理，既包含了对未来一段时间经济整体增速相对下滑的预期，同时也反映出对继续大力增消费、扩内需的宏观调控需求。《意见》对"十二五"期间零售行业提出了7项核心任务，包括调整结构优化布局、加快发展方式转变等。《意见》中包含的如下几点要求需重点关注：①进一步推进渠道下沉，满足中低端及社区和农村消费需求；②抓大不放小，提高集中度，培育行业龙头；③支持培养买手，提高百货超市自营能力。另外，《意见》也提出了"十二五"期间促进零售业发展的保障措施，包括完善法规体系、落实政策措施、加大零售业财税金融支持5个方面。我们对其中"加大零售业财税金融支持"中所提到的工商水电同价等内容进行了重点关注。根据我们的测量计算，如果工商水电实行完全同价，零售企业水电开支相对减少20%，那么公司的费用率将降低0.3%左右，假设所得税率是25%，我们算出的净利率将提高

0.225%左右。

为提高商贸物流技术应用水平，提高流通效率，根据国家"十二五"规划纲要，商务部提出《推进现代物流技术应用和共同配送工作的指导意见》。改革开放以来，我国商贸物流取得迅速发展，服务领域不断深化，服务模式不断推陈出新，为流通规模扩大和流通方式的变革提供了有力支撑。然而，从总体来看，我国商贸物流水平还是比较落后，服务网点分散、技术装备落后、组织化程度低，自营配送、多头配送仍然占据主导地位，较为突出的是城市"最后1公里"物流成本高、中转难、货车停靠难的问题一直没有得到有效解决。据此调查我们认为，大力推广现代物流技术应用，促进共同配送水平的提高，是推动商贸物流现代化、提高物流组织化程度的重要途径，这项措施有利于降低物流成本、提高流通效率、促进国民经济健康发展、扩大消费具有重要意义。首先，鼓励商贸物流模式创新。支持商贸、物流企业以联盟、共同持股等多种形式开展共同配送；鼓励连锁零售企业、网络零售企业构建新型配送体系，提高统一配送水平；支持各类批发市场提升物流服务功能，形成集展示、交易、仓储、加工、配送等功能于一体的集约式商贸物流园区；引导物流公共信息服务平台健康发展，支持建设一批物流电子交易平台。其次，完善城市共同配送节点规划布局。以实现物流资源利用的社会化和提高重点商品共同配送率为出发点，增强试点城市商贸物流设施规划布局，构建以重点商贸物流园区、公共配送中心和末端共同配送点等物流节点为支撑的城市物流配送网络体系。

二、2013年度中国商业百货企业品牌竞争力总体述评

（一）宏观竞争格局：华东地区领先区域，省（市）分布均衡发展

根据中国商业百货行业整体的营业收入数据，从区域来看，2013年受调研的78家自主商业百货品牌企业2012年的营业总额为7138.49亿元，其中华东地区营业总额为3460.43亿元，占行业整体营业总额的48%。华北地区营业总额和中南地区不相上下，差距较小，分别为1250.61亿元

和1190.72亿元，分别占行业整体营业总额的18%和17%。东北地区和西南地区跟随其后，营业总额分别为602.53亿元和427.2亿元，分别占比8%和6%。而西北地区仅占3%。由此可以看出，华东地区的优势地位仍然非常明显，领先于其他地区，而商业百货企业在各省（市）间分布较为均衡。

从省（市）来看，营业收入排在前6名的省（市）分别为江苏省、上海市、北京市、广东省、福建省和湖北省，营业总额分别为1411.4亿元、1088.84亿元、645.79亿元、590.41亿元、549.40亿元和357.18亿元，总占比达65%，说明我国商业百货行业的集中度处于均衡水平。净利润分布情况与营业收入分布情况相差不大，华东地区净利润总额高达113.92亿元，占行业利润总额的55%，牢牢占据着行业领先者的地位。上海市表现最为突出，净利润总额为36.70亿元，超出了营业收入排在第一的江苏省，发展势头强劲，态势良好。江苏省屈居第二，净利润总额为35.87亿元，同样领先于其他省（市）。总的来看，我国商业百货行业品牌利润较为分散，在各省（市）间并未形成一家独大的势头，而是几个代表省（市）领先，其他省（市）竞相发展的态势。

根据中国商业百货行业的CBI排名，从区域来看，中国商业百货企业主要分布于华东地区，企业数量高达33家，占行业企业总数的42%，有一定的行业品牌集中度，CBI均值为51.9339，略高于行业平均值，位于各地区第4名，稍显落后。排在第二的是中南地区，有16家企业，占行业企业总数的21%。华北地区有11家商业百货企业，占比14%，CBI均值为53.9831，位列各省（市）第一，大大超出行业平均水平。东北地区企业数量与华北地区相差无几，有9家企业，占比12%，但其CBI均值仅为47.1615，为各省（市）第6名，远低于行业平均水平。其品牌竞争力还存在很大的提高空间。由此可以看出，如何实现企业数量和企业品牌竞争力的均衡发展是各地区都需要关注的话题。西南地区和西北地区虽然企业数量较少，但其CBI均值均高于行业平均水平，发展势头良好，劲头十足，潜力无限。

六大省（市）的数量占据行业数量总和的50%，上海市、北京市、广东省、福建省、湖北

省、江苏省六大省（市）所占比重分别为 10%、10%、8%、8%、5%、9%，行业集中度较弱，且主要分布于珠三角、长三角以及环渤海地区。江苏省虽然只有 7 家企业，但其 CBI 均值为 56.2744，位列各省（市）之首。北京市 CBI 均值为 55.8253，上海市 CBI 均值为 53.6978，虽然上海市和北京市企业数量相同，为 8 家，但北京市 CBI 远高于上海市。广东省和福建省企业数量相同，但广东省 CBI 均值为 55.6773，大大超过福建省 CBI 均值 52.3580，其他地区的企业较为分散，品牌竞争力水平并不高，发展水平还需要一定的提高和改善。

中国商业百货企业远不止 78 家，这 78 家企业只是众多商业百货企业中的杰出代表，从中可以分析中国商业百货行业的竞争情况。无论是从营业收入来看，还是从企业数量来看，华东地区均遥遥领先，其他地区竞相发展。中国商业百货行业聚集度较低，在各省（市）分布较为均衡。西南地区和西北地区发展相对落后，这些地区需要成长一批具有综合竞争力的企业来带动区域商业百货行业的发展。

（二）中观竞争态势：4A 企业亟待提升，中游企业比重较大，竞争激烈

根据中国企业品牌竞争力分级评级标准，对 2013 年受调查的企业进行分级评估，按照一般惯例分为 5 级，5A 级企业 0 家，4A 级企业 14 家，3A 级企业 56 家，2A 级企业 8 家，1A 级企业 0 家。4A 级代表企业有苏宁云商集团股份有限公司、上海友谊集团股份有限公司、北京王府井百货（集团）股份有限公司、大商股份有限公司、上海豫园旅游商城股份有限公司。5 家企业的营业总额为 2182 亿元，占营业总额的 30%。这 5 家企业是商业百货行业的领先企业，主导行业发展方向和趋势。苏宁云商集团股份有限公司的 CBI 均值为 77.0937，居各企业第一。值得关注的是 56 家 3A 级企业，占据行业比重 72%，其 CBI 均值为 50.7015，低于行业平均水平。3A 级企业基本代表了中国商业百货行业发展的平均水平，并且企业之间指数分布比较均匀，这说明企业竞争状况日益激烈。由于 3A 企业的 CBI 均值低于行业平均水平，因此商业百货行业整体还有待发展，企业品牌竞争力还有待提高。

（三）微观竞争比较：市场指标尽显佳绩，财务指数有待提升

对于中国企业来说，财务表现仍然是企业对外展示基本实力的重要依据。由于近几年中国商业百货市场的快速发展，带来了中国国民物质消费水平的不断提高，这使得各商业百货企业近年来营业收入和净利润都保持了良好的增长态势。2013 年全国受调研的 78 家商业百货企业的品牌财务表现力均值仅为 50.3286，低于 60 分，说明企业的品牌财务表现力中等水平，还需得到有效的提升。

根据财务表现竞争力指标，排在前 10 名的企业分别是苏宁云商集团股份有限公司、上海友谊集团股份有限公司、上海新世界股份有限公司、大商股份有限公司、上海豫园旅游商城股份有限公司、辽宁成大股份有限公司、永辉超市股份有限公司、北京王府井百货（集团）股份有限公司、庞大汽贸集团股份有限公司、北京首商集团股份有限公司，这 10 家企业在品牌财务表现力方面有一定的差距，但差距不大。品牌财务表现力最高的是苏宁云商集团股份有限公司，其品牌财务表现力得分为 68.1170，CBI 数值也最高，财务竞争表现良好，品牌竞争力也较强，是商业百货行业当之无愧的领军企业。品牌财务表现力最低的是北京首商集团股份有限公司，其品牌财务表现力得分为 57.6088，虽位列第 10，但与行业第一仍存在一定的差距，还有很大的进步空间。

根据市场竞争表现力单项指标，排在前 10 名的企业分别是苏宁云商集团股份有限公司、庞大汽贸集团股份有限公司、上海友谊集团股份有限公司、上海联华超级市场发展有限公司、大商股份有限公司、重庆百货大楼股份有限公司、永辉超市股份有限公司、上海豫园旅游商城股份有限公司、北京王府井百货（集团）股份有限公司、深圳市爱施德股份有限公司。得分最高的苏宁云商集团股份有限公司，分值为 85.7983，得分最低的深圳市爱施德股份有限公司，分值为 70.4864。这 10 家企业在市场竞争表现力方面都很强，各企业间存在一定的差距，指标得分均在 70 分以上，说明商业百货企业的市场竞争表现力整体较强。

总的来看，中国商业百货企业总体财务指数

也表现一般，仍需进一步改进，但品牌市场表现较好，有较大的发展潜力。我国商业百货行业技术创新和品牌经营与国际市场相比，还远远不够，仍需要大幅度提升。

三、中国商业百货企业品牌竞争力提升策略建议

（一）大力发展多元化销售模式，增加线上线下销售效率

在当前背景下，展望2014年百货行业的发展，有专家认为百货零售业将向智慧商业转型发展。

第一，百货实体店更加重视信息管理。百货实体店利用会员制和统一结算等方式，收集销售信息，处理、管理与反馈，同时帮助联营开展单个顾客管理，也能使销售信息得到应用，明确支持品牌企业进行品牌研发和强化服务产业的能力。

第二，随着电子商务的创新，网络销售和移动技术的结合，使电商与店商融合发展的O2O模式更加普遍。百货零售O2O模式或全渠道销售的发展，都需要精准的市场需求信息支持，从而支持品牌商预测生产，推动线下线上供应链一体化的发展。而信息共享的数据库建造、线上线下融合发展的资源管理、为销售网络进行高校物流或配送服务的体系建设等，均离不开物联网技术的应用。因此，2014年伴随着百货业面向新型营销模式的转型，现代信息技术和物联网作用也将更加凸显。

第三，百货业将更重视新兴市场的发展，提供个性化的购物体验服务，并针对消费两极化现象，加强品牌建设，经营者注重消费需求将多于成本控制，体验消费将成为营销策略的重点。

（二）加快重组，向规模经营、连锁经营转变

百货企业连锁经营可以是由分散的、定位近似的百货企业，通过规范经营，结合成为可以实现规模经济的企业联合体。其实质在于把现代工业化大生产的原理引入传统的百货行业，通过企业间的联合达到规模经济。主要实现途径有两种选择。一是通过资本运作，加快百货企业的重组，或者增加新设分店数量，从而使企业向规模经营、连锁经营转化，以较快速度扩展业务与规模，从而获得同类业务间的规模经济效益。二是对于很多资金实力有限的百货公司，可以自由加盟和特许经营为主，既可避免扩张直营店资金匮乏的矛盾，又可起到连锁经营的优势。小型百货公司加盟于大型百货公司，借其名牌经营，降低了市场风险，而大型百货公司则利用自己的声誉授权于中小企业，迅速集中单独资本，扩大自身力量。

（三）改变经营模式，促进企业转型

在新的市场环境下，百货企业向专业店或购物中心业态转型或者多业态经营是一个发展趋势。据统计，在国内零售百强中，进行多业态转变的百货企业市场份额逐年增长，这也充分表明百货企业多业态发展的可行性与有效性。据调查发现，近几年国内的百货企业普遍在进行多业态经营。随着时代的发展，为进一步适应市场需求，百货企业采取不同业态对其复苏增长做出了重要贡献。业态的转型主要有两种：一种是小型百货店向专卖店转型，突出某一类商品，即向专业化转型；另一种是大中型百货店增加多种功能，以百货店为核心店，发展成为集购物、娱乐、餐饮、休闲等为一体的综合性购物中心，即向多功能化转型。

（四）创新经营理念，以现代百货、主题百货为主

现代百货是以展现现代美好生活为主题的百货经营方式，成为了观察现代都市百态的窗口，反映一个城市的生活水平。百货商店既能展示新生活的画面，又能勾画未来新生活图景。打造现代百货商店一定要做到以下三点：一是紧跟时代，了解现代流行趋势，做到定期改进店内装修风格，打造成消费者领略时代潮流的窗户。二是国际性，包括商品品牌、款式、质量，商店内环境布置、装修风格，以及服务水平、顾客体验，都要向国际化方向看齐。三是鲜明的时尚个性。百货商店要准确把握目标顾客的时尚观，抓住目标顾客的价值趋向，强调鲜明的时尚个性。主题百货是指百货店发挥自身优势，重点经营数类有特色的商品，最重要的是每类商品要贯穿于一个特色鲜明的主题下，从而形成自身经营特色。当前存在的主题百货通常有女性主题、儿童主题、运动休闲主题、时尚主题、男性主题、明星主题以及珠宝、家电等专业产品主题等。除此之外，主题百货从目标市场定位、营销策略到理念推广，都紧紧围绕特色主题展开，营造与主题相符合的购物环境。

第十三章　中国家电行业企业品牌竞争力指数报告

第一节　中国家电企业品牌竞争力指数总报告

一、2013 年度中国家电企业总体竞争态势

中国企业品牌竞争力指数（以下简称 CBI）研究课题组为了检验理论成果的应用效果，于 2013 年对中国 41 家自主家电企业品牌进行调研，从企业的营业收入和净利润原始数据得出，中南地区和华东地区双雄争霸，其中广东省和山东省依然是中国家电企业竞争实力最强的两个省份，如图 13-1 和图 13-2 所示。

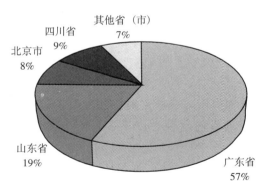

图 13-1　中国家电行业区域竞争态势　　　　　　图 13-2　中国家电行业省（市）竞争态势

家电行业受调研的 41 家企业 2012 年营业总额为 6128.67 亿元，相比 2011 年的 6069.38 亿元，同比增长 0.98%，且家电企业依然主要集中在华北地区、西南地区、华东地区、中南地区，营业额分别为 510.97 亿元、550.6 亿元、1601.96 亿元、3465.15 亿元，分别占比 8.34%、8.98%、26.14%、56.54%，其中仅中南地区就占营业总额的一半以上。与 2011 年相比，以北京为代表的华北地区营业额下降明显，下降了 14.58%，而其他三个地区分别同比增长 1.53%、1.97%、3.19%，中南地区业绩表现优异，增速依然领先（见图 13-3）。

从省（市）角度分析，2012 年营业额排名前 3 的分别是广东省、山东省和四川省，营业额分别是 3465.15 亿元、1141.4 亿元和 550.6 亿元，浙江省和江苏省的家电企业数量虽然都超过了四川省和山东省，但营业额分别仅有 131.78 亿元和 148.48 亿元，占营业总额的 2.15% 和 2.42%。与

2011 年相比，北京市、福建省、浙江省和江苏省的营业额都出现下降趋势，其中江苏省和北京市下降幅度最大，下降 22.71% 和 14.58%，增长速度最快的是山东省，增长 7.14%，广东省虽仅增长 3.19%，但营业额仍然遥遥领先其他省（市），优势明显（见图 13-4）。

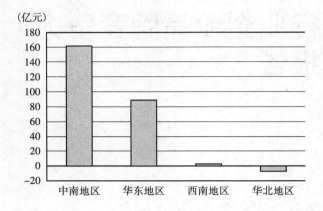

图 13-3 中国家电净利润区域分布图

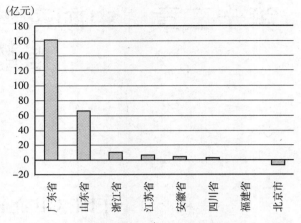

图 13-4 中国家电企业净利润省（市）分布

中国 2012 年家电行业受调研 41 家企业净利润总额 247.46 亿元，2011 年为 245.22 亿元，同比增长 0.91%。在各地区分布中，中南地区和华东地区依然遥遥领先，净利润分别是 161.65 亿元和 89.68 亿元，分别占净利润总额的 65.33% 和 36.24%。华北地区净利润出现负数，净利亏损 7.28 亿元，而 2011 年华北地区的净利润为 18.40 亿元，同比下降了 139.60%，下降速度明显。西南地区 2012 年净利润 3.41 亿元，同比也下降了 10.91%，与中南地区、华东地区的差距越发明显。

从省（市）分布来看，2012 年净利润总额排名前 3 的省份分别是广东省、山东省和浙江省，净利润分别是 161.65 亿元、66.7 亿元和 10.37 亿元，分别占净利总额的 65.33%、26.95% 和 4.19%，可以明显看出，各省（市）之间存在明显差距。江苏省、安徽省、四川省、福建省和北京市的净利润所占比重微小，分别为 3.05%、1.88%、1.38% 和 -2.94%。与 2011 年净利润相比，有 4 个省（市）出现下降趋势，北京市同比下降 139.60%，下降比例最大，接着是福建省下降 73.67%，江苏省下降 30.31%，四川省下降 10.91%，各省（市）之间净利润差距并没有得到改善。

综观家电行业地区分布仍集中在中南和华东地区，呈现双雄争霸的竞争态势，尤其是广东和山东两个家电大省。总的来说，家电企业分布集中、各地区和省（市）差距明显是中国目前家电行业竞争最显著的两大特征。

二、2013 年度中国家电企业品牌竞争力指数排名

中国企业品牌竞争力指数（以下简称 CBI）研究课题组于 2011 年 7 月完成了理论研究，采用多指标综合指数法对中国企业品牌竞争力进行量化研究。初期理论成果包括 CBI 四位一体理论模型、CBI 评价指标体系、CBI 评价指标权重以及 CBI 计算模型，并且已经通过国内 10 位经济学、管理学界权威专家论证。为了检验理论成果的应用效果，课题组继 2011 年和 2012 年对中国自主家电品牌企业调研之后，于 2013 年底对中国自主家电品牌企业再一次进行调研，又增加了 6 家家电企业调研，根据调查数据，应用 CBI 计算模型得出中国家电企业品牌竞争力指数（以下简称 CBI-R）排名（见表 13-1）。

表 13-1　2013 年中国家电企业品牌竞争力指数排名

企业名称	省（市）	相对值		绝对值		
		CBI	排名	CBS	品牌财务表现力	市场竞争表现力
青岛海尔股份有限公司	山东省	95.6006	1	87.9608	84.5859	95.8356
广东美的电器股份有限公司	广东省	83.5445	2	78.4893	73.1165	91.0259
珠海格力电器股份有限公司	广东省	83.3111	3	78.3059	73.6250	89.2281
TCL集团股份有限公司	广东省	80.3542	4	75.9829	72.5412	84.0135
国美电器控股有限公司	北京市	79.1211	5	75.0141	70.2603	86.1064
青岛海信电器股份有限公司	山东省	76.2374	6	72.7486	65.6301	89.3585
四川长虹电器股份有限公司	四川省	69.8107	7	67.6997	61.9851	81.0337
TCL多媒体科技控股有限公司	广东省	68.0464	8	66.3136	61.1893	78.2704
浙江苏泊尔股份有限公司	浙江省	64.6239	9	63.6248	60.4621	71.0043
海信科龙电器股份有限公司	广东省	60.5668	10	60.4374	55.6531	71.6008
康佳集团股份有限公司	广东省	60.0575	11	60.0373	54.7491	72.3766
澳柯玛股份有限公司	山东省	57.8519	12	58.3046	52.5353	71.7663
深圳市兆驰股份有限公司	广东省	56.6038	13	57.3240	54.3387	64.2898
志高控股有限公司	广东省	56.1357	14	56.9563	52.5199	67.3078
合肥美菱股份有限公司	安徽省	56.1134	15	56.9387	52.6284	66.9961
无锡小天鹅股份有限公司	江苏省	55.5051	16	56.4609	52.5262	65.6418
九阳股份有限公司	山东省	54.0233	17	55.2967	52.3125	62.2599
日出东方太阳能股份有限公司	江苏省	53.2949	18	54.7245	52.3230	60.3279
广东德豪润达电气股份有限公司	广东省	51.7713	19	53.5275	50.2662	61.1372
合肥荣事达三洋电器股份有限公司	安徽省	51.5488	20	53.3527	50.1031	60.9351
广东万和新电气股份有限公司	广东省	50.6105	21	52.6155	49.9928	58.7352
广东奥马电器股份有限公司	广东省	49.3490	22	51.6244	48.5777	58.7336
杭州老板电器股份有限公司	浙江省	48.5835	23	51.0231	49.0282	55.6779
华帝股份有限公司	广东省	47.9574	24	50.5312	47.9646	56.5199
四川九洲电器股份有限公司	四川省	47.7857	25	50.3963	47.1821	57.8961
厦门蒙发利科技（集团）股份有限公司	福建省	46.2596	26	49.1973	46.5595	55.3523
浙江爱仕达电器股份有限公司	浙江省	46.1566	27	49.1165	46.3924	55.4726
广东万家乐股份有限公司	广东省	45.4272	28	48.5434	45.4793	55.6929
数源科技股份有限公司	浙江省	43.8871	29	47.3335	44.2938	54.4262
汇银家电（控股）有限公司	江苏省	43.8511	30	47.3052	43.0216	57.3003
江苏银河电子股份有限公司	江苏省	43.1238	31	46.7338	44.8863	51.0448
广东长青（集团）股份有限公司	广东省	42.9771	32	46.6186	44.4465	51.6867
厦门华侨电子股份有限公司	福建省	42.6789	33	46.3843	42.2268	56.0850
广东华声电器股份有限公司	广东省	42.6705	34	46.3777	44.2147	51.4246
江苏春兰制冷设备股份有限公司	江苏省	42.2808	35	46.0715	43.9128	51.1086
深圳市奋达科技股份有限公司	广东省	41.2983	36	45.2997	43.8214	48.7489
浙江亿利达风机股份有限公司	浙江省	39.4799	37	43.8711	42.7182	46.5610
浙江美大实业股份有限公司	浙江省	38.1247	38	42.8064	42.0232	44.6338
常熟市天银机电股份有限公司	江苏省	37.7116	39	42.4819	41.8287	44.0060
广东伊立浦电器股份有限公司	广东省	36.9213	40	41.8610	40.2333	45.6590
宁波圣莱达电器股份有限公司	浙江省	32.6325	41	38.4916	37.9355	39.7892
均值		54.2412		55.4679	52.1973	63.0993

注：从理论上说，中国企业品牌竞争力指数（CBI）由中国企业品牌竞争力分值（CBS）标准化之后得出，CBS由4个一级指标品牌财务表现力、市场竞争表现力、品牌发展潜力和消费者支持力的得分值加权得出。在实际操作过程中，课题组发现，品牌发展潜力和消费者支持两个部分的数据收集存在一定的难度，且收集到的数据准确性有待核实，因此，本报告暂未将品牌发展潜力和消费者支持力列入计算。品牌财务表现主要依据各企业的财务报表数据以及企业上报数据进行计算。同时，关于市场竞争力表现方面的得分，课题组选取了部分能够通过公开数据计算得出结果的指标，按照CBI计算模型得出最终结果。关于详细的计算方法见《中国企业品牌竞争力指数系统：理论与实践》。

相比 2011 年数据，2012 年家电行业企业 CBI 排名有小幅度变动。调研的企业名单虽有变动，但是在行业前 10 名的企业中，青岛海尔股份有限公司仍然稳坐家电行业头把交椅，广东美的电器股份有限公司、珠海格力电器股份有限公司和 TCL 集团股份有限公司仍处于行业第二、第三和第四的位置，这三家公司稳步发展，稳居行业巨头行列。新增加的国美电器控股有限公司和 TCL 多媒体科技控股有限公司跻身第五和第八，实力雄厚。青岛海信电器股份有限公司、四川长虹电器股份有限公司、浙江苏泊尔股份有限公司和海信科龙电器股份有限公司发展基本稳定，名次没有发生明显变化，分别排名第六、第七、第九和第十。康佳集团股份有限公司和澳柯玛股份有限公司是排名提升最明显的 2 家企业，2012 年排位分别是第 11 名和第 12 名，而在 2011 年排第 16 名和第 23 名。相比之下，无锡小天鹅股份有限公司、九阳股份有限公司名次下降明显，2012 年排第 16 名和第 17 名，而在 2011 年 2 家企业排第 8 和第 7 名，是降幅最大的企业。但总体来说，大部分家电企业没有较大波动，一定程度上反映了中国家电行业稳定发展趋势。

根据 2013 年中国家电企业品牌竞争力指数数据，计算出中国家电行业 CBI 数值为 54.2412。CBI 数值为相对值，一方面可以反映行业总体竞争水平，另一方面也为行业内企业提供一个比较

标准。课题组根据受调研的 15 个行业 1549 家企业的 CBI 数据得出中国企业品牌竞争力指数值为 47，家电行业 CBI 数值 54.2412>47，说明家电行业整体竞争水平高于总体平均水平，行业发展处于良好状态。同理，行业内部企业 CBI 数值若低于 54.2412，说明其品牌竞争力在行业内部处于劣势；若高于 54.2412，则说明其品牌竞争力处于优势，整个 CBI 指标体系为企业提供了一套具有诊断功能和预测功能的实用工具。

三、2013 年度中国家电企业品牌竞争力指数评级报告

（一）中国家电企业品牌竞争力指数评级标准体系

课题组根据表 13-1 得出的家电企业 CBI 数值，绘制出各家电企业 CBI 散点分布（见图 13-5），从整体上看，CBI 分布曲线呈现开头陡峭、中间和尾部平缓的特征，说明 CBI 排名靠前的企业之间竞争差距明显，其他企业的 CBI 没有明显竞争力。根据企业 CBI 数值表现出来的特征，结合家电企业的行业竞争力特性对被调查的企业进行分级评估，按照一般惯例分为五级，并针对行业属性和指数数据分布情况进行了标准调整，调整后的标准如表 13-2 所示。

表 13-2　中国家电企业品牌竞争力分级评级标准

评级	标准 CBI 数值标准
5A	CBI≥80
4A	60≤CBI<80
3A	40≤CBI<60
2A	20≤CBI<40
A	CBI<20

（二）中国家电企业品牌竞争力指数评级结果

根据以上评价标准可以将家电企业划分为四个集团，具体各级企业数量及分布情况如表 13-3

和图 13-6 所示，由于篇幅受限，各级企业品牌得分评级情况仅列出代表性企业。

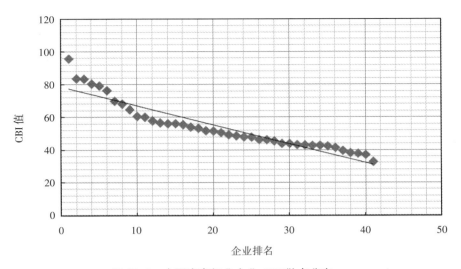

图 13-5　中国家电行业企业 CBI 散点分布

表 13-3　中国家电行业企业各分级数量表

企业评级	竞争分类	企业数量	所占比重（%）	CBI 均值	CBS 均值	品牌财务表现力均值	市场竞争表现力均值
5A 级企业	第一集团	4	10	85.7026	80.1847	75.9671	90.0258
4A 级企业	第二集团	7	17	68.352	66.5537	61.4184	78.5358
3A 级企业	第三集团	25	61	48.7098	51.1223	48.0622	58.2627
2A 级企业	第四集团	5	12	36.974	41.9024	40.9478	44.1298
全部	不分类	41	100	54.2412	55.4679	52.1973	63.0993

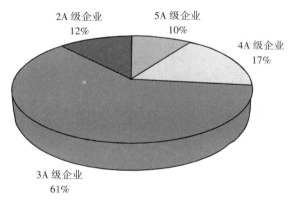

图 13-6　中国家电企业分级分布

表 13-4　中国家电行业 5A 级企业品牌代表

企业名称	评级水平	排名	CBI	CBS	品牌财务表现力	市场竞争表现力
青岛海尔股份有限公司	5A	1	95.6006	87.9608	84.5859	95.8356
广东美的电器股份有限公司	5A	2	83.5445	78.4893	73.1165	91.0259
珠海格力电器股份有限公司	5A	3	83.3111	78.3059	73.6250	89.2281
TCL 集团股份有限公司	5A	4	80.3542	75.9829	72.5412	84.0135

据表 13-2 中国家电企业品牌竞争力分级评级标准，5A 级家电企业共有 4 家，占家电企业总数的 9.8%。表 13-4 所列的 4 家公司青岛海尔股份有限公司、广东美的电器股份有限公司、珠海格力电器股份有限公司、TCL 集团股份有限公司是中国家电行业领头羊，品牌财务表现力、市场竞

争力表现突出，具有消费者支持力度和顾客忠诚度，品牌发展潜力巨大。CBI 及各项分指标得分值均远远超出其他集团企业。其中青岛海尔股份

有限公司、广东美的电器股份有限公司、珠海格力电器股份有限公司 3 家企业稳居行业前 3 名，是家电行业的龙头企业。

表 13-5　中国家电行业 4A 级企业品牌代表

企业名称	评级水平	排名	CBI	CBS	品牌财务表现力	市场竞争表现力
国美电器控股有限公司	4A	5	79.1211	75.0141	70.2603	86.1064
青岛海信电器股份有限公司	4A	6	76.2374	72.7486	65.6301	89.3585
四川长虹电器股份有限公司	4A	7	69.8107	67.6997	61.9851	81.0337
TCL 多媒体科技控股有限公司	4A	8	68.0464	66.3136	61.1893	78.2704
浙江苏泊尔股份有限公司	4A	9	64.6239	63.6248	60.4621	71.0043
海信科龙电器股份有限公司	4A	10	60.5668	60.4374	55.6531	71.6008
康佳集团股份有限公司	4A	11	60.0575	60.0373	54.7491	72.3766

据表 13-2 中国家电企业品牌竞争力分级评级标准，4A 级家电企业共有 7 家，占家电企业总数的 17%。表 13-5 所列的 5 家公司国美电器控股有限公司、青岛海信电器股份有限公司、四川长虹电器股份有限公司、TCL 多媒体科技控股有限公司、浙江苏泊尔股份有限公司、海信科龙电器股份有限公司、康佳集团股份有限公司是中国家

电行业领先企业，品牌财务表现力、市场竞争表现力表现突出，消费者支持力度较大，具有较高的顾客忠诚度，品牌发展潜力较大。CBI 及各项分指标得分值均高于行业平均值。在第二集团内部比较而言，青岛海信电器股份有限公司的市场竞争表现力得分最高，位于本集团第一，一定程度上说明受消费者信赖。

表 13-6　中国家电行业 3A 级企业品牌代表

企业名称	评级水平	排名	CBI	CBS	品牌财务表现力	市场竞争表现力
澳柯玛股份有限公司	3A	12	57.8519	58.3046	52.5353	71.7663
深圳市兆驰股份有限公司	3A	13	56.6038	57.3240	54.3387	64.2898
志高控股有限公司	3A	14	56.1357	56.9563	52.5199	67.3078
合肥美菱股份有限公司	3A	15	56.1134	56.9387	52.6284	66.9961
无锡小天鹅股份有限公司	3A	16	55.5051	56.4609	52.5262	65.6418
九阳股份有限公司	3A	17	54.0233	55.2967	52.3125	62.2599
日出东方太阳能股份有限公司	3A	18	53.2949	54.7245	52.3230	60.3279
广东德豪润达电气股份有限公司	3A	19	51.7713	53.5275	50.2662	61.1372
合肥荣事达三洋电器股份有限公司	3A	20	51.5488	53.3527	50.1031	60.9351
广东万和新电气股份有限公司	3A	21	50.6105	52.6155	49.9928	58.7352
广东奥马电器股份有限公司	3A	22	49.3490	51.6244	48.5777	58.7336
杭州老板电器股份有限公司	3A	23	48.5835	51.0231	49.0282	55.6779
华帝股份有限公司	3A	24	47.9574	50.5312	47.9646	56.5199
四川九洲电器股份有限公司	3A	25	47.7857	50.3963	47.1821	57.8961
厦门蒙发利科技（集团）股份有限公司	3A	26	46.2596	49.1973	46.5595	55.3523
浙江爱仕达电器股份有限公司	3A	27	46.1566	49.1165	46.3924	55.4726
广东万家乐股份有限公司	3A	28	45.4272	48.5434	45.4793	55.6929
数源科技股份有限公司	3A	29	43.8871	47.3335	44.2938	54.4262
汇银家电（控股）有限公司	3A	30	43.8511	47.3052	43.0216	57.3003
江苏银河电子股份有限公司	3A	31	43.1238	46.7338	44.8863	51.0448
广东长青（集团）股份有限公司	3A	32	42.9771	46.6186	44.4465	51.6867
厦门华侨电子股份有限公司	3A	33	42.6789	46.3843	42.2268	56.0850
广东华声电器股份有限公司	3A	34	42.6705	46.3777	44.2147	51.4246

续表

企业名称	评级水平	排名	CBI	CBS	品牌财务表现力	市场竞争表现力
江苏春兰制冷设备股份有限公司	3A	35	42.2808	46.0715	43.9128	51.1086
深圳市奋达科技股份有限公司	3A	36	41.2983	45.2997	43.8214	48.7489

据表 13-2 中国家电企业品牌竞争力分级评级标准，3A 级家电企业共有 25 家，占家电企业总数的 61%，说明中国家电企业主要集中在该集团。表 13-6 所列的 25 家企业都是中国家电行业的中游企业，品牌财务表现力、市场竞争表现力一般，具有相当的品牌发展潜力和消费者支持力度，CBI 及各项分指标得分值均略高于行业平均值。

表 13-7　中国家电行业 2A 级企业品牌代表

企业名称	评级水平	排名	CBI	CBS	品牌财务表现力	市场竞争表现力
浙江亿利达风机股份有限公司	2A	37	39.4799	43.8711	42.7182	46.5610
浙江美大实业股份有限公司	2A	38	38.1247	42.8064	42.0232	44.6338
常熟市天银机电股份有限公司	2A	39	37.7116	42.4819	41.8287	44.0060
广东伊立浦电器股份有限公司	2A	40	36.9213	41.8610	40.2333	45.6590
宁波圣莱达电器股份有限公司	2A	41	32.6325	38.4916	37.9355	39.7892

据表 13-2 中国家电企业品牌竞争力分级评级标准，2A 级家电企业共有 5 家，占家电企业总数的 12%。表 13-7 所列的 5 家企业浙江亿利达风机股份有限公司、浙江美大实业股份有限公司、常熟市天银机电股份有限公司、广东伊立浦电器股份有限公司、宁波圣莱达电器股份有限公司是中国家电行业中下游企业的代表，其特征是品牌财务表现力、市场竞争表现力均处于本行业平均水平之下，CBI 及各项分指标得分值基本上低于行业平均值。

四、2013 年中国家电企业品牌价值 20 强排名

课题组认为，品牌价值（以下简称 CBV）是客观存在的，它能够为其所有者带来特殊的收益。品牌价值是品牌在市场竞争中的价值实现。一个品牌有无竞争力，就是要看它有没有一定的市场份额，有没有一定的超值创利能力。品牌的竞争力正是体现在品牌价值的这两个最基本的决定性因素上，品牌价值就是品牌竞争力的具体体现。通常上品牌价值以绝对值（单位：亿元）的形式量化研究品牌竞争水平，课题组在品牌价值和品牌竞争力的关系展开研究，针对品牌竞争力以相对值（指数：0~100）的形式量化研究品牌竞争力水平。在研究世界上关于品牌价值测量方法论基础上，提出本研究关于品牌价值计算方法：CBV = $(N - E \times 5\%)(1 + A) \times C \times CBI/100 + K$。其中，CBV 为企业品牌价值，CBI 为企业品牌竞争力指数，N 为净利润，E 为所有者权益，A 为品牌溢价，C 为行业调整系数，K 为其他影响系数，据此得出中国家电企业品牌价值 20 强（见表 13-8）。

表 13-8　2013 年中国家电行业品牌价值排名

股票名称	省（市）	品牌价值（CBV）	排名	品牌竞争力（CBI）
青岛海尔	山东省	357.39	1	95.60
格力电器	广东省	325.25	2	83.31
美的电器	广东省	310.88	3	83.54
海信电器	山东省	224.47	4	76.24
TCL 集团	广东省	220.83	5	80.35
国美电器	北京市	170.52	6	79.12
TCL 多媒体	广东省	145.75	7	68.05

企业名称	省（市）	品牌价值（CBV）	排名	品牌竞争力（CBI）
XD 四川长虹	四川省	140.21	8	69.81
苏泊尔	浙江省	136.64	9	64.62
澳柯玛	山东省	133.14	10	57.85
海信科龙	广东省	116.27	11	60.57
深康佳 A	广东省	104.55	12	60.06
兆驰股份	广东省	93.06	13	56.60
美菱电器	安徽省	91.64	14	56.11
志高控股	广东省	91.39	15	56.14
小天鹅 A	江苏省	91.25	16	55.51
九阳股份	山东省	85.53	17	54.02
日出东方	江苏省	80.48	18	53.29
合肥三洋	安徽省	77.85	19	51.55
德豪润达	广东省	77.71	20	51.77
合计		3074.81		

CBV 分析：在 41 家受调研的家电企业中，排名前 20 强的企业 CBV 合计为 3074.81 亿元，较 2012 年有大幅提高。前 10 强家电企业 CBV 总值合计为 2165.08 亿元，占前 20 强比重为 70.41%，较上年度下降了 14.5%。青岛海尔股份有限公司、广东美的电器股份有限公司、珠海格力电器股份有限公司和青岛海信电器股份有限公司稳居行业 CBV 排列前 4 名，青岛海尔股份有限公司稳坐行业老大的位置；TCL 集团股份有限公司由 2012 年的第 8 名上升到了第 5 名，四川长虹电器股份有限公司从第 5 名下滑到了第 8 名，山东澳柯玛股份有限公司由第 9 名降到了第 10 名；2012 年 CBV 排名第 6 名、第 7 名、第 10 名的合肥美菱股份有限公司、无锡小天鹅股份有限公司和九阳股份有限公司 3 家企业分别下滑到了第 14 名、第 16 名和第 17 名。而排名第 6 的国美电器控股有限公司、第 7 名的 TCL 多媒体和第 9 名的浙江苏泊尔股份有限公司发展较稳定，CBV 处于上升状态。在家电行业前 20 强的企业中，广东省企业所占比例达 45%，山东省企业占比达 20%，说明两省份的企业发展良好，具有较强的地域优势。

第二节 2013 年度中国家电企业品牌竞争力区域报告

一、四大经济分区

（一）总体情况分析

根据课题组调研的数据，中国家电企业仍旧主要分布于华东地区和中南地区，两个地区企业数量占企业总数的比重分别为 51% 和 42%，集中度比较高，华东地区企业数量最为集中，但 CBI 均值、品牌财务表现力均值和市场竞争表现力均值都明显低于全国平均水平，中南地区的各项均值最接近全国均值。西南地区虽然企业数量较少，但其 CBI 均值、品牌财务表现力均值和市场竞争表现力均值都高于华北地区和中南地区；华北地区只有国美电器控股有限公司 1 家企业，但是各项指标均值都处于四大地区之首，远远高于总体均值，具有明显优势（见表 13-9、图 13-7、图 13-8）。从品牌竞争力指数数据可以看出，各地区的家电企业品牌竞争状况仍存在较大的差距，相比 2012 年，各地区之间的差距并未出现明显变化，华东地区和中南地区仍保持着 2012 年的优势地位。

表 13-9　中国家电企业四大经济区域竞争状况

区域	企业数量	所占比重（%）	CBI 均值	CBS 均值	品牌财务表现力均值	市场竞争表现力均值
华东地区	21	51	50.9319	52.8680	49.9016	59.7897
中南地区	17	42	56.3296	57.1086	53.6899	65.0853
西南地区	2	5	58.7892	59.0480	54.5836	69.4649
华北地区	1	2	79.1211	75.0141	70.2603	86.1064
总体情况	41	100	54.2412	55.4679	52.1973	63.0993

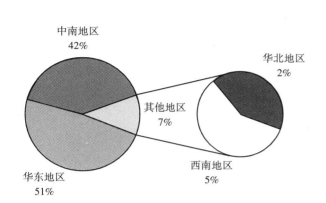

图 13-7　中国家电企业数量区域分布

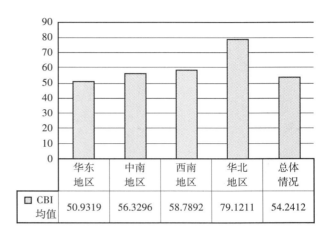

图 13-8　家电企业四大经济区域 CBI 均值对比

（二）分项情况分析

在各分项竞争力指标对比方面，从总体来看，各地区品牌财务表现力和市场竞争表现力均在 90 分以下，从图 13-9 可以看出，除华北地区外，华东地区、中南地区和西南地区的各项指标均值之间差距不大，并且都接近平均水平，华北地区优势明显突出，其品牌财务表现力和品牌市场竞争表现力得分均值均位列各地区之首，说明西南地区的家电企业经营状况良好。华东地区和中南地区的财务指标得分并不理想，说明其财务状况表现不佳，还有很大的提升空间。总的来说，从各分项指标来看，整个家电行业不同区域发展水平存在较大的差距，企业数量及各企业间实力分布不均匀，各指标数值均有较大的提升空间。

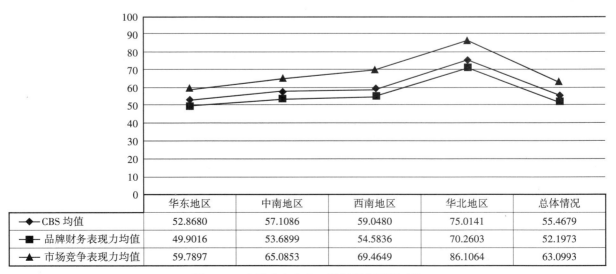

	华东地区	中南地区	西南地区	华北地区	总体情况
CBS 均值	52.8680	57.1086	59.0480	75.0141	55.4679
品牌财务表现力均值	49.9016	53.6899	54.5836	70.2603	52.1973
市场竞争表现力均值	59.7897	65.0853	69.4649	86.1064	63.0993

图 13-9　中国家电企业一级指标分区域对比

二、五大省（市）分析

（一）总体情况分析

表 13-10 　中国家电企业五大省（市）竞争状况

省（市）	企业数量	所占比重（%）	CBI 均值	CBS 均值	品牌财务表现力均值	市场竞争表现力均值
广东省	17	41	56.3296	57.1086	53.6899	65.0853
浙江省	7	17	44.7840	48.0381	46.1219	52.5093
江苏省	6	15	45.9612	48.9630	46.4164	54.9049
山东省	4	10	70.9283	68.5777	63.7660	79.8051
四川省	2	5	58.7982	59.0480	54.5836	69.4649
其他省（市）	5	12	55.1443	56.1774	52.3556	65.0950
总体情况	41	100	54.2412	55.4679	52.1973	63.0993

从表 13-10 可以清晰看出，中国家电企业主要分布在广东省、浙江省、江苏省和山东省东部沿海城市，该四大省（市）的家电企业数量占企业总数的 83%，其中四大省份分别占比重为 41%、17%、15% 和 10%（见图 3-10），广东省依然是中国家电大省，企业数量几乎占到总数量的一半，浙江省、江苏省和山东省的企业数量相差不大。在本次调研的企业中，四川省虽然只有 2 家企业，但 CBI 均值、品牌财务表现力均值和市场竞争力均值都高于总体均值，说明四川省也是家电实力不错的省份（见图 13-11），具有很大的发展和提升潜力。其他省（市）包括安徽省、福建省和北京市，家电企业的数量分别是 2 家、2 家和 1 家。

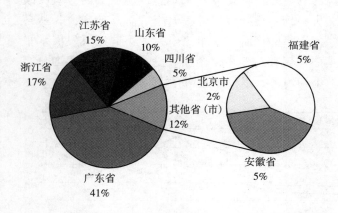

图 13-10 　中国家电企业省（市）分布

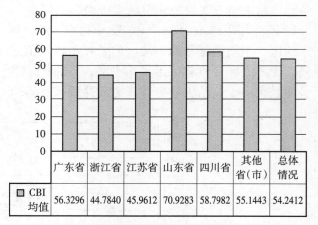

图 13-11 　各省（市）家电企业 CBI 均值对比

（二）分项情况分析

在各分项竞争力指标对比方面，最突出的现象是：首先，除其他省（市）外，山东省的 CBI 均值、品牌财务表现力均值和市场竞争表现力均值得分都是最高，并且明显高于其他省（市），说明山东省是中国家电行业的实力大省。广东省企业数量虽然占各省（市）之首，但各项指标均值并不突出，几乎接近总体平均水平，表明广东省要想成为真正的家电企业大省和强省，必须要提高品牌竞争力。其次，调研中浙江省和江苏省分别拥有 7 家和 6 家企业，但两省的各项表现力指标均值都是最低，且低于总体平均水平，两省在企业数量上虽都占据明显优势，但其实力并不令人满意。值得一提的是，在其他省（市）中，仅

1家家电企业的北京市，CBI值、品牌财务表现力、市场竞争表现力得分分别为79.1211、70.2603、86.1064，各项指标都居于8个省（市）之首。总体来看，各省（市）在同一指标上存在一定差距，说明中国家电企业省（市）发展的不平衡。从图13-12中可以看出，在不同指标之间，市场竞争表现力和品牌财务表现力之间也存在一定差距，说明各省（市）的市场表现力优于财务表现力，企业应注意在扩大市场表现的同时也要提高财务表现力指标。

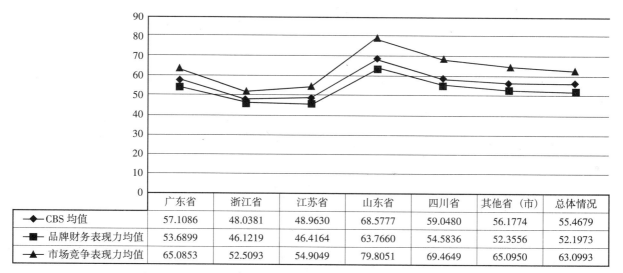

	广东省	浙江省	江苏省	山东省	四川省	其他省（市）	总体情况
◆ CBS 均值	57.1086	48.0381	48.9630	68.5777	59.0480	56.1774	55.4679
■ 品牌财务表现力均值	53.6899	46.1219	46.4164	63.7660	54.5836	52.3556	52.1973
▲ 市场竞争表现力均值	65.0853	52.5093	54.9049	79.8051	69.4649	65.0950	63.0993

图13-12　各省份家电企业一级指标得分均值对比

第三节　2013年度中国家电企业品牌竞争力分项报告

一、品牌财务表现

目前国内企业经营者对于现代化管理手段的理解与实践，多半仍然停留在以财务数据为主导的思维里。虽然财务数据无法帮助经营者充分掌握企业发展方向的现实，但在企业的实际运营过程中，财务表现仍然是企业对外展示基本实力的重要依据。品牌财务表现层面的分析将财务指标分为规模因素、效率因素和增长因素3个二级指标。规模因素主要从销售收入、所有者权益和净利润3个三级指标衡量；效率因素主要从净资产利润率、总资产贡献率2个三级指标衡量；增长因素主要从近3年销售收入增长率、近3年净利润增长率2个三级指标衡量。

全国41家家电企业在品牌财务表现力得分均值仅为52.1973，其中青岛海尔股份有限公司、珠海格力电器股份有限公司、广东美的电器股份有限公司、TCL集团股份有限公司、国美电器控股有限公司、青岛海信电器股份有限公司、四川长虹电器股份有限公司、TCL多媒体科技控股有限公司、浙江苏泊尔股份有限公司和海信科龙电器股份有限公司位列前10名（见表3-11），这10家企业在品牌财务表现力方面差距较大。位列第1名的青岛海尔股份有限公司财务表现力指标得分为84.5859，而第10名海信科龙电器股份有限公司品牌财务表现力得分仅为55.6531，说明其品牌财务表现力仍存在提升的空间。

从3个二级指标看，其均值分别为：规模要素49.1119，增长因素49.9230，效率因素52.4995。其中效率要素得分最高，对品牌整体财务表现力有较大的影响。效率要素中又以净资产报酬率得分最高，为56.5406，在所有三级指标中，销售收入是得分最高的指标，而2012年是净

资产报酬率。所有者权益得分最低，仅为 37.1727，所以也导致了在二级指标中，规模因素

得分最低（见图 13-13、表 13-12）。

表 13-11　品牌财务表现指数——行业前 10 名

企业名称	省（市）	CBI	品牌财务表现力
青岛海尔股份有限公司	山东省	95.6006	84.5859
珠海格力电器股份有限公司	广东省	83.3111	73.6250
广东美的电器股份有限公司	广东省	83.5445	73.1165
TCL 集团股份有限公司	广东省	80.3542	72.5412
国美电器控股有限公司	北京市	79.1211	70.2603
青岛海信电器股份有限公司	山东省	76.2374	65.6301
四川长虹电器股份有限公司	四川省	69.8107	61.9851
TCL 多媒体科技控股有限公司	广东省	68.0464	61.1893
浙江苏泊尔股份有限公司	浙江省	64.6239	60.4621
海信科龙电器股份有限公司	广东省	60.5668	55.6531

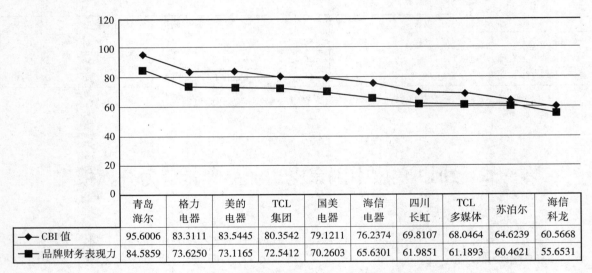

	青岛海尔	格力电器	美的电器	TCL集团	国美电器	海信电器	四川长虹	TCL多媒体	苏泊尔	海信科龙
CBI 值	95.6006	83.3111	83.5445	80.3542	79.1211	76.2374	69.8107	68.0464	64.6239	60.5668
品牌财务表现力	84.5859	73.6250	73.1165	72.5412	70.2603	65.6301	61.9851	61.1893	60.4621	55.6531

图 13-13　品牌财务表现力前 10 名企业对比

表 13-12　品牌财务表现力各分项指标得分均值

一级指标		二级指标		三级指标	
品牌财务表现力	52.1973	规模因素	49.1119	销售收入	58.0219
				所有者权益	37.1727
				净利润	51.5708
		效率因素	52.4995	净资产报酬率	56.5406
				总资产贡献率	46.4379
		增长因素	49.9230	年平均销售收入增长率	48.4412
				年平均净利润增长率	51.4049

二、市场竞争表现

随着家电行业的持续、快速发展，市场竞争

也更加激烈。企业只有具备更强的市场竞争能力，才能在目前的行业环境中生存下去。市场竞争表现层面的分析将指标分为市场占有能力和超值获利能力 2 个二级指标。市场占有能力主要从市场

占有率、市场覆盖率 2 个三级指标衡量；超值获利能力主要从品牌溢价率、品牌销售利润率 2 个三级指标衡量。

全国家电企业在市场竞争表现力得分均值为 63.0993，高于 CBI 均值 54.2412 和品牌财务表现力均值 52.1973 。其中，青岛海尔股份有限公司、广东美的电器股份有限公司、青岛海信电器股份有限公司、珠海格力电器股份有限公司、国美电器控股有限公司、TCL 集团股份有限公司、四川长虹电器股份有限公司、TCL 多媒体科技控股有限公司、康佳集团股份有限公司、澳柯玛股份有限公司位列前 10 名（见表 13-13），这 10 家企业在市场竞争表现力方面虽有一定的差距，但得分普遍偏高。市场表现力第 1 名的青岛海尔股份有

限公司，得分为 95.8356，第 10 名澳柯玛股份有限公司的得分为 71.7663，这 10 家企业的市场竞争力均值为 83.9014，显示了这 10 家家电企业的市场竞争力较强，一定程度上说明这 10 家企业在市场上占有重要地位（见图 13-14）。

二级指标中，市场占有能力得分均值 65.9039，超值获利能力得分 57.8906（见表 13-14）。三级指标中，市场占有率和市场覆盖率分别为 64.7010 和 68.7108，差距不是很大，对总体市场竞争表现力指标无明显影响；品牌溢价率和品牌销售利润率指标得分分别是 65.7437 和 43.3063，差距明显，由于中国家电行业善于打价格战，造成家电行业整体利润率下降，最终拉低中国家电行业的市场表现力。

表 13-13　市场竞争表现指数——行业前 10 名

企业名称	省（市）	CBI 值	品牌市场竞争力
青岛海尔股份有限公司	山东省	95.6006	95.8356
广东美的电器股份有限公司	广东省	83.5445	91.0259
青岛海信电器股份有限公司	山东省	76.2374	89.3585
珠海格力电器股份有限公司	广东省	83.3111	89.2281
国美电器控股有限公司	北京市	79.1211	86.1064
TCL 集团股份有限公司	广东省	80.3542	84.0135
四川长虹电器股份有限公司	四川省	69.8107	81.0337
TCL 多媒体科技控股有限公司	广东省	68.0464	78.2704
康佳集团股份有限公司	广东省	60.0575	72.3766
澳柯玛股份有限公司	山东省	57.8519	71.7663

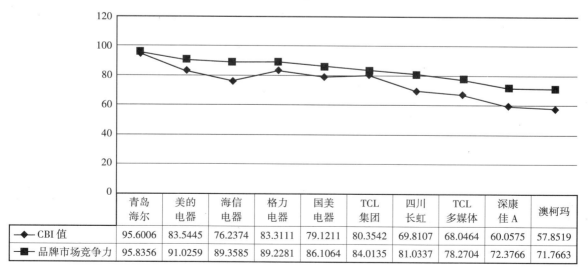

	青岛海尔	美的电器	海信电器	格力电器	国美电器	TCL 集团	四川长虹	TCL 多媒体	深康佳 A	澳柯玛
CBI 值	95.6006	83.5445	76.2374	83.3111	79.1211	80.3542	69.8107	68.0464	60.0575	57.8519
品牌市场竞争力	95.8356	91.0259	89.3585	89.2281	86.1064	84.0135	81.0337	78.2704	72.3766	71.7663

图 13-14　品牌市场表现力前 10 名企业比较

表 13-14　市场竞争表现力各分项指标得分均值

一级指标		二级指标		三级指标	
市场竞争表现力	63.0993	市场占有能力	65.9039	市场占有率	64.7010
				市场覆盖率	68.7108
		超值获利能力	57.8906	品牌溢价率	65.7437
				品牌销售利润率	43.3063

第四节　中国家电企业品牌竞争力提升策略专题研究

一、中国家电行业宏观经济与政策分析

（一）家电市场运行情况

受居民消费升级和国家节能补贴政策影响，家电市场发展加速进入产品结构调整期，低端产品进入去库存阶段，新增产量较少，取而代之的是品质优越、时尚美观、节能环保的中高端产品产量不断增加。高端产品技术研发成为家电生产企业的投资重点，高端产品的销售增长加速，逐渐成为家电市场消费者选购主流。据中华全国商业信息中心的调查，2012 年全国重点大型零售企业，大屏幕彩电、滚筒大容量洗衣机、中高端变频空调等所占市场份额逐步提升。

2012 年家电市场产销走势呈前高后低。下半年在经济增速企稳回升、消费品市场保持稳定增长、家电节能补贴效应显现以及企业打折促销力度加大的作用下，家电销售增速相比上半年有所提升。8 月、9 月，限额以上企业家电零售额增速回升到 12% 以上，三季度零售额同比增长 11.6%，明显高于一季度 0.6% 和二季度 5.7% 的增速水平。终端需求的改善以及 2011 年同比基数较低的双重效应下，下半年家电产量增速也顺势回升，尤其是 9 月和 11 月，9 月家用洗衣机产量同比增长 25.4%，11 月空调产量同比增长 17.9%。并不乐观的是，家电零售额增速创 10 年新低。国家统计局公布数据显示，2012 年限额以上企业家用电器和音像器材类商品零售额同比仅增长 7.2%，在 2011 年增幅同比放缓 6.1 个百分点的基础上，再次回落 14.4 个百分点，放缓幅度加大，是近 10

年的最低增速。2012 年限额以上企业家用电器和音像器材类商品销售对限额以上企业商品零售额增长的贡献度仅为 3.3%，比 2011 年下滑 3.2 个百分点。中华全国商业信息中心的统计数据显示，全国重点大型零售企业家电零售额增速下降更为明显，2012 年家用电器零售额同比下滑 1.4%，音像器材类零售额同比下滑 10.0%，幅度更大。

与以往不相同的是，中国家电电商渠道表现尤为抢眼。2012 年家电行业电子商务渠道的快速发展，主要表现在：网上销售额快速增长，市场规模不断扩大；传统家电专业店加大对网购渠道的投资力度，家电行业电子商务声势日益造大；传统家电生产企业也纷纷自建电商销售渠道和借助第三方平台开展网上销售。发展快速以及发展空间较大，使得电子商务渠道之间的竞争不断加剧，与实体店相类似的"白热化价格战"成为 2012 年行业发展热议的焦点。但总体来说，由于产品升级换代和国家政策的驱动，科技创新的高端产品以较高的市场定价不断冲击市场，拉高平均零售价格，而连续多年的价格战和成本增加的压力下，传统商品利润大大压缩，价格下降空间基本消除，在两者综合作用下，家电零售价格降幅连续三年收窄，国家统计局数据显示，2012 年家用电器和音像器材类商品零售价格同比下降 2.3%，降幅较 2011 年收窄 0.8 个百分点。

（二）家电行业政策分析

2007 年底，商务部，财政部印发了《家电下乡试点工作实施方案》（商综发〔2007〕472 号），并在进行家电下乡试点工作之后有关部门下发《家电下乡推广工作方案》（财建〔2008〕680 号）。

为了应对金融危机，2009年2月在全国范围内开展了家电下乡政策，以刺激农村消费者的需求。同时为解决家电下乡产品补贴资金兑付慢的情况，财务部制定了简化家电下乡补贴程序的办法，以加快补贴审核兑付进度，充分发挥这项惠农政策的效应。这对家电行业来说也是前所未有的机遇，同时也是大大提升自身品牌形象和品牌影响力的大好机会，面对需求的增加，家电行业应该注重提升产品的质量，借机提升自己的品牌美誉度。2010年6月，商务部、财政部、环保部三部委联合发布《家电以旧换新推广工作方案》，决定家电以旧换新政策推广实施，进一步促进扩大消费需求，提高资源能源利用效率，减少环境污染，促进节能减排和循环经济发展，根据《商务部、财政部、环境保护部关于印发家电以旧换新推广工作方案的函》（商商贸发〔2010〕190号）精神，商务部、财政部、国家发改委、工业和信息化部、环境保护部、工商总局、质检总局2010年6月印发了《家电以旧换新实施办法（修订稿）》（商商贸发〔2010〕231号）。2010年可谓中国家电行业的政策年，"家电下乡"和"以旧换新"等惠民政策功效发挥起来，所以2010年家电行业销售额增速很高。为了加快经济转变方式，推动产业经济结构调整和优化升级，2011年1月11日工信部正式出台《关于加快我国家用电器行业自主品牌建设的指导》意见（以下简称《指导意见》），家用企业的品牌建设将走上一段全新的里程。《指导意见》的出台是贯彻落实中共十七大和《轻工业调整和振兴规划》的重要组成部分，《指导意见》从进一步增强品牌意识、提升产品核心竞争力、加强售后服务体系建设、提高品牌经营管理水平、推动区域品牌建设、实施品牌的差异化培育、积极履行社会责任、提高行业组织的服务能力方面，明确了下一阶段家电行业自主品牌建设的主要任务。2011年3月27日，国家发改委制定了《产业结构调整指导目录（2011年版）》，这项指导目录在家电相关的条目中，提出鼓励太阳能建筑一体化组建的设计与制造，这有利于促进家电行业高效节能产品的发展，淘汰技术落后和高耗能产品，优化家电行业的产业结构。2011年4月29日，国家发改委、财务部和商务部联合颁发了《鼓励进口技术和产品目录》（以下简称《目录》），旨在扩大先进技术、关键零部件、国内短缺资源和节能环保产品进口，更好地发挥进口贴息政策对自主创新和结构调整的积极作用。该《目录》有利于加快家电行业核心技术的引进、消化和吸收再创新的过程，突破现有壁垒，引导企业获取技术优势。

自2009年家电下乡政策全面推广实施以来，家电行业在产业转型、产业升级、网络渗透和扩大市场规模方面，都有了显著的改进和提高，根据《家电下乡操作细则》等有关文件规定，2013年1月31日全国家电下乡政策将全部执行到期。家电下乡政策对于我国农村家电市场的发展有利有弊。一方面，家电下乡政策大大刺激了我国农村家电市场，大量潜在需求得以释放，同时，也直接带来了市场的透支。在政策退出后，农村市场进入了一段过渡期，需要一段时间消化和恢复，未来行业将面临一定增长压力。不过，在下乡政策临近尾声之际，零售商层面也逐步将推广的重心从下乡产品转移至节能补贴产品。

从以上数据可以看出，虽然2011年开始我国家电行业一度低迷，但2012年，家电行业仍有小幅度缓慢增长。国际市场的不稳定，金融危机的爆发，对我国家电行业的出口造成了一定的影响。在国内，国家对房地产行业的严格调控，大大影响了家电市场的刚性需求。而国家对家电行业的以旧换新和家电下乡等激励政策使得市场透支，虽然短期内刺激企业产能扩张，但从长期发展来看，市场透支带来的需求不足、企业产能过剩，反而给家电市场的发展造成了更大的压力。

2013年，城镇化的步伐加快，促进家电需求不断得到释放，城镇化工作渐渐被提升到更高层面，家电刚性需求也会随之不断释放。2013年，中国家电行业已走出经济危机泥沼，整体定调为弱复苏的中国家电产业稳中有升，实现了"规模、利润"的双增长。数据显示，2013年大家电产量已接近历史最高点2011年的水平，这得益于外部经济运行稳中向好、居民收入和经济效益持续提高、结构调整取得积极成效。另外，内部家电技术创新的驱动，新兴渠道的资源整合，跨产业链的优势互补，使得国内家电产业在坚定不移的转型中转而不折。

二、2013年度中国家电企业品牌竞争力总体述评

（一）宏观竞争格局：企业分布集中，但发展不均衡

2013年中国对41家家电企业进行调研，从区域上看，营业收入一项，本次调研的41家企业营业总额为6128.67亿元，主要集中在华北地区、西南地区、华东地区、中南地区，营业额分别为510.97亿元、550.6亿元、1601.96亿元、3465.15亿元，分别占比8.34%、8.98%、26.14%、56.54%，其中仅中南地区就占营业总额的一半以上。中南地区业绩表现优异，增速依然领先，占据绝对的优势地位。净利润总额排名前3的省份分别是广东省、山东省和浙江省，分别占净利总额的65.33%、26.95%和4.19%，可以明显看出，各省（市）之间存在明显差距。江苏省、安徽省、四川省、福建省和北京市的净利润所占比重微小，分别为3.05%、1.88%、1.38%和-2.94%。

从省份来看，营业额排名前3的分别是广东省、山东省和四川省，营业额分别是3465.15亿元、1141.4亿元和550.6亿元，分别占营业总额的56.54%、18.62%和8.98%。净利润总额排名前3的省份分别是广东省、山东省和浙江省，净利润分别是161.65亿元、66.7亿元和10.37亿元，分别占净利润总额的65.33%、26.95%和4.19%，可以明显看出，各省（市）之间存在明显差距。江苏省、安徽省、四川省、福建省和北京市的净利润所占比重微小，分别为3.05%、1.88%、1.38%和-2.94%。

从以上数据分析看出，在企业营业总额、净利润方面，南北之间存在巨大差异，这与受调研的企业大都分布在南部有关。总的看来，中国家电企业分布比较集中，多集中在中南地区和华东地区，尤其是广东省，这种双雄竞争态势成为当前中国家电行业竞争最显著的特征。

中国家电企业远不止41家，这41家企业是众多家电企业的杰出代表，从中可以分析中国家电企业的竞争情况。家电行业是关乎中国经济发展的重要行业，家电企业目前已形成双雄争霸的竞争之势，一定程度上也揭示了中国区域经济发展的不均衡。

（二）中观竞争态势：四家企业领军行业，各家企业竞争激烈

根据中国家电企业品牌竞争力分级评级标准，对调查的企业进行分级评估，按照一般惯例分为五级，5A级企业4家，4A级企业7家，3A级企业25家，2A级企业5家，1A级企业0家。5A级家电企业包括青岛海尔股份有限公司、广东美的电器股份有限公司、珠海格力电器股份有限公司和TCL集团股份有限公司，其市场竞争力表现突出，企业数量仅占企业总数的10%，其CBI及各项分指标得分值均远远超出其他集团企业，并大大高于行业平均值，所以5A级企业是中国家电行业当之无愧的龙头企业。值得关注的是25家3A企业，占企业总数的61%，3A级集团的25家企业基本代表了家电行业发展的平均水平，并且企业之间指数分布比较均匀，可谓势均力敌、竞争激烈。

（三）微观竞争比较：市场竞争指数表现优异，财务竞争力指标差强人意

经过几十年的发展，中国家电行业已经成为中国市场众多行业中竞争最充分、市场要素最完备、走向国际化最早的产业，中国家电企业的数量也以惊人的速度发展，各企业为求生存，不惜牺牲利润，大打价格战，造成中国家电企业市场可观但财务指标令人唏嘘的现象。根据财务表现竞争力指标，全国41家家电企业品牌财务表现力得分均值仅为52.1973，其中青岛海尔股份有限公司、珠海格力电器股份有限公司、广东美的电器股份有限公司、TCL集团股份有限公司、国美电器控股有限公司、青岛海信电器股份有限公司、四川长虹电器股份有限公司、TCL多媒体科技控股有限公司、浙江苏泊尔股份有限公司和海信科龙电器股份有限公司位列前10名，这10家企业在品牌财务表现力方面差距较大，第1名青岛海尔股份有限公司财务表现力指标得分为84.5859，而第10名海信科龙电器股份有限公司品牌财务表现力得分仅为55.6531，说明其品牌财务表现力仍存在提升的空间。

随着中国消费水平的不断提高，家电行业产品不断推陈出新，国际市场对中国家电产品认可度提高，中国的家电企业无论在国内市场还是国

外市场都占有一席之地。全国家电企业在市场竞争表现力得分均值为 63.0993，高于 CBI 均值 54.2412 和品牌财务表现力均值 52.1973 。其中，青岛海尔股份有限公司、广东美的电器股份有限公司、青岛海信电器股份有限公司、珠海格力电器股份有限公司、国美电器控股有限公司、TCL 集团股份有限公司、四川长虹电器股份有限公司、TCL 多媒体科技控股有限公司、康佳集团股份有限公司、澳柯玛股份有限公司位列前 10 名，这 10 家企业在市场竞争表现力方面虽有一定的差距，但得分普遍偏高。市场表现力第 1 名青岛海尔股份有限公司，得分为 95.8356，第 10 名澳柯玛股份有限公司的得分为 71.7663，这 10 家企业的市场竞争力均值为 83.9014，显示了这 10 家家电企业的市场竞争力较强，一定程度上说明这 10 家企业在市场上占有重要地位。

总体来看，中国家电企业品牌财务指数差强人意，市场竞争表现力也需进一步加强，家电行业仍需要不断革新核心技术，坚持在品牌建设这条道路上越走越远。

三、中国家电行业品牌竞争力提升策略建议

（一）产品核心竞争力的提升

目前，我国家电企业的品牌意识都有了巨大提高，比较成功地将品牌意识融入产品、传播和经营管理各个层面，但家电产品的核心竞争力仍需要提升。一是加大核心技术的自主研发力度，加快创新成果的知识产权化和产业化，努力提高产品的设计开发能力以及关键零部件的升级改造，不断开发智能化、高效节能、环保低碳的家电产品。二是加快新材料开发和新工艺技术的研发推广，提高产品工艺制造能力，不断完善质量管理体系，进一步提高产品实用性、质量稳定性和高端产品加工精细化程度。三是加强消费市场调研和消费行为分析，围绕消费者对节能环保和个性、时尚家电产品的消费需求，开发和设计新产品，不断引导和创造新的市场需求。

（二）提升品牌经营管理水平

一是制定实施符合自身实际、定位明晰的品牌长远发展规划，不断提高品牌规划的执行力，通过专业化经营确保品牌优势。二是深入挖掘品牌的文化内涵，突出品牌个性，完善和提升品牌形象，推动品牌价值的提高。三是建立适应目标市场的品牌体系，通过品牌细分、品牌并购等途径不断完善品牌系列，处理好企业品牌与产品品牌之间、母品牌和子品牌之间的关系。四是创新品牌营销传播模式，形成与自身品牌形象一致的多元化传播渠道，提升消费者对品牌的美誉度和忠诚度。五是着力培育和引进国际化品牌经营管理人才，了解并尊重不同国家和地区的消费文化差异，提升品牌国际化经营运作水平。

（三）区域品牌建设的推动

一是充分发挥产业集群在地理位置、政策环境、资本、技术和劳动力等方面的比较优势，加强规划引导，塑造特色鲜明并具有较高价值和影响力的家电区域品牌。二是大力完善区域服务配套体系建设，不断满足企业对技术创新、工业设计、检测检验、商贸物流、信用担保和人才培训等公共服务的需求，提高区域品牌的整体竞争力和可持续发展能力。三是加快关键零部件的技术进步和产业升级，增强产业链上下游之间的协作配套能力，提升产业链整体运营效率。四是发挥优势品牌企业对区域品牌建设的引领和示范作用，着力提升产业集群的发展水平。

（四）培育品牌差异化

一是从行业整体发展的实际出发统筹规划自主品牌建设。二是区别企业在品牌建设和竞争优势等方面的不同情况，实施差异化目标管理和培育服务，推动优势自主品牌实施国际化战略，推动品牌建设基础较好的区域性品牌实施全国性品牌战略。三是重点选择一批拥有自主核心技术、市场占有率高和盈利能力强的自主品牌企业，从技术创新、技术改造及海外市场拓展等方面予以重点扶持和跟踪培育。四是加强品牌培育过程的动态监测，督促企业认真实施品牌战略，加强经验交流与推广，指导行业组织定期发布品牌报告，通过认定评价结果跟踪掌握品牌建设进展情况，及时调整扶持目标和措施，确保培育品牌的领先性和竞争性。五是打破地方保护，消除市场壁垒，减轻企业负担，为家电自主品牌进一步开拓国内市场提供便利服务。

（五）提高行业组织服务能力

一是加强企业的品牌研究，不断丰富品牌建设的实践经验，为自主品牌建设提供咨询指导和信息服务。二是积极配合政府部门做好国家标准、行业标准的规划和制订、修订工作，提升我国家电行业标准体系的整体水平，缩小与国际先进水平的差距。三是大力开展国际交流与合作，推动我国家电企业更多地参与目标市场的标准及国际标准的制订，提高国际市场对我国检测及认证结果的认可度。四是加强产业技术联盟建设，开展行业共享和关键技术的研发，增强行业和企业的自主创新能力。五是建立协商对话机制，充分发挥在行业发展、应对知识产权纠纷和国际技术性贸易壁垒等重大问题上的组织协调作用，推动企业国际市场竞争能力的提升。

第十四章 中国食品饮料行业企业品牌竞争力指数报告

第一节 中国食品饮料企业品牌竞争力指数总报告

一、2013 年度中国食品饮料企业总体竞争态势

中国企业品牌竞争力指数（以下简称 CBI）研究课题组为了检验理论成果的应用效果，于 2013 年对中国 64 家自主食品饮料企业品牌进行

了调研，根据各企业营业收入和净利润的原始数据发现，华北地区占据半壁江山，华东地区与中南地区齐头并进。北京市和内蒙古自治区遥遥领先于其他省市。因此，中国食品饮料企业品牌竞争力整体表现出华北地区一枝独秀，且与华东地区、中南地区三分天下的总体竞争态势，如图 14-1 和图 14-2 所示。

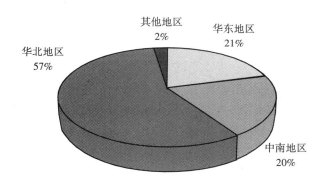

图 14-1 中国食品饮料行业区域竞争态势

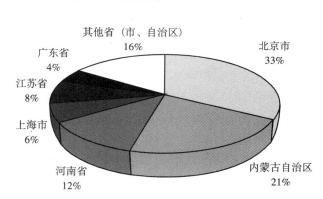

图 14-2 中国食品饮料行业省（市、自治区）竞争态势

截至 2012 年底，中国食品饮料行业受调研的 64 家自主食品饮料品牌企业的营业总额为 3741.24 亿元。从区域的角度分析，华北地区营业总额为 2126.27 亿元，占行业整体营业总额的 57%，大大领先于其他地区。华东地区营业额略高于中南地区，分别为 772.92 亿元和 747.63 亿元，分别占比 21% 和 20%，两者相差较小，不相上下。虽然华东地区和中南地区分别排名第二和第三，但与华北地区仍有较大差距，还有发展进

步的空间。由此看来，华北地区对我国食品饮料行业发展的贡献最大，发展态势良好，独领风骚。东北地区、西南地区和西北地区 3 个地区营业总额合计占比 2%，发展较为落后，企业数量和发展前景均有待提高（见图 14-3）。

从省（市、自治区）角度来看，排在前 6 位的省（市、自治区）分别为北京市、内蒙古自治区、河南省、江苏省、上海市和广东省，营业总额分别为 1238.10 亿元、782.56 亿元、449.2 亿

元、287.20 亿元、221.47 亿元和 170.20 亿元。其中，北京市和内蒙古自治区表现最为优异，两者的营业总额之和占比高达 54%，占据半壁江山。北京市位列各省（市、自治区）第一，占比高达 33%。内蒙古自治区位列第二，占比 21%，与北京市相比还有一定的距离，还有进步的空间。但整体来看，发展态势不错，势头迅猛。河南省紧

随其后，营业总额占比 12%，位列第三。江苏省、上海市和广东省分别位列第四、第五、第六，分别占比 8%、6% 和 4%，与行业第一还存在一定的差距，仍有提高和进步的空间。六大省（市、自治区）营业总额占行业营业总额的 84%，说明中国食品饮料行业企业品牌集中度相对较高（见图 14-4）。

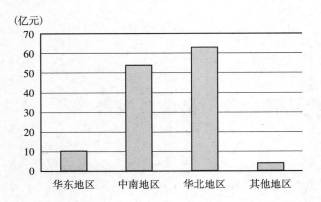

图 14-3　中国食品饮料企业净利润区域分布

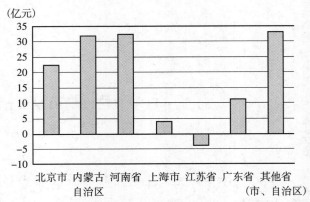

图 14-4　中国食品饮料企业净利润省（市、自治区）分布

截至 2012 年底，中国食品饮料行业受调研的 64 家自主食品饮料品牌企业的净利润总额为 131.11 亿元。从区域的角度分析，华北地区延续了营业收入第一的总体优势，净利润总额高达 63.23 亿元，占比 48%，稳居各地区第一。而营业收入不相上下的中南地区和华东地区，净利润总额却相差较大。中南地区紧随其后，净利润总额为 53.89 亿元，占比达 41%。而华东地区净利润总额仅达 10.24 亿元，占行业利润总额的 8%，远远低于华北地区和中南地区。较高的营业额并没有为华东地区带来较高的利润额，这个问题需要引起行业及地区相关负责人的重视。其他地区的利润总额更是少之又少，仅 3.75 亿元，占比 3%，大大落后于行业领先区域。

从省（市、自治区）角度来看，排在前 5 名的省（市、自治区）分别为河南省、内蒙古自治区、北京市、广东省和上海市，净利润总额分别为 32.34 亿元、31.85 亿元、22.43 亿元、11.30 亿元和 4.10 亿元。整体来看，基本延续了各省（市、自治区）营业收入的基本趋势。其中，河南省和内蒙古自治区遥遥领先，净利润总额分别占比 25% 和 24%，位居第一和第二，大大领先于其他省（市、自治区）。北京市跟随其后，位列第

三，占比 17%，发展势头强劲，优势明显。广东省和上海市分别占比 9% 和 3%，位列各省（市）第四和第五，相比第一稍显落后，还需进一步提高。五大省（市、自治区）净利润总额高达 78%。值得一提的是，营业收入表现不错的江苏省，2012 年净利润总额为 -4 亿元，下滑速度较快，远远落后行业前几名。究其原因，发现江苏省的中国雨润食品集团有限公司 2012 年亏损数额较大，为 -4.97 亿元，影响了江苏省的净利润总额，需要引起行业和地区重视。

总体来看，中国食品饮料行业整体的分布状态是华北地区占据半壁江山，与华东地区和中南地区三足鼎立。无论在营业收入还是在净利润方面均遥遥领先于其他地区，但华东地区和中南地区的盈利能力比华北地区强，河南省和内蒙古自治区营业能力较强，这也是当前中国食品饮料行业竞争最显著的特征。

二、2013 年度中国食品饮料企业品牌竞争力指数排名

中国企业品牌竞争力指数（以下简称 CBI）研究课题组已于 2011 年 7 月完成了理论研究，采

用多指标综合指数法对中国企业品牌竞争力进行量化研究。初期理论成果包括 CBI 四位一体理论模型、CBI 评价指标体系、CBI 评价指标权重以及 CBI 计算模型，并且已经通过国内十位经济学、管理学界权威专家论证。为了检验理论成果的应用效果，课题组继 2011~2012 年连续两年对中国自主食品饮料企业品牌调研之后，于 2013 年底对中国自主食品饮料企业品牌再一次进行调研，根据调查数据应用 CBI 计算模型得出中国食品饮料企业品牌竞争力排名（见表 14-1）。

表 14-1　2013 年中国食品饮料企业品牌竞争力排名

企业名称	省（市、自治区）	相对值（指数）		绝对值形式（百分制）		
		CBI 值	排名	品牌竞争力得分（CBS）	品牌财务表现力	市场竞争表现力
河南双汇投资发展股份有限公司	河南省	80.8231	1	76.3512	70.5575	89.8701
中国蒙牛乳业有限公司	内蒙古自治区	78.9919	2	74.9126	68.6711	89.4762
内蒙古伊利实业集团股份有限公司	内蒙古自治区	78.4686	3	74.5015	66.9623	92.0929
中国粮油控股有限公司	北京市	75.7912	4	72.3981	65.4885	88.5204
贝因美婴童食品股份有限公司	浙江省	69.3278	5	67.3203	64.4096	74.1118
光明乳业股份有限公司	上海市	68.0109	6	66.2857	60.0507	80.8339
中国食品有限公司	北京市	66.8026	7	65.3364	59.4852	78.9894
中国雨润食品集团有限公司	江苏省	64.3013	8	63.3714	57.1684	77.8449
梅花生物科技集团股份有限公司	河北省	60.4518	9	60.3471	54.9392	72.9657
上海梅林正广和股份有限公司	上海市	60.0609	10	60.0400	55.9134	69.6688
合生元国际控股有限公司	广东省	58.1934	11	58.5728	55.9601	64.6692
大成食品（亚洲）有限公司	北京市	57.9073	12	58.3481	52.8866	71.0916
维维食品饮料股份有限公司	江苏省	56.1639	13	56.9784	51.7969	69.0687
中国汇源果汁集团有限公司	北京市	55.7174	14	56.6276	51.8144	67.8584
奥瑞金包装股份有限公司	北京市	55.0100	15	56.0719	52.1042	65.3297
广州东凌粮油股份有限公司	广东省	52.9937	16	54.4878	47.6291	70.4914
安琪酵母股份有限公司	湖北省	52.7717	17	54.3134	50.0541	64.2519
洽洽食品股份有限公司	安徽省	52.6290	18	54.2013	50.4341	62.9914
神冠控股（集团）有限公司	广西壮族自治区	52.6053	19	54.1827	51.4815	60.4855
北京三元食品股份有限公司	北京市	51.5494	20	53.3532	48.6501	64.3270
中粮屯河股份有限公司	安徽省	50.8855	21	52.8316	47.2137	65.9401
三全食品股份有限公司	河南省	50.7991	22	52.7637	48.5664	62.5576
西王食品股份有限公司	山东省	49.6772	23	51.8823	48.2545	60.3472
河北承德露露股份有限公司	河北省	48.9120	24	51.2812	47.6452	59.7652
大连天宝绿色食品股份有限公司	辽宁省	48.8797	25	51.2558	47.4163	60.2146
汤臣倍健股份有限公司	广东省	48.8728	26	51.2503	48.8215	56.9177
四川高金食品股份有限公司	四川省	48.6107	27	51.0444	46.4658	61.7278
加加食品集团股份有限公司	湖南省	48.5539	28	50.9998	47.6692	58.7714
河南莲花味精股份有限公司	河南省	48.1146	29	50.6547	45.8322	61.9073
中国海升果汁控股有限公司	陕西省	47.8792	30	50.4697	45.9035	61.1243
山东得利斯食品股份有限公司	山东省	47.8750	31	50.4665	46.7408	59.1598
山东绿润食品有限公司	山东省	47.4619	32	50.1419	46.8524	57.8173
国投中鲁果汁股份有限公司	北京市	47.3111	33	50.0234	46.2351	58.8629
南宁糖业股份有限公司	广西壮族自治区	47.0073	34	49.7848	43.3819	64.7247
烟台北方安德利果汁股份有限公司	山东省	46.8373	35	49.6512	46.2732	57.5332
广东广弘控股股份有限公司	广东省	45.9834	36	48.9804	45.3978	57.3398
山东龙力生物科技股份有限公司	山东省	45.5924	37	48.6732	45.1791	56.8262
江西煌上煌集团食品股份有限公司	江西省	44.9852	38	48.1962	45.4167	54.6818

企业名称	省（市、自治区）	相对值（指数）		绝对值形式（百分制）		
		CBI值	排名	品牌竞争力得分（CBS）	品牌财务表现力	市场竞争表现力
中国康大食品有限公司	山东省	44.8184	39	48.0652	43.9851	57.5854
晨光生物科技集团股份有限公司	河北省	44.3484	40	47.6959	44.5411	55.0571
克明面业股份有限公司	湖南省	44.1057	41	47.5052	44.6972	54.0572
保龄宝生物股份有限公司	山东省	43.9056	42	47.3480	44.2627	54.5470
黑牛食品股份有限公司	广东省	43.6888	43	47.1777	44.1913	54.1459
广东肇庆星湖生物科技股份有限公司	广东省	43.6325	44	47.1334	42.6413	57.6152
重庆市涪陵榨菜集团股份有限公司	重庆市	43.4617	45	46.9993	44.4455	52.9580
广西贵糖（集团）股份有限公司	广西壮族自治区	43.3263	46	46.8929	43.1915	55.5293
厦门金达威集团股份有限公司	福建省	43.3227	47	46.8901	44.2034	53.1588
广西皇氏甲天下乳业股份有限公司	广西壮族自治区	42.9952	48	46.6328	43.6723	53.5406
天人果汁集团股份有限公司	陕西省	42.9313	49	46.5826	43.9629	52.6951
新疆中基实业股份有限公司	新疆维吾尔自治区	42.8439	50	46.5139	41.1764	58.9682
海欣食品股份有限公司	福建省	42.7364	51	46.4294	43.7495	52.6825
烟台双塔食品股份有限公司	山东省	42.4817	52	46.2293	43.5003	52.5971
江苏恒顺醋业股份有限公司	江苏省	41.9768	53	45.8327	40.7997	57.5764
森宝食品控股有限公司	福建省	40.9483	54	45.0247	41.8858	52.3487
易食集团股份有限公司	北京市	40.0860	55	44.3473	41.4264	51.1627
深圳市深宝实业股份有限公司	广东省	40.0561	56	44.3238	42.3053	49.0336
南方黑芝麻集团股份有限公司	广西壮族自治区	39.7903	57	44.1149	40.7931	51.8658
包头华资实业股份有限公司	内蒙古自治区	38.8991	58	43.4148	41.4718	47.9485
广东佳隆食品股份有限公司	广东省	38.3669	59	42.9967	40.8162	48.0845
哈尔滨高科技（集团）股份有限公司	黑龙江省	37.9285	60	42.6522	39.5619	49.8631
量子高科（中国）生物股份有限公司	广东省	37.0887	61	41.9925	40.3213	45.8922
金字火腿股份有限公司	浙江省	36.2475	62	41.3316	39.2728	46.1355
上海百润香精香料股份有限公司	上海市	35.9295	63	41.0818	39.7997	44.0734
上海大江食品集团股份有限公司	上海市	31.7131	64	37.7693	33.9137	46.7656
均值		49.6944		51.8958	47.9736	61.0476

注：从理论上说，中国企业品牌竞争力指数（CBI）由中国企业品牌竞争力分值（CBS）标准化之后得出，CBS由4个一级指标品牌财务表现力、市场竞争表现力、品牌发展潜力和消费者支持力的得分值加权得出。在实际操作过程中，课题组发现，品牌发展潜力和消费者支持两个部分的数据收集存在一定的难度，且收集到的数据准确性有待核实，因此，本报告暂未将品牌发展潜力和消费者支持力列入计算。品牌财务表现主要依据各企业的财务报表数据以及企业上报数据进行计算。同时，关于市场竞争表现力方面的得分，课题组选取了部分能够通过公开数据计算得出结果的指标，按照CBI计算模型得出最终结果。关于详细的计算方法见《中国企业品牌竞争力指数系统：理论与实践》。

由表14-1可以看出，在2013年食品饮料行业企业品牌CBI排名中，河南双汇投资发展股份有限公司、中国蒙牛乳业有限公司、内蒙古伊利实业集团股份有限公司、中国粮油控股有限公司、贝因美婴童食品股份有限公司、光明乳业股份有限公司、中国食品有限公司、中国雨润食品集团有限公司、梅花生物科技集团股份有限公司、上海梅林正广和股份有限公司稳坐行业前10强的位置。其中，河南双汇投资发展股份有限公司CBI值为80.8231，排名第一，各项指标均大大领先，占据绝对的优势地位，是食品饮料行业当之无愧的领军企业品牌。

通过2013年中国食品饮料企业品牌竞争力指数数据，可以计算出中国食品饮料行业CBI数值为49.6944。CBI数值为相对值，一方面可以反映行业总体竞争水平，另一方面也为行业内企业提供一个比较标准。课题组根据受调研的1548家企业的CBI数据得出中国企业品牌竞争力指数值为47，那么食品饮料行业CBI为49.69>47，说明食品饮料行业整体竞争水平高于平均水平，行业发展处于良好状态。同理，行业内部企业CBI数值低于49.69，说明其品牌竞争力处于劣势，高于49.69，则说明其品牌竞争力处于优势，整个CBI指标体系为企业提供了一套具有诊断功能和预测功能的实用工具。

三、2013 年度中国食品饮料企业品牌竞争力指数评级报告

（一）中国食品饮料企业品牌竞争力指数评级标准体系

根据表 14-1 得出的食品饮料企业 CBI 数值，

课题组绘制总体布局（见图 14-5），从整体上看 CBI 分布曲线两头陡峭、中间平缓。根据 CBI 数值表现出来的特征，结合食品饮料企业的行业竞争力特性对调查的企业进行分级评估，按照一般惯例分为五级，划分标准如表 14-2 所示。

表 14-2 中国企业品牌竞争力分级评级标准

评级 标准	CBI 数值标准
5A	CBI≥80
4A	60≤CBI<80
3A	40≤CBI<60
2A	20≤CBI<40
1A	CBI<20

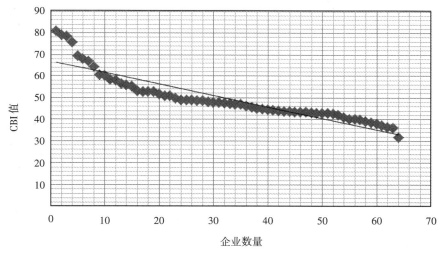

图 14-5 中国食品饮料行业企业 CBI 散点分布

（二）中国食品饮料企业品牌竞争力指数评级结果

由以上评价标准可以将食品饮料企业划分为

五个集团，具体的企业个数及分布情况如表 14-3 和图 14-6 所示，各级水平的企业得分情况由于篇幅原因仅列出代表企业。

表 14-3 中国食品饮料行业企业各分级数量表

企业评级	竞争分类	企业数量	所占比重（%）	CBI 均值	CBS 均值	品牌财务表现力均值	市场竞争表现力均值
5A 级企业	第一集团	1	2	80.8231	76.3512	70.5575	89.8701
4A 级企业	第二集团	9	14	69.1341	67.1681	61.4543	80.5004
3A 级企业	第三集团	46	72	47.4227	50.1111	46.3199	58.9574
2A 级企业	第四集团	8	13	36.9955	41.9192	39.4938	47.5786
1A 级企业	第五集团	0	0	—	—	—	—
全部	不分类	64	100	49.6944	51.8958	47.9736	61.0476

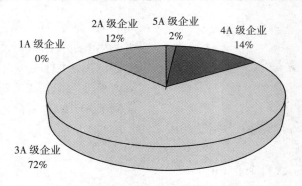

图 14-6　中国食品饮料企业分级分布

表 14-4　中国食品饮料行业 5A 级企业品牌列表

企业名称	评级水平	排名	CBI	CBS	品牌财务表现力	市场竞争表现力
河南双汇投资发展股份有限公司	5A	1	80.8231	76.3512	70.5575	89.8701

据表 14-2 中国企业品牌竞争力分级评级标准，5A 级食品饮料企业只有河南双汇投资发展股份有限公司 1 家（见表 14-4），占食品饮料企业总数的 2%。河南双汇投资发展股份有限公司是食品饮料行业的领导企业，其 CBI 数值、品牌财务表现力和市场竞争表现力均遥遥领先于其他企业，得分均在 70 分以上，市场竞争表现力得分在 89 分以上，位列行业第一，为各企业发展之表率，引领整个食品饮料行业的发展，品牌发展潜力巨大，是当之无愧的龙头企业。

表 14-5　中国食品饮料行业 4A 级企业品牌代表

企业名称	评级水平	排名	CBI	CBS	品牌财务表现力	市场竞争表现力
中国蒙牛乳业有限公司	4A	2	78.9919	74.9126	68.6711	89.4762
内蒙古伊利实业集团股份有限公司	4A	3	78.4686	74.5015	66.9623	92.0929
中国粮油控股有限公司	4A	4	75.7912	72.3981	65.4885	88.5204
贝因美婴童食品股份有限公司	4A	5	69.3278	67.3203	64.4096	74.1118
光明乳业股份有限公司	4A	6	68.0109	66.2857	60.0507	80.8339

据表 14-2 中国企业品牌竞争力分级评级标准，4A 级食品饮料企业共有 9 家，占食品饮料企业总数的 14%。表 14-5 所列的 5 家企业中国蒙牛乳业有限公司、内蒙古伊利实业集团股份有限公司、中国粮油控股有限公司、贝因美婴童食品股份有限公司、光明乳业股份有限公司是中国食品饮料行业领先企业代表，品牌财务表现力、市场竞争表现力表现突出，CBI 均值及各项分指标得分值均远远高于行业平均值，属于食品饮料行业的优势企业，品牌发展潜力较大。从第二集团内部比较而言，中国蒙牛乳业有限公司在品牌财务表现力方面表现较好，位列本集团第一；内蒙古伊利实业集团股份有限公司在市场竞争表现力方面位列本集团第一，具有较强的市场竞争力。

表 14-6　中国食品饮料行业 3A 级企业品牌代表

企业名称	评级水平	排名	CBI	CBS	品牌财务表现力	市场竞争表现力
合生元国际控股有限公司	3A	11	58.1934	58.5728	55.9601	64.6692
大成食品（亚洲）有限公司	3A	12	57.9073	58.3481	52.8866	71.0916
维维食品饮料股份有限公司	3A	13	56.1639	56.9784	51.7969	69.0687
中国汇源果汁集团有限公司	3A	14	55.7174	56.6276	51.8144	67.8584
奥瑞金包装股份有限公司	3A	15	55.0100	56.0719	52.1042	65.3297

据表 14-2 中国企业品牌竞争力分级评级标准，3A 级食品饮料企业共有 46 家，占食品饮料企业总数的 72%。表 14-6 所列的 5 家企业合生元国际控股有限公司、大成食品（亚洲）有限公司、维维食品饮料股份有限公司、中国汇源果汁集团有限公司、奥瑞金包装股份有限公司是中国食品饮料行业的中游企业，品牌财务表现力和市场竞争表现力均处于行业平均水平，CBI 均值及各项分指标得分值在行业平均值上下波动，是值得关注的企业集团，是食品饮料行业发展的后续力量。从第三集团内部比较而言，合生元国际控股有限公司的品牌财务表现力位于本集团第一，财务竞争力较强。大成食品（亚洲）有限公司市场竞争表现力较好，市场竞争力较强。

表 14-7　中国食品饮料行业 2A 级企业品牌代表

企业名称	评级水平	排名	CBI	CBS	品牌财务表现力	市场竞争表现力
南方黑芝麻集团股份有限公司	2A	57	39.7903	44.1149	40.7931	51.8658
包头华资实业股份有限公司	2A	58	38.8991	43.4148	41.4718	47.9485
广东佳隆食品股份有限公司	2A	59	38.3669	42.9967	40.8162	48.0845
哈尔滨高科技（集团）股份有限公司	2A	60	37.9285	42.6522	39.5619	49.8631
量子高科（中国）生物股份有限公司	2A	61	37.0887	41.9925	40.3213	45.8922

据表 14-2 中国企业品牌竞争力分级评级标准，2A 级食品饮料企业共有 6 家，占食品饮料企业总数的 12%。表 14-7 所列的 5 家企业南方黑芝麻集团股份有限公司、包头华资实业股份有限公司、广东佳隆食品股份有限公司、哈尔滨高科技（集团）股份有限公司、量子高科（中国）生物股份有限公司是中国食品饮料行业中下游企业的代表，其特征是品牌财务表现力、市场竞争表现力等均处于行业平均水平之下，CBI 均值及各项分指标得分值均低于行业平均值。从第四集团内部比较而言，品牌财务表现力普遍较低，均在 50 分以下，处于劣势，还有待提高；而市场竞争表现力也均分布在 50 左右，得分参差不齐。

四、2013 年中国食品饮料企业品牌价值 20 强排名

课题组认为，品牌价值（以下简称 CBV）是客观存在的，它能够为其所有者带来特殊的收益。品牌价值是品牌在市场竞争中的价值实现。一个品牌有无竞争力，就是要看它有没有一定的市场份额，有没有一定的超值创利能力。品牌的竞争力正是体现在品牌价值的这两个最基本的决定性因素上，品牌价值就是品牌竞争力的具体体现。通常上品牌价值以绝对值（单位：亿元）的形式量化研究品牌竞争水平，课题组对品牌价值和品牌竞争力的关系展开研究，针对品牌竞争力以相对值（指数：0~100）的形式量化研究品牌竞争力水平。在研究世界上关于品牌价值测量方法论基础上，提出本研究关于品牌价值计算方法：$CBV=(N-E\times5\%)(1+A)\times C\times CBI/100+K$。其中，CBV 为企业品牌价值，CBI 为企业品牌竞争力指数，N 为净利润，E 为所有者权益，A 为品牌溢价，C 为行业调整系数，K 为其他影响系数，据此得出中国食品饮料企业品牌价值 20 强（见表 14-8）。

表 14-8　2013 年中国食品饮料行业品牌价值排名

股票名称	省（市、自治区）	品牌价值（CBV）	排名	品牌竞争力（CBI）
双汇发展	河南省	277.04	1	80.82
伊利股份	内蒙古自治区	242.88	2	78.47
蒙牛乳业	内蒙古自治区	240.71	3	78.99
中国粮油控股	北京市	187.32	4	75.79
光明乳业	上海市	162.80	5	68.01
贝因美	浙江省	162.09	6	69.33
中国食品	北京市	136.00	7	66.80

续表

股票名称	省（市、自治区）	品牌价值（CBV）	排名	品牌竞争力（CBI）
梅花集团	河北省	115.27	8	60.45
雨润食品	江苏省	109.25	9	64.30
上海梅林	上海市	102.32	10	60.06
大成食品	北京市	101.52	11	57.91
合生元	广东省	98.84	12	58.19
维维股份	江苏省	94.75	13	56.16
东凌粮油	广东省	91.67	14	52.99
汇源果汁	北京市	91.04	15	55.72
奥瑞金	北京市	90.40	16	55.01
安琪酵母	湖北省	84.17	17	52.77
神冠控股	广西壮族自治区	83.13	18	52.61
洽洽食品	安徽省	81.84	19	52.63
三元股份	北京市	78.91	20	51.55
合计		2631.96		

CBV 分析：在 64 家受调研的食品饮料企业中，排名前 20 强的企业 CBV 合计为 2631.96 亿元，较 2012 年有所提高。前 5 强食品饮料企业 CBV 总值合计为 1110.76 亿元，占前 20 强比重为 42.20%，降幅 2.5%。其中在前 5 强企业中，河南双汇投资发展股份有限公司发展由 2012 年的第 4 名上升到了第 1 名，内蒙古伊利实业集团股份有限公司由第 1 名降到了第 2 名，内蒙古蒙牛乳业集团股份有限公司由第 2 名降到了第 3 名，中和中国粮油控股有限公司由第 3 名下滑至第 4 名，光明乳业股份有限公司由第 6 名上升到了第 5 名，上年度第 5 名的中国雨润食品集团有限公司下滑到了第 9 名。在前 20 强企业中，企业在全国的分布比较分散，没有明显的地区集中趋势。

第二节　2013 年度中国食品饮料企业品牌竞争力区域报告

一、六大经济分区

（一）总体情况分析

根据课题组的调研数据，我们可以看出，我国食品饮料企业主要分布于华东地区、中南地区和华北地区。其中，华东地区企业数量高达 23 家，占行业企业总数的 36%，CBI 均值为 48.1691，位列各区域第二，略低于行业平均值，仍需进一步提高。中南地区企业数量排名第二，有 20 家，CBI 均值为 47.9884，低于华东地区，处于较为劣势地位。华北地区虽然仅有 14 家企业，排名第三，但其 CBI 均值高达 57.1605，远远高于其他区域和行业平均水平，为各区域发展之模范。东北地区、西南地区和西北地区企业数量均较少，CBI 均值也不尽如人意，属于我国食品饮料行业发展较为落后的地区，与发达地区仍存在较大差距，企业品牌竞争力还有较大的提升空间，也体现出我国食品饮料行业发展的不均衡状态（见表 14-9、图 14-7、图 14-8）。

表 14-9　中国食品饮料企业六大经济区域竞争状况

区域	企业数量	所占比重（%）	CBI 均值	CBS 均值	品牌财务表现力均值	市场竞争表现力均值
华东地区	23	36	48.1691	50.6975	47.0033	59.3172
中南地区	20	31	47.9884	50.5556	46.8990	59.0875

区域	企业数量	所占比重 (%)	CBI 均值	CBS 均值	品牌财务表现力均值	市场竞争表现力均值
华北地区	14	22	57.1605	57.7614	53.0229	68.8177
东北地区	2	3	43.4041	46.9540	43.4891	55.0389
西南地区	2	3	46.0362	49.0219	45.4557	57.3429
西北地区	3	5	44.5515	47.8554	43.6809	57.5959
总体情况	64	100	49.6944	51.8958	47.9736	61.0476

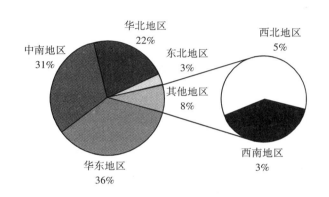

图 14-7　中国食品饮料企业数量区域分布

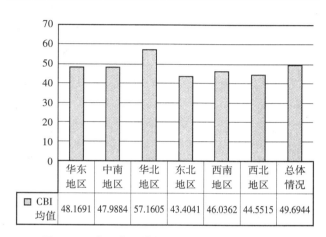

图 14-8　中国食品饮料企业区域 CBI 均值对比

（二）分项情况分析

在各分项竞争力指标对比方面，各地区的品牌财务表现力处于中等水平，得分均值在 50 分上下。市场竞争表现力指标表现较好，得分均值均在 55 分以上，各地区间存在一定差距。华北地区的市场竞争表现力指标高达 68.8177，品牌财务表现力指标达 53.0229，均位列各区域第一，保持着遥遥领先的优势（见图 14-9）。整体来看，食品饮料行业的企业品牌财务表现力还有待提升，市场竞争表现力处于行业中等偏上水平。

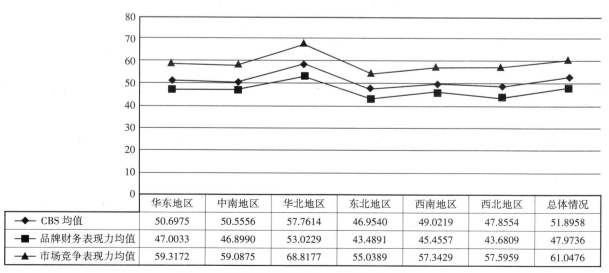

图 14-9　中国食品饮料企业一级指标分区域对比

二、七大省（市、自治区）分析

（一）总体情况分析

表 14-10　中国食品饮料企业七大省（市、自治区）竞争状况

省（市、自治区）	企业数量	所占比重（%）	CBI 均值	CBS 均值	品牌财务表现力均值	市场竞争表现力均值
广东省	9	14	45.4307	48.5462	45.3427	56.0210
北京市	8	12	56.2719	57.0633	52.2613	68.2678
上海市	4	6	48.9286	51.2942	47.4194	60.3355
山东省	8	12	46.0812	49.0572	45.6310	57.0517
广西壮族自治区	5	8	45.1449	48.3216	44.5041	57.2292
河南省	3	5	59.9123	59.9232	54.9853	71.4450
内蒙古自治区	3	5	65.4532	64.2763	59.0351	76.5058
其他省（市、自治区）	24	38	48.1335	50.6695	46.8679	59.5400
总体情况	64	100	49.6944	51.8958	47.9736	61.0476

由表 14-10 可以看出，从企业数量来看，广东省、北京市、山东省较为领先，食品饮料企业分别有 9 家、8 家、8 家，分别占比 14%、12%、12%。跟随其后的分别是广西壮族自治区 5 家，上海市 4 家，营业收入和净利润一向排名靠前的河南省和内蒙古自治区均仅有 3 家，占比 5%。从 CBI 均值上看，内蒙古自治区和河南省虽然企业数量较少，但其 CBI 均值分别为 65.4532 和 59.9123，远远高于其他省（市、自治区）和行业平均水平，分别位列第一和第二，为各省（市、自治区）发展之榜样。北京市表现也比较优异，CBI 均值为 56.2719，位列第三，高于行业平均水平，实现了企业数量和企业品牌竞争力的相对均衡发展。而企业数量排名比较靠前的其他省（市、自治区）CBI 表现均欠佳，均低于行业平均水平，品牌竞争力处于较为劣势的位置，还需进一步改善和提升（见图 14-10、图 14-11）。

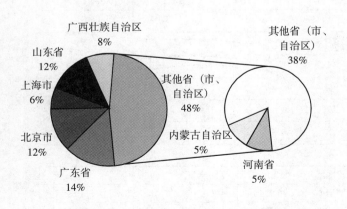

图 14-10　中国食品饮料企业数量省（市、自治区）分布

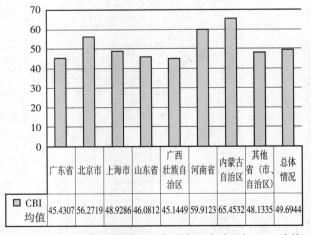

图 14-11　中国食品饮料企业省（市、自治区）CBI 均值对比

（二）分项情况分析

在各分项竞争力指标对比方面，品牌财务表现力、市场竞争表现力指标在各省（市、自治区）表现有所差距。总体来看，河南省、内蒙古自治区和北京市表现良好，品牌财务表现力、市场竞争表现力两大指标表现均高于行业平均水平，且

均以内蒙古自治区为首，品牌财务表现力、市场竞争表现力指标均值分别为 59.0351、76.5058，大大领先于其他各大省（市、自治区）。河南省和北京市紧随其后，不相上下，是我国食品饮料行业的领先地区代表。而排名较为靠前的其他省（市、自治区），广东省、上海市、山东省、广西

壮族自治区等，无论在品牌财务表现力还是市场竞争表现力指标上，均低于行业平均水平（见图14-12），表现差强人意，说明我国食品饮料行业发展不均衡较为严重，内蒙古自治区牢牢锁定发展优势，是食品饮料行业的领军地区。

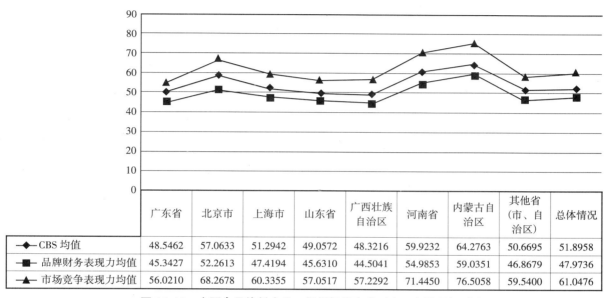

	广东省	北京市	上海市	山东省	广西壮族自治区	河南省	内蒙古自治区	其他省（市、自治区）	总体情况
CBS 均值	48.5462	57.0633	51.2942	49.0572	48.3216	59.9232	64.2763	50.6695	51.8958
品牌财务表现力均值	45.3427	52.2613	47.4194	45.6310	44.5041	54.9853	59.0351	46.8679	47.9736
市场竞争表现力均值	56.0210	68.2678	60.3355	57.0517	57.2292	71.4450	76.5058	59.5400	61.0476

图 14-12　中国食品饮料企业一级指标代表省（市、自治区）对比

第三节　2013 年度中国食品饮料企业品牌竞争力分项报告

一、品牌财务表现

目前国内企业经营者对于现代化管理手段的理解与实践，多半仍然停留在以财务数据为主导的思维里。虽然财务数据无法帮助经营者充分掌握企业发展方向的现实，但在企业的实际运营过程中，财务表现仍然是企业对外展示基本实力的重要依据。品牌财务表现层面的分析将财务指标分为规模因素、增长因素和效率因素 3 个二级指标。规模因素主要从销售收入、所有者权益和净利润 3 个三级指标衡量；效率因素主要从净资产报酬率、总资产贡献率 2 个三级指标衡量；增长因素主要从近三年销售收入增长率、近三年净利润增长率 2 个三级指标衡量。

近几年中国经济快速发展使消费者对食品饮料的需求也不断增加。中国的食品饮料企业近年来营业收入、净利润都保持了良好的增长态势。全国 64 家食品饮料企业的品牌财务表现力得分均值为 47.9736。其中，河南双汇投资发展股份有限公司、中国蒙牛乳业有限公司、内蒙古伊利实业集团股份有限公司、中国粮油控股有限公司、贝因美婴童食品股份有限公司、光明乳业股份有限公司、中国食品有限公司、中国雨润食品集团有限公司、合生元国际控股有限公司、上海梅林正广和股份有限公司位列前 10 名（见表 14-11），这 10 家企业在品牌财务表现力方面还存在一定的差距。排在行业第一的河南双汇投资发展股份有限公司，其品牌财务表现力得分为 70.5575，CBI 数值也最高，是名副其实的 5A 级企业。而排名

第十的上海梅林正广和股份有限公司，其品牌财务表现力得分仅为55.9134，与第一名还存在很大差距，仍需进一步提升和改善（见图14-13）。

从3个二级指标看，其均值分别为：规模要素43.7051，效率因素50.2567，增长因素51.0419。增长因素得分最高，其中又以年平均净利润增

率得分最高，为51.4268。规模要素得分最低，为43.7051。因其对品牌财务表现影响最大，因此导致了行业整体财务表现欠佳。在所有三级指标中，所有者权益最低，仅为32.1045，净资产报酬率最高，为53.0006（见表14-12）。

表14-11 品牌财务表现指数——行业前10名

企业名称	省（市、自治区）	CBI值	品牌财务表现力
河南双汇投资发展股份有限公司	河南省	80.8231	70.5575
中国蒙牛乳业有限公司	内蒙古自治区	78.9919	68.6711
内蒙古伊利实业集团股份有限公司	内蒙古自治区	78.4686	66.9623
中国粮油控股有限公司	北京市	75.7912	65.4885
贝因美婴童食品股份有限公司	浙江省	69.3278	64.4096
光明乳业股份有限公司	上海市	68.0109	60.0507
中国食品有限公司	北京市	66.8026	59.4852
中国雨润食品集团有限公司	江苏省	64.3013	57.1684
合生元国际控股有限公司	广东省	58.1934	55.9601
上海梅林正广和股份有限公司	上海市	60.0609	55.9134

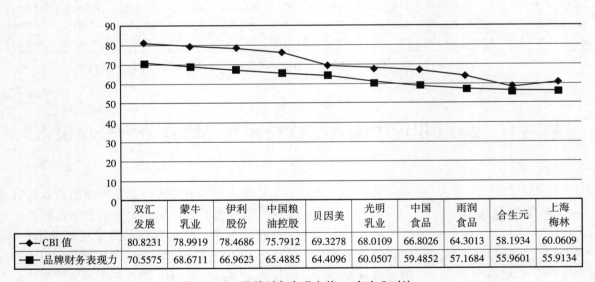

	双汇发展	蒙牛乳业	伊利股份	中国粮油控股	贝因美	光明乳业	中国食品	雨润食品	合生元	上海梅林
CBI值	80.8231	78.9919	78.4686	75.7912	69.3278	68.0109	66.8026	64.3013	58.1934	60.0609
品牌财务表现力	70.5575	68.6711	66.9623	65.4885	64.4096	60.0507	59.4852	57.1684	55.9601	55.9134

图14-13 品牌财务表现力前10名企业对比

表14-12 品牌财务表现力各分项指标得分均值

品牌财务表现力	47.9736	规模要素	43.7051	销售收入	50.8411
				所有者权益	32.1045
				净利润	48.5282
		效率因素	50.2567	净资产报酬率	53.0006
				总资产贡献率	46.1409
		增长因素	51.0419	年平均销售收入增长率	50.6570
				年平均净利润增长率	51.4268

二、市场竞争表现

随着食品饮料行业的持续快速发展，市场竞争也更加激烈。企业只有具备更强的市场竞争能力，才能在目前的行业环境中生存下去。市场竞争表现层面的分析将指标分为市场占有能力和超值获利能力2个二级指标。市场占有能力主要从市场占有率和市场覆盖率2个三级指标衡量；超值获利能力主要从品牌溢价率和品牌销售利润率2个三级指标衡量。

近几年中国经济的快速发展带来了更为激烈复杂的市场竞争。全国64家食品饮料企业的市场竞争表现力得分均值仅为61.0476，略高于品牌财务表现力。内蒙古伊利实业集团股份有限公司、河南双汇投资发展股份有限公司、中国蒙牛乳业有限公司、中国粮油控股有限公司、光明乳业股份有限公司、中国食品有限公司、中国雨润食品集团有限公司、贝因美婴童食品股份有限公司、梅花生物科技集团股份有限公司、大成食品（亚洲）有限公司位列前10名（见表14-13），这10

家企业在市场竞争表现力方面都很强，指标得分均在70分以上。得分最高的内蒙古伊利实业集团股份有限公司分值为92.0929，得分最低的大成食品（亚洲）有限公司分值为71.0916。虽然位列第十，仍与行业老大有一定的差距，但从整体来看，食品饮料企业的市场竞争表现力较强（见图14-14）。

二级指标中，市场占有能力得分均值为63.9086，超值获利能力得分55.7342（见表14-14）。食品饮料行业的发展有其特殊性，除少数几家企业的市场占有率较高外，其他企业的市场占有率水平相当。而又因为食品饮料行业事关人类的基本生活需求，需求弹性较小，因此，它的市场覆盖率较高，是各指标中最高的一项。随着大家对食品安全的日益重视，在食品饮料行业内，品牌对企业市场竞争力表现的影响非常明显，因此品牌溢价率得分均值相对较高，为63.7988，而品牌销售利润率指标却表现平平，为40.7571。品牌的溢价率指标高，说明我国食品饮料行业品牌的重要性日渐提高，而如何控制成本、保持高利润，是每个企业均需要考虑的问题。

表14-13 市场竞争表现指数——行业前10名

企业名称	省（市、自治区）	CBI值	市场竞争表现力
内蒙古伊利实业集团股份有限公司	内蒙古自治区	78.4686	92.0929
河南双汇投资发展股份有限公司	河南省	80.8231	89.8701
中国蒙牛乳业有限公司	内蒙古自治区	78.9919	89.4762
中国粮油控股有限公司	北京市	75.7912	88.5204
光明乳业股份有限公司	上海市	68.0109	80.8339
中国食品有限公司	北京市	66.8026	78.9894
中国雨润食品集团有限公司	江苏省	64.3013	77.8449
贝因美婴童食品股份有限公司	浙江省	69.3278	74.1118
梅花生物科技集团股份有限公司	河北省	60.4518	72.9657
大成食品（亚洲）有限公司	北京市	57.9073	71.0916

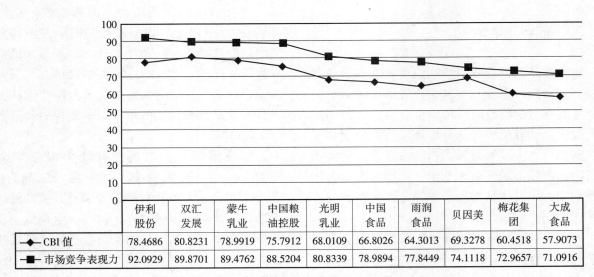

图 14-14　市场竞争表现力前 10 名企业

表 14-14　市场竞争表现力各分项指标得分均值

市场竞争表现力	61.0476	市场占有能力	63.9086	市场占有率	62.0616
				市场覆盖率	68.2184
		超值获利能力	55.7342	品牌溢价率	63.7988
				品牌销售利润率	40.7571

（CBI 值图表数据）

	伊利股份	双汇发展	蒙牛乳业	中国粮油控股	光明乳业	中国食品	雨润食品	贝因美	梅花集团	大成食品
CBI 值	78.4686	80.8231	78.9919	75.7912	68.0109	66.8026	64.3013	69.3278	60.4518	57.9073
市场竞争表现力	92.0929	89.8701	89.4762	88.5204	80.8339	78.9894	77.8449	74.1118	72.9657	71.0916

第四节　中国食品饮料企业品牌竞争力提升策略专题研究

一、中国食品饮料行业宏观经济与政策分析

（一）食品饮料市场运行情况

食品饮料行业 2013 年上半年收入和利润增速都有所下滑，达近几年最低点。食品饮料行业 2013 年上半年收入平均增长 3.28 个百分点，与 2012 年年报相比下降 14.5 个百分点，归属于母公司的净利润的平均增速为 4.86%，与 2012 年年报相比下降 26 个百分点。酒类公司尤其是白酒和葡萄酒公司业绩的大幅度下滑导致行业收入和利润增速下滑至近期的低点。通过对食品饮料各子行业的分析，上半年它们的收入与利润变化存在较大的区别。白酒、葡萄酒的收入和净利润有大幅下滑；啤酒基本保持不变；非酒食品有大幅度提升。白酒行业上半年业绩整体处于下滑阶段，由

于上半年"三公"限酒以及招待用酒限制等政策的出台，给上市白酒带来的负面影响较为显著地体现在其业绩之中。啤酒行业销售量增加带动公司业绩的回升。葡萄酒由于受内部与外部的相互冲击，短期仍处于低潮。2013 年以后，啤酒产量增速较 2012 年有所增加，1~6 月累计啤酒产量增速上升 5.85 个百分点，行业销售情况好转是公司业绩回升的主因，由于"三公"限酒政策的出台以及进口葡萄酒所带来的压力，2013 年 1~7 月国内葡萄酒行业累计产量为 64.25 万千升，同比减少 9.31%，包括龙头企业张裕的收入和利润相比 1 季度都持续下滑，同时产品结构下行使公司的毛利率同比下降 5 个百分点。非酒公司业绩稳定增长。非酒食品饮料公司收入合计 748 亿元，同比增长 13.4%；除伊利股份、双汇发展这两家较大的公司，剩余 27 家公司收入合计达 305 亿元，同比增加 21.74 个百分点。2013 年上半年，非酒食

品饮料公司净利润合计 56 亿元，同比增长 90.05%；扣除伊利股份、双汇发展这两家较大的公司，剩余 27 家公司净利润合计 20 亿元，同比增长 20.18%。利润率的提升使伊利股份、双汇发展业绩有所增长，而其他企业业绩的增长主要来源于收入的持续稳定增长。

（二）食品饮料行业政策分析

农业部与卫生部新发布的《食品中农药最大残留限量标准》于 2013 年 3 月 1 日起实施，基本囊括了我国居民日常消费的主要农产品。卫生部出台《食品中污染物限量》（GB 2762-2012）后，我国在食品安全基础标准清理整合方面的工作基本完成。商务部在 2013 年 21 号公告颁布了《酒类行业流通服务规范》，并于 2013 年 11 月 1 日在全国实施。国家质检总局官网发布公告称，《进出口乳品检验检疫监督管理办法》自 5 月 1 日起实施，应提供经外交途径确认的有关证明文件，进口乳品标签上须标注获得国外奖项、荣誉、认证标志等内容。各部委关于食品相关政策文件频繁出现，食品安全和标准制定为食品企业的规范化发展奠定基础。为进一步贯彻《国务院关于加强食品安全工作的决定》（国发〔2012〕20 号），落实《国务院办公厅关于印发 2013 年食品安全重点工作安排的通知》（国办发〔2013〕25 号）要求，工信部印发《2013 年食品安全重点工作安排》（以下简称《工作安排》）。《工作安排》要求，推进食品安全责任强制保险制度试点，开展食品生产企业首席质量官制度试点。作为保健食品主要监管部门，国家食品药品监管总局出台了《关于进一步规范保健食品监督管理严厉打击违法违规行为有关事项的公告（征求意见稿）》（以下简称《公告》），其中规定，保健食品名称不得擅自添加其他商标或者商品名；同一批准文号的保健食品标签应当使用相同的商标；自 2014 年 1 月 1 日起，不得生产、经营和进口贴牌保健食品。除此之外，相关部门已经开始着手修订更为严格的酒类食品安全标准，未来白酒企业一旦使用酒精或是其他食品添加剂，必须在产品外包装明示。正如"无规矩不成方圆"，食品行业也需法规标准的制约。通过对行业内各方面的制约来保障消费者"舌尖上的安全"，进而重建消费者食品安全信心。也希望有关部门在实行过程中能够加强监管和执行力度，不让这些法规政策成为空头支票。

二、2013 年度中国食品饮料企业品牌竞争力总体述评

（一）宏观竞争格局：华北地区均衡引领行业，龙头企业带动省（市、自治区）发展

根据中国食品饮料行业整体的营业收入数据，从区域来看，2013 年受调研的 64 家自主食品饮料品牌企业 2012 年营业总额为 3741.24 亿元。其中华北地区营业总额为 2126.27 亿元，占行业整体营业总额的 57%，华东地区营业额略高于中南地区，分别为 772.92 亿元和 747.63 亿元，分别占比 21% 和 20%，两者相差较小，不相上下。而东北地区、西南地区和西北地区三个地区营业总额合计占比 2%，发展较为落后，企业数量和发展前景均有待提高。由此可以看出，华北地区仍保持着遥遥领先的优势，对我国食品饮料行业发展的贡献最大。

从省（市、自治区）来看，营业总额排在前 6 位的省（市、自治区）分别为北京市、内蒙古自治区、河南省、江苏省、上海市和广东省。北京市位列各省（市、自治区）第一，占比高达 33%。内蒙古自治区位列第二，占比 21%，与北京市还有一定的距离，还有进步的空间，发展势头迅猛，态势良好。北京市和内蒙古自治区表现最为优异，两省的营业总额之和占比高达 54%，占据半壁江山。六大省（市、自治区）营业总额占行业营业总额的 84%，由此可见，我国食品饮料行业的集中度较高。从净利润来看，华北地区继续延续营业收入的优势，净利润总额高达 63.23 亿元。占比 48%，稳居各地区第一。河南省和内蒙古自治区遥遥领先，净利润总额分别为 32.34 亿元和 31.85 亿元，位居第一和第二，大大领先于其他省（市）。营业收入表现不错的江苏省 2012 年净利润总额竟为 -4 亿元，高营业收入的背后是利润亏空，这类问题需要引起行业内重视。总体来看，华北地区对我国食品饮料行业的贡献较大，长三角和环渤海地区也有一定的份额，集中度相对较高。

根据中国食品饮料行业的 CBI 排名，从区域来看企业数量，中国食品饮料企业主要分布于华

东地区、中南地区和华北地区。华东地区企业数量高达 23 家，占行业企业总数的 36%。中南地区企业数量排名第二，有 20 家，华北地区虽企业数量仅有 14 家，排名第三。东北地区、西南地区和西北地区企业数量均较少，总占比 11%。从区域看 CBI 数值，华北地区虽然企业数量排名第三，但其 CBI 均值高达 57.1605，远远高于其他地区和行业平均水平，为各地区之首，值得各地区借鉴。华东地区和西南地区虽然企业众多，但 CBI 均值低于行业平均水平，企业品牌竞争力处于较为劣势的地位。东北地区、西南地区和西北地区企业数量均较少，CBI 均值也不尽如人意，属于我国食品饮料行业发展较为落后地区，企业品牌竞争力还有较大的提升空间。总的来说，各地区需要实现企业数量和企业品牌竞争力的均衡发展，仅仅数量多并不能代表企业品牌竞争力的提升。

从省（市、自治区）来看，广东省、北京市、山东省企业数量较多，总占比为 40%。广西壮族自治区、上海市、河南省和内蒙古自治区紧随其后，分别有 5 家、4 家、3 家和 3 家，企业数量在省（市、自治区）间分布较为均衡。从 CBI 数值上看，内蒙古自治区和河南省虽然企业数量较少，但其 CBI 均值分别为 65.4532 和 59.9123，稳居行业冠亚军的位置，企业品牌竞争力水平较强，是其他食品饮料企业发展学习的榜样。北京市同样不甘落后，表现优异，CBI 均值为 56.2719，高于行业平均水平，品牌竞争力位居各省（市、自治区）第三名，发展劲头十足，潜力无限。而其他省（市、自治区）CBI 均值均较低，甚至低于行业平均水平，在企业品牌竞争力上仍有待提升。

中国食品饮料企业远不止 64 家，这 64 家企业只是众多食品饮料企业的杰出代表，从中可以分析中国食品饮料行业的竞争情况。食品饮料行业事关民生，是人民衣食住行的基本需求之一，是经济发展的支柱产业。从整体来看，我国食品饮料行业在一定程度上体现出了华北地区占优势地位、中南地区和华东地区势均力敌的趋势。西北地区、西南地区和东北地区食品饮料行业的发展仍处于竞争劣势，这些地区需要成长一批具有综合竞争力的企业来带动区域食品饮料行业的发展。从企业数量和 CBI 均值来看各区域和省（市、自治区），我国食品饮料行业体现出一定的不均衡

发展的态势。

（二）中观竞争态势：领军企业比例较小，3A 企业亟待发展

根据中国企业品牌竞争力分级评级标准，对 2013 年受调查的企业进行分级评估，按照一般惯例分为五级，5A 级企业 1 家，4A 级企业 9 家，3A 级企业 46 家，2A 级企业 8 家，1A 级企业 0 家。一家 5A 级食品饮料企业是河南双汇投资发展股份有限公司，占食品饮料企业总数的 2%，数量相对较少。河南双汇投资发展股份有限公司一家企业的营业总额为 397 亿元，占食品饮料行业整体营业总额的 11%。食品饮料行业 5A 级企业河南双汇投资发展股份有限公司的 CBI 均值为 80.8231，远高于行业 CBI 均值，所以河南双汇投资发展股份有限公司是中国食品饮料行业名副其实的龙头企业，引领中国食品饮料行业的发展方向。值得关注的是 46 家 3A 级企业，占据行业比重的 72%，其 CBI 均值为 47.4227，低于行业平均值。从企业分布散点可以看出，3A 级企业分布密集且平缓，说明企业竞争状况日益激烈，基本代表了中国食品饮料行业发展的平均水平，是我国食品饮料发展的后备力量。由于 3A 级企业的 CBI 均值低于行业平均水平，说明 3A 级企业品牌竞争力处于较为劣势的地位，因此食品饮料行业整体还有待发展，企业品牌竞争力还有待提高。

（三）微观竞争比较：财务指数成绩平平，市场指标表现突出

对于中国企业来说，财务表现仍然是企业对外展示基本实力的重要依据。由于近几年中国食品饮料市场的快速发展使得中国国民物质消费水平不断提高，消费水平不断提高等因素也使得各食品饮料企业近年来营业收入和净利润都保持了良好的增长态势。2013 年全国受调研的 64 家食品饮料企业的品牌财务表现力均值仅为 47.9736，低于 60 分，说明企业的品牌财务表现力一般，还需得到有效的改善。市场竞争表现力指标均值为 61.0476，略大于 60 分，说明企业市场竞争表现力处于中等偏上水平。

根据品牌财务表现力指标，排在前 10 名的企业分别是河南双汇投资发展股份有限公司、中国蒙牛乳业有限公司、内蒙古伊利实业集团股份有限公司、中国粮油控股有限公司、贝因美婴童食

品股份有限公司、光明乳业股份有限公司、中国食品有限公司、中国雨润食品集团有限公司、合生元国际控股有限公司、上海梅林正广和股份有限公司。这10家企业在品牌财务表现力方面还存在一定的差距。得分最高的是河南双汇投资发展股份有限公司，其品牌财务表现力得分为70.5575，CBI数值也最高，是名副其实的5A级企业。得分最低的是上海梅林正广和股份有限公司，其品牌财务表现力得分为55.9134。虽然排第10名，但与第一名还存在很大的差距，仍需进一步提升和改善。

根据市场竞争表现力单项指标，排在前10名的企业分别是内蒙古伊利实业集团股份有限公司、河南双汇投资发展股份有限公司、中国蒙牛乳业有限公司、中国粮油控股有限公司、光明乳业股份有限公司、中国食品有限公司、中国雨润食品集团有限公司、贝因美婴童食品股份有限公司、梅花生物科技集团股份有限公司、大成食品（亚洲）有限公司。这10家企业在市场竞争表现力方面都很强，指标得分均在70分以上。得分最高的内蒙古伊利实业集团股份有限公司，分值为92.0929，得分最低的大成食品（亚洲）有限公司，分值71.0916。虽然位列第十，但仍与行业老大有一定的差距从整体上看，食品饮料企业的市场竞争表现力整体较强。

三、中国食品饮料企业品牌竞争力提升策略建议

（一）发挥媒体传播力量，打造差异化理念，借力权威媒体突围

娱乐营销是食品饮料行业主要的营销推广方式，目前食品饮料企业娱乐营销的表现形式主要有：运用娱乐明星代言人、赞助演唱会、赞助音乐会、赞助主题公园、赞助艺术展、广播的娱乐栏目和赞助电视等；另外，通过运用在影视作品中嵌入广告得到广告主的认可。相比其他任何行业，差异化概念营销在食品饮料行业中有较大的营销威力，以独辟蹊径的产品、品牌概念吸引消费者的眼球，不仅为龙头企业的品牌成长、品牌延伸、市场开拓提供了巨大帮助，而且还为很多食品饮料行业的后进入者以及弱小企业的市场突

围提供了帮助。

尽管目前广告主在传统媒体的广告投放有所下滑，但食品饮料行业广告主在央视等权威媒体方面的广告投放却仍如火如荼，呈现逐年上升的趋势。食品饮料行业广告主之所以加大对央视等强势权威媒体的投放，有以下原因：①消费者购买食品饮料时最重视安全、卫生，食品饮料企业通过在央视投放广告，借助央视的权威性，给予消费者可信赖的保证；②央视覆盖范围广，食品饮料是大众性消费，成本相对较低；③央视所拥有的大众性、家庭性收视人群，是家庭类食品饮料消费的主要人群；④借助央视重大事件，增加企业品牌的无形价值；⑤龙头企业借助央视对行业进入的高门槛需求，拦截新竞争对手进入第一集团；⑥借助央视化解危机，重塑品牌可信任的形象；⑦借助央视启动全国市场，由区域性品牌走向全国性品牌。

（二）实施外向牵动战略，争创世界一流品牌

食品饮料企业及其主管部门要对对外开放的战略有充分了解，积极与国际经济接轨，多层次、多元化、多渠道地开拓市场。首先，要极力吸引外资，通过创办"三资"企业转变全省企业的负债状况，扩大企业的生产经营规模，降低成本，同时转换经营机制。其次，具有技术优势的企业应大胆到消费习惯和消费层次较接近的国家和地区创办境外企业，寻求发展机遇。再次，在发展外贸主渠道的同时，充分发挥企业自营出口权的作用，加大出口比例，同时搞好境外促销活动。最后，要对设计有所改进，提高包装装潢质量，提升产品的附加值和用户对它的信赖感。

要对食品饮料行业进行大规模改造，要在推广高新技术成果、完成重大科技攻关项目、实现高新技术产业上下功夫，要不断开发能填补国内空白的产品。随时吸收消化国外出现的先进技术、先进配方。通过努力使我国食品饮料行业技术水平跨入国际先进行列，重点产品还应具备国际竞争力。不但要创一些国内名牌产品，而且还需培养出一批在国际上有知名度的产品。为树立形象和扩大市场覆盖面，要特别注意在国家级传播媒介上加大广告宣传力度。当然，已存在的名牌要在更新换代和品牌延伸方面下功夫。

（三）加快结构调整，提升企业的应变能力

"十二五"期间，我国食品饮料企业必须坚持重点突破、带动全局和扶优扶强的原则，抓好一批骨干企业和拳头产品，培养全国同行业中的领头企业和畅销产品，另外，要因地制宜，形成特色。要不断开发新型食品、快餐方便食品和食品添加剂，饮料要逐渐趋向于高档次、纯天然，白酒要趋向于低度和营养型，啤酒要在巩固名牌的同时开发具有全国性市场潜力的新品种，其中包括果汁啤酒、全麦啤酒、低醇无醇啤酒、营养啤酒等。要培养企业在社会需求面前能及时控制供给量的能力，产品数量和品种方面相互转换的能力，及时并低价引进国内外市场上出现的先进工艺、先进技术、先进设备和资金的能力，抵御外部市场有损内部利益的倾销政策的能力，使企业更加有活力。

加入世界贸易组织之后，国外一些物美价廉的产品对我们构成严重威胁。除了在技术上、品牌上下功夫外，还必须要规模化、效益化。对小而全、小而散、经济效益差、专业化水平低的企业，要结合实际，采取多种办法和途径，能联合的联合，能兼并的兼并。对于一些关联较强的要考虑组建总公司或集团公司。要推进地区同行业间的协作，尤其要在同类产品与互补产品方面考虑协同发展。要以现有存量吸引增量，兴办嫁接式合资企业。

第十五章 中国纺织行业企业品牌竞争力指数报告

第一节 中国纺织企业品牌竞争力指数总报告

一、2013年度中国纺织企业总体竞争态势

中国企业品牌竞争力指数（以下简称CBI）研究课题组为了检验理论成果的应用效果，于2013年对中国55家自主纺织企业品牌进行了调研，根据各企业营业收入和净利润的原始数据发现，华东地区仍独占鳌头，占据2/3以上的份额，中南地区跟随其后，但占比较小。山东省、江苏省和上海市齐头并进。无论是区域分布，还是省（市、自治区）分布，纺织行业产业集中度可见一斑，分布较为不均衡。因此，中国纺织行业企业品牌竞争力整体呈现出华东地区占据大半江山，几大省（市、自治区）瓜分天下的不均衡竞争态势，如图15-1和图15-2所示。

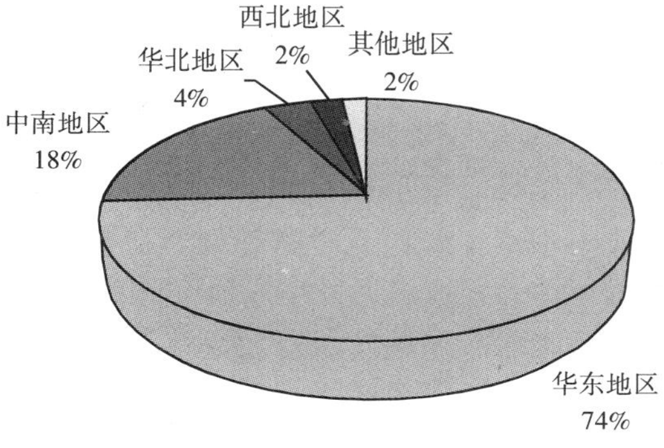

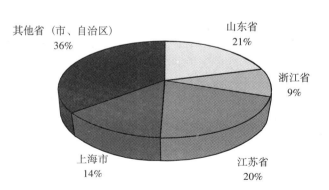

图 15-1 中国纺织行业区域竞争态势

图 15-2 中国纺织行业省（市、自治区）竞争态势

截至2012年底，中国纺织行业受调研的55家自主纺织品牌企业的营业总额为1414.14亿元。从区域的角度分析，华东地区营业总额为1047.69亿元，占行业整体营业总额的74%。中南地区紧随其后，其营业总额为259.65亿元，占比18%。虽然中南地区排名第二，但与华东地区相差甚大。

华北地区与西北地区发展更是落后，营业总额分别为50.2亿元、29.5亿元，分别占比4%、2%。东北地区和西南地区的营业总额最少，合计占行业整体营业总额的2%。说明我国纺织行业的地区分布呈现不均衡状态。华东地区营业额占据我国纺织行业营业额的大部分，对我国纺织行业的贡

献最大，发展势头迅猛，独占鳌头、一家独大的势头非常明显（见图15-3）。而东北地区和西南地区属于纺织行业较落后的地区，其营业额远远落后于华东地区，企业数量和发展空间均仍有待提高。

从省（市、自治区）角度来看，排在前4名的省（市）分别为山东省、江苏省、上海市和浙江省，营业总额分别为296.66亿元、286.13亿元、195.31亿元和131.59亿元。其中，山东省和江苏省表现较为突出，营业总额之和占比高达41%。两省各自营业额相当，分别占比21%和

20%，各领风骚，分别居于行业第一和第二的位置。上海市和浙江省的营业总额分别占比14%和9%，略落后于行业领先者，分别居于第三和第四的位置，发展势头良好，但相比行业第一和第二还有差距，还需进一步努力提高企业数量和发展状况。四大省（市）营业总额占行业营业总额的64%（见图15-4），占据一半以上的比例，说明中国纺织行业企业品牌在各省（市、自治区）间存在一定的集中度，但其他省（市、自治区）还有发展的空间。

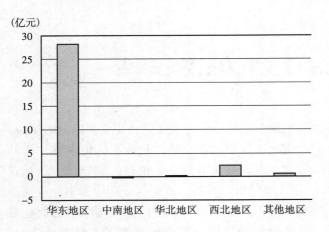

图15-3　中国纺织企业净利润区域分布

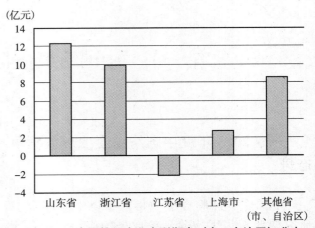

图15-4　中国纺织企业净利润省（市、自治区）分布

截至2012年底，中国纺织行业受调研的55家自主纺织品牌企业的净利润总额为31.24亿元。从区域的角度分析，华东地区保持了其在营业收入指标上的整体优势，净利润总额高达28.16亿元，占行业利润总额的90%，远远领先于其他地区，保持了绝对的优势地位，是当之无愧的区域领导者。西北地区虽营业总额占比较少，排名第四，但其净利润总额达到2.52亿元，占行业净利润总额的8%。中南地区的营业总额虽排名第二，但其净利润总额竟为-0.23亿元，排名各地区之末，远低于行业平均水平。华北地区净利润总额为0.12亿元，居于行业第三。东北地区和西南地区的利润总额更是少之又少，仅占行业总额的2%。由此说明，华东地区仍是行业领导地区，而东北地区和西南地区则为纺织行业落后地区。

从省（市、自治区）角度来看，山东省和浙江省排名遥遥领先，净利润总额分别为12.26亿元和9.91亿元。其中山东省优势较为明显，净利润总额占行业总额的39%，居于行业第一的位置。

浙江省紧随其后，净利润总额占行业总额的32%，发展势头同样强劲。上海市净利润总额达到2.69亿元，占比9%。值得指出的是，营业收入排名比较靠前的江苏省，2012年净利润总额为-2.22亿元，较其他省（市、自治区）下滑速度非常快。究其原因发现，江苏阳光股份有限公司在2012年亏损14.1亿元，使得江苏省整体的净利润总额处于较为落后的状态，应引起行业和地区重视。

总体来看，中国纺织行业整体的分布状态呈现出华东地区一方称雄的状态，山东省和浙江省表现突出，无论在营业收入还是净利润方面均远远领先于其他地区，这也是当前中国纺织行业竞争最显著的特征。

二、2013年度中国纺织企业品牌竞争力指数排名

中国企业品牌竞争力指数（以下简称CBI）研究课题组已于2011年7月完成了理论研究，采

用多指标综合指数法对中国企业品牌竞争力进行量化研究。初期理论成果包括 CBI 四位一体理论模型、CBI 评价指标体系、CBI 评价指标权重以及 CBI 计算模型，并且已经通过国内 10 位经济学、管理学界权威专家论证。为了检验理论成果

的应用效果，课题组继 2011~2012 年连续两年对中国自主纺织企业品牌调研之后，于 2013 年底对中国自主纺织企业品牌再一次进行调研，根据调查数据应用 CBI 计算模型得出中国纺织企业品牌竞争力排名（见表 15-1）。

表 15-1　2013 年中国纺织企业品牌竞争力排名

企业名称	省（市、自治区）	相对值（指数）		绝对值形式（百分制）		
		CBI 值	排名	品牌竞争力得分（CBS）	品牌财务表现力	市场竞争表现力
魏桥纺织股份有限公司	山东省	68.0168	1	66.2904	58.2718	85.0004
鲁泰纺织股份有限公司	山东省	61.8212	2	61.4229	54.6399	77.2499
安徽华茂集团有限公司	安徽省	59.1851	3	59.3520	49.6407	70.6568
华孚色纺股份有限公司	安徽省	59.1228	4	59.3030	51.9938	76.3578
上海申达股份有限公司	上海市	58.7817	5	59.0350	51.4088	75.1276
罗莱家纺股份有限公司	江苏省	58.1318	6	58.5245	50.5537	69.3666
湖南梦洁家纺股份有限公司	湖南省	57.8275	7	58.2854	45.0758	63.2898
黑牡丹（集团）股份有限公司	江苏省	56.5284	8	57.2648	52.1024	75.2112
百隆东方股份有限公司	浙江省	56.1890	9	56.9982	52.5128	75.3101
孚日控股集团股份有限公司	山东省	55.1700	10	56.1976	49.7932	73.8097
华润锦华股份有限公司	四川省	54.9556	11	56.0291	42.7998	52.1874
上海龙头（集团）股份有限公司	上海市	54.8491	12	55.9455	49.1644	72.0468
宁夏中银绒业国际集团有限公司	宁夏回族自治区	54.8290	13	55.9297	49.6987	70.4689
联发科技股份有限公司	江苏省	54.7689	14	55.8825	49.7285	70.2418
神马实业股份有限公司	河南省	54.3665	15	55.5663	48.3899	81.3747
石家庄常山纺织股份有限公司	河北省	54.1073	16	55.3627	50.0923	74.0007
航民股份有限公司	浙江省	52.5087	17	54.1068	49.6730	69.3175
河南新野纺织股份有限公司	河南省	51.3720	18	53.2138	48.6052	71.1301
深圳市富安娜家居用品股份有限公司	广东省	51.3352	19	53.1848	48.7950	66.5010
上海海欣集团股份有限公司	上海市	50.9942	20	52.9170	47.6112	66.2866
江苏新民纺织科技股份有限公司	江苏省	50.4997	21	52.5285	45.7347	70.5686
中纺投资发展股份有限公司	上海市	50.1239	22	52.2332	46.0226	69.0037
南京纺织品进出口股份有限公司	江苏省	49.6037	23	51.8245	44.2328	71.8852
浙江嘉欣丝绸股份有限公司	浙江省	49.5322	24	51.7684	46.5698	65.4480
江苏旷达汽车织物集团股份有限公司	江苏省	49.0791	25	51.4124	46.6757	63.8385
江苏吴江中国东方丝绸市场股份有限公司	江苏省	48.9142	26	51.2829	46.4645	64.1442
福建众和股份有限公司	福建省	48.6679	27	51.0894	45.5183	65.1654
江苏三房巷集团有限公司	江苏省	48.6539	28	51.0784	45.6608	64.4009
江苏霞客环保色纺股份有限公司	江苏省	47.9686	29	50.5400	44.5023	66.4592
江苏鹿港科技股份有限公司	江苏省	47.8864	30	50.4754	44.7983	65.7320
浙江富润股份有限公司	浙江省	47.7990	31	50.4068	45.1801	62.8312
华纺股份有限公司	山东省	47.6075	32	50.2563	43.6529	66.1657
上海三毛企业（集团）股份有限公司	上海市	47.4074	33	50.0991	43.1266	66.8922
辽宁时代万恒股份有限公司	辽宁省	47.0557	34	49.8228	43.9683	64.4044
浙江金鹰股份有限公司	浙江省	47.0483	35	49.8170	44.1557	63.0461
福建南纺股份有限公司	福建省	47.0321	36	49.8043	44.1080	63.1381
飞克国际控股有限公司	福建省	46.8266	37	49.6428	44.5777	61.9996
浙江美欣达印染集团股份有限公司	浙江省	46.2890	38	49.2205	43.6440	63.6401

续表

企业名称	省（市、自治区）	相对值（指数）		绝对值形式（百分制）		
		CBI 值	排名	品牌竞争力得分（CBS）	品牌财务表现力	市场竞争表现力
宏达高科控股股份有限公司	浙江省	46.2566	39	49.1950	44.6479	59.8897
华芳纺织股份有限公司	江苏省	45.3309	40	48.4678	42.8621	63.9719
上海嘉麟杰纺织品股份有限公司	上海市	45.1640	41	48.3366	43.4269	60.2298
动感集团控股有限公司	福建省	44.8112	42	48.0595	43.5733	59.4512
山东济宁如意毛纺织股份有限公司	山东省	44.1174	43	47.5144	42.3908	61.2864
福建凤竹纺织科技股份有限公司	福建省	44.0256	44	47.4423	41.8481	60.7357
山东德棉股份有限公司	山东省	42.6608	45	46.3701	41.2726	61.8382
中国服装股份有限公司	湖北省	41.7011	46	45.6161	38.8808	63.8449
江苏阳光股份有限公司	江苏省	41.4167	47	45.3927	36.7414	65.5790
深圳市纺织（集团）股份有限公司	广东省	40.7959	48	44.9050	37.8422	61.3848
江苏金飞达服装股份有限公司	江苏省	40.3259	49	44.5357	40.0158	55.0822
广东锦龙发展股份有限公司	广东省	38.9846	50	43.4819	39.4143	52.9732
美克国际控股有限公司	福建省	38.0070	51	42.7140	37.6379	54.5581
新疆天山毛纺织股份有限公司	新疆维吾尔自治区	36.4376	52	41.4810	36.8091	52.3821
兰州三毛实业股份有限公司	甘肃省	36.3997	53	41.4512	37.1058	51.5904
湖北蓝鼎控股股份有限公司	湖北省	34.6464	54	40.0738	35.4531	50.8553
深圳中冠纺织印染股份有限公司	广东省	20.5429	55	28.9937	27.0221	33.5942
均值		48.6269		51.0572	45.0198	65.1445

注：从理论上说，中国企业品牌竞争力指数（CBI）由中国企业品牌竞争力分值（CBS）标准化之后得出，CBS由4个一级指标品牌财务表现力、市场竞争表现力、品牌发展潜力和消费者支持力的得分值加权得出。在实际操作过程中，课题组发现，品牌发展潜力和消费者支持力两个部分的数据收集存在一定的难度，且收集到的数据准确性有待核实，因此，本报告暂未将品牌发展潜力和消费者支持力列入计算。品牌财务表现力主要依据各企业的财务报表数据以及企业上报数据进行计算。同时，关于市场竞争表现力方面的得分，课题组选取了部分能够通过公开数据计算得出结果的指标，按照CBI计算模型得出最终结果。关于详细的计算方法见《中国企业品牌竞争力指数系统：理论与实践》。

由表 15-1 可以看出，在 2013 年纺织行业企业品牌 CBI 排名中，魏桥纺织股份有限公司、鲁泰纺织股份有限公司、安徽华茂集团有限公司、华孚色纺股份有限公司、上海申达股份有限公司、罗莱家纺股份有限公司、湖南梦洁家纺股份有限公司、黑牡丹（集团）股份有限公司、百隆东方股份有限公司、孚日控股集团股份有限公司居于行业前 10 强的位置。其中，魏桥纺织股份有限公司稳坐行业头把交椅，CBI 值为 68.0168，各项指标均表现良好，是当之无愧的纺织行业的领导品牌。前 10 名的其他企业中，CBI 得分均为 55 分以上，各省（市）间存在一定差距，各指标得分在行业内部均遥遥领先，是我国纺织行业的领先企业代表。

通过 2013 年中国纺织企业品牌竞争力指数数据，可以计算出中国纺织行业 CBI 数值为 48.63。CBI 数值为相对值，一方面可以反映行业总体竞争水平，另一方面也为行业内企业提供一个比较

标准。课题组根据受调研的 1548 家企业的 CBI 数据得出中国企业品牌竞争力指数值为 47，那么纺织行业 CBI 为 48.63>47，说明纺织行业整体竞争水平仅略高于平均水平，行业发展状态相对良好，但仍有待提高。同理，行业内部企业 CBI 数值低于 48.63，说明其品牌竞争力处于劣势；高于 48.63，则说明其品牌竞争力处于优势，整个 CBI 指标体系为企业提供了一套具有诊断功能和预测功能的实用工具。

三、2013 年度中国纺织企业品牌竞争力指数评级报告

（一）中国纺织企业品牌竞争力指数评级标准体系

根据表 15-1 得出的纺织企业 CBI 数值，课题组绘制总体布局（见图 15-5），从整体上看 CBI 分布曲线两头陡峭、中间平缓。根据 CBI 数值表

现出来的特征，结合纺织企业的行业竞争力特性对调查的企业进行分级评估，按照一般惯例分为五级，划分标准如表 15-2 所示。

表 15-2　中国企业品牌竞争力分级评级标准

评级	标准	CBI 数值标准
5A		CBI≥80
4A		60≤CBI<80
3A		40≤CBI<60
2A		20≤CBI<40
1A		CBI<20

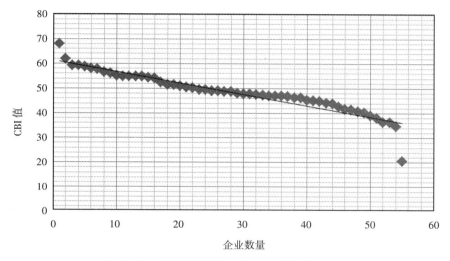

图 15-5　中国纺织行业企业 CBI 散点分布

（二）中国纺织企业品牌竞争力指数评级结果

由以上评价标准可以将纺织企业划分为五个集团，具体的企业个数及分布情况如表 15-3 和图 15-6 所示，各级水平的企业得分情况由于篇幅原因仅列出代表企业。

表 15-3　中国纺织行业企业各分级数量表

企业评级	竞争分类	企业数量	所占比重（%）	CBI 均值	CBS 均值	品牌财务表现力均值	市场竞争表现力均值
5A 级企业	第一集团	0	0	—	—	—	—
4A 级企业	第二集团	2	4	64.9190	63.8566	56.4558	81.1252
3A 级企业	第三集团	46	84	49.9847	52.1239	45.8634	66.7317
2A 级企业	第四集团	7	13	35.0492	40.3902	36.2083	50.1479
1A 级企业	第五集团	0	0	—	—	—	—
全部	不分类	55	100	48.6269	51.0572	45.0198	65.1445

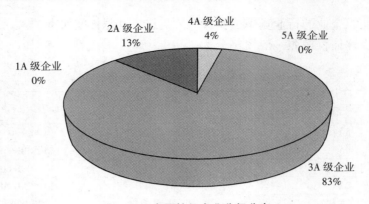

图 15-6　中国纺织企业分级分布

表 15-4　中国纺织行业 4A 级企业品牌代表

企业名称	评级水平	排名	CBI	CBS	品牌财务表现力	市场竞争表现力
魏桥纺织股份有限公司	4A	1	68.0168	66.2904	58.2718	85.0004
鲁泰纺织股份有限公司	4A	2	61.8212	61.4229	54.6399	77.2499

据表 15-2 中国企业品牌竞争力分级评级标准，5A 级纺织企业共有 0 家，4A 级纺织企业共有 2 家，占纺织企业总数的 4%。表 15-4 所列的 2 家企业魏桥纺织股份有限公司和鲁泰纺织股份有限公司是中国纺织行业代表领先企业，CBI 均值、品牌财务表现力、市场竞争表现力在行业内部均表现突出，品牌发展潜力较大。魏桥纺织股份有限公司的 CBI 均值为 68.0168，位列各企业第一名，企业品牌竞争力最为强劲。鲁泰纺织股份有限公司的 CBI 均值为 61.8212，虽然位列第二名，但与行业第一名差距较大，还有很大的提升空间。整体来看，我国纺织行业的领先企业较少，缺乏较强的行业领先者。从第二集团内部比较而言，魏桥纺织股份有限公司在品牌财务表现力和市场竞争表现力方面均位于本集团第一，具有较强的品牌财务表现力和市场竞争表现力，综合实力非常强。

表 15-5　中国纺织行业 3A 级企业品牌代表

企业名称	评级水平	排名	CBI	CBS	品牌财务表现力	市场竞争表现力
安徽华茂集团有限公司	3A	3	59.1851	59.3520	51.9938	70.6568
华孚色纺股份有限公司	3A	4	59.1228	59.3030	49.6407	76.3578
上海申达股份有限公司	3A	5	58.7817	59.0350	51.4088	75.1276
罗莱家纺股份有限公司	3A	6	58.1318	58.5245	50.5537	69.3666
湖南梦洁家纺股份有限公司	3A	7	57.8275	58.2854	45.0758	63.2898

据表 15-2 中国企业品牌竞争力分级评级标准，3A 级纺织企业共有 46 家，占纺织企业总数的 84%。表 15-5 所列的 5 家企业安徽华茂集团有限公司、华孚色纺股份有限公司、上海申达股份有限公司、罗莱家纺股份有限公司和湖南梦洁家纺股份有限公司是中国纺织行业的 3A 级企业代表。本集团的品牌财务表现力和市场竞争力表现力都一般，CBI 及各项分指标得分值在行业平均值上下波动。这一集团代表了我国纺织行业的平均水平，需要引起纺织行业的重视，因为这一集团的企业是我国纺织行业的中坚力量，是领先企业的培养沙盘。从第三集团内部比较而言，华孚色纺股份有限公司市场竞争表现力位列本集团第一，说明其市场竞争能力较好。安徽华茂集团有限公司的品牌财务表现力位于本集团第一，说明其财务情况相对来说是比较好的。

表 15-6 中国纺织行业 2A 级企业品牌代表

企业名称	评级水平	排名	CBI	CBS	品牌财务表现力	市场竞争表现力
江苏金飞达服装股份有限公司	2A	49	40.3259	44.5357	40.0158	55.0822
广东锦龙发展股份有限公司	2A	50	38.9846	43.4819	39.4143	52.9732
美克国际控股有限公司	2A	51	38.0070	42.7140	37.6379	54.5581
新疆天山毛纺织股份有限公司	2A	52	36.4376	41.4810	36.8091	52.3821
兰州三毛实业股份有限公司	2A	53	36.3997	41.4512	37.1058	51.5904

据表 15-2 中国企业品牌竞争力分级评级标准，2A 级纺织企业共有 7 家，占纺织企业总数的 13%。表 15-6 所列的 5 家企业江苏金飞达服装股份有限公司、广东锦龙发展股份有限公司、美克国际控股有限公司、新疆天山毛纺织股份有限公司和兰州三毛实业股份有限公司是中国纺织行业中下游企业的代表，其特征是品牌财务表现力、市场竞争表现力等均处于行业平均水平之下，CBI 及各项分指标得分值均低于行业平均值。从第四集团内部比较而言，品牌财务表现力普遍较低均在 40 分左右，处于劣势，还有待提高；而市场竞争表现力也分布在 55 左右，得分参差不齐。

据表 15-2 中国企业品牌竞争力分级评级标准，无 1A 企业。说明中国纺织行业整体发展较为平均，发展势头良好。

四、2013 年中国纺织企业品牌价值 20 强排名

课题组认为，品牌价值（以下简称 CBV）是客观存在的，它能够为其所有者带来特殊的收益。品牌价值是品牌在市场竞争中的价值实现。一个品牌有无竞争力，就是要看它有没有一定的市场份额，有没有一定的超值创利能力。品牌的竞争力正是体现在品牌价值的这两个最基本的决定性因素上，品牌价值就是品牌竞争力的具体体现。通常意义上，品牌价值以绝对值（单位：亿元）的形式量化研究品牌竞争水平，课题组从品牌价值和品牌竞争力的关系上展开研究，针对品牌竞争力以相对值（指数：0~100）的形式量化研究品牌竞争力水平。在研究世界上关于品牌价值测量方法论基础上，提出本研究关于品牌价值计算方法：$CBV = (N - E \times 5\%)(1 + A) \times C \times CBI/100 + K$。其中，CBV 为企业品牌价值，CBI 为企业品牌竞争力指数，N 为净利润，E 为所有者权益，A 为品牌溢价，C 为行业调整系数，K 为其他影响系数，据此得出中国纺织企业品牌价值 20 强（见表 15-7）。

表 15-7 2013 年中国纺织行业品牌价值排名

股票名称	省（市、自治区）	品牌价值（CBV）	排名	品牌竞争力（CBI）
魏桥纺织	山东省	88.13	1	68.02
罗莱家纺	江苏省	77.52	2	58.13
鲁泰 A	山东省	74.88	3	61.82
梦洁家纺	湖南省	68.51	4	57.83
华孚色纺	安徽省	66.82	5	59.12
申达股份	上海市	65.88	6	58.78
黑牡丹	江苏省	64.34	7	56.53
华茂股份	安徽省	62.67	8	59.19
百隆东方	浙江省	62.65	9	56.19
神马股份	河南省	61.78	10	54.37
孚日股份	山东省	58.86	11	55.17
常山股份	河北省	57.94	12	54.11
龙头股份	上海市	57.91	13	54.85
中银绒业	宁夏回族自治区	57.74	14	54.83

续表

股票名称	省（市、自治区）	品牌价值（CBV）	排名	品牌竞争力（CBI）
联发股份	江苏省	56.97	15	54.77
航民股份	浙江省	54.46	16	52.51
新野纺织	河南省	53.30	17	51.37
南纺股份	江苏省	52.56	18	49.60
中纺投资	上海市	50.66	19	50.12
富安娜	广东省	50.60	20	51.34
合计		1244.16		

CBV 分析：在 55 家受调研的纺织企业中，排名前 20 强的企业 CBV 合计为 1244.16 亿元，较 2012 年有大幅提高。前 10 强纺织企业 CBV 总值合计为 693.17 亿元，占前 20 强比重的 55.71%，下降了近 7%。其中，在前 10 强企业中，魏桥纺织股份有限公司由 2012 年的第 2 名上升到了第 1 名、罗莱家纺股份有限公司由第 5 名上升到第 2 名、鲁泰纺织股份有限公司保持在第 3 名、湖南梦洁家纺股份有限公司由第 8 名上升到了第 4 名、华孚色纺股份有限公司由第 6 名上升到了第 5 名、

上海申达股份有限公司由第 9 名上升到了第 6 名、安徽华茂纺织股份有限公司由第 1 名下滑到了第 8 名，排列第 7 名的黑牡丹（集团）股份有限公司、第 9 名的百隆东方股份有限公司和第 10 名的神马实业股份有限公司是 2013 年新进入 10 强的企业。上年度 CBV 排名第 4 位的华润锦华股份有限公司、第 7 名的江苏联发纺织股份有限公司和第 10 名的浙江富润股份有限公司 3 家企业退出了前 10 强。前 20 强的企业分布在 11 个省（市、自治区），分布比较分散。

第二节　2013 年度中国纺织企业品牌竞争力区域报告

一、六大经济分区

（一）总体情况分析

表 15-8　中国纺织企业六大经济区域竞争状况

区域	企业数量	所占比重（%）	CBI 均值	CBS 均值	品牌财务表现力均值	市场竞争表现力均值
华东地区	40	73	49.9781	52.1187	46.1534	66.8241
中南地区	9	16	43.5080	47.0356	41.0532	60.5498
西北地区	3	5	42.5554	46.2873	41.2045	58.1471
其他地区	3	5	52.0395	53.7382	45.6201	63.5308
总体情况	55	100	48.6269	51.0572	45.0198	65.1445

根据课题组的调研数据，我们可以看出，我国纺织企业主要分布于华东地区，企业数量高达 40 家，占行业企业总数的 73%。中南地区有 9 家企业，占行业企业总数的 16%。西北地区排名第三，仅有 3 家企业，占比 5%。剩余的 3 个地区只有 3 家企业，占比 5%，说明我国纺织行业的行业集中度非常高。

再看 CBI 均值。华东地区 CBI 均值为 49.9781，高于行业平均水平，财务表现和市场指标表现还不错，位于各地区第一，企业竞争力较强，综合发展实力较强。华东地区企业数量太多，能够保持较高的竞争力水平实属不易，属于纺织

行业的发达地区。虽然中南地区和西北地区的企业数量分别排名第二和第三，但与行业老大华东地区有较大差距，且两者的 CBI 均值分别为43.5080 和 42.5554，均低于行业平均水平，说明中南地区和西北地区虽然数量较为领先，但其企业品牌竞争力状况还有非常大的发展空间。剩余的三个地区虽然企业数量较少，但 CBI 均值为52.0395，其竞争实力并不落后，有较大的发展潜力（见表 15-8、图 15-7、图 15-8）。

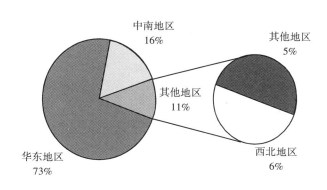

图 15-7　中国纺织企业数量区域分布

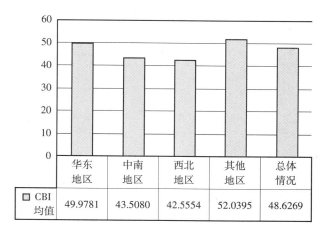

图 15-8　中国纺织企业区域 CBI 均值对比

（二）分项情况分析

在各分项竞争力指标对比方面，市场竞争表现力指标数值普遍在 60 分上下，指标表现较好。华东地区仍然保持较高的优势，指标得分高达66.8241，超出行业平均水平 65.1445，市场竞争表现力较好，在激烈的市场竞争中依然保持着较高的营业收入和利润总额。而对中南地区和西北地区来说，虽然企业数量相对其他三个区域多一点，但市场竞争力水平较差，得分分别为 60.5498和 58.1471，大大低于行业平均水平，指标发展情况还有待提高。

相比来说，品牌财务表现力相对较差，各地区得分均在 50 分上下，且各指标在各地区表现存在一定差别。仅华东地区得分较高。从总体来看，品牌财务表现力状况仍需提高，市场竞争表现力处于行业中等偏上水平（见图 15-9）。由此可以看出，纺织行业的企业品牌财务表现力还有待发展。华东地区仍保持着稳固的明显优势，其品牌财务表现力和市场竞争表现力方面均位列第一。

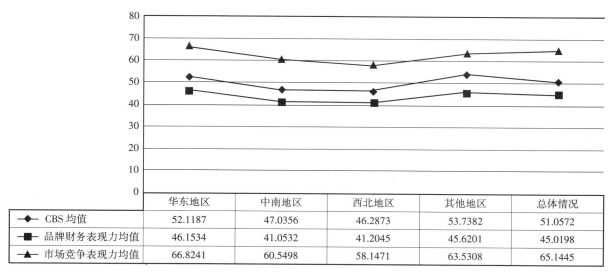

	华东地区	中南地区	西北地区	其他地区	总体情况
CBS 均值	52.1187	47.0356	46.2873	53.7382	51.0572
品牌财务表现力均值	46.1534	41.0532	41.2045	45.6201	45.0198
市场竞争表现力均值	66.8241	60.5498	58.1471	63.5308	65.1445

图 15-9　中国纺织企业一级指标分区域对比

二、五大省（市）分析

（一）总体情况分析

表 15-9　中国纺织企业五大省（市）竞争状况

省（市）	企业数量	所占比重（%）	CBI 均值	CBS 均值	品牌财务表现力均值	市场竞争表现力均值
江苏省	13	23	49.1622	51.4777	45.3902	66.6524
浙江省	7	13	49.3747	51.6447	46.6262	65.6404
山东省	6	11	53.2323	54.6753	48.3369	70.8917
上海市	6	11	51.2201	53.0944	46.7934	68.2644
福建省	6	11	44.8951	48.1254	42.8772	60.8413
其他省（市）	17	31	46.6862	49.5325	43.0345	62.1763
总体情况	55	100	48.6269	51.0572	45.0198	65.1445

由表 15-9 可以看出，江苏省、浙江省、山东省、上海市和福建省五个省（市）的企业数量排名比较靠前。江苏省企业数量最多，位列各省（市）第一，有 13 家企业，占据行业数量总和的 23%。浙江省排名第二，有 7 家企业，占比 13%。而山东省、上海市和福建省均有 6 家企业，各自占比 11%（见图 15-10）。五大省（市）企业数量总占比高达 69%，说明我国纺织行业集中度较高，且主要分布在江浙等长三角地区。

在 CBI 均值上来看，山东省的企业数量虽排名第三，但其 CBI 均值为 53.2323，位列各省

（市、自治区）第一，品牌竞争力发展潜力巨大。福建省的企业数量虽与上海市、山东省并列排名第三，但其 CBI 均值仅为 44.8951，低于行业平均值，说明其品牌竞争力存在差距，仍有待提升。江苏省虽企业数量排名第一，但 CBI 均值为 49.1622，在这五省（市）中排名第四（见图 15-11）。虽然江苏省的净利润总额存在较大波动，但其 CBI 均值仍高于行业平均水平，说明存在一定的缓冲效应，品牌竞争力的改善和提高应当引起足够的重视，还有很大的上升空间。

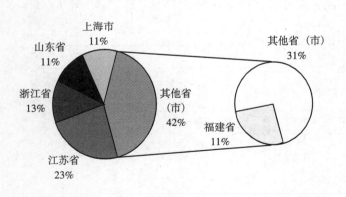

图 15-10　中国纺织企业数量省（市、自治区）分布

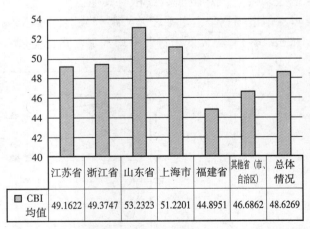

图 15-11　中国纺织企业省（市、自治区）CBI 均值对比

	江苏省	浙江省	山东省	上海市	福建省	其他省（市、自治区）	总体情况
CBI 均值	49.1622	49.3747	53.2323	51.2201	44.8951	46.6862	48.6269

（二）分项情况分析

在各分项竞争力指标对比方面，品牌财务表现力、市场竞争表现力在各省（市）之间有所差距。山东省虽然企业数量少，但其在品牌财务表现力及市场竞争表现力方面得分均较高，分别为 48.3369 和 70.8917。江苏省虽然企业数量最多，但其品牌财务表现力指标和市场竞争表现力指标分别为 45.3902 和 66.6524，在排名靠前的省

（市）中处于中等水平，品牌竞争力还需进一步提高。福建省企业数量并列居于第三，但其市场表现力得分为 60.8413，品牌财务表现力指标得分为 42.8772，均低于其他四省（市）（见图 15-12），还

存在较大的提升幅度。整体来看，各省（市）市场竞争表现力指标状况良好，财务表现指标仍需提高。

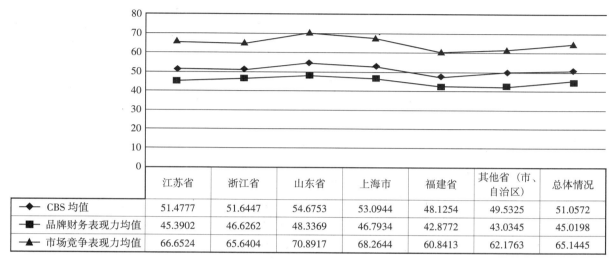

图 15-12 中国纺织企业一级指标代表省（市）对比

	江苏省	浙江省	山东省	上海市	福建省	其他省（市、自治区）	总体情况
CBS 均值	51.4777	51.6447	54.6753	53.0944	48.1254	49.5325	51.0572
品牌财务表现力均值	45.3902	46.6262	48.3369	46.7934	42.8772	43.0345	45.0198
市场竞争表现力均值	66.6524	65.6404	70.8917	68.2644	60.8413	62.1763	65.1445

第三节 2013 年度中国纺织企业品牌竞争力分项报告

一、品牌财务表现

目前国内企业经营者对于现代化管理手段的理解与实践，多半仍然停留在以财务数据为主导的思维里。虽然财务数据无法帮助经营者充分掌握企业发展方向的现实，但在企业的实际运营过程中，财务表现仍然是企业对外展示基本实力的重要依据。品牌财务表现层面的分析将财务指标分为规模因素、效率因素和增长因素 3 个二级指标。规模因素主要从销售收入、所有者权益和净利润 3 个三级指标衡量；效率因素主要从净资产报酬率、总资产贡献率 2 个三级指标衡量；增长因素主要从近三年销售收入增长率、近三年净利润增长率 2 个三级指标衡量。

随着中国经济的快速发展，中国国民物质消费水平不断提高，使得各纺织企业近年来的营业收入和净利润都保持了良好的增长态势。全国 55 家纺织企业在品牌财务表现力得分均值为 45.0198。其中，魏桥纺织股份有限公司、鲁泰纺

织股份有限公司、百隆东方股份有限公司、黑牡丹（集团）股份有限公司、华孚色纺股份有限公司、上海申达股份有限公司、罗莱家纺股份有限公司、石家庄常山纺织股份有限公司、孚日控股集团股份有限公司和联发科技股份有限公司位列前 10 名（见表 15-10），这 10 家企业在品牌财务表现力方面存在一定的差距。得分最高的是魏桥纺织股份有限公司，其品牌财务表现力得分为 58.2718，CBI 数值也最高，大大领先于其他企业。得分最低的是联发科技股份有限公司，其品牌财务表现力得分为 49.7285，与行业第一还差距较大，仍需要进一步改善（见图 15-13）。

从 3 个二级指标看，其均值分别为：规模因素 41.4357，效率因素 45.7109，增长因素 47.2423。增长因素得分最高，其中又以年平均销售收入增长率得分最高，为 47.9378。规模因素得分最低，为 41.4357。因其对品牌财务表现影响最大，因此导致了行业整体财务表现欠佳。在所有三级指标中，所有者权益最低，仅为 29.3542，净资产报酬率最高，为 49.5601（见表 15-11）。

表 15-10　品牌财务表现指数——行业前 10 名

企业名称	省（市）	CBI 值	品牌财务表现力
魏桥纺织股份有限公司	山东省	68.0168	58.2718
鲁泰纺织股份有限公司	山东省	61.8212	54.6399
百隆东方股份有限公司	浙江省	56.1890	52.5128
黑牡丹（集团）股份有限公司	江苏省	56.5284	52.1024
华孚色纺股份有限公司	安徽省	59.1228	51.9938
上海申达股份有限公司	上海市	58.7817	51.4088
罗莱家纺股份有限公司	江苏省	58.1318	50.5537
石家庄常山纺织股份有限公司	河北省	54.1073	50.0923
孚日控股集团股份有限公司	山东省	55.1700	49.7932
联发科技股份有限公司	江苏省	54.7689	49.7285

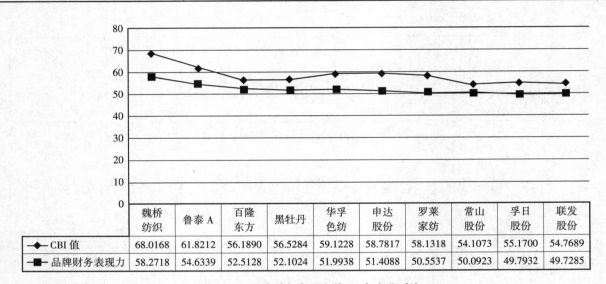

图 15-13　品牌财务表现力前 10 名企业对比

表 15-11　品牌财务表现力各分项指标得分均值

品牌财务表现力	45.0198	规模因素	41.4357	销售收入	48.6493
				所有者权益	29.3542
				净利润	46.8081
		效率因素	45.7109	净资产报酬率	49.5601
				总资产贡献率	39.9371
		增长因素	47.2423	年平均销售收入增长率	47.9378
				年平均净利润增长率	46.5469

二、市场竞争表现

随着纺织行业的持续快速发展，市场竞争也更加激烈。企业只有具备更强的市场竞争能力，才能在目前的行业环境中生存下去。市场竞争表现层面的分析将指标分为市场占有能力和超值获利能力2个二级指标。市场占有能力主要从市场

占有率和市场覆盖率2个三级指标衡量；超值获利能力主要从品牌溢价率和品牌销售利润率2个三级指标衡量。

近几年中国经济的快速发展带来了更为激烈复杂的市场竞争。全国55家纺织企业市场竞争表现力得分均值为65.7037，略高于品牌财务表现力。魏桥纺织股份有限公司、神马实业股份有限公司、鲁泰纺织股份有限公司、华孚色纺股份有

限公司、百隆东方股份有限公司、黑牡丹（集团）股份有限公司、上海申达股份有限公司、石家庄常山纺织股份有限公司、孚日控股集团股份有限公司和上海龙头（集团）股份有限公司位列前10名（见表15-12），这10家企业的市场竞争表现力指标得分很高，企业间差距较小，指标得分均在70分以上。得分最高的魏桥纺织股份有限公司，分值为85.0004，远远高于行业平均水平。得分最低的上海龙头（集团）股份有限公司，分值为72.0468（见图15-14）。说明纺织企业的市场

竞争表现力整体较强。

二级指标中，市场占有能力得分均值68.6754，超值获利能力得分58.5870。纺织行业的竞争比较激烈，但行业领先企业的优势非常明显，市场占有能力很强，市场占有率和覆盖率指标得分都很高。在纺织行业内，品牌对企业市场竞争表现力的影响非常明显，因此品牌溢价率得分均值相对较高，为68.6320，而品牌销售利润率指标却表现一般，为39.9319（见表15-13）。

表 15-12　市场竞争表现指数——行业前 10 名

企业名称	省（市）	CBI 值	市场竞争表现力
魏桥纺织股份有限公司	山东省	68.0168	85.0004
神马实业股份有限公司	河南省	54.3665	81.3747
鲁泰纺织股份有限公司	山东省	61.8212	77.2499
华孚色纺股份有限公司	安徽省	59.1228	76.3578
百隆东方股份有限公司	浙江省	56.1890	75.3101
黑牡丹（集团）股份有限公司	江苏省	56.5284	75.2112
上海申达股份有限公司	上海市	58.7817	75.1276
石家庄常山纺织股份有限公司	河北省	54.1073	74.0007
孚日控股集团股份有限公司	山东省	55.1700	73.8097
上海龙头（集团）股份有限公司	上海市	54.8491	72.0468

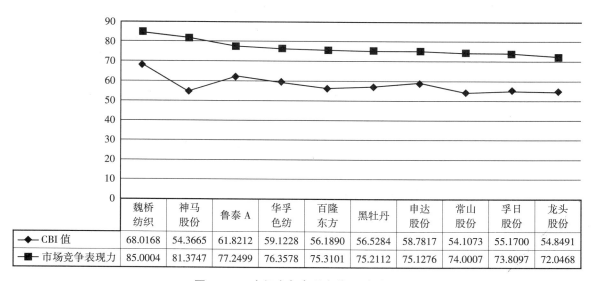

	魏桥纺织	神马股份	鲁泰 A	华孚色纺	百隆东方	黑牡丹	申达股份	常山股份	孚日股份	龙头股份
CBI 值	68.0168	54.3665	61.8212	59.1228	56.1890	56.5284	58.7817	54.1073	55.1700	54.8491
市场竞争表现力	85.0004	81.3747	77.2499	76.3578	75.3101	75.2112	75.1276	74.0007	73.8097	72.0468

图 15-14　市场竞争表现力前 10 名企业

表 15-13　市场竞争表现力各分项指标得分均值

市场竞争表现力	65.1445	市场占有能力	68.6754	市场占有率	67.8810
				市场覆盖率	70.5290
		超值获利能力	58.5870	品牌溢价率	68.6320
				品牌销售利润率	39.9319

第四节　中国纺织企业品牌竞争力提升策略专题研究

一、中国纺织行业宏观经济与政策分析

（一）纺织市场运行情况

据国家统计局数据，2013年纺织工业增加值增速基本呈现逐月放缓趋势，全年同比增长8.7%，较2012年回落3.5个百分点。2013年纺织行业生产增速总体减缓，从产品产量上看，主要大类产品产量增速普遍下降，化纤、纱、布、服装几类重点产量增幅均比2012年有所下降。根据国家统计局数据，2013年规模以上纺织企业化纤、纱、布、服装产量分别为4122万吨、3200万吨、683亿米和271亿件，同比分别增长7.9%、7.2%、4.6%和1.3%，增速分别较2012年同期下降3.3个、2.6个、7.0个和4.9个百分点。内需增速较2012年回落。根据国家统计局数据，2013年，全国限额以上服装鞋帽、针纺织品零售额11.89万亿元，同比增长11.5%，增幅低于2012年同期6.5个百分点，低于全国社会消费品零售总额增速1.6个百分点。出口增速有所回升。根据海关月报数据，2013年1~12月，我国纺织品服装出口额为2920.8亿美元，同比增长11.2%，增幅较2012年同期提高了7.9个百分点，其中纺织品出口1138.5亿美元，同比增长11.2%；服装出口1782.2亿美元，增长11.3%，增速分别高于上年同期7.9个和6.8个百分点。

投资增长基本平稳。2013年，纺织行业500万元以上项目固定资产投资新开工项目数为13718个，同比增加5.86%，投资实际完成额为9140.3亿元，同比增长17.29%，增速分别高于2012年同期2.7个和10.5个百分点。东部地区投资增长较快，2013年实际完成投资额同比增长19.2%，高于中西部地区投资增速4.6个百分点。行业效益有所改善。2013年，全国3.9万户规模以上纺织企业实现主营业务收入63848.9亿元，同比增长11.5%，增速高于2012年同期0.9个百分点；实现利润总额3506.0亿元，同比增长

15.8%，高于2012年同期8.1个百分点；销售利润率为5.5%，较2012年同期提高0.2个百分点。行业亏损面为11.5%，较2012年同期下降1.0个百分点，亏损企业亏损额同比减少0.8%。

2014年1~6月，全国规模以上工业企业实现利润总额28649.8亿元，同比增长11.4%，增速比1~5月提高1.6个百分点；实现主营活动利润26722亿元，同比增长10.8%，增速比1~5月提高1.7个百分点。其中，纺织业主营业务利润总额同比增长10.0%。6月，规模以上工业企业实现利润总额5880.8亿元，同比增长17.9%，增速比5月提高9个百分点。1~6月，在41个工业大类行业中，35个行业利润总额同比增长，1个行业持平，5个行业下降。主要行业利润增长情况：纺织业增长10%，化学原料和化学制品制造业增长10.4%。1~6月规模以上工业企业主要财务指标显示，纺织业主营业务收入17686.5亿元，同比增长8.8%；利润总额852.6亿元，同比增长10.0%；主营活动利润836.7亿元，同比增长10.7%。纺织服装、服饰业主营业务收入9390.8亿元，同比增长9.8%；利润总额495.5亿元，同比增长13.9%；主营活动利润482.5亿元，同比增长15.3%。皮革、毛皮、羽毛及其制品和制鞋业主营业务收入6287.4亿元，同比增长10.5%；利润总额387.9亿元，同比增长19.0%；主营活动利润383.3亿元，同比增长17.8%。

2014年运行形势总体平稳。在国内消费平稳增长和外需回暖有望加快的情况下，纺织行业运行面临的需求环境可能略有改观，但当前国内外棉花差价依然较大，同时人工等成本过快上涨也在一定程度上削弱了我国纺织行业的国际竞争优势，我国纺织服装产品出口在欧盟、美国和日本等国的市场份额均有所下降。综合来看，2015年纺织行业保持平稳增长的发展态势。

（二）纺织行业政策分析

专家指出，2014年纺织经济内在规律和结构正在发生根本性变化，整个行业处于新旧增长模

式转换的关键时期，差异化产品和新兴产品更受客户青睐，生物基纤维的发展将给纺织面料领域带来前所未有的变革。

2014年7月15日，商务部召开例行新闻发布会，已经出台了五项贸易便利化的措施，切实减轻企业的负担。①进一步减少了自动进口许可的货物种类。商务部和海关总署联合发布公告，从7月1日开始，取消纺织等五大类81个商品编码的自动进口许可，这个削减幅度达到了14%。②下放关税配额管理、农产品加工贸易的第二次及以上延期审批权。③取消纺织品原产地证明书费的收费项目。从6月19日开始，停止收取纺织品原产地证明费用。这个收费是商务部仅存的最后一项许可证收费。也说明目前商务部许可证收费项目已经全部取消。

农业部办公厅印发了《2014年种植业工作要点》（以下简称《要点》）。《要点》明确了2014年种植业工作的目标，即努力实现"三稳"、"三进"。"三稳"，就是粮食稳定增产，棉油糖稳定发展，蔬菜生产稳定发展；"三进"，就是高产创建和增产模式攻关、北方城市冬季设施蔬菜开发试点、病虫害统防统治等科技服务重点措施推进有新进展，种植业产品质量安全水平有新进展，资源节约利用有新进展。突出法规建设和项目监管。推动出台《农药管理条例》，制定《肥料管理条例》、《农作物病虫害防治条例》等法规。整合现有转移支付项目，促进资金向新型农业生产经营主体和主产区倾斜，研究建立种植业财政项目绩效评价制度。

《进口棉花检验监督管理办法》自2013年2月1日起施行，做好进口棉花的检验监督管理工作。财政部经济建设司2013年7月25日提出，要以自有品牌、自主知识产权和自主营销为重点，引导企业增强综合竞争力。完善加工贸易政策，着重提高产业层次和加工深度，增加国内配套能力，促进国内产业升级。引导企业构建境外营销网络，增强自主营销能力，积极开拓非传统出口市场，推进市场多元化。同时，要完善进出口税收制度和出口信用保险政策，支持重点产业中的技术密集型、知识密集型、深加工型产品以及成套设备出口。完善出口退税政策，针对船舶、纺织等主要外向型产业，在人民币升值较快的情况

下，通过适度提高附加值较高产品出口退税率来削弱给产业带来的负面冲击。从事船舶、纺织外贸的相关企业，有望获得更多出口退税额，企业成本将进一步降低。

统计数据显示，2013年纺织工业整体呈现出"稳中有增"的趋势。数据显示，2013年整个纺织业实现主营业务收入63800亿元，增长超过11%，实现利润3605亿元，增长17%。"看数据纺织业形势还是一片大好"。中国纺织工业联合会副会长兼秘书长高勇在中纺圆桌论坛上表示，纺织业已进入低增长发展阶段。综观2013年的纺织业，棉花内外价差问题成为影响行业发展的主要因素。而进口棉花配额和棉花收储已经成为纺织企业的重点关注对象。与棉企面临的棉花价格过高不同的是，化纤企业面临的是由于传统化纤产品产能过剩而导致的供需失衡。化纤企业先感受到的是利润空间被压缩，有些企业直言利润"比刀锋还薄"。不论是棉企还是化纤企业在面临困境的同时也意味着机遇的到来。国家发改委学术委员会秘书长、研究员张燕生在中纺圆桌论坛上分析，2014年纺织经济内在规律和结构正在发生着根本性的变化，整个行业正处于新旧增长模式转换的关键时期。

二、2013年度中国纺织企业品牌竞争力总体述评

（一）宏观竞争格局：区域分布极度不均衡

根据中国纺织行业整体的营业收入数据，从区域来看，2013年受调研的55家自主纺织品牌企业2012年营业总额为1414.14亿元，其中华东地区营业额为1047.69亿元，所占比重高达74%，中南地区排名第二，其营业总额为259.65亿元，占比18%，但与行业老大华东地区相比，差距较大。华北地区与西北地区发展比较落后，营业总额分别为50.2亿元、29.5亿元，各自占比为4%和2%。东北地区和西南地区的营业总额最少，合计占行业整体营业总额的2%。由此可以看出，华东地区仍然保持稳固优势，成为各地区中的佼佼者。

从省（市、自治区）来看，山东省、江苏省、上海市和浙江省居于前4位，营业总额分别为

296.66 亿元、286.13 亿元、195.31 亿元和 131.59 亿元，总占比 64%，说明我国纺织行业省（市、自治区）间分布较为均衡。净利润分布情况与营业收入分布情况基本保持一致，华东地区净利润总额达到 28.16 亿元，占比高达 90%，牢牢占据着行业区域领先者的地位。山东省净利润总额达到 12.26 亿元，占比 39%，居于各省（市、自治区）之首。浙江省紧随其后，净利润总额为 9.91 亿元，占比 32%，位列第二。而营业收入排名较为靠前的江苏省，净利润总额竟然为 -2.22 亿元，值得引起行业关注。总体来看，中国纺织企业主要集中在长三角等华东地区，占据大部分比重。

根据中国纺织行业的 CBI 排名，从区域来看，中国纺织企业仍主要分布于华东地区，企业数量占行业总数的比重为 73%，集中度非常高。华东地区的 CBI 均值排名第二，为 49.9781，高于行业平均水平。而排名第一的除华东地区、中南地区、西北地区之外，仅有 3 家企业，而 CBI 均值为 52.0395。企业数量居于第二和第三的分别是中南地区和西北地区。中南地区有 9 家企业，占比 16%，西北地区有 3 家企业，占比 5%，两者 CBI 均值分别为 43.5080 和 42.5554，均低于行业平均水平，企业品牌竞争力还需要很大的提升。由此我们可以看出，企业数量的多少并不能代表企业品牌竞争力的提升。各地区均应吸取经验，在注重量的发展的同时，努力提升企业品牌竞争力。

从省（市）来看，江苏省、浙江省、山东省、上海市和福建省五个省（市）的企业数量占据行业数量总和的 69%，所占比重分别为 23%、13%、11%、11% 和 11%，行业集中度相对较高，主要分布在江浙等长三角地区，且前 3 名省份分布相对均衡。江苏省企业数量居各省（市）第一，但其 CBI 均值仅为 49.1622，略高于行业平均水平，远低于其他省（市），企业品牌竞争力还有待加强和提高。山东省虽企业数量不多，仅占 11%，但其 CBI 均值高达 53.2323，居于各省（市）榜首，发展势头迅猛，潜力巨大。福建省虽企业数量排名第三，但其 CBI 均值仅为 44.8951，低于行业平均水平，品牌竞争力还需提升。

中国纺织企业远不止 55 家，这 55 家企业只是众多纺织企业的杰出代表，从中可以分析中国纺织行业的竞争情况。无论是从营业收入还是从企业数量来看，抑或从区域、省（市）来看，中国纺织行业的聚集度都相对比较高，主要集中在三大区域五大省（市）。华东地区纺织行业发展优势非常明显，企业品牌竞争力状况良好，而西北地区、西南地区和东北地区纺织行业的发展仍处于竞争劣势。纺织行业是关乎国计民生的重要行业，它目前已经形成一家独大的竞争趋势，一定程度上揭示了中国区域经济发展的不均衡，但同时也为实现纺织向现代产业集群迈进提供了条件。

（二）中观竞争态势：领导品牌有待发展，中游企业竞争激烈

根据中国企业品牌竞争力分级评级标准，对 2013 年受调查的纺织企业进行分级评估，按照一般惯例分为五级，5A 级企业 0 家，4A 级企业 2 家，3A 级企业 46 家，2A 级企业 7 家，1A 级企业 0 家。虽没有 5A 级企业，但位列 4A 级企业第 1 名的魏桥纺织股份有限公司，营业总额为 152.48 亿元，占纺织行业整体营业总额的 11%。其 CBI 均值为 68.0168，远高于行业 CBI 均值，各方面指标表现均名列前茅，所以魏桥纺织股份有限公司在中国纺织行业中是名副其实的领导企业，引领中国纺织行业的发展方向。值得关注的是 46 家 3A 级企业，占据行业比重的 84%，其 CBI 均值为 49.9847，略高于行业平均值。3A 级企业基本代表了中国纺织行业发展的平均水平，并且企业之间指数分布比较均匀，这说明企业竞争状况日益激烈。3A 企业占比较大，因此，我国纺织行业中游企业的品牌竞争力继续发展和提高。

（三）微观竞争比较：财务指数成绩平平，市场指标表现突出

对于中国企业来说，财务表现仍然是企业对外展示基本实力的重要依据。在我国，纺织行业是关系国计民生的传统行业，改革开放以后，原有的国有纺织企业经历了市场经济的重新洗牌，随着市场经济的不断完善和发展，加上国家对纺织行业的大力支持，越来越多的民营纺织企业迅速发展起来，多数纺织企业近年来营业收入和净利润都保持了良好的增长态势。2013 年全国受调研的 55 家纺织企业的品牌财务表现力均值仅为 45.0198，并不十分理想，说明企业的品牌财务表现力表现一般，还需得到有效的改善。

根据品牌财务表现力指标，排在前 10 名的企业分别是魏桥纺织股份有限公司、鲁泰纺织股份有限公司、百隆东方股份有限公司、黑牡丹（集团）股份有限公司、华孚色纺股份有限公司、上海申达股份有限公司、罗莱家纺股份有限公司、石家庄常山纺织股份有限公司、孚日控股集团股份有限公司和联发科技股份有限公司。品牌财务表现力第1名是魏桥纺织股份有限公司，其品牌财务表现力均值为68.0168，远远高于行业平均值。第10名是联发科技股份有限公司，其品牌财务表现力均值为54.7689。联发科技股份有限公司虽位列第10名，但与第1名魏桥纺织股份有限公司有很大差距，由此可以看出，前10名企业中，品牌财务表现力的差距较大，还有待提高。前10名的品牌财务表现力均值还相对较高，但品牌财务表现力总体指标却相对较低。

根据市场竞争表现力单项指标，排在前10名的企业分别是魏桥纺织股份有限公司、神马实业股份有限公司、鲁泰纺织股份有限公司、华孚色纺股份有限公司、百隆东方股份有限公司、黑牡丹（集团）股份有限公司、上海申达股份有限公司、石家庄常山纺织股份有限公司、孚日控股集团股份有限公司和上海龙头（集团）股份有限公司。这10家企业在市场竞争表现力方面均表现突出，差距较小。得分最高的魏桥纺织股份有限公司，均值为85.0004，得分最低的上海龙头（集团）股份有限公司，分值为72.0468。说明中国纺织企业的市场竞争表现力整体较强，品牌市场表现突出，发展势头良好，发展潜力巨大。

如果将企业竞争力分为规模竞争、效率竞争和创新竞争三个阶段的话，目前中国纺织行业竞争仍处于规模要素主导的第一阶段，虽然个别企业竞争水平已经处于效率竞争和创新竞争水平，但就中国纺织行业总体竞争水平来看，与技术创新和品牌经营的第三阶段仍有很大距离。

三、中国纺织企业品牌竞争力提升策略建议

（一）要切实提高出口纺织设计水平，坚持创新战略

设计是牵动纺织行业发展的关键，也是创造纺织国际品牌的首要因素。综观竞争激烈的国际纺织市场，具有品牌优势的企业，无不以其独具特色的设计吸引消费者的眼球。要创造我国出口纺织名牌，当务之急是抓紧培养一支具有世界一流水平的纺织设计师队伍，创造独具一格的中国纺织个性，同时加强知名设计师与知名企业的合作。积极培养人才，同时吸收国外一些知名品牌的经验，但不是仿制，而是去其糟粕，取其精华，创造出属于我们自己的品牌。

纺织业现在的竞争是品牌的竞争和销售网络的竞争。纺织企业应该有鲜明的设计亮点和完善的销售网络，这样才能在日益激烈的国际市场竞争中占有一席之地。中国纺织业应树立并坚持创新理念，培养一支自己的设计师队伍，在设计上体现本企业的特点，逐步引领纺织业的发展方向，从而在消费者心目中形成品牌特有的影响力，进而形成全球竞争力，突破竞争力仅局限在国内。销售网络对于纺织业的销售有很重要的作用，尤其是服装业的销售，要以现代逐步成熟的供应链管理来实现销售额的不断增加。

棉纺织产品开发在很大程度上直接影响中国纺织产品的档次和水平以及国际市场竞争能力。中国出口的纺织品及服装大多属于一般产品水平，高档精细的纺织品市场占有率仍然较低。中国加入WTO后，纺织工业面临着千载难逢的机遇与挑战，竞争的焦点将是产品档次和品质水平，不再是过去那样靠量大价廉的产品去占领市场了。中国棉纺织企业要靠自身的实力和质量层次去开展竞争，这就要求企业必须充分发挥自身的比较优势，开发和应用具有高技术含量的新颖技术。

（二）提高环保意识，发展环保棉纺

当前，发达国家所构筑的"绿色贸易壁垒"已成为一种新型的非关税壁垒形式，并将成为限制中国纺织品出口的重要因素。棉纺产品应向"现代、美化、舒适、保健"的方向发展，崇尚自然。国内棉纺织企业必须意识到环保生态纺织的标准和概念的重要性和紧迫性。中国棉纺织企业应及时了解国外纺织品领域"绿色壁垒"的新动向，提高环保意识。

棉纺织企业必须顺应国际纺织品贸易发展趋势，彻底改变以往的低层次价格竞争，提高产品的附加值和技术含量，发展从原料生产、织造到印染均充分体现环保的绿色纺织品，赢得通往国

际市场的"绿色入场券"。国内棉纺织企业应在出口前寻求国外进口商的帮助，掌握国外纺织品服装领域对有害物质限量的具体要求，更加有针对性地准备申请"绿色"标签的有关材料，并且在有条件的基础上积极申请国际承认的纺织品服装生态标签。不断更新生产工艺，同时对清洁生产实行全程控制，生产高品质、安全型、环保型的棉织物是中国棉纺织工业长期的发展方向。

（三）加大政府支持，以及各地纺织业之间的相互沟通

我国是劳动力大国，目前失业率也有增无减，政府可以号召对许多失业人员进行专业培训，为应付各种问题培训各种专业人员。同时各地方的公司可以定期召开学术交流会，每个公司安排一些专业人员共同研发新的技术，这样既可以帮政府解决失业问题，也可以帮各家公司省去自主研发浪费的物力人力等资源，可以更高效率地提升我国纺织业的总体水平。

第十六章 中国酒行业企业品牌竞争力指数报告

第一节 中国酒企业品牌竞争力指数总报告

一、2013年度中国酒企业总体竞争态势

中国企业品牌竞争力指数（以下简称 CBI）研究课题组为了检验理论成果的应用效果，于 2013 年对中国 30 家自主酒企业品牌进行了调研，根据各企业营业收入的原始数据发现，中国酒行业呈现明显的二分天下的竞争态势。第 1 名和第 2 名的企业总营业收入占据整个行业的 76%。从省（市、自治区）分布中可以看出四川省和山东省占比最大。因此，中国酒企业品牌竞争力整体表现出华东地区和西南地区遥遥领先，四川省和山东省所占比重较大的总体竞争态势，如图 16-1、图 16-2、图 16-3、图 16-4 所示。

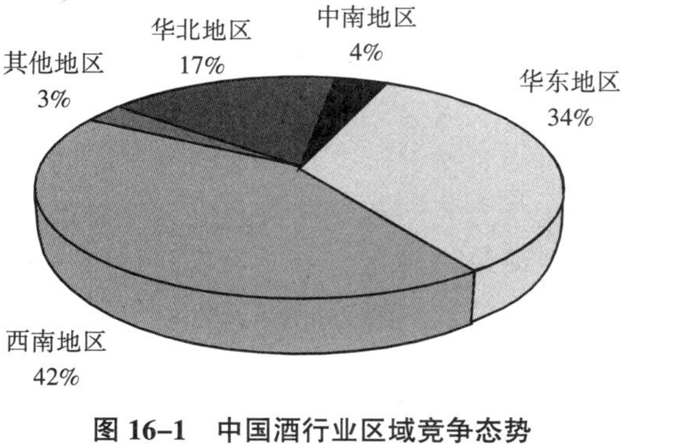

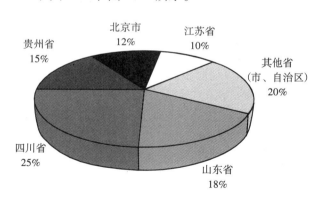

图 16-1 中国酒行业区域竞争态势

图 16-2 中国酒行业省（市、自治区）竞争态势

截至 2012 年底，中国酒行业受调研的 30 家自主酒品牌企业的营业总额为 1729.11 亿元。从区域的角度分析，西南地区营业总额为 725.25 亿元，占行业整体营业总额的 42%，排名第一；华东地区营业总额为 582.92 亿元，占行业营业额总和的 34%，排名第二。东北地区和西北地区合计才占行业收入总额的 3%，尤其是东北地区营业额最少，为 0.8422 亿元，西北地区营业收入略低于中南地区，为 61.4 亿元。以上分析说明西南地区和华东地区对我国酒行业营业额的贡献最大，发展较为繁荣，竞争力比较强；而东北地区、西北地区和中南地区酒企业的竞争力远远落后于西南地区和华东地区，需要采取有力的措施提高这三个地区企业的竞争力。总体来说，我国酒类企业的营业收入比较集中，地区间的收入由高到低，其差距逐渐拉大。

从省（市、自治区）角度来看，排在前5名的省（市）由高到低依次为四川省、山东省、贵州省、北京市和江苏省，营业总额分别为424亿元、314.4亿元、265亿元、213.4亿元和173亿元，其中，四川省和山东省表现突出，两个省的营业总额之和占比高达43%，占据半壁江山。四川省的4家企业营业收入比其他省份的20家企业总营业额还高。位居第3名、第4名和第5名的三个省份营业额占比分别为15%、12%和10%，发展速度较快，表现势头良好，略落后于行业领

先者。从排名前5的省（市）来看，它们之间的差距是越来越小，也就是说竞争优势是逐步缩小的。归属于其他省份的20家企业，分布比较分散，营业收入表现不佳，缺乏行业竞争力，因此有待进一步提高。5个省（市）企业的营业额占据了酒行业的80%，说明我国酒行业的收入相对集中在这5个省（市），虽然5个省（市）间的收入差距并不是很大，但有一些企业的确表现出了强劲的发展势头。

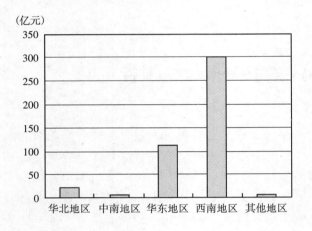

图16-3 中国酒企业净利润区域分布

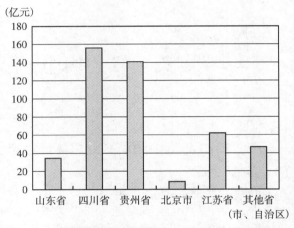

图16-4 中国酒企业净利润省（市、自治区）分布

截至2012年底，中国酒行业受调研的30家自主酒品牌企业的净利润总额为447.04亿元。从区域的角度分析，西南地区仍延续了营业收入的总体优势，净利润总额高达297.40亿元，占行业利润总额的66%，遥遥领先于其他地区，保持了绝对的优势地位。华东地区和华北地区净利润总额分别为111.96亿元和22.87亿元，分别占行业利润总额的25%和5%，虽然分别排名第二和第三，但与行业第一西南地区相比差距较大。东北地区和西北地区的利润总额少之又少，合计仅为7.67亿元，这里可以看出：地区净利润与地区营业收入的发展趋势是一致的，说明营业收入高的地区其盈利能力也高，那么其竞争就比其他地区具有优势。

从省（市）角度来看，净利润排在前5名的省（市）为四川省、贵州省、江苏省、山东省、北京市，净利润总额分别为155.49亿元、140.00亿元、61.50亿元、35.40亿元、7.85亿元。其中四川省表现最为突出，净利润总额占行业总额的

35%，领先于其他省（市），居于行业第一的位置，紧随其后的是贵州省，净利润占行业总额的31%，虽然贵州省在营业收入中排名第三，但是营业利润却跃居第二，值得一提的是贵州省只有贵州茅台酒股份有限公司1家企业，表明其具有强劲的竞争力。江苏省的营业收入位居第五，但是其净利润却排名第三，说明其具有比山东省和北京市更强的盈利能力，势头较为强劲，净利润占比为14%。山东省和北京市的净利润比营业收入的排名要靠后，说明这两个省市的盈利能力有待提高。在这5个省（市）中，前2名的差距不是很大，但是接着的3个省份呈现出差距扩大的趋势，盈利水平表现为两省齐头并进，其他省紧紧追赶。

总体来看，中国酒行业整体的分布状态是西南地区占据半壁江山，无论在营业收入还是净利润方面均远远领先于其他地区；省（市）方面，四川省和贵州省表现比较突出，这就是当前中国酒行业竞争比较明显的特点。

二、2013 年度中国酒企业品牌竞争力指数排名

中国企业品牌竞争力指数（以下简称 CBI）研究课题组已于 2011 年 7 月完成了理论研究，采用多指标综合指数法对中国企业品牌竞争力进行量化研究。初期理论成果包括 CBI 四位一体理论模型、CBI 评价指标体系、CBI 评价指标权重以及 CBI 计算模型，并且已经通过国内 10 位经济学、管理学界权威专家论证。为了检验理论成果的应用效果，课题组继 2011~2012 年连续两年对中国自主酒企业品牌调研之后，于 2013 年底对中国自主酒企业品牌进行再一次调研，根据调查数据应用 CBI 计算模型得出中国酒企业品牌竞争力（以下简称 CBI-R）排名（见表 16-1）。

表 16-1　2013 年中国酒企业品牌竞争力排名

企业名称	省（市、自治区）	相对值（指数）		绝对形式（百分制）		
		CBI	排名	品牌竞争力得分（CBS）	品牌财务表现力	市场竞争表现力
江苏洋河酒厂股份有限公司	江苏省	87.6303	1	81.6992	75.6434	95.8293
贵州茅台酒股份有限公司	贵州省	86.5672	2	80.8640	76.4039	91.2708
宜宾五粮液股份有限公司	四川省	84.6437	3	79.3528	74.1902	91.3989
北京燕京啤酒股份有限公司	北京市	81.1200	4	76.5845	70.8133	90.0508
青岛啤酒股份有限公司	山东省	80.9122	5	76.4212	68.9859	93.7704
烟台张裕葡萄酿酒股份有限公司	山东省	76.7730	6	73.1694	68.8763	83.1868
泸州老窖股份有限公司	四川省	74.2420	7	71.1810	65.6354	84.1206
安徽古井贡酒股份有限公司	安徽省	68.1043	8	66.3591	61.0002	78.8631
山西杏花村汾酒厂股份有限公司	山西省	63.9846	9	63.1225	57.6431	75.9079
四川水井坊股份有限公司	四川省	63.8598	10	63.0245	59.0223	72.3631
北京顺鑫农业股份有限公司	北京市	59.7198	11	59.7720	52.3722	77.0382
安徽金种子酒业股份有限公司	安徽省	55.4163	12	56.3911	51.6917	67.3565
广州珠江啤酒股份有限公司	广东省	54.9651	13	56.0366	49.9464	70.2472
酒鬼酒股份有限公司	湖南省	54.2626	14	55.4848	51.3574	65.1153
四川沱牌舍得酒业股份有限公司	四川省	54.1877	15	55.4259	50.6421	66.5880
重庆啤酒股份有限公司	重庆市	53.7380	16	55.0726	48.9407	69.3801
新疆伊力特实业股份有限公司	新疆维吾尔自治区	51.2472	17	53.1158	47.9443	65.1824
浙江古越龙山绍兴酒股份有限公司	浙江省	51.0818	18	52.9858	47.9812	64.6633
青海互助青稞酒股份有限公司	青海省	50.8450	19	52.7997	48.5749	62.6577
河北衡水老白干酒业股份有限公司	河北省	48.6818	20	51.1003	45.7713	63.5347
海南椰岛（集团）股份有限公司	海南省	47.4160	21	50.1059	44.9920	62.0382
新疆啤酒花股份有限公司	新疆维吾尔自治区	46.7303	22	49.5671	44.5672	61.2336
上海金枫酒业股份有限公司	上海市	46.5583	23	49.4320	44.7497	60.3574
兰州黄河企业股份有限公司	甘肃省	44.7492	24	48.0108	43.3011	59.0001
中信国安葡萄酒业股份有限公司	新疆维吾尔自治区	43.8773	25	47.3258	42.1720	59.3512
西藏银河科技发展股份有限公司	西藏自治区	42.7101	26	46.4088	42.4272	55.6992
福建省燕京惠泉啤酒股份有限公司	福建省	41.9698	27	45.8272	40.8881	57.3518
甘肃莫高实业发展股份有限公司	甘肃省	41.6538	28	45.5789	41.7287	54.5627
甘肃皇台酒业股份有限公司	甘肃省	34.3317	29	39.8265	36.9586	46.5185
通化葡萄酒股份有限公司	吉林省	31.3516	30	37.4853	34.9102	43.4939

注：从理论上说，中国企业品牌竞争力指数（CBI）由中国企业品牌竞争力分值（CBS）标准化之后得出，CBS 由 4 个一级指标品牌财务表现力、市场竞争表现力、品牌发展潜力和消费者支持力的得分值加权得出。在实际操作过程中，课题组发现，品牌发展潜力和消费者支持力两个部分的数据收集存在一定的难度，且收集到的数据准确性有待核实，因此，本报告暂未将品牌发展潜力和消费者支持力列入计算。品牌财务表现力主要依据各企业的财务报表数据以及企业上报数据进行计算。同时，关于市场竞争表现力方面的得分，课题组选取了部分能够通过公开数据计算得出结果的指标，按照 CBI 计算模型得出最终结果。关于详细的计算方法见《中国企业品牌竞争力指数系统：理论与实践》。

由表 16-1 可以看出，在 2013 年酒行业企业品牌 CBI 排名中，江苏洋河酒厂股份有限公司、贵州茅台酒股份有限公司、宜宾五粮液股份有限公司、北京燕京啤酒股份有限公司、青岛啤酒股份有限公司、烟台张裕葡萄酿酒股份有限公司、泸州老窖股份有限公司、安徽古井贡酒股份有限公司、山西杏花村汾酒厂股份有限公司、四川水井坊股份有限公司位居行业前 10 强。其中，江苏洋河酒厂股份有限公司 CBI 值为 87.6303，排名第一，各项指标优势明显，是酒行业的领导品牌，紧随其后的就是贵州茅台酒股份有限公司，两个公司的差距非常小，甚至后者的品牌财务表现力还高于前者，两者的差距主要表现在市场竞争表现力方面。前 5 名企业的 CBI 得分都大于 80，它们的竞争优势非常明显，属于企业中的佼佼者；CBI 的总体趋势是：前 10 名企业 CBI 值的下降速度比较快，第 12 名以后的企业品牌竞争力指数的变化比较缓和。

依据 2013 年中国酒企业品牌竞争力指数数据，计算得出中国酒行业 CBI 数值为 57.4443。CBI 数值为相对值，一方面可以反映行业总体竞争水平，另一方面也为行业内企业提供一个比较标准。课题组根据受调研的 15 个行业 1548 家企业的 CBI 数据得出中国企业品牌竞争力指数值为 47，那么酒行业 CBI 为 57.4443＞47，说明酒行业整体竞争水平高于平均水平，行业发展处于良好状态。同理，行业内部企业 CBI 数值低于 57.4443，说明其品牌竞争力处于劣势；高于 57.4443，则说明其品牌竞争力处于优势，整个 CBI 指标体系为企业提供了一套具有诊断功能和预测功能的实用工具。品牌竞争力得分（CBS）与 CBI 保持一致的趋势，但是其下降的速度却比 CBI 要缓和。

三、2013 年度中国酒企业品牌竞争力指数评级报告

（一）中国酒企业品牌竞争力指数评级标准体系

根据表 16-1 得出的酒企业 CBI 数值，课题组绘制总体布局（见图 16-5），从整体上看 CBI 分布曲线在分值比较高的位置比较陡峭，到达一定数值，下降的速度有所减缓。根据 CBI 数值表现出来的特征，结合酒企业的行业竞争力特性对调查的企业进行分级评估，按照一般惯例分为五级，划分标准如表 16-2 所示。

表 16-2　中国企业品牌竞争力分级评级标准

评级	标准	CBI 数值标准
5A		CBI≥80
4A		60≤CBI<80
3A		40≤CBI<60
2A		20≤CBI<40
1A		CBI<20

（二）中国酒企业品牌竞争力指数评级结果

由以上评价标准可以将酒企业划分为五个集团，具体的企业个数及分布情况如表 16-3 和图 16-6 所示，各级水平的企业得分情况由于篇幅原因仅列出代表企业。

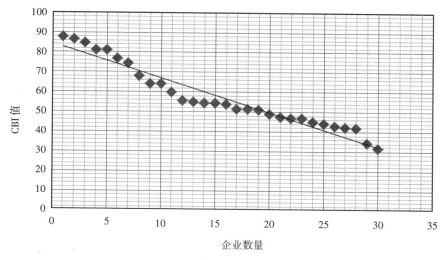

图 16-5　中国酒行业企业 CBI 散点分布

表 16-3　中国酒行业企业各分级数量表

企业评级	竞争分类	企业数量	所占比重（%）	CBI 均值	CBS 均值	品牌财务表现力均值	市场竞争表现力均值
5A 级企业	第一集团	5	17	84.1747	78.9843	73.2073	92.4640
4A 级企业	第二集团	5	17	69.3927	67.3713	62.4355	78.8883
3A 级企业	第三集团	18	60	49.4339	51.6912	46.6693	63.4087
2A 级企业	第四集团	2	6	32.8416	38.6559	35.9344	45.0062
1A 级企业	第五集团	0	0	—	—	—	—
全部	不分类	30	1	57.4443	57.9844	53.0044	69.6044

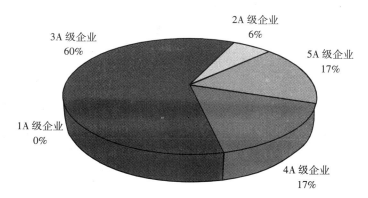

图 16-6　中国酒企业分级分布

表 16-4　中国酒行业 5A 级企业品牌代表

企业名称	评级水平	排名	CBI	CBS	品牌财务表现力	市场竞争表现力
江苏洋河酒厂股份有限公司	5A	1	87.6303	81.6992	75.6434	95.8293
贵州茅台酒股份有限公司	5A	2	86.5672	80.8640	76.4039	91.2708
宜宾五粮液股份有限公司	5A	3	84.6437	79.3528	74.1902	91.3989
北京燕京啤酒股份有限公司	5A	4	81.1200	76.5845	70.8133	90.0508
青岛啤酒股份有限公司	5A	5	80.9122	76.4212	68.9859	93.7704

据表 16-2 中国企业品牌竞争力分级评级标准，5A 级酒企业共有 5 家，占酒行业所调研总数的 17%。该集团 5 家企业的市场竞争表现力非常不错，得分都高于 90，远远高于行业中其他企业；第 1 名江苏洋河酒厂股份有限公司最高，市场竞争表现力为 95.8293，其 CBI 数值和品牌财务表现力分别以 87.6303、75.6434 的得分稳居

行业第一。集团内部比较可知，这 5 家企业各项指标间的差距是比较小的，虽然品牌财务表现力是依次降低的，但是市场竞争表现力却并不是严格符合 CBI 的排名变化（见表 16-4）。总体来看，该集团企业的财务竞争力和市场竞争表现力都比其他集团的企业要强，是酒行业的领导企业，具有绝对的竞争优势。

表 16-5　中国酒行业 4A 级企业品牌代表

企业名称	评级水平	排名	CBI 值	CBS 值	品牌财务表现力	市场竞争表现力
烟台张裕葡萄酿酒股份有限公司	4A	6	76.7730	73.1694	68.8763	83.1868
泸州老窖股份有限公司	4A	7	74.2420	71.1810	65.6354	84.1206
安徽古井贡酒股份有限公司	4A	8	68.1043	66.3591	61.0002	78.8631
山西杏花村汾酒厂股份有限公司	4A	9	63.9846	63.1225	57.6431	75.9079
四川水井坊股份有限公司	4A	10	63.8598	63.0245	59.0223	72.3631

据表 16-2 中国企业品牌竞争力分级评级标准，4A 级酒企业共有 5 家，占酒行业所调研总数的 17%。这一集团 5 家企业的 CBI 值、品牌财务表现力和市场竞争表现力得分均高于行业平均值，在行业中属于比较有竞争优势的。从第二集团内

部比较而言，5 家企业的 CBI 还是有一定差距的，最高 76.7730 与最低 63.8598 相差 13 分（见表 16-5）。本集团中第一名的烟台张裕葡萄酿酒股份有限公司在 CBI、品牌财务表现力和市场竞争表现力方面都高于其他四家，具有较强的竞争力。

表 16-6　中国酒行业 3A 级企业品牌代表

企业名称	评级水平	排名	CBI	CBS	品牌财务表现力	市场竞争表现力
北京顺鑫农业股份有限公司	3A	11	59.7198	59.7720	52.3722	77.0382
安徽金种子酒业股份有限公司	3A	12	55.4163	56.3911	51.6917	67.3565
广州珠江啤酒股份有限公司	3A	13	54.9651	56.0366	49.9464	70.2472
酒鬼酒股份有限公司	3A	14	54.2626	55.4848	51.3574	65.1153
四川沱牌舍得酒业股份有限公司	3A	15	54.1877	55.4259	50.6421	66.5880

据表 16-2 中国企业品牌竞争力分级评级标准，3A 级酒企业共有 18 家，占酒企业总数的 60%。表 16-6 所列的 5 家企业北京顺鑫农业股份有限公司、安徽金种子酒业股份有限公司、广州珠江啤酒股份有限公司、酒鬼酒股份有限公司、四川沱牌舍得酒业股份有限公司是该集团的代表企业，位于中国酒行业的中游，品牌财务表现力和市场竞争表现力都一般，CBI 及各项分指标得分值在行业平均值上下波动。从第三集团内部比

较来看，北京顺鑫农业股份有限公司的财务竞争表现力和市场竞争表现力在该集团中是较好的，但是其品牌财务表现力却低于均值 53.0044，CBI 也是略高于均值 57.4443，其他企业在行业中就更缺乏竞争力。广州珠江啤酒股份有限公司虽然市场表现力还不错，但是由于其品牌财务表现力相对比较差，因此其 CBI 只是略高于均值。因此要使得一个企业具有良好的品牌竞争力，不能只注重一个方面的发展，要各方面都兼顾。

表 16-7　中国酒行业 2A 级企业品牌代表

企业名称	评级水平	排名	CBI	CBS	品牌财务表现力	市场竞争表现力
甘肃皇台酒业股份有限公司	2A	29	34.3317	39.8265	36.9586	46.5185
通化葡萄酒股份有限公司	2A	30	31.3516	37.4853	34.9102	43.4939

据表16-2中国企业品牌竞争力分级评级标准，2A级酒企业共有2家，占酒企业总数的6%。这2家企业在行业中没有任何竞争优势，其特征是品牌财务表现力、市场竞争表现力等均远远低于行业平均水平，因此CBI的得分也是最低的，相比其他集团的企业其具有更大的上升空间，但也是面临困难和挑战最多的。从第四集团内部比较而言，品牌财务表现力较低，均在40分以下，市场竞争表现力也均低于50分，提高竞争力的空间巨大，因此需要足够的努力。

四、2013年中国酒企业品牌价值10强排名

课题组认为，品牌价值（以下简称CBV）是客观存在的，它能够为其所有者带来特殊的收益。品牌价值是品牌在市场竞争中的价值实现。一个品牌有无竞争力，就是要看它有没有一定的市场份额，有没有一定的超值创利能力。品牌的竞争力正是体现在品牌价值的这两个最基本的决定性因素上，品牌价值就是品牌竞争力的具体体现。通常上品牌价值以绝对值（单位：亿元）的形式量化研究品牌竞争水平，课题组在品牌价值和品牌竞争力的关系展开研究，针对品牌竞争力以相对值（指数：0~100）的形式量化研究品牌竞争力水平。在研究世界上关于品牌价值测量方法论基础上，提出本研究关于品牌价值的计算方法：$CBV = (N - E \times 5\%)(1 + A) \times C \times CBI/100 + K$。其中，CBV为企业品牌价值，CBI为企业品牌竞争力指数，N为净利润，E为所有者权益，A为品牌溢价，C为行业调整系数，K为其他影响系数，据此得出中国酒企业品牌价值10强（见表16-8）。

表16-8　2013年中国酒行业品牌价值排名

股票名称	省（市）	品牌价值（CBV）	排名	品牌竞争力（CBI）
贵州茅台	贵州省	395.22	1	86.57
五粮液	四川省	372.12	2	84.64
洋河股份	江苏省	364.20	3	87.63
青岛啤酒	山东省	258.30	4	80.91
燕京啤酒	北京市	234.32	5	81.12
泸州老窖	四川省	226.10	6	74.24
张裕A	山东省	222.02	7	76.77
古井贡酒	安徽省	163.67	8	68.10
水井坊	四川省	140.67	9	63.86
山西汾酒	山西省	137.70	10	63.98
合计		2514.34		

CBV分析：在30家受调研的酒企业中，排名前10强的企业CBV合计为2514.34亿元，较2012年有所提高。前5强酒企业CBV总值合计为1624.16亿元，占前10强比重为64.60%。其中在前10强企业中，贵州茅台酒股份有限公司、宜宾五粮液股份有限公司稳坐头两把交椅，江苏洋河酒厂股份有限公司由上年的第4名上升到了第3名，青岛啤酒股份有限公司由上年的第3名下降至第4名，北京燕京啤酒股份有限公司与泸州老窖股份有限公司互换了位置，排在第5名和第6名，烟台张裕葡萄酿酒股份有限公司由第9名上升到了第7名，安徽古井贡酒股份有限公司保持在第8名的位置，四川水井坊股份有限公司由第14名跃升到了第9名，山西杏花村汾酒厂股份有限公司由第7名下滑到了第10名，而上年排名第10的酒鬼酒股份有限公司排到了第11名。前5强企业分别位于在贵州省、四川省、江苏省、山东省和北京市。从前10强的企业来看，四川省和山东省占据优势，是国内龙头酒企业的发源地。

第二节　2013 年度中国酒企业品牌竞争力区域报告

一、六大经济分区

（一）总体情况分析

根据课题组的调研数据，如表 16-9 所示，酒企业在六大区域的分布相对比较集中，以华东地区最多，有 8 家，占 27%，西北地区和西南地区各有 7 家，各占 23%；东北地区最少，只有 1 家企业。西南地区企业 CBI 均值最高，为 65.7069，远远超出其他区域，具有很强的竞争力，由前面的分析可知，虽然西南地区企业数量不是最多的，但是其营业额和净利润却排名第一；西北地区虽

然企业数量和西南地区一样，但是其营业收入和净利润都远远低于西南地区，其 CBI 均值与西南地区相比差距很大，仅为 44.7763，因此需要提高各方面的竞争力；华北地区虽然只有 4 家企业，但是其各项指标的均值都高于行业均值，说明该地区的企业在行业中具有不错的竞争力；东北地区的企业数量最少，同时其各项指标都是行业中最低的，因此可以说该地区企业几乎没有任何竞争优势（见表 16-9、图 16-7、图 16-8）。从总体来看，酒行业的各项指标与企业数量之间并没有直接的关系。

表 16-9　中国酒企业六大经济区域竞争状况

区域	企业数量	所占比重（%）	CBI 均值	CBS 均值	品牌财务表现力均值	市场竞争表现力均值
华北地区	4	13	63.3765	62.6448	56.6500	76.6329
西北地区	7	23	44.7763	48.0321	43.6067	58.3580
华东地区	8	27	63.5557	62.7856	57.4771	75.1723
西南地区	7	23	65.7069	64.4756	59.6088	75.8315
中南地区	3	10	52.2146	53.8758	48.7653	65.8002
东北地区	1	4	31.3516	37.4853	34.9102	43.4939
总体情况	30	100	57.4443	57.9844	53.0044	69.6044

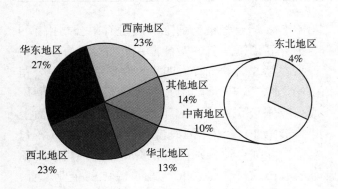

图 16-7　中国酒企业数量区域分布

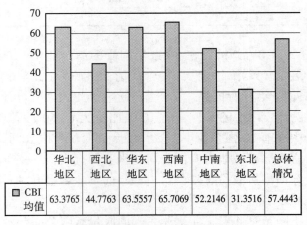

图 16-8　中国酒企业区域 CBI 均值对比

（二）分项情况分析

在各分项竞争力指标对比方面，品牌财务表现力和市场竞争表现力的曲线具有一致的趋势，同高同低。从财务竞争力的角度看，各个地区的品牌财务表现力不佳，得分均值在 60 分以下；从市场竞争力指标看，市场竞争表现力还不错，指标数值普遍都在 60 分以上，除西北地区和东北地区之外，其他地区的得分都高于 60 分，而且在各地区表现差别不是很明显。总体来看，各企业的品牌财务表现力不尽如人意，市场竞争表现力层次不齐，3 个地区高于均值，3 个地区低于均值。由此可知，酒行业的企业品牌财务表现力普遍需要加大力度，所有市场和财务表现都不好的东北地区、西北地区更要采取有力的措施提升竞争力，尤其是西北地区，企业数量排名第二（见图 16-9），更需要认真分析在数量具有优势的前提下，怎样提高品牌竞争力。

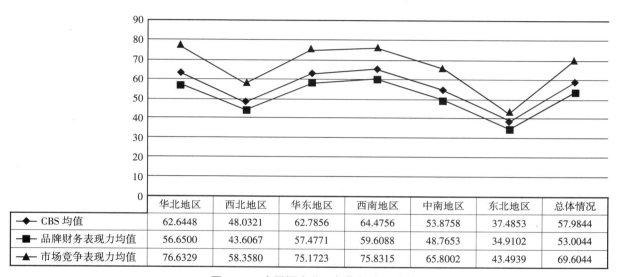

	华北地区	西北地区	华东地区	西南地区	中南地区	东北地区	总体情况
CBS 均值	62.6448	48.0321	62.7856	64.4756	53.8758	37.4853	57.9844
品牌财务表现力均值	56.6500	43.6067	57.4771	59.6088	48.7653	34.9102	53.0044
市场竞争表现力均值	76.6329	58.3580	75.1723	75.8315	65.8002	43.4939	69.6044

图 16-9　中国酒企业一级指标分区域对比

二、六大省（市、自治区）分析

（一）总体情况分析

这里主要根据不同省（市、自治区）企业数量的多少，把酒行业的企业划分为六大省（市、自治区），因为酒行业企业分布的特殊性，只有 2 个企业的省（市）也算作大省（市）。根据调研组的数据可以得出：我国酒企业的分布是相当分散的，最多的四川省也只有 4 家，占总数量的 13%，接着就是甘肃省和新疆维吾尔自治区，这两个地区各有 3 家，占 10%；有 2 家企业的省（市）分别是北京市、山东省和安徽省，其他 14 家企业均匀分布在 14 个省（市、自治区），具体情况如表 16-10、图 16-10 和图 16-11 所示。

表 16-10　中国酒企业六大省（市、自治区）竞争状况

省（市、自治区）	企业数量	所占比重（%）	CBI 均值	CBS 均值	品牌财务表现力均值	市场竞争表现力均值
四川省	4	13	69.2333	67.2460	62.3725	78.6176
甘肃省	3	10	40.2449	44.4721	40.6628	53.3604
新疆维吾尔自治区	3	10	47.2849	50.0029	44.8945	61.9224
北京市	2	7	70.4199	68.1783	61.5927	83.5445
山东省	2	7	78.8426	74.7953	68.9311	88.4786
安徽省	2	7	61.7603	61.3751	56.3459	73.1098
其他省（市、自治区）	14	46	54.4116	55.6018	50.7307	66.9676
总体情况	30	100	57.4443	57.9844	53.0044	69.6044

由表 16-10 可以看出，四川省、甘肃省、新疆维吾尔自治区、北京市、山东省、安徽省 6 个省（市、自治区）的企业数量占据行业数量总和的 54%，6 个省（市、自治区）的企业总占比才刚刚过半，由此可以看出酒企业在各省（市、自治区）的分布是非常分散的，有 2 个企业就算多了，除去以上 16 家，其他各省（市、自治区）每个只有 1 家企业。从 CBI 均值来看，山东省的值最高，为 78.8426，远远高于行业平均水平，品牌财务表现力和市场竞争表现力也是遥遥领先，说明该省企业具有比较强的竞争力；第 2 名北京市，虽然只有 2 家企业，但是其各项指标都高于行业均值，在酒行业中属于领先企业；甘肃省和新疆维吾尔自治区虽然各有 3 家企业，但是它们的各项指标都远远低于行业均值，非常缺乏竞争力，各项指标都有待提高；安徽省的 CBI 值、品牌财务表现力均值和市场竞争表现力均值都略高于行业平均水平，说明该省的企业在行业中略有优势，但是需要更进一步努力提高。其他 14 家企业更是分散，CBI 均值也仅为 54.4116，小于行业均值 57.4443（见图 16-10、图 16-11）；品牌财务表现力和市场竞争表现力也在行业均值上下波动，因此在酒行业中处于劣势行列，有很大的发展空间，也会面临很多的提升困难，要想达到山东省的水平也需要很长的时间。

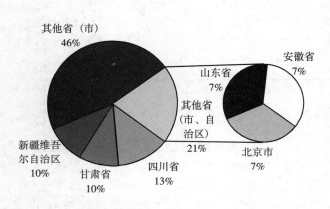

图 16-10　中国酒企业数量省（市、自治区）分布

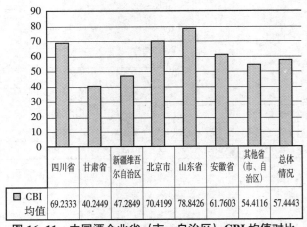

图 16-11　中国酒企业省（市、自治区）CBI 均值对比

	四川省	甘肃省	新疆维吾尔自治区	北京市	山东省	安徽省	其他省（市、自治区）	总体情况
CBI 均值	69.2333	40.2449	47.2849	70.4199	78.8426	61.7603	54.4116	57.4443

（二）分项情况分析

在各分项竞争力指标对比方面，品牌财务表现力、市场竞争表现力在各省（市、自治区）之间有所差距。山东省在品牌财务表现力及市场竞争表现力方面得分均最高，分别为 68.9311 和 88.4786，并且其市场竞争表现力远远高于品牌财务表现力；北京市略低于山东省，但是却高于其他省（市、自治区）均值和行业平均水平，位居第二，因此在行业中也是非常有竞争力的；在数量排名比较靠前的六大省（市、自治区）中，甘肃省和新疆维吾尔自治区的品牌财务表现力和市场竞争表现力是比较差的，两者的各指标均值都低于行业平均水平（见图 16-12），显示了它们在行业中的竞争劣势和不足。

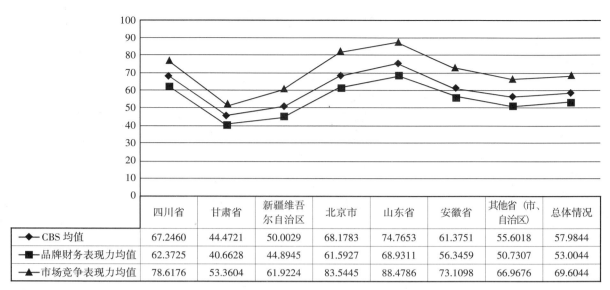

	四川省	甘肃省	新疆维吾尔自治区	北京市	山东省	安徽省	其他省（市、自治区）	总体情况
◆CBS 均值	67.2460	44.4721	50.0029	68.1783	74.7653	61.3751	55.6018	57.9844
■品牌财务表现力均值	62.3725	40.6628	44.8945	61.5927	68.9311	56.3459	50.7307	53.0044
▲市场竞争表现力均值	78.6176	53.3604	61.9224	83.5445	88.4786	73.1098	66.9676	69.6044

图 16-12　中国酒企业一级指标代表省（市、自治区）对比

第三节　2013 年度中国酒企业品牌竞争力分项报告

一、品牌财务表现

目前国内企业经营者对于现代化管理手段的理解与实践，多半仍然停留在以财务数据为主导的思维里。虽然财务数据无法帮助经营者充分掌握企业发展方向的现实，但在企业的实际运营过程中，财务表现仍然是企业对外展示基本实力的重要依据。品牌财务表现层面的分析将财务指标分为规模因素、效率因素和增长因素 3 个二级指标。规模因素主要从销售收入、所有者权益和净利润 3 个三级指标衡量；效率因素主要从净资产报酬率、总资产贡献率 2 个三级指标衡量；增长因素主要从近三年销售收入增长率、近三年净利润增长率 2 个三级指标衡量。

中国是一个酒文化的国家，酒在中国有几千年的历史，其发展并不像金融行业那样是爆发式的，而是具有传统的制造业独有的特征，因此其在品牌财务表现力和市场竞争表现力方面与虚拟产业有很大的不同，虽然经过 30 多年的改革开放，我国总体的经济实现了突飞猛进的增长，但

是酒行业这种传统的制造业并不像虚拟产业表现得那么突出。下面从其财务指标和市场指标具体分析。

在调研的 30 家酒企业中，从表 16-11 我们可以看出品牌财务表现力得分均值为 53.0044，小于 60，应该说还不及格，说明我国酒行业的整体财务表现并不尽如人意。位居行业前 10 名的企业有贵州茅台酒股份有限公司、江苏洋河酒厂股份有限公司、宜宾五粮液股份有限公司、北京燕京啤酒股份有限公司、青岛啤酒股份有限公司、烟台张裕葡萄酿酒股份有限公司、泸州老窖股份有限公司、安徽古井贡酒股份有限公司、四川水井坊股份有限公司、山西杏花村汾酒厂股份有限公司（见表 16-11），这 10 家企业是酒行业中竞争力比较强的，但是第 10 名山西杏花村汾酒厂股份有限公司的品牌财务表现力得分 57.6431，也只是略微高于行业均值，不过值得一提的是，虽然江苏洋河酒厂股份有限公司在品牌竞争力指数排名第一，但是品牌财务表现力方面却不如贵州茅台酒股份有限公司，另外一个 CBI 排名与品牌财务表现力排名不一致的是四川水井坊股份有限公司，以微

弱的优势超过了山西杏花村汾酒厂股份有限公司，位居第 9 名。从图 16-13 可以看出，前 10 名酒企业品牌财务表现力下降的特征是先快后缓和，也就是这 10 家企业的财务得分差距由大逐渐变小（见图 16-13）。

表 16-11　品牌财务表现指数——行业前 10 名

企业名称	省（市、自治区）	CBI 指数	品牌财务表现力
贵州茅台酒股份有限公司	贵州省	86.5672	76.4039
江苏洋河酒厂股份有限公司	江苏省	87.6303	75.6434
宜宾五粮液股份有限公司	四川省	84.6437	74.1902
北京燕京啤酒股份有限公司	北京市	81.1200	70.8133
青岛啤酒股份有限公司	山东省	80.9122	68.9859
烟台张裕葡萄酿酒股份有限公司	山东省	76.7730	68.8763
泸州老窖股份有限公司	四川省	74.2420	65.6354
安徽古井贡酒股份有限公司	安徽省	68.1043	61.0002
四川水井坊股份有限公司	四川省	63.8598	59.0223
山西杏花村汾酒厂股份有限公司	山西省	63.9846	57.6431

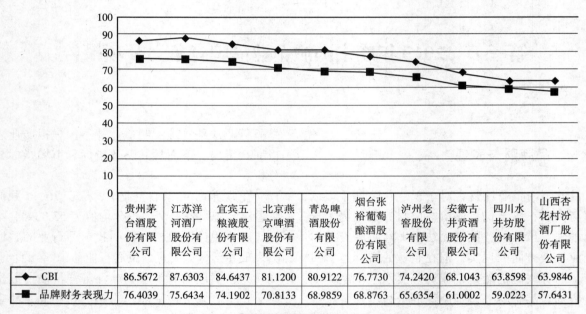

	贵州茅台酒股份有限公司	江苏洋河酒厂股份有限公司	宜宾五粮液股份有限公司	北京燕京啤酒股份有限公司	青岛啤酒股份有限公司	烟台张裕葡萄酿酒股份有限公司	泸州老窖股份有限公司	安徽古井贡酒股份有限公司	四川水井坊股份有限公司	山西杏花村汾酒厂股份有限公司
CBI	86.5672	87.6303	84.6437	81.1200	80.9122	76.7730	74.2420	68.1043	63.8598	63.9846
品牌财务表现力	76.4039	75.6434	74.1902	70.8133	68.9859	68.8763	65.6354	61.0002	59.0223	57.6431

图 16-13　品牌财务表现力前 10 名企业对比

品牌财务表现力有 3 个二级指标：规模要素、效率因素、增长因素，它们的均值分别为 48.4985、57.2824、53.5875。效率因素得分最高，为 57.2824，规模要素得分最低为 48.4985（见表 16-12），说明酒企业没有规模优势，可以通过不断扩大规模发挥规模经济的作用，进一步提高行业的竞争力；增长因素的得分略高于品牌财务表现力均值，所以有很大的提升空间，进而提高其对一级指标的贡献。品牌财务表现力有 7 个三级指标，在这 7 个指标中唯一一个得分略高于 60 的，就是资产报酬率；所有者权益得分最低，仅仅 37.8646，也正因为此，二级指标规模要素的得分最低；其他指标也都是略高于 50，在这种情况下我们可以得出结论：酒行业的品牌财务表现力总体欠佳，需要进一步的措施来改善现状。

表 16-12 品牌财务表现力各分项指标得分均值

品牌财务表现力均值 53.0044	规模要素	48.4985	销售收入	52.9690
			所有者权益	37.8646
			净利润	56.2331
	效率因素	57.2824	资产报酬率	60.0501
			总资产贡献率	53.1309
	增长因素	53.5875	年平均销售收入增长率	53.1562
			年平均净利润增长率	54.0188

二、市场竞争表现

2012 年 3 月 26 日，国务院召开第五次廉政工作会议，提出要严格控制"三公"经费，禁止用公款购买香烟、高档酒和礼品。这对我国酒行业是一个严重的冲击，损失最大的当属主营高档酒的企业，如茅台酒，那么这样的政策将导致市场竞争更加激烈。具体来说就是：政策的出台，使得高档酒的利润被压缩，整个市场萎缩，那么很多企业不得不将重心转到中低端市场，使得本来就竞争激烈的中低端市场竞争更趋白热化。只有具备更强的市场竞争能力，才能在目前的行业环境中生存下去。市场竞争表现力层面的指标分为市场占有能力和超值获利能力 2 个二级指标。市场占有能力主要从市场占有率和市场覆盖率 2 个三级指标衡量；超值获利能力主要从品牌溢价率和品牌销售利润率 2 个三级指标衡量。以下将根据不同级别指标进行具体分析。

全国 30 家酒企业在市场竞争表现力得分均值为 69.6044，高于品牌财务表现力得分 53.0044，可以说总体上比品牌财务表现力要强。江苏洋河酒厂股份有限公司、青岛啤酒股份有限公司、宜宾五粮液股份有限公司、贵州茅台酒股份有限公司、北京燕京啤酒股份有限公司、泸州老窖股份有限公司、烟台张裕葡萄酿酒股份有限公司、安徽古井贡酒股份有限公司、北京顺鑫农业股份有限公司、山西杏花村汾酒厂股份有限公司位列前 10 名（见表 16-13），这 10 家企业在市场竞争表现力方面都很强，尤其是第 1 名江苏洋河酒厂股份有限公司，竟高达 95.8293，远远高于行业平均水平，竞争优势非常明显；虽然青岛啤酒股份有限公司 CBI 是第 5 名，但是却以 93.7704 的市场竞争表现力得分位居第二，单方面提升最多的当属于北京顺鑫农业股份有限公司，它的品牌竞争力指数在前 10 名之后，但是市场竞争力却跃居到第 9 名，说明其市场竞争表现力还是不错的。从图 16-14 可以看出排在前 10 名的企业，彼此市场竞争力还是有一定差距的，但是下降的趋势却是平缓的。

表 16-13 市场竞争表现指数——行业前 10 名

企业名称	省（市、自治区）	CBI 指数	市场竞争力
江苏洋河酒厂股份有限公司	江苏省	87.6303	95.8293
青岛啤酒股份有限公司	山东省	80.9122	93.7704
宜宾五粮液股份有限公司	四川省	84.6437	91.3989
贵州茅台酒股份有限公司	贵州省	86.5672	91.2708
北京燕京啤酒股份有限公司	北京市	81.1200	90.0508
泸州老窖股份有限公司	四川省	74.2420	84.1206
烟台张裕葡萄酿酒股份有限公司	山东省	76.7730	83.1868
安徽古井贡酒股份有限公司	安徽省	68.1043	78.8631
北京顺鑫农业股份有限公司	北京市	59.7198	77.0382
山西杏花村汾酒厂股份有限公司	山西省	63.9846	75.9079

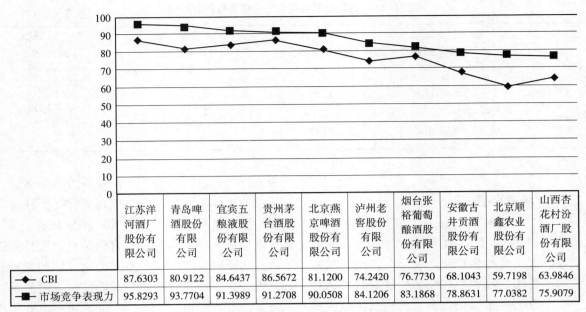

	江苏洋河酒厂股份有限公司	青岛啤酒股份有限公司	宜宾五粮液股份有限公司	贵州茅台酒股份有限公司	北京燕京啤酒股份有限公司	泸州老窖股份有限公司	烟台张裕葡萄酿酒股份有限公司	安徽古井贡酒股份有限公司	北京顺鑫农业股份有限公司	山西杏花村汾酒厂股份有限公司
CBI	87.6303	80.9122	84.6437	86.5672	81.1200	74.2420	76.7730	68.1043	59.7198	63.9846
市场竞争表现力	95.8293	93.7704	91.3989	91.2708	90.0508	84.1206	83.1868	78.8631	77.0382	75.9079

图 16-14　市场竞争表现力前 10 名企业

从二级指标来看，市场占有能力得分均值72.4029，超值获利能力得分64.4071，市场占有能力比较高，原因有以下两方面：一方面是在政策的作用下酒行业的市场由原来的高、中、低比较广阔的市场范围有所缩小；另一方面，在网络技术的作用下，不断增加新的销售渠道；市场占有能力表现良好，也正说明了市场竞争的激烈。

超值获利能力表现就不是很好，这和大的传统行业的发展有关，同时也受政策的影响。4 个三级指标中，市场占有率、市场覆盖率、品牌溢价率都高于 70，表现不错，但是品牌销售利润率却远远低于 70，仅得 50.3139 分（见表 16-14），这也表明酒行业竞争的激烈。

表 16-14　市场竞争表现力各分项指标得分均值

市场竞争表现力 69.6044	市场占有能力	72.4029	市场占有率	71.6199
			市场覆盖率	74.2299
	超值获利能力	64.4071	品牌溢价率	71.9957
			品牌销售利润率	50.3139

三、总结

本节在宏观上从品牌财务表现力和市场竞争表现力两方面分析了它们对酒企业的品牌竞争力的作用，同时也从二级指标和三级指标研究了它们对一级指标的贡献和影响；并且以财务表现力和市场表现力前 10 企业为代表研究整个行业的发展现状和将来的发展趋势。由以上分析可知：①酒行业的市场竞争表现力均值大于品牌财务表现力均值，说明该行业市场表现力比财务表现力要好；②前 10 名企业中财务表现力的下降趋势比

市场表现力的下降要迅速，各企业间差距也比较大；③酒行业的盈利能力不如市场占有能力，受政策的影响的同时应该也有酒行业自身的原因；④无论是市场表现力还是财务表现力，都有可能因为一个下级指标表现差而得分比较低，因此要想获得比较高的品牌竞争力，必须同时考虑所有指标的作用，并尽量使各指标作用最大化。

酒行业是一种比较特殊的行业，其质量是企业生存的前提，随着经济的发展，酒的技术已经不是酒行业的核心竞争优势，也逐渐不再是其他企业进入该行业的壁垒；再加上受国家政策的影响，酒行业的发展面临着许多困难。因此不仅

要充分利用传统的营销方式不断拓宽市场，更重要的是要不断改革和创新，提高利润率，加大盈利能力。

第四节　中国酒企业品牌竞争力提升策略专题研究

一、中国酒行业宏观经济与政策分析

（一）酒市场运行情况

2014 年 4 月 22 日，中国酒业协会发布 2013 年酿酒行业运营报告，2013 年规模以上酿酒生产企业累计实现利润总额 1062 亿元，同比增加 0.17%，行业毛利率 30.06%，同比下降 7.45%，亏损企业 289 家（共 2535 家），比 2012 年同期增加 23 家企业，亏损金额 44.28 亿元，同比增长 29.01%。白酒行业增幅下跌 15.62 个百分点，葡萄酒行业销售收入也出现 8.52% 的下跌，与之形成对比的则是啤酒行业，一改以往的颓势，利润与市场份额都在稳步上升，啤酒行业的产量增长 4.59% 达 5061.54 万千升，较 2012 年增幅高 1.53 个百分点，而销售收入则大增 9.27% 至 1814.08 亿元。雪花、青啤、百威、嘉士伯、燕京 5 大集团的份额已接近 80%。随着行业逐渐进入多巨头良性竞争阶段，行业利润还将持续上升，这个份额还将上升。2013 年酿酒行业销售收入 8453.21 亿元，同比增加 9.42%，较 2012 年 19.56% 的增速大幅放缓。

2013 年 1~11 月，酿酒行业完成总产量 6938 万千升，同比增长 4.57%；其中，饮料酒产量 6124 万千升，同比增长 4.29%；发酵酒精产量 813.77 万千升，同比增长 6.79%。全行业完成销售收入 7588.28 亿元，同比增长 9.38%；实现利润 919.73 亿元，同比下降 0.19%；上交税金总额达 765.22 亿元，同比下降 0.72%。酒类及相关产品进出口总额 40.41 亿美元，同比下降 4.39%。10 月酒、饮料和精制茶制造业工业增加值同比增长 9%，较 2012 年同期回落 3.6 个百分点。2013 年 1~10 月，酿酒行业完成总产量 6406 万千升，同比增长 4.5%；其中，饮料酒产量 5676 万千升，同比增长 4.4%；发酵酒精产量 730 万千升，同比

增长 5.34%。全行业完成销售收入 6766.5 亿元，同比增长 8.89%；实现利润 834.65 亿元，同比下降 0.43%；上交税金总额达 690.48 亿元，同比下降 2.04%。酒类及相关产品进出口总额 36.98 亿美元，同比下降 3.28%。2013 年四川省实现酿酒总产量 608.10 万千升，同比增长 14.06%，增幅最大，接着是河南省，酿酒总产量达 788.60 万千升，同比增长 4.6%。江苏省、山东省、广东省分别实现总产量 442.45 万千升、903.57 万千升、513.63 万千升。但是 2013 年，这五大产区酿酒行业利润出现了不同程度的下降，四川省利润总额下降了 14.3%，江苏省、山东省分别下降 2.49%、0.45%，而河南省利润总额则增长 12.49%，广东省增长 1.57%。根据国家统计局数据，2013 年酿酒业完成总产量 7511.88 万千升，同比增长 4.86%。其中，饮料酒产量 6600.33 万千升，同比增长 4.52%；发酵酒精产量 911.55 万千升，同比增长 7.40%。全行业完成销售收入 8453.21 亿元，同比增长 9.42%；实现利润 1062.11 亿元，同比增长 0.17%；上交税金总额达 858.39 亿元，同比增长 0.47%。饮料酒及发酵酒精产品进出口总额 34.77 亿美元，同比下降 5.79%。各项数据表明，2013 年酿酒业结束了以往超高速增长态势。

通过分析 2013 年酿酒业的各项数据可以了解到，酿酒业结束超高速增长、整体效益下滑，不同种类的酒面临不同的竞争压力、生存环境和未来，但是对于酒行业来说，改革势在必行，很多企业要不断提高应对经济和政治环境变化的能力，同时也要逐步实现转型升级。

（二）酒行业政策分析

2012 年国家公布《2013 年关税实施方案》，将"任何浓度的改性乙醇及其他酒精"（税则号：22072000）最惠国税率由 30% 调低为 5%。我国调低进口关税之后将会有助于进口改性乙醇及其他酒精数量增加，从而抑制国内相关工业消费对

玉米的需求。随着关税的降低以及消费水平的提高，洋酒在中国市场的销售呈现出明显的增长趋势。各大洋酒品牌纷纷抢滩中国市场，这在一定程度上抢夺了中国高端白酒市场的部分份额，洋酒独特的口感以及其传递的文化被越来越多的消费者，尤其是中高端消费者所接受。参与国内竞争的洋酒品牌数量增长较快，目前有近60个洋酒品牌在中国市场出现，洋酒专卖店在全国各地全面兴起，出现了富隆、吉马、龙程等一批专业洋酒商。这项法律的实施对国内酒行业是一个大的冲击，同时会加剧酒企业间的竞争。

专家指出，以往某些名酒价格"只涨不跌"并非"市场原因"，而是公款吃喝在为其"撑腰"，不仅导致了国内酒业的畸形发展，而且还助长了奢侈浪费之风的蔓延，公款采购是国内酒业的重要支柱。中央八项规定出台以来，全国不少地方下发了"禁酒令"，这说明中央对遏制公款吃喝问题高度重视而且一直在抓。2012年3月26日国务院召开第五次廉政工作会议，时任国务院总理温家宝发表讲话。温家宝说，要严格控制"三公"经费，2012年继续实行零增长。禁止用公款购买香烟、高档酒和礼品。"三公"消费禁令在短时间里对高端白酒的价格有一定限制和打压。随着"严查公款吃喝"的风声越来越紧，失去公款"撑腰"的某些名酒终于"扛不住"，纷纷降价促销。在上海一家茅台酒专卖店，指导价1519元的茅台最低打出1360元的"促销价"；上海五角场一家百货店，指导价1109元的五粮液以不到900元的价格出售。名酒"只涨不跌"的泡沫似乎已被"挤爆"。白酒专家铁犁认为，严查公款吃喝的情况下，酒价无法再靠公务消费支撑，高档白酒价格普遍降了两三成。2012年7月6日，工信部、农业部又联合制定了《葡萄酒行业"十二五"发展规划》。随着"十二五"规划的发布实施，葡萄酒业将会迎来一些新的变化：葡萄种植规模化经营、西北部优良产区受追捧、酒品分级管理治理行业乱象、龙头企业加速兼并收购、上市公司加快业绩追赶等。这一系列政策对酒行业造成的直接影响就是2013年酒行业的增速减缓、利润空间严重被压缩，甚至导致一些企业亏损，但同时也是促进我国酒行业转型的动力，提前督促一些企业改变盈利模式，加快进入良性的发展轨道。

针对酒类行业的酒精门事件、塑化剂事件，少数企业采用酒精、香精加水勾兑冒充粮食蒸馏酒事件，中华人民共和国商务部2013年21号公告颁布了《酒类行业流通服务规范》，于2013年11月1日在全国实施。该规范规定了酒类流通的术语和定义，界定了酒类流通的范围和流程，提出了销售全过程的质量控制重点，对宣传推介以及服务规范提出了要求，因此对规范酒类行业的流通服务具有积极意义。本标准的技术内容符合行业实际和酒类产品流通服务的要求，该标准将对促进酒类行业的健康发展起到很好的推动作用，该标准具有较强的可操作性，达到国内先进水平。

二、2013年度中国酒企业品牌竞争力总体述评

（一）宏观竞争格局：两大区域收入旗鼓相当，企业分布比较分散

宏观格局的研究主要从地区和省（市、自治区）的营业收入、净利润以及企业的分布情况来分析。本次调研的30家酒企业分布在6个区20个省（市、自治区），最多的华东地区有8家，紧接着是西北地区和西南地区各有7家，这三个地区占据了73%。从省（市、自治区）来看，企业数量前3名是四川省、甘肃省和新疆维吾尔自治区，这三个省（自治区）企业数量分别为4个、3个、3个；拥有2家企业的有三个省（市）：北京市、山东省、安徽省；剩余的14家企业每个省各有1家。由此可见：酒行业的分布并不是很集中，虽然三个区域总和占比比较高，但是差别都不是很大，尤其从省（市、自治区）来看，最多的也才4家企业。总之，酒行业的企业分布比较分散。

被调研的30家自主酒品牌企业2012年的营业总额为1729.11亿元，主要集中在华东地区和西南地区，这两个地区就占据了76%，其余4个地区才有24%的份额，由此可见这两个地区的企业收入还是不错的；但是就这两个地区内部比较而言，虽然华东地区比西南地区多1家企业，可其营业收入却低于西南地区，一定程度上反映了酒行业的特点：经济发达地区对酒企业并不是非常大的地理优势。从省（市、自治区）的营业收入来分析，位于前5名的5个省（市、自治区），

收入也只是相对集中的，最多的四川省也只占据25%，依次排名的省（市、自治区）之间的收入差距是逐步缩小的。因此可以得出我国酒行业收入地域方面的特征是：汇聚在华东和西南地区，省（市、自治区）分布相对分散。

根据 2013 年中国酒企业品牌竞争力指数数据，可以计算出中国酒行业 CBI 数值为 57.4443<60，在所有行业中竞争力不强。另外，酒行业中虽然企业数量不多，但是 CBI 的差距还是挺大的，说明企业间的竞争能力比较悬殊，首先这跟酒行业的自身特点有关，同时也和企业品牌定位有很大关系，因为酒行业是一个技术和进入成本都比较低的行业，尤其是随着经济和技术的发展，行业壁垒更是越来越少。只有那些有自身文化和品牌理念的企业才能长久发展。

总之，西南地区和华东地区的酒企业在数量、营业额、净利润和 CBI 指数方面都占据绝对优势，其他地区和省（市、自治区）的企业的竞争优势不明显。酒企业在省（市、自治区）上的集中度并不是很高，应该说比较分散，但不同省（市、自治区）酒企业的品牌竞争力却有较大的差距。

（二）中观竞争态势：第三集团拉低行业竞争力

调研组以 15 个行业中 1548 家企业为研究样本，根据数据处理结果得出的 CBI 的特征，将这些企业分为 5 个等级。中观角度我们主要分析金融企业在行业中所处的层级以及不同层级之间企业品牌竞争力存在的特征和规律。根据中国企业品牌竞争力分级评级标准，金融企业呈现以下分布特征：5A 级企业 5 家，4A 级企业 5 家，3A 级企业 18 家，2A 级企业 2 家，1A 级企业 0 家；酒行业中竞争力最强的只有 5 家企业，虽然 4A 级企业的各项指标也都高于行业均值，但是与均值的差距并不是很大，因此竞争力只是略微高于行业平均水平；行业中的企业主要分布在 3A 级集团，基本代表了行业的竞争水平，该集团的 CBI 均值、CBS 均值、品牌财务表现力均值和市场竞争力均值分别为 49.4339、51.6912、46.6693 和 63.4087，每一项指标都远远低于行业的平均水平，由此可知我国酒企业的品牌竞争力大部分都不强，甚至说没有达到行业平均水平，整个行业

都有待提高品牌重视度和加强品牌理念的传播。CBI 企业数量分布图在趋势线左右徘徊，说明行业中的企业竞争能力并不是很稳定的，也许一个偶然的原因就会导致一个企业的竞争力下降或者上升，因此每个企业都要不断定位好自身的核心竞争力。

（三）微观竞争比较：财务指数成绩平平，市场指标表现突出

微观层面我们主要具体到酒行业的财务指标和市场指标来剖析，以求能发现其中的发展特点和规律。对于中国企业来说，定量分析仍然是分析企业发展情况的重要方法，因为这会使得得出的结果更具有说服力。这个层面我们会结合前面的定量和定性分析的结果来阐述这 2 个一级指标的表现情况。因为财务指标比市场指标更好定义和测量，因此长期以来形成了比较成熟的标准，但是近些年市场指标也越来越受到企业的重视，我们可以从这次的测量结果可以看出：市场竞争力却遥遥领先于财务竞争力得分，均值分别为 69.6044、53.0044，且最高值 95.8293 远远大于财务竞争力指标 75.6434，具体来看，每一家企业的财务竞争力都低于市场竞争力，说明我国酒行业中每一家企业对市场都是相当重视的；另外，我国财务竞争力指标之所以比市场竞争力低许多，与大的经济和政治环境也有密切的关系。

财务指标排在前 10 名的企业和市场指标排在前 10 名的企业之间也是有出入的，例如，贵州茅台酒股份有限公司的财务竞争力得分为第 1 名，江苏洋河酒厂股份有限公司为第 2 名；但是市场竞争力第一名的却是江苏洋河酒厂股份有限公司，茅台酒却位居第 4 名；财务指标位居第 9 名的四川水井坊股份有限公司，在市场竞争力方面却排在 10 名以后，倒是北京顺鑫农业股份有限公司超过山西杏花村汾酒厂股份有限公司位于第 9 名。由此可以看出每个企业各有优势，可要想 CBI 指数靠前，每个指标都不能太差，也就是说要平衡发展。从 30 家企业两个指标的总体发展趋势可以看出，由高到低，企业的市场竞争力得分与财务竞争力得分的差距逐渐缩小。总的来看，中国酒企业市场的发展和渠道铺设还是比较成功的，但是财务竞争力有待进一步提高。

三、中国酒企业品牌竞争力提升策略建议

（一）保证产品质量并不断创新，增强品牌意识并提升其竞争力

酒是一种比较特殊的食品，对食品最基本的要求就是安全性，但是酒类行业却接二连三出现了酒精门事件、塑化剂事件，少数企业采用酒精、香精加水勾兑冒充粮食蒸馏酒事件。塑化剂风波爆发之后，不但酒鬼酒大受打压而连连跌停，其他白酒股也被拖累，整个板块一度表现低迷。对此，许多名优酒企业，如泸州老窖、洋河等纷纷公开表态自己的产品绝对不含塑化剂，以期提振市场信心。由此可见质量保证是对酒行业是多么的重要；另外，最重要的是质量问题会让消费者对企业失去信任，信任的重新建立是一个漫长的过程，并会耗费大量成本，因此保证产品的质量是企业长期发展的保障。如何利用资源的禀赋，设计和研发新产品、增加企业各生产环节的价值，对提高产品质量有重要意义。企业增加在原材料处理、酿酒设备、酿酒工艺、产品包装等各环节的有效投入，提升企业生产效率和产品质量，增加产品价值，运用新的生物工程技术、增强与高校及科研院所的联系与合作，将企业技术投入转化为产品竞争力的提升，进而可以更加有效地增加市场份额，提高收益能力。企业在技术变革时期，及时调整战略，主动适应新技术的要求，转变观念，调整战略，在新的技术平台开发产品，就会使本企业产品迅速脱颖而出。

白酒行业经历过2009~2011年的黄金三年后，增速已经明显放缓，2012年以来白酒收入和利润均呈下降趋势。鉴于整个白酒产量已经非常巨大，而此次塑化剂风波将加剧行业的萎缩速度，那么预计未来白酒行业整体产量将逐渐萎缩。消费者从"多喝酒"变为"少喝酒"，从"好喝酒"变为"喝好酒"，消费群体对白酒消费观念的转变将促使市场份额逐渐向龙头企业集中。而酿酒行业企业生产的主要产品是酒类产品，企业品牌、产品品牌的提升对于企业立足市场、获取更多市场份额、提高市场占有率具有重要作用，那么如何在越来越激烈的竞争中提升企业的品牌竞争力是其

发展的关键因素。提升企业品牌价值，可以从以下几个方面着手：一是组建现代企业组织。现代企业组织结构发展的趋势可以分为分立化和柔性化，分立化趋势一般可分为横向分立和纵向分立两种形式。横向分立是指企业将一些有发展前途的产品分离出来，成立独立的公司，选派有技术、懂管理的人经营；纵向分立是企业不仅从事多品种经营，而且对同一种产品也从上中下游进行分离。二是加强宣传公司的独特理念，这些理念包括服务态度、公司的使命、品牌的重要性、对社会的责任等，每个公司都有自己的愿景和使命，这些都是公司的软实力，是建立长远形象和保持客户忠诚度的重要方面。只有将这些理念不断在公司中进行宣传，并深入员工内心深处，才能不断建立自己的品牌。三是走国际化道路，企业可以通过兼并重组实现品牌扩张和品牌延伸，在此过程中除一些有形资本参与外，无形资本运作将成为其主要形式，如技术专利输出、技术参股或控股、商标贴牌服务和品牌输出、收购与转让、企业商誉等，以此整合企业的无形资本化形象。

（二）拓宽市场营销渠道，提高市场应变能力

市场营销是企业通过产品与消费者建立桥梁的纽带，并通过广告宣传、售后服务等一系列活动提高顾客满意度和忠诚度。团购模式是白酒行业主要的销售模式，但这种渠道运作是以人际关系为基础的。人际关系是复杂和分散的，会导致团购的不可控和不稳定。并且，团购模式的技术含量不高，有很强的复制性。同时，在限制"三公"消费、禁酒令等的环境下，以商务、政务为主的团购模式面临很大的考验，对中高端白酒的打击最大。在这种情况下，白酒行业应扩宽销售渠道，如采取以互联网为载体的公共交易平台和电子商务的方式。酒行业的龙头企业都有适合自己企业的营销渠道，如茅台企业的个性化营销模式，这种模式没有经过市场的渠道终端就以极低的推广成本完成了商业的交易过程，且达到了长期影响一个区域中一大群人的效果。这种模式非同一般意义上逢年过节单位团体发福利所用的团购，它是一种品牌直营，更是一种品牌输出方式。这种输出的本质在于荣誉感的制造输出，其输出的成功则在于满足了消费者对有一定消费品位的品牌需求，更是顺应了品牌消费的趋势。但是五

粮液股份有限公司采用的却是线性营销模式，这种模式的优点在于品牌有了一个能够生存并可以促其延伸的根据地。从五粮液金叶神酒到随后的以军队定位的国壮酒，我们可以看出白酒大王五粮液对全国市场的一种切割方法，即从传统的以区域为基础的层级经销商式渠道模式，跨越到以行业划分直接进入消费阶段，不仅跨越了传统渠道及终端开发的高额推广费用，更增强了产品的市场竞争力。

当然，酒行业的营销方式多种多样，但随着时代的变化也要与时俱进，因此要想提高酒行业的品牌竞争力需要做到以下几点：①不仅要满足顾客需求，而且要更好地创造客户、保留客户；②在方式上进行全方位营销活动和渠道的改变，例如文化营销、网络营销等；③在企业营销战略上，要更多地向市场驱动转变，改变原有的传统营销模式，针对客户需求，开发研制新产品，提高市场份额；酿酒行业市场受到多重因素的影响，企业要时刻关注市场动态，更好地保证企业自身的应变能力。另外，企业在拓宽营销渠道时，可以采用增强渠道动力的方式，即加强对销售渠道中的经销商、零售商、终端销售人员的激励，使他们愿意用更大的力度推销产品。当企业的产品缺乏知名度，或企业缺乏大规模广告宣传资金时，可以把有限资源集中起来投入到渠道中，加大渠道激励力度来推动销售增长。

（三）注重人才培育、提高人力资源能力

企业人力资源能力与企业竞争力的提高息息相关，酿酒行业企业生产、销售、服务等各环节都需要人来进行，提高企业人才素质水平、提升企业人力资源管理能力对于企业竞争力的增强有重要作用。企业拥有的人才越多、素质越高，转化为企业各方面的实力就越强，对企业科技创新、技术提高有重要的积极作用。首先，要培养员工使命感，让员工有理想、有抱负、有追求，优化人力资源配置，从员工招聘、培训、薪酬管理与绩效考核等各个环节入手，规范企业人力资源管理制度，例如由主管部门设立良好的工作生活平衡计划，对下属单位和个人及时进行培训，根据公司实际情况进行工作轮换和挑战性分派，全面发挥人员和群体的潜能。其次，要深化改革，建立优秀人才脱颖而出的选拔机制、人尽其才的用人机制和公平公开的竞争机制，加大人事制度改革，推动人才在竞争中接受选拔。最后，是建立学习型组织，在企业中使员工树立"终身学习"的观念，通过学习相关理论、知识、管理、技术和经验，全面提高员工自身的综合素质。

第十七章 中国电子行业企业品牌竞争力指数报告

第一节 中国电子企业品牌竞争力指数总报告

一、2013 年度中国电子企业总体竞争态势

中国企业品牌竞争力指数（以下简称 CBI）研究课题组为了检验理论成果的应用效果，于 2013 年对中国 145 家自主电子企业品牌进行了调研，根据对各企业营业收入和净利润的原始数据进行处理表明，中南地区和华东地区处于两强争霸的竞争态势，不过华北地区的实力也不容小觑。

具体而言，广东省、上海市和北京市营业收入占比最高，广东省、福建省、北京市的净利润占比最高，而它们分别隶属于中南地区、华东地区、华北地区。总之，中国电子企业品牌竞争力整体表现出中南地区、华东地区两强争霸，华北地区紧随其后的竞争态势，其中广东省、上海市、北京市、福建省大大领先的总体竞争态势，如图 17-1 和图 17-2 所示。

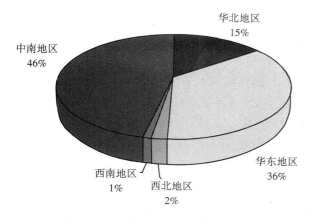

图 17-1 中国电子行业区域竞争态势

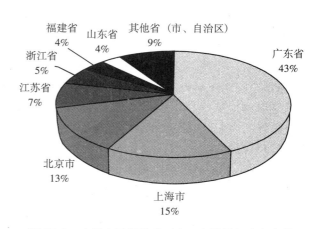

图 17-2 中国电子行业省（市、自治区）竞争态势

截至 2012 年底，中国电子行业受调研的 145 家自主电子品牌企业的营业总额为 2695.37 亿元。从区域的角度分析，中南地区和华东地区营业总额分别为 1239.84 亿元和 973.0287 亿元，两者营

业收入总额分别占行业整体营业总额的 46% 和 36%，两者合计占比 82%，占了行业整体营业总额的绝大部分。但是两强并非势均力敌，华东地区与中南地区的差距仍然不小，实力还有待提高。

华北地区居于第三，营业收入为 395.5137 亿元，占行业整体营业总额的 15%，与两强 46%、36% 的占比相比，差额较大。西北地区和西南地区的营业总额最少，分别占行业整体营业总额的 2% 和 1%。说明中南地区和华东地区对我国电子行业营业额的贡献最大，发展较为繁荣，两强争霸的趋势明显，华北地区虽为第 3 名，但实力还有待提高，而西北地区和西南地区的电子行业远远落后于前 3 强，企业数量和发展前景均仍需进一步发展。

从省（市）角度来看，营业总额排在前 6 名的省（市）分别为广东省、上海市、北京市、江

苏省、浙江省、福建省，营业总额分别为 1161.31 亿元、395.60 亿元、352.09 亿元、200.06 亿元、147.84 亿元、96.91 亿元。其中，广东省表现突出，几乎占据半壁江山，占 43%，上海市和北京市表现同样不俗，分别占到了行业营业总额的 15% 和 13%，分别居于第 2 位、第 3 位，虽然两者远远落后于行业老大，但是发展速度较快，表现势头良好。江苏省、浙江省、福建省分别占比为 7%、5%、4%，它们与行业三甲之间的差距较大，仍有提高和进步的空间。六大省（市）营业总额占行业营业总额的 91%（见图 17-3、图 17-4），说明中国电子行业企业品牌集中度相对较高。

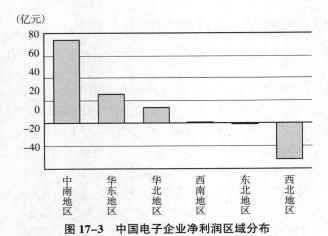

图 17-3　中国电子企业净利润区域分布

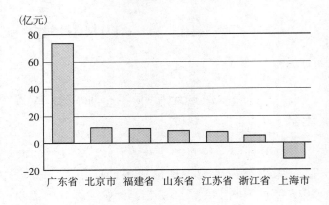

图 17-4　中国电子企业净利润省（市）分布

截至 2012 年底，中国电子行业受调研的 145 家自主电子品牌企业的净利润总额为 81.20 亿元。从区域的角度分析，中南地区仍延续了营业收入的总体优势，净利润总额高达 74.09 亿元，占行业利润总额的 91.24%，远远领先于其他地区，保持了绝对的优势地位。华东地区和华北地区净利润总额分别为 25.57 亿元和 14.08 亿元，分别占行业利润总额的 31% 和 17%，虽然分别排第 2 名和第 3 名，但与行业第一中南地区相比差距较大。西南地区、东北地区、西北地区的利润总额更是少之又少，分别是 0.77 亿元、-0.97 亿元、-32.34 亿元，其中东北地区和西北地区表现更差，尤其是西北地区的亏损总额竟高达 -32.34 亿元，主要原因是 2012 年经营业绩不佳，亏损较大，拉低了地区和行业的净利润总额所致。

从省（市）角度来看，排在前 5 名的省（市）分别为广东省、北京市、福建省、山东省、江苏

省，净利润总额分别为 73.90 亿元、12.07 亿元、10.71 亿元、9.42 亿元、8.63 亿元。其中广东省表现突出，净利润总额占行业总额的 91%，领先于其他省（市），居于行业第一的位置。北京市、福建省、山东省和江苏省紧随其后，排名分别为第二、第三、第四和第五，净利润总额分别占行业总额的 14%、13%、11% 和 10%，之间差距较小，虽处于行业前 5 名的位置，但是明显与行业第 1 名广东省的差距较大，还有很大的提升空间。值得一提的是，在营业总额方面表现良好的上海市，2012 年净利润总额为 -12.11 亿元，下滑速度较快，远远落后于行业前几名。究其原因，发现上海市的超日太阳能科技股份有限公司和飞乐音响股份有限公司 2012 年亏损额较大，拉低了上海市的净利润总额，应引起行业和地区重视。

总体来看，中国电子行业整体的分布状态是中南地区与华东地区两强争霸，华北地区紧随其

后，有三足鼎立的趋势，广东省表现突出，无论营业收入还是净利润均远远领先于其他地区，这也是当前中国电子行业竞争的最显著特征。

二、2013 年度中国电子企业品牌竞争力指数排名

中国企业品牌竞争力指数（以下简称 CBI）研究课题组已于 2011 年 7 月完成了理论研究，采用多指标综合指数法对中国企业品牌竞争力进行

量化研究。初期理论成果包括 CBI 四位一体理论模型、CBI 评价指标体系、CBI 评价指标权重以及 CBI 计算模型，并且已经通过国内 10 位经济学、管理学界权威专家论证。为了检验理论成果的应用效果，课题组继 2011~2012 年连续两年对中国自主电子企业品牌调研之后，于 2013 年底对中国自主电子企业品牌再一次进行调研，根据调查数据应用 CBI 计算模型得出中国电子企业品牌竞争力（以下简称 CBI-R）排名（见表 17-1）。

表 17-1 2013 年中国电子企业品牌竞争力排名

企业名称	省（市）	相对值（指数）		绝对值形式（百分制）		
		CBI 值	排名	品牌竞争力得分（CBS）	品牌财务表现力	市场竞争表现力
京东方科技集团股份有限公司	北京市	71.6809	1	69.1689	63.1748	83.1554
中国航空技术国际控股有限公司	广东省	71.5584	2	69.0727	62.6284	84.1094
中芯国际集成电路制造（上海）有限公司	上海市	63.8530	3	63.0191	57.4394	76.0385
歌尔声学股份有限公司	山东省	62.0960	4	61.6388	57.0386	72.3725
环旭电子股份有限公司	上海市	61.6845	5	61.3155	55.3531	75.2278
中国无线科技有限公司	广东省	60.6785	6	60.5252	54.8885	73.6776
三安光电股份有限公司	福建省	59.2025	7	59.3656	55.2817	68.8946
北京中科三环高技术股份有限公司	北京市	58.9256	8	59.1481	55.0345	68.7465
南太电子有限公司	广东省	58.8998	9	59.1278	54.4372	70.0724
广东生益科技股份有限公司	广东省	57.5128	10	58.0381	52.8955	70.0376
深圳市大族激光科技股份有限公司	广东省	57.1385	11	57.7441	53.1753	68.4045
深圳欧菲光科技股份有限公司	广东省	55.8326	12	56.7181	52.3935	66.8089
天马微电子股份有限公司	广东省	54.9336	13	56.0119	50.7690	68.2452
深圳立讯精密工业股份有限公司	广东省	54.8639	14	55.9571	51.9844	65.2268
无锡市太极实业股份有限公司	江苏省	54.0557	15	55.3222	50.2300	67.2038
江苏长电科技股份有限公司	江苏省	54.0521	16	55.3194	49.8771	68.0179
沪士电子股份有限公司	江苏省	53.8379	17	55.1511	50.7208	65.4883
浙江南都电源动力股份有限公司	浙江省	53.7414	18	55.0752	50.8850	64.8525
汕头超声电子股份有限公司	广东省	53.4252	19	54.8268	50.1890	65.6484
锐迪科微电子（上海）有限公司	上海市	53.0200	20	54.5085	51.2345	62.1477
天津中环半导体股份有限公司	天津市	52.8758	21	54.3952	49.5998	65.5844
佛山电器照明股份有限公司	广东省	52.4963	22	54.0971	50.3073	62.9398
浙江阳光照明电器集团股份有限公司	浙江省	52.0728	23	53.7644	49.3727	64.0115
深圳华映显示科技有限公司	广东省	51.0981	24	52.9986	48.6190	63.2178
深圳德赛电池科技股份有限公司	广东省	50.9696	25	52.8977	48.3405	63.5310
深圳华强集团有限公司	广东省	50.8627	26	52.8137	48.9120	61.9176
中航光电科技股份有限公司	河南省	50.7868	27	52.7541	48.5135	62.6486
苏州锦富新材料股份有限公司	江苏省	50.1487	28	52.2527	48.5920	60.7944
横店集团东磁股份有限公司	浙江省	50.0517	29	52.1766	47.0165	64.2166
广东风华高新科技股份有限公司	广东省	49.6216	30	51.8386	47.4301	62.1251
上海飞乐股份有限公司	上海市	49.5044	31	51.7466	47.7327	61.1123
石家庄宝石电子玻璃股份有限公司	河北省	49.2844	32	51.5737	49.7129	55.9156

企业名称	省（市）	相对值（指数）		绝对值形式（百分制）		
		CBI 值	排名	品牌竞争力 得分（CBS）	品牌财务 表现力	市场竞争 表现力
广东威创视讯科技股份有限公司	广东省	49.1502	33	51.4683	48.3737	58.6889
上海飞乐音响股份有限公司	上海市	48.9285	34	51.2941	47.0467	61.2047
金安国纪科技股份有限公司	上海市	48.7377	35	51.1442	46.7232	61.4599
上海仪电控股（集团）公司	上海市	48.6324	36	51.0615	47.7393	58.8133
天水华天科技股份有限公司	甘肃省	48.4909	37	50.9503	46.9697	60.2385
深圳市长盈精密技术股份有限公司	广东省	48.4745	38	50.9374	47.8248	58.2002
福建福日电子有限公司	福建省	48.3377	39	50.8300	46.1106	61.8419
南通富士通微电子股份有限公司	江苏省	48.2490	40	50.7603	46.5112	60.6747
深圳市得润电子股份有限公司	广东省	47.9698	41	50.5409	46.5734	59.7984
深圳莱宝高科技股份有限公司	广东省	47.9210	42	50.5026	46.9172	58.8687
东方电子集团有限公司	山东省	47.6366	43	50.2792	46.3863	59.3626
厦门法拉电子股份有限公司	福建省	47.6135	44	50.2610	46.9758	57.9266
贵州航天电器股份有限公司	四川省	47.5279	45	50.1938	46.9419	57.7817
江西联创光电科技股份有限公司	江西省	47.3762	46	50.0746	46.3236	58.8270
科陆电子科技股份有限公司	广东省	47.3374	47	50.0441	45.9622	59.5685
北京七星华创电子股份有限公司	北京市	47.2142	48	49.9473	46.2314	58.6177
士兰微电子股份有限公司	浙江省	46.7467	49	49.5801	45.2241	59.7441
飞毛腿（福建）电子有限公司	福建省	46.5556	50	49.4299	44.8511	60.1137
深圳市兴森快捷电路科技股份有限公司	广东省	46.4109	51	49.3163	46.0364	56.9692
东莞勤上光电股份有限公司	广东省	46.3807	52	49.2925	45.9985	56.9785
佛山市国星光电股份有限公司	广东省	46.2384	53	49.1807	45.5105	57.7445
江苏爱康太阳能科技有限公司	江苏省	46.1559	54	49.1159	44.5406	59.7918
芜湖长信科技股份有限公司	安徽省	46.0910	55	49.0650	46.2203	55.7024
吉林华微电子股份有限公司	吉林省	45.8440	56	48.8709	44.8333	58.2920
南通江海电容器股份有限公司	江苏省	45.5622	57	48.6494	45.3497	56.3487
国光电器股份有限公司	广东省	45.5245	58	48.6199	43.5686	60.4063
同方国芯电子股份有限公司	河北省	45.5103	59	48.6087	45.8347	55.0813
广东超华企业集团有限公司	广东省	44.8058	60	48.0552	45.1616	54.8070
苏州安洁科技股份有限公司	江苏省	44.7300	61	47.9957	45.7280	53.2869
深圳顺络电子股份有限公司	广东省	44.6303	62	47.9174	44.9185	54.9147
德信无线通讯科技有限公司	北京市	44.4363	63	47.7650	44.0024	56.5444
上海复旦微电子股份有限公司	上海市	44.2811	64	47.6430	45.2847	53.1457
上海贝岭公司	上海市	44.1458	65	47.5367	44.3814	54.8991
宁波康强电子股份有限公司	浙江省	44.0491	66	47.4608	43.1425	57.5367
上海航天汽车机电股份有限公司	上海市	43.7774	67	47.2473	41.9388	59.6338
浙江水晶光电科技股份有限公司	浙江省	43.7334	68	47.2127	44.7470	52.9659
安徽四创电子股份有限公司	安徽省	43.3796	69	46.9348	43.0801	55.9290
武汉天喻信息产业股份有限公司	湖北省	43.3415	70	46.9048	43.6054	54.6034
苏州固锝电子股份有限公司	江苏省	43.2954	71	46.8687	43.3773	55.0151
长沙力元新材料股份有限公司	湖南省	43.2740	72	46.8518	41.1650	60.1212
深圳市实益达科技股份有限公司	广东省	43.1200	73	46.7308	42.8084	55.8832
上海宏力半导体制造有限公司	上海市	43.0685	74	46.6904	43.3413	54.5049
惠州亿纬锂能股份有限公司	广东省	42.7491	75	46.4394	43.8963	52.3735
国民技术股份有限公司	广东省	42.6041	76	46.3255	43.2256	53.5586
深圳市拓邦电子科技股份有限公司	广东省	42.4428	77	46.1988	42.4786	54.8791

续表

企业名称	省（市）	相对值（指数）		绝对值形式（百分制）		
		CBI值	排名	品牌竞争力得分（CBS）	品牌财务表现力	市场竞争表现力
珠海炬力集成电路设计有限公司	广东省	42.1285	78	45.9519	43.6637	51.2910
深圳市长方半导体照明股份有限公司	广东省	42.0159	79	45.8634	43.0186	52.5014
厦门乾照光电股份有限公司	福建省	41.9889	80	45.8422	43.3180	51.7320
深圳市聚飞光电股份有限公司	广东省	41.9451	81	45.8078	43.3674	51.5020
中航电测仪器股份有限公司	陕西省	41.9212	82	45.7890	42.9922	52.3151
深圳赛格股份有限公司	广东省	41.9155	83	45.7845	42.9029	52.5085
烟台新潮实业股份有限公司	山东省	41.9061	84	45.7772	41.7890	55.0828
深圳市拓日新能源科技股份有限公司	广东省	41.8919	85	45.7660	42.3025	53.8475
铜峰电子股份有限公司	安徽省	41.6999	86	45.6151	42.0382	53.9613
成都银河磁体股份有限公司	重庆市	41.6952	87	45.6115	43.0637	51.5564
利亚德光电股份有限公司	北京市	41.5603	88	45.5055	42.6725	52.1157
深圳市英唐智能控制股份有限公司	广东省	41.5425	89	45.4915	42.2920	52.9572
成都旭光电子股份有限公司	四川省	41.5064	90	45.4631	43.0206	51.1624
浙江南洋科技股份有限公司	浙江省	41.4627	91	45.4288	42.9635	51.1813
北京动力源科技股份有限公司	北京市	41.3410	92	45.3332	41.4103	54.4867
天通控股股份有限公司	浙江省	41.2904	93	45.2935	39.9734	57.7071
中山达华智能科技股份有限公司	广东省	41.2853	94	45.2895	42.7174	51.2909
华灿光电股份有限公司	湖北省	41.0007	95	45.0659	42.4995	51.0541
广州市鸿利光电股份有限公司	广东省	40.9462	96	45.0231	42.1444	51.7398
深圳和而泰智能控制股份有限公司	广东省	40.9340	97	45.0134	42.0280	51.9794
茂硕科技股份有限公司	广东省	40.8832	98	44.9735	42.0377	51.8239
深圳市洲明科技有限公司	广东省	40.7306	99	44.8537	41.6018	52.4415
南京华东电子信息科技股份有限公司	江苏省	40.6400	100	44.7825	40.6543	54.4150
广东蓉胜超微线材股份有限公司	广东省	40.6143	101	44.7623	40.8213	53.9580
广东安居宝数码科技股份有限公司	广东省	40.5278	102	44.6943	42.2607	50.3729
深圳市瑞丰光电子股份有限公司	广东省	40.4715	103	44.6501	42.0474	50.7231
深圳市联建光电股份有限公司	广东省	40.4440	104	44.6285	41.6255	51.6356
浙江永利控股有限公司	浙江省	40.3010	105	44.5161	42.2980	49.6918
宁波 GQY 视讯股份有限公司	浙江省	40.0728	106	44.3369	41.8612	50.1135
广东猛狮电源科技有限公司	广东省	40.0126	107	44.2896	41.5703	50.6347
北京福星晓程电子科技股份有限公司	北京市	39.7676	108	44.0971	41.8763	49.2790
深圳市宇顺电子股份有限公司	广东省	39.5705	109	43.9422	38.6418	56.3100
利达光电股份有限公司	河南省	39.4551	110	43.8516	40.7226	51.1526
深华发 A 股份有限公司	广东省	39.4240	111	43.8272	40.0262	52.6961
山东共达电声股份有限公司	山东省	39.2415	112	43.6838	40.8822	50.2209
中星微电子 VIMC 有限公司	北京市	39.1306	113	43.5967	40.5816	50.6319
深圳万润科技股份有限公司	广东省	38.9448	114	43.4507	41.0221	49.1176
金龙机电股份有限公司	浙江省	38.8882	115	43.4062	40.8426	49.3880
宇阳控股（集团）有限公司	广东省	38.8515	116	43.3774	40.1846	50.8273
惠州中京电子科技股份有限公司	广东省	38.8087	117	43.3438	40.4877	50.0081
深圳珈伟光伏照明股份有限公司	广东省	38.4475	118	43.0600	39.6722	50.9650
深圳雷曼光电科技股份有限公司	广东省	38.4251	119	43.0424	40.6223	48.6895
深圳丹邦科技股份有限公司	广东省	38.1204	120	42.8030	40.3860	48.4428
广东雪莱特光电科技股份有限公司	广东省	38.0230	121	42.7265	39.9453	49.2160

续表

企业名称	省（市）	相对值（指数）		绝对值形式（百分制）		
		CBI 值	排名	品牌竞争力得分（CBS）	品牌财务表现力	市场竞争表现力
湖北台基半导体股份有限公司	湖北省	38.0039	122	42.7115	40.4389	48.0142
深圳市奥拓电子股份有限公司	广东省	37.8881	123	42.6205	40.4557	47.6717
天津普林电路股份有限公司	天津市	37.5683	124	42.3693	39.0539	50.1052
浙江东晶电子股份有限公司	浙江省	36.9508	125	41.8842	38.8837	48.8852
武汉力源信息技术股份有限公司	湖北省	36.5423	126	41.5632	39.2577	46.9426
中颖电子股份有限公司	上海市	36.0743	127	41.1955	38.7684	46.8589
精伦电子股份有限公司	湖北省	35.7379	128	40.9313	38.4274	46.7736
福建福晶科技股份有限公司	福建省	35.3651	129	40.6384	38.6782	45.2120
大连大显控股股份有限公司	辽宁省	35.1605	130	40.4776	36.8732	48.8879
上海超日太阳能科技股份有限公司	上海市	35.0565	131	40.3960	32.6821	58.3951
珠海欧比特控制工程股份有限公司	广东省	34.4184	132	39.8947	38.0092	44.2941
河南安彩高科股份有限公司	河南省	34.1640	133	39.6948	31.6138	58.5505
江苏东光微电子股份有限公司	江苏省	34.1325	134	39.6700	37.3940	44.9808
北京君正集成电路股份有限公司	北京市	33.8071	135	39.4144	37.4262	44.0534
深圳光韵达光电科技股份有限公司	广东省	33.7662	136	39.3822	37.7501	43.1905
有研新材料股份有限公司	北京市	33.4607	137	39.1422	34.3294	50.3721
彩虹集团电子股份有限公司	陕西省	32.7072	138	38.5503	28.5676	61.8432
武汉金运激光股份有限公司	湖北省	32.4095	139	38.3164	36.5726	42.3851
深圳麦捷微电子科技有限公司	广东省	32.4006	140	38.3094	37.0256	41.3051
泰丰国际集团有限公司	四川省	31.8428	141	37.8712	32.6359	50.0869
深圳华控赛格股份有限公司	广东省	30.6883	142	36.9642	35.2281	41.0151
浙江新嘉联电子股份有限公司	浙江省	29.6364	143	36.1378	32.4829	44.6659
深圳市明华澳汉科技股份有限公司	广东省	16.2869	144	25.6501	24.0447	29.3960
宁波万豪控股股份有限公司	浙江省	11.2446	145	21.6888	21.8470	21.3196
均值	—	44.2092	—	47.5865	43.9927	55.9722

注：从理论上说，中国企业品牌竞争力指数（CBI）由中国企业品牌竞争力分值（CBS）标准化之后得出，CBS 由 4 个一级指标品牌财务表现力、市场竞争表现力、品牌发展潜力和消费者支持力的得分值加权得出。在实际操作过程中，课题组发现，品牌发展潜力和消费者支持力两个部分的数据收集存在一定的难度，且收集到的数据准确性有待核实，因此，本报告暂未将品牌发展潜力和消费者支持力列入计算。品牌财务表现力主要依据各企业的财务报表数据以及企业上报数据进行计算。同时，关于市场竞争表现力方面的得分，课题组选取了部分能够通过公开数据计算得出结果的指标，按照 CBI 计算模型得出最终结果。关于详细的计算方法见《中国企业品牌竞争力指数系统：理论与实践》。

由表 17-1 可以看出，在 2013 年电子行业企业品牌 CBI 排名中，京东方科技集团股份有限公司、中国航空技术国际控股有限公司、中芯国际集成电路制造有限公司、歌尔声学股份有限公司、环旭电子股份有限公司、中国无线科技有限公司、三安光电股份有限公司、北京中科三环高技术股份有限公司、南太电子有限公司、广东生益科技股份有限公司稳坐行业前 10 强的位置。其中，京东方科技集团股份有限公司 CBI 值为 71.6809，排名第一，各项指标优势明显，是电子行业的领导品牌。

通过 2013 年中国电子企业品牌竞争力指数数据，可以计算出中国电子行业 CBI 均值为 44.2902。CBI 数值为相对值，一方面可以反映行业总体竞争水平，另一方面也为行业内企业提供一个比较标准。课题组根据受调研的 1548 家企业的 CBI 数据得出中国企业品牌竞争力指数值为 47，那么电子行业 CBI 均值为 44.2902<47，说明电子行业整体竞争水平低于平均水平，行业发展处于不及格状态。同理，行业内部企业 CBI 数值低于 44.2902，说明其品牌竞争力处于劣势，高于 44.2902，则说明其品牌竞争力处于优势，整个 CBI 指标体系为企业提供了一套具有诊断功能和预测功能的实用工具。

三、2013 年度中国电子企业品牌竞争力指数评级报告

（一）中国电子企业品牌竞争力指数评级标准体系

根据表 17-1 得出的电子企业 CBI 数值，课题组绘制总体布局（见图 17-5），从整体上看，CBI 分布曲线两头陡峭、中间平缓。根据 CBI 数值表现出来的特征，结合电子企业的行业竞争力特性对调查的企业进行分级评估，按照一般惯例分为五级，划分标准如表 17-2 所示。

表 17-2 中国企业品牌竞争力分级评级标准

评级	标准 CBI 数值标准
5A	CBI≥80
4A	60≤CBI<80
3A	40≤CBI<60
2A	20≤CBI<40
1A	CBI<20

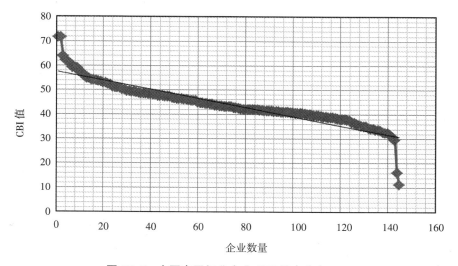

图 17-5 中国电子行业企业 CBI 散点分布

（二）中国电子企业品牌竞争力指数评级结果

由以上评价标准可以将电子企业划分为五个集团，具体的企业个数及分布情况如表 17-3 和图 17-6 所示，各级水平的企业得分情况由于篇幅原因仅列出代表企业。

表 17-3 中国电子行业企业各分级数量表

企业评级	竞争分类	企业数量	所占比重（%）	CBI 均值	CBS 均值	品牌财务表现力均值	市场竞争表现力均值
5A 级企业	第一集团	0	—	—	—	—	—
4A 级企业	第二集团	6	4	65.2585	64.1234	58.4205	77.4302
3A 级企业	第三集团	101	70	46.4195	49.3230	45.6839	57.8143
2A 级企业	第四集团	36	25	36.1911	41.2873	38.0124	48.9287
1A 级企业	第五集团	2	1	13.7657	23.6694	22.9458	25.3578
全部	不分类	145	100	44.2092	47.5865	43.9927	55.9722

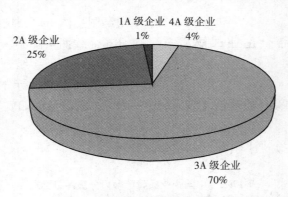

图 17-6　中国电子企业分级分布

　　据表 17-2 中国企业品牌竞争力分级评级标准，5A 级电子企业共有 0 家，这可能是由于中国自主电子企业整体表现较差，水平较低，甚至不存在 1 家 5A 级企业，可见中国电子行业的整体水平有待提高，在品牌竞争力方面还需要做出很大努力。

表 17-4　中国电子行业 4A 级企业品牌代表

企业名称	评级水平	排名	CBI	CBS	品牌财务表现力	市场竞争表现力
京东方科技集团股份有限公司	4A	1	71.6809	69.1689	63.1748	83.1554
中国航空技术国际控股有限公司	4A	2	71.5584	69.0727	62.6284	84.1094
中芯国际集成电路制造有限公司	4A	3	63.8530	63.0191	57.4394	76.0385
歌尔声学股份有限公司	4A	4	62.0960	61.6388	57.0386	72.3725
环旭电子股份有限公司	4A	5	61.6845	61.3155	55.3531	75.2278
中国无线科技有限公司	4A	6	60.6785	60.5252	54.8885	73.6776

　　据表 17-2 中国企业品牌竞争力分级评级标准，4A 级电子企业共有 6 家，占电子企业总数的 4%。表 17-4 所列的 6 家企业京东方科技集团股份有限公司、中国航空技术国际控股有限公司、中芯国际集成电路制造有限公司、歌尔声学股份有限公司、环旭电子股份有限公司、中国无线科技有限公司是中国电子行业代表领先企业，品牌财务表现力、市场竞争表现力表现突出，消费者支持力度较大，具有较高的顾客忠诚度，品牌发展潜力较大。CBI 及各项分指标得分值均远远高于行业平均值。从第二集团内部比较而言，京东方科技集团股份有限公司和中国航空技术国际控股有限公司分别在品牌财务表现力和市场竞争表现力方面位于本集团第一，两者的最终 CBI 分值也无较大差距，均具有较强的品牌财务表现力和市场竞争表现力。

表 17-5　中国电子行业 3A 级企业品牌代表

企业名称	评级水平	排名	CBI	CBS	品牌财务表现力	市场竞争表现力
三安光电股份有限公司	3A	7	59.2024	59.3656	55.2818	68.8946
北京中科三环高技术股份有限公司	3A	8	58.9256	59.1481	55.0345	68.7465
南太电子有限公司	3A	9	58.8998	59.1278	54.4372	70.0724
广东生益科技股份有限公司	3A	10	57.5128	58.0381	52.8955	70.0376
深圳市大族激光科技股份有限公司	3A	11	57.1385	57.7441	53.1753	68.4045
深圳欧菲光科技股份有限公司	3A	12	55.8326	56.7181	52.3935	66.8089
天马微电子股份有限公司	3A	13	54.9336	56.0119	50.7690	68.2452
深圳立讯精密工业股份有限公司	3A	14	54.8639	55.9571	51.9844	65.2268
无锡市太极实业股份有限公司	3A	15	54.0557	55.3222	50.2300	67.2038
江苏长电科技股份有限公司	3A	16	54.0521	55.3194	49.8771	68.0179

据表 17-2 中国企业品牌竞争力分级评级标准，3A 级电子企业共有 101 家，占电子企业总数的 70%。表 17-5 所列的 10 家企业三安光电股份有限公司、北京中科三环高技术股份有限公司、南太电子有限公司、广东生益科技股份有限公司、深圳市大族激光科技股份有限公司、深圳欧菲光科技股份有限公司、天马微电子股份有限公司、深圳立讯精密工业股份有限公司、无锡市太极实业股份有限公司、江苏长电科技股份有限公司是

中国电子行业的中游企业，品牌财务表现力和市场竞争表现力都一般，CBI 及各项分指标得分值在行业平均值上下波动。从第三集团内部比较而言，南太电子有限公司市场竞争表现力较好，位于本集团第一，说明其市场竞争能力相对来说是比较好的；三安光电股份有限公司的品牌财务表现力较好，位于本集团企业第一，说明其财务情况相对来说是比较好的。

表 17-6　中国电子行业 2A 级企业品牌代表

企业名称	评级水平	排名	CBI	CBS	品牌财务表现力	市场竞争表现力
北京福星晓程电子科技股份有限公司	2A	108	39.7676	44.0971	41.8763	49.2790
深圳市宇顺电子股份有限公司	2A	109	39.5705	43.9422	38.6418	56.3100
利达光电股份有限公司	2A	110	39.4551	43.8516	40.7226	51.1526
深华发 A 股份有限公司	2A	111	39.4240	43.8272	40.0262	52.6961
山东共达电声股份有限公司	2A	112	39.2415	43.6838	40.8822	50.2209

据表 17-2 中国企业品牌竞争力分级评级标准，2A 级电子企业共有 36 家，占电子企业总数的 25%。表 17-6 所列的 5 家企业北京福星晓程电子科技股份有限公司、深圳市宇顺电子股份有限公司、利达光电股份有限公司、深华发 A 股份有限公司、山东共达电声股份有限公司是中国电子行业中下游企业的代表，其特征是品牌财务表

现力、市场竞争表现力等均处于行业平均水平之下，CBI 及各项分指标得分值均低于行业平均值。从第四集团内部比较而言，品牌财务表现力普遍较低，大多处于在 40 分以下，处于劣势，还有待提高；而市场竞争表现力也大多分布在 50 分左右，得分参差不齐。

表 17-7　中国电子行业 1A 级企业品牌代表

企业名称	评级水平	排名	CBI	CBS	品牌财务表现力	市场竞争表现力
深圳市明华澳汉科技股份有限公司	1A	144	16.28685	25.65008	24.04468	29.39601
宁波万豪控股股份有限公司	1A	145	11.2446	21.68877	21.84698	21.31962

据表 17-2 中国企业品牌竞争力分级评级标准，1A 级企业共有 2 家，占电子企业总数的 1%，表 17-7 所列的 2 家 1A 级企业分别为深圳市明华澳汉科技股份有限公司和宁波万豪控股股份有限公司，它们处于中国电子行业上市公司的队尾，在很多地方都需要付出巨大精力才能实现跨越式发展，它们的品牌财务表现力和市场竞争表现力得分在 30 分以下，其中，宁波万豪控股股份有限公司的品牌财务表现力和市场竞争表现力均为中国电子企业上市公司中的最低分。

四、2013 年中国电子企业品牌价值 50 强排名

课题组认为，品牌价值（以下简称 CBV）是客观存在的，它能够为其所有者带来特殊的收益。品牌价值是品牌在市场竞争中的价值实现。一个品牌有无竞争力，就是要看它有没有一定的市场份额，有没有一定的超值创利能力。品牌的竞争力正是体现在品牌价值的这两个最基本的决定性因素上，品牌价值就是品牌竞争力的具体体现。通常上品牌价值以绝对值（单位：亿元）的形式量化研究品牌竞争水平，课题组在品牌价值和品

牌竞争力的关系展开研究，针对品牌竞争力以相对值（指数：0~100）的形式量化研究品牌竞争力水平。在研究世界上关于品牌价值测量方法论基础上，提出本研究关于品牌价值计算方法：CBV=（N−E×5%）(1+A)×C×CBI/100+K。其中，

CBV 为企业品牌价值，CBI 为企业品牌竞争力指数，N 为净利润，E 为所有者权益，A 为品牌溢价，C 为行业调整系数，K 为其他影响系数，据此得出中国电子企业品牌价值 50 强（见表 17-8）。

表 17-8 2013 年中国电子行业品牌价值排名

股票名称	省（市）	品牌价值（CBV）	排名	品牌竞争力（CBI）
中航国际控股	广东省	68.30	1	71.56
京东方 A	北京市	57.91	2	71.68
中芯国际	上海市	52.68	3	63.85
中国无线	广东省	50.90	4	60.68
环旭电子	上海市	49.18	5	61.68
中科三环	北京市	48.82	6	58.93
歌尔声学	山东省	48.43	7	62.10
生益科技	广东省	45.69	8	57.51
三安光电	福建省	43.03	9	59.20
南太电子	广东省	42.42	10	58.90
大族激光	广东省	40.51	11	57.14
佛山照明	广东省	37.94	12	52.50
欧菲光	广东省	37.47	13	55.83
深天马 A	广东省	36.43	14	54.93
立讯精密	广东省	35.66	15	54.86
太极实业	江苏省	35.44	16	54.06
长电科技	江苏省	35.28	17	54.05
沪电股份	江苏省	34.82	18	53.84
超声电子	广东省	34.63	19	53.43
南都电源	浙江省	33.82	20	53.74
锐迪科微电子	上海市	33.07	21	53.02
中环股份	天津市	32.62	22	52.88
阳光照明	浙江省	32.56	23	52.07
德赛电池	广东省	32.27	24	50.97
华映科技	广东省	32.12	25	51.10
深圳华强	广东省	31.15	26	50.86
中航光电	河南省	31.07	27	50.79
锦富新材	江苏省	29.64	28	50.15
横店东磁	浙江省	29.47	29	50.05
风华高科	广东省	29.45	30	49.62
福日电子	福建省	29.23	31	48.34
飞乐股份	上海市	29.21	32	49.50
飞乐音响	上海市	28.99	33	48.93
金安国纪	上海市	28.71	34	48.74
威创股份	广东省	28.38	35	49.15
华天科技	甘肃省	28.11	36	48.49
通富微电	江苏省	27.77	37	48.25
得润电子	广东省	27.58	38	47.97
仪电电子	上海市	27.30	39	48.63
长盈精密	广东省	27.28	40	48.47

企业名称	省（市）	品牌价值（CBV）	排名	品牌竞争力（CBI）
莱宝高科	广东省	27.02	41	47.92
科陆电子	广东省	26.99	42	47.34
宝石 A	河北省	26.98	43	49.28
东方电子	山东省	26.92	44	47.64
法拉电子	福建省	26.91	45	47.61
七星电子	北京市	26.79	46	47.21
联创光电	江西省	26.68	47	47.38
士兰微	浙江省	26.47	48	46.75
航天电器	四川省	26.40	49	47.53
爱康科技	江苏省	25.98	50	46.16
合计		1732.47		

CBV 分析：在 145 家受调研的电子企业中，排名前 50 强的企业 CBV 合计为 1732.47 亿元，较 2012 年有所提高。前 10 强电子企业 CBV 总值合计为 507.36 亿元，占前 50 强比重为 29.29%，下降了 8.44%。其中在前 10 强企业中，中航国际控股有限公司由 2012 年的第 9 名跃升到了第 1 名，京东方科技集团股份有限公司保持老二的位置不变，中芯国际集成电路制造有限公司由第 4 名上升到了第 3 名，中国无线音视频技术股份有限公司由第 6 名上升到了第 4 名，歌尔声学股份有限公司由第 10 名上升到了第 7 名、生益科技股份有限公司由第 5 名下滑到第 8 名、排在第 5 名的环旭电子股份有限公司、第 6 名的北京中科三环高科技股份有限公司、第 9 名的三安光电股份有限公司和第 10 名的南太电子是今年新进入前 10 强的企业，其中：三安光电股份有限公司是由上年的第 27 名跃升到 2013 年第 9 名，其品牌价值上升趋势可见一斑。深圳长城开发科技股份有限公司、海康威视数字技术股份有限公司、紫光股份有限公司和横店集团东磁股份有限公司退出了前 10 强，而且下滑的幅度很大。在前 10 强企业中，40% 的企业位于广东省，北京市、上海市各占 20%，山东省和福建省各占 10%，在前 50 强的企业来看，广东省、北京市、上海市、浙江和福建省仍旧占据大多数，是国内龙头电子企业的发源地。

第二节　2013 年度中国电子企业品牌竞争力区域报告

一、三大经济分区

（一）总体情况分析

根据课题组的调研数据，我们可以看出，我国电子企业主要分布于中南地区，企业数量高达 70 家，占行业企业总数的 48%，CBI 均值为 43.6103，虽然具有很高的行业集中度，但是由于该地区企业的水平参差不齐，所以 CBI 均值并没有表现出太大的优势，甚至低于行业 CBI 均值 44.2092。而跟随其后的华东地区，与中南地区企业数量相差不大，拥有 52 家企业，各占行业企业总数的 36%，与中南地区不同的是，虽然企业数量众多，但是由于华东地区的电子企业经营水平较高，CBI 均值为 45.2761，高于行业平均水平 44.2092。排在第 3 名的是华北地区，该地区拥有 14 家企业，占行业企业总数的 10%，虽然企业数量少，华北地区的电子企业普遍质量较高，CBI 均值为 45.4688，为三大经济分区之首。华北地区与华东地区 CBI 均值均高于行业平均水平，中南地区虽然企业数量排名第一，但 CBI 均值却低于行业平均水平，说明其品牌竞争力仍有很大的提

升空间。华东地区在品牌财务表现力指标得分上名列前茅，而华东地区的市场竞争表现力指标最

高，两地区发展前景良好（见表17-9、图17-7、图17-8）。

表17-9 中国电子企业三大经济区域竞争状况

区域	企业数量	所占比重（%）	CBI均值	CBS均值	品牌财务表现力均值	市场竞争表现力均值
中南地区	70	48	43.6103	47.1160	43.6992	55.0886
华东地区	52	36	45.2761	48.4247	44.6761	57.1715
华北地区	14	10	45.4688	48.5761	45.0672	56.7635
其他地区	9	6	40.7440	44.8642	40.6553	54.6849
总体情况	145	100	44.2092	47.5865	43.9927	55.9722

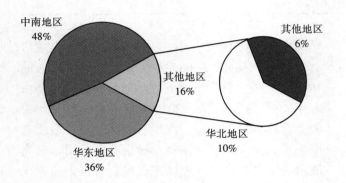

图17-7 中国电子企业数量区域分布

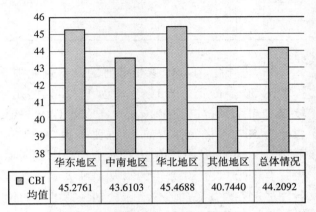

图17-8 中国电子企业区域CBI均值对比

（二）分项情况分析

在各分项竞争力指标对比方面，各地区表现差别不明显，各个地区的品牌财务表现力不佳，除华北地区得分稍稍高于45分之外，其他地区得分均值均在45分以下。市场竞争表现力指标数值普遍都在60分以下，表现最好的华东地区也只有

57.1715分。总体来看，品牌财务表现力不佳，市场竞争表现力处于行业中等偏上水平。由此可以看出，电子行业的企业品牌财务表现力还有待提高。华东地区和华北地区的表现仍好于中南地区，其中华北地区的品牌财务表现力位列第一，华东地区的市场竞争表现力位列第一（见图17-9）。

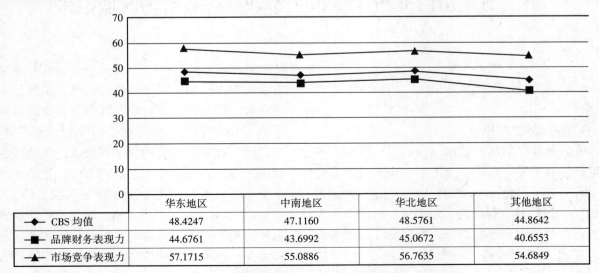

图17-9 中国电子企业一级指标分区域对比

二、五大省（市）分析

（一）总体情况分析

表 17-10　中国电子企业五大省（市）竞争状况

省（市）	企业数量	所占比重（%）	CBI 均值	CBS 均值	品牌财务表现力均值	市场竞争表现力均值
广东省	60	41	44.3001	47.6579	44.2688	55.5659
浙江省	14	10	40.7316	44.8544	41.5386	52.5914
上海市	13	9	47.7511	50.3691	46.1281	60.2647
江苏省	11	8	46.8054	49.6262	45.7250	58.7289
北京市	10	7	45.1324	48.3118	44.6739	56.8003
其他省（市）	37	26	43.1119	46.7245	43.0240	55.3588
总体情况	145	100	44.2092	47.5865	43.9927	55.9722

由表 17-10 可以看出，广东省、浙江省、上海市、江苏省、北京市五个省（市）的企业数量占据行业数量总和的 75%，所占比重分别为 41%、10%、9%、8%、7%，集中度较高，且主要分布于珠三角和江浙地区。广东省企业数量排名第一，CBI 均值为 44.3001，略高于行业平均水平 44.2092，这说明在众多企业中，在品牌竞争力方面的表现还是有很大差别的。浙江省的企业数量虽排名第二，但其 CBI 均值仅为 40.7316，远低于行业均值 44.2092，说明其品牌竞争力仍有待提升。上海市的企业数量虽排名第三，但其 CBI 均值为 47.7511，位列各省（市）第一，另外上海市的净利润总额上下滑较快，但由于存在一定的缓冲效应，并未对其 CBI 数值产生较大的影响。江苏省和北京市的企业数目位于第四和第五，企业数量较少，但是质量较高，各项指标均高于行业平均（见图 17-10、图 17-11）。

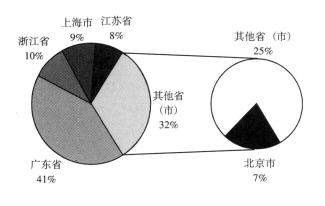

图 17-10　中国电子企业数量省（市）分布

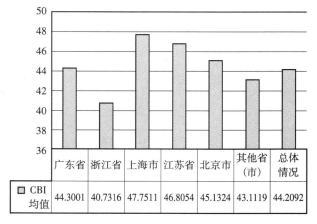

图 17-11　中国电子企业省（市）CBI 均值对比

（二）分项情况分析

在各分项竞争力指标对比方面，品牌财务表现力、市场竞争表现力在各省（市）之间有所差异。上海市企业数量排名第三，在品牌财务表现力及市场竞争表现力方面得分均最高，分别为

46.1281 和 60.2647，远远高于行业均值 43.9927 和 55.9722，品牌竞争力发展潜力较大，当然还必须警惕净利润下滑的风险。江苏省企业数量居于第四，但其品牌财务表现力和市场竞争表现力得分分别为 45.7250 和 58.7289，均高于行业均值，

且仅次于上海市。北京市企业数量居于第五，整体表现也十分抢眼，其品牌财务表现力和市场竞争表现力得分分别为 44.6739 和 56.8003，仅次于上海市和江苏省。值得一提的是，企业数量排名第一和第二的广东省和浙江省的表现却很难让人满意，其中，广东省各项指标与行业均值不相上下，而浙江省则远远低于行业均值。整体来看，

各省（市）市场竞争表现力指标得分除上海市稍稍高于 60 分外均在 60 分以下，表现较差，而品牌财务表现力均在 45 分左右，说明电子行业品牌财务表现力更差，亟待解决。总体而言，上海市、江苏省和北京市 3 省（市）电子企业的竞争水平仍牢牢占据优势，远高于其他各省（市）（见图 17-12）。

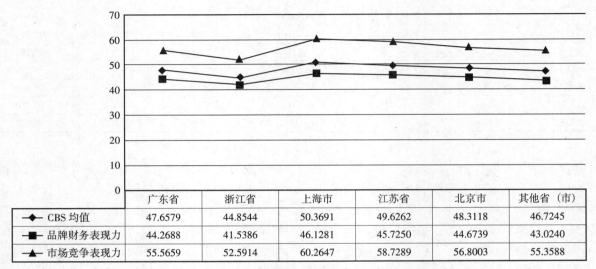

	广东省	浙江省	上海市	江苏省	北京市	其他省（市）
◆ CBS 均值	47.6579	44.8544	50.3691	49.6262	48.3118	46.7245
■ 品牌财务表现力	44.2688	41.5386	46.1281	45.7250	44.6739	43.0240
▲ 市场竞争表现力	55.5659	52.5914	60.2647	58.7289	56.8003	55.3588

图 17-12　中国电子企业一级指标代表省（市）对比

第三节　2013 年度中国电子企业品牌竞争力分项报告

一、品牌财务表现

目前国内企业经营者对于现代化管理手段的理解与实践，多半仍然停留在以财务数据为主导的思维里。虽然财务数据无法帮助经营者充分掌握企业发展方向的现实，但在企业的实际运营过程中，财务表现仍然是企业对外展示基本实力的重要依据。品牌财务表现层面的分析将财务指标分为规模因素、效率因素和增长因素 3 个二级指标。规模因素主要从销售收入、所有者权益和净利润 3 个三级指标衡量；效率因素主要从净资产报酬率、总资产贡献率 2 个三级指标衡量；增长因素主要从近三年销售收入增长率、近三年净利润增长率 2 个三级指标衡量。

伴随着中国经济增长的放缓，由于劳动力、原材料、技术水平等问题的凸显，电子行业慢慢失去了往日的风光，全国 145 家电子企业的品牌财务表现力得分均值为 43.9927。其中，京东方科技集团股份有限公司、中国航空技术国际控股有限公司、中芯国际集成电路制造（上海）有限公司、歌尔声学股份有限公司、环旭电子股份有限公司、三安光电股份有限公司、北京中科三环高技术股份有限公司、中国无线科技有限公司、南太电子有限公司、深圳市大族激光科技股份有限公司位列前 10 名（见表 17-11），这 10 家企业在品牌财务表现力方面还存在一定的差距。得分最高的是京东方科技集团股份有限公司，其品牌财务表现力得分为 63.1748，CBI 数值也最高。得分最低的是深圳市大族激光科技股份有限公司，其

品牌财务表现力得分为 53.1753，与行业第一还存在很大的差距，仍存在很大的进步空间（见图 17-13）。

从 3 个二级指标看，其均值分别为：规模要素 39.6920，效率因素 46.5608，增长因素 49.2971（见表 17-12）。增长因素得分最高，其中又以年平均销售收入增长率得分最高，为 49.9904。规模要素得分最低，为 39.6920，主要是因为所有者权益得分偏低，为 29.2267。因其对品牌财务表现影响最大，因此导致了行业整体财务表现欠佳。而且在所有三级指标中，所有者权益得分也是最低的，年平均销售收入增长率最高，为 49.9904，即便得分最高的指标也在 50 分以下，电子行业的整体水平可见一斑。

表 17-11　品牌财务表现指数——行业前 10 名

企业名称	省（市）	CBI 值	品牌财务表现力
京东方科技集团股份有限公司	北京市	71.6809	63.1748
中国航空技术国际控股有限公司	广东省	71.5584	62.6284
中芯国际集成电路制造（上海）有限公司	上海市	63.8530	57.4394
歌尔声学股份有限公司	山东省	62.0960	57.0386
环旭电子股份有限公司	上海市	61.6845	55.3531
三安光电股份有限公司	福建省	59.2025	55.2817
北京中科三环高技术股份有限公司	北京市	58.9256	55.0345
中国无线科技有限公司	广东省	60.6785	54.8885
南太电子有限公司	广东省	58.8998	54.4372
深圳市大族激光科技股份有限公司	广东省	57.1385	53.1753

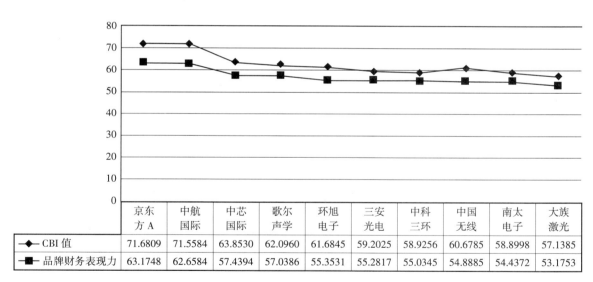

	京东方 A	中航国际	中芯国际	歌尔声学	环旭电子	三安光电	中科三环	中国无线	南太电子	大族激光
CBI 值	71.6809	71.5584	63.8530	62.0960	61.6845	59.2025	58.9256	60.6785	58.8998	57.1385
品牌财务表现力	63.1748	62.6584	57.4394	57.0386	55.3531	55.2817	55.0345	54.8885	54.4372	53.1753

图 17-13　财务表现力前 10 名企业对比

表 17-12　品牌财务表现力各分项指标得分均值

品牌财务表现力	43.9927	规模要素	39.6920	销售收入	44.0824
				所有者权益	29.2267
				净利润	46.7463
		效率因素	46.5608	净资产报酬率	49.0594
				总资产贡献率	42.3811
		增长因素	49.2971	年平均销售收入增长率	49.9904
				年平均净利润增长率	48.3134

二、市场竞争表现

随着电子行业的持续快速发展，市场竞争也更加激烈。企业只有具备更强的市场竞争能力，才能在目前的行业环境中生存下去。市场竞争表现层面的分析将指标分为市场占有能力和超值获利能力2个二级指标。市场占有能力主要从市场占有率和市场覆盖率2个三级指标衡量；超值获利能力主要从品牌溢价率和品牌销售利润率2个三级指标衡量。

近几年中国经济的快速发展带来了更为激烈复杂的市场竞争。全国145家电子企业在市场竞争表现力得分均值仅为55.9722，相比于品牌财务表现力而言，分数有大幅提高。中国航空技术国际控股有限公司、京东方科技集团股份有限公司、中芯国际集成电路制造有限公司、环旭电子股份有限公司、中国无线科技有限公司、歌尔声学股份有限公司、南太电子有限公司、广东生益科技股份有限公司、三安光电股份有限公司、北京中科三环高技术股份有限公司位列前10名（见

表17-13），这10家企业在市场竞争表现力方面也存在较大差异，得分最高的中国航空技术国际控股有限公司，分值为84.1094，得分最低的北京中科三环高技术股份有限公司，分值为68.7465，其间的差距还是很大的，这说明电子企业的市场竞争表现力整体还是参差不齐的（见图17-14）。

二级指标中，市场占有能力得分均值58.7008，超值获利能力得分51.3974（见表17-14）。电子行业的垄断竞争程度较低，由于大多数企业并不拥有核心技术，只是充当加工厂的角色，所以整个电子行业的市场竞争表现能力一般，各项得分均值均在60分以下。除少数几家企业如中国航空技术国际控股有限公司、京东方科技集团股份有限公司、中芯国际集成电路制造有限公司、环旭电子股份有限公司市场占有率水平较高外，大部分企业的市场占有率处于中下等水平。在电子行业内，产品差异率低，品牌对企业市场竞争表现力的影响并不是特别明显，因此品牌溢价率得分均值相对较低，为57.7216，而品牌销售利润率指标更是表现平平，为39.1163。

表 17-13　市场竞争表现指数——行业前 10 名

企业名称	省（市）	CBI 值	市场竞争表现力
中国航空技术国际控股有限公司	广东省	71.5584	84.1094
京东方科技集团股份有限公司	北京市	71.6809	83.1554
中芯国际集成电路制造（上海）有限公司	上海市	63.8530	76.0385
环旭电子股份有限公司	上海市	61.6845	75.2278
中国无线科技有限公司	广东省	60.6785	73.6776
歌尔声学股份有限公司	山东省	62.0960	72.3725
南太电子有限公司	广东省	58.8998	70.0724
广东生益科技股份有限公司	广东省	57.5128	70.0376
三安光电股份有限公司	福建省	59.2025	68.8946
北京中科三环高技术股份有限公司	北京市	58.9256	68.7465

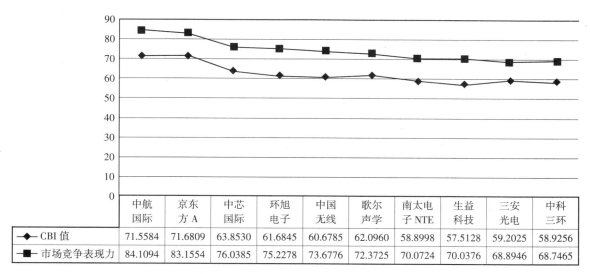

图 17-14　市场竞争表现力前 10 名企业

表 17-14　市场竞争表现力各分项指标得分均值

市场竞争表现力	55.9722	市场占有能力	58.7008	市场占有率	57.5807
				市场覆盖率	60.7671
		超值获利能力	51.3974	品牌溢价率	57.7216
				品牌销售利润率	39.1163

第四节　中国电子企业品牌竞争力提升策略专题研究

一、中国电子行业宏观经济与政策分析

(一) 电子市场运行情况

电子工业是研制和生产电子设备及各种电子元件、器件、仪器、仪表的工业。电子产品一般分为三类：一是投资类产品，如电子计算机、通信机、雷达、仪器及电子专用设备，这类产品是国民经济发展、改造和装备的手段；二是消费类产品，包括电视机、录音机、录像机等家用电器，它主要为提高人民生活水平服务；三是电子元器件产品及专用材料，包括显像管、集成电路、各种高频磁性材料、半导体材料及高频绝缘材料等。

电子工业是国民经济支柱产业之一，也是新兴科学技术发展产业。电子工业形成于 20 世纪 20 年代，并且在 90 年代得到了飞跃发展，已逐步形成了经济信息化为核心的电子信息产业，以

微电子为基础的计算机、集成电路、半导体芯片、光纤通信、移动通信、卫星通信等产品为发展主体的产品生产格局。同时，也迅速发展了微波、电磁波、遥感、激光、家电和"金卡"工程等迅速拓宽了电子工业发展的空间。电子工业产品的高新技术不断发展，促使电子产品生命周期正在进一步缩短，加速了电子产品的更新换代。在《中华人民共和国国民经济和社会发展"九五"和 2010 年远景目标纲要》中确定了我国电子工业的远景目标——重点发展集成电路、新型元器件，计算机和通信设备。

与国内众多行业情况相同，2008 年金融危机以后的几年间，中国电子行业的发展壮大也面临着巨大的困难，其中包括与中国电子行业进出口贸易关系较为密切的欧洲各国相继爆发债务危机经济低迷、日本地震以及原材料和人工成本上升等。2012 年，国际国内经济政治形势依旧复杂多

变，但是在党中央、国务院"稳中求进"的工作总基调指引下，在全行业各方共同努力下，整个电子产业发展呈现缓中趋稳态势，生产增速小幅攀升，效益状况不断好转，产业结构调整步伐加快，继续为推动信息化发展和促进两化深度融合发挥积极作用，在国民经济中的重要性进一步提高。整个2012年电子行业的运行情况为产业规模有壮大趋势，结构趋于合理，效益逐步好转，具体数字如下：

在产业规模方面，2012年，我国电子产业销售收入突破10万亿元大关，达到11.0万亿元，增幅超过15%，手机、计算机、彩电、集成电路主要产品产量分别达到11.8亿部、3.5亿台、约1.3亿台和823.1亿块，同比分别增长4.3%、10.5%、4.8%和14.4%；手机、计算机和彩电产量占全球出货量的比重均超过50%，稳固占据世界第一的位置。2012年，我国电子信息产品进出口呈小幅增长态势，进出口总额11868亿美元，增长5.1%，增速比2011年回落6.4个百分点，低于全国商品外贸总额增速1.1个百分点，占全国外贸总额的30.7%。其中，出口6980亿美元，增长5.6%，增速比2011年回落6.3个百分点，低于全国外贸出口增速2.3个百分点，占全国外贸出口额的34.1%。进口4888亿美元，增长4.5%，增速比2011年回落6.5个百分点，高于全国外贸进口增速0.2个百分点，占全国外贸进口额的26.9%；在产业结构方面，软件业增幅明显，表现抢眼，累计实现收入25022亿元，比2011年增长28.5%；在经济效益方面，2012年，我国规模以上电子信息制造业实现销售收入84619亿元，同比增长13.0%，利润总额3506亿元，同比增长6.2%；销售利润率达到4.1%，比2011年回落0.3个百分点。从全年走势看，产业整体效益呈逐步向好态势，一季度、上半年、前三季度和全年的利润总额逐步扭转下降态势（分别为-22.3%、-14.0%、-6.5%和6.2%）；利润率不断提高（分别为2.5%、3.1%、3.2%和4.1%）；亏损面持续缩小（分别为31.0%、25.6%、23.0%和19.0%）。

2012年，我国电子行业发展也出现了一些新特点，其中值得注意的一点是内资企业和内销产值的逐步增长，内资企业效益贡献加大，收入和利润比重分别达到29.4%和42.7%，分别比2011

年提高1.1个和1.8个百分点，利润率6.0%，高于平均水平1.9个百分点；2012年我国规模以上电子信息制造业实现内销产值38263亿元，增长15.5%，高于平均水平2.9个百分点，内销比重比2011年提高1.2个百分点。这也表明我国本土企业和市场的强大力量，我国电子行业对外国市场的依赖性逐步减弱。

（二）电子行业政策分析

电子行业作为我国国民经济的支柱产业之一，国家各个层面一直对该行业的发展给予充分的重视及政策倾斜，可以说，政策导向一直是该行业发展的风向标，直接影响着电子行业发展的方向。

1. 国家政策对集成电路产业发展持续助力

加快发展集成电路产业，是推动信息技术产业转型升级的根本要求，是提升国家信息安全水平的基本保障，虽然我国信息技术产业多年来位居世界第一，但是集成电路产业发展仍然较为薄弱，远不能支撑国民经济和社会发展以及满足国家信息安全、国防安全建设的需要。为了鼓励集成电路产业的发展，国家已相继出台"18号文"、"新18号文"等相关文件扶持集成电路产业。更大力度的《国家集成电路产业发展推进纲要》（以下简称《推进纲要》）也于2014年6月24日出台。《推进纲要》对IC设计、晶圆制造、IC封测、半导体设备及材料均提出了高要求，组织领导、产业基金以及金融税收支持均为历年最大。《推进纲要》作为今后一段时期指导我国集成电路产业发展的行动纲领，对加快产业发展具有重要意义。《推进纲要》突出"芯片设计—芯片制造—封装测试—装备与材料"全产业链布局，协同发展，进而构建"芯片—软件—整机—系统—信息服务"生态链，与以往文件的不同之处在于，《推进纲要》强调加强组织领导，成立国家集成电路产业发展领导小组，负责产业发展推进工作的统筹协调，还设立国家集成电路产业投资基金。重点吸引大型企业、金融机构以及社会资金对基金进行出资。加大金融支持力度。重点在创新信贷产品和金融服务、支持企业上市和发行融资工具、开发保险产品和服务等方面，对集成电路产业给予支持。相信未来我国的集成电路产业定将会迎来一个高速发展的黄金时代。

2. 以宽带和物联网为代表的新型业态展现魅力

党中央、国务院高度重视宽带网络和物联网的发展，明确将宽带网络定位为国家战略性基础设施，并于2013年发布了《"宽带中国"战略及实施方案》和《关于推进物联网有序健康发展的指导意见》，加强了我国宽带和物联网发展的顶层设计，积极推动宽带和物联网的发展，2013年，工信部向三家基础电信企业发放了三张TD-LTE牌照；向民营企业开展了移动转售业务的试点工作；联合住建部颁布了光纤入户强制性国家标准；联合国家发改委等有关部门共同发布了10个物联网发展专项行动计划。这些为我国信息通信业的进一步发展营造了良好的环境。当前全球信息通信业正迎来新一轮的伟大变革，技术融合创新的步伐明显加快。以宽带通信、物联网等为代表的下一代信息基础设施日益泛在化、宽带化、个人化、智能化，推动着移动互联网、云计算、大数据等新应用、新业态不断丰富和繁荣，并加速向经济、社会各个领域全面渗透，深刻影响和改变人们的生产和生活方式，对全球的经济社会发展发挥了重要的推动作用。近日，国家发改委更是联合12部门发布《关于同意深圳市等80个城市建设信息惠民国家试点城市的通知》，智慧城市的建设必将会促进宽带和物联网以及大数据、云计算等相关产业的飞速发展。

3. "5号令"助北斗产业迎来政策春风

早在2011年交通部就对"两客一危"出台了车辆安全管控措施，"两客一危"是指从事旅游的包车、三类以上班线客车和运输危险化学品、烟花爆竹、民用爆炸物品的道路专用车辆。该监管措施规定企业必须为"两客一危"车辆安装符合《道路运输车辆卫星定位系统车载终端技术要求》的卫星定位装置，并接入全国重点营运车辆联网联控系统，保证车辆监控数据准确、实时、完整地传输，确保车载卫星定位装置工作正常、数据准确、监控有效。2014年7月1日，由交通运输部、公安部、国家安全生产监督管理总局发布的《道路运输车辆动态监督管理办法》即"5号令"正式实施，除了已经实施的"5号令"外，一系列有助于北斗发展的政策和行业示范项目即将出台。例如，民政部将推行"北斗卫星导航系统国

家综合减灾与应急典型示范"，公安部欲推行"北斗导航系统公安应用示范"，基于北斗卫星导航系统的国土资源调查监测示范应用系统和北斗卫星导航民航空管运行示范也在论证中。这些政策将为北斗产业带来一波又一波发展浪潮。对于北斗产业而言，这是一个巨大的机会。

二、2013年度中国电子企业品牌竞争力总体述评

（一）宏观竞争格局：省（市）分布集中度较高，区域分布两强争霸

根据中国电子行业整体的营业收入数据，从区域来看，2013年受调研的145家自主电子品牌企业2012年的营业总额为2695.37亿元，其中中南地区和华东地区的营业额分别为1239.84亿元和973.03亿元，所占比重分别高达46%和36%，华北地区营业总额为395.51亿元，占比15%。其他地区营业额同中南地区和华东地区相比，差距较大，西南地区、西南地区、东北地区所占份额更是不到2%。由此可以看出，中南地区和华东地区的优势地位仍然非常明显，遥遥领先于其他地区，尤其是中南地区。

从省（市）来看，广东省、上海市、北京市、江苏省、浙江省（市）居于前5位，营业总额分别为1161.31亿元、395.60亿元、352.09亿元、200.06亿元、147.84亿元，总占比高达84%，说明我国电子行业的集中度很高。净利润分布情况与营业收入分布情况基本保持一致，中南地区和华东地区仍然排在前2名的位置，但是不同的是两者的利润差距较大，中南地区净利润总额达到74.09亿元，牢牢占据着行业领先者的地位，而华东地区净利润总额只有25.57亿元。广东省净利润总额达到73.90亿元，居于各省（市）之首；次之是北京市，净利润总额为12.07亿元，与行业第一的广东省差距也较大。而营业收入排名较为靠前的上海市，净利润总额竟然为-12.11亿元，值得引起行业重视。总体来看，中国电子企业分布主要集中在中南地区和华东地区，长三角和环渤海地区也有一定份额，但比重不是很大。

根据中国电子行业的CBI排名，从区域来看，中国电子企业主要分布于中南地区和华东地区，

企业数量总数为 122 家，占行业总数的比重为84%，集中度非常高。但是企业数量并不占优势的华北地区的 CBI 均值却居于榜首，为 45.4688，稍高于其他地区。排在第二位的是华东地区，其CBI 均值为 45.2761，与排名第一的华北地区差距并不大，但是其企业数量却高达 52 家，占行业总量的 36%。而企业数量最大的中南地区的 CBI 均值则为 43.6103，甚至低于行业平均值，这可能与其众多企业发展水平参差不齐有关，总之其品牌竞争力还存在很大的提高空间。由此可以看出，企业数量的发展并不代表企业品牌竞争力的提升，中南地区应吸取经验，在注重量的发展的同时，努力提升企业品牌竞争力。其他地区不仅企业数量少，而且 CBI 均值也非常低，仅为 40.7440，远低于行业平均水平。

从省（市）来看，五大省（市）的数量占据行业数量总和的 74%，广东省、浙江省、上海市、江苏省、北京市五大省（市）所占比重分别为41%、10%、9%、8%、7%，行业集中度相对较高，且主要分布于珠三角、江浙地区和环渤海地区。广东省企业数量居各省（市）第一，但其CBI 均值为 44.3001，略高于行业平均水平44.2092，企业品牌竞争力还有待提高和进步。上海市企业数量排名第三，占比 9%，其 CBI 均值为 47.7511，居于各省（市）榜首，远高于行业均值，发展势头迅猛。浙江省企业数量虽排名第二，但其 CBI 均值仅为 40.7316，远远低于行业平均水平，品牌竞争力还需改善提升。

中国电子企业远不止 145 家，这 145 家企业只是众多电子企业中的杰出代表，从中可以分析中国电子行业的竞争情况。无论是从营业收入来看还是从企业数量来看，也无论是从区域来看还是从省（市）来看，中国电子行业的聚集度都比较高，主要集中在两大区域五大省（市）。西北地区、西南地区和东北地区电子行业的发展仍处于竞争劣势，这些地区需要培养一批具有综合竞争力的企业来带动区域电子行业的发展。区域和省（市）的企业数量也说明我国电子行业发展极端不均衡。

（二）中观竞争态势：一枝独秀引领行业，中游企业亟待发展，竞争激烈

根据中国企业品牌竞争力分级评级标准，对2013 年受调查的企业进行分级评估，按照一般惯例分为五级，5A 级企业 0 家，4A 级企业 6 家，3A 级企业 101 家，2A 级企业 36 家，1A 级企业 2家。按照评级标准，电子行业不存在 5A 级企业，可见电子行业的代表企业还需进一步挖掘，在 6家 4A 级企业中，京东方科技集团股份有限公司的 CBI 值为 71.6809，CBS 值为 69.1689，品牌财务表现力为 63.1748，市场竞争表现力为 83.1554，在前 3 项指标方面占有绝对优势，在所有电子行业企业中得分最高，但是在市场竞争表现力方面，京东方科技集团股份有限公司却排在中航国际控股股份有限公司后面，所以综合来说京东方科技集团股份有限公司算是引领行业的那一枝独秀。值得关注的是 101 家 3A 级企业，占据行业比重的 70%，其 CBI 均值为 46.4195，高于行业平均值。3A 级企业基本代表了中国电子行业发展的平均水平，并且企业之间指数分布比较均匀，这说明企业竞争状况日益激烈。表现较差的是 36 家2A 级企业和 2 家 1A 级企业，其中 2A 级企业的数目较大，占比 25%，CBI 均值为 36.1911，远远低于行业均值，如此众多的电子企业表现较差，导致整个行业的 CBI 均值被拉低，长远来看 2A级企业和 1A 级企业要走的路还很长。

（三）微观竞争比较：财务指数成绩平平，市场指标表现突出

对于中国企业来说，财务表现仍然是企业对外展示基本实力的重要依据。由于近几年中国电子市场的快速发展，带来了中国国民物质消费水平的不断提高，消费水平不断提高等因素也使得各电子企业近年来营业收入和净利润都保持了良好的增长态势。2013 年全国受调研的 145 家电子企业的品牌财务表现力均值仅为 43.9927，远远低于 60 分，说明企业的品牌财务表现力表现较为一般，需得到有效的改善。

根据品牌财务表现指标，排在前 10 名的企业分别是京东方科技集团股份有限公司、中国航空技术国际控股有限公司、中芯国际集成电路制造（上海）有限公司、歌尔声学股份有限公司、环旭电子股份有限公司、三安光电股份有限公司、北京中科三环高技术股份有限公司、中国无线科技有限公司、南太电子有限公司、深圳市大族激光科技股份有限公司。品牌财务表现力得分最高的是京东方科技集团股份有限公司，其品牌财务表现力均值为 63.1748；得分最低的是深圳市大族激光科技股份有限公司，其品牌财务表现力均值为 53.1753。深圳市大族激光科技股份有限公司位列第 10，但与第 1 名京东方科技集团股份有限公司的差距并不大，由此可以看出，前 10 名企业中，品牌财务表现力相差不大，并且得分均在 60 分徘徊，有待提高。

根据市场竞争表现力单项指标，排在前 10 名的企业分别是中国航空技术国际控股有限公司、京东方科技集团股份有限公司、中芯国际集成电路制造（上海）有限公司、环旭电子股份有限公司、中国无线科技有限公司、歌尔声学股份有限公司、南太电子有限公司、广东生益科技股份有限公司、三安光电股份有限公司、北京中科三环高技术股份有限公司，这 10 家企业在市场竞争表现力方面均表现不俗，但差距较大。得分最高的中国航空技术国际控股有限公司，均值为 84.1094，得分最低的是北京中科三环高技术股份有限公司；分值为 68.7465。说明中国电子企业的市场竞争表现力差距较大，排名靠后的企业还需进一步加强对品牌市场竞争力的培养。

总的来看，中国电子企业仍处于劳动力密集型阶段，通过缩小成本、扩大规模，实现规模经济，走规模效率路线的阶段，技术创新和品牌经营与国际市场相比，还远远不够，需要大幅度提升；总体财务指数也表现较差，仍需进一步改进，但品牌市场表现较好，有较大的发展潜力。

三、中国电子企业品牌竞争力提升策略建议

品牌建设从品牌定位出发，经过品牌规划和设计，进行品牌推广，以期在消费者和潜在消费者中扩大知名度、提高品牌认同和消费者忠诚度，建立消费者对品牌的崇信度，厚积品牌资产；通过品牌的创建、经营和管理，进行品牌延伸、品牌扩张和品牌战略联盟等一系列战略，增强品牌核心竞争力，达到品牌增值之最终目的的全过程。品牌建设战略是企业战略的一个重要构成部分，品牌建设所追求的是企业发展的长期战略目标，因此，品牌建设能够为增强企业品牌竞争力、扩

大市场份额和实现长期利润奠定坚实的"基础"，形成一种无形的"力量"，即建立品牌资产，提升品牌价值。

（一）由中国制造走向中国创造，自立自强掌握自主知识产权，为品牌建设打下坚实基础

当今世界的技术进步和技术创新日新月异，研究和开发的周期都在逐渐缩短，众所周知，技术进步和技术创新是产品品牌价值尤其是电子产品品牌价值的源头，企业品牌的生命力和对消费者的感召力很大程度上是建立在产品技术水平支撑基础上的，目前中国电子产品的技术含量和附加值都很低，还处于中国制造的阶段，距离拥有自主知识产权、突破技术难关的中国创造还有一段很长的距离。中国电子企业品牌发展的当务之急就是掌握核心技术，突破技术难关，赋予产品高技术内涵，提升产品的技术含量和附加值。仅仅加大研发力度还不够，还要加快知识、技术应用的速度，讲求研发时效，尽快将高新技术转化为吸引顾客的新颖产品。否则只能是纸上谈兵，一派空想，并不能为企业品牌价值的提升带来收益，还造成了浪费。

（二）树立品牌化经营的意识，加强企业文化培养，塑造品牌联想，提升品牌价值

当前电子行业的品牌建设现状是普遍不重视品牌经营，品牌管理观念淡薄，一个明显的表现，就是电子行业的企业大多缺乏品牌运作方面的专业人才，没有专门的品牌管理部门。片面地把品牌管理当作商标管理，认为品牌塑造的方法就是大量投放广告，过分夸大广告对品牌的作用，对品牌缺乏科学的规划，重视近期利益，忽视长远发展，手段十分单一。因此加强专业品牌管理人员的配备，建立专业的品牌管理部门是首要举措，另外就是提高品牌化经营的意识，提升品牌战略地位，将其纳入企业战略的范畴，协调发展。推进品牌资本化进程，即把品牌作为一项资产，产生财务收益。具体措施要在企业内部建立行之有效的管理团队，让组织的每个成员对品牌的信息和观念进行动态的传递，使之不再是流于表面的空洞口号或表象。树立积极的品牌意识，实现中小企业品牌建设的可操作性；建立专职的品牌管理部门，并参与企业战略决策，这样企业品牌建设才能走上系统性规划、整体性推进、规划性实

施的道路；建立起完善的员工激励机制，强化员工的内部培训。采用内部提升制度，不仅能够为有潜力的人员提供发展空间，实现其个人价值，而且能够充分调动全体员工的积极性，激发员工热情，增加其责任感、归属感，将企业使命贯穿于个人价值的实现过程中，实现企业与员工的双向互动；借助外脑，外聘专家进行指导。在专家的指导下制定品牌发展战略，明确品牌定位，熟悉品牌操作流程，在专家撤离后能坚持正确的品牌管理理念，系统科学地进行品牌建设。

（三）注重与顾客的沟通，形成良好的企业形象，促进品牌价值的保值增值

消费者是品牌的终极评价者，只有消费者认可的品牌才是有发展前景的品牌。成熟的消费者会主动获得与商品有关的信息并分析比较，之后再做出购买决策。因此，企业应充分引导消费者的需求和健康消费理念，进而形成对企业产品品牌或服务品牌的信任。密切与消费者的联络，能够帮助商家及时准确地获得消费者的消费评价，最新的国际国内市场需求动向甚至还能够了解竞争者的市场行为。出众的企业形象要基于良好的企业信誉。良好信誉的形成不是一朝一夕的事，是企业长期努力得来的。信誉的维护同样也需要付出很多努力。企业形象是企业综合素质的一种外在表现。企业要做的就是加强管理，塑造良好的信誉，以可靠的质量、良好的服务以及优秀的企业文化等来赢得顾客、维系顾客。通过塑造特色鲜明、有激励性和凝聚力的企业文化，形成独具影响的经营特色；运用高水平的管理模式并树立起良好的社会口碑，企业一定能塑造出鲜明的企业形象。

近几年，中国市场环境发生了非常大的变化，市场竞争越来越复杂而激烈，品牌和营销在创造差异化上越来越困难，消费者对品牌的忠诚度也在降低，媒体的"碎片化"时代也已到来。这些变化无形中增加了企业对品牌管理的难度，因此，也对企业的品牌管理提出了更高的要求。品牌能否生存并发展，是市场上各种力量博弈的结果。这就需要品牌经营者采用多种策略或各种策略组合才能达到提升品牌的目的。需要注意的是，在实施品牌提升战略时，也要考虑到公司的费用支出、营销部门的规模和人员素质以及公司所能利用的外部营销力量等因素。总之，在进行品牌提升时，应该从研究消费者品牌认知入手，掌握品牌市场表现和市场竞争状况，然后据此调整和制订市场竞争策略和品牌营销策略，这样才能使品牌脱颖而出。面对加入WTO后严峻的国际竞争，企业的出路是创新品牌，提升品牌，只有这样，才能长久地拥有品牌，并得到品牌带来的好处，才能有持续的竞争力，才能在激烈的竞争中掌握主动权，才能打造企业核心竞争力。

第十八章 中国机械行业企业品牌竞争力指数报告

第一节 中国机械企业品牌竞争力指数总报告

一、2013 年度中国机械企业总体竞争态势

中国企业品牌竞争力指数（以下简称 CBI）研究课题组为了检验理论成果的应用效果，于2013 年对中国 211 家自主机械企业品牌进行了调研，根据各企业营业收入和净利润的原始数据发现，华东地区优势明显，营业收入占据将近一半的份额，大大领先于其他地区。华北地区和中南地区不相上下，竞相发展，与华东地区三分天下的趋势明显（见图 18-1）。北京市和江苏省营业收入所占份额相对其他省（市、自治区）高一点，但各省（市、自治区）间差距不大。因此，总的来看，中国机械企业品牌竞争力整体表现出华东地区统领行业发展，与华北地区、中南地区三分天下，省（市、自治区）间分布较为均衡的总体竞争态势，如图 18-1 和图 18-2 所示。

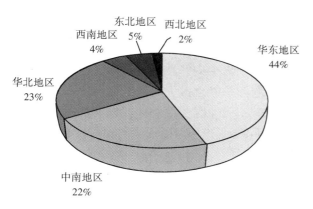

图 18-1　中国机械行业区域竞争态势

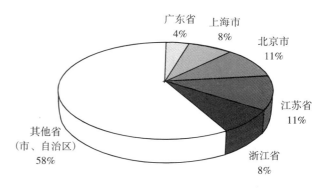

图 18-2　中国机械行业省（市、自治区）竞争态势

截至 2012 年底，中国机械行业受调研的 211 家自主机械品牌企业的营业总额为 6911.35 亿元。从区域的角度分析，华东地区营业总额为 3059.42 亿元，占行业整体营业总额的 44%，位居行业第一。华北地区紧随其后，营业总额为 1565.44 亿元，位居第二。中南地区不甘落后，营业总额为1507.53 亿元，与华北地区相差不大，居于第三。东北地区、西南地区、西北地区对总体营业额的贡献相对较小，营业额分别为 342.49 亿元、305.70 亿元、130.78 亿元，总占比仅为 11%（见

图 18-3）。由此我们可以看出，华东地区发展较为繁荣，对我国机械行业总体营业额的贡献最大，相比其他省（市、自治区），发展优势明显，势头良好，属于机械行业发达的地区，发展前景较好。华北地区和中南地区不相上下，营业总额相差不大，属于机械行业较为发达的地区，处于中上游水平，发展劲头十足，相比华东地区仍存在一定差距，还有很大的进步空间。东北地区、西南地区、西北地区三个地区的机械行业企业营业额较少，是我国机械行业落后地区、薄弱地带，发展速度较为缓慢，企业数量和发展前景均不容乐观，还有较大的提升空间。

从省（市、自治区）角度来看，企业的集中度较低，我们仅列出代表省（市）。排在前 5 位的省（市）分别为江苏省、北京市、上海市、浙江省、广东省。江苏省表现良好，营业总额为 777.75 亿元，占比 11%，居各省（市、自治区）第一。北京市紧随其后，与江苏省不相上下，营业总额为 749.84 亿元，屈居第二。上海市和浙江省稍稍落后，营业总额分别为 555.80 亿元、533.4 亿元，两者相差不大，分别占比 8%、8%，分别居各省（市、自治区）第三、第四的位置。广东省营业总额为 290.02 亿元，占比 4%，与江苏省等较为领先的省（市）还存在一定的差距。五大领先省（市）总占比仅 42%，其他省（市、自治区）总占比高达 58%，说明我国机械行业在省（市、自治区）间的分布并不集中，而且较为分散，各省（市、自治区）间发展较为均衡，并未形成一家独大的态势（见图 18-4）。

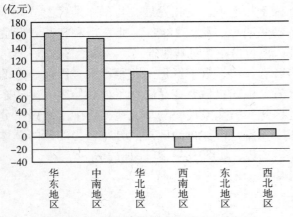

图 18-3　中国机械企业净利润区域分布

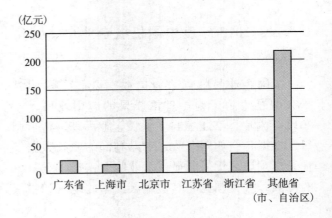

图 18-4　中国机械企业净利润省（市、自治区）分布

截至 2012 年底，中国机械行业受调研的 211 家自主机械品牌企业的净利润总额为 433.97 亿元。从区域的角度分析，华东地区仍保持营业收入遥遥领先的优势，净利润总额高达 164.14 亿元，占比 38%，位列各地区第一。中南地区势均力敌，净利润总额高达 155.16 亿元，占比 35%，位列第二。华北地区位列第三，净利润总额为 103.01 亿元，占比 24%。从三大区域来看，华东地区是我国当之无愧的机械行业的领先地区，无论是营业收入还是净利润总额均遥遥领先于其他各区域，带来不可比拟的发展优势和基础，是我国机械行业最繁荣的地区。中南地区虽然营业收入暂落后于华北地区，但其净利润总额却大大超过华北地区，说明中南地区的盈利能力较强，机械行业发展势头良好，劲头十足。华北地区也不差，净利润总额也大大超过其他地区，占据较高的比重。东北地区和西北地区较为落后，净利润总占比不到 1%。西南地区净利润竟为负数，更是昭示了区域间发展的极端不均衡。这三个区域在机械行业发展较为落后，没有较高的营业收入，更没有较高的净利润总额，应该从企业数量和企业质量来全面提升品牌竞争力。

从省（市、自治区）角度来看，排在前 5 名的省（市）中，北京市表现较为突出，净利润总额高达 98.22 亿元，占比 23%。大大领先于其他省（市、自治区），居于各省（市、自治区）第一。江苏省排名第二，净利润总额为 51.79 亿元，占比 12%。但这两个城市相比，北京市的营业收入略低于江苏省，但北京市的盈利能力要强于江苏省，在创造高营业收入的同时，也带来了较高的净利润，更有利地推动机械行业在该地的发展和壮大。浙江省、广东省和上海市虽然营业收入排名比较靠前，但其净利润总额均不是很高，分别为32.22亿元、21.33亿元和13.74亿元，与北京市差距较大，还需要进一步提高企业的发展情况，提升企业的盈利能力。

总体来看，中国机械行业整体的分布状态是华东地区优势明显，占据将近一半的份额，盈利能力也较强，与中南地区、华北地区三分天下，与落后地区相比，我国机械行业在地区间存在一定的聚集度。而在省（市、自治区）分布中，北京市表现突出，江苏省紧随其后，无论在营业收入还是净利润方面均遥遥领先于其他地区，但省（市、自治区）分布较为平均，并未形成一枝独秀、雄霸天下的局面，这也是当前中国机械行业

发展最显著的特征。

二、2013年度中国机械企业品牌竞争力指数排名

中国企业品牌竞争力指数（以下简称CBI）研究课题组已于2011年7月完成了理论研究，采用多指标综合指数法对中国企业品牌竞争力进行量化研究。初期理论成果包括CBI四位一体理论模型、CBI评价指标体系、CBI评价指标权重以及CBI计算模型，并且已经通过国内10位经济学、管理学界权威专家论证。为了检验理论成果的应用效果，课题组继2011~2012年连续两年对中国自主机械企业品牌调研之后，于2013年底对中国自主机械企业品牌再一次进行调研，根据调查数据应用CBI计算模型得出中国机械企业品牌竞争力排名（见表18-1）。

表 18-1　2013年中国机械企业品牌竞争力排名

企业名称	省（市、自治区）	相对值（指数）		绝对值形式（百分制）		
		CBI值	排名	品牌竞争力得分（CBS）	品牌财务表现力	市场竞争表现力
中联重科股份有限公司	湖南省	77.5068	1	73.7459	72.6127	76.3901
三一重工股份有限公司	北京市	77.0720	2	73.4043	69.9948	81.3599
潍柴动力股份有限公司	山东省	73.7807	3	70.8186	66.6356	80.5791
国机汽车股份有限公司	天津市	72.1096	4	69.5058	65.6993	78.3876
徐工集团工程机械股份有限公司	江苏省	70.1992	5	68.0049	64.0778	77.1680
天地科技股份有限公司	北京市	64.5101	6	63.5354	60.6393	70.2928
上海机电股份有限公司	上海市	63.6768	7	62.8808	58.9361	72.0849
郑州煤矿机械集团股份有限公司	河南省	62.4421	8	61.9107	59.4742	67.5959
上海振华重工（集团）股份有限公司	上海市	61.2299	9	60.9584	56.0535	72.4032
大连华锐重工集团股份有限公司	辽宁省	61.0622	10	60.8267	57.7429	68.0223
中国玉柴国际有限公司	广西壮族自治区	60.3928	11	60.3008	56.3990	69.4049
广西柳工机械股份有限公司	广西壮族自治区	59.9445	12	59.9486	55.8779	69.4468
中国第一重型机械股份公司	黑龙江省	59.6582	13	59.7236	56.0309	68.3399
株洲南车时代电气股份有限公司	湖南省	59.4500	14	59.5601	57.2983	64.8376
重庆机电股份有限公司	重庆市	58.8331	15	59.0754	55.5935	67.1998
中集安瑞科控股有限公司	广东省	58.6695	16	58.9468	56.4475	64.7786
杭州锅炉集团股份有限公司	浙江省	58.6391	17	58.9230	55.5724	66.7409
中信重工机械股份有限公司	河南省	58.6267	18	58.9132	55.8759	66.0003
第一拖拉机股份有限公司	河南省	58.2329	19	58.6039	54.9290	67.1786
经纬纺织机械股份有限公司	北京市	57.9626	20	58.3915	55.8469	64.3291
西安陕鼓动力股份有限公司	陕西省	57.8413	21	58.2962	55.4767	64.8751
山推工程机械股份有限公司	山东省	56.5276	22	57.2642	53.0462	67.1061
中国高速传动设备集团有限公司	江苏省	56.5085	23	57.2491	53.7481	65.4182
中国龙工控股有限公司	福建省	56.4923	24	57.2364	53.6322	65.6464

续表

企业名称	省（市、自治区）	相对值（指数）		绝对值形式（百分制）		
		CBI值	排名	品牌竞争力得分（CBS）	品牌财务表现力	市场竞争、表现力
浙江盾安人工环境股份有限公司	浙江省	56.4068	25	57.1693	53.8886	64.8241
太原重工股份有限公司	山西省	55.9442	26	56.8058	52.3160	67.2822
厦门厦工机械股份有限公司	福建省	55.5621	27	56.5056	52.6723	65.4500
隆鑫通用动力股份有限公司	重庆市	55.0310	28	56.0884	53.3050	62.5829
杭州杭氧股份有限公司	浙江省	55.0105	29	56.0723	53.3204	62.4933
上海海立（集团）股份有限公司	上海市	54.1971	30	55.4333	51.9857	63.4777
安徽合力股份有限公司	安徽省	54.1883	31	55.4264	52.6793	61.8362
珠江石油天然气钢管控股有限公司	广东省	53.1729	32	54.6286	52.2164	60.2572
沈阳机床股份有限公司	辽宁省	53.0743	33	54.5511	49.8959	65.4133
福建龙净环保股份有限公司	福建省	52.3465	34	53.9794	51.0165	60.8928
烟台杰瑞石油服务集团股份有限公司	山东省	52.2261	35	53.8848	52.6241	56.8264
浙江三花股份有限公司	浙江省	51.7317	36	53.4964	50.9754	59.3787
广州广日股份有限公司	广东省	51.3738	37	53.2152	50.2439	60.1484
华意压缩机股份有限公司	江西省	51.2836	38	53.1443	49.6056	61.4014
上海集优机械股份有限公司	上海市	51.0558	39	52.9654	50.5396	58.6255
天马轴承集团股份有限公司	浙江省	50.3390	40	52.4022	50.0131	57.9770
安东油田服务集团	北京市	50.2231	41	52.3112	51.1186	55.0940
广东科达机电股份有限公司	广东省	50.0645	42	52.1866	49.9234	57.4672
上海柴油机股份有限公司	上海市	49.9593	43	52.1040	49.5530	58.0562
山东墨龙石油机械股份有限公司	山东省	49.9153	44	52.0694	49.5166	58.0257
宁波慈星股份有限公司	浙江省	49.8350	45	52.0063	50.2986	55.9909
中山大洋电机股份有限公司	广东省	49.5973	46	51.8195	49.6560	56.8678
包头北方创业股份有限公司	内蒙古自治区	49.5457	47	51.7790	49.4161	57.2926
江苏江淮动力股份有限公司	江苏省	49.1076	48	51.4349	48.6720	57.8816
中国明阳风电集团有限公司	广东省	48.9118	49	51.2810	47.6695	59.7076
无锡华光锅炉股份有限公司	江苏省	48.7767	50	51.1749	48.0701	58.4195
昆明云内动力股份有限公司	云南省	48.2983	51	50.7990	48.1818	56.9059
华西能源工业股份有限公司	四川省	48.2301	52	50.7455	48.1280	56.8530
常柴股份有限公司	江苏省	48.1426	53	50.6767	48.0406	56.8276
浙江开山压缩机股份有限公司	浙江省	47.7733	54	50.3865	48.9286	53.7884
内蒙古北方重型汽车股份有限公司	内蒙古自治区	47.6176	55	50.2642	47.6860	56.2801
张家港化工机械股份有限公司	江苏省	47.5356	56	50.1998	48.0108	55.3076
通裕重工股份有限公司	山东省	47.4743	57	50.1517	48.2647	54.5547
晋亿实业股份有限公司	浙江省	47.0975	58	49.8556	46.9254	56.6927
康力电梯股份有限公司	江苏省	47.0552	59	49.8224	48.1209	53.7927
江苏润邦重工股份有限公司	江苏省	47.0389	60	49.8096	47.9607	54.1239
华工科技产业股份有限公司	湖北省	46.9574	61	49.7456	47.7008	54.5166
林州重机集团股份有限公司	河南省	46.8809	62	49.6855	48.0549	53.4900
江南嘉捷电梯股份有限公司	江苏省	46.5947	63	49.4607	47.5343	53.9554
江苏恒立高压油缸股份有限公司	江苏省	46.3699	64	49.2840	48.1933	51.8290
烟台龙源电力技术股份有限公司	山东省	46.3187	65	49.2438	48.2434	51.5782
安徽全柴动力股份有限公司	安徽省	46.1772	66	49.1326	46.2818	55.7845
上海新朋实业股份有限公司	上海市	46.1354	67	49.0998	47.3184	53.2565
创元科技股份有限公司	江苏省	45.8758	68	48.8958	46.3874	54.7489
江汉石油钻头股份有限公司	湖北省	45.8429	69	48.8700	46.9352	53.3846

企业名称	省（市、自治区）	相对值（指数）		绝对值形式（百分制）		
		CBI值	排名	品牌竞争力得分（CBS）	品牌财务表现力	市场竞争表现力
天顺风能（苏州）股份有限公司	江苏省	45.8006	70	48.8368	47.7670	51.3329
山东矿机集团股份有限公司	山东省	45.6420	71	48.7122	46.7219	53.3561
山河智能装备股份有限公司	湖南省	45.6378	72	48.7089	45.7087	55.7092
大连冷冻机股份有限公司	辽宁省	45.6057	73	48.6836	46.8277	53.0142
北京首航艾启威节能技术股份有限公司	北京市	45.5805	74	48.6639	47.6090	51.1251
潍柴重机股份有限公司	山东省	45.3606	75	48.4911	45.8423	54.6717
苏州海陆重工股份有限公司	江苏省	45.3230	76	48.4615	46.8464	52.2301
杭州前进齿轮箱集团股份有限公司	浙江省	45.2793	77	48.4272	46.1343	53.7773
陕西航天动力高科技股份有限公司	陕西省	45.0406	78	48.2397	46.6946	51.8450
烟台冰轮股份有限公司	山东省	45.0040	79	48.2110	46.4196	52.3908
沈阳博林特电梯集团股份有限公司	辽宁省	44.9605	80	48.1768	46.2947	52.5683
唐山冀东装备工程股份有限公司	河北省	44.8414	81	48.0832	46.3128	52.2141
天润曲轴股份有限公司	山东省	44.6819	82	47.9579	46.1391	52.2016
南通科技投资集团股份有限公司	江苏省	44.6447	83	47.9287	45.4853	53.6299
沈阳新松机器人自动化股份有限公司	辽宁省	44.6102	84	47.9016	47.0049	49.9939
天奇自动化工程股份有限公司	江苏省	44.4586	85	47.7824	45.1764	53.8632
利欧集团股份有限公司	浙江省	44.3568	86	47.7025	45.5753	52.6659
阳光电源股份有限公司	安徽省	44.3243	87	47.6770	46.2582	50.9875
张家港富瑞特种装备股份有限公司	江苏省	44.1582	88	47.5464	45.9979	51.1598
常林股份有限公司	江苏省	44.0498	89	47.4613	45.2974	52.5103
北方导航控制技术股份有限公司	北京市	43.4714	90	47.0069	45.0856	51.4900
南方泵业股份有限公司	浙江省	43.4149	91	46.9625	45.9225	49.3892
上工申贝（集团）股份有限公司	上海市	43.2936	92	46.8672	44.8404	51.5964
北京金自天正智能控制股份有限公司	北京市	43.2431	93	46.8275	44.8944	51.3382
北京航天长峰股份有限公司	北京市	43.1857	94	46.7824	46.1896	48.1658
成都利君实业股份有限公司	四川省	43.0498	95	46.6757	45.4743	49.4789
江苏常发制冷股份有限公司	江苏省	43.0452	96	46.6721	44.8797	50.8542
信质电机股份有限公司	浙江省	43.0426	97	46.6700	45.6483	49.0540
甘肃蓝科石化高新装备股份有限公司	甘肃省	42.9866	98	46.6260	45.2576	49.8190
浙富控股集团股份有限公司	浙江省	42.9797	99	46.6206	45.1884	49.9625
浙江菲达环保科技股份有限公司	浙江省	42.9469	100	46.5948	43.9482	52.7701
上海新时达电气股份有限公司	上海市	42.9323	101	46.5834	45.8076	48.3935
许昌远东传动轴股份有限公司	河南省	42.8101	102	46.4874	45.3046	49.2473
安徽盛运环保（集团）股份有限公司	安徽省	42.8000	103	46.4794	44.9233	50.1102
天立环保工程股份有限公司	北京市	42.7961	104	46.4764	45.4814	48.7980
山东滨州渤海活塞股份有限公司	山东省	42.7002	105	46.4010	44.1194	51.7248
哈尔滨博实自动化股份有限公司	黑龙江省	42.5596	106	46.2906	45.5926	47.9191
新界泵业集团股份有限公司	浙江省	42.2062	107	46.0130	44.9793	48.4249
陕西秦川机械发展股份有限公司	陕西省	42.1509	108	45.9695	43.8882	50.8260
北京京运通科技股份有限公司	北京市	41.9935	109	45.8458	44.4283	49.1534
长江润发机械股份有限公司	江苏省	41.9795	110	45.8348	44.3225	49.3636
中捷缝纫机股份有限公司	浙江省	41.9201	111	45.7882	43.7355	50.5776
威海广泰空港设备股份有限公司	山东省	41.8672	112	45.7466	44.5909	48.4432
济南柴油机股份有限公司	山东省	41.8630	113	45.7433	42.6616	52.9339
浙江双环传动机械股份有限公司	浙江省	41.7055	114	45.6196	44.4496	48.3494

企业名称	省（市、自治区）	相对值（指数）		绝对值形式（百分制）		
		CBI值	排名	品牌竞争力得分（CBS）	品牌财务表现力	市场竞争表现力
深圳市瑞凌实业股份有限公司	广东省	41.5261	115	45.4786	44.5102	47.7382
福建龙溪轴承（集团）股份有限公司	福建省	41.4281	116	45.4016	44.1575	48.3047
二重集团（德阳）重型装备股份有限公司	四川省	41.4150	117	45.3913	39.0583	60.1684
浙江艾迪西流体控制股份有限公司	浙江省	41.2797	118	45.2850	43.2853	49.9509
上海神开石油化工装备股份有限公司	上海市	41.2254	119	45.2424	44.2203	47.6272
中核苏阀科技实业股份有限公司	江苏省	41.2180	120	45.2365	43.9202	48.3079
深圳市佳士科技股份有限公司	广东省	41.1952	121	45.2187	44.3637	47.2135
天津长荣印刷设备股份有限公司	天津市	41.1857	122	45.2112	44.8691	46.0094
沈机集团昆明机床股份有限公司	云南省	41.1722	123	45.2006	42.8178	50.7605
江苏亚威机床股份有限公司	江苏省	41.1494	124	45.1827	44.1431	47.6083
浙江晶盛机电股份有限公司	浙江省	41.1428	125	45.1775	44.8059	46.0447
成都市新筑路桥机械股份有限公司	四川省	40.9296	126	45.0100	42.9202	49.8861
哈尔滨空调股份有限公司	黑龙江省	40.8942	127	44.9822	42.6589	50.4032
东睦新材料集团股份有限公司	浙江省	40.8401	128	44.9397	43.1644	49.0819
辽宁聚龙金融设备股份有限公司	辽宁省	40.8391	129	44.9389	45.2150	44.2947
江阴中南重工股份有限公司	江苏省	40.7346	130	44.8568	43.5399	47.9295
洛阳轴研科技股份有限公司	河南省	40.4617	131	44.6424	43.4433	47.4404
四川川润股份有限公司	四川省	40.4094	132	44.6013	43.3440	47.5351
镇江东方电热科技股份有限公司	江苏省	40.3896	133	44.5858	43.6834	46.6913
青海华鼎实业股份有限公司	青海省	40.3300	134	44.5389	41.9787	50.5128
上海汉钟精机股份有限公司	上海市	39.8740	135	44.1807	43.2982	46.2397
江苏通润装备科技股份有限公司	江苏省	39.8411	136	44.1548	42.8020	47.3115
广东鸿特精密技术股份有限公司	广东省	39.7425	137	44.0774	42.9625	46.6788
江西特种电机股份有限公司	江西省	39.7372	138	44.0732	43.0340	46.4981
徐州燃控科技股份有限公司	江苏省	39.2930	139	43.7243	43.3445	44.6103
山东省章丘鼓风机股份有限公司	山东省	39.2095	140	43.6586	42.8600	45.5220
沈阳蓝英工业自动化装备股份有限公司	辽宁省	39.1985	141	43.6500	43.3748	44.2921
山东威达机械股份有限公司	山东省	39.1935	142	43.6461	42.8591	45.4824
株洲天桥起重机股份有限公司	湖南省	39.1710	143	43.6284	42.4644	46.3444
广州达意隆包装机械股份有限公司	广东省	39.1669	144	43.6252	42.2614	46.8074
上海锐奇工具股份有限公司	上海市	38.8971	145	43.4132	42.7185	45.0344
天广消防股份有限公司	福建省	38.8161	146	43.3496	43.4002	43.2314
浙江精功科技股份有限公司	浙江省	38.7475	147	43.2957	41.1806	48.2310
上海市北高新股份有限公司	上海市	38.7121	148	43.2678	43.3372	43.1059
西安标准工业股份有限公司	陕西省	38.3141	149	42.9552	41.1859	47.0834
宁波东力股份有限公司	浙江省	38.2904	150	42.9366	41.1491	47.1075
新疆机械研究院股份有限公司	新疆维吾尔自治区	38.2721	151	42.9222	42.7178	43.3991
江苏神通阀门股份有限公司	江苏省	38.2067	152	42.8709	42.3343	44.1227
四川丹甫制冷压缩机股份有限公司	四川省	38.0427	153	42.7420	41.6369	45.3205
江苏金通灵流体机械科技股份有限公司	江苏省	38.0410	154	42.7407	41.3136	46.0705
天津赛象科技股份有限公司	天津市	38.0076	155	42.7144	41.6824	45.1224
博深工具股份有限公司	河北省	37.9423	156	42.6631	41.5738	45.2049
洛阳隆华传热节能股份有限公司	河南省	37.8000	157	42.5513	42.0161	43.8001
科林环保装备股份有限公司	江苏省	37.5690	158	42.3698	41.6038	44.1573
石家庄中煤装备制造股份有限公司	河北省	37.5555	159	42.3592	42.1959	42.7404

续表

企业名称	省（市、自治区）	相对值（指数）		绝对值形式（百分制）		
		CBI值	排名	品牌竞争力得分（CBS）	品牌财务表现力	市场竞争表现力
泰尔重工股份有限公司	安徽省	37.5550	160	42.3589	41.7503	43.7787
辽宁大金重工股份有限公司	辽宁省	37.4456	161	42.2729	41.4378	44.2214
江苏华宏科技股份有限公司	江苏省	37.3423	162	42.1918	41.4948	43.8180
陕西建设机械股份有限公司	陕西省	37.3306	163	42.1825	40.4368	46.2559
鞍山森远路桥股份有限公司	辽宁省	37.0257	164	41.9430	42.0505	41.6923
南京中电环保股份有限公司	江苏省	36.9815	165	41.9083	41.5290	42.7933
武汉华中数控股份有限公司	湖北省	36.9601	166	41.8914	41.0625	43.8256
无锡华东重型机械股份有限公司	江苏省	36.8659	167	41.8174	41.1919	43.2770
连云港黄海机械股份有限公司	江苏省	36.7844	168	41.7534	41.6154	42.0755
福建雪人股份有限公司	福建省	36.4763	169	41.5113	41.3255	41.9450
广东东方精工科技股份有限公司	广东省	36.3748	170	41.4316	41.2588	41.8348
浙江日发精密机械股份有限公司	浙江省	36.2783	171	41.3558	41.1051	41.9409
南方风机股份有限公司	广东省	36.2517	172	41.3350	40.7796	42.6309
江苏丰东热技术股份有限公司	江苏省	35.9965	173	41.1344	40.7987	41.9177
河北宣化工程机械股份有限公司	河北省	35.6904	174	40.8939	39.3890	44.4054
南通锻压设备股份有限公司	江苏省	35.6801	175	40.8858	40.4415	41.9227
马鞍山方圆回转支承股份有限公司	安徽省	35.6112	176	40.8318	39.9656	42.8527
威海华东数控股份有限公司	山东省	35.3534	177	40.6292	38.4157	45.7941
江西华伍制动器股份有限公司	江西省	35.2991	178	40.5865	40.0846	41.7577
浙江方正电机股份有限公司	浙江省	35.2964	179	40.5844	39.4781	43.1658
鞍山重型矿山机器股份有限公司	辽宁省	35.2635	180	40.5586	40.6540	40.3361
徐州海伦哲专用车辆股份有限公司	江苏省	35.2448	181	40.5438	40.1482	41.4670
西安达刚路面机械股份有限公司	陕西省	35.0427	182	40.3851	40.4778	40.1689
北京京城机电股份有限公司	北京市	34.8031	183	40.1968	37.1241	47.3667
杭州兴源过滤科技股份有限公司	浙江省	34.7204	184	40.1319	39.8846	40.7091
广东金明精机股份有限公司	广东省	34.6464	185	40.0738	40.1033	40.0050
山东法因数控机械股份有限公司	山东省	34.5251	186	39.9785	39.4272	41.2648
湖南红宇耐磨新材料股份有限公司	湖南省	34.4222	187	39.8977	39.9239	39.8364
四川依米康环境科技股份有限公司	四川省	34.3864	188	39.8695	39.8929	39.8149
湖北京山轻工机械股份有限公司	湖北省	34.3276	189	39.8233	37.4173	45.4375
湖南中科电气股份有限公司	湖南省	34.3168	190	39.8148	39.7064	40.0677
福建海源自动化机械股份有限公司	福建省	34.2645	191	39.7737	39.2885	40.9058
湖北三丰智能输送装备股份有限公司	湖北省	34.1907	192	39.7158	39.6876	39.7814
上海开能环保设备股份有限公司	上海市	34.1453	193	39.6801	39.8677	39.2422
申科滑动轴承股份有限公司	浙江省	34.1022	194	39.6462	39.1084	40.9011
西北轴承股份有限公司	宁夏回族自治区	34.0528	195	39.6074	38.4296	42.3555
湖北华昌达智能装备股份有限公司	湖北省	34.0460	196	39.6021	39.4635	39.9253
大连三垒机器股份有限公司	辽宁省	33.8751	197	39.4678	39.5192	39.3480
江苏南方轴承股份有限公司	江苏省	33.6562	198	39.2959	39.3853	39.0873
安徽桑乐金股份有限公司	安徽省	33.5619	199	39.2217	39.1402	39.4121
松德机械股份有限公司	广东省	33.4871	200	39.1630	38.8573	39.8762
湖南江南红箭股份有限公司	湖南省	32.7412	201	38.5770	38.0389	39.8324
云南西仪工业股份有限公司	云南省	32.4714	202	38.3651	37.0290	41.4824
铜陵中发三佳科技股份有限公司	安徽省	32.4294	203	38.3320	37.6760	39.8628
秦皇岛天业通联重工股份有限公司	河北省	32.3377	204	38.2600	34.8492	46.2186

续表

企业名称	省（市、自治区）	相对值（指数）		绝对值形式（百分制）		
		CBI 值	排名	品牌竞争力得分（CBS）	品牌财务表现力	市场竞争表现力
四川科新机电股份有限公司	四川省	31.3521	205	37.4857	37.2643	38.0024
陕西坚瑞消防股份有限公司	陕西省	30.8433	206	37.0860	36.9965	37.2949
大连智云自动化装备股份有限公司	辽宁省	30.5203	207	36.8322	36.8319	36.8328
山东中际电工装备股份有限公司	山东省	30.1368	208	36.5310	37.1023	35.1979
北京深华新股份有限公司	北京市	29.1032	209	35.7189	35.7411	35.6671
恒立实业发展集团股份有限公司	湖南省	29.0563	210	35.6821	35.9584	35.0373
中国纺织机械股份有限公司	上海市	22.5314	211	30.5559	29.7785	32.3700
均值		43.9838		47.4094	45.7500	51.2815

注：从理论上说，中国企业品牌竞争力指数（CBI）由中国企业品牌竞争力分值（CBS）标准化之后得出，CBS由4个一级指标品牌财务表现力、市场竞争表现力、品牌发展潜力和消费者支持力的得分值加权得出。在实际操作过程中，课题组发现，品牌发展潜力和消费者支持力两个部分的数据收集存在一定的难度，且收集到的数据准确性有待核实，因此，本报告暂未将品牌发展潜力和消费者支持力列入计算。品牌财务表现力主要依据各企业的财务报表数据以及企业上报数据进行计算。同时，关于市场竞争表现力方面的得分，课题组选取了部分能够通过公开数据计算得出结果的指标，按照CBI计算模型得出最终结果。关于详细的计算方法见《中国企业品牌竞争力指数系统：理论与实践》。

由表18-1可以看出，在2013年机械行业企业品牌CBI排名中，中联重科股份有限公司、三一重工股份有限公司、潍柴动力股份有限公司、国机汽车股份有限公司、徐工集团工程机械股份有限公司、天地科技股份有限公司、上海机电股份有限公司、郑州煤矿机械集团股份有限公司、上海振华重工（集团）股份有限公司、大连华锐重工集团股份有限公司稳坐行业前10强的位置。其中，中联重科股份有限公司CBI值为77.5068，位列各企业第一，各项指标优势明显，企业品牌竞争力较强，是机械行业的领导品牌。前10名其他企业的CBI均值均大于行业平均值，均在60分以上，也是我国机械行业的领先企业代表，具有较强的品牌竞争力。

通过2013年中国机械企业品牌竞争力指数数据，可以计算出中国机械行业CBI数值为43.9838。CBI数值为相对值，一方面可以反映行业总体竞争水平，另一方面也为行业内企业提供一个比较标准。课题组根据受调研的1548家企业的CBI数据

得出中国企业品牌竞争力指数值为47，那么机械行业CBI为43.98＜47，说明机械行业整体竞争水平低于平均水平，行业发展处于良好状态。同理，行业内部企业CBI数值低于43.98，说明其品牌竞争力处于劣势；高于43.98，则说明其品牌竞争力处于优势，整个CBI指标体系为企业提供了一套具有诊断功能和预测功能的实用工具。

三、2013年度中国机械企业品牌竞争力指数评级报告

（一）中国机械企业品牌竞争力指数评级标准体系

根据表18-1得出的机械企业CBI数值，课题组绘制总体布局（见图18-5），从整体上看，CBI分布曲线两头陡峭、中间平缓。根据CBI数值表现出来的特征，结合机械企业的行业竞争力特性对调查的企业进行分级评估，按照一般惯例分为五级，划分标准如表18-2所示。

表18-2　中国企业品牌竞争力分级评级标准

评级　　标准	CBI 数值标准
5A	CBI≥80
4A	60≤CBI<80
3A	40≤CBI<60
2A	20≤CBI<40
1A	CBI<20

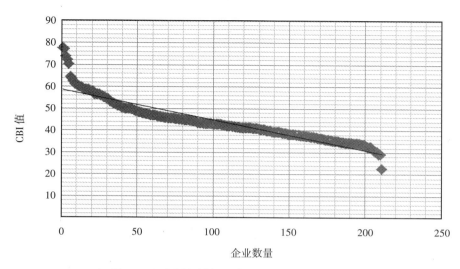

图 18-5　中国机械行业企业 CBI 散点分布

（二）中国机械企业品牌竞争力指数评级结果

由以上评价标准可以将机械企业划分为五个集团，具体的企业个数及分布情况如表 18-3 和图 18-6 所示，各级水平的企业得分情况由于篇幅原因仅列出代表企业。

表 18-3　中国机械行业企业各分级数量表

企业评级	竞争分类	企业数量	所占比重（%）	CBI 均值	CBS 均值	品牌财务表现力均值	市场竞争表现力均值
5A 级企业	第一集团	0	0	—	—	—	—
4A 级企业	第二集团	11	5	67.6348	65.9902	62.5696	73.9717
3A 级企业	第三集团	123	58	47.0386	49.8094	47.6853	54.7657
2A 级企业	第四集团	77	37	35.7253	40.9213	40.2557	42.4744
1A 级企业	第五集团	0	0	—	—	—	—
全部	不分类	211	100	43.9838	47.4094	45.7500	51.2815

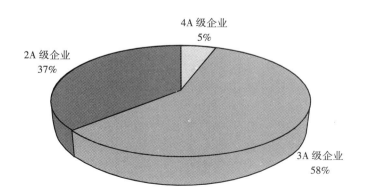

图 18-6　中国机械企业分级分布

表 18-4　中国机械行业 4A 级企业品牌代表

企业名称	评级水平	排名	CBI	CBS	品牌财务表现力	市场竞争表现力
中联重科股份有限公司	4A	1	77.5068	73.7459	72.6127	76.3901
三一重工股份有限公司	4A	2	77.0720	73.4043	69.9948	81.3599

续表

企业名称	评级水平	排名	CBI	CBS	品牌财务表现力	市场竞争表现力
潍柴动力股份有限公司	4A	3	73.7807	70.8186	66.6356	80.5791
国机汽车股份有限公司	4A	4	72.1096	69.5058	65.6993	78.3876
徐工集团工程机械股份有限公司	4A	5	70.1992	68.0049	64.0778	77.1680

据表 18-2 中国企业品牌竞争力分级评级标准，4A 级机械企业共有 11 家，占机械企业总数的 5%。表 18-4 所列的 5 家企业中联重科股份有限公司、三一重工股份有限公司、潍柴动力股份有限公司、国机汽车股份有限公司、徐工集团工程机械股份有限公司是中国机械行业领先的代表企业，品牌财务表现力、市场竞争表现力突出，品牌发展潜力较大。CBI 均值及各项分指标得分值均远远高于行业平均值。中联重科股份有限公司的 CBI 均值为 77.5068，位列各企业第一，企业品牌竞争力最强。三一重工股份有限公司的 CBI 均值为 77.0720，与行业第一相差不大，同样具备

较强的企业品牌竞争力，大大超过行业平均值，都是我国机械行业的领军品牌，是领先行业的代表品牌。其他 3 家代表企业的 CBI 均值均在 70 以上，品牌财务表现力指标均在 65 分以上，市场竞争表现力指标均在 75 分以上，综合实力较强，引领整个行业的发展方向，是当之无愧的 4A 企业。

从第二集团内部比较而言，中联重科股份有限公司在品牌财务表现力方面得分最高，位于本集团第一，财务表现较好。三一重工股份有限公司在市场竞争表现力方面位于本集团第一，具有较强的市场竞争力。

表 18-5　中国机械行业 3A 级企业品牌代表

企业名称	评级水平	排名	CBI	CBS	品牌财务表现力	市场竞争表现力
广西柳工机械股份有限公司	3A	12	59.9445	59.9486	55.8779	69.4468
中国第一重型机械股份公司	3A	13	59.6582	59.7236	56.0309	68.3399
株洲南车时代电气股份有限公司	3A	14	59.4500	59.5601	57.2983	64.8376
重庆机电股份有限公司	3A	15	58.8331	59.0754	55.5935	67.1998
中集安瑞科控股有限公司	3A	16	58.6695	58.9468	56.4475	64.7786

据表 18-2 中国企业品牌竞争力分级评级标准，3A 级机械企业共有 123 家，占机械企业总数的 58%。表 18-5 所列的 5 家企业广西柳工机械股份有限公司、中国第一重型机械股份公司、株洲南车时代电气股份有限公司、重庆机电股份有限公司、中集安瑞科控股有限公司是中国机械行业的中游企业。整体来看，品牌财务表现力和市场竞争表现力均处于行业平均水平，企业 CBI 均

值及各项分指标得分值在行业平均值上下波动。3A 级企业是我国机械行业发展的中坚力量，占据了一半以上的比重，是最值得关注的企业集合，因为它们是机械行业发展的后续储备力量。

从第三集团内部比较来看，广西柳工机械股份有限公司市场竞争表现力较好，位列本集团第一。株洲南车时代电气股份有限公司的品牌财务表现力位于本集团第一。

表 18-6　中国机械行业 2A 级企业品牌代表

企业名称	评级水平	排名	CBI	CBS	品牌财务表现力	市场竞争表现力
上海汉钟精机股份有限公司	2A	135	39.8740	44.1807	43.2982	46.2397
江苏通润装备科技股份有限公司	2A	136	39.8411	44.1548	42.8020	47.3115
广东鸿特精密技术股份有限公司	2A	137	39.7425	44.0774	42.9625	46.6788
江西特种电机股份有限公司	2A	138	39.7372	44.0732	43.0340	46.4981
徐州燃控科技股份有限公司	2A	139	39.2930	43.7243	43.3445	44.6103

据表 18-2 中国企业品牌竞争力分级评级标准，2A 级机械企业共有 77 家，占机械企业总数的 36%。表 18-6 所列的 5 家企业上海汉钟精机股份有限公司、江苏通润装备科技股份有限公司、广东鸿特精密技术股份有限公司、江西特种电机股份有限公司、徐州燃控科技股份有限公司是中国机械行业中下游企业的代表。我们不难发现，2A 级企业的特征是品牌财务表现力、市场竞争表现力等均处于行业平均水平之下，CBI 均值及各项分指标得分值均低于行业平均值，企业只能维持简单的生存。一部分企业能够突破困难，在竞争激烈的市场中找到自己的生存之道，晋升到 3A 级以上。也有一部分企业经不住竞争的打击，面临被淘汰的危险。总而言之，这部分企业属于发展较为劣势，被淘汰的风险相对较高，而从我国机械行业来看，这部分企业占据 1/3 以上的比重，所占份额相对较大，值得引起重视。

从第四集团内部比较而言，品牌财务表现力和市场竞争表现力表现得分普遍较低均在 50 分以下，得分参差不齐，处于劣势地位，均有待提高。

四、2013 年中国机械企业品牌价值 50 强排名

课题组认为，品牌价值（以下简称 CBV）是客观存在的，它能够为其所有者带来特殊的收益。品牌价值是品牌在市场竞争中的价值实现。一个品牌有无竞争力，就是要看它有没有一定的市场份额，有没有一定的超值创利能力。品牌的竞争力正是体现在品牌价值的这两个最基本的决定性因素上，品牌价值就是品牌竞争力的具体体现。通常上品牌价值以绝对值（单位：亿元）的形式量化研究品牌竞争水平，课题组在品牌价值和品牌竞争力的关系展开研究，针对品牌竞争力以相对值（指数：0~100）的形式量化研究品牌竞争力水平。在研究世界上关于品牌价值测量方法论基础上，提出本研究关于品牌价值计算方法 $CBV = (N - E \times 5\%)(1 + A) \times C \times CBI/100 + K$。其中，CBV 为企业品牌价值，CBI 为企业品牌竞争力指数，N 为净利润，E 为所有者权益，A 为品牌溢价，C 为行业调整系数，K 为其他影响系数，据此得出中国机械企业品牌价值 50 强（见表 18-7）。

表 18-7　2013 年中国机械行业品牌价值排名

股票名称	省（市、自治区）	品牌价值（CBV）	排名	品牌竞争力（CBI）
三一重工	北京市	224.12	1	77.07
中联重科	湖南省	192.76	2	77.51
徐工机械	江苏省	153.86	3	70.20
潍柴动力	山东省	121.19	4	73.78
柳工	广西壮族自治区	102.79	5	59.94
南车时代电气	湖南省	92.35	6	59.45
国机汽车	天津市	89.91	7	72.11
中信重工	河南省	88.28	8	58.63
天地科技	北京市	80.90	9	64.51
上海机电	上海市	78.06	10	63.68
中国一重	黑龙江省	73.70	11	59.66
郑煤机	河南省	73.49	12	62.44
玉柴国际	广西壮族自治区	64.82	13	60.39
经纬纺机	北京市	63.09	14	57.96
大连重工	辽宁省	62.21	15	61.06
陕鼓动力	陕西省	61.15	16	57.84
中集安瑞科	广东省	60.24	17	58.67
重庆机电	重庆市	60.10	18	58.83
杭锅股份	浙江省	59.73	19	58.64
一拖股份	河南省	59.24	20	58.23

股票名称	省（市、自治区）	品牌价值（CBV）	排名	品牌竞争力（CBI）
盾安环境	浙江省	54.75	21	56.41
山推股份	山东省	54.04	22	56.53
中国龙工	福建省	53.61	23	56.49
中国高速传动设备	江苏省	53.37	24	56.51
隆鑫通用	重庆市	52.55	25	55.03
厦工股份	福建省	52.48	26	55.56
杭氧股份	浙江省	52.14	27	55.01
振华重工	上海市	50.63	28	61.23
太原重工	山西省	50.54	29	55.94
海立股份	上海市	50.41	30	54.20
安徽合力	安徽省	50.35	31	54.19
沈阳机床	辽宁省	49.98	32	53.07
珠江钢管	广东省	47.40	33	53.17
龙净环保	福建省	47.10	34	52.35
广日股份	广东省	46.90	35	51.37
华意压缩	江西省	46.30	36	51.28
杰瑞股份	山东省	45.51	37	52.23
三花股份	浙江省	45.13	38	51.73
上海集优	上海市	42.83	39	51.06
天马股份	浙江省	42.28	40	50.34
科达机电	广东省	42.04	41	50.06
上柴股份	上海市	41.89	42	49.96
山东墨龙	山东省	41.51	43	49.92
慈星股份	浙江省	41.11	44	49.84
北方创业	内蒙古自治区	40.95	45	49.55
华光股份	江苏省	40.92	46	48.78
大洋电机	广东省	40.70	47	49.60
江淮动力	江苏省	40.61	48	49.11
安东油田服务	北京市	40.58	49	50.22
明阳风电	广东省	39.65	50	48.91
合计		3260.22		

CBV分析：在受调研的211家机械企业中，排名前50强的企业CBV值合计为3260.22亿元，较2012年有了大幅度的提高。前10强机械企业CBV值合计为1224.22亿元，占前50强企业比重为37.55%，下降了5.5个百分点。其中在前10强企业中，三一重工股份有限公司、中联重科股份有限公司稳居前两位，徐工集团工程机械股份有限公司上升趋势迅猛，从2011年的第27名上升到2012年的第10名，2013年又跃升到第3名，广西柳工机械股份有限公司从第3名下滑到了第5名，上海机电股份有限公司从第9名退居到第10名的位置，潍柴动力股份有限公司、株洲南车时代电气股份有限公司、国机汽车股份有限公司、中信重工机械股份有限公司和天地科技股份有限公司是2013年新加入10强行列的企业；东方电气股份有限公司、上海电气集团股份有限公司、华锐风电科技（集团）股份有限公司和特变电工股份有限公司等5家企业退出了10强，有的下滑幅度较大。前50名企业中，虽然分布比较广泛，但较大型的企业主要分布在湖南省、北京市、上海市和江苏省，这是国内机械企业的集中地。

第二节 2013年度中国机械企业品牌竞争力区域报告

一、六大经济分区

(一)总体情况分析

根据课题组的调研数据,从企业数量来看,华东地区拥有了我国机械行业一半以上的企业,企业数量共有112家,占比53%,一家独大势头明显,独领风骚,大大超出其他区域,稳居行业第一。中南地区跟随其后,企业数量有37家,占比18%,居于第2名。华北地区与中南地区相差较小,企业数量为23家,占比11%,排名第三。三大区域企业数量总占比高达82%,说明我国机械行业企业集中度相对较高。东北地区、西南地区和西北地区企业数量较少,分别为15家、13家和11家,总占比仅18%,无论在企业数量方面还是在营业收入方面,均处于落后阶段,与发达地区相比,还有较大的差距(见表18-8、图18-7)。

从CBI均值来看,华北地区虽然仅有23家企业,位居第三,但其CBI均值为46.3792,稳居行业第一,企业品牌竞争力较强。相比其他区域,财务指标和市场表现均位列各区域第一,发展势头良好,劲头十足。中南地区排名第二,CBI均值为45.0378,略低于华北地区,均高于行业平均发展水平,企业品牌竞争力属于中等偏上水平。值得一提的是华东地区,拥有众多的机械企业,但其CBI均值仅为43.7950,略低于行业平均发展水平,各项指标也均在平均水平之下(见图18-8),值得引起地区重视。华东地区拥有较多的机械领先企业,是我国机械行业的佼佼者,但由于企业数量太多,许多发展较为落后的企业拉低了华东地区整体发展的平均水平,因此,华东地区还应多重视企业的全面发展,做好我国机械行业企业的筛选工作,大力帮扶小微弱机械企业,做到地区企业品牌竞争力的整体提升。不出意外,东北地区、西南地区和西北地区的CBI均值也均低于行业发展水平,发展状态较落后,想要和其他三个地区齐头并进,还有很长的一段路要走。

表18-8 中国机械企业六大经济区域竞争状况

区域	企业数量	所占比重(%)	CBI均值	CBS均值	品牌财务表现力均值	市场竞争表现力均值
华东地区	112	53	43.7950	47.2611	45.5998	51.1375
中南地区	37	18	45.0378	48.2375	46.6651	51.9065
华北地区	23	11	46.3792	49.2914	47.3975	53.7103
东北地区	15	7	43.1062	46.7200	45.4088	49.7794
西南地区	13	6	42.5862	46.3115	44.2035	51.2301
西北地区	11	5	40.2005	44.4372	43.0491	47.6760
总体情况	211	100	43.9838	47.4094	45.7500	51.2815

(二)分项情况分析

在各分项竞争力指标对比方面,各个地区的品牌财务表现力不佳,得分均值在50分以下,各地区平均水平仅为45.7500,且各地区间差异不大。得分最高的是华北地区,品牌财务表现力得分为47.3975,高于行业平均水平。接着是中南地区46.6651,居于第二。华东地区的品牌财务表现力均值为45.5998,低于行业平均水平,整体财务状况还有待改善。东北地区、西南地区和西北地区的财务表现得分均低于行业平均水平,还有很大的提升空间。

再看市场竞争表现力指标,得分也没有很突出,均在50分上下浮动。整个机械行业的市场竞争表现力得分为51.2815,得分最高的仍然是华北地区,为53.7103,市场表现比较突出,位列各区域第一。中南地区紧随其后,指标得分为

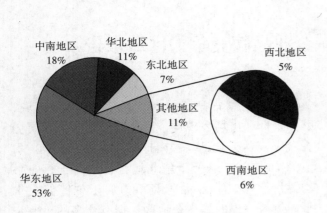

图18-7 中国机械企业数量区域分布

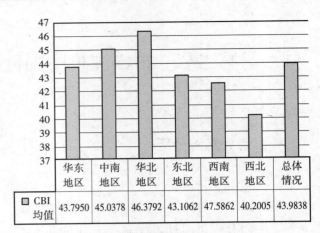

	华东地区	中南地区	华北地区	东北地区	西南地区	西北地区	总体情况
CBI均值	43.7950	45.0378	46.3792	43.1062	47.5862	40.2005	43.9838

图18-8 中国机械企业区域CBI均值对比

51.9065，略高于行业平均水平。华东地区依然表现较差，市场竞争表现力得分为51.1375，仍然低于行业发展平均水平。西南地区虽然财务表现较差，但市场竞争表现力尚可，得分为51.2301，仅略低于行业平均水平，证明西南地区的企业状况有发展的潜力。华东地区虽然企业数量众多，但并不能代表企业品牌竞争力的强势，各项指标均有待提升。东北地区和西北地区市场竞争表现依然很差，发展较为落后，是我国机械行业发展的薄弱地带，各项指标均需提升（见图18-9），还有很大的发展空间。

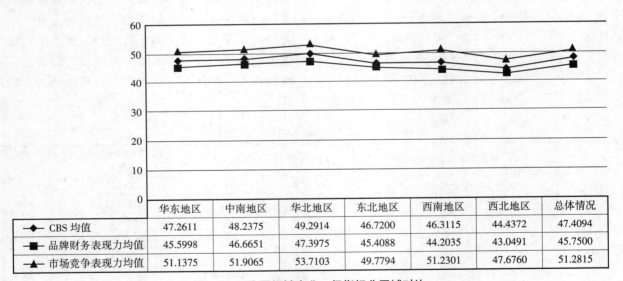

	华东地区	中南地区	华北地区	东北地区	西南地区	西北地区	总体情况
CBS均值	47.2611	48.2375	49.2914	46.7200	46.3115	44.4372	47.4094
品牌财务表现力均值	45.5998	46.6651	47.3975	45.4088	44.2035	43.0491	45.7500
市场竞争表现力均值	51.1375	51.9065	53.7103	49.7794	51.2301	47.6760	51.2815

图18-9 中国机械企业一级指标分区域对比

二、五大省（市）分析

（一）总体情况分析

表18-9 中国机械企业五大省（市）竞争状况

省（市）	企业数量	所占比重（%）	CBI均值	CBS均值	品牌财务表现力均值	市场竞争表现力均值
北京市	12	6	47.8287	50.4301	48.6794	54.5150
上海市	14	7	44.8475	48.0880	46.3039	52.2510

续表

省（市）	企业数量	所占比重（%）	CBI 均值	CBS 均值	品牌财务表现力均值	市场竞争表现力均值
江苏省	36	17	43.1016	46.7164	45.2188	50.2107
浙江省	26	12	44.0532	47.4640	45.7179	51.5381
广东省	14	7	43.8700	47.3201	45.8038	50.8580
其他省（市）	109	51	43.7390	47.2171	45.5325	51.1479
总体情况	211	100	43.9838	47.4094	45.7500	51.2815

根据课题组的调研数据，从企业数量来分析，我们可以看出，江苏省拥有机械行业企业 36 家，占比 17%，位列各省（市）第 1 名。浙江省排名第二，共有机械行业企业 26 家，占比 12%。上海市和广东省企业数量相同，均有 14 家企业，各自占比 7%。北京市营业收入和净利润排名均比较靠前，然而数量却不是很多，仅有 12 家企业，占比 6%，与江苏省企业数量有一定差距，这也正说明北京市机械企业少而精，用最少的投入创造了最大的产出（见图 18-10）。

从 CBI 均值来看，北京市当之无愧居各省（市）第一，CBI 均值为 47.8287，大大高于行业平均水平 43.9838，遥遥领先于其他各大省（市），企业品牌竞争力较强，整体水平较高。虽然北京市企业数量不多，但无论营业收入总额、净利润总额还是 CBI 均值，均遥遥领先，证明企业数量的多少并不代表企业竞争力水平整体的高低。江苏省企业数量位列各省（市）第一，营业收入总额也较高，但净利润水平不高，CBI 均值仅为 43.1016，低于行业平均水平。说明江苏省整体的企业品牌竞争力水平不是很强，虽然企业数量多，但可能领先企业并不多，或者有一些在激烈竞争中面临淘汰风险的企业拉低了江苏省整体的竞争力水平。广东省企业数量不多，但发展也差强人意，CBI 均值仅为 43.8700，说明广东省并没有或者只有较少的强势企业品牌来带领地区的发展。上海市和浙江省表现平平，CBI 均值仅略高于行业平均水平（见图 18-11），相比北京市，还有很大的提高空间。

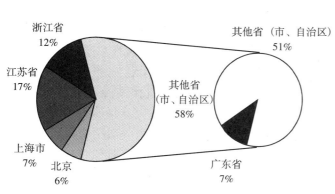

图 18-10　中国机械企业数量省（市、自治区）分布

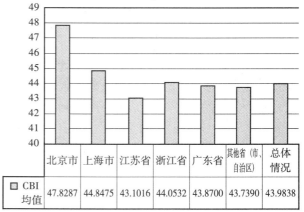

图 18-11　中国机械企业省（市、自治区）CBI 均值对比

（二）分项情况分析

在各分项竞争力指标对比方面，各个地区的品牌财务表现力不佳，得分均在 50 分以下。其中，北京市表现最为突出，品牌财务表现力得分为 48.6794，位列各省（市）第一，高于行业平均水平 45.7500。上海市和广东省表现尚可，品牌财务表现力得分分别为 46.3039 和 45.8038，略高于行业平均水平。而江苏省和广东省均低于行业平均水平。江苏省在营业总额和企业数量方面均遥遥领先于其他省（市），财务指标的表现应该引起地区重视，寻找原因，尽早改善。

再看市场竞争表现力指标，各指标得分均在

50 分以上，整体延续了品牌财务表现力指标的趋势，仍以北京市得分为首，为 54.5150，高于行业平均水平 51.2815，各项指标表现均领先于其他省（市），具有较强的品牌竞争力。上海市和浙江省仍略高于行业平均水平，而江苏省和广东省仍低于行业平均水平（见图 18-12）。

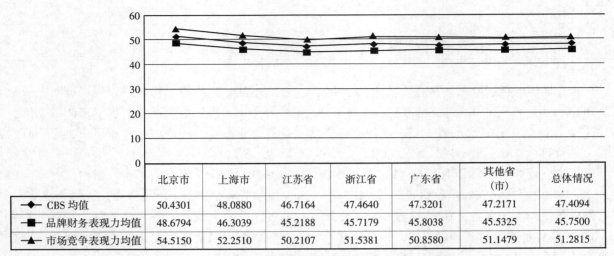

	北京市	上海市	江苏省	浙江省	广东省	其他省（市）	总体情况
CBS 均值	50.4301	48.0880	46.7164	47.4640	47.3201	47.2171	47.4094
品牌财务表现力均值	48.6794	46.3039	45.2188	45.7179	45.8038	45.5325	45.7500
市场竞争表现力均值	54.5150	52.2510	50.2107	51.5381	50.8580	51.1479	51.2815

图 18-12　中国机械企业一级指标代表省（市）对比

第三节　2013 年度中国机械企业品牌竞争力分项报告

一、品牌财务表现

目前国内企业经营者对于现代化管理手段的理解与实践，多半仍然停留在以财务数据为主导的思维里。虽然财务数据无法帮助经营者充分掌握企业发展方向的现实，但在企业的实际运营过程中，财务表现仍然是企业对外展示基本实力的重要依据。品牌财务表现层面的分析将财务指标分为规模因素、效率因素和增长因素 3 个二级指标。规模因素主要从销售收入、所有者权益和净利润 3 个三级指标衡量；效率因素主要从净资产报酬率、总资产贡献率 2 个三级指标衡量；增长因素主要从近三年销售收入增长率、近三年净利润增长率 2 个三级指标衡量。

在高科技的普及下，近年来机械设备产业如同雨后春笋般迅速崛起，机械设备的更新速度更是令人瞠目结舌，同时也促使了机械设备产业的发展。机械设备企业近年来营业收入、净利润收入都保持了良好的增长态势，全国 211 家机械企业在品牌财务表现力得分均值为 45.7500。其中，中联重科股份有限公司、三一重工股份有限公司、潍柴动力股份有限公司、国机汽车股份有限公司、徐工集团工程机械股份有限公司、天地科技股份有限公司、郑州煤矿机械集团股份有限公司、上海机电股份有限公司、大连华锐重工集团股份有限公司、株洲南车时代电气股份有限公司位列前 10 名，这 10 家企业在品牌财务表现力方面还存在一定的差距。在前 10 名企业中，得分最高的是中联重科股份有限公司，其品牌财务表现力得分为 72.6127，CBI 数值也在各企业中最高。得分最低的是株洲南车时代电气股份有限公司，其品牌财务表现力得分为 57.2983，与行业第一还存在很大的差距。我们不难看出，机械行业领先企业的财务状况差距较大，彼此间形成了较大的距离，排名靠后的企业仍存在很大的进步空间（见表 18-10、图 18-13）。

从 3 个二级指标看，其均值分别为：规模要素 41.7069，效率因素 47.3111，增长因素 49.1544。增长因素得分最高，其中又以年平均净利润增长率得分最高为 49.5573。规模要素得分最低，为 41.7069。因其对品牌财务表现影响最大，因此导致了行业整体财务表现欠佳。在所有三级指标中，所有者权益得分最低，仅为 31.7618，净资产报酬率得分最高，为 50.7863（见表 18-11）。

整体来看，机械行业的所有者权益指标较低，

说明企业的自有财务资金并不是很充裕，换句话说，企业没有充分的固有资金支持整个企业的运转，也间接地说明了市场竞争的激烈和整个经济发展的不景气对于机械行业的冲击。所有者权益指标的偏低拉低了整个规模要素的得分。净利润得分高于营业收入，证明企业的盈利能力尚可，实现了较高的净资产报酬率。整个企业发展处于中等水平，没有达到高速发展。

表 18-10　品牌财务表现指数——行业前 10 名

企业名称	省（市）	CBI 值	品牌财务表现力
中联重科股份有限公司	湖南省	77.5068	72.6127
三一重工股份有限公司	北京市	77.0720	69.9948
潍柴动力股份有限公司	山东省	73.7807	66.6356
国机汽车股份有限公司	天津市	72.1096	65.6993
徐工集团工程机械股份有限公司	江苏省	70.1992	64.0778
天地科技股份有限公司	北京市	64.5101	60.6393
郑州煤矿机械集团股份有限公司	河南省	62.4421	59.4742
上海机电股份有限公司	上海市	63.6768	58.9361
大连华锐重工集团股份有限公司	辽宁省	61.0622	57.7429
株洲南车时代电气股份有限公司	湖南省	59.4500	57.2983

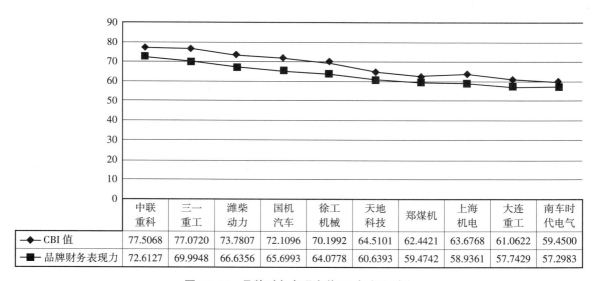

图 18-13　品牌财务表现力前 10 名企业对比

表 18-11　品牌财务表现力各分项指标得分均值

品牌财务表现力	45.7500	规模要素	41.7069	销售收入	46.6448
				所有者权益	31.7618
				净利润	47.7294
		效率因素	47.3111	净资产报酬率	50.7863
				总资产贡献率	42.0983
		增长因素	49.1544	年平均销售收入增长率	48.7515
				年平均净利润增长率	49.5573

二、市场竞争表现

随着机械行业的持续快速发展，市场竞争也更加激烈。企业只有具备更强的市场竞争能力，才能在目前的行业环境中生存下去。市场竞争表现层面的分析将指标分为市场占有能力和超值获利能力2个二级指标。市场占有能力主要从市场占有率和市场覆盖率2个三级指标衡量；超值获利能力主要从品牌溢价率和品牌销售利润率2个三级指标衡量。

近几年中国经济的快速发展，带来了更为激烈复杂的市场竞争。全国211家机械企业的市场竞争表现力得分均值仅为51.2815，略高于品牌财务表现力，但仍差强人意。三一重工股份有限公司、潍柴动力股份有限公司、国机汽车股份有限公司、徐工集团工程机械股份有限公司、中联重科股份有限公司、上海振华重工（集团）股份有限公司、上海机电股份有限公司、天地科技股份有限公司、广西柳工机械股份有限公司、中国玉柴国际有限公司位列前10名，这10家企业在市场竞争表现力方面相对都较强，虽然领先企业间存在一定差距，但差距较小，指标得分均在69分以上（见表18-12）。在前10名的企业中，得分最高的三一重工股份有限公司，分值为81.3599，得分最低的中国玉柴国际有限公司，分值为69.4049（见图18-14）。说明机械企业的市场竞争表现力整体较强，在开拓市场、占领市场方面有一定的竞争力。

二级指标中，市场占有能力得分均值53.2203，超值获利能力得分47.6809（见表18-13）。整个机械设备行业的竞争比较充分，所以行业领先的企业市场占有率及市场覆盖率尚可，没有那么突出，大部分企业的市场占有率处于中等水平。

由于机械行业自身的特色，我们知道，购买一台机械设备的成本较高，企业投资固定资产也相对谨慎，因此，品牌对于机械行业比较重要，品牌对企业市场竞争力表现的影响非常明显，因此品牌溢价率得分均值相对较高，为52.0594，而品牌销售利润率指标却表现平平，为39.5494。说明企业仍需在成本控制方面下大功夫，在保持较高的品牌溢价率的基础之上，控制成本，实现较高的利润。

表18-12　市场竞争表现指数——行业前10名

企业名称	省（市、自治区）	CBI值	市场竞争表现力
三一重工股份有限公司	北京市	77.0720	81.3599
潍柴动力股份有限公司	山东省	73.7807	80.5791
国机汽车股份有限公司	天津市	72.1096	78.3876
徐工集团工程机械股份有限公司	江苏省	70.1992	77.1680
中联重科股份有限公司	湖南省	77.5068	76.3901
上海振华重工（集团）股份有限公司	上海市	61.2299	72.4032
上海机电股份有限公司	上海市	63.6768	72.0849
天地科技股份有限公司	北京市	64.5101	70.2928
广西柳工机械股份有限公司	广西壮族自治区	59.9445	69.4468
中国玉柴国际有限公司	广西壮族自治区	60.3928	69.4049

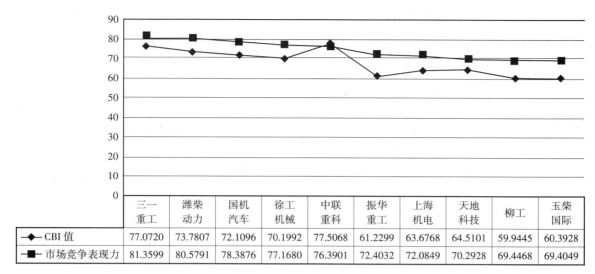

	三一重工	潍柴动力	国机汽车	徐工机械	中联重科	振华重工	上海机电	天地科技	柳工	玉柴国际
CBI 值	77.0720	73.7807	72.1096	70.1992	77.5068	61.2299	63.6768	64.5101	59.9445	60.3928
市场竞争表现力	81.3599	80.5791	78.3876	77.1680	76.3901	72.4032	72.0849	70.2928	69.4468	69.4049

图 18-14　市场竞争表现力前 10 名企业

表 18-13　市场竞争表现力各分项指标得分均值

市场竞争表现力	51.2815	市场占有能力	53.2203	市场占有率	51.8116
				市场覆盖率	56.5072
		超值获利能力	47.6809	品牌溢价率	52.0594
				品牌销售利润率	39.5494

第四节　中国机械企业品牌竞争力提升策略专题研究

一、中国机械行业宏观经济与政策分析

（一）机械行业市场运行情况

（1）产销平稳运行，回升幅度高于全国工业。2013 年我国机械工业生产方面结束了增加值增速低于全国工业的状态。2013 年 1~12 月机械工业增加值增速 10.9%，高于全国工业 1.2 个百分点，12 月机械工业增加值增速 12.7%，高于全国工业 3 个百分点。2013 年我国机械工业销售方面主营业务收入平稳增长。2013 年各月增幅为 12%~13%。各月主营业务收入累计增幅均高于全国工业平均水平。

（2）主要分行业及产品产量增长差异明显。在 64 种主要产品中近 60% 的产品产量增长。在国家统计局公布的 64 种机械工业主要产品中，1~12 月产量实现同比增长的产品 39 种，占比为

60.9%，产量同比下降的产品 25 种，占比为 39.06%。

（3）利润增幅快于产销。2013 年 1~11 月机械工业实现利润总额 12150 亿元，同比增长 15.68%，高于同期主要业务收入增长（13.46%）2.22 个百分点；11 月当月机械工业实现利润总额 1627.17 亿元，为年内新高，同比增长 19.26%，高于同期主营业务收入增长（17.04%）2.22 个百分点。

（4）反映效益的指标持续小幅改善。反映效益的主要经济指标，前 7 个月总资产贡献率、成本费用利润率均为同比下降。8 月开始转为同比正增长。2013 年 1~11 月行业利润率为 6.65%，按主营业务实现利润计算的利润率为 6.4%，低于行业利润率 0.25 个百分点。总资产贡献率为 13.91%、成本费用利润率为 7.18%，资产负债率为 56.17%，继续下降，上述指标环比继续好转。

（5）三项费用增幅回落，库存保持低位。三项费用增幅比上年增幅明显回落。2013 年 1~11 月企业销售费用同比增长 13.33%，比 2012 年同期（9.64%）下降 3.69 个百分点，财务费用同比增长 4.98%，其中利息支出增长 6.18%，均比 2012 年同期增幅（32.42%）回落超过 26 个百分点。2013 年 1~11 月管理费用同比增长 12.21%，低于 2012 年同期 3 个百分点。企业库存及产成品增幅均保持低位。2013 年 1~11 月企业存货同比增长 6.83%，比 2012 年同期 7.03%，回落 0.2 个百分点。存货中的产成品增长 6.13%，比 2012 年同期提高 2 个百分点。从存货及存货中的产成品增幅看，近几个月呈现小幅提高。

（6）投资增速持续大幅下滑态势趋于稳定。2013 年机械工业投资增速持续下滑的趋势趋于稳定，各月累计增速大体在 16% 上下。2013 年全年机械工业累计完成固定资产投资 3.99 万亿元，同比增长 17.16%，比 2013 年 1~11 月（17.45%）微降 0.29 个百分点。11 月投资波动较大。10 月、11 月、12 月当月投资增长持续回落，当月投资从 10 月高点 26.32% 回落至 12 月的 9.91%，回落 16 个百分点。

（二）机械工业经济运行主要特点

（1）民营企业增长较快。1~11 月机械工业共有民营企业 5.9 万家，占机械工业企业数的 78.38%，民营企业完成主营业务收入 10.36 万亿元，同比增长 15.36%，高于同期机械工业平均水平 1.9 个百分点，分别高于国有、三资企业 4.75、5.48 个百分点，所占比重为 56.74%，比 2012 年提高 1.31 个百分点，对机械工业主营业务收入的贡献率为 63.69%；民营企业实现利润总额 6402.46 亿元，同比增长 16.31%，分别高于国有、三资企业 3.39 个、0.29 个百分点，所占比重为 52.69%，对机械工业利润的贡献率为 54.52%。1~11 月民营企业累计出口 1175 亿美元，同比增长 15.27%，高于同期机械工业平均水平 9.54 个百分点，所占比重为 34.78%，比 2012 年提高 2.88 个百分点。近几年机械企业的海外投资热中民营企业也越来越活跃，三一集团、特变电工、大连机床、万向集团、吉利集团等民营企业屡屡现身于一些著名的海外并购案中。在固定资产投资中，私人控股企业投资 27249.78 亿元，同比增长

21%，高于同期机械工业平均水平 3.55%，占机械工业投资额比重 74.64%，比 2012 年同期提高 2.19 个百分点。

（2）区域结构调整持续推进。2013 年 1~11 月中西部地区机械企业主营业务收入同比分别增长 15.46%、18.61%，分别高于东部地区 3.38 个、6.53 个百分点；从占比看，中西部地区合计占机械工业主营业务收入的比重为 32.76%，较 2012 年上升 0.8 个百分点。中西部地区利润占比为 31.65%，较 2012 年提高 0.64 个百分点。从区域投资完成情况看，中部地区增速高于其他地区，且所占比重也较 2012 年提高了 0.63 个百分点。

（3）出口结构持续变化。加工贸易比重下降，一般贸易比重上升。加工贸易在全部出口额中的占比已由 2003 年的 55.31% 下降到 2012 年的 35.7% 和 2013 年 1~11 月的 33.4%；与此同时，一般贸易出口占比则明显上升。技术密集度和附加值相对较高的产品出口开始发力。发电设备、工程机械、汽车等技术附加值较高的机械产品出口增长迅速。我国机械工业对外投资地区已包括德国、美国、中国香港地区、意大利、日本、法国、英国、波兰、新加坡、澳大利亚、加拿大和捷克等多个国家和地区。

预计 2014 年机械工业市场新增需求将低位趋稳。常规发电设备、冶金矿山设备、重型机械、普通机床等行业将继续处于需求低迷状态；高档机床、机器人及自动生产线需求将上扬；工程机械市场将有所恢复，由大起大落逐渐回归正常；汽车和农机产销增速将逐渐回落，但大型高端农机产品市场仍将较旺。2014 年机械工业发展速度预测：产销增幅大体将在 13% 左右，利润增幅在 10% 左右，出口创汇增幅在 5%~8%。

（三）机械行业政策分析

根据国家信息中心和中经网所整理的材料报告显示，从我国近期颁布的《“十二五”机械工业发展总体规划》、《绿色制造科技发展“十二五”专项规划》、《高端装备制造业“十二五”发展规划》、《工业转型升级规划（2011~2015 年）》、《“十二五”国家自主创新能力建设规划》等相关指导性规划倾向来看，未来几年中国机械行业政策趋势是：重点支持行业提升自主创新能力，加大对关键基础件的研发和投入力度；推进产品结构升级，加

快高端和大型工程机械产品的研制和生产；培育自主知识产权和自主品牌，推进企业兼并重组，鼓励海外并购，发展世界级大型企业集团；推进工程机械再制造，推动绿色制造，转变行业增长方式；推进工业化、信息化深度融合，推动制造模式向智能化、网络化、服务化转变。

2014 年，两会的召开对一直低迷的工程机械来说带来了整个行业的巨大需求。2014 基建火热开局直接吹暖工程机械，"十二五" 42 个综合交通枢纽将建设完成。据交通和运输部网站消息，国家发改委日前出台了《促进综合交通枢纽发展的指导意见》，要求各地以运输需求为导向，新建与改造相结合，推进我国综合交通枢纽的一体化发展。根据意见，"十二五" 期间我国需基本建成 42 个全国性综合交通枢纽。国家发改委批复千亿铁路投资，释放稳增长信号。2014 年 3 月 13 日，国家发改委集中公布 5 条铁路线路建设项目的核准情况，总投资额约 1424 亿元。2014 年我国预计投资超 1 万亿元进行棚户区改造，2015 年我国将继续大规模推进各类棚户区改造，全年计划改造 470 万户以上，预计完成投资将超过 1 万亿元，重点投向就是保障性安居工程等领域，基础设施建设的火热爆发为工程机械的开局迸发出了激情。而这些项目将直接促进工程机械行业的需求，并且以喷发式的动力推动工程机械在 2014 年的步伐。时任财政部副部长王保安表示，预计 2020 年城镇化率达到 60%，由此带来的投资需求约为 42 万亿元。新型城镇化建设将带来城市基础设施建设的提速，拉动对工程机械的整体需求。另外京津冀一体化的推进和新型城镇化将是国家重点推进的政策，在未来 10~15 年，在稳增长的作用下，带来工程机械的另一个黄金时期。

根据中经网整理数据显示，进入 2014 年，市场需求低迷、资金链紧张的局面将有所缓解，企业在产品转型升级、技术研发创新、关键零部件配套等方面的投资明显增长，行业投资增速有所回升。不过由于产能扩张、改扩建等方面的投资仍占大头且难以增长，行业投资增速回升幅度较为有限。初步预计，2014 年工程机械行业投资将达到 1100 亿元左右，同比增长约 12.6%。未来工程机械行业投资重点主要集中在三个方面：一是龙头骨干企业在成长为综合性产业集团过程中进

一步完善产品系列及扩大优势产品的产能、增加出口能力方面；二是龙头骨干企业的产业链配套完善方面，有配套园区建设、研发中心建设、关键零部件的项目投资方面等；三是骨干企业通过海内外并购、重组等资本运作，实现国际市场的布局和国内区域资源的整合等方面的投资。

二、2013 年度中国机械企业品牌竞争力总体述评

（一）宏观竞争格局：华东地区独占鳌头，三大地区分割天下，省（市）分布较为分散

根据中国机械行业整体的营业收入数据，从区域来看，2013 年受调研的 211 家自主机械品牌企业 2012 年的营业总额为 6911.35 亿元，其中华东地区营业总额为 3059.42 亿元，占行业整体营业总额的 44%，排名第一。华北地区紧随其后，营业总额为 1565.44 亿元，位居第二。中南地区不甘落后，营业总额为 1507.53 亿元，与华北地区相差不大，居于第三。东北地区、西南地区、西北地区对总体营业额的贡献相对较小，发展较为落后，总占比仅 11%，属于我国机械行业的薄弱地区。由此可以看出，华东地区占据遥遥领先的优势，发展态势较为繁荣，为各地区发展的表率。华北地区和中南地区虽然排名靠前，但与华东地区仍有较大差距，想要超越华东地区还有很长的一段路要走。

从省（市、自治区）来看，排在前 5 位的省（市）分别为江苏省、北京市、上海市、浙江省、广东省。江苏省营业总额为 777.75 亿元，占比 11%，居各省（市、自治区）第一。北京市与江苏省相差无几，营业总额为 749.84 亿元，屈居第二。上海市和浙江省稍稍落后，营业总额分别为 555.80 亿元和 533.4 亿元，各自占比 8%，居各省（市、自治区）第三和第四。广东省营业总额为 290.02 亿元，占比 5%，排名第五，与江苏省还存在一定差距。总体来看，我国机械行业在各省（市、自治区）间分布较为平均。五大领先省（市）总占比仅 42%，其他省（市、自治区）总占比高达 58%，说明我国机械行业在省（市、自治区）间的分布比较分散，比较不集中，各省（市、自治区）间发展较为均衡，并未形成一家独大的

态势。

根据中国机械行业的 CBI 排名，从区域来看华东地区拥有我国机械行业一半以上的企业，企业数量共有 112 家，占比 53%，集中度比较高。中南地区跟随其后，企业数量有 37 家，占比 18%，居于第 2 名。华北地区虽然仅有 23 家企业，位居第三，但其 CBI 均值为 46.3792，稳居行业第一，企业品牌竞争力较强，发展势头良好，劲头十足。中南地区 CBI 均值为 45.0378，排名第二，略低于华北地区，企业品牌竞争力属于中等偏上水平，均高于行业平均发展水平。值得一提的是华东地区，虽然拥有众多的机械企业，但其 CBI 均值仅为 43.7950，略低于行业平均发展水平，各项指标也均在平均水平之下，由此可以看出，企业数量的发展并不代表企业品牌竞争力的提升，中南地区应吸取经验，在注重量的发展的同时，努力提升企业品牌竞争力。东北地区、西南地区和西北地区的 CBI 均值也均低于行业发展水平，发展状态较落后，要想和其他三个地区齐头并进，还有很长的一段距离。

从省（市、自治区）来看，江苏省拥有机械行业企业 36 家，位列各省（市、自治区）第 1 位。浙江省排名第二，有 26 家机械行业企业，上海市和广东省企业数量相同，均有 14 家企业，北京市仅有 12 家企业，五大省（市）企业数量总和总占比 49%，说明我国机械行业在省（市、自治区）间的行业集中度较低。北京市营业收入和净利润排名均比较靠前，然而且数量却不是很多，其 CBI 均值为 47.8287，居各省（市、自治区）第一，大大高于行业平均水平。江苏省企业数量最多，营业收入总额也较高，但 CBI 均值仅为 43.1016，低于行业平均水平。广东省 CBI 均值仅为 43.8700，差强人意。上海市和浙江省 CBI 均值仅略高于行业平均水平，相比北京市，还有很大的提高空间。

中国机械企业远不止 211 家，这 211 家企业只是众多机械企业中的杰出代表，从中可以分析中国机械行业的竞争情况。从区域角度来说，机械行业企业普遍集中于华东地区、中南地区和华北地区三大区域，其中以华东地区最多，企业集中度较高。其他三个区域的机械行业发展较为落后，无论从营业收入方面还是从净利润方面，各

方面指标表现均处于劣势，这些地区需要培养一批具有综合竞争力的企业来带动区域机械行业的发展。在省（市、自治区）方面，机械行业企业并未形成较为集中的态势，分布较为分散，也说明我国机械行业发展极端不均衡。

（二）中观竞争态势：4A 级企业有待突破，3A 企业发展态势良好，2A 企业亟待发展

根据中国企业品牌竞争力分级评级标准，对 2013 年受调查的企业进行分级评估，按照一般惯例分为五级，5A 级企业 0 家，4A 级企业 11 家，3A 级企业 123 家，2A 级企业 77 家，1A 级企业 0 家。中联重科股份有限公司、三一重工股份有限公司、潍柴动力股份有限公司、国机汽车股份有限公司、徐工集团工程机械股份有限公司是我国机械行业的领先企业代表，引领着我国机械行业的发展方向。其中，中联重科股份有限公司的 CBI 均值为 77.5068，位列各企业之首，企业品牌竞争力较强，是我国机械行业当之无愧的领军企业。这 5 家 4A 级代表企业的 CBI 均值也存在一定差距，说明机械企业的发展参差不齐，代表企业的竞争力水平还有待提高。我们不难发现，我国机械行业没有 5A 级企业，说明从整体来看，我国机械行业的发展还需很大程度的提升，领先企业的水平还需进一步提升。

同样值得关注的是 123 家 3A 级企业，占据行业比重的 58%，其 CBI 均值为 47.0386，略高于行业平均值，发展态势还不错。3A 级企业基本代表了中国机械行业发展的平均水平，是机械行业发展的储备力量，是机械行业的后起之秀的起点。还有 77 家 2A 级企业，占比 36%，比重较大。这部分企业面临着较大的风险，亟待采取有效的途径来提升自身的竞争力，是我国机械行业整体提升较为关键的部分。通过企业 CBI 均值分布我们可以看出，这些企业之间指数分布比较均匀，这说明企业竞争状况日益激烈。

（三）微观竞争比较：财务表现还有待加强，市场指标表现尚可

对于中国企业来说，财务表现仍然是企业对外展示基本实力的重要依据。近几年中国机械市场的快速发展带来了中国国民物质消费水平的不断提高，消费水平不断提高等因素也使得各机械企业近年来营业收入和净利润都保持了良好的增

长态势。2013 年全国受调研的 211 家机械企业的品牌财务表现力均值仅为 45.7500，低于 50 分，说明企业的品牌财务表现力表现中等偏下，还需得到有效的提升。

根据品牌财务表现力指标，排在前 10 名的企业分别是中联重科股份有限公司、三一重工股份有限公司、潍柴动力股份有限公司、国机汽车股份有限公司、徐工集团工程机械股份有限公司、天地科技股份有限公司、郑州煤矿机械集团股份有限公司、上海机电股份有限公司、大连华锐重工集团股份有限公司、株洲南车时代电气股份有限公司。品牌财务表现力得分最高的是中联重科股份有限公司，其品牌财务表现力均值为 72.6127；得分最低的是株洲南车时代电气股份有限公司，其品牌财务表现力均值为 57.2983。株洲南车时代电气股份有限公司虽位列第十，但与排名第一的中联重科股份有限公司有很大差距，由此可以看出，前 10 名企业中，品牌财务表现力的差距较大，还有待提高。前十名的品牌财务表现力均值还相对较高，但品牌财务表现力总体指标却相对较低。

根据市场竞争表现力单项指标，排在前十名的企业分别是三一重工股份有限公司、潍柴动力股份有限公司、国机汽车股份有限公司、徐工集团工程机械股份有限公司、中联重科股份有限公司、上海振华重工（集团）股份有限公司、上海机电股份有限公司、天地科技股份有限公司、广西柳工机械股份有限公司、中国玉柴国际有限公司，这 10 家企业在市场竞争表现力方面均表现突出，差距较小。得分最高的三一重工股份有限公司，均值为 81.3599；得分最低的中国玉柴国际有限公司，分值为 69.4049。说明中国机械企业的市场竞争表现力整体较强，品牌市场表现突出，发展势头良好，发展潜力巨大。

总的来看，中国机械企业仍处于劳动力密集型阶段，通过缩小成本，扩大规模，实现规模经济，走规模效率路线的阶段，技术创新和品牌经营与国际市场相比，还远远不够，需要大幅度提升；总体财务指数表现也较差，仍需进一步改进，但品牌市场表现较好，有较大的发展潜力。

三、中国机械企业品牌竞争力提升策略建议

建设和培育我国工程机械的产品品牌，一是尽快提升产品质量；二是产品要专业化生产与配套；三是产品研发与创新必须与市场接轨；四是企业文化要符合国际化的竞争需要，对市场有充分的敏锐性和快速反应能力；五是采取国际化的营销策略。

（1）良好的产品品牌是通过终端客户建立和传播的。品牌建设就是要在目标客户中建立起品牌的认知价值和对品牌的忠诚度。品牌忠诚度的建立并不是大规模的广告宣传，而是在企业终端客户群中建立起对企业所承诺的品牌价值的信任感。在品牌发展战略中无论提供的是商品还是服务，都必须强调质量、价格、实用等最基本的要素。不能满足客户这些最基本需求，品牌也就没有什么生存空间。价值分析的观点认为，功能相同成本低的产品价值高，成本相同功能高的产品价值高，反之则相反。价值的高低是通过用户需求的功能、效益需求的满足和购买使用该产品所付出费用的比值来计算的。对产品和品牌的选择是客户依据自己的价值标准进行评判的。因此，我国工程机械企业要有准确的市场定位，加速资源整合，尽快提升产品质量和可靠性，通过战略性的步骤逐渐建立起能让目标客户可感知的品牌价值，赢得未来市场。

（2）工程机械属于技术密集型和资金密集型行业，专业化协作有助于提升产品质量，提升客户对产品品牌的认同。市场经济条件下，产品的价值链可分解为研发、设计、制造、营销服务四个环节，各环节所创造的价值呈"U"型分布。制造业处于价值链中的最低谷，而研发、营销处于价值链"U"型增值的两个高端。国际工程机械知名企业大多走的是专业化协作、专业化配套的路线，通过对产业链、供应链的资源整合与控制，转变企业的竞争策略和经济增长模式，从而处于价值链的高端环节。而我国的一些工程机械企业却是"小而全"、"大而全"的产业结构。面对激烈的竞争，我国工程机械企业应充分利用产品价值链分解带来的机遇，通过专业化协作、配

套来发展自主品牌。

（3）产品研发与创新是支持产品品牌的根基。技术研发必须与市场结合，服从营销导向，面向市场，融入市场。创新设计不等同于新的专利技术，专利技术只是一种知识产权的保护方式，并不意味着产品会占有市场。技术优势必须与市场优势相结合才会产生效益，创新设计的核心是有无市场价值。技术优势应体现在对客户功能需求的快速满足上。客户需求是动态的、发展的、不断变化的。原有的需求被满足以后，随着时间、环境、条件的变化，又会产生新的需求，未满足的需求与潜在发展中的需求永远是市场研究的重点。实现工程机械的跨越式发展未必都需要技术跨越和原创性技术，关键在于抓住发展机遇，创造有利环境，在世界工程机械产业链中，找准自己的位置，发挥自身的优势，建立自主的品牌。原创性的技术需要大量的人力、资金、物质投入，引进技术和经营管理不失为一条捷径。但引进技术和经营管理的关键是消化吸收和在此基础上进行创新，建设自主品牌。没有面向市场的技术创新永远不会形成品牌，没有面向国际市场的品牌永远不会形成世界知名品牌。产品研发创新与国际化市场接轨才是市场竞争取胜之道。

（4）产品品牌是高科技物质文明与高品位企业文化的有机结合。企业文化形象是企业的思想理念。企业哲学、企业道德和企业价值观等精神内涵是产品质量、企业信誉、科技进步、管理水平、经济实力、员工素质和服务水平等方面的综合体现。正如唐·舒尔茨先生所说，品牌是从内部开始的，它始于企业员工及其责任心和热情，而不是外部环境中的某种因素。因此，在塑造品牌和提升品牌价值的过程中，一切与品牌建设有关的终端客户、经销商、供应商、物流商等都是品牌形象和顾客利益的传播者和品牌体验的提供者。只有通过这一系列相关者的努力，品牌建立和传播才能取得成功。

（5）建设我国工程机械产品品牌，要采用国际化的营销理念和营销文化，要利用服务的差异性实现差异化战略品牌的定位，通过市场细分，建立目标市场，制定相应的服务策略，并将品牌的功能、特征与客户心理上的需要相联系；加大传播力度，通过导入企业识别系统（CI），在顾客心目中树立起清晰、独特、规范、良好的企业形象。营销战略应集中于创造品牌价值，要战略性而不是战术性地定位。分销战略与长期品牌规划应互相结合，并利用顾客需求导向的研发投入，有选择地进入国内市场和国际高端市场。

建设我国工程机械产品的世界级品牌，就需要构建企业的品牌战略化目标，在全球范围内瞄准主要竞争对手，在生产经营管理上向国际同行学习，但不能完全照搬和简单模仿，要结合国情和价值观创造性地建设自己的管理模式。品牌化是工程机械企业持续发展的必由之路，未来的市场竞争是品牌的竞争，更是品牌文化之间的竞争。

第十九章　中国交通行业企业品牌竞争力指数报告

第一节　中国交通企业品牌竞争力指数总报告

一、2013 年度中国交通企业总体竞争态势

中国企业品牌竞争力指数（以下简称 CBI）研究课题组为了检验理论成果的应用效果，于 2013 年对中国 123 家自主交通企业品牌进行了调研，根据各企业营业收入和净利润的原始数据发现，华北地区一家独大，占据半壁江山，华东地区与中南地区势均力敌，北京市遥遥领先。中国交通企业品牌竞争力整体表现出华北地区独占鳌头，与华东地区、中南地区三分天下的总体竞争态势，如图 19-1 和图 19-2 所示。

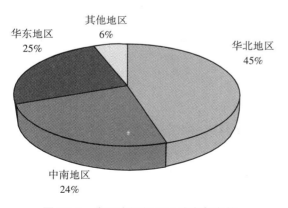

图 19-1　中国交通行业区域竞争态势

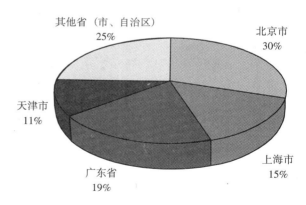

图 19-2　中国交通行业省（市、自治区）竞争态势

截至 2012 年底，中国交通行业受调研的 123 家自主交通品牌企业的营业总额为 12087.21 亿元。从区域的角度分析，华北地区营业总额为 5471.88 亿元，占行业整体营业总额的 45%，优势地位明显，遥遥领先于其他地区。说明华北地区对我国交通行业营业额的贡献最大，发展较为繁荣。华东地区与中南地区势均力敌，营业总额分别为 3046.05 亿元和 2874.04 亿元，分别占比 25% 和 24%，相差较小。三个区域总占比高达 94%，集中度较高。其他地区仅占 6%，说明东北地区、西南地区和西北地区的交通行业发展较为落后，企业数量和发展前景均有待提高，还有很大的发展空间。

从省（市、自治区）角度来看，排在前 4 名

的省（市）分别为北京市、广东省、上海市、天津市，营业总额分别为 3645.12 亿元、2313.73 亿元、1809.19 亿元、1299.86 亿元，分别占比 30%、19%、15%、11%。其中，北京市表现较为突出，发展态势较好，大大领先其他省（市、自治区）。

其他三个省（市）分布较为均衡，与北京市与相差幅度较小。四大省（市）营业总额为 9067.90 亿元，占比高达 75%。说明中国交通行业企业品牌集中度相对较高。

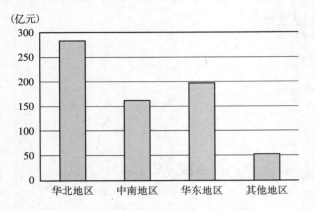

图 19-3　中国交通企业净利润区域分布

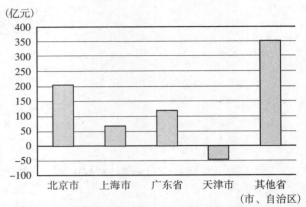

图 19-4　中国交通企业净利润省（市、自治区）分布

截至 2012 年底，中国交通行业受调研的 123 家自主交通品牌企业的净利润总额为 691.49 亿元。从区域的角度分析，华北地区仍保持了营业收入的总体优势，净利润总额高达 281.29 亿元，占行业利润总额的 41%，大大领先于其他地区，保持了绝对的优势地位。华东地区和中南地区净利润总额分别为 196.42 亿元和 161.40 亿元，分别占行业利润总额的 28% 和 23%（见图 19-3）。虽然分别排名第二和第三，但与行业第一华北地区存在一定差距。其他地区的利润总额更是少之又少。

从省（市）角度来看，排在前 3 名的省（市）分别为北京市、广东省、上海市，大体延续了营业收入的趋势，净利润总额分别为 203.51 亿元、117.48 亿元、66.99 亿元（见图 19-4）。其中，北京市表现突出，净利润总额占行业总额的 29%，稳坐行业第一的位置。广东省跟随其后，发展势头迅猛，净利润总额占比 17%，居于行业第二。上海市发展态势良好，占比 10%，居于行业第三，与北京市存在一定差距，仍有很大的提高空间。

值得一提的是，营业收入排名第四，表现一向良好的天津市，2012 年净利润总额为 -45.95 亿元，下滑速度较快，远远落后于行业前几名。究其原因，发现天津市的中国远洋控股股份有限公司

2012 年亏损额较大，为 -81.4 亿元，拉低了天津市整体的净利润总额，应引起行业和地区的重视。

总体来看，中国交通行业整体的分布状态是华北地区占据半壁江山，华东地区和中南地区不相上下。北京市领跑各省（市、自治区），无论在营业收入还是净利润方面均远远领先于其他地区，这也是当前中国交通行业竞争最显著的特征。

二、2013 年度中国交通企业品牌竞争力指数排名

中国企业品牌竞争力指数（以下简称 CBI）研究课题组已于 2011 年 7 月完成了理论研究，采用多指标综合指数法对中国企业品牌竞争力进行量化研究。初期理论成果包括 CBI 四位一体理论模型、CBI 评价指标体系、CBI 评价指标权重以及 CBI 计算模型，并且已经通过国内 10 位经济学、管理学界权威专家论证。为了检验理论成果的应用效果，课题组继 2011~2012 年连续两年对中国自主交通企业品牌调研之后，于 2013 年底对中国自主交通企业品牌再一次进行调研，根据调查数据应用 CBI 计算模型得出中国交通企业品牌竞争力排名（见表 19-1）。

表 19-1　2013 年中国交通企业品牌竞争力排名

企业名称	省（市、自治区）	相对值（指数）		绝对值形式（百分制）		
		CBI 值	排名	品牌竞争力得分（CBS）	品牌财务表现力	市场竞争表现力
中国国际航空股份有限公司	北京市	79.5770	1	75.3723	72.4461	82.2002
大秦铁路股份有限公司	山西省	79.0173	2	74.9326	76.2577	71.8406
中国南车股份有限公司	北京市	77.8481	3	74.0140	71.3846	80.1494
中国南方航空股份有限公司	广东省	77.2321	4	73.5301	70.2198	81.2540
中国北车股份有限公司	北京市	76.5097	5	72.9626	69.9446	80.0045
中国船舶重工股份有限公司	北京市	76.2357	6	72.7473	70.0965	78.9325
中国东方航空股份有限公司	上海市	74.7162	7	71.5535	68.0097	79.8224
中国国际海运集装箱（集团）股份有限公司	广东省	70.3093	8	68.0914	64.9175	75.4972
海南航空股份有限公司	海南省	68.2486	9	66.4724	63.6464	73.0665
中海集装箱运输股份有限公司	上海市	66.0629	10	64.7553	61.7188	71.8403
芜湖港储运股份有限公司	安徽省	64.9404	11	63.8735	61.2491	69.9972
广深铁路股份有限公司	广东省	63.8197	12	62.9930	61.3632	66.7959
宁波港股份有限公司	浙江省	63.4968	13	62.7393	62.1199	64.1848
中国船舶工业股份有限公司	上海市	62.8327	14	62.2176	58.9747	69.7844
天津港股份有限公司	天津市	62.2815	15	61.7845	60.1511	65.5958
江苏宁沪高速公路股份有限公司	江苏省	61.8263	16	61.4269	60.7306	63.0517
天津港发展控股有限公司	天津市	61.6269	17	61.2703	59.0630	66.4205
中储发展股份有限公司	天津市	60.7340	18	60.5688	57.5092	67.7081
中航飞机股份有限公司	陕西省	60.6870	19	60.5319	58.0133	66.4085
中海发展股份有限公司	上海市	60.6162	20	60.4763	57.9595	66.3487
中国远洋控股股份有限公司	天津市	60.4512	21	60.3466	53.7599	75.7156
北京首都国际机场股份有限公司	北京市	60.0693	22	60.0466	58.8804	62.7677
山东高速股份有限公司	山东省	59.8272	23	59.8564	59.1163	61.5833
上海国际机场股份有限公司	上海市	58.1208	24	58.5158	58.0772	59.5394
厦门象屿股份有限公司	福建省	57.6443	25	58.1415	54.2591	67.2002
大连港股份有限公司	辽宁省	56.4438	26	57.1983	55.9420	60.1298
四川成渝高速公路股份有限公司	四川省	56.1768	27	56.9886	56.2197	58.7825
江西赣粤高速公路股份有限公司	江西省	55.6492	28	56.5740	55.5821	58.8885
日照港股份有限公司	山东省	55.5365	29	56.4855	55.6719	58.3840
力帆实业（集团）股份有限公司	重庆市	55.4716	30	56.4345	54.2702	61.4846
广西五洲交通股份有限公司	广西壮族自治区	55.1924	31	56.2152	55.2880	58.3786
广州白云国际机场股份有限公司	广东省	54.5044	32	55.6747	54.9122	57.4537
深圳市飞马国际供应链股份有限公司	广东省	54.4449	33	55.6279	52.1427	63.7601
河南中原高速公路股份有限公司	河南省	54.2425	34	55.4689	53.6748	59.6554
深圳高速公路股份有限公司	广东省	54.2220	35	55.4528	54.4168	57.8704
中航机载电子股份有限公司	北京市	54.2122	36	55.4451	54.9740	56.5443
中远航运股份有限公司	广东省	54.0118	37	55.2877	53.3873	59.7218
营口港务股份有限公司	辽宁省	53.9532	38	55.2416	54.4966	56.9801
西安航空动力股份有限公司	陕西省	53.7899	39	55.1134	53.3358	59.2611
唐山港集团股份有限公司	河北省	53.6470	40	55.0011	54.2387	56.7800
中航重机股份有限公司	贵州省	52.6205	41	54.1947	52.4709	58.2169
招商局能源运输股份有限公司	上海市	52.2615	42	53.9126	52.8033	56.5010
广州广船国际股份有限公司	广东省	52.1721	43	53.8423	51.5620	59.1633
中外运空运发展股份有限公司	北京市	52.1549	44	53.8289	53.2131	55.2656

企业名称	省（市、自治区）	相对值（指数）		绝对值形式（百分制）		
		CBI值	排名	品牌竞争力得分（CBS）	品牌财务表现力	市场竞争表现力
中铁铁龙集装箱物流股份有限公司	辽宁省	52.0976	45	53.7838	53.2807	54.9577
福建发展高速公路股份有限公司	福建省	52.0757	46	53.7667	52.8216	55.9718
深圳市机场股份有限公司	广东省	51.3035	47	53.1600	52.7418	54.1358
安徽皖通高速公路股份有限公司	安徽省	51.2823	48	53.1433	52.8005	53.9434
广东粤运交通股份有限公司	广东省	50.8650	49	52.8155	50.7040	57.7423
广东粤运交通股份有限公司	广东省	50.8650	50	52.8155	50.7040	57.7423
上海强生控股股份有限公司	上海市	50.7369	51	52.7149	51.7319	55.0085
中国东方红卫星股份有限公司	北京市	50.7365	52	52.7145	51.5260	55.4879
大众交通（集团）股份有限公司	上海市	50.6549	53	52.6504	51.7591	54.7302
重庆宗申动力机械股份有限公司	重庆市	50.4883	54	52.5195	51.4320	55.0571
航天时代电子技术股份有限公司	湖北省	50.3437	55	52.4060	51.1314	55.3800
港中旅华贸国际物流股份有限公司	上海市	49.9297	56	52.0807	49.8279	57.3372
现代投资股份有限公司	湖南省	49.0229	57	51.3683	50.8152	52.6589
厦门港务发展股份有限公司	福建省	48.7855	58	51.1818	50.5970	52.5462
深圳赤湾港航股份有限公司	广东省	48.3339	59	50.8270	50.6202	51.3095
江西洪都航空工业股份有限公司	江西省	48.0257	60	50.5848	49.9390	52.0918
浙江钱江摩托股份有限公司	浙江省	47.6560	61	50.2944	48.7840	53.8186
中航动力控制股份有限公司	湖南省	47.2737	62	49.9941	49.3749	51.4388
北京巴士传媒股份有限公司	北京市	47.1631	63	49.9072	49.1942	51.5709
晋西车轴股份有限公司	山西省	46.8645	64	49.6726	49.0057	51.2285
哈飞航空工业股份有限公司	黑龙江省	46.8087	65	49.6287	48.2138	52.9302
江苏舜天船舶股份有限公司	江苏省	46.4046	66	49.3113	47.7081	53.0522
广东省高速公路发展股份有限公司	广东省	46.1793	67	49.1343	48.3960	50.8570
锦州港股份有限公司	辽宁省	45.7533	68	48.7996	48.1707	50.2669
江苏连云港港口股份有限公司	江苏省	45.5337	69	48.6271	48.1747	49.6828
江苏亚星锚链股份有限公司	江苏省	45.5261	70	48.6211	48.0677	49.9123
江西长运股份有限公司	江西省	45.1956	71	48.3615	47.3908	50.6265
重庆港九股份有限公司	重庆市	44.8616	72	48.0991	47.5797	49.3109
厦门国际航空港股份有限公司	福建省	44.7706	73	48.0276	48.7123	46.4299
南方汇通股份有限公司	贵州省	44.7223	74	47.9896	47.3342	49.5190
湖北楚天高速公路股份有限公司	湖北省	44.6688	75	47.9476	47.1544	49.7984
江苏飞力达国际物流股份有限公司	江苏省	44.4261	76	47.7569	47.5157	48.3196
四川成发航空科技股份有限公司	四川省	44.0423	77	47.4554	46.8599	48.8449
福建龙洲运输股份有限公司	福建省	43.6244	78	47.1271	46.4326	48.7473
北海港股份有限公司	广西壮族自治区	43.4943	79	47.0249	46.3348	48.6352
东莞发展控股股份有限公司	广东省	43.3272	80	46.8936	47.2791	45.9941
江苏澳洋顺昌股份有限公司	江苏省	43.3049	81	46.8761	46.5704	47.5893
渤海轮渡股份有限公司	山东省	43.2223	82	46.8112	47.1066	46.1220
中信海洋直升机股份有限公司	广东省	42.9682	83	46.6116	46.4954	46.8827
珠江船务企业（股份）有限公司	广东省	42.8592	84	46.5259	46.4172	46.7796
海南美兰国际机场股份有限公司	海南省	42.4066	85	46.1704	46.7482	44.8220
友达光电股份有限公司	湖北省	42.3205	86	46.1028	44.6734	49.4379
天津滨海泰达物流集团股份有限公司	天津市	42.3137	87	46.0974	44.7671	49.2013
华北高速公路股份有限公司	北京市	41.6598	88	45.5836	45.9795	44.6600

续表

企业名称	省（市、自治区）	相对值（指数）		绝对值形式（百分制）		
		CBI 值	排名	品牌竞争力得分（CBS）	品牌财务表现力	市场竞争表现力
长发集团长江投资实业股份有限公司	上海市	41.4345	89	45.4067	44.9659	46.4352
宁波海运股份有限公司	浙江省	41.3314	90	45.3257	44.0926	48.2027
珠海港股份有限公司	广东省	41.0658	91	45.1170	45.4761	44.2790
中国嘉陵工业股份有限公司（集团）	重庆市	40.7986	92	44.9071	42.9684	49.4307
湖北宜昌交运集团股份有限公司	湖北省	40.5125	93	44.6824	44.6300	44.8046
深圳市盐田港股份有限公司	广东省	40.4224	94	44.6115	45.5548	42.4107
深圳信隆实业股份有限公司	广东省	40.4174	95	44.6076	43.7393	46.6337
福建海峡银行股份有限公司	海南省	39.3477	96	43.7672	44.4931	42.0736
中船钢构工程股份有限公司	上海市	39.1599	97	43.6197	42.7646	45.6150
上海申通地铁股份有限公司	上海市	39.1430	98	43.6064	43.8898	42.9452
浙江万安科技股份有限公司	浙江省	38.7956	99	43.3335	42.7769	44.6322
重庆路桥股份有限公司	重庆市	38.3588	100	42.9903	43.2631	42.3538
湖南天雁机械股份有限公司	湖南省	38.2169	101	42.8788	42.8194	43.0175
太阳鸟游艇股份有限公司	湖南省	38.1753	102	42.8462	43.5618	41.1765
中海（海南）海盛船务股份有限公司	海南省	37.6920	103	42.4665	40.2604	47.6141
天津国恒铁路控股股份有限公司	天津市	37.5990	104	42.3934	40.8112	46.0852
上海亚通股份有限公司	上海市	37.5060	105	42.3204	42.7037	41.4259
海南高速投资股份有限公司	海南省	37.2549	106	42.1231	42.7731	40.6064
金山开发建设股份有限公司	上海市	37.2271	107	42.1013	41.8580	42.6688
中昌海运股份有限公司	广东省	35.9865	108	41.1266	40.6792	42.1705
张家港保税科技股份有限公司	江苏省	35.6940	109	40.8968	41.2664	40.0344
四川海特高新技术股份有限公司	四川省	35.3605	110	40.6347	41.6710	38.2168
四川富临运业集团股份有限公司	四川省	35.0902	111	40.4225	41.7441	37.3387
中路股份有限公司	上海市	34.3596	112	39.8485	40.0842	39.2984
深圳市华鹏飞现代物流股份有限公司	广东省	34.3432	113	39.8356	40.9563	37.2206
天津市海运股份有限公司	天津市	33.9773	114	39.5481	43.0944	31.2734
北京鼎汉技术股份有限公司	北京市	32.2709	115	38.2076	39.2374	35.8045
上海佳豪船舶工程设计股份有限公司	上海市	32.1198	116	38.0888	39.3502	35.1455
江苏新宁现代物流股份有限公司	江苏省	32.0627	117	38.0439	39.1210	35.5309
珠海恒基达鑫国际化工仓储股份有限公司	广东省	31.8824	118	37.9023	39.4885	34.2012
浙江永贵电器股份有限公司	浙江省	31.0562	119	37.2532	38.9035	33.4026
南京港股份有限公司	江苏省	30.9357	120	37.1586	38.4820	34.0706
林海股份有限公司	江苏省	30.0192	121	36.4385	37.6634	33.5805
中国中期投资股份有限公司	北京市	28.3795	122	35.1503	37.7037	29.1925
上海市天宸股份有限公司	上海市	22.6630	123	30.6593	31.5944	28.4776
均值		48.8699		51.2481	50.4210	53.1779

注：从理论上说，中国企业品牌竞争力指数（CBI）由中国企业品牌竞争力分值（CBS）标准化之后得出，CBS由4个一级指标品牌财务表现力、市场竞争表现力、品牌发展潜力和消费者支持力的得分值加权得出。在实际操作过程中，课题组发现，品牌发展潜力和消费者支持力两个部分的数据收集存在一定的难度，且收集到的数据准确性有待核实，因此，本报告暂未将品牌发展潜力和消费者支持力列入计算。品牌财务表现力主要依据各企业的财务报表数据以及企业上报数据进行计算。同时，关于市场竞争表现力方面的得分，课题组选取了部分能够通过公开数据计算得出结果的指标，按照CBI计算模型得出最终结果。关于详细的计算方法见《中国企业品牌竞争力指数系统：理论与实践》。

由表 19-1 可以看出，在 2013 年交通行业企业品牌 CBI 排名中，中国国际航空股份有限公司、大秦铁路股份有限公司、中国南车股份有限公司、中国南方航空股份有限公司、中国北车股份有限公司、中国船舶重工股份有限公司、中国东方航空股份有限公司、中国国际海运集装箱（集团）股份有限公司、海南航空股份有限公司、中海集装箱运输股份有限公司稳坐行业前 10 强的位置。其中，中国国际航空股份有限公司 CBI 值为79.5770，排名第一，各项指标均表现良好，优势明显，是交通行业当之无愧的领军品牌。

通过 2013 年中国交通企业品牌竞争力指数数据，可以计算出中国交通行业 CBI 数值为 48.87。CBI 数值为相对值，一方面可以反映行业总体竞争水平，另一方面也为行业内企业提供一个比较标准。课题组根据受调研的 1548 家企业的 CBI 数据得出中国企业品牌竞争力指数值为 47，那么交通行业 CBI 为 48.87>47，说明交通行业整体竞争水平略高于平均水平，行业发展处于较为良好状态，但仍有很大进步幅度。同理，行业内部企业 CBI 数值低于 48.87，说明其品牌竞争力处于劣势；高于 48.87，则说明其品牌竞争力处于优势，整个 CBI 指标体系为企业提供了一套具有诊断功能和预测功能的实用工具。

三、2013 年度中国交通企业品牌竞争力指数评级报告

（一）中国交通企业品牌竞争力指数评级标准体系

根据表 19-1 得出的交通企业 CBI 数值，课题组绘制总体布局（见图 19-5），从整体上看，CBI 分布曲线两头陡峭、中间平缓。根据 CBI 数值表现出来的特征，结合交通企业的行业竞争力特性对调查的企业进行分级评估，按照一般惯例分为五级，划分标准如表 19-2 所示。

表 19-2　中国企业品牌竞争力分级评级标准

评级	标准	CBI 数值标准
5A		CBI≥80
4A		60≤CBI<80
3A		40≤CBI<60
2A		20≤CBI<40
1A		CBI<20

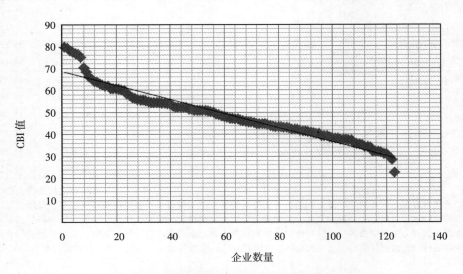

图 19-5　中国交通行业企业 CBI 散点分布

（二）中国交通企业品牌竞争力指数评级结果

由以上评价标准可以将交通企业划分为五个集团，具体的企业个数及分布情况如表 19-3 和图 19-6 所示，各级水平的企业得分情况由于篇幅原因仅列出代表企业。

表 19-3　中国交通行业企业各分级数量表

企业评级	竞争分类	企业数量	所占比重（%）	CBI 均值	CBS 均值	品牌财务表现力均值	市场竞争表现力均值
5A 级企业	第一集团	0	0	—	—	—	—
4A 级企业	第二集团	22	18	67.6881	66.0321	63.5643	71.7903
3A 级企业	第三集团	73	59	48.5915	51.0294	50.1418	53.1003
2A 级企业	第四集团	28	23	34.8099	40.2022	40.8220	38.7562
1A 级企业	第五集团	0	0	—	—	—	—
全部	不分类	123	100	48.8699	51.2481	50.4210	53.1779

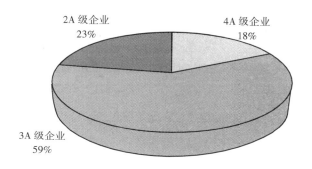

图 19-6　中国交通企业分级分布

表 19-4　中国交通行业 4A 级企业品牌代表

企业名称	评级水平	排名	CBI	CBS	品牌财务表现力	市场竞争表现力
中国国际航空股份有限公司	4A	1	79.5770	75.3723	72.4461	82.2002
大秦铁路股份有限公司	4A	2	79.0173	74.9326	76.2577	71.8406
中国南车股份有限公司	4A	3	77.8481	74.0140	71.3846	80.1494
中国南方航空股份有限公司	4A	4	77.2321	73.5301	70.2198	81.2540
中国北车股份有限公司	4A	5	76.5097	72.9626	69.9446	80.0045

据表 19-2 中国企业品牌竞争力分级评级标准，4A 级交通企业共有 22 家，占交通企业总数的 18%。表 19-4 所列的 5 家企业中国国际航空股份有限公司、大秦铁路股份有限公司、中国南车股份有限公司、中国南方航空股份有限公司、中国北车股份有限公司是中国交通行业代表企业，其品牌财务表现力、市场竞争表现力突出，品牌发展潜力较大，可以称其为交通行业的领军品牌企业，引导着整个行业的发展方向。该集团的 CBI 均值及各项分指标得分值均远远高于行业平均值。从第二集团内部比较而言，大秦铁路股份有限公司在品牌财务表现力指标上表现优异，位列本集团第一。中国国际航空股份有限公司在市场竞争表现力方面位于本集团第一，具有较强的市场竞争表现力。

表 19-5　中国交通行业 3A 级企业品牌代表

企业名称	评级水平	排名	CBI	CBS	品牌财务表现力	市场竞争表现力
山东高速股份有限公司	3A	23	59.8272	59.8564	59.1163	61.5833
上海国际机场股份有限公司	3A	24	58.1208	58.5158	58.0772	59.5394
厦门象屿股份有限公司	3A	25	57.6443	58.1415	54.2591	67.2002
大连港股份有限公司	3A	26	56.4438	57.1983	55.9420	60.1298
四川成渝高速公路股份有限公司	3A	27	56.1768	56.9886	56.2197	58.7825

　　据表 19-2 中国企业品牌竞争力分级评级标准，3A 级交通企业共有 73 家，占交通企业总数的 59%。表 19-5 所列的 5 家企业山东高速股份有限公司、上海国际机场股份有限公司、厦门象屿股份有限公司、大连港股份有限公司、四川成渝高速公路股份有限公司是中国交通行业的中游企业代表，品牌财务表现力和市场竞争表现力都处于行业平均水平，CBI 均值及各项分指标得分值在行业平均值上下波动。3A 企业是该行业值得关注的一个集团，它代表了该行业的平均水平。从第三集团内部比较而言，山东高速股份有限公司品牌财务表现力指标表现较好，厦门象屿股份有限公司的市场竞争表现力指标位于本集团企业第一。

表 19-6　中国交通行业 2A 级企业品牌代表

企业名称	评级水平	排名	CBI	CBS	品牌财务表现力	市场竞争表现力
福建海峡银行股份有限公司	2A	96	39.3477	43.7672	44.4931	42.0736
中船钢构工程股份有限公司	2A	97	39.1599	43.6197	42.7646	45.6150
上海申通地铁股份有限公司	2A	98	39.1430	43.6064	43.8898	42.9452
浙江万安科技股份有限公司	2A	99	38.7956	43.3335	42.7769	44.6322
重庆路桥股份有限公司	2A	100	38.3588	42.9903	43.2631	42.3538

　　据表 19-2 中国企业品牌竞争力分级评级标准，2A 级交通企业共有 28 家，占交通企业总数的 23%。表 19-6 所列的 5 家企业福建海峡银行股份有限公司、中船钢构工程股份有限公司、上海申通地铁股份有限公司、浙江万安科技股份有限公司、重庆路桥股份有限公司是中国交通行业中下游企业的代表，其特征是品牌财务表现力、市场竞争力等表现均处于行业平均水平之下，CBI 均值及各项分指标得分值均低于行业平均值。从第四集团的内部比较而言，品牌财务表现力指标和市场竞争表现力指标普遍较低，均在 50 分以下，得分参差不齐，处于劣势，还有待提高。

四、2013 年中国交通运输企业品牌价值 50 强排名

　　课题组认为，品牌价值（以下简称 CBV）是客观存在的，它能够为其所有者带来特殊的收益。品牌价值是品牌在市场竞争中的价值实现。一个品牌有无竞争力，就是要看它有没有一定的市场份额，有没有一定的超值创利能力。品牌的竞争力正是体现在品牌价值的这两个最基本的决定性因素上，品牌价值就是品牌竞争力的具体体现。通常品牌价值以绝对值（单位：亿元）的形式量化研究品牌竞争力水平，课题组在品牌价值和品牌竞争力的关系方面展开研究，针对品牌竞争力以相对值（指数：0~100）的形式量化研究品牌竞争力水平。在研究世界上关于品牌价值测量方法论基础上，提出本研究关于品牌价值计算方法：

$$CBV = (N - E \times 5\%)(1 + A) \times C \times CBI/100 + K$$

其中，CBV 为企业品牌价值，CBI 为企业品牌竞争力指数，N 为净利润，E 为所有者权益，A 为品牌溢价，C 为行业调整系数，K 为其他影响系数，据此得出中国交通运输企业品牌价值 50 强（见表 19-7）。

表 19-7　2013 年中国交通运输行业品牌价值排名

股票名称	省（市、自治区）	品牌价值（CBV）	排名	品牌竞争力（CBI）
南方航空 1	广东省	392.55	1	77.23
中国国航 2	北京市	311.29	2	79.58
中国南车	北京市	287.61	3	77.85
东方航空 3	上海市	275.55	4	74.72
中国北车	北京市	257.81	5	76.51
中国重工	北京市	252.32	6	76.24
中集集团 7	广东省	217.15	7	70.31
海南航空 5	海南省	203.97	8	68.25
北京首都机场股份	北京市	180.77	9	60.07
宁波港 23	浙江省	157.13	10	63.50
大秦铁路	山西省	156.76	11	79.02
中国船舶	上海市	156.25	12	62.83
宁沪高速	江苏省	145.31	13	61.83
中海集运	上海市	145.25	14	66.06
中储股份	天津市	143.76	15	60.73
广深铁路	广东省	142.63	16	63.82
天津港发展	天津市	139.56	17	61.63
芜湖港	安徽省	138.78	18	64.94
天津港	天津市	138.33	19	62.28
山东高速	山东省	132.22	20	59.83
上海机场	上海市	120.47	21	58.12
中航飞机	陕西省	117.86	22	60.69
象屿股份	福建省	116.81	23	57.64
中海发展	上海市	115.72	24	60.62
赣粤高速	江西省	109.51	25	55.65
四川成渝	四川省	109.13	26	56.18
大连港	辽宁省	105.65	27	56.44
飞马国际	广东省	102.27	28	54.44
日照港	山东省	101.36	29	55.54
力帆股份	重庆市	100.47	30	55.47
中原高速	河南省	100.04	31	54.24
深高速	广东省	98.81	32	54.22
白云机场	广东省	97.46	33	54.50
五洲交通	广西壮族自治区	94.61	34	55.19
唐山港	河北省	94.37	35	53.65
航空动力	陕西省	93.49	36	53.79
营口港	辽宁省	92.75	37	53.95
中航电子	北京市	91.63	38	54.21
中远航运	广东省	90.58	39	54.01
福建高速	福建省	89.79	40	52.08
中航重机	贵州省	88.98	41	52.62
外运发展	北京市	86.93	42	52.15
皖通高速	安徽省	86.90	43	51.28
广船国际	广东省	86.69	44	52.17
南粤物流	广东省	85.56	45	50.87
粤运交通	广东省	85.56	46	50.87

股票名称	省（市、自治区）	品牌价值（CBV）	排名	品牌竞争力（CBI）
铁龙物流	辽宁省	85.43	47	52.10
招商轮船	上海市	84.25	48	52.26
深圳机场	广东省	84.08	49	51.30
华贸物流	上海市	83.75	50	49.93
合计		6875.86		

CBV 分析：在 123 家受调研的交通运输企业中，排名前 50 强的企业 CBV 合计为 6875.86 亿元，较 2012 年有很大提高。前 10 强交通运输企业 CBV 值合计为 2536.13 亿元，占前 50 强比重为 36.85%。其中在前 10 强企业中，中国南方航空股份有限公司和中国国际航空股份有限公司稳居前两位、中国东方航空股份有限公司由第 3 名下降到第 4 名、中集国际海运集装箱（集团）股份有限公司保持在第 7 名、海南航空股份有限公司由第 5 名下滑至第 8 名、北京首都国际机场股份有限公司由第 10 名上升到第 9 名，中国南车股份有限公司、中国北车股份有限公司、中国船舶重工股份有限公司和宁波港股份有限公司是 2013 年新进入前 10 强的企业，去年的第 4 名中国远洋控股股份有限公司、第 6 名芜湖港储运股份有限公司、第 8 名上海国际港务（集团）股份有限公司和第 9 名的中储发展股份有限公司 4 家企业退出了前 10 强的竞争。在前 10 强企业中，主要分布于北京、广东、上海等地，从前 50 强的企业来看，广东省、北京市和上海市仍旧占据大多数，是国内交通运输行业龙头企业的发源地。

第二节　2013 年度中国交通企业品牌竞争力区域报告

一、六大经济分区

（一）总体情况分析

根据课题组的调研数据，我们可以看出，我国交通企业主要分布于华东地区，企业数量高达 45 家，占行业企业总数的 37%，位列各区域第一；CBI 均值为 47.0710，位列各区域第五，仅高于西南地区，略低于平均水平，仍有待提高。中南地区紧随其后，企业数量有 38 家，占比 31%，位列第二，其 CBI 均值为 47.6302，略高于华东地区，仍低于行业平均水平。华北地区虽然企业数量只有 22 家，排名第三，占比 18%，但其 CBI 均值高达 55.2422，位列各区域第二，值得各地区借鉴。西北地区和东北地区虽然企业数量较少，但其 CBI 均值分别为 57.2385 和 51.0113，企业品牌竞争力稍显强劲，发展潜力巨大。西南地区无论在企业数量上还是在 CBI 均值上都稍显劣势（见表 19-8、图 19-7、图 19-8），交通行业处于发展较为落后的地区，还有很大的发展空间。

表 19-8　中国交通企业六大经济区域竞争状况

区域	企业数量	所占比重（%）	CBI 均值	CBS 均值	品牌财务表现力均值	市场竞争表现力均值
华东地区	45	36	47.0710	49.8348	49.1495	51.4338
中南地区	38	31	47.6302	50.2742	49.4619	52.1695
华北地区	22	18	55.2422	56.2543	55.1472	58.8377
东北地区	5	4	51.0113	52.9304	52.0208	55.0529
西南地区	11	9	45.2720	48.4215	47.8012	49.8687
西北地区	2	2	57.2385	57.8226	55.6746	62.8348
总体情况	123	100	48.8699	51.2481	50.4210	53.1779

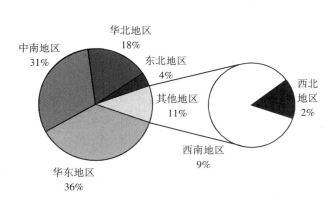

图 19-7　中国交通企业数量区域分布

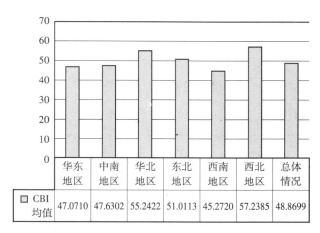

图 19-8　中国交通企业区域 CBI 均值对比

（二）分项情况分析

在各分项竞争力指标对比方面，各个地区的市场竞争表现力指标表现尚可，得分均值维持在50分以上，除西南地区指标得分 49.8687。西北地区市场竞争表现力指标高达 62.8348，为各区域之首。各地区间指标表现存在一定差异。品牌财务表现力指标数值整体表现欠佳，普遍都在50分上下，华北地区、东北地区和西北地区得分较高，均在50分以上，说明地区间发展不均衡态势明显（见图 19-9）。总体来看，品牌财务表现力不佳，市场竞争表现力处于行业中等水平。由此可以看出，交通行业的企业品牌财务表现力和市场竞争表现力均有待提高。同时，企业在注重量的发展的同时，更要注重质的提升，提升品牌竞争力。

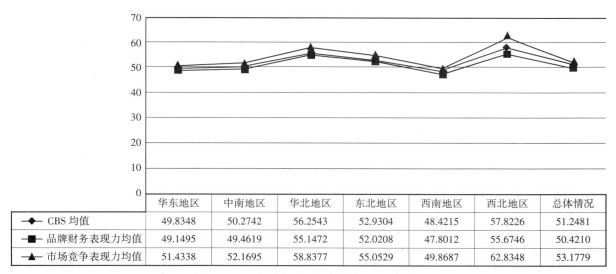

	华东地区	中南地区	华北地区	东北地区	西南地区	西北地区	总体情况
CBS 均值	49.8348	50.2742	56.2543	52.9304	48.4215	57.8226	51.2481
品牌财务表现力均值	49.1495	49.4619	55.1472	52.0208	47.8012	55.6746	50.4210
市场竞争表现力均值	51.4338	52.1695	58.8377	55.0529	49.8687	62.8348	53.1779

图 19-9　中国交通企业一级指标分区域对比

二、七大省（市）分析

（一）总体情况分析

表 19-9　中国交通企业七大省（市）竞争状况

省（市）	企业数量	所占比重（%）	CBI 均值	CBS 均值	品牌财务表现力均值	市场竞争表现力均值
广东省	22	18	49.1607	51.4765	50.5533	53.6307
上海市	17	14	47.6203	50.2664	49.2984	52.5249
北京市	12	10	56.4014	57.1650	56.2150	59.3817
江苏省	10	8	41.5733	45.5157	45.5300	45.4824
天津市	7	6	51.2834	53.1442	51.3080	57.4286
辽宁省	4	3	52.0620	53.7558	52.9725	55.5836
海南省	5	4	44.9900	48.1999	47.5842	49.6365
其他地区	46	37	48.5910	51.0290	50.2759	52.7861
总体情况	123	100	48.8699	51.2481	50.4210	53.1779

由表 19-9 可以看出，广东省、上海市、北京市、江苏省、天津市、辽宁省、海南省七大省（市）的企业数量占据行业数量总和的 63%，所占比重分别为 18%、14%、10%、8%、6%、3%、4%，集中度相对平均。北京市企业数量为 12 家，占比 10%，仅排名第三，但其 CBI 均值为 56.4014，位于各省（市）之首，远超出行业平均水平，为各企业发展的表率。天津市和辽宁省企业数量只有 7 家和 4 家，CBI 均值却分别为 51.2834 和 52.0620，超出企业数量排名第一的广

东省 CBI 均值 49.1607，说明北京市、天津市和辽宁省的交通品牌企业发展态势良好，潜力巨大。上海市虽企业数量排名第二，有 17 家，占比 14%，但其 CBI 均值仅为 47.6203，低于行业平均水平，应该引起当地重视，保障企业数量和质量的均衡发展。天津市虽然净利润总额严重亏损，但其 CBI 均值仍高于行业水平，处于较领先地位（见图 19-10、图 19-11），说明存在一定的缓冲效应，品牌竞争力的改善和提高还有很大的上升空间，应当引起足够的重视。

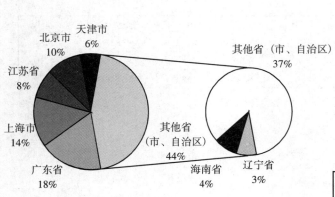

图 19-10　中国交通企业数量省（市、自治区）分布

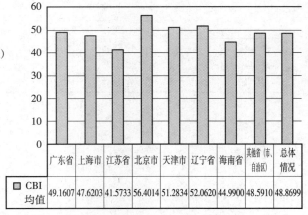

图 19-11　中国交通企业省（市、自治区）CBI 均值对比

（二）分项情况分析

在各分项竞争力指标对比方面，品牌财务表现力、市场竞争表现力在各省（市、自治区）之间存在一定差距。北京市在品牌财务表现力和市

场竞争表现力上均表现突出，优势明显，位列各省（市、自治区）第一，得分均值分别为 56.2150 和 59.3817，远超出其他省（市、自治区），品牌发展态势良好，潜力巨大。辽宁省在品牌财务表现力指标上位列各省（市、自治区）第二，得分为 52.9725。天津市在市场竞争表现力上位列各省（市、自治区）第二，得分为 57.4286，优势较为明显。整体来看，各省（市、自治区）的指标得分还有一定的进步空间，品牌财务表现力和市场竞争表现力指标得分均在 60 以下（见图 19-12），说明交通行业表现差强人意，亟待解决。总体而言，北京市交通企业的竞争水平仍牢牢占据优势，大大高于其他。

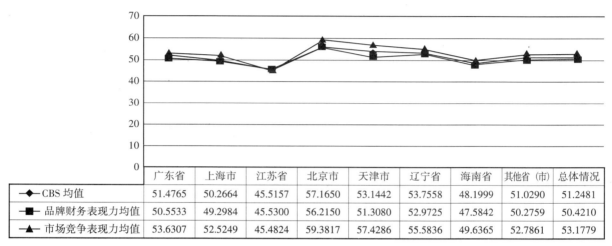

	广东省	上海市	江苏省	北京市	天津市	辽宁省	海南省	其他省（市）	总体情况
CBS 均值	51.4765	50.2664	45.5157	57.1650	53.1442	53.7558	48.1999	51.0290	51.2481
品牌财务表现力均值	50.5533	49.2984	45.5300	56.2150	51.3080	52.9725	47.5842	50.2759	50.4210
市场竞争表现力均值	53.6307	52.5249	45.4824	59.3817	57.4286	55.5836	49.6365	52.7861	53.1779

图 19-12　中国交通企业一级指标代表省（市）对比

第三节　2013 年度中国交通企业品牌竞争力分项报告

一、品牌财务表现

目前国内企业经营者对于现代化管理手段的理解与实践，多半仍然停留在以财务数据为主导的思维里。虽然财务数据无法帮助经营者充分掌握企业发展方向的现实，但在企业的实际运营过程中，财务表现仍然是企业对外展示基本实力的重要依据。品牌财务表现层面的分析将财务指标分为规模因素、效率因素和增长因素 3 个二级指标。规模因素主要从销售收入、所有者权益和净利润 3 个三级指标衡量；效率因素主要从净资产报酬率、总资产贡献率 2 个三级指标衡量；增长因素主要从近三年销售收入增长率、近三年净利润增长率 2 个三级指标衡量。

近年来中国经济的快速发展，带来了中国国民多方面消费水平的不断提高，中国居民的出行选择多样化、便捷化，使得各交通运输企业近年来营业收入、净利润都保持了良好的增长态势。全国 123 家交通企业的品牌财务表现力得分均值为 48.8699。其中，大秦铁路股份有限公司、中国国际航空股份有限公司、中国南车股份有限公司、中国南方航空股份有限公司、中国船舶重工股份有限公司、中国北车股份有限公司、中国东方航空股份有限公司、中国国际海运集装箱（集团）股份有限公司、海南航空股份有限公司、宁波港股份有限公司位列前 10 名（见表 19-10），这 10 家企业在品牌财务表现力方面差距不大。得分最高的是大秦铁路股份有限公司，其品牌财务表现力得分为 79.0173，CBI 数值也最高，为 76.2577。得分最低的是宁波港股份有限公司，其品牌财务表现力得分为 63.4968，与行业第一有一定的差距，还有很大的发展空间（见图 19-13）。

从 3 个二级指标看，其均值分别为：规模要素 47.7003，效率因素 48.0781，增长因素 49.5605（见表 19-11）。增长因素得分最高，其中又以年平均净利润增长率得分最高为 50.0837。规模要素

得分最低，为 47.7003。因其对品牌财务表现影响最大，导致了行业整体财务表现欠佳。在所有三级指标中，所有者权益最低，仅为 39.5348，销售收入最高，为 53.3905。

表 19-10　品牌财务表现指数——行业前 10 名

企业名称	省（市）	CBI 值	品牌财务表现力
大秦铁路股份有限公司	山西省	76.2577	79.0173
中国国际航空股份有限公司	北京市	72.4461	79.5770
中国南车股份有限公司	北京市	71.3846	77.8481
中国南方航空股份有限公司	广东省	70.2198	77.2321
中国船舶重工股份有限公司	北京市	70.0965	76.2357
中国北车股份有限公司	北京市	69.9446	76.5097
中国东方航空股份有限公司	上海市	68.0097	74.7162
中国国际海运集装箱（集团）股份有限公司	广东省	64.9175	70.3093
海南航空股份有限公司	海南省	63.6464	68.2486
宁波港股份有限公司	浙江省	62.1199	63.4968

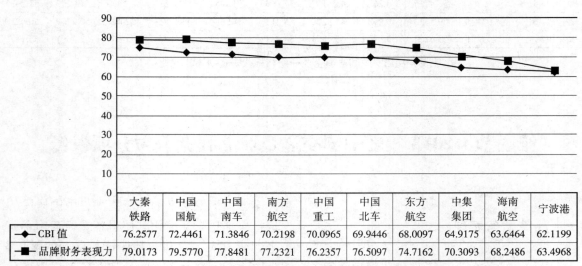

	大秦铁路	中国国航	中国南车	南方航空	中国重工	中国北车	东方航空	中集集团	海南航空	宁波港
CBI 值	76.2577	72.4461	71.3846	70.2198	70.0965	69.9446	68.0097	64.9175	63.6464	62.1199
品牌财务表现力	79.0173	79.5770	77.8481	77.2321	76.2357	76.5097	74.7162	70.3093	68.2486	63.4968

图 19-13　品牌财务表现力前 10 名企业对比

表 19-11　品牌财务表现力各分项指标得分均值

品牌财务表现力	50.4210	规模因素	47.7003	销售收入	53.3905
				所有者权益	39.5348
				净利润	50.0275
		效率因素	48.0781	净资产报酬率	51.5688
				总资产贡献率	42.8421
		增长因素	49.5605	年平均销售收入增长率	49.0374
				年平均净利润增长率	50.0837

二、市场竞争表现

随着交通行业的持续快速发展，市场竞争也

更加激烈。企业只有具备更强的市场竞争能力，才能在目前的行业环境中生存下去。市场竞争表现力层面的分析将指标分为市场占有能力和超值获利能力 2 个二级指标。市场占有能力主要从市

场占有率和市场覆盖率 2 个三级指标衡量；超值获利能力主要从品牌溢价率和品牌销售利润率 2 个三级指标衡量。

近几年中国经济的快速发展使中国国民物质消费水平的不断提高，各交通运输企业近年来营业收入和净利润都保持了良好的增长态势。中国国际航空股份有限公司、中国南方航空股份有限公司、中国南车股份有限公司、中国北车股份有限公司、中国东方航空股份有限公司、中国船舶重工股份有限公司、中国远洋控股股份有限公司、中国国际海运集装箱（集团）股份有限公司、海南航空股份有限公司、大秦铁路股份有限公司位列前 10 名（见表 19-12），这 10 家企业在市场竞争表现力方面表现较好，各企业间差距较小，指标得分均在 70 分以上。得分最高的中国国际航空股份有限公司，分值为 82.2002。大秦铁路股份有限公司虽然 CBI 均值很高，位列各企业第二，但其市场竞争表现力得分最低，分值为 71.8406（见图 19-14），说明该企业在市场竞争方面仍有待加强。整体来看，交通企业的市场竞争表现力较强。

二级指标中，市场占有能力得分均值 55.1373，超值获利能力得分 49.5390（见表 19-13）。整个交通运输行业的垄断比较严重，因而行业前 10 名企业的市场覆盖率较高，为 58.3750，在所有三级指标中得分最高。交通运输行业内，品牌对企业市场竞争力的影响非常明显，因此品牌溢价率得分均值非常高，为 54.5435，三级指标中得分最低的是品牌销售利润率指标，表现平平，为 40.2449。

表 19-12　市场竞争表现指数——行业前 10 名

企业名称	省（市）	CBI 值	市场表现力
中国国际航空股份有限公司	北京市	79.5770	82.2002
中国南方航空股份有限公司	广东省	77.2321	81.2540
中国南车股份有限公司	北京市	77.8481	80.1494
中国北车股份有限公司	北京市	76.5097	80.0045
中国东方航空股份有限公司	上海市	74.7162	79.8224
中国船舶重工股份有限公司	北京市	76.2357	78.9325
中国远洋控股股份有限公司	天津市	60.4512	75.7156
中国国际海运集装箱（集团）股份有限公司	广东省	70.3093	75.4972
海南航空股份有限公司	海南省	68.2486	73.0665
大秦铁路股份有限公司	山西省	79.0173	71.8406

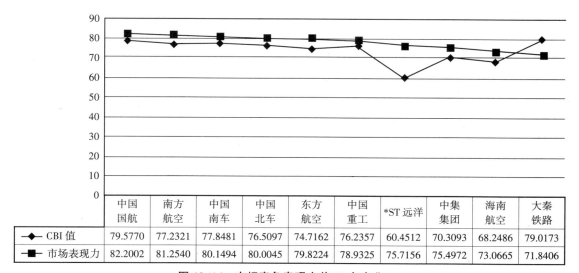

	中国国航	南方航空	中国南车	中国北车	东方航空	中国重工	*ST远洋	中集集团	海南航空	大秦铁路
CBI 值	79.5770	77.2321	77.8481	76.5097	74.7162	76.2357	60.4512	70.3093	68.2486	79.0173
市场表现力	82.2002	81.2540	80.1494	80.0045	79.8224	78.9325	75.7156	75.4972	73.0665	71.8406

图 19-14　市场竞争表现力前 10 名企业

表 19-13　市场竞争表现力各分项指标得分均值

市场竞争表现力	53.1779	市场占有能力	55.1373	市场占有率	53.7497
				市场覆盖率	58.3750
		超值获利能力	49.5390	品牌溢价率	54.5435
				品牌销售利润率	40.2449

第四节　中国交通企业品牌竞争力提升策略专题研究

一、中国交通行业宏观经济与政策分析

（一）交通市场运行情况

2013 年，面对错综复杂的国内外形势，交通运输系统深入贯彻落实中央稳增长、调结构、促改革的决策部署，坚持稳中求进的工作总基调、坚持主题主线，行业发展实现稳步上升。以下数据参考交通运输部《2013 年交通运输行业发展统计公报》。一方面，运输装备市场情况略有增长。铁路运输装备方面，国家铁路客车拥有量达 5.68 万辆，比 2012 年末增加 0.11 万辆，其中空调车占 82.6%，提高 4.8 个百分点。公路营运汽车，2013 年末全国拥有公路营运汽车 1504.73 万辆。其中，大型客车 29.90 万辆、1283.12 万客位，分别增长 4.2% 和 4.9%。水上运输船舶方面，2013 年末全国拥有水上运输船舶 17.26 万艘，净载重量 24401.03 万吨，增长 6.8%。城市客运车辆方面，年末全国城市及县城拥有公共汽电车 50.96 万辆、57.30 万标台，比 2012 年末分别增长 7.3% 和 8.5%。另一方面，运输服务市场稳中有进，2013 年，全社会完成客运量 212.26 亿人次、旅客周转量 27573.40 亿人公里、货运量 403.37 亿吨、货物周转量 164516.22 亿吨公里，按可比口径比 2012 年分别增长 4.8%、5.9%、9.9%、6.1%。铁路运输方面，全年全国铁路完成旅客发送量 21.06 亿人次，旅客周转量 10595.62 亿人公里，分别比 2012 年增长 10.8% 和 8.0%。重点运输方面，全国铁路煤炭运量完成 23.22 亿吨，比 2012 年增长 2.7%；粮食运量完成 1.10 亿吨，增长 5.4%；石油运量完成 1.39 亿吨，增长 0.8%。公路运输方

面，全年全国营业性客运车辆完成公路客运量 185.35 亿人次、旅客周转量 11250.94 亿人公里，按可比口径分别比 2012 年增长 4.2% 和 1.0%，平均运距 60.70 公里。全国营业性货运车辆完成货运量 307.66 亿吨、货物周转量 55738.08 亿吨公里，按可比口径分别比 2012 年增长 10.9%、11.2%，平均运距 181.16 公里。城市客运方面，全国拥有公共汽电车运营线路 41738 条，运营线路总长度 74.89 万公里，比 2012 年末增加 3495 条、3.44 万公里，其中公交专用车道 5890.6 公里，增加 634.8 公里。城市客运轮渡运营航线 143 条，运营航线总长度 575 公里。全年城市客运系统运送旅客 1283.35 亿人次，比 2012 年增长 4.5%。水路运输方面，全国完成水路客运量 2.35 亿人次、旅客周转量 68.33 亿人公里，按可比口径比 2012 年分别增长 3.0% 和 2.9%，平均运距 29.03 公里。港口生产方面，全年全国港口完成货物吞吐量 117.67 亿吨，比 2012 年增长 9.2%。民航运输方面，全年全国民航完成旅客运输量 3.5 亿人次，旅客周转量 5658.5 亿人公里，分别比 2012 年增长 10.9% 和 12.6%。完成货邮运输量 557.6 万吨，货邮周转量 168.6 亿吨公里，分别比 2012 年增长 2.3% 和 2.9%。民航运输机场完成旅客吞吐量 7.54 亿人次，比 2012 年增长 11.0%。

（二）交通行业政策分析

为了建立健全科学的税收制度，加速现代服务业发展，促进经济结构调整和国民经济健康协调发展，国家于 2012 年开始施行营业税改征增值税（以下简称"营改增"）试点，本次试点范围包括交通运输业和部分现代服务业。选择交通运输业试点的主要原因有：一是交通运输业与生产流

通紧密相连，在生产性服务业中比重较高；二是运输费用在现行增值税进项税额抵扣范围之内，运费发票已纳入增值税管理体系，改革条件较好。

1. 试点行业适用税率和征收率

一般纳税人：本次"营改增"试点，在现行增值税 17% 标准税率和 13% 低税率的基础上，新增 11% 和 6% 两档低税率，交通运输业适用 11% 的税率，部分现代服务业适用 6% 的税率。小规模纳税人按 3% 征收率简易计征；交通运输各子行业一般纳税人"营改增"前后税率变化情况如表 19-14 所示。

表 19-14　交通运输各子行业一般纳税人"营改增"前后税率变化情况

试点行业		涉及主要业态	试点前税率（营业税）	试点后税率（增值税）
交通运输业	陆路运输服务	公交客运、轨道交通（含地铁、城市轻轨）、出租车、长途客运、班车	3%	简易计税 3%
		道路货运	3%	11%
	水路运输服务	国际海运	免征	零税率
		国内运输	3%	11%
		期租	5%	11%
		轮客渡	3%	简易计税 3%
	航空运输服务（湿租）		3%	11%
	管道运输服务		3%	11%
部分现代服务业	物流辅助服务	客运站、货运站等	5%	6%
		仓储、堆存、货代、船代等	5%	6%
		港口码头服务、装卸搬运等	3%	6%
	有形动产租赁服务	汽车租赁（不代驾）、光船租赁等	5%	17%
		以试点实施之前购进或者自制的有形动产为标的物提供的经营租赁服务	5%	简易计税 3%

2. 交通运输行业享受的优惠政策

首先，延续了部分营业税优惠政策。按照试点方案确定的"国家给予试点行业的原营业税优惠政策可以延续"的原则，现行"营改增"相关政策明确了部分关于试点地区和试点应税服务的原营业税优惠政策的延续方法。

其次，国际运输和中国港澳台地区运输适用增值税零税率。中华人民共和国境内的单位和个人提供的国际运输服务，适用增值税零税率；中华人民共和国境内的单位和个人提供的往返中国香港地区、中国澳门地区、中国台湾地区的交通运输服务以及在中国香港地区、中国澳门地区、中国台湾地区提供的交通运输服务，适用增值税零税率。

最后，部分业务可选择简易计税法缴纳增值税。试点纳税人中一般纳税人提供的公共交通运输服务，可以按照简易计税方法计算缴纳增值税。公共交通运输服务，包括轮客渡、公交客运、轨道交通（含地铁、城市轻轨）、出租车、长途客运、班车。其中，班车，是指按固定路线和固定时间运营并在固定停靠站停靠的运送旅客的陆路运输。试点纳税人中的一般纳税人，以该地区试点实施之日前购买或者自制的有形动产为标的物提供的经营租借服务，试点期间可以选择简易计税方法计算缴纳增值税。

3. 财税〔2013〕37 号文对交通运输行业试点的政策调整

为完善全国范围内交通运输业和部分现代服务业"营改增"试点工作，国家财税部门出台了《关于在全国开展交通运输业和部分现代服务业营业税改征增值税试点税收政策的通知（财税〔2013〕37 号）》（以下简称《通知》），对现行试点政策进行了调整。涉及交通运输行业的政策调整重点是：一是取消了部分差额征税政策，"营改增"在全国范围推行后，为解决同一行业纳税人之间业务分包重复征税问题，《通知》取消了纳税人提供交通运输服务、仓储服务、国际货物运输代理的差额征税政策。二是取消了按运输费用结算单据等计算进项税的政策。考虑到按运输费用结算单据等计算进项税的方式，实质上是一种虚拟抵扣政策，在施行中也存在较大的漏洞，且交通运输业在全国实施"营改增"后，提供交通运输服务的纳税人均可开具增值税专用发票，不必延续上述虚拟抵扣政策。因此，《通知》取消了"试点纳税人和原增值税纳税人按交通运输费用结算单据注明金额和7%扣除率计算进项税"的政策；取消了"试点纳税人接受试点小规模纳税人提供交通运输服务、按增值税专项发票注明金额和7%扣除率计算进项税"的政策。三是取消了允许"未与我国达成双边运输免税安排国家和地区的单位和个人暂按3%征收率代扣代缴增值税"的政策，上述单位和个人应按提供应税服务的适用税率代扣代缴增值税。四是取消了"不允许试点纳税人和原增值税纳税人抵扣其自用应征消费税摩托车、汽车、游艇进项税"的政策。五是对试点纳税人对外提供服务不但适用增值税免税而且适用增值税零税率时，《通知》明确了优先适用零税率。

二、2013 年度中国交通企业品牌竞争力总体述评

（一）宏观竞争格局：省（市、自治区）分布较平均，区域分布三足鼎立

根据中国交通行业整体的营业收入数据，从区域来看，2013 年受调研的 123 家自主交通品牌企业 2012 年的营业总额为 12087.21 亿元，其中华北地区营业总额为 5471.88 亿元，占行业整体营业总额的 45%，华东地区与中南地区势均力敌，营业总额分别为 3046.05 亿元和 2874.04 亿元，分别占比 25% 和 24%。三个区域总比重高达 94%，集中度高。其他地区仅占 6%，由此可以看出，东北地区、西南地区和西北地区的交通行业比较落后，华北地区的优势地位仍然十分明显，远高于其他地区。

从省（市、自治区）来看，北京市、广东省、上海市、天津市名列前 4 名，营业总额分别为 3645.12 亿元、2313.73 亿元、1809.19 亿元、1299.86 亿元，分别占比 30%、19%、15%、11%，总比重高达 75%，说明我国交通行业的集中度很高。净利润分布情况与营业收入分布情况大体保持一致，华北地区净利润总额高达 281.29 亿元，

牢牢掌握着行业领先者的优势。北京市净利润总额达到 203.51 亿元，居于各省（市、自治区）之首。而营业收入排名较靠前的天津市，净利润总额竟然为 -45.95 亿元，值得引起行业重视。总体来看，中国交通企业主要集中在华北地区，长三角和环渤海地区也有一定份额，但占比不是很大，北京市、上海市等一线省市发展遥遥领先。

根据中国交通行业的 CBI 排名，从区域来看，中国交通企业主要分布在华东地区，企业数量有 45 家，企业数量占行业总数的比重为 36%，位列第一。中南地区则排在第二位，企业数量有 38 家，占比 31%。华北地区企业数量只有 22 家，排名第三，占比 18%。西北地区和东北地区虽然企业数量较少，但其 CBI 均值分别为 57.2385 和 51.0113，大大超出交通行业 CBI 平均水平，企业品牌竞争力较强，发展劲头十足，潜力巨大。华东地区和中南地区虽然企业数量较多，但其 CBI 均值均低于行业平均水平。华北地区 CBI 均值高达 55.2422，位列第二，值得各地区借鉴。西南地区无论在企业数量还是在 CBI 均值上显现劣势，交通行业处于发展较为落后的地区，还有较大的发展空间。

从省（市、自治区）来看，七大省（市）的企业数量占据行业总和的 63%，所占比重分别为 18%、14%、10%、8%、6%、3%、4%，行业集中度相对平均，北京市企业数量为 12 家，排名第三，但其 CBI 均值为 56.4014，位于各省（市）之首，为各企业的榜样。天津市和辽宁省的交通品牌企业发展态势良好，CBI 均值却分别为 51.2834 和 52.0620，超出企业数量排名第一广东省的 49.1607，发展迅速。上海市虽企业数量排名第二，有 17 家，但其 CBI 均值仅为 47.6203，低于行业平均水平，应该引起当地重视，品牌竞争力还需改善提升。天津市虽然净利润总额严重亏损，但其 CBI 均值仍高于行业水平，处于较领先地位，有关地区和部门应该及时解决净利润亏损的问题，及时消除其对企业品牌竞争力的不良影响。

中国交通行业企业远不止这 123 家，这 123 家企业是众多交通企业中的杰出企业，从中可以分析中国交通行业的竞争情况。交通行业是关乎中国经济发展的重要行业，是中国经济腾飞的基础行业。交通企业目前仍呈现华北地区、华东地

区和中南地区三足鼎立之势，一定程度上也揭露了中国区域经济发展仍旧不平衡的问题，东北地区和西南地区交通行业的发展仍处于竞争劣势的状态，这些地区需要培养一批具有综合竞争力的企业引领区域交通行业的发展。

（二）中观竞争态势：领军企业继续提升，中小企业发展状况堪忧

根据中国企业品牌竞争力分级评级标准，对2013年受调查的企业进行分级评估，按照一般惯例分为五级，5A级企业0家，4A级企业22家，3A级企业73家，2A级企业28家，1A级企业0家。中国国际航空股份有限公司位列4A企业第一位，CBI均值为79.5770，远高于行业平均水平，是交通行业的领先品牌。中国国际航空股份有限公司、大秦铁路股份有限公司、中国南车股份有限公司、中国南方航空股份有限公司和中国北车股份有限公司是交通行业4A企业的典型代表，5家企业的营业总额为4302亿元，占交通行业整体营业总额的36%，说明这几家企业是名副其实的领军企业，引领交通行业的未来。值得关注的是73家3A级企业，占据行业比重的59%，其CBI均值为48.5915，略低于行业平均值。3A级企业基本代表了中国交通行业发展的平均水平，并且企业之间指数分布比较均匀，这说明企业竞争状况日益激烈，且CBI均值略低于行业水平。28家2A企业的CBI均值为34.8099，大大低于行业均值，由此可见我国交通行业中小企业的发展状况堪忧，交通行业整体有待提升，企业品牌竞争力还有待提高。

（三）微观竞争比较：财务指数成绩平平，市场指标表现突出

对于中国企业来说，财务表现仍然是企业对外展示基本实力的重要凭证。近几年中国交通市场的快速发展带来了中国国民物质消费水平的不断提高，消费水平不断提高等因素使得各交通企业近年来营业收入和净利润都保持了良好的增长速度。2013年全国受调研的123家交通企业的品牌财务表现力均值仅为50.4210，低于60分，说明企业的品牌财务表现力一般，急需改善。

根据品牌财务表现力指标排名，排在前10名的企业分别是大秦铁路股份有限公司、中国国际航空股份有限公司、中国南车股份有限公司、中

国南方航空股份有限公司、中国船舶重工股份有限公司、中国北车股份有限公司、中国东方航空股份有限公司、中国国际海运集装箱（集团）股份有限公司、海南航空股份有限公司、宁波港股份有限公司。品牌财务表现力第1名是大秦铁路股份有限公司，其品牌财务表现力均值为79.0173；第10名是宁波港股份有限公司，其品牌财务表现力均值为63.4968。宁波港股份有限公司虽位列第十，但与排名第一的大秦铁路股份有限公司有较大差距，由此可以看出，前10名的企业中，品牌财务表现力的差距较大，还有待提高。

根据市场竞争表现力单项指标排名，排在前10名的企业分别是中国国际航空股份有限公司、中国南方航空股份有限公司、中国南车股份有限公司、中国北车股份有限公司、中国东方航空股份有限公司、中国船舶重工股份有限公司、中国远洋控股股份有限公司、中国国际海运集装箱（集团）股份有限公司、海南航空股份有限公司、大秦铁路股份有限公司，这10家企业在市场竞争表现力指标方面表现较好，指标得分均在70分以上。得分最高的中国国际航空股份有限公司，分值为82.2002。大秦铁路股份有限公司得分市场竞争表现力得分最低，分值为71.8406。整体来看，各企业间差距较小，交通企业的市场竞争表现力整体较强，品牌市场表现优秀，发展势头良好，还可以充分挖掘发展潜力。

总的来看，中国交通运输企业竞争仍处于规模要素占主导地位的第一阶段，虽然个别企业竞争水平已经处于效率竞争和创新竞争水平，但就中国交通运输企业总体竞争水平来说，与技术创新和品牌经营第三阶段的竞争水平相比仍有很大差距。总体财务指数也表现较差，仍需进一步提升，但品牌市场表现不错，有较大的发展潜力。

三、中国交通企业品牌竞争力提升策略和建议

交通运输企业的品牌建设应该如何进行呢？我们应该遵循品牌形成的基本规律，有条不紊地建设自己的品牌。提升品牌竞争力可以从以下三个方面开展。

（一）注重交通运输服务质量，增加运输服务的技术含量

质量是品牌环节中最为基础的一项。交通运输质量一方面要注重对用户需求的了解，另一方面要提升交通生产能力。质量是品牌聚合体的基础，现代市场是需求决定产品或服务，而不是产品决定需求，而对于运输企业来说，员工的工作能力和质量直接影响运输服务的质量。此外，现代交通运输的需求正向个性化、快节奏、多元化的方向发展。运输产品的效用是二元的，即空间效用和时间效用。空间效用反映运输在跨越空间障碍、克服距离因素方面的作用和能力；时间效用反映运输克服空间障碍需要支付的时间代价。随着运输业的发展，衡量运输产品的优劣已经越来越多地倾向于它的时间效用。时间效用是否明显是人们选择运输服务的重要依据。而这需要运输企业及时通过增加新技术的应用来提升自己的竞争力，从根本上提高自己的品牌内涵。

（二）要维护交通服务形象，提升运输服务价值

随着产品同质化程度越来越高，质量将成为品牌的必要条件，而不是充分条件。在一定质量和技术含量的基础上，产品形象还要包含情感和文化因素，让客户产生品牌联想。同样是运输，航空与公路客运相比，除了在速度和价格上的差别外，还有在过程中的体验。公路运输企业要想从同行业中脱颖而出，就要在过程中提升服务质量，如优雅的环境，温馨的微笑，坚实的信守承诺等。在向消费者提供产品价值的同时，也传递一种企业文化。如联邦快递的顾客所获得的众多收益中，最明显的就是快速、准时和可靠的包裹递送。但是，在采用联邦快递时，顾客可能还会感到自己形象和地位的提升，因为采用联邦快递通常会使包裹发送人和收件人都感到更加重要。顾客在决定是否采用联邦决递寄送包裹时，会将这些及其他一些价值与使用这些服务所付出的金钱、精力和精神成本进行权衡。而且，他们还会对使用联邦快递与使用 UPS、DHL 等其他快递公司的价值进行比较，从而选择能给他们带来最大价值的那家公司。

（三）强化交通品牌资产，加强交通品牌宣传

交通运输企业价值与净资产之间的差额是无形资产，其中很大部分是品牌带来的价值。尤其是直接面对消费者的消费品产业和服务业，品牌价值更是巨大。品牌形象、品牌忠诚、品牌支持、品牌创新、品牌韧性等因素是构成品牌价值的核心部分，运输企业在强化自己的品牌价值时应重视"人"的作用，一方面注重内部员工的品牌价值感，另一方面要通过附加价值提升顾客忠诚度。此外，还要有持续性的品牌宣传推广和简单鲜明的品牌诉求。如"联邦快递"这个品牌，1973年，公司开展了第一项广告宣传，画面是一架漂亮的飞机，广告语是："美国引领一个新的航空公司。"公司投入 3000 美元来制作和推广这段广告，但是如石沉大海，没有起到任何效果。最后公司开了一次会，把这段广告放给一些客户看，5 分钟后问大家感觉怎样。一个客户说："还行。但我关心的和想知道的不是你们是一个怎样的航空公司，而是我的货物如何快速、准确、可靠地送到目的地！"一语点醒梦中人，联邦快递终于找到了自己的品牌定位，"使命必达"这一简单明了的品牌诉求产生了。运输企业要切实地找到传递品牌的定位点，将最核心的产异化功能和优势传递给客户。